COMMENTAIRE

DU

CODE DE COMMERCE

ET DE LA

LÉGISLATION COMMERCIALE

Par I. ALAUZET

3ᵉ ÉDITION

Revue, augmentée et mise au courant des lois nouvelles et de la jurisprudence

AVEC LA COLLABORATION DE

ALAUZET, Juge au Tribunal civil de Draguignan

TOME II

Introduction. — Code civil, livre III, titre IX : du contrat de société, art. 1832 à 1873. — Code de commerce : des sociétés, art. 18 à 64, — Loi du 24 juillet 1867, sur les sociétés par actions ; — Loi du 30 mai 1857, sur les sociétés étrangères.

PARIS

IMPRIMERIE ET LIBRAIRIE GÉNÉRALE DE JURISPRUDENCE

MARCHAL, BILLARD et Cⁱᵉ, Imprimeurs-Éditeurs,

LIBRAIRES DE LA COUR DE CASSATION

Place Dauphine, 27

1879

COMMENTAIRE

DU

CODE DE COMMERCE

ET DE LA

LÉGISLATION COMMERCIALE

II

OUVRAGES DU MÊME AUTEUR :

––––––––––

ESSAI SUR LES PEINES ET LE SYSTÈME PÉNITENTIAIRE. 1 vol. in-8°.
Ouvrage couronné par l'Institut (Académie des sciences morales et
politiques) ; 2° édition.

TRAITÉ GÉNÉRAL DES ASSURANCES. 2 vol. in-8°.

HISTOIRE DE LA POSSESSION ET DES ACTIONS POSSESSOIRES EN DROIT
FRANÇAIS. 1 vol. in-8. Ouvrage couronné par l'Institut (Académie des
sciences morales et politiques).

DE LA QUALITÉ DE FRANÇAIS ET DE LA NATURALISATION, etc. 1 vol. in-8°.

––––––––––

Paris. — Imp. J. DUMAINE, rue Christine, 2.

COMMENTAIRE

DU

CODE DE COMMERCE

ET DE LA

LÉGISLATION COMMERCIALE

PAR I. ALAUZET

———

3e ÉDITION

Revue, augmentée et mise au courant des lois nouvelles et de la jurisprudence

AVEC LA COLLABORATION DE

ALAUZET, Juge au Tribunal civil de Draguignan

———

TOME II

Introduction. — Code civil, livre III, titre IX : du contrat de société, art. 1832 à 1873. — Code de commerce : des sociétés, art. 18 à 64 ; — Loi du 24 juillet 1867, sur les sociétés par actions ; — Loi du 30 mai 1857, sur les sociétés étrangères.

PARIS

IMPRIMERIE ET LIBRAIRIE GÉNÉRALE DE JURISPRUDENCE

MARCHAL, BILLARD et Cie, IMPRIMEURS-ÉDITEURS

LIBRAIRES DE LA COUR DE CASSATION

Place Dauphine, 27.

———

1879

Explication des renvois faits aux divers recueils de jurisprudence.

S. — désigne le *Recueil général des lois et des Arrêts* fondé par J.-B. Sirey ; ainsi : (S. 33.2.368, signifie : *Recueil général des lois et des arrêts*, volume de 1833, 2ᵉ partie, p. 368.

Dalloz, Rép. — désigne la *Jurisprudence générale* ou *Répertoire méthodique et alphabétique de législation, de doctrine et de jurisprudence*, par M. Dalloz, nouvelle édition ; ainsi : Dalloz, Rép., vᵒ *Commerçant*, nᵒ 99, indique l'ouvrage ci-dessus désigné au mot *Commerçant* et au numéro 99.

Il est à remarquer que, dans le commentaire des articles 440 à 489, l'indication : vᵒ *Effets de commerce* ; dans le commentaire des articles 490 à 436, l'indication : vᵒ *Droit maritime* ; dans le commentaire des articles 437 à 614, l'indication : vᵒ *Faillite et Banqueroute*, ont été sous-entendues, comme devant être répétées trop souvent.

D.P. — désigne le Recueil périodique du même auteur ; ainsi : (D.P. 66.1.369), signifie Dalloz périodique, volume de 1866, 1ʳᵉ partie, page 369.

P. ou J.P. — désigne le *Journal du Palais*, depuis 1837. A partir de cette date jusqu'en 1856 : (P.39.2.532), signifie : *Journal du Palais*, année 1839, 2ᵉ volume, page 532. A partir de 1857, chaque année ne formant plus qu'un seul volume (P.57.403), signifie *Journal du Palais*, volume de 1857, p. 403.

Les arrêts antérieurs à 1830 ayant été placés par le *Recueil général des lois et des arrêts* et par le *Journal du Palais*, dans leur ordre rigoureusement chronologique, pour les arrêts remontant à cette époque et puisés dans ces deux recueils, la date seule, sans autre désignation, a été indiquée, comme étant complétement suffisante pour les retrouver.

Ce n'est qu'accidentellement que des arrêts ont été puisés dans des recueils autres que ceux qui viennent d'être indiqués.

CODE DE COMMERCE

ET

LÉGISLATION COMMERCIALE

TITRE III.

Des Sociétés.

INTRODUCTION.

356. Nous n'essayerons pas, après tant d'autres, de faire, une fois de plus, l'histoire du contrat de société : nous nous bornerons dans le cours de notre ouvrage, et quand nous parlerons, l'une après l'autre, des formes diverses qu'il a empruntées, à retracer brièvement les phases par lesquelles chacune de ces formes a passé ; nous sommes amenés à envisager la question sous une autre face.

Nous n'avons plus heureusement à défendre le principe même de la propriété : sous toutes ses formes, qu'elle soit représentée par le sol, ou par le numéraire, ou par tout autre objet, chacun sait désormais qu'y porter atteinte, c'est se rendre coupable d'un fait que la conscience publique a flétri du nom de crime.

Mais quand, au sortir de l'époque barbare, le principe de l'appropriation individuelle s'établit au sein d'une société neuve encore, ce droit se développe à un point de vue absolu ; il est jaloux à l'excès de ses prérogatives, et refuse de rien céder des avantages qui lui sont attribués. Le progrès des lumières a bientôt fait justice de prétentions que la raison repousse ; et la propriété reconnaît l'autorité de la loi écrite, qui ne saurait la défendre qu'à l'expresse condition d'en régler l'exercice. En effet, la propriété, en tant que principe, en tant qu'institution sociale nécessaire, mise hors de toute controverse et respectée, il reste encore à établir, dans une société civilisée, à quel signe le juge la reconnaîtra, à quelle condition elle peut être acquise, dans quelle circonstance la puissance publique viendra la protéger. Le principe posé, il faut en faire l'application ; et le seul moyen que la sagesse des nations ait jusqu'à présent trouvé pour maintenir ce que le droit naturel avait fondé, c'est de donner pour appui à la propriété la possession juridique et la prescription. C'est la première des lois à faire sur la propriété, et quand il a fallu la justifier et la défendre contre d'injustes attaques, on a pu remarquer, cependant, un certain embarras chez d'illustres publicistes, dont la science profonde commande au plus haut degré l'estime et le respect.

Ainsi Grotius, désespérant sans doute de trouver un meilleur argument pour défendre la prescription, a dit, en parlant des propriétaires dépossédés, « qu'on doit « avoir une bonne opinion des hommes ; et qu'ainsi il « ne faut pas s'imaginer qu'aucun d'eux, pour un bien « périssable, veuille que quelqu'un de ses semblables « demeure coupable d'un péché qui ne s'efface jamais ; « ce qui arriverait souvent, s'il ne consentait à aban- « donner son droit » (*Liv.* 2, *chap.* 4, § VIII, n° 1) ; mais il s'est élevé une voix pour répondre : « Pardieu, je suis « cet homme-là ! » (1). Il ne faut pas s'exposer à de semblables réponses.

De nos jours, M. Troplong, essayant de faire disparaître l'incompatibilité qui lui semble exister entre la prescription et la théorie empruntée par lui à M. Cousin pour servir de base au droit de propriété, commence par poser plusieurs espèces qui pourraient, suivant lui, mais non sans contestation, il faut bien le dire, s'accommoder plus ou moins à ce système. Puis il ajoute : « Est-il aussi « facile de rapporter au droit naturel la prescription « établie au profit de celui dont la possession a été de « mauvaise foi dans l'origine ?... » et il arrive à cette conclusion assez peu rassurante, c'est que « la loi posi- « tive a raison de demander ici un *léger* sacrifice à la loi « naturelle » (2).

_____

(1) Proudhon, *Premier mémoire sur la Propriété*, p. 105.
(2) Troplong, *de la Prescription*, t. 1er, n. 13 et 14, p. 14 et 18.

Quand on veut se garantir contre le flot qui monte, la digue dont on se couvre doit être continue, sans la moindre brèche ; en vain serait-elle puissante et forte, si un espace, quelque étroit soit-il, ouvre passage à l'eau, le torrent qui déborde aura bientôt tout renversé.

Au nom de quel principe, en effet, M. Troplong demande-t-il *un* LÉGER *sacrifice à la loi naturelle?* c'est au nom de l'utilité. Mais alors, qu'est-ce qui limitera ce sacrifice à faire ? Que répondre aux logiciens qui déclareront que si la loi naturelle peut être sacrifiée, en ce qui concerne le principe même de la propriété, dans une mesure à déterminer, on peut même la détruire, à la seule condition de prouver que cette destruction est utile ? Est-ce là ce que M. Troplong a voulu prouver, et se rallie-t-il à la doctrine purement utilitaire ? La conclusion, il faut en convenir, serait fort peu d'accord avec les prémisses.

M. Troplong n'a-t-il pas oublié que s'il ne faut point exagérer la puissance de la loi écrite, qui rencontre des bornes, il est dangereux de limiter outre mesure son domaine?

Le philosophe dira que la société ne peut vivre sans le droit de justice, et le législateur et le jurisconsulte écriront le Code pénal et les lois reconnues les meilleures pour assurer l'exercice de ce droit. Si chaque peine est dans une juste proportion avec l'immoralité de l'infraction, si elle n'est édictée que sous la condition d'être utile, cette loi écrite, quand elle est égale pour tous, sera légitime et en parfait accord avec la loi naturelle (1).

Le philosophe dira aussi que la société ne peut vivre

_____

(1) V. notre *Essai sur les Peines*, etc., 1re part., ch. 1er.

sans l'appropriation perpétuelle de la terre, et le législateur et le jurisconsulte écriront le Code civil et les lois reconnues les meilleures pour assurer la propriété. Si les dispositions qu'elle contient sont justes et utiles, cette loi écrite, quand elle est égale pour tous, sera légitime et en parfait accord avec la loi naturelle. La seule défense absolue que rencontrera le législateur, c'est de rien faire qui puisse conduire au communisme, repoussé par la loi naturelle ; qui puisse ramener à l'état sauvage, où toute appropriation, au moins immobilière, est proscrite.

C'est une condition nécessaire d'existence pour la société que la propriété ; et c'est une condition nécessaire d'existence pour la propriété que la prescription.

C'est ainsi que la loi écrite a bien pu, sans dépasser ses pouvoirs, attribuer au fisc, sous le nom d'impôt, une part du produit de la propriété ; sous le nom de droit de mutation, une part de la propriété même. Elle a bien pu déterminer le droit de tester, régler l'ordre des successions, intervenir dans bien d'autres circonstances qu'il serait trop long d'énumérer, du moment qu'elle a maintenu intact le principe même de la propriété, qu'elle a été conforme à la justice, égale pour tous, et utile.

Les biens acquis et que légitiment ou leur origine ou le bienfait de la prescription pourront donc être transmis ou donnés. Ceux qui les auront reçus ou par héritage ou par donation en resteront désormais, à l'abri des lois, les paisibles possesseurs ; ce n'est point d'eux que nous avons à nous occuper ; mais des autres hommes que le hasard ou les circonstances ont moins favorisés, et qui doivent chercher le moyen le plus sûr comme le plus honorable de se procurer les biens dont la possession est nécessaire ou enviable. Ils peuvent recourir à l'aumône, à la rapine ou au travail.

D'un commun accord, tous repoussent l'aumône.

Le brigandage, proscrit maintenant, a été en honneur chez bien des nations, où il était préféré au travail ; et parmi les peuples déprédateurs, les Romains ont droit à une mention particulière. C'est avec empressement qu'ils ont toujours quitté la charrue pour la guerre de conquête et de pillage ; bientôt même ils l'abandonnèrent tout à fait, et firent cultiver la terre par les esclaves que le sort des armes leur avait livrés. Quant à l'industrie, elle fut toujours méprisée par eux.

357. Plus tard, les Barbares accoururent de tous les points de l'horizon, pour arracher au peuple-roi les richesses qu'il avait amassées. Peu à peu, ils formèrent des établissements permanents dans les contrées qu'ils avaient ravagées. Ils y apportèrent leurs vices et s'y fixèrent en maîtres, sans renoncer à ce droit de la force, dont ils avaient déjà si largement usé.

De tous les priviléges qu'ils purent s'attribuer, celui qui leur parut sans doute le plus précieux, ce fut de vivre du travail des autres. L'esclavage, cependant, se modifia ou changea de forme ; il fut remplacé par le servage : sous ce régime, le vaincu cultiva la terre sous l'obligation de la redevance : si le serf fut vendu encore, comme l'avait été l'esclave, l'objet du contrat fut moins l'homme lui-même que les redevances et les services fixes, auxquels il était assujetti.

Entre les seigneurs placés au premier rang autour du trône et les serfs, il y avait place, au moyen âge, pour de nombreux intermédiaires. Mais parmi les descendants des vainqueurs eux-mêmes ; parmi ceux qui avaient pris part au butin, comme ils avaient pris part au combat, et possédaient leurs terres à titre d'*alleux*, le plus grand nombre, dans l'état de désordre et d'anarchie qui devint

habituel, furent contraints de chercher dans la suzerai-
neté d'un homme puissant la protection que les lois ne
pouvaient plus leur accorder. On vit les propriétaires de
biens libres les donner à celui dont ils voulaient s'assurer
le constant appui et les recevoir ensuite comme *fiefs* ; ou
même, pour simplifier les formalités, on créa ce qui s'est
appelé les *fiefs de reprise.* « Alors, a dit M. Guérard, la
terre servit la terre, de même que la personne servit la
personne : tout tomba dans le servage, et noble ou non
noble, on naquit l'homme de quelqu'un. On était placé,
non pas au niveau, mais au-dessus ou au-dessous de son
voisin (1). »

On ne peut confondre toutefois les serfs et les vas-
saux.

358. A cette époque reculée de notre histoire, l'industrie existait déjà, quelque modeste que fût le rôle
joué par elle ; ceux qui l'exerçaient étaient le plus souvent groupés dans les villes, et y vivaient sous d'autres
principes du fruit de leur travail, protégés, dans une certaine mesure, par les chartes d'affranchissement acquises
par les communes. « Lorsque le système féodal était dans
toute sa vigueur, avons-nous dit autre part, et pesait
d'un poids souvent intolérable sur les populations asser-
vies, des associations se formèrent dans le but de se défendre contre la tyrannie des seigneurs : ce sont les communes (2). » Ce n'est point ici le lieu de raconter leur
histoire.

359. Peu à peu, cependant, le servage s'adoucit et
disparut ; les liens du vasselage se relâchèrent, puis se
rompirent tout à fait ; le sol put être possédé sans en-

---

(1) *Polyptique de l'abbé Irminion*, etc., t. 1er, p. 200 (V. notre *Histoire de la
Possession*, chap. 2, p. 34 et s.).
(2) V. notre *Histoire de la Possession*, etc., p. 44, 3e § *in fine.*

traves par les plébéiens. Le patriciat, sans doute, n'avait
point cessé d'exister ; il avait su conserver certains priviléges ; il s'en dépouilla lui-même dans la nuit fameuse
du 4 août 1789, et l'égalité entre tous les Français fut
désormais déclarée. Mais en même temps que s'était lentement opérée la transformation ainsi complétée et consacrée ; que les seigneurs et les descendants des anciens
serfs avaient vu leur condition se modifier et marcher
vers l'égalité, il est curieux d'observer qu'un mouvement
contraire s'était opéré dans les villes et parmi les hommes
plus particulièrement livrés au commerce et à l'industrie.

Chez les Romains et même chez les Grecs, avant eux,
ceux qui s'adonnaient à l'exercice des arts mécaniques
s'étaient formés en colléges ou corporations, dont l'origine, à Rome, était attribuée à Numa. Sans raconter les
vicissitudes de cette institution pendant plusieurs siècles, disons tout de suite que nous retrouvons ces associations sous les empereurs, n'existant qu'avec l'autorisation du pouvoir souverain, et rattachées par certains
côtés à l'organisation des cités. Au moyen âge, ces associations ont surnagé dans l'immense naufrage qui a en-
glouti l'empire romain et ses institutions. Affranchies de
la lourde tutelle à laquelle elles avaient été soumises,
elles couvrent toute l'Europe et florissent particulièrement en France. Louis IX ne les a pas créées, mais son
nom se rattache à leur existence, parce qu'il a constaté
d'une manière officielle, dans les règlements des arts et
métiers de Paris, rédigés par Étienne Boileau, les lois
qu'elles s'étaient données et qui se trouvèrent ainsi con-
firmées (1).

_____

(1) Il est superflu sans doute de faire remarquer que ces corps de métier n'a-

360. Les fiefs, originairement restreints aux propriétés rurales, avaient fini par s'étendre à tout (1) : on ne peut donc s'étonner que les seigneurs, en plein système féodal, aient prétendu qu'au nombre des droits qu'ils pouvaient concéder sur les terres qui relevaient d'eux, devait se trouver l'exercice des métiers, et qu'ils aient voulu soumettre la faculté de travailler au paiement d'une somme d'argent ou à une redevance annuelle.

Les corporations de métiers, dont nous avons parlé tout à l'heure, souffraient de ces exigences, et tout naturellement s'étaient unies aux communes contre les seigneurs. Elles avaient précédé la lutte, et elles lui survécurent ; un instant, peut-être, elles furent utiles en prêtant leur concours à la guerre engagée contre une force brutale ; mais cette phase de leur existence dura peu ; elles devinrent oppressives et, à leur tour, elles furent attaquées. Elles n'étaient elles-mêmes, en effet, que des associations privilégiées, apportant au libre exercice du travail les plus regrettables entraves. Elles s'aperçurent bientôt que, pour conserver les droits qu'elles s'étaient arrogés, elles avaient besoin d'un protecteur auquel elles consentiraient à se soumettre ; et après que la féodalité eut été amoindrie et détruite, ce fut au pouvoir royal que les corporations s'adressèrent pour maintenir leurs priviléges. Les corporations pouvaient invoquer l'ancienneté des usages, dont elles sollicitaient la consécration : au moyen âge les traditions formaient un titre presque toujours respecté. Leur organisation facilitait la perception des impôts et des taxes ; elles consentirent, d'ailleurs, à

vaient rien de commun avec les communautés si communes au temps de la féodalité, connues sous le nom de *Sociétés taisibles.*

(1) V. Brussel, *Nouvel examen de l'usage général des fiefs en France*, liv, 1er, chap. 1er, § 11.

payer les faveurs qu'elles voulaient obtenir ; et c'est à
prix d'argent surtout qu'elles surent maintenir les abus
sans nombre dont elles avaient été la source à toutes les
époques.

Cependant il vint un moment, où ces abus parurent
intolérables. Nous nous contenterons, pour les rappeler,
de citer quelques mots de l'éloquent préambule de l'édit
de février 1776, qui essaya de supprimer les corporations
de métiers, plus connues, aux derniers temps de leur
existence, sous le nom de *maîtrises et jurandes*. « Dans
« presque toutes les villes de notre royaume, dit ce do-
« cument, l'exercice des différents arts et métiers est
« concentré entre les mains d'un petit nombre de maî-
« tres réunis en communauté, qui peuvent seuls, à l'ex-
« clusion de tous les autres citoyens, fabriquer ou ven-
« dre les objets du commerce particulier dont ils ont le
« privilége exclusif ; en sorte que ceux de nos sujets qui,
« par goût ou par nécessité, se destinent à l'exercice des
« arts et métiers, ne peuvent y parvenir qu'en acquérant
« la maîtrise, à laquelle ils ne sont reçus qu'après des
« épreuves aussi longues et aussi nuisibles que super-
« flues, et après avoir satisfait à des droits ou à des
« exactions multipliées, par lesquelles une partie des
« fonds, dont ils auraient eu besoin pour monter leur
« commerce ou leur atelier, ou même pour subsister, se
« trouve consommée en pure perte. »

361. Le patriciat réduit à n'être désormais qu'un
nom et un souvenir, il fallait donc détruire ces dernières
entraves à la liberté ; les maîtrises et les jurandes, que
l'édit dont nous avons rapporté quelques mots, n'avait
pas complétement abolies, ne tardèrent pas à disparaître.
L'effort ne fut pas grand. Ces barrières, quand le moment fut venu, s'abaissèrent d'elles-mêmes, pour ainsi

dire, et l'égalité entière des citoyens français ne fut soumise à aucune exception : la loi du 2-17 mars 1791 a proclamé depuis longtemps, pour toute personne, la liberté de faire « tel négoce ou d'exercer telle profession, « art ou métier qu'elle trouvera bon. » Ces faits, que nous venons de rappeler, sont à ce point de notoriété publique, qu'il devient malaisé de comprendre comment un homme de bonne foi pourrait encore soutenir que le salariat est la continuation, sous une autre forme, du servage féodal, et que le patron moderne représente le seigneur du moyen âge.

362. Est-ce donc qu'au moment où cessaient d'exister devant la loi, nobles et roturiers, corporations privilégiées et entraves à l'industrie, il restait encore debout un obstacle qu'il fallût renverser ?—Ce que la bourgeoisie, a-t-on dit, avait fait avec tant de vigueur contre les patriciens, est-ce qu'elle devait le subir à son tour ? — Après l'abolition des maîtrises et jurandes, qui donc restait en France, qui dût abandonner un privilége ou à qui le sacrifice pût en être imposé ?— Nous ne voyons partout, quant à nous, que la plus complète égalité civile. Il resta à tous, les garanties les mieux assurées pour acquérir ou conserver ; à tous aussi, les moyens de changer et d'améliorer sa position par son travail, dans la carrière des arts mécaniques, comme dans la carrière des arts libéraux.—Mais si l'égalité fut complète, si la liberté fut entière, nous dirons tout à l'heure, que, pour réussir dans la carrière des arts libéraux, des efforts bien autrement grands sont nécessaires. Quant aux ouvriers, dès ce moment, « ils purent ouvrir une boutique, établir un « atelier, organiser une banque aussi bien que le pre- « mier marchand, industriel ou financier venu ; et, pour « cela, ils ne furent pas tenus à d'autres conditions ou

« formalités que ce marchand, cet industriel ou ce fi-
« nancier » (1). Aucun doute n'est possible à cet égard (2),
et ils ont pour les aider l'association et le crédit.

363. Dans l'examen de questions pratiques et sérieuses, il faut éviter les déclamations sans prétexte, les
divagations à perte de vue, les mots qui n'ont aucun
sens ; un non-sens n'appartient à aucune école politique
ou économique, non plus qu'une faute d'orthographe
n'appartient à aucun style.

Les prolétaires, si ce mot désigne les hommes sans patrimoine, se trouvent dans toutes les classes de la société ; il faut en dire autant des salariés.

Dans quelque carrière qu'un homme veuille s'engager,
il doit, en retour de son travail, recevoir un salaire :
qu'il embrasse même le sacerdoce, qu'il soit promu aux
plus hautes dignités de l'Église ou de l'État ; qu'il soit
l'artiste le plus éminent, le médecin le plus instruit, l'a-
vocat le plus éloquent, le commerçant le plus habile,

---

(1) V. M. G. Chaudey, dans le journal l'*Association*, n. 5, p 136.

(2) Nous savons quelle école soi-disant avancée, dont Proudhon avait bien
voulu se rendre l'écho, s'écriait : « Le suffrage universel nous a rendus majeurs po-
« litiquement, mais il nous reste encore à nous émanciper socialement... Droit po-
« litique égal, implique nécessairement un égal droit social (a) ». L'égalité sociale,
la liberté civile entière, sans restriction, ont été définitivement acquises en France en
1789.—Nous en avons tous joui sous les régimes politiques divers qui se sont succédé jusqu'à nos jours. Ce souverain bien, nous en avons profité bien avant d'avoir le
suffrage universel ; si l'égalité politique en est sortie, il l'a précédée et en est indépendant. Est-ce donc parce que les ouvriers imprimeurs ou typographes avaient vu
que les femmes étaient exclues des droits politiques, qu'ils les ont violemment expul-
sées des ateliers, où elles voulaient prendre place, afin d'améliorer, elles aussi, leur
position par le travail ? — Ces odieux procédés contre leurs sœurs, qui demandaient
leur part de soleil et la liberté de vivre en travaillant, sont-ils dus à l'initiative des
ouvriers ou aux dispositions des lois justes et bienfaisantes qui nous régissent ?
Était-ce pour obtenir de semblables résultats, que les ouvriers demandaient à grands
cris qu'on abrogeât la loi contre les coalitions ? Quand la femme abandonne le foyer
domestique, atelier pour atelier, mieux vaut pour elle, à coup sûr, celui où le
salaire est le plus élevé.

(a) V. le journal l'*Association*, nº 8, p. 228.

l'ouvrier le plus adroit, ou le professeur le plus érudit, la récompense de son travail sera un salaire, et nous restons confondu quand des esprits éclairés cherchent à nous persuader que l'absence de fortune est le prolétariat ; que l'exercice d'un travail ou le salaire servent à désigner, dans notre organisation sociale, une classe particulière frappée ou par la loi ou par les mœurs ; les enfants de tout homme adonné aux arts libéraux héritent-ils donc nécessairement d'un patrimoine ? et celui-là seul qui consomme les fruits de son travail ; qui n'a rien à offrir aux autres ni rien à leur demander ; le sauvage vivant dans les forêts de l'Amérique du produit de sa chasse, celui-là seul, disons-nous, s'il est encore prolétaire, peut répudier le titre de salarié. A qui donc fera-t-on croire qu'un salaire légitimement acquis soit un titre d'infériorité pour celui qui le reçoit ?

Si le salariat est partout, partout aussi il est soumis à la même condition ; si les salaires cessent d'être payés ou restent insuffisants, celui qui y puisait ses moyens d'existence tombe en proie à la misère, quel que soit le rang qu'il occupait dans l'échelle sociale ; quel que fût le chiffre de ses salaires, s'il n'a su faire des économies. Mais, parmi ces salariés, les uns ont consacré de longues années à l'étude ; un court apprentissage a suffi aux autres. Les uns, quand ils ont acquis par des efforts soutenus et la fatigue des veilles, les connaissances qui leur sont nécessaires, cherchent en vain bien souvent le moyen de les utiliser ; les seconds trouvent sans peine l'entrepreneur qui accepte leurs offres et rétribue leur travail ; le chômage sera toujours pour eux de courte durée. Du reste, qui donc songe à nier ou croit utile de constater la différence de fait entre les gros et les petits salaires ; mais quand il s'agit de la dignité de celui qui

reçoit, où est la différence? D'un autre côté, a-t-on voulu
contester que ce ne soit un difficile problème que de
trouver la meilleure loi pour régler les salaires?

Nous n'avons point à distinguer, au point de vue où
nous sommes placé, le salaire à la tâche du salaire à la
journée, au mois ou à l'année; mais nous devons rappeler que si pour l'entrepreneur lui-même, le bénéfice
qu'il réalise, après avoir payé le loyer du capital employé, représente le salaire de ses soins, de ses veilles,
de son habileté, on peut faire de ces salariés, toutefois,
une classe particulière : pour eux, le salaire est aléatoire; il s'élève parfois à un chiffre que rien ne limite;
il peut descendre à néant, ou entraîner la perte même de
tout le capital que ce travailleur avait précédemment
amassé et qu'il a ainsi compromis. Libre à chacun de
choisir sa voie. Mais nous ne savons pourquoi l'on cher-
cherait à faire un point d'honneur à tous, de préférer
au salaire soustrait aux chances de perte les hasards d'une
lutte que la nature de leur esprit, pour quelques-uns,
leurs goûts, leurs facultés, peut-être, leur font désirer
ou leur imposent la loi d'éviter.

Nous ne faisons que répéter ce que tant d'autres ont
dit avant nous; et nous avons cherché avec la plus entière bonne foi une réponse satisfaisante à ces arguments,
qui explique et justifie la persistance de l'anathème incessamment lancé contre le salariat. Nous n'avons trouvé
que des personnalités qui ne prouvent rien; ou d'inno-
centes plaisanteries sur les salaires d'un souverain ou de
telle autre individualité et nous ne pouvons les accepter
comme des raisons bien concluantes. Rien n'est plus légitime, sans doute, que de préférer le rôle d'entrepreneur à celui d'ouvrier; mais, encore un coup, pourquoi
faire de cette aspiration, permise à tous, un devoir, et

du salariat une honte? Pourquoi, et dans quel intérêt, chercher à persuader que le salariat est une chose mauvaise en soi, comme l'a été, comme l'est malheureusement encore l'esclavage? L'un est plus hardi ou plus ambitieux; l'autre, à coup sûr, ne manque à aucun devoir ni envers lui et sa propre dignité, ni envers les autres en se montrant moins exigeant et plus modeste dans ses désirs. Le sort de chacun est entre ses mains.

364. Celui qui veut embrasser la carrière des arts libéraux doit, lui aussi, arriver par son courage et sa persévérance; mais dans le sentier glissant qu'il cherche à gravir, nul soutien ne s'offre à lui pour l'aider à atteindre le but; l'ouvrier, plus heureux, peut trouver un utile secours dans l'association et le crédit. Félicitons-le de cet avantage; encourageons ses efforts; mais laissons enfin de côté des exagérations, en ce qui le touche, qui ne sont pas justifiées; et constatons que pour l'homme livré aux arts mécaniques, que pour le simple commis salarié par un commerçant, l'étude préparatoire a été courte et peu dispendieuse, et les facilités sont grandes pour arriver à être entrepreneur ou patron, si nous le comparons à celui qu'on veut bien désigner encore quelquefois sous le nom de *bourgeois*, parce qu'il aura préféré, à ses risques et périls, la pénible et longue carrière des arts libéraux.

L'application nouvelle du principe d'association, qui a été faite par les sociétés dites coopératives, est un progrès encore, et un bienfait dont la réalisation laisse intacts, du reste, les principes essentiels du contrat, objet de nos études, et auquel nous devons enfin revenir.

365. De tout temps et en toute circonstance, les hommes, en se réunissant en société, n'ont pu avoir que l'un ou l'autre de ces deux buts : ou défendre et con-

server les biens qu'ils possédaient, et nous prenons ce
mot dans son acception la plus étendue; ou bien les accroître. Dans l'ordre politique, par exemple, les associations ont pu être défensives ou agressives : le but des
unes est de conserver; celui des autres est d'acquérir :
on se contente, dans les unes, de se prémunir contre les
chances de perte; on veut, dans les autres, trouver les
moyens de gagner.

L'association passa de l'ordre politique dans l'ordre
civil, et conserva la même nature et sa vertu bienfaisante.
Toutes les réunions qui ont été essayées ont eu toujours un
des deux caractères que nous avons définis, et il est facile
de le reconnaître et de le signaler dans les diverses associations; mais il aurait fallu deux mots différents pour
faire comprendre la nuance bien tranchée qui les sépare
les unes des autres, tandis que le mot *société* désigne indifféremment, même dans la langue du droit, la compagnie d'assurances mutuelles comme la compagnie organisée dans le seul but de poursuivre un bénéfice.

Le désir exprimé quelquefois de faire cesser cette confusion n'a été satisfait encore ni par les hommes étrangers à la science, ni même par les jurisconsultes mieux
placés, par leurs études, pour comprendre l'utilité de la
distinction proposée. Cependant, le mouvement des idées
a créé, dans ce qu'on peut appeler la science sociale, un
mot qui désigne bien la réunion d'individus n'ayant
d'autre but que de conserver ou de préserver; c'est *la
mutualité*. Si les jurisconsultes et la loi ont qualifié encore, au moins de sociétés civiles, les associations qu'en-
gendre la mutualité, elles résistent quelquefois d'une
manière absolue à une semblable dénomination. L'objet
de ce livre indique assez que ce n'est point de telles réunions que nous devons nous occuper. Quant aux sociétés

proprement dites, et particulièrement quant aux sociétés commerciales, l'orateur du Tribunat, s'adressant au Corps législatif, disait avec raison, pour en faire comprendre la nature : « L'espoir de partager le bénéfice, que la « chose commune pourra produire, est la vue intention- « nelle qui dirige ce contrat. »

Nous n'essayerons pas de discuter si on réalise un véritable bénéfice, en évitant de perdre : ce serait abuser des mots que de raisonner ainsi, et sans profit obscurcir ce que chacun comprend à merveille ; on n'augmente pas ce qu'on l'on se contente de ne point diminuer ; mais y a-t-il, dans ce concours de volontés, cherchant à réaliser un bénéfice dont chaque associé doit profiter, un sentiment de fraternité ?

L'exposé des motifs de la loi sur les sociétés, présentée au Corps législatif le 28 mars 1865, rappelant un passage des *Institutes du droit consulaire,* par Toubeau, ajoute : « Il fait évidemment allusion à la loi 63 du Digeste, titre *pro socio,* où il est dit : « *Societas jus quodam modo fraternitatis in se habet.* »

Il y a utilité, peut-être, pour éviter les déceptions ou des exigences sans fondement, à se rendre bien compte de l'objet que se propose une réunion d'individus en se formant en société.

Nous ne voyons, quant à nous, apparaître les sentiments de fraternité, si nous comprenons bien l'idée que ce mot exprime, que là où l'intérêt personnel s'efface et se sacrifie dans une mesure, quelque petite que ce soit, à l'intérêt du prochain. Ce n'est point agir en frère qu'apporter un secours en retour du secours qu'on attend, et qu'offrir un service dont on réclame le salaire. La société est un bienfait parce que chacun, en poursuivant son propre bien, contribue au bien des autres ; mais, si elle ne pouvait subsister que par la constante pratique de la loi du sacrifice, son existence serait trop précaire. C'est en s'appuyant sur des sentiments d'un ordre moins élevé qu'on peut arriver à des résultats pratiques et espérer un succès. Les choses humaines doivent être appréciées humainement.

366. Nous ne trouvons pas d'autres principes, d'autres règles dans les sociétés dites de *coopération* ou *coopératives.* Ces sociétés ne sont formées que pour améliorer le sort des associés, sans exiger d'eux aucun sacrifice, aucun service gratuit, aucun acte de charité ou de bienfaisance ; et elles marchent toutes au même but par des routes diverses. — Les sociétés de *consommation* répondent aux besoins de la vie à bon marché et permettent ainsi l'épargne. Les sociétés de *banque* ou de *crédit* donnent à cette épargne, qu'elles facilitent et encouragent, le plus utile emploi ; et, plus tard, elles étendront à tous les bienfaits du crédit. Les sociétés de *production* ont pour mission de répartir entre un plus grand nombre la richesse, et de donner, au profit de tous, une formule nouvelle réalisant d'une manière plus complète l'alliance si désirable entre le capital, le talent et le travail, trois éléments qui ne peuvent se passer l'un de l'autre, et se sont déjà associés, quoi qu'on en ait dit, le jour où le travail libre et le salaire ont remplacé l'esclavage. Toutes ces sociétés tendent donc au même but, nous le répétons : le bien-être que donne le gain réalisé.

367. Le plus habile cultivateur, il est vrai, ne peut obtenir une récolte sans le champ qu'il doit féconder par le travail : dans l'industrie, la main-d'œuvre, dont l'ouvrier dispose, a besoin du capital qui lui donne la matière et les accessoires nécessaires souvent pour l'exploiter.

Ce capital, s'il ne l'a reçu par héritage, il se le procurera par ses économies, lentement, avec efforts peut-être ; et quand il n'aura plus qu'à compléter la somme nécessaire, il s'adressera au crédit, car l'accumulation des épargnes mises en réserve fait souvent perdre un temps que rien ne peut rendre. Pour éviter cette irréparable perte, pour se procurer, non le capital tout entier, trop aventureuse entreprise, mais le complément qui fait défaut, s'offre le crédit, qui est un bienfait, puisque l'argent qu'il procure devient, dans les mains de l'industriel ou du commerçant, immédiatement productif.

Le crédit, il n'est pas besoin de le dire, loin de dispenser de l'épargne, la rend désormais plus nécessaire ; il faut restituer l'argent prêté et l'intérêt stipulé ; mais cette épargne devient plus facile si les bénéfices de l'emprunteur sont augmentés.

Personne n'en est plus à se demander aujourd'hui, en présence des résultats obtenus de l'autre côté du Rhin, s'il est possible d'organiser le crédit en faveur de toutes les classes de la population. Le problème avait été déjà résolu par les fameuses banques d'Écosse depuis bientôt deux siècles. Ce qui les distingue, on le sait, ce n'est point la manière dont elles ont été créées ; leurs fondateurs étaient des capitalistes cherchant le meilleur emploi de leur argent ; et ils ont su le trouver dans des opérations qui ne sont limitées ni par la position sociale de l'emprunteur, ni par la somme souvent très-minime qu'elles consentent à recevoir, comme caisse d'épargne, ou qu'elles prêtent, même à découvert, dans des conditions que toutes les autres banques regardaient comme inadmissibles.

Cet exemple pouvait être aisément suivi hors d'Écosse

et répondre d'une manière suffisante à un besoin réel :
en fait, il ne l'a point été ; mais en Allemagne particulièrement, où les institutions de crédit étaient sans doute
plus rares ou moins complètes, sous l'inspiration de
M. Schultze-Delitzch, des banques créées sur de très-
larges bases se sont fondées et propagées dans les petites
villes surtout, où elles rendent plus de services aux petits
artisans et aux marchands en détail qu'aux ouvriers proprement dits (1). Si la France, quoique plus avancée que
l'Allemagne sous bien des rapports, ne possède point
encore cependant des banques répondant à tous les besoins, on ne pourra qu'applaudir à des créations nouvelles, établies sur d'autres principes ; et les moyens
pour suivre l'exemple que nous ont donné nos voisins
ne manquent pas.

368. Nos caisses d'épargne détiennent des sommes
énormes et ne donnent aux déposants qu'un modique intérêt. Chaque jour, ces caisses achètent d'office des rentes
sur l'État au profit de leurs clients. Les sommes retirées
par les clients eux-mêmes ou l'argent accumulé entre
leurs mains par tout autre moyen, se placent en petits
coupons démocratisés par les emprunts nationaux, en actions, en obligations des plus grandes compagnies industrielles. Dans cette masse énorme de capitaux, combien de millions appartiennent aux ouvriers et suffiraient
à fonder des banques également utiles aux fondateurs et

---

(1) Ces petits fabricants ou artisans sont déjà beaucoup plus nombreux en France
qu'on ne le croit peut-être. Dans l'enquête faite par la chambre de commerce de
Paris pour 1860, il avait été constaté déjà ce fait très-remarquable que, sur 101,474
fabricants recensés, 62,499 n'avaient qu'un seul ouvrier ou travaillaient seuls. Il ne
s'agit donc pas de créer, mais d'encourager un mouvement déjà fortement prononcé, et qui ne rencontre pas ici les obstacles qu'il doit encore surmonter dans bien
des parties de l'Allemagne, où la liberté entière de l'industrie est loin d'avoir été
proclamée jusqu'à ce jour.

aux clients! C'est aux ouvriers les premiers, à coûp sûr, à avoir confiance en eux-mêmes et à se faire les banquiers, puisqu'ils le peuvent, de leurs compagnons de travail ; les capitalistes proprement dits suivront l'exemple qui aura été donné. Ajoutez à tous ces capitaux disponibles les sommes dépensées sur les comptoirs de ces myriades de marchands de vin qui pullulent, partout où il y a des ouvriers, et dont aucun d'eux, quand il est soucieux de sa dignité, ne devrait approcher. Joignez-y les salaires représentés par les jours de chômage volontaire; par les *lundis* traditionnels, perdus en débauche et indépendants du légitime repos que le dimanche doit donner à tous ; n'oubliez pas les grèves stériles, ou pour mieux dire, funestes aux parties. Additionnez ensuite les sommes qui seraient ainsi produites ; et dites si les ouvriers ont besoin d'autre secours que celui qu'ils peuvent se donner. *Aide-toi, le ciel t'aidera.* « Les banques d'avances, a dit M. Horn, apprennent au travailleur de la manière la plus efficace, par le succès, que l'amélioration de son sort est entre ses mains et non ailleurs ; qu'il doit la chercher dans son assiduité au travail, dans son esprit de prévoyance, dans les progrès de sa moralité et de son intelligence, dans la considération qu'il sait acquérir et conserver. Là où cette conviction aura pénétré les masses et sera devenue le guide de leurs actes, les classes dites inférieures s'élèveront immanquablement, sans que cette tendance ascensionnelle puisse donner la moindre appréhension aux autres classes de la société »(1). —Loin de là, ajouterons-nous, elles salueront ce progrès de leurs plus sincères acclamations, et chercheront à le favoriser.

---

(1) V. l'introduction par M. Horn au *Crédit populaire*, par M. Balbie, p. 52.

Avons-nous besoin d'expliquer que le but des caisses d'épargne n'était pas de recevoir et de faire fructifier un capital déjà formé, mais bien d'offrir à tous un moyen de formation successive de ce capital? Les banques qui doivent les remplacer présenteront le même avantage, mais répondront en même temps au besoin d'un crédit plus facile; et elles pourront suffire à cette double tâche. En effet, les versements seront de tous les jours; les retraits, au contraire, n'auront lieu que lorsque les dépôts auront atteint une certaine élévation. C'est ce mouvement régulier et qui doit être continu qui permet de réaliser le problème. En vain le fleuve déverse, sans s'arrêter, ses flots dans la mer: la source et ses affluents alimentent son cours, et, sur les deux rives qu'il baigne, il apporte incessamment la fécondité et la vie. Qu'on ne l'oublie pas, si les bourses sont petites, en revanche elles sont nombreuses, et les ouvriers eux-mêmes doivent organiser le crédit dont eux surtout doivent profiter. Qui donc aura confiance en eux, nous le répétons, si ce n'est eux-mêmes? Mais si, dans une certaine mesure, les banques peuvent remplacer les caisses d'épargne et en tenir lieu, elles laisseront subsister les caisses de secours mutuels pour les chances de maladie : les caisses de retraite et d'assurances pour la vieillesse, destinées à une catégorie d'ouvriers qui n'aspirent point à devenir patrons.

Quant aux autres, le travail, l'association et le crédit leur donneront le succès.

Sans rechercher ici quelle est la loi qui régit le taux des salaires, nous savons tous que ce n'est pas la loi du *strict nécessaire*; il devient donc superflu d'en rechercher les exactes limites; et tout en admettant que « le nécessaire, dans le sens que lui donne la langue usuelle, varie avec les conditions et les usages établis (1), » nous ne pensons pas que nul puisse soutenir que ces variations soient dans la même proportion que celle des salaires si différents que reçoivent les ouvriers, selon leur habileté ou le genre d'industrie auquel ils sont adonnés, et lesquels tendent à s'élever de jour en jour d'une manière plus rapide, à coup sûr, que le prix des objets de consommation.

L'économie est donc, presque toujours au moins, possible pour l'ouvrier ; elle sera de sa part un mérite, que nous sommes loin de vouloir rabaisser, une vertu peut-être ; mais elle aura sa récompense, que l'*association* et le *crédit* l'aideront à réaliser ; et si chacun peut également aujourd'hui aspirer à devenir artiste, écrivain, avocat, médecin, professeur, la lutte sera bien plus pénible pour lui, sans que nous lui donnions le droit de se plaindre :

A vaincre sans péril, on triomphe sans gloire.

SECTION PREMIÈRE.

Des diverses sociétés et de leurs règles.

ARTICLE 18.

Le contrat de société se règle par le droit civil, par les lois particulières au commerce, et par les conventions des parties.

SOMMAIRE.

369. Les sociétés commerciales sont régies tout à la fois par les dispositions du Code civil et par les lois spéciales (C. comm., art. 18) ; énumé-

---

(1) M. J. Simon, *Revue des Deux-Mondes,* 1ᵉʳ janv. 1866, p. 134.

ration de toutes les sociétés reconnues par la loi et indication de la partie de cet ouvrage où le commentaire en est donné.

369. « Nous n'avons pas cru, ont dit les rédacteurs « du Code de commerce, qu'il fût nécessaire que le pro- « jet rappelât les dispositions du Code civil qui, en ma- « tière de société, sont communes à tous les citoyens, « quelle que soit leur profession ; les lois du commerce « étant une dérogation au droit commun, il est hors de « doûte qu'en tout ce qui n'est pas excepté, les com- « merçants, comme les autres citoyens, sont soumis au « droit civil (1). »

Les sociétés commerciales sont donc régies, tout à la fois, et par les dispositions du Code civil et par les règles particulières au commerce. Par suite, et sous peine de donner d'une manière bien incomplète les règles du contrat de société, les auteurs n'ont jamais pu séparer le commentaire de la loi commerciale des principes géné- raux écrits au Code civil, auxquels ils ont dû se repor- ter. Les uns, et selon la nature de l'ouvrage, ont ratta- ché le Code de commerce au Code civil; les autres, et nous avons suivi cet exemple dans notre première édi- tion, ont rattaché, au contraire, le Code civil au Code de commerce.

Nous croyons aujourd'hui qu'il est plus logique et plus clair de ne point essayer cet amalgame; de parler d'abord du Code civil; de passer ensuite au Code de commerce et autres lois spéciales, qui ont établi les ex- ceptions de jour en jour plus nombreuses, sans qu'elles aient porté atteinte, cependant, à ce principe proclamé par les auteurs du Code de commerce, qu'en matière de société, le Code civil forme le droit commun.

---

(1) *Analyse raisonnée des Observ. des tribunaux*, p. 25.

Nous commencerons donc par expliquer les art. 1832 à 1873, C. civ., qui contiennent, tout à la fois, et les règles complètes de la société civile, et les principes généraux, nous le répétons, auxquels sont soumises les sociétés commerciales.

Ces sociétés commerciales, dont il nous restera à parler, ne sont plus réglées exclusivement aujourd'hui par le Code de commerce. La société en commandite par actions, que le Code avait nommée, a été réglementée d'une manière particulière, et, après coup, par la loi du 17 juillet 1856 ; et la loi du 23 mai 1863 avait ajouté à la nomenclature faite par l'art. 19 ci-après, les sociétés à responsabilité limitée.

La loi du 24 juillet 1867 a abrogé pour l'avenir les lois du 17 juillet 1856 et du 23 mai 1863, dont nous venons de parler.

Cette même loi du 24 juillet 1867 a abrogé également les art. 31, 37 et 40, C. comm., et soumis à des principes autres que ceux qu'avaient établis ces textes, les sociétés anonymes.

Elle a enfin créé les sociétés à capital variable, et fixé le régime particulier auquel seront soumises les tontines et les sociétés d'assurances.

Il faut donc désormais, pour être complet sur la matière des sociétés, parler :

1º *Des sociétés civiles ;* elles sont réglées par les art. 1832 à 1872, C. civ., qui posent en même temps les principes généraux formant le droit commun en matière de sociétés commerciales. Nous en donnons le commentaire sous l'art. 18, dont nous nous occupons.

2º *Des sociétés en nom collectif.* Nous en donnerons le commentaire sous les articles du Code de commerce spéciaux à ces sociétés (C. comm., art. 20 et suiv.).

3° *Des sociétés en commandite ordinaires.* Nous en don-nerons également le commentaire sous les articles du Code de commerce, qui y sont relatifs (C. comm., art. 23 et suiv.).

4° *Des associations en participation* nommées dans les art. 47 et suiv., C. comm., et dont nous parlerons sous ces articles.

5° et 6° *Des sociétés en commandite par actions* et des *sociétés anonymes*, créées depuis la promulgation de la loi du 24 juillet 1867, et régies par les dispositions de cette loi, combinées avec les art. 29, 30, 32, 33, 34, 35, 36, 38, 39 et 41 du Code de commerce, que la loi de 1867 a conservés.

7° et 8° C'est également dans le commentaire de cette loi du 24 juillet 1867, que nous parlerons des *sociétés à capital variable* et des tontines, ainsi que *des sociétés d'as-surances*.

Nous espérons ainsi être complet.

9° Il sera nécessaire encore, cependant, de dire quel-ques mots *des sociétés étrangères*, au moins en ce qui touche les rapports qui peuvent exister entre elles et des Fran-çais et les opérations qu'elles accomplissent en France. Des difficultés fort graves ont été élevées à ce sujet. Les développements auxquelles nous devons nous livrer trouveront également leur place dans un chapitre parti-culier, que nous leur avons consacré dans un appendice. Nous croyons inutile désormais de parler des lois du 17 juillet 1856 et du 23 mai 1863, qui ont été abrogées par les art. 20 et 47 de la loi du 24 juillet 1867.

SOCIÉTÉS CIVILES ET PRINCIPES GÉNÉRAUX COMMUNS A TOUTES LES SOCIÉTÉS.

CODE CIVIL (livre 3, titre 9). DU CONTRAT DE SOCIÉTÉ.

CHAPITRE Ier. — Dispositions générales (art. 1832 à 1834, nos 370 à 392).

CHAPITRE II. — Des diverses espèces de société (art. 1835 à 1842, nos 393 à 400).

Section 1re. — Des sociétés universelles.

Section 2. — De la société particulière.

CHAPITRE III. — Des engagements des associés entre eux à l'égard des tiers (art. 1843 à 1864, nos 401 à 462).

Section 1re. — Des engagements des associés entre eux.

Section 2. — Des engagements des associés à l'égard des tiers.

CHAPITRE IV. — Des différentes manières dont finit la société (art. 1865 à 1872 (nos 463 à 505).

DISPOSITIONS RELATIVES AUX SOCIÉTÉS DE COMMERCE (art. 1873, n° 506).

SOMMAIRE.

370. Le Code civil a défini la société : « Un contrat « par lequel deux ou plusieurs personnes conviennent « de mettre quelque chose en commun, dans la vue « de partager le bénéfice qui pourra en résulter » (art. 1832).

Cette définition n'est pas complète ; le législateur eût mieux fait, sans doute, de copier textuellement les expressions de Pothier, dont il avait l'ouvrage sous les yeux, et de dire avec lui : « Le contrat de société est un contrat par lequel deux ou plusieurs personnes mettent *ou s'obligent de mettre* en commun quelque chose, pour *faire en commun* un profit *honnête* dont elles s'obligent réciproquement de se rendre compte (1). » Toutefois, nous n'insistons point à cet égard ; les définitions que l'on a données du contrat de société sont innombrables, pour ainsi dire, et aucune peut-être n'échapperait à la critique, si l'on exige qu'en quelques mots elle fasse connaître d'une manière complète le contrat qui a donné lieu jusqu'ici à un aussi grand nombre de commentaires.

_____

(1) *Du Contrat de société*, n. 1.

« L'art. 1833, C. civ., au reste, ajoute encore avec
« raison, pour compléter la définition donnée par l'art.
« 1832 : « Toute société doit avoir un objet licite et être
« contractée pour l'intérêt commun des parties. »

« Le contrat de société, dit un arrêt de la Cour de
cassation, exige, comme conditions essentielles de sa formation, l'intention des parties de s'associer, une chose
mise en commun, et la participation aux bénéfices et aux
pertes de l'entreprise (1). »

Si la société n'est valable qu'à l'expresse condition
que l'affaire pour laquelle les parties s'associent ait un
objet licite, il faut que le profit qu'elle se propose de retirer soit également un profit honnête, et qu'il constitue,
en outre, un gain matériel ou appréciable en argent ; des
satisfactions purement morales et intellectuelles ne peuvent suffire.

On s'est demandé, par suite, quelquefois, si des associations formées pour réparer un dommage, prévenir une
perte, telles que les assurances mutuelles, étaient, à proprement parler, des sociétés (2). Il est certain, au moins,
qu'elles ne constituaient pas des sociétés commerciales,
même alors qu'elles étaient formées entre commerçants
et contre les risques des faillites (3) ; et, en droit rigoureux, peut-être faudrait-il leur refuser le caractère même
de société civile : dans la pratique, toutefois, aucune difficulté n'est élevée à cet égard.

Le bénéfice qui résultera de l'exploitation du fonds
social doit être fait en commun : la convention aux termes
de laquelle deux commerçants avaient, chacun à son tour,
la jouissance exclusive d'une somme d'argent, ne créait

---

(1) Cass., 8 janv. 1872 (J.P.72, p. 56).
(2) Troplong, *Société*, n. 14 ; Douai, 15 nov. 1851 (J.P.53.2.446).
(3) Cass., 8 fév. 1860 (S.60.1.207).

pas une société, « attendu, a dit la Cour de cassation, qu'une société commerciale ne peut exister sans qu'il y ait perte à supporter en commun ou profit à partager entre les associés » (1).

Ainsi encore, il a été décidé que la convention par laquelle divers commissionnaires de transport s'étaient engagés, dans la vue d'économiser les frais, à mettre en commun toutes marchandises, que chacun d'eux serait individuellement chargé de transporter, ne constituait pas une société (2). Le bénéfice de chaque chargement, en effet, devait rester à celui qui l'avait obtenu ; et chaque commissionnaire n'en continuait pas moins à exercer séparément son industrie : la convention ne portait que sur le mode employé pour cet exercice, qui avait semblé le plus avantageux.

371. Il est hors de doute et admis par tous, que la société, en matière commerciale, forme une personne morale, ayant une existence juridique propre, entièrement distincte de la personnalité réelle des associés ; c'est un principe qu'il faut regarder comme fondamental, et qui reçoit, en toute circonstance, ainsi que nous le ferons observer à chaque pas dans notre commentaire, toutes les conséquences qui doivent logiquement en découler : l'opinion contraire, tout à fait isolée de Toullier, ne peut être prise en aucune considération (3).

La question est, au contraire, sérieusement controversée en ce qui concerne les sociétés civiles : plusieurs auteurs modernes enseignent qu'il n'existe, à cet égard, aucune différence entre les sociétés civiles et les sociétés

---

(1) Cass., 4 juill. 1826. V. égal. Cass., 4 janv. 1842 (J.P.43.2.86).
(2) Rouen, 5 mars 1846 (S.46.2.484).
(3) Toullier, t. 12, n. 82.

commerciales (1) ; mais l'opinion contraire a été soutenue par des raisons qui nous semblent préférables (2),
en tenant compte de cette circonstance, que l'on ne saurait confondre avec les sociétés civiles ordinaires les réunions de personnes élevées, par un acte de l'autorité, à
l'état d'établissements publics, et sans qu'il soit possible
d'oublier, bien entendu, que cette réunion de personnes, quel qu'en soit le caractère, représentera nécessairement des intérêts collectifs : les art. 1862 à 1864, C.
civ., relatifs aux engagements des associés envers les
tiers, nous semblent écrits à ce point de vue.

Quand il s'agit des sociétés civiles, il est certain que,
dans toutes les instances relatives aux affaires sociales,
les associés doivent tous figurer en nom propre, être assignés individuellement et non collectivement, comme
formant une personne morale ou juridique : ils ne seraient pas dûment représentés par l'associé administrateur, directeur, gérant, ou quel que fût le nom qu'il
porterait, s'il avait figuré seul dans les actes de la procédure, à moins qu'il n'eût pouvoir exprès à cet effet à
lui donné, soit par l'acte même de société, soit par acte
postérieur ; les membres de l'association ne disparaissent
pas confondus dans l'être social. Cette règle est consacrée
par une jurisprudence constante (3) et admise par tous.

---

(1) Proudhon, *de l'Usufruit*, iv, 2065 ; Delamarre et Lepoitvin, t. 2, p. 468 ;
Troplong, *Société*, n. 58 et s.; Duvergier, *id.*, n. 382 ; Duranton, t. 17, n. 334 et
388 ; Championnière et Rigaud, t. 3, n. 2743. Quant à Pardessus, n. 975, il n'a
examiné la question qu'au point de vue des sociétés commerciales, et, dans ces
termes, elle n'est pas douteuse.

(2) *Sic*, Zachariæ, Aubry et Rau, t. 3, § 377 et note 14 ; Frémery, ch. 4, p. 30 ;
Vincens, t. 1er, p. 297 ; Thiri, *Rev. crit.*, t. 5, p. 412, et t. 7, p. 289.

(3) Cass., 11 nov. 1829 ; 8 nov. 1836 ; 26 mai 1841 et 21 juill. 1854 (S.30.1.37 ;
36.1.814 ; 41.1.483 ; 54.1.489) ; Nancy, 18 mai 1872 (J.P.72.848). Nous devons
mentionner un arrêt plus récent, émané, il est vrai, de la chambre criminelle, portant que les sociétés civiles peuvent agir en justice dans les formes et les conditions
réglées par les statuts, puisque la loi ne leur interdit, par aucune disposition, de

MM. Aubry et Rau font observer, par conséquent, que si les arrêts énoncent, néanmoins, que la société civile forme un *être moral*, ils ne paraissent pas avoir pris cette expression dans un sens rigoureux (1).

M. Duvergier, en effet, quoique soutenant avec force une opinion contraire à la doctrine de MM. Aubry et Rau, a dit lui-même : « Si chacun des associés devait être individuellement représenté dans les débats judiciaires, la société ne serait pas une personne civile ; elle serait seulement une réunion d'individus ayant des intérêts semblables et des biens communs, agissant ensemble et de concert, mais qui auraient conservé leur personnalité distincte. En un mot, lorsqu'il n'y a qu'une personne aux yeux de la loi, il ne doit y avoir qu'une partie en cause ; exiger la présence de plusieurs, c'est anéantir la fiction légale, qui réunit plusieurs individualités et les absorbe en une (2). » Nous acceptons sans réserve ces raisonnements ; et, en présence d'une jurisprudence constante que M. Duvergier cherche en vain à combattre, nous devons donc conclure comme nous l'avons fait.

Dans cette circonstance, en matière civile, le bénéfice résultant de cette fiction, qui sépare la société de ceux ayant concouru à la former, disparaît donc, à moins d'une disposition expresse et formelle insérée dans une loi spéciale (3). Mais si l'on restreint la fiction légale dont il s'agit à une simple formule de langage et de doctrine pure, utile quelquefois pour faire mieux discerner

---

se constituer des représentants pour leurs rapports avec des tiers, et qu'elle n'indique pour cette constitution aucun mode spécial (Cass , ch. crim., 18 nov. 1865 (D.P.66.1.455). Ces représentants seraient de simples mandataires.

(1) Aubry et Rau sur Zachariæ, t. 3, § 377, note 17.

(2) Duvergier, n. 317, p. 367.

(3) V. la loi du 21 juin 1865 sur les *Associations syndicales*.

l'opposition qu'il peut y avoir, dans toute société, entre les intérêts individuels de chaque associé et les intérêts communs des associés pris collectivement, tout sujet sérieux de discussion disparaît. Nous croyons, avec MM. Aubry et Rau, que c'est dans ce sens que le mot a été employé par le Code civil. En matière commerciale, l'expression doit être prise, ainsi que nous l'avons dit, dans une acception bien autrement rigoureuse, et si nous acceptons les arguments tirés par M. Troplong (1) de l'état de faillite, c'est en les restreignant aux sociétés commerciales, les seules, évidemment, auxquelles ils puissent s'appliquer, et ils n'ont dès lors plus aucune valeur à l'appui de la thèse qu'il soutient.

372. En cas de faillite, en effet, déclarée sur le patrimoine particulier et personnel de l'un des associés, ses coassociés ni la société dont le failli faisait partie ne sont solidaires de celui-ci, ne sont tenus de ses dettes à aucun titre; les créanciers de sa faillite personnelle n'auront de droits que sur la part qui lui reviendra dans l'actif de la société (2). Les biens de chaque associé répondent des dettes de la société; les biens de la société ne répondent nullement des dettes personnelles de chaque associé.

Ainsi on ne peut saisir, même pour partie, les valeurs sociales pour les dettes personnelles d'un associé; ses créanciers doivent attendre le moment où, la société ayant cessé d'exister, la liquidation et le partage auront déterminé la part attribuée à chaque personne dans l'actif social, propriété exclusive jusque-là de la société. Les créanciers personnels restent, comme les patrimoines,

---

(1) Troplong, *Sociétés*, n. 74 et s.
(2) Cass., 13 mars 1823.

complétement distincts des créanciers sociaux ; et ceux-ci conservent jusqu'à leur entier paiement, sur toutes les valeurs de la société, un privilége pour être payés de préférence aux autres. En cas d'insuffisance de l'actif social, ils viennent, en outre, en concurrence avec les créanciers personnels sur les biens particuliers du débiteur commun.

C'est par application de cette règle qu'il a été décidé avec raison que le donataire d'une somme à prendre sur l'apport social de l'un des associés ne peut, en cas de faillite, venir en concurrence avec les créanciers sociaux (1) ; l'apport est devenu propriété sociale. Mais, nous le répétons, les sociétés commerciales peuvent être seules mises en faillite.

La société commerciale, par suite de ces principes, peut avoir des droits contre un ou plusieurs associés, agir contre eux ; et réciproquement un associé peut être créancier de la société dont il fait partie. Il peut lui vendre ou lui acheter ; lui emprunter ou lui prêter en dehors et indépendamment de sa mise sociale ; et l'associé débiteur envers la société, en même temps qu'il est créancier d'un coassocié, ne peut opposer la compensation.

373. La société est soumise, comme tous les autres contrats, aux conditions déclarées essentielles par le Code civil pour la validité de toute convention, et dont nous avons parlé avec détail (V. *suprà*, tome I, nos 18 et s.); elle ne peut exister particulièrement sans le consentement des parties.

Si un associé avait stipulé pour les autres associés et en se portant fort pour eux, la société n'aurait d'existence légale qu'à partir de la ratification ; elle n'a jusque-

---

(1) Cass., 14 mars 1848 (S.48.1.708).

là qu'une existence incertaine et subordonnée à un consentement qui peut être refusé (1).

Les conventions acceptées deviennent la loi de toutes les parties, et la majorité est impuissante à les modifier contre le gré même d'un seul (2). C'est, au reste, une règle commune encore à tous les contrats, et que nous aurons occasion de rappeler en différentes circonstances (V. particulièrement *infrà* (chap. 3, n°ˢ 401 et s.).

Mais les statuts d'une société ne sont toutefois que des conventions privées dont l'interprétation appartient exclusivement aux juges du fond (3).

Il n'y a point de consentement valable s'il n'a été donné que par erreur, ou s'il a été extorqué par la violence ou surpris par dol; mais l'erreur n'est une cause de nullité que lorsqu'elle tombe sur la substance même de la chose qui en est l'objet.

En ce qui concerne le contrat de société particulièrement, y a-t-il erreur sur *la substance* de l'acte, et, par suite, nullité du consentement, lorsqu'une partie croyant former une société civile, par exemple, se trouve engagée dans une société commerciale, ou bien, dans l'hypothèse contraire; ou si elle a cru former une société en commandite, et qu'elle ait contracté une société en nom collectif? Il faut répondre négativement. A l'égard des tiers, surtout, le doute n'est pas possible. Il n'existe, dans ces cas divers, qu'une erreur de droit imputable à l'associé et dont il doit porter la faute. Rien ne prouve que cette erreur ait été le fondement unique du consentement, puisqu'elle n'a porté que sur quelques stipula-

(1) Cass., 4 août 1847 (S.47.1.649).
(2) Cass., 14 fév. 1853: 17 avril 1855 (S.53.1.424; 55.1.652), et tous les auteurs
(3) Cass., 25 nov. 1872 (D.P.75.1.479); 19 nov. 1873 (D.P.74.1.152); 12 mai
874 (D.P.75.1.22).

tions accessoires ou sur quelques-uns des effets que l'acte peut produire, et non pas sur l'objet même de la convention : les parties ont bien voulu faire et ont fait, en effet, un contrat de société (1).

La violence est peu à craindre en semblable matière.

Il a été jugé que des énonciations de prospectus, propres à faire naître un excès de confiance dans le succès des opérations de la société, ne sauraient suffire pour constituer un dol viciant le contrat (2). Mais c'est une question de fait à décider laissée à l'appréciation des juges. Ainsi il a été jugé, d'un autre côté, avec raison, que si le prospectus alléguait des faits matériellement faux et mensongers, et contenait des promesses fallacieuses, qui n'ont jamais été tenues, le contrat devrait être annulé (3).

374. Les développements dans lesquels nous sommes entré, et que nous compléterons par la suite, ne pourront sembler justes que sous la condition que le contrat de société ne sera confondu avec aucun autre, quels que soient les points de contact existant entre eux. Ainsi, le but à poursuivre dans la société sera le signe caractéristique qui la sépare de la communauté : celle-ci est presque toujours un fait indépendant des parties, mais, alors même qu'elle est le résultat d'une convention, elle n'en conserve pas moins son caractère et n'établit encore qu'un état passif ne contraignant aucun des communistes à agir et à travailler dans l'intérêt de tous (4).

La société ne doit pas non plus être confondue avec le mandat salarié ; on en cite pour exemple, après les lois

---

(1) Cass., 9 juin 1841 (J.P.42.1.40).
(2) Lyon, 29 juin 1855, Lehir, 55.2.474.
(3) Paris, 28 mars 1854, Lehir, 54.2.684.
(4) Troplong, *Société*, n. 22 ; Pardessus, n. 96 ; Bédarride, n. 7 et s.

romaines, le cas où l'un des contractants dit à l'autre :
« Je vous donne une pierre précieuse pour la vendre, et
il est convenu entre nous que, si vous ne la vendez que
mille, vous me compterez cette somme entière ; si vous
la vendez un prix plus élevé, le surplus vous appartiendra : » des conventions semblables ou analogues ne
doivent pas être considérées comme réalisant une société, à moins que l'intention des parties à cet égard ne
soit exprimée d'une manière claire et précise.

375. La question se présentera également dans le
contrat de louage : les conditions auxquelles un bail est
fait, par exemple, peuvent paraître quelquefois une société déguisée : c'est un point de fait nécessairement
laissé à l'appréciation des tribunaux. Mais le cas, qui a le
plus fréquemment donné lieu à des débats judiciaires,
est particulièrement le louage d'industrie. Dans le louage
d'industrie, comme dans la société, celui qui a stipulé
demande une récompense en retour de son travail. Ainsi,
il arrive souvent qu'un commerçant donne à un ou plusieurs de ses commis, au lieu d'appointements, une part
dans les bénéfices, ou que cette part même est cumulée
avec un traitement fixe.

Les circonstances décideront quel est le véritable caractère d'un pareil contrat, et les tribunaux le proclame-
ront, s'il y a débat ; mais, en thèse générale, on ne doit
voir dans le commis intéressé qu'un homme qui loue son
industrie, et non un associé : sa position précaire, son
infériorité à l'égard du chef, indiquent plus logiquement
un contrat de louage d'ouvrage qu'un contrat de société.
Le Code espagnol a cru nécessaire de le décider par une
disposition expresse (1).

---

(1) Code espagnol, art. 259. « Les commis qui, au lieu de gages, reçoivent une
« part des bénéfices, ne sont pas associés. »

Cette opinion est soutenue par tous les auteurs (1), et un grand nombre d'arrêts l'ont consacrée ; mais les décisions des tribunaux, en pareille matière, ne peuvent être que des solutions d'espèces déterminées par les circonstances : ainsi, dans un cas où le commis avait fourni, sans intérêts, un compte de fonds égal à celui du chef de la maison, et où sa part dans les bénéfices n'était pas moindre de 50 pour cent, la Cour de Lyon, revenant sur sa jurisprudence, a refusé de voir une société déguisée (2); peut-être une opinion contraire aurait-elle prévalu, si le débat s'était engagé, non entre le patron et le commis, mais entre celui-ci et les tiers. Dans le louage d'industrie, le travailleur ne peut être passible des pertes ; l'associé, au contraire, doit en courir les chances (3) : aussi peut-on craindre que cette stipulation n'ait précisément pour but de soustraire un véritable associé à la responsabilité, dont il doit être tenu envers les tiers.

Il est nécessaire, au reste, que patrons et commis se rendent bien compte également des conséquences qu'entraîne une semblable convention. Ainsi, il est désormais admis qu'aucune assimilation n'est à faire entre le commis intéressé et un associé ; il ne peut s'immiscer en rien dans la direction de la maison de commerce, où il conserve son rôle de simple employé, ni critiquer les opérations de son patron ; c'est à celui-ci encore qu'appartiennent la confection des inventaires et les évaluations qui en forment la base ; mais, à moins d'enlever tout effet à la convention intervenue, on ne saurait refuser, cepen-

---

(1) Pardessus, n. 969 ; Delangle, n. 5 ; Molinier, t. 1ᵉʳ, n. 234; Duvergier, n. 53; Malpeyre et Jourdain, p. 10; Paris, n. 654; Bédarride, n. 13; Troplong, n. 46 ; Cass., 34 mai 1834 (S.34.4.249)..

(2) Lyon, 30 mai 1838 et 24 fév. 1844 (J.P.45.2.398 et 394).

(3) Bordeaux, 15 mai 1846 (J.P.47.1.255). Sic, Paris n. 655

dant, au commis intéressé, dans de certaines circon-stances et avec une juste mesure, que les juges apprécie-ront, la faculté de relever et de rectifier des erreurs ou des inexactitudes qui, en faussant les chiffres réels des bénéfices, lui feraient perdre, en tout ou en partie, la quote-part promise à titre d'émolument et, la jurispru-dence a admis en conséquence que le commis intéressé avait droit de demander la communication des livres (1). Un droit analogue appartiendrait, s'il y avait lieu, aux créanciers du patron contre le commis, pour les sommes indûment perçues par lui (2). Si, ainsi qu'il est d'usage, le patron a déclaré dans la convention qu'aucun contrôle ne serait permis au commis, lequel serait tenu de s'en rapporter entièrement à son patron, les juges tiendront compte, sans doute, de ces accords (3) ; mais, s'ils recon-naissaient des présomptions suffisantes de fraude ou même d'erreur, le commis ne pourrait être abandonné à l'entière discrétion de son patron.

S'il s'agit d'un commis ayant un intérêt, non dans l'ensemble des opérations de la maison, mais seulement dans les opérations faites par lui et simple *commis voya-geur* ou *placier*, il est évident qu'il est sans droit à de-mander communication des livres (4).

376. La société se déguisera plus aisément encore sous l'apparence d'un prêt et presque toujours, dans ce cas, pour masquer des conventions usuraires ou léo-nines : ainsi, un bailleur de fonds stipulera en sa faveur les intérêts de l'argent qu'il donne et une part dans les bénéfices; associé, ses fonds, en cas de perte, seraient

---

(1) Rennes, 29 juin 1851 ; Bordeaux, 30 juin 1872 (S.71.2.83 et 72.2.66).
(2) Nîmes, 20 juill. 1864; Lyon, 12 juill. 1865 (D.P.66.2.57 et 58).
(3) Grenoble, 24 fév. 1865 (J.P.66, p. 99).
(4) Cass., 26 déc. 1866 (J.P.67.1.303).

employés à payer les dettes de la société ; prêteur, il aurait droit, dans tous les cas, au remboursement intégral de la somme avancée. Cette convention a été déclarée avec raison, selon nous, usuraire (1).

« On peut poser comme règle générale, disent MM. Malpeyre et Jourdain, que si, dans de pareils contrats, le profit est certain et déterminé, quel qu'en puisse être le taux, il y a contrat de prêt ; mais, s'il y a participation aux bénéfices variables du commerce, si le profit dépend des chances commerciales auxquelles le prêteur consent à s'associer, il y a société, et toutes les dispositions législatives qui régissent ce contrat sont dès lors applicables (2). »

Cette règle, toutefois, ne peut être toujours suivie, et rien ne s'oppose à ce qu'un intérêt dans le contrat de prêt soit stipulé variable et incertain ; d'un autre côté, parce que le prêt sera usuraire, le créancier ne devient évidemment, en vertu d'aucune règle, un associé. Mais quel que soit le caractère éventuel du bénéfice qui viendra s'ajouter aux intérêts stipulés comme prix certain du louage de l'argent, il est impossible de ne pas tenir compte, dans une certaine mesure, de cet avantage ; et s'il s'ajoute au maximum de l'intérêt légal, il est bien difficile de ne pas s'étonner de la décision de la Cour de Paris (3), refusant d'y voir une convention prohibée par le texte, trop rigoureux peut-être, mais très-positif, de la loi du 3 mars 1807. Pour que la convention pût être validée, l'intérêt devrait ne pas avoir atteint le maximum

---

(1) Cass., 17 avril 1837 (J.P.37.1.442) ; Colmar, 14 fév. 1849, cité par J.-B. Páris, n. 659. — *Sic*, Pardessus, n. 998 ; Delangle, n. 112 et 113. — *Contrà*, J.-B. Páris, n. 661 ; Paris, 10 mai 1834 (S.34.2.338).

(2) *Société comm.*, p. 20.

(3) Paris, 10 mai 1834 (S.34.2.338).

permis ; alors seulement, le caractère aléatoire du supplément stipulé pourrait être utilement invoqué, et le droit d'appréciation appartiendrait aux juges. Aussi, l'arrêt de la Cour de Paris a-t-il été cassé (1).

S'il y a contrat de prêt, le prêt, dans ces conditions, sera donc usuraire ; s'il y a contrat de société, la clause qui affranchirait de toute contribution aux pertes, les sommes mises dans la société, serait nulle comme léonine. Mais, si par cela seul qu'un prêt a été fait à raison de 6 pour cent, plus une part dans les bénéfices, on peut dire à coup sûr, sous la loi qui nous régit, qu'il est usuraire, il restera toujours à décider préalablement quel a été le caractère du contrat, et s'il y a prêt ou société.

Les tribunaux auront une mission quelquefois difficile à remplir. Si le nom du créancier est resté inconnu des tiers ; si ceux-ci n'ont pas contracté avec le commerçant débiteur sous la foi de la responsabilité du prêteur ; si même ils ont eu connaissance du prêt qui a été fait, mais qu'ils n'aient jamais considéré le bailleur de fonds comme associé, qu'importent les conditions du contrat pour faire décider que ce prêteur est réellement un associé ?

Il y aura nécessité, dans tous les cas, d'examiner avec attention les clauses de ce contrat, indépendamment du bénéfice qu'il a pu assurer au bailleur de fonds, de s'informer des faits en ce qui concerne sa conduite envers les tiers, et de ne se décider qu'en parfaite connaissance de cause.

377. Si, en effet, la participation aux bénéfices éventuels d'une entreprise est de l'essence de la société, en ce sens que, sans cette participation, il n'y a pas de so-

---

(1) Cass., 17 avril 1837 (J.P.37.1.442). — *Sic*, Cass., 10 mai 1837 ; 30 juill. 1861 et 16 juin 1863 (J.P.37.1.433 ; 62, p. 1023, et 63, p. 1078).

ciété possible, il n'en résulte nullement que toute convention par laquelle l'un des contractants s'engage à
fournir un capital pour l'exploitation d'un commerce ou
d'une industrie, constitue nécessairement et quelle qu'ait
été l'intention réelle des parties, une société en commandite, dès qu'elle contient au profit du bailleur de
fonds la stipulation d'une part dans les bénéfices à réaliser (1).

La vente, quelquefois, empruntera également la
forme du contrat de société ; ainsi, le maître d'un établissement considérable peut le mettre en société, en en
représentant la valeur par des actions, et transmettre
ainsi sa propriété au corps moral formé par cette société.
Le contrat de société sert, dans ce cas, à opérer une
vente, mais il ne se déguise pas ; dans d'autres circonstances, le doute pourrait s'élever pour savoir si la convention, par laquelle le propriétaire d'une chose s'en
dépouille en faveur d'une autre personne, est, en effet,
un contrat de vente ou un contrat de société.

Il nous suffira de dire que, dans tous les cas, les tiers
peuvent, selon leur intérêt, demander que la convention
soit ramenée à sa véritable qualification ; c'est aux tribunaux qu'appartient la décision.

378. Nous aurons occasion, plus tard, d'examiner
avec soin tout ce qui se rapporte à la mise des associés
et en quoi elle peut consister ; nous ne voulons ici traiter
cette question qu'à ce seul point de vue : c'est de rechercher dans quels cas une société pourrait être appelée illicite et contraire à l'ordre public, soit à raison de l'objet
mis en commun, soit à raison du but qu'elle se propose.
Nous parlerons également ici des choses qui ne sont pas

---

(1) Cass., 8 janv. 1872 (J.P.72.56).

dans le commerce et ne peuvent, par conséquent, être mises en société : la question s'est présentée, par exemple, pour les offices ministériels.

Nous n'avons pas à rechercher si une société créée pour l'exploitation des charges de notaire, d'avoué, d'huissier, serait valable ; en fait, elle ne serait pas admise par l'administration ; en droit, elle constituerait, si elle pouvait exister, une société essentiellement civile.

En ce qui concerne les offices d'agents de change, la loi du 2 juillet 1862 a mis fin à la controverse la plus vive et aux hésitations de la jurisprudence ; et le nouvel art. 75, C. comm., a décidé que les agents de change près des bourses pourvues d'un parquet pourraient s'adjoindre des bailleurs de fonds intéressés, participant aux bénéfices et aux pertes résultant de l'exploitation de l'office et de la liquidation de sa valeur.

Ces bailleurs de fonds ne seront passibles des pertes que jusqu'à concurrence des capitaux qu'ils auront engagés. Nous reviendrons sur ce sujet dans le commentaire de l'article dont nous venons de rappeler le texte. Désormais, il ne peut exister aucun doute que cette espèce de société en commandite est licite dans les termes précis de la loi qui l'a créée, et qu'en autorisant cette société particulière, le législateur a voulu prohiber toute autre forme.

La question doit être regardée comme tranchée également pour les courtiers ; l'association faite pour exploiter un des offices de cette espèce, que la loi du 18 juillet 1866 a maintenus, devrait être réputée illégale ; il en serait tout autrement en ce qui concerne les courtiers de marchandises dont l'industrie est désormais entièrement libre.

Des règles moins sévères ont été appliquées aux sociétés formées pour l'exploitation commerciale d'une imprimerie, quoiqu'elle exige la concession d'un brevet délivré par le Gouvernement; et elles ont été déclarées licites, parce que ces sociétés ne consistaient que dans la mise en commun de l'industrie et des travaux matériels des deux associés pour l'exploitation commerciale de cet établissement; que l'imprimerie, sous le rapport de la direction morale, demeurait exclusivement sous la surveillance et la responsabilité de la personne à cet effet brevetée et assermentée (1).

Cette décision ne serait sans doute pas sérieusement contestée dans de semblables termes; mais, dans une espèce analogue, où il s'agissait d'une société formée entre un pharmacien et des individus non pharmaciens, la société a été annulée comme illicite, parce que chacun des associés devait avoir des droits égaux dans la direction de l'établissement (2), quoiqu'il ne remplît pas les conditions spéciales exigées par la loi pour tenir une pharmacie.

379. Cette question décidée, on peut examiner encore la légalité d'une association faite entre les divers agents de change ou courtiers pour l'exploitation de leurs offices. La Cour d'Alger a été appelée à la résoudre; mais comme elle se présentait devant elle, compliquée des règles particulières à la législation toute spéciale qui régit encore l'Afrique française, l'arrêt rendu par elle ne peut être cité (3). Quelques auteurs ont examiné cette difficulté, et, nous-même, nous en avons fait l'objet d'une note placée sous l'arrêt de la Cour d'Alger, que nous venons de rappeler.

---

(1) Aix, 14 déc. 1827. — *Sic*, Paris, 16 nov. 1854 (S.54.2.618).
(2) Paris, 27 mars 1862 (S.62.2.384).
(3) Alger, 28 juill. 1860 (J.P.60, p. 1073).

M. Mollot, suivi par M. Durand Saint-Amand et par MM. Gouget et Merger (1), considère un semblable contrat comme contraire à l'économie générale de la loi et à l'ordre public ; mais il ne donne à cette opinion, qu'il se borne à formuler, aucun développement. M. Beaussant professe un avis opposé et discute, au contraire, avec soin, les textes et les considérations qui peuvent l'appuyer (2).

Cet auteur établit sans peine que l'art. 10 de l'arrêté du 27 prairial an x, principalement invoqué dans cette occasion, est complétement inapplicable et n'a d'autre but que de renouveler la défense faite aux courtiers de s'intéresser aux opérations dont ils sont les intermédiaires. Mais il cite un arrêt de la Cour de Rouen, du 19 mai 1834, qui semble avoir décidé que ces sociétés doivent être probibées, à défaut de texte, comme incompatibles avec la liberté du commerce et l'ordre public. « Cependant, ajoute M. Beaussant, quand une question de fait, celle de l'avantage ou du danger de la bourse commune, dépend d'une appréciation qui peut être si diverse, peut-on y appuyer avec certitude une décision en droit ? Une question de droit peut-elle dépendre du succès de telle ou telle théorie ? »

L'association peut avoir pour but la mise en commun totale ou partielle des bénéfices obtenus individuellement par les associés ; ou se proposer l'exploitation même des charges, c'est-à-dire l'exercice en commun et réciproquement subordonné des droits et des attributions appartenant aux fonctions, dont est investi chaque titulaire.

---

(1) Mollot, *B. de comm.*, 3ᵉ éd., 1ʳᵉ part., n. 446 ; Durand Saint-Amand, *Man. des court.*, n. 109 ; Gouget et Merger, *Dict. dr. comm.*, v° *Courtier*, n. 88.
(2) *Code mar.*, t. 1ᵉʳ, n. 407.

En ce qui concerne la mise en bourse commune, de partie au moins, des bénéfices recueillis par les titulaires, des lois spéciales ont rendu obligatoire cette manière de procéder, pour les commissaires-priseurs et les huissiers (1). Quand ces officiers ministériels ont essayé d'aller plus loin et de mettre en commun l'intégralité de leurs émoluments, ils ont trouvé dans la jurisprudence une hésitation dont le résultat, en définitive, leur a été peu favorable (2). Mais, en ce qui touche les courtiers, auxquels il faudrait assimiler les agents de change, deux arrêts de la Cour de Rennes (3), auxquels on peut joindre l'arrêt de la Cour d'Alger signalé par nous plus haut, ont admis la légitimité d'une société formée pour mettre en commun les droits perçus par les contractants ; et il ne nous semble pas qu'elle puisse être sérieusement contestée.

380. Le doute n'est donc permis que dans le cas où la société, ayant pour but l'exploitation même de la charge, conférée à chacun des associés par le Gouvernement dans un intérêt public, il peut en résulter un monopole ou une espèce de coalition préjudiciable à tous, et frappant même sur les officiers ministériels dissidents, qui refuseraient d'accéder à l'association formée par leurs collègues. Ainsi serait empêchée toute concurrence et les exigences des officiers coalisés pourraient être sans limites.

La crainte de semblables résultats aurait pu engager le législateur à prohiber les associations dont il s'agit ;

---

(1) Loi du 18 juin 1843, art. 6 ; Angers, 23 mars 1842 (J.P.42.4.655).

(2) V. Trib. civ. de Clermont-Ferrand, 2 août 1838 ; Riom, 3 août 1844 ; Montpellier, 28 août 1830 (J.P.60, p. 4075 *en note*) ; Toulouse, 48 janv. 1866 (D.P.66.2.6.

(3) Rennes, 15 janv. 1831 et 29 janv. 1839 (J.P.44.4.404).

s'il ne l'a point fait, c'est peut-être qu'il est loin d'être désarmé contre de semblables dangers.

Le monopole pour toutes les fonctions remplies par les officiers ministériels existe déjà nécessairement, créé et organisé par la loi même; mais à côté des avantages que présentait cette organisation, et que nous n'avons pas à retracer ici, on a dû songer, en même temps, à prévenir les abus qu'elle pouvait entraîner. Le remède existe dans le droit absolu du Gouvernement de créer de nouveaux offices, si les besoins du service l'exigent; dans les tarifs, qui règlent les honoraires; dans la taxe, qui peut les réduire; dans la juridiction disciplinaire, qui punirait tout abus dans l'exercice des fonctions concédées. Il n'est porté aucune atteinte à ces garanties par l'association; et celle-ci peut avoir pour résultat de mettre fin à des abus d'un autre genre, que l'ordonnance de 1681 avait frappés d'une peine (Livre 1er, titre VII, art. 11).

Si, en l'absence de tout texte prohibitif, les tribunaux, nous le croyons du moins, ne pouvaient contester la légalité de l'association, ils pourraient sans nul doute, au moins dans les limites de leur compétence, frapper l'abus. Le droit commun, en effet, serait applicable aux agents de change et aux courtiers, comme à tous autres; et une société peut être appelée illicite et contraire à l'ordre public à raison, plus particulièrement, du but qu'elle se propose, et non de l'objet mis en commun.

381. Ainsi, dans une espèce jugée par la Cour de Bourges, des fabricants de faïence s'étaient réunis, afin de rendre toute concurrence impossible; l'association n'était pas contraire à l'ordre public, à raison de la chose mise en société; « Elle était illicite, dit M. Delangle, par son objet et par son but. » La Cour de cassation, appe-

lée à se prononcer dans cette circonstance, décida que
l'arrêt contre lequel le pourvoi avait été formé échappait
à sa censure (1) ; mais nous croyons, avec M. Delangle,
que la Cour de cassation pouvait, sans sortir de ses attributions, et devait sans doute décider si, en effet, le contrat attaqué devant elle violait l'ordre public. Il ne s'agissait plus simplement d'interpréter les clauses d'un contrat, mais d'en déterminer le caractère ; et il ne pourrait
dépendre des juges du fait de créer des prohibitions
d'ordre public et de briser, comme illicites, des stipulations que la loi autoriserait. Dans tous les cas analogues,
c'est à la Cour de cassation, si elle est appelée à statuer,
qu'il doit appartenir de décider une question qui n'est
plus de fait, mais de principe (2).

En effet, toute association ayant pour but de porter
atteinte à la liberté du commerce et de l'industrie doit
être déclarée illicite et nulle, comme contraire aux lois qui
ont voulu assurer la concurrence (L. 2 mars et 14 juin
1791 ; C. pén., art. 412 et 419); et c'est ainsi particulièrement que toute association pouvant porter entrave à
la liberté des enchères dans une adjudication serait illicite et nulle (3). Mais il ne faudrait pas considérer
comme ayant ce caractère l'association en participation
dans le but d'obtenir une adjudication, formée entre
deux ou plusieurs personnes, qui, sans avoir rien fait
pour éloigner d'autres enchérisseurs ou entraver autrement la liberté des enchères, sont convenus que l'une
d'elles cédera aux autres une partie de l'adjudication, ou
sinon leur paiera une somme déterminée (4).

---

(1) Cass., 18 juin 1828.
(2) Delangle, *Sociétés comm.*, n. 106. V. Colmar, 14 août 1840 et Douai, 13 mai
1851 (J.P.44.4.564, et 53.4.38).
(3) Cass., 12 mars 1841 (J.P.44.2 360).
(4) Cass., 23 avril 1834 (S.34.1.746).

382. C'est, du reste, un point désormais admis et qui ne fait plus difficulté en jurisprudence, que lorsqu'en fait il a existé une société qui a été déclarée nulle, quel qu'en soit le motif, les droits des associés n'en doivent pas moins être réglés d'après les conventions de l'acte social pour tous les faits accomplis, et que la nullité ne peut être opposée aux créanciers ; nous aurons occasion de revenir sur cette question en expliquant l'art. 42, C. comm., à propos des sociétés nulles pour vices de forme ; les règles sont les mêmes. Mais il peut arriver qu'une société soit contractée dans un but criminel ou honteux : pour exercer l'usure, faire la traite des noirs ou la contrebande, tenir une maison de jeu ou de prostitution ; et, dans ce cas, d'autres règles sur ce dernier point seront suivies.

Il nous semble impossible d'admettre, avec M. Pâris (1), qu'une ligne de démarcation profonde ne sépare pas ces sortes de sociétés de celles dont nous venons de parler ; tout ce qui est contraire à l'ordre public ne constitue pas un délit ou une chose honteuse, et la différence, à coup sûr, pour tous, est facile à saisir.

Aucun effet ne pourra sortir d'un contrat de société criminel ou honteux. Par suite de ces principes, MM. Delamarre et Lepoitvin, repoussant le sentiment de Toullier et celui même de M. Duvergier, qui le premier cependant avait combattu Toullier, soutiennent que dans une société établie pour faire la contrebande, non-seulement il ne peut y avoir action en partage des profits et des pertes, mais que l'associé ne peut même revendiquer la mise sociale ; la réponse du défendeur, disent ces auteurs, « serait courte et péremptoire : *J'ai reçu, mais pour faire la contrebande.* Nul tribunal ne prendrait

---

(1) *Comm. du Code de comm.*, n. 688.

II.   4

connaissance d'une telle affaire autrement que pour la punition des coupables, si la prescription ne leur était acquise (1). » La mise de fonds, dans ce cas, ajoutent-ils, n'est pas un fait abstrait, c'est un fait concret, ou plus exactement, c'est un effet, car il a sa cause incontestée dans la société de contrebande. A plus forte raison y aura-t-il lieu de décider, dans de semblables associations, que s'il y a eu commencement d'exécution et profits obtenus, ils restent à l'associé qui les a recueillis, et que les pertes pèsent exclusivement et sans recours sur la partie qui les a souffertes (2).

383. En matière de sociétés civiles, les règles générales qui régissent la capacité des personnes seraient seules consultées pour apprécier la validité du contrat, sauf la disposition de l'art. 1840, C. civ., en ce qui touche les sociétés universelles, dont nous parlerons plus tard. Ainsi il faut admettre qu'en vertu de l'art. 1124, C. civ., non-seulement les interdits, mais les mineurs ne peuvent contracter une société civile, aucune disposition de la loi ne les a relevés, comme en matière commerciale, de leur incapacité de contracter. Quant aux femmes mariées, elles pourront contracter une société civile *dans les cas exprimés par la loi*, dit le même art. 1124, c'est-à-dire quand elles peuvent aliéner sans le concours du mari; dans les autres cas, elles ont besoin de son autorisation. A un certain point de vue, la femme donc a plus de liberté en matière civile qu'en matière commerciale. C'est le contraire du mineur, c'est la loi ; et il faut

---

(1) Delamarre et Lepoitvin, t. 1ᵉʳ, n. 65 ; 2ᵉ éd., t. 1ᵉʳ, n. 51.—*Contrà*, Duvergier, n. 31.

(2) Cass., 7 fév. 1865 (J.P.65.1.290) ; Delangle, n. 104 et s.; Troplong, n. 102; Duvergier, n. 27 et s. *Contrà*, Toullier, t. 6, n. 127 ; Aubry et Rau sur Zachariæ, t. 3, § 378, note 8.

ajouter qu'elle s'explique, puisque chacun comprend les inconvénients d'une société commerciale pour une femme mariée, et qu'une société civile, au contraire, n'est qu'un contrat que rien ne distingue de toute autre aliénation. En ce qui concerne les sociétés commerciales, les personnes seulement qui sont aptes à faire le commerce ont qualité ; et aucune difficulté ne peut s'élever pour les majeurs français ou étrangers ayant l'exercice de leurs droits civils ; il faut exclure, au contraire, l'interdit et le prodigue ; il n'y a embarras que pour le mineur et la femme mariée, dans le cas seulement, bien entendu, où ils sont autorisés à faire le commerce, conformément aux art. 2 et suiv., C. comm., dont nous avons donné le commentaire.

384. L'autorisation de faire le commerce, quand elle est pure et simple, générale et sans exception, emporte-t-elle de plein droit, pour le mineur, la faculté de contracter une association ? Quelques auteurs ont soutenu la négative (1) ; mais aucun texte, aucun principe ne peut être invoqué pour interdire au mineur cet acte spécial de commerce, qui résulte d'un contrat d'association. Sans doute cette association a ses périls, mais quel acte de commerce en est exempt ? et d'ailleurs le remède est facile, puisque l'autorisation peut prévoir et défendre le fait de l'association (2).

385. La question se représentera entière, si le mineur contracte avec son père : quelque générale que soit la loi, le père pourrait-il autoriser son fils mineur à passer un contrat commercial avec lui-même ? La négative a été décidée. Il a paru que la loi n'avait pas besoin de

---

(1) Delangle, n. 58 ; Malpeyre et Jourdain, p. 42 ; Demolombe, n. 343.
(2) Massé, n. 1046 ; Molinier, n. 155 ; Pâris, n. 303 *ter.*

s'expliquer à cet égard ; les principes généraux suffisent.
Cette autorisation, étant une garantie exigée dans l'intérêt du mineur, ne peut légalement émaner de la personne même qui traite avec lui ; ce n'est pas là un acte
sérieux. « Il est de principe en droit, a dit la Cour de
Douai, que nul ne peut être auteur dans sa propre cause :
d'où il suit que le père n'a pu valablement autoriser son
fils à contracter avec lui-même, puisque, dans la réalité,
c'est bien moins celui qu'on autorise qui contracte que
celui de qui l'autorisation émane, et qu'un père qui autorise son fils mineur n'agit que comme le représentant
légal de ce dernier (1). » Le père, agissant d'un côté
pour compléter la capacité de son fils , et d'un autre côté
en son nom, contracte pour ainsi dire avec lui-même ;
et la garantie qu'on a voulu donner au mineur disparaît
complétement.

Cette règle évidente, surtout s'il s'agissait d'un acte
spécial, ne peut cesser d'être vraie quand il s'agit d'une
autorisation générale.

M. Bédarride a soutenu toutefois avec force l'opinion
contraire : « Concluons donc, dit-il, que le législateur
n'a nullement entendu, dans le cas d'une association entre
le père et le fils, intervertir une règle fondée sur le respect de la puissance paternelle. Pourquoi l'eût-il fait,
d'ailleurs? Devait-il supposer que le père voulût entraîner son enfant dans l'abîme dans lequel il allait lui-
même être précipité? Une pareille crainte eût imprimé à
la loi un caractère d'immoralité qui explique pourquoi
elle n'a dû ni pu s'en préoccuper. La loi ne dispose pas
pour les cas exceptionnels : or, un père méditant traî-

____

(1) Douai, 21 juin 1827. *Sic*, Paris, 20 fév. 1858 (S.58.2.74) ; dans l'espèce,
ugée par la Cour de Paris, deux mineurs avaient été véritablement spoliés ; Douai,
16 août 1869 D.P.70.2.87).

treusement la perte et la ruine de son enfant est une de
ces honteuses exceptions qui ne méritent pas d'être prévues (1). » Mais on peut répondre à M. Bédarride, qu'un
père aventureux compromettant, de la meilleure foi du
monde, le patrimoine de ses enfants mineurs, peut se
voir tous les jours, et le législateur a pu s'en préoccuper;
il faut bien admettre, en outre, que lorsqu'un père a
passé un contrat de société avec son fils ; que cet acte a
été remis, suivant les règles du droit commun, au greffe
du tribunal de commerce, transcrit sur un registre, affiché et publié dans les journaux, il eût été puéril d'exiger l'accomplissement des formalités énumérées par
l'art. 2, C. comm.; le père ne pourrait pas, en même
temps qu'il contracte avec son fils, ne pas lui accorder,
autant qu'il est en lui, l'autorisation nécessaire pour que
le contrat soit valable. Ce fait a donc été en dehors
des prévisions de la loi et nous pensons qu'elle n'a pas
voulu l'autoriser.

Nous repoussons également l'opinion de M. Pâris, qui
pense que l'autorisation pourrait être accordée dans ce
cas, s'il y avait lieu, par le conseil de famille. La loi a
dit dans quelles circonstances le conseil de famille doit
intervenir, et celle-ci n'est nullement prévue. L'autorisation pourrait encore moins être accordée par la mère,
et l'art. 2 la place cependant avant le conseil de famille (2). Le mineur a dû être privé avec raison de
l'exercice de droits assez importants, pour qu'il n'y ait
rien d'exorbitant à lui défendre d'une manière absolue
de s'associer avec son père.

386. La même question se présentera en ce qui con-

(1) *Comm. du Code comm.*, t. 1er, n. 90. *Sic*, Massé, n. 1047.
(2) Pâris, n. 266.

cerne la femme mariée ; le consentement donné par le
mari à ce qu'elle soit marchande publique, emporte-t-il
de plein droit pour elle le pouvoir de contracter une association? En second lieu, peut-elle contracter une société avec son mari?

La réponse à la première question nous paraît devoir
être négative ; la règle applicable au mineur ne peut être
une raison de décider pour la femme mariée, dont la
position, à l'égard du mari, est, à coup sûr, tout autre
que celle du mineur à l'égard de son père ; le consentement qu'elle doit obtenir n'est en aucune manière une
garantie exigée dans son intérêt, mais un hommage au
pouvoir du mari ; nous croyons donc qu'elle ne peut contracter une société sans une autorisation spéciale. Le
mari, qui a trouvé bon que la femme fît le commerce, dit
Pardessus, peut avoir de légitimes motifs pour qu'elle
ne s'associe avec personne : s'il n'est pas rigoureusement
nécessaire qu'il l'y autorise par écrit, il faut du moins
que son consentement puisse être présumé par les circonstances dont les juges auraient l'appréciation (1). La
femme n'a que la capacité que le mari a voulu lui accorder, et les motifs nombreux et puissants rappelés par
M. Pâris lui-même, qui soutient néanmoins une opinion
contraire à la nôtre (2), et qui doivent faire considérer
avec déplaisir ou inquiétude cette association par le mari,
semblent naturellement faire présumer, à moins de consentement exprès et positif, qu'il n'a pas voulu conférer
ce pouvoir.

---

(1) *Droit comm.*, n. 66 ; Malpeyre et Jourdain, p. 13 ; Delangle, n. 56 : Molinier, n. 176 ; Dalloz, *Rép.*, v° *Commerçant*, n. 210 ; Demolombe, n. 297 ; Rouen,
3 déc. 1858 (J.P.59, p. 1158) ; Cass., 9 nov. 1859 (S.60.1.74) ; Lyon 28 juin 1866
(D.P.66.2.224).
(2) T. 1er, n. 432. *Sic*, Demangeat sur Bravard, p. 149, note 1re.

Il est certain, dans tous les cas, que le mari pourrait faire cesser l'association, en retirant à la femme l'autorisation de faire le commerce, sans que l'associé pût réclamer et sauf les droits acquis jusqu'à ce moment : quelle utilité y a-t-il donc à accorder à la femme un semblable pouvoir ?

Si le contrat de société avait été conclu par la femme avec le consentement exprès du mari, celui-ci ne pourrait plus, pendant toute la durée de la société, retirer l'autorisation qu'il a accordée à la femme de faire le commerce : il est lié lui-même, puisqu'il est intervenu.

387. En ce qui concerne la seconde des questions posées par nous tout à l'heure, une distinction est à faire, tirée du régime sous lequel la femme a été mariée. « La femme mariée en communauté, a dit la Cour de cassation, ne peut contracter avec son mari une société commerciale en nom collectif : en effet, cette association conférerait à chacun de ses membres une égalité de droits incompatible avec les droits confiés par la loi au mari, soit comme chef de l'association conjugale, soit comme maître des biens de la communauté (1). » La femme ne peut se plaindre, dans tous les cas, de cette décision qui l'exempte des inconvénients attachés à la qualité de commerçante, en lui en laissant les bénéfices ; mais si les époux sont mariés sous tout autre régime que celui de la communauté, nous ne pensons pas que la loi s'oppose à ce qu'ils forment ensemble une société commerciale.

Le contraire a été jugé, cependant, et dans une espèce où il y avait, entre époux, séparation contractuelle de biens, et où il s'agissait de l'exploitation d'un fonds de

---

(1) Cass., 9 août 1851 (J.P.53.2.132). *Sic*, Paris, 14 avril 1856 (S.56.2.369) ; Metz, 20 août 1861 (S.62.2.330) ; Paris, 24 mars 1870 (J.P.74.292. — *Contrà.* Amiens, 3 avril 1851 (S.51.2.312).

commerce appartenant à la femme et formé avant le mariage : « Il est constant, dit l'arrêt, que cette société est une dérogation aux droits résultant de la puissance maritale sur la personne de la femme et qui appartient au mari comme chef de l'union conjugale ; que conférant, en effet, aux associés une *égalité de droits* et de pouvoirs, elle est incompatible avec les droits et les pouvoirs du mari ; que les conflits d'intérêt, que peut faire naître la société, sont inconciliables avec les droits et les devoirs des époux (1). » Ces raisons sont loin de nous paraître décisives, et il nous semble que la Cour de Paris, dans ses déclarations de principes, va beaucoup plus loin que la loi : celle-ci, en effet, en autorisant la séparation contractuelle, n'a pas seulement donné à la femme l'*égalité de droits* en ce qui concerne les biens, mais une indépendance absolue ; ce n'est pas un pouvoir partagé, c'est l'autorité souveraine. Sans doute, en ce qui concerne la personne, les droits et les pouvoirs restent entiers ; mais une société changera-t-elle rien à cet état de choses? Et en ce qui concerne les biens, lorsqu'il y a séparation, la société n'a pas d'autre effet que de ramener les époux à une situation plus voisine de la règle à laquelle, sans doute, devrait être soumise l'union conjugale, mais dont l'arrêt a oublié que le régime de la séparation s'écarte d'une si étrange manière.

388. M. Massé s'est appuyé, pour enseigner que les époux ne peuvent contracter entre eux aucune société, sur la règle posée par l'art. 1395, C. civ., déclarant que les conventions matrimoniales ne peuvent recevoir aucun changement après le mariage, et il soutient, contre M. Duranton, que la règle est violée, si « l'on rend commun

---

(1) Paris, 9 mars 1859 (J.P.59, p. 403 ; Dijon, 27 juill. 1870 (J.P.74.850)

des biens dont une séparation de biens conventionnelle
a laissé la propriété et la jouissance à l'un ou à l'autre
des époux (1). » Ce résultat est une suite nécessaire, en
effet, de cette espèce de société universelle, essentiellement civile, dont parle l'art. 1837, C. civ., et dont on
ne pourrait citer, dans la pratique, que bien peu d'exemples (2) ; mais le raisonnement ne s'applique pas à une
société commerciale, dont les conditions peuvent varier
à l'infini, et qui constitue, en outre, une personne civile
distincte des individus associés.

Nous pensons donc qu'il est aisé de trouver des exemples de sociétés commerciales, ne modifiant en rien les
conventions matrimoniales, et ne constituant, pour les
époux, que l'exercice légitime d'un droit qui leur appartient ; et, dans ces termes, nous ne pouvons voir aucun
empêchement à ce que le contrat de société commerciale
formé entre eux ne soit parfaitement valable (3). La raison tirée du texte de l'art. 5, C. comm., déclarant que
la femme *n'est réputée* marchande publique que lorsqu'elle
fait *un commerce séparé*, ne nous semble pas admisssible ;
cette disposition est écrite pour protéger la femme, à qui
l'on voudrait imposer une qualité qu'elle repousse, et
non pour l'empêcher de l'acquérir, quand elle déclare
d'une manière formelle son intention à cet égard. Dans
tous les cas, nous ne recherchons pas ici si la femme,
associée de son mari, peut être réputée marchande publique, mais, ce point réservé, si le contrat de société
est valable et doit produire un effet.

389. En définissant le contrat de société, nous avons

---

(1) Massé, n. 1267.
(2) Duvergier, n. 102.
(3) Molinier, n. 177. *Contrà*, Pâris, n. 432 *ter*. V. Troplong, *Contr. de mar.*,
n. 210.

dit que l'une des conditions essentielles à sa validité, c'est que les parties mettent ou s'engagent à mettre quelque chose en commun : « Chaque associé, dit l'art. 1833, C. civ., doit apporter, ou de l'argent, ou d'autres biens, ou son industrie. » Ainsi, tout ce qui peut constituer un domaine de propriété, choses corporelles ou droits incorporels, aussi bien que les facultés de l'esprit, les inventions, le travail manuel, tout peut être apporté et réaliser la mise que doit chaque associé. L'énumération faite par la loi laisse la latitude la plus grande, sous la réserve des exigences de l'ordre public, de l'honnêteté, ou des choses hors du commerce (V. *suprà*, nᵒˢ 378 et suiv.). L'apport ou la mise des associés pourra donc consister en argent, créances, marchandises, effets, meubles, immeubles, exploitation d'un brevet d'invention, droit de publier un ouvrage, communication de découvertes ou de secrets d'art ou de science, industrie personnelle ; être de la propriété même ou de la jouissance seulement et sous les conditions que les contractants ont stipulées ; mais un apport, quel qu'il soit, nous le répétons, fait par chacun des associés, est une condition essentielle de l'existence du contrat : « Le consentement des personnes qui s'associent à ce que l'une d'elles ait une telle portion d'intérêt, sans faire aucune mise, dit Pardessus, serait en général une libéralité qu'aucune loi n'interdit, sauf à en régler les effets par le droit civil (1). » Le contrat changerait donc de caractère et devrait être considéré, non comme une société, mais comme une donation dont l'acte réglerait les conditions et les charges.

Il est utile peut-être de rapporter ici une espèce dont les applications peuvent être fréquentes.

---

(1) Pardessus, n. 983 ; Zachariæ, Aubry et Rau, t. 3, § 377.

Une clause particulière de l'acte de société entre Ballereau jeune et Baudribos portait : « La mise sociale de M. Ballereau sera d'une somme égale au montant de la différence en plus qui existera entre le *passif et l'actif* de la maison de commerce qu'il exploite en ce moment, suivant l'inventaire qui en sera fait, fin juin prochain, en présence de M. Baudribos. »

Il a été jugé qu'il résultait d'une semblable clause, qu'en recevant tout l'actif de Ballereau jeune, la société, formée entre celui-ci et Baudribos, avait pris à sa charge tout le passif ; et, en conséquence, cette société était tenue envers les créanciers de Ballereau jeune, qui étaient devenus ses propres créanciers, et sans qu'on pût leur opposer les omissions ou les irrégularités de l'inventaire qui devait être fait (1). Il peut être douteux que de semblables conséquences fussent dans l'intention des parties : il est donc nécessaire de stipuler d'une manière très-nette et très-claire.

390. On a été amené à discuter si l'apport qu'un associé ferait de son nom, ou du crédit qui s'y attache, pourrait être considéré comme remplissant le vœu de la loi.

Treilhard disait au Corps législatif, en parlant de la société civile : « La convention est contraire à l'honnêteté et aux bonnes mœurs, quand la mise ne consiste que dans une promesse de crédit, vaine le plus souvent, mais toujours coupable quand elle est payée. » Il en serait de même en droit commercial, si l'on parle de l'influence que peut donner à une personne son rang ou la position qu'elle occupe : au moment de partager les bénéfices, les associés pourraient repousser leur coassocié, qui a trafiqué de son nom ou de son crédit, quoique la honte fût

---

(1) Cass., 28 juin 1865 (D.P.65.1.360).

égale, à coup sûr, pour celui qui a offert et pour celui qui a accepté et a peut-être profité d'un pareil marché (V. ci-dessus, n° 378). Les abus qu'il serait possible de signaler dans certaines sociétés et qu'avaient réalisés les actions dites de *prime*, confirment ces règles ; ces actions gratuites, ainsi que nous aurons occasion de le dire de nouveau, doivent représenter un concours réel, des services effectifs. Dans d'autres conditions, la convention serait nulle, ainsi que l'avait déjà dit Pothier, *comme contraire à l'honnêteté publique et aux bonnes mœurs* (1).

La question mérite d'être l'objet d'un examen plus approfondi, quand il s'agit d'une société commerciale en nom collectif, et lorsque l'associé aura permis que son nom fasse partie de la raison sociale.

Nous croyons inutile de rechercher, avec M. Bédarride, si l'apport d'un nom *constituerait une mise de* FONDS (2) ; la négative nous paraît par trop évidente. Nous serons moins exigeant, d'un autre côté, que Pardessus, cité par M. Bédarride, cependant, à l'appui de son opinion, et qui se borne à établir en principe, qu'une personne dont le nom est connu pourrait être autorisée à faire *une mise de fonds moins forte,* en considération de ce que ce nom formera la raison sociale (3). Il nous semble que l'apport d'un nom, dans une société en nom collectif, doit être considéré comme une mise industrielle, et pourrait dispenser, par suite, de toute mise de fonds.

M. Troplong, il est vrai, n'admet un semblable système que sous la condition que l'associé apportera, avec son nom, une *coopération active,* un *concours sérieux* (4).

---

(1) Pothier, *Société*, n. 10.
(2) Bédarride, n. 30.
(3) Pardessus, n. 984.
(4) Troplong, n. 145 et s.

Ce n'est, au moins, qu'à ses risques et périls qu'il agirait autrement, puisqu'il se trouve, de plein droit, indéfiniment responsable de tous les actes de cette société, dont la raison sociale a emprunté son nom ; par suite, son concours effectif est, de plein droit aussi, présumé.

On peut distinguer, sans doute, entre les tiers et les membres de la société. A l'égard des tiers, la société est légitime, puisqu'ils ne sauraient avoir intérêt à ce que l'un de ses membres soit exonéré de la responsabilité qu'il a encourue. Et, d'ailleurs, comment donner à ces tiers le droit de s'immiscer dans l'administration de la société, et de rechercher la part que chacun a pu y prendre ? A l'égard des associés, la société sera valable encore, car, en retour de cette responsabilité, que nous invoquions tout à l'heure, l'associé qui a apporté son nom doit bien retirer un bénéfice, et rien ne s'opposerait, et nous le dirons tout à l'heure, à ce que le contrat dispensât ou exclût de l'administration l'un des associés : puisqu'il serait tenu des pertes, il peut prendre part aux gains (1).

Nous croyons que cette doctrine était bien celle du Conseil d'État, où la discussion sur cette question fut close par ces paroles de Berlier : « En thèse générale, un nom isolé de tout acte de la personne est une chose *fort abstraite,* au lieu que l'industrie est une chose positive à laquelle il convient de s'arrêter (2). » On n'a pas voulu exclure le nom, mais on n'a pas voulu le distinguer de l'industrie que, de plein droit, il fait présumer, et de la

---

(1) V. les auteurs cités plus haut et Aubry et Rau sur Zachariæ, t. 3, § 377 ; Delangle, n. 60 ; Duvergier, n. 19 et 20 ; Malpeyre et Jourdain, p. 38 ; Rendu, *Marques de fabrique,* n. 420.

(2) Fenet, t. 14, p 367.

responsabilité que, dans les sociétés en nom collectif, il entraîne nécessairement.

391. Il n'est nullement nécessaire, au reste, que les mises soient d'une valeur égale ni de même nature; un associé peut apporter son industrie, et l'autre des capitaux; l'un des immeubles, l'autre des marchandises; et ces objets peuvent être mis en société. sous des clauses diverses, les uns, par exemple, en toute propriété, les autres pour la jouissance seulement pendant la durée de la société; l'art. 18, C. comm., a eu soin de le rappeler en termes exprès, en disant que le contrat de société se réglait, non-seulement par le droit civil et par les lois particulières au commerce, mais aussi par les conventions des parties : elles ont liberté entière à cet égard, sous la condition, toujours sous-entendue, de ne déroger ni aux lois, ni à l'ordre public, ni aux bonnes mœurs. Dans ces termes, l'associé doit remplir son engagement à l'époque et de la manière convenues, et exécuter de bonne foi les obligations qu'il a prises, conformément à ce que les parties ont vraisemblablement entendu.

Il est rare que les contractants ne s'expliquent pas sur la proportion qui existe entre leurs mises respectives et sur la consistance de ces mises. Si toutefois ils avaient gardé le silence, la présomption serait que les apports sont égaux. Si la quotité ou la valeur seulement de quelques apports avait été déterminée, on présumerait que les apports non déterminés sont égaux au moindre de ceux dont la valeur est constatée (1).

Il est fort important, dans tous les cas, de ne pas confondre les prêts ou avances que l'un des associés aurait faits ou aurait pris l'engagement de faire, avec sa mise :

---

(1) Pardessus, n. 985.

en effet, ce prêt ne peut être pris en considération pour déterminer la part dans les bénéfices ; et, d'un autre côté, il constitue une dette que la société est tenue d'acquitter.

392. Le Code civil exige, en matière civile, que toutes les sociétés soient « rédigées par écrit, lorsque leur objet est d'une valeur de plus de cent cinquante francs ; » et la preuve testimoniale n'est point admise contre et outre le contenu de l'acte de société, ni sur ce qui serait allégué avoir été dit avant, lors et depuis cet acte, encore qu'il s'agisse d'une somme ou valeur moindre de cent cinquante francs (C. civ, art. 1834)..

Ces dispositions ne font que rappeler, en ce qui concerne la société, les règles générales posées par l'art. 1341, C. civ., pour tous les contrats, et, à ce point de vue, étaient inutiles peut-être ; quoi qu'il en soit, elles n'ont pas voulu faire dépendre la validité du contrat de société, en particulier, de la rédaction d'un acte écrit ; le consentement des parties suffit à le former, mais elles ont eu pour but d'en proscrire la preuve par témoins en dehors des cas d'exception établis pour tous les contrats en général. L'art. 1834, dont nous avons transcrit le texte, a rappelé le droit commun, non pour le contredire, à coup sûr, et pour innover, mais pour s'y référer. Aucune controverse n'existe à cet égard. Ainsi la preuve testimoniale est admissible s'il y a un commencement de preuve par écrit (C. civ., art. 1347) ; la loi admet également l'interrogatoire sur faits et articles, et le serment.

La preuve testimoniale n'est même repoussée que dans le cas où l'objet de la société est d'une valeur de plus de cent cinquante francs ; ce qui doit être entendu dans ce sens, que toutes les mises réunies formant le fonds social excéderont ou n'excéderont pas ce chiffre, sans tenir compte des bénéfices ou des pertes, qui ne pouvaient exister au moment même où le contrat a été conclu (1).

Toute preuve *écrite*, quelle qu'en soit la forme, est admise par la loi ; et la prohibition qu'elle porte, en ce qui concerne la preuve testimoniale, ne concerne, en outre, que les associés eux-mêmes et non les tiers agissant contre la société.

La loi spéciale a établi des règles en ce qui concerne les sociétés commerciales, que nous ferons connaître et que nous expliquerons, en donnant le commentaire de l'art. 39, C. comm., et des art. 55 et 56 de la loi du 24 juillet 1867. Nous devons nous borner à faire ici cette expresse réserve. Mais en ce qui concerne les sociétés civiles, aucune solennité particulière n'est exigée par la loi ; le consentement seul des parties suffit pour former le contrat, et si un acte écrit est nécessaire pour en prouver l'existence, aucune forme sacramentelle n'est requise ; peu importe que l'acte soit sous seing privé ou authentique, qu'il ait ou non date certaine, et sauf, bien entendu, le cas de fraude, s'il était allégué.

Il faut même remarquer, à ce sujet, que l'écrit n'étant exigé, nous le répétons, que pour la preuve, cette preuve peut résulter même de la correspondance ou de toute autre pièce ; il n'est point nécessaire de représenter l'acte primordial et constitutif de la société, dont on allègue l'existence. Ici, l'on ne pourrait opposer à la pièce produite la disposition de l'art. 1325, C. civ., exigeant pour la perfection de tout acte sous seing privé, qui contient des conventions synallagmatiques, qu'il soit fait en plusieurs originaux ; la pièce, en effet, est produite non comme équivalant à l'acte même de société, mais bien à titre de simple preuve que la société a existé.

(1) Troplong, *Société*, n. 202 ; Aubry et Rau sur Zachariæ, t. 3, § 378, note 2 ; Duvergier, n. 74. *Contrà*, Delvincourt sur l'art 1834 et Duranton, t. 17, n. 343.

Les règles que nous venons de poser, au surplus, ne regardent que les associés entre eux ; en ce qui concerne les tiers, il suffit que la société, sous la foi de laquelle ils ont contracté, ait été publiquement connue (1).

CHAPITRE II. — *Des diverses espèces de société* (C. civ., art. 1835.

Section Ire. — Des sociétés universelles (art. 1836 à 1840).

Section II. — De la société particulière (art. 1841 et 1842).

SOMMAIRE.

393. Le Code civil, suivant d'anciennes traditions, dont le souvenir n'avait pu s'effacer encore tout à fait au moment où il a été rédigé, a dit que les sociétés étaient *universelles* ou *particulières* (C. civ., art. 1835). Il a consacré une section particulière à chacune de ces deux espèces de sociétés, dont les premières sont à peu près sans exemple dans la pratique moderne. Nous en dirons cependant quelques mots.

---

(1) Cass., 23 nov. 1842 *ter* ; Troplong, n. 210 *ter* ; Duvergier, n. 77 *ter*.

394. Sect. 1re. *Des sociétés universelles*. — Les sociétés universelles se subdivisent elles-mêmes en sociétés
universelles de tous biens présents et en sociétés universelles de gains (art. 1836).

395. La société universelle de tous biens présents
comprend tous les biens meubles et immeubles, que les
associés possèdent au moment du contrat et les profits
qu'ils en retireront. Les parties peuvent mettre en commun également toute autre espèce de gains provenant
de leur industrie, et même, quoique la société soit intitu-
lée de biens présents, toute espèce de biens à venir, à
l'exception de ceux qui pourraient leur échoir par succession, donation ou legs ; ces biens ne peuvent entrer
dans la société que pour l'usage et la jouissance et non
pour la propriété. Toute stipulation contraire est prohibée (art. 1837), et ne serait pas seulement réputée non
écrite, mais entraînerait la nullité du contrat tout entier.

396. La société universelle de gains se compose de
tout ce que les parties acquerront durant la société par
leur industrie à quelque titre que ce soit ; une stipulation expresse serait nécessaire pour qu'elle s'étendît à un
profit provenant du hasard ou de toute autre cause que
l'industrie même des associés ; mais les meubles que
chacun des associés possédait au moment du contrat y
sont aussi compris, ainsi que la jouissance de leurs immeubles (C. civ., art. 1838). La dénomination de société
universelle de gains, que lui donne la loi, n'est donc ni
exacte ni complète.

397. Lorsque les parties ont stipulé, sans autre explication, une société universelle, la loi décide qu'elles
sont présumées de plein droit n'avoir voulu contracter
qu'une société universelle de gains (C. civ., art. 1839).

398. Aucune société universelle ne peut être valablement établie qu'entre personnes respectivement capables de se donner l'une à l'autre et de recevoir l'une de l'autre, et auxquelles il n'est point défendu de s'avantager au préjudice d'autres personnes (C. civ., art. 1840); ainsi, par exemple, elle ne pourrait être contractée entre personnes qui laisseraient, en mourant, des héritiers ayant droit à une réserve qui ne peut leur être enlevée. Toutefois, cette disposition assez mal rédigée, insérée dans la loi, ne doit pas être entendue dans ce sens qu'elle a pour objet de prohiber les sociétés universelles entre toutes personnes qui ne jouissent pas, l'une à l'égard de l'autre, de la faculté illimitée de disposer de toute leur fortune à titre gratuit; mais si les sociétés universelles contractées par les personnes laissant des héritiers à réserve ne sont pas, à raison de cette circonstance, frappées de nullité, l'avantage qui pourra en résulter pour leurs associés sera réduit à la quotité disponible dont elles pouvaient librement disposer.

Nous avons cru tout à fait superflu de mentionner les controverses auxquelles ont donné lieu quelques-unes des règles touchant les sociétés universelles que nous venons d'exposer, parce que ces sociétés, nous le répétons, sont à peu près inconnues dans la pratique moderne et repoussées par les habitudes.

399. Sect. 2. *De la société particulière.* — On appelle société particulière celle par laquelle deux ou plusieurs personnes mettent en commun la propriété, la jouissance ou l'usage d'objets particulièrement désignés, ou dans laquelle les contractants se réunissent, soit pour une entreprise déterminée, soit pour l'exercice d'une industrie, d'un commerce, d'un métier, d'une profession quelle qu'elle soit, et quelque vastes et compliquées, du reste, que puissent être les affaires auxquelles se livrera la société. Autant les sociétés universelles sont devenues rares, autant les sociétés particulières se sont multipliées et jouent un rôle actif dans le mouvement des affaires; c'est en elles que se concentre aujourd'hui presque tout l'intérêt du contrat de société (1).

400. Les sociétés particulières se divisent en deux grandes classes : les sociétés civiles et les sociétés commerciales. Soumises les unes et les autres, dans bien des circonstances, à des règles différentes, il est du plus haut intérêt souvent de discerner le caractère d'une société; mais c'est en donnant le commentaire de l'art. 19, C. comm., ci-après, que se présentera plus naturellement pour nous l'occasion de dire quels sont les signes distinctifs qui peuvent aider à reconnaître à laquelle de ces deux classes appartient chaque société; nous dirons également quelles formes peuvent adopter ces sociétés diverses, et particulièrement si les sociétés civiles peuvent emprunter les formes des sociétés commerciales.

———

CHAPITRE III. — *Des engagements des associés entre eux et à l'égard des tiers* (C. civ., art. 1843 à 1864).

Section Ire. — Des engagements des associés entre eux (C. civ., art. 1843 à 1861).

Section II. — Des engagements des associés à l'égard des tiers (C. civ., art. 1862 à 1864).

SOMMAIRE.

Section Ire. — *Des engagements des associés entre eux.*

401. Énumération et classement des rapports divers contenus dans la section Ire.

I.

402. A quel moment commence la société et quelle est sa durée; renvoi (C. civ., art. 1843 et 1844).

———

(1) Troplong, *Société*, n. 346.

II.

403. Obligation de chaque associé d'apporter ce qu'il a promis (C. civ., art. 1845, § 1er).
404. L'engagement de l'associé ne peut être aggravé ni modifié.
405. Apport consistant en un corps certain (C. civ., art. 1845, § 2).
406. Apport consistant en une somme d'argent (C. civ., art. 1846).
407. Apport consistant en marchandises ou toute autre chose fongible. Apport consistant dans la mise apportée dans une autre société ; distinction à faire s'il s'agit d'une société nouvelle ou d'une simple prorogation d'une société déjà existante.
408. Apport consistant en créances.
409. Apport consistant en industrie (C. civ., art. 1847).

III.

410. Devoirs des associés les uns envers les autres ; créance exigible (C. civ., art. 1848 et 1849).

IV.

411. Responsabilité de l'associé pour les dommages causés par sa faute (C. civ., art. 1850).
412. Quelle est la faute dont l'associé répond ?

V.

413. Aux risques de qui est la mise fournie par chaque associé? Distinctions faites par la loi (C. civ., art. 1851).
414. Il faut déterminer si la mise consistait dans la propriété entière, ou dans l'usage seulement, pour apprécier sur qui doit retomber la perte ; la distinction est également utile, au moment où la société prend fin.
415. Action de l'associé à raison de ses avances, des obligations contractées et des risques courus (C. civ., art. 1852).

VI.

416. Règles à suivre pour le partage des bénéfices ou des pertes (C. civ., art. 1853).
417. Comment se constatent les bénéfices ou les pertes ; valeur du fonds de commerce.
418. Règle à suivre quand il y a diminution du fonds social, soit que les mises soient inégales, soit que les bénéfices ne se partagent pas également.
419. Si les mises n'ont pas été évaluées.

VII.

445. Les abus commis par l'administrateur le rendent-ils passible des peines édictées par l'art. 408, C. pén., contre l'abus de confiance.

VIII.

446. Des participants ou croupiers ; des sociétés par actions ; renvoi ; caractère du contrat intervenu entre l'associé et son cessionnaire dans les sociétés de personnes (C. civ., art. 1861).

447. Distinction à faire entre le cessionnaire devenu membre de la société ; ou resté seulement l'associé du cédant.

448. Règles à suivre dans les rapports entre le cédant et le croupier.

449. Cette espèce de cession n'est pas soumise à la nécessité d'une signification à faire à la société.

450. Règles à suivre dans les rapports du croupier avec les autres associés.

451. Responsabilité à raison des fautes.

452. Règles à suivre dans les rapports du croupier avec les tiers.

453. Droits des créanciers personnels du cédant.

454. Droits du croupier au moment de la dissolution de la société principale.

Section II. — *Des engagements des associés à l'égard des tiers.*

455. Principes différents qui régissent les sociétés civiles et les sociétés commerciales (C. civ., art. 1862, 1863 et 1864).

456. Un associé ne peut engager les autres associés.

457. Cette règle n'est modifiée que si l'associé a un mandat ; c'est l'application du droit commun.

458. Dans quelles limites les associés mandants sont-ils tenus.

459. Chose ayant tourné au profit des autres associés.

460. Droits des créanciers sociaux et des créanciers personnels sur les biens mis en commun ; société civile ; société commerciale.

461. Obligations des tiers envers les associés.

462. La société civile peut-elle emprunter une des formes des sociétés commerciales, et quelles modifications aux règles ci-dessus établies en résulterait-il ; renvoi.

401. SECT. 1re. *Des engagements des associés entre eux.* — Le chapitre 3 est le plus considérable et le plus important de ceux que le Code civil a consacrés au contrat de société. La section 1re, particulièrement, ainsi que le fait observer M. Troplong, embrasse des rapports divers.

I. Les art. 1843 et 1844 s'occupent, avant de parler des associés, du moment où la société commence et de sa durée, et auraient été mieux placés, sans doute, au chapitre des dispositions générales.

II. Les art. 1845 et 1847 parlent de l'obligation contractée par chaque associé de fournir sa mise.

III. Les art. 1846, 1848 et 1849, des devoirs des associés en ce qui concerne le fonds commun.

IV. L'art. 50, du dommage qu'un associé a causé à la
société.

V. Les art. 1851 et 1852, des droits d'un associé envers ses associés, et des risques quant à la mise fournie.

VI. Les articles 1853 à 1855, du partage des bénéfices et de la contribution aux pertes.

VII. Les art. 1856 à 1860, de l'administration de la
société.

VIII. L'art. 1861, enfin, parle des croupiers ou associés des associés, et du droit de chaque associé de céder
ses droits à un tiers.

Ces divisions ont l'avantage d'introduire une grande
clarté dans les explications que nous devons donner.

I.

402. Les engagements que les associés peuvent
prendre en cette qualité supposent nécessairement l'existence même de la société, et il était nécessaire de déterminer, en premier lieu, à quel moment elle commencerait et quelle en serait la durée : « La société commence,
dit le Code civil, à l'instant même du contrat, s'il ne désigne aucune autre époque (art. 1843). » Il ne faut pas
oublier, en effet, ainsi que nous l'avons dit plus haut,
que ce contrat est consensuel et se forme par la seule volonté des parties contractantes : il a toute sa perfection
aussitôt qu'elles sont convenues, de part et d'autre, d'apporter quelque chose en commun, quoiqu'elles n'aient
pas encore fourni leur rapport (1). Aucun doute n'existe

(1) Pothier, *Société*, n. 5.

à cet égard (1). Mais, d'un autre côté, rien ne s'oppose à ce qu'une disposition formelle de l'acte social, usant de la latitude laissée par la loi, détermine toute autre époque ou fixe une condition ; ces clauses seraient respectées ; les associés seraient tenus, sans doute, mais dans les délais et sous les conditions qui auraient été fixés (2) ; l'engagement serait à terme ou conditionnel.

Ces règles seraient parfaitement applicables aux sociétés commerciales ; mais, en ce qui les concerne, les art. 42 et suiv., C. comm., remplacés aujourd'hui par les art. 55 à 64 de la loi du 24 juill. 1867 sur les sociétés, ont établi des règles particulières que nous expliquerons plus tard, et qui doivent être observées à peine de nullité.

Le temps que durera la société doit faire aussi la matière d'une clause du contrat de société ; si cependant les parties ont omis de s'expliquer à cet égard, la société est censée avoir été contractée pour toute la vie des associés, sauf les réserves faites par l'art. 1869 ci-après, auquel nous renvoyons ; ou s'il s'agit d'une affaire dont la durée soit limitée pour tout le temps que doit durer cette affaire (C. civ., art. 1844). Cet article est évidemment applicable aux sociétés commerciales (3).

En traitant *des différentes manières dont finit la société* (V. *infrà*, n°s 463 et suiv.), l'occasion s'offrira à nous de parler de nouveau de la durée des sociétés.

Sous cette réserve, nous passerons au commentaire des articles suivants, relatifs à l'apport auquel les associés sont tenus.

---

(1) V. cependant Malpeyre et Jourdain, p. 65.

(2) Cass., 8 nov. 1830 et 23 avril 1834 (D.P.30.1.391 et 34.1.238), et tous les auteurs.

(3) *Contrà*, Lyon, 24 juin 1870 (J.P.71.294).

II.

403. « Chaque associé, dit le Code civil, est débiteur
« envers la société de tout ce qu'il a promis d'y ap-
« porter (art. 1845, § 1er). La condition nécessaire d'existence pour la société, c'est que chaque contractant exécute l'engagement qu'il a pris et mette en commun sa
mise avec la mise des autres associés, afin de composer
le fonds social, dont l'exploitation doit donner le bénéfice à partager. Il est évident que l'obligation, soit de
donner, soit de faire, n'est contractée envers aucun des
associés particulièrement, et qu'il ne peut y avoir lieu,
de la part de l'associé, à invoquer la compensation à
raison de comptes à faire avec l'un des membres de la
société ; c'est ce qui a fait dire, si la société forme un
corps juridique distinct et ayant une existence propre
(V. *suprà*, n° 371), que c'est envers elle que l'engagement est pris. Dans tous les cas, le contrat que nous examinons a sa nature particulière et ses conditions d'existence ; et l'obligation doit être accomplie, telle qu'elle a
été prise et par l'associé lui-même, non envers l'un ou
l'autre des associés, nous le répétons, mais envers tous,
d'une manière indivisible à ce point de vue particulier ;
il ne peut pas plus que tout autre débiteur faire novation
sans le consentement de tous les associés ses créanciers,
en se substituant un nouveau débiteur.

Nous parlerons tout à l'heure des règles à suivre selon
la nature de l'apport promis ; mais, pour compléter l'exposé des principes généraux en cette matière, nous devons ajouter que la livraison n'est que la réalisation d'une
partie des obligations de l'associé, puisqu'il doit, en
même temps, son concours et sa collaboration. Les autres associés, même autorisés à se mettre en possession

de l'objet promis, pourraient exiger des dommages-intérêts, puisque l'associé débiteur ne s'était pas engagé à
transmettre purement et simplement une propriété, mais
avait promis son concours. Une telle convention tient,
sous les plus importants de ses rapports, à l'obligation de
faire (1) ; et le principe général consacré par l'art. 1142,
C. civ., en vertu duquel l'obligation, non de *donner*, mais
de *faire*, se résout, en cas d'inexécution, en dommages-
intérêts, trouvera une application naturelle quand il
s'agit, au moins en matière commerciale, de la société
en nom collectif.

404. L'engagement de l'associé ne doit être aggravé
ni modifié en aucune manière après la formation du contrat ; on ne pourrait exiger de l'associé un supplément
de mise ou une chose autre que celle qu'il s'est engagé à
apporter ; même en décidant que le supplément de mise
serait réalisé par l'accumulation des bénéfices existants,
laissés dans la caisse sociale et portés au compte de
chaque associé (2). Sauf le cas où les statuts sociaux décident le contraire, il faudrait le consentement unanime
des associés pour modifier la clause qui a déterminé les
apports, comme toute autre clause. Si, faute d'un supplément, il était reconnu qu'on ne peut atteindre le but
commun, Pardessus enseigne le remède : « La majorité,
dit-il, qui a cru ce supplément nécessaire, provoquera la
dissolution contre les refusants, et, lorsque la liquidation
aura été faite, cette même majorité reconstituera la société sur telles bases, et avec telles mises qu'elle jugera
convenables (3). » Mais il est bien entendu que les juges
seraient appelés à apprécier les motifs donnés de part et

---

(1) Pardessus, n. 988.
(2) Angers, 26 avril 1866 (D.P.66.2.198). V. Cass., 17 avril 1855 (S.55.1.652).
(3) *Droit comm.*, n. 995.

d'autre, et devraient refuser de prononcer la dissolution,
si les raisons alléguées par la majorité n'étaient pas pleinement satisfaisantes. Le contrat, en effet, forme la loi
des parties, et il ne doit y être porté atteinte qu'en cas
de nécessité absolue, et s'il est démontré que la société
est dans l'impossibilité complète de continuer ses opérations ; un avantage évident, quelque grand qu'il fût, serait une raison insuffisante.

C'est ainsi qu'il ne saurait être douteux que la forme
de la société ne pourrait être changée sans le consentement unanime de tous les associés, à moins d'une clause
des plus formelles dans le contrat primitif donnant ce
pouvoir à la majorité des associés ou à l'assemblée générale dans les sociétés par actions (1).

En ce qui concerne particulièrement la mise à verser
par chaque associé, nous allons compléter dans les numéros suivants les explications que ce sujet exige.

405. Lorsque l'apport de l'associé « consiste en un
corps certain, dit le Code civil, et que la société en est
évincée, l'associé en est garant envers la société, de la
même manière qu'un vendeur l'est envers son acheteur
(art. 1845, 2e §) ; » cependant, suivant les circonstances
et lorsque la nature des choses en fait une nécessité, la
garantie due par l'associé serait régie par des principes
analogues à ceux qui sont applicables au bailleur envers
le preneur : les termes de l'art. 1845 ne doivent donc
pas être pris dans un sens absolu, et il faut tenir compte
aussi des termes et de l'étendue de la convention.

S'il s'agit d'un immeuble, l'associé serait garant des
servitudes, comme de toute autre restriction apportée
à la jouissance. Si l'on invoquait contre lui une diffé-

---

(1) Aix, 30 janv. 1868 (S.68.2.343). V. ci-après, n. 444.

rence dans la mesure déclarée, il pourrait se prévaloir, d'un autre côté, de l'art. 1619, C. civ., qui n'oblige le vendeur à garantie que dans le cas où la différence en moins avec la déclaration excède un vingtième ; nous ne pouvons apercevoir aucun motif pour refuser cet avantage à l'associé (1).

Ces règles sont applicables quand il s'agit de corps certains, soit qu'ils aient été apportés pour la propriété ou seulement pour la jouissance.

406. Lorsque l'apport consiste en une somme d'argent, l'associé débiteur est tenu de plein droit, sans mise en demeure et par la seule échéance du terme, des intérêts de cette somme, à compter du jour où elle devait être apportée. Il en est de même à l'égard des sommes qu'il a prises dans la caisse sociale, à compter du jour où il les en a tirés pour son profit particulier, le tout sans préjudice de plus amples dommages-intérêts, s'il y a lieu (C. civ., art. 1846). Si donc le retard mis par lui à fournir sa mise a causé, en outre, un dommage à la société, soit par une perte qu'elle a subie, soit même parce qu'elle a été privée d'un gain qu'elle aurait pu faire, il est tenu envers elle de dommages-intérêts qui l'indemnisent complétement (C. civ., art. 1146), sans que l'associé puisse invoquer l'art. 1153, C. civ., qui réduirait ces dommages-intérêts au paiement des seuls intérêts légaux.

La perte, même par cas fortuit ou force majeure, de la somme d'argent qui devait former sa mise, ne libère pas l'associé de son engagement.

407. Si la mise consiste en marchandises ou en toute autre chose fongible et indéterminée, les mêmes règles

---

(1) Cass., 14 janv. 1862 (S.62.1.533); Troplong, n. 534 ; Duranton, n. 393; Delangle, n. 88 et s. — *Contrà*, Duvergier, n. 156.

sont applicables : c'est en réalité d'une valeur que l'associé est débiteur, et, jusqu'à ce qu'il ait livré l'apport qu'il a promis, il reste tenu, quelque accident qu'il puisse alléguer, comme le serait un débiteur ordinaire, que le paiement seul peut libérer ; les quantités et les genres ne périssant pas, l'associé débiteur d'un genre ou d'une quantité ne peut donc être affranchi en alléguant la perte de la chose.

Il faut donc bien poser en principe, ainsi que l'occasion se présentera bien souvent pour nous de le répéter, que l'engagement de l'associé quant à ses mises, s'il ne peut être aggravé, doit être accompli en entier.

On peut citer pour exemple la convention par laquelle un commanditaire a apporté, à titre de mise, sa part dans l'actif d'une autre société, évalué à forfait à une somme égale à celle qu'il s'était engagé à verser ; il est tenu de compléter cette mise, si, tout compte fait, sa part réelle dans l'actif de la première société se trouve n'être pas égale à la somme qu'il devait apporter dans la seconde (1). De même encore, le commanditaire ne peut se refuser à verser le complément de sa mise par le motif que la société, quoique constituée par actes réguliers, est nulle comme frauduleuse, n'ayant été formée qu'au moyen de valeurs fictives ; il aura bien évidemment un recours contre le gérant ; mais la fraude de celui-ci ne peut le dégager envers les tiers de remplir toutes ses obligations (2).

Une distinction doit être faite s'il s'agit d'une société nouvelle qui se fonde, ou s'il s'agit d'une société déjà fondée et dont les membres veulent simplement proroger la durée; dans ce dernier cas, la jurisprudence, approu-

---

(1) Lyon, 31 janv. 1840 (D.P.40.2.448).
(2) Cass., 25 juin 1846 (S.46.1.777).

vée par M. Delangle, décide que le commanditaire qui consent à cette prorogation reste évidemment dans les liens de la première obligation qu'il avait prise, mais n'en contracte pas une différente et plus lourde. Ainsi, pourvu qu'il ait versé la mise qu'il avait promise par le premier acte social, il n'est pas obligé, au moment de la prorogation, si cette mise a été perdue ou a été diminuée par suite des affaires malheureuses de la société, de verser une mise nouvelle ou une somme équivalente à la diminution qu'a soufferte le fonds social : il faudrait une stipulation expresse pour l'obliger à un versement nouveau, et ce versement viendrait s'ajouter à celui qu'il avait fait au moment où la société a été fondée et augmenterait d'autant l'importance de sa commandite (1).

Les arrêts que nous venons de citer en note et M. Delangle, qui en approuve la doctrine, ont beaucoup insisté sur la bonne foi du commanditaire, qui, trompé par des inventaires frauduleux, était convaincu que le fonds de commandite, au moment où la prorogation était consentie par lui, se trouvait encore intact et n'avait subi aucune diminution. Ce ne pouvait être cependant la raison de décider, et, en outre, il n'est pas exact de dire qu'un commanditaire, à l'époque surtout où la société prend fin, n'a pas les moyens, sans abdiquer sa qualité, de vérifier si les inventaires sont fidèles et sincères. Ce n'est pas là ni gérer ni administrer. La raison de décider était tout entière dans cette circonstance, relevée avec soin au surplus par les arrêts, qu'il s'agissait d'une simple prorogation et non de la fondation d'une société

---

(1) Cass., 19 juin 1834 ; Lyon, 7 avril 1865 (D.P.34.1.365 et 652.177). — *Sic*, Delangle, p. 295, n. 307.

nouvelle. Dans ce dernier cas, d'autres règles, nous venons de le dire, auraient été suivies.

Nous ajouterons encore, afin d'être aussi clair et aussi
complet que possible, que les règles qui viennent d'être
données doivent être sainement entendues. Nous allons
dire, sous le numéro suivant, que l'apport d'un associé
peut consister en créances tout aussi bien qu'en espèces.
Ainsi, dans une espèce portée devant la Cour de Paris, on
a dit avec raison que le commanditaire créancier par
compte courant d'une société qui prend fin et est remplacée par une société nouvelle, peut très-licitement payer la
commandite à laquelle il s'est engagé envers cette seconde
société en la déchargeant de la somme dont elle était sa
débitrice et dont, assurément, il pouvait exiger à chaque
instant le paiement en espèces (V. *infrà*, n° 545); aucune
loi n'oblige le commanditaire à effectuer son apport de
commandite en telles valeurs plutôt qu'en telles autres;
il peut donc, indifféremment, apporter ou du numéraire,
ou des titres, ou des créances, et même la sienne propre. Dans ce dernier cas, il suffit que la créance soit représentée dans la société par un actif équivalent; alors
personne n'est lésé et le commanditaire a accompli son
obligation, à la seule condition qu'il soit prouvé que l'inventaire constatait, au moment où le transport de ce
qui était dû au commanditaire par compte courant a été
fait au compte de la commandite, un actif au moins
égal au passif, et sauf le cas de fraude toujours réservé (1).

Il faut donc admettre que le commanditaire, à qui l'on
demande le versement de sa mise, peut opposer la compensation avec la créance qu'il avait lui-même sur la so-

---

(1) Paris, 26 janv. 1866, *Gaz. des Trib.*, 3 avril 1866.

ciété, mais si elle s'est opérée avant la faillite de celle-
ci (1).

408. Si l'apport consiste en créances, l'associé doit
en faire la délivrance dans la forme exigée, pour que la
société puisse exercer tous les droits qu'il s'est engagé à
lui conférer; il répondrait de la solvabilité des débiteurs
selon la nature de la créance ou les conventions; ainsi,
s'il s'agissait d'effets de commerce, il en deviendrait garant de plein droit en les endossant; il en serait autrement pour une créance civile, sauf les conventions. En
un mot, l'apport consiste dans une cession pure et simple, faite dans les termes du droit commun et qui doit
être appréciée par les règles qu'il a établies. Ainsi la société ne peut être saisie, à l'égard des tiers, des créances
apportées ou transportées par un associé, que par la signification du transport au débiteur ou par l'acceptation
de celui-ci dans un acte authentique, conformément à
l'art. 1690, C. civ. Il en résulte que les saisies-arrêts
pratiquées par un créancier du cédant avant toute notification régulière doivent être maintenues à l'encontre de
la société (2).

409. « Les associés, dit l'art. 1847, C. civ., qui se
sont soumis à apporter leur industrie à la société, lui
doivent compte de tous les gains qu'ils ont faits par l'espèce d'industrie qui fait l'objet de cette société, » soit
qu'il s'agisse de la communication d'une invention, de
l'exploitation d'un brevet, d'une production littéraire,
de dessins d'étoffes, etc. : ces gains sont acquis à la société du jour où l'associé a dû apporter l'industrie qui
les a procurés; il ne serait tenu à aucune obligation,

---

(1) Cass., 4 mars 1867 (S.67.1.254).
(2) Cass., 28 avril 1869 (D.P.69.1.445).

bien entendu, pour tous les gains qu'il ferait par toute autre industrie, pourvu qu'on ne pût lui imputer de négliger l'industrie sociale pour se livrer à celle qui ne ferait pas l'objet de la société (1). S'il avait promis son industrie en général, il devrait compte à la société de tous les produits qu'il aurait réalisés (2).

L'associé serait garant envers la société, s'il n'avait pas pris les mesures nécessaires pour s'assurer l'usage exclusif de l'invention qu'il apporte, ou si déjà elle était tombée dans le domaine public; mais il ne répondrait pas de l'utilité et de la bonté des procédés, de l'invention, de l'ouvrage, qui constituent sa mise : c'est aux contractants à s'éclairer ou à stipuler des garanties particulières en dehors du droit commun (3).

Faute par l'associé, qui a promis d'apporter son industrie, d'exécuter son engagement, il serait tenu de dommages-intérêts dans les mêmes cas et de la même manière que le débiteur d'une somme d'argent ; mais il pourrait s'excuser, à la différence de ce dernier, en invoquant la force majeure ou un cas fortuit.

III.

410. Chaque associé doit, en toute occasion, non-seulement apporter aux affaires sociales le même soin qu'il apporte aux siennes, mais ne jamais sacrifier à son intérêt celui de la société ; ainsi : « Lorsqu'un des associés, dit l'art. 1848, C. civ., est pour son compte particulier créancier d'une somme exigible envers une personne qui se trouve aussi devoir à la société une somme

---

(1) Troplong, n. 549; Duvergier, n. 212; Malpeyre et Jourdain, p. 50.
(2) Bravard-Veyrières, n. 47.
(3) Pardessus, n. 989 ; Molinier, n. 324.

également exigible, l'imputation de ce qu'il reçoit de ce débiteur doit se faire sur la créance de la société et sur la sienne dans la proportion des deux créances, encore qu'il eût par sa quittance dirigé l'imputation intégrale sur sa créance particulière. Mais, s'il a exprimé dans sa quittance que l'imputation serait faite en entier sur la créance de la société, cette stipulation sera exécutée. »

Si l'une des deux créances seule était échue, le paiement devrait s'imputer en entier sur celle-là. L'art. 1848 serait, au contraire, applicable, si aucune des deux créances n'était exigible, et dans tous les cas où elles sont de même nature (1).

Toutefois, la règle si équitable posée par l'art. 1848 cesserait de pouvoir être appliquée, bien entendu, si le débiteur de plusieurs dettes, usant du droit qui lui appartient, a fait lui-même l'imputation (C. civ., art. 1253). Il n'est pas possible de dépouiller le débiteur d'un droit qui lui est garanti par la loi et qu'il peut avoir intérêt à exercer (2) ; et il n'est pas juste de forcer le créancier ainsi payé à rapporter à la société ce qu'il a reçu, quand aucune faute, aucun égoïsme, aucune préoccupation exclusive de ses intérêts, ne peut lui être reproché.

La compensation est un mode de paiement ; nous ne pensons pas, cependant, que l'art. 1848 soit applicable en pareille circonstance (3) : la créance est éteinte de plein droit.

Nous hésitons à admettre, avec quelques auteurs, que l'art. 1848 soit également inapplicable à l'associé non

---

(1) Delangle, n. 467 ; Duvergier, n. 334 et 337 ; Pâris, n. 806 et 807.

(2) Troplong, n. 559 ; Aubry et Rau sur Zachariæ, t. 3, § 380, note 5 ; Delangle, n. 469 ; Malpeyre et Jourdain, p. 68 ; Pardessus, n. 1016 ; Pâris, n. 810.— *Contrà*, Duranton, t. 17, n. 404.

(3) Duranton, t. 17, n. 404 ; Duvergier, n. 339 ; Dalloz, vº *Société*, n. 549. — *Contrà*, Delangle, n. 469 ; Pâris, n. 810.

administrateur, quand il y a un associé gérant. Le concours de tous, sans doute, a été supprimé par la constitution de la société ; il a été remplacé par un pouvoir
concentré dans un seul gérant ; et l'associé non administrateur, a-t-on dit, n'étant pas tenu de stipuler pour
l'intérêt social, ne doit donc pas imputer une partie du
paiement sur la créance de la société. Cette créance, il
en ignore l'existence ; et quand même il la connaîtrait
par hasard, ce n'est pas sous sa garde qu'on a voulu la
placer. Sa bonne foi est entière ; sa diligence est irré-
prochable ; il s'est renfermé dans le rôle que lui a fait
l'acte de société. Ici, le pacte social doit faire fléchir
l'art. 1848 (1).

Ces raisons alléguées par M. Troplong peuvent justifier une semblable décision peut-être dans une société
civile, et elles seront sans réplique en matière commerciale, s'il s'agit d'un commanditaire ; mais, dans une société commerciale en nom collectif, l'associé non gérant
n'en doit pas moins son concours et a les mêmes devoirs
à remplir envers ses associés que tout autre ; il engage
sa personne, et les liens de fraternité, s'il est permis de
s'exprimer ainsi, qui le lient à ses associés, ne sont pas
moins étroits ; nous ne voyons rien, dans la loi commerciale, qui particularise d'une manière assez nette l'associé non gérant faisant partie d'une société en nom collectif ; qui lui crée une position assez exceptionnelle
pour refuser de lui appliquer l'art. 1848, C. civ. (2).

Il n'en est pas de même, avons-nous dit, de l'associé
commanditaire. Le Code civil ne s'est pas occupé de lui,
et le Code de commerce le différencie en trop de points,

---

(1) Troplong, n. 558 ; Pardessus, n. 1018 ; Duvergier, n. 344.
(2) Delangle, n. 470 ; J.-B. Paris, t. 1er, n. 844 ; Dumoulon, n. 401.

et d'une manière trop tranchée de l'associé en nom collectif, pour que nous puissions balancer à déclarer que l'art. 1848 ne lui est pas applicable : « Le commanditaire ne doit en aucune manière gérer les affaires de la société, dit M. Troplong; s'il fait acte d'immixtion, il encourt une peine grave, et l'on voudrait qu'il s'occupât du recouvrement d'une créance sociale, ce qui serait, bien certainement, s'immiscer dans l'administration (1)! »

Quant à l'actionnaire d'une société anonyme, la question n'a même pas besoin d'être posée.

M. Bravard-Veyrières fait observer que cet article n'a d'application possible que dans le cas où l'associé aura reçu après la dissolution de la société et antérieurement au partage; tant que dure la société commerciale, il n'y a pas de créances *communes*, il n'y a que des créances *sociales*, dont la société est seule propriétaire et dont l'associé n'a pu évidemment, par suite, recevoir *sa part* (2). Cette observation manque d'exactitude; l'associé, même en nom collectif, conserve un patrimoine distinct du patrimoine social.

Le même principe qui a fait écrire l'art. 1848 a inspiré l'art. 1849 : « Lorsqu'un des associés a reçu sa part entière de la créance commune, et que le débiteur est depuis devenu insolvable, cet associé est tenu de rapporter à la masse commune ce qu'il a reçu, encore qu'il eût spécialement donné quittance pour *sa part* » (C. civ., art. 1849), et cet article ne devrait pas être restreint au seul cas d'insolvabilité : c'est alors seulement, la plupart du temps, qu'il présente quelque intérêt; mais, dans

_____

(1) Troplong, n. 557.
(2) *Man. de droit comm.*, p. 48.

tous les cas, l'associé qui recouvre sa part n'a fait que
recouvrer une partie de la chose commune (1).

IV.

411. « Chaque associé, dit l'art. 1850, C. civ., est
tenu envers la société des dommages qu'il a causés par
sa faute, sans pouvoir compenser avec ces dommages les
profits que son industrie lui aurait procurés dans d'autres
affaires. » La doctrine eût nécessairement fait prévaloir
une semblable règle, si la loi n'avait pris soin de l'écrire ;
les profits sont la propriété de la société et ne restent
pas propres à l'associé ; dès lors, il est vrai de dire que
la matière manque à la compensation (2).

Toutefois, il faut donner attention aux termes du texte
qui supposent la perte subie dans une affaire et le profit
réalisé dans une *autre* : l'associé pourrait donc compenser avec les dommages dont il répond les bénéfices qu'il
a procurés dans *une seule et même affaire* : il y aurait rigueur extrême à ne pas apprécier l'opération dans son
ensemble (3) ; le contraire cependant a été soutenu par
de graves autorités (4).

412. Sur cet article, la controverse s'est élevée pour
savoir quelle est la faute dont l'associé est responsable :
faudra-t-il qu'il réponde de la plus petite négligence ?
Peut-on exiger de lui les soins minutieux que prendrait
un commerçant plus diligent que la plupart des hommes, et, pour se servir des expressions consacrées, ré-
pond-il de la faute même très-légère ?

M. Bigot-Préameneu, après avoir rappelé l'ancienne

---

(1) Troplong. n. 561 ; Duvergier, n. 342 et s.
(2) Pothier, n. 125 ; Duvergier, n. 331 ; Troplong, n. 578.
(3) Duvergier, n. 331 ; Delangle, n. 465 ; Dalloz, *Rép.*, vº *Société*, n. 563.
(4) Troplong, n. 578, et J.-B. Paris, n. 764.

division tripartite adoptée, par la doctrine au moins, et, distinguant la faute lourde, la faute légère et la faute très-légère, disait sur l'art. 1137, C. civ. : « Cette division des fautes est plus ingénieuse qu'utile dans la pratique ; il n'en faut pas moins, sur chaque faute, vérifier si l'obligation du débiteur est plus ou moins stricte ; quel est l'intérêt des parties, comment elles ont entendu s'obliger, quelles sont les circonstances. » M. Massé conclut de ces paroles que le Code civil a voulu proscrire d'une manière absolue l'ancienne division ; que le législateur a compris que les fautes ne pouvaient, en aucun cas, être appréciées d'une manière abstraite, mais seulement d'une manière relative à la personne qui les a commises, et que tout dépendait d'une appréciation des circonstances, que le Code civil a voulu abandonner entièrement aux lumières et à la conscience des juges (1). Ces principes sont vrais, sans doute, et le même fait pourra, selon les circonstances, les conventions des parties, leur caractère et leur position respective, apparaître aux juges avec un degré différent de gravité ; mais il n'en est pas moins commode pour poser une règle qui n'aura rien d'absolu et pourra être modifiée suivant les cas, et, afin de rendre notre pensée plus facile à saisir, de se demander si l'associé qui répond de sa faute lourde et de sa faute même légère, doit également être responsable de ce défaut de soins plus excusable, que semble rendre l'expression de faute très-légère. La négative nous paraît devoir être adoptée.

Si l'associé, en matière commerciale surtout, ne donne pas aux affaires sociales les soins que les commerçants donnent communément à leurs propres affaires, il devient

---

(1) Massé, n. 1646.

responsable. On ne peut admettre qu'un négociant apporte dans la gestion de ses biens l'incurie et l'insouciance que, même dans la vie civile, on ne rencontre que par exception. S'il a de pareil défauts, il doit s'en corriger ou s'abstenir au moins, en s'associant, de compromettre les intérêts des autres : on sera donc un peu plus sévère pour apprécier, en matière commerciale, ce que l'on doit entendre par les soins d'un *bon père de famille,* expression consacrée par la loi civile : chaque associé doit aux affaires sociales les soins qu'il doit être censé apporter aux siennes propres, sans que cet associé puisse, ainsi que l'a dit Pothier lui-même, quoique indulgent à l'excès, « s'excuser même de la négligence crasse, s'il était constant qu'il apporte cette négligence dans ses affaires (1) ». Dans le commerce, chacun est réputé avoir pour ses intérêts une diligence plus grande que dans la vie purement civile ; mais, sous le bénéfice de cette observation, il faut décider que chaque associé répondra toujours de la faute lourde, de la faute légère souvent, mais non de la faute très-légère. C'est, du reste, aux juges à apprécier et à tenir compte, nous le répétons, des circonstances particulières à chaque espèce : sur ce point tous les auteurs sont d'accord ; ils sont unanimes également pour ne pas confondre le malheur qui peut faire produire à une opération sagement conçue un mauvais résultat avec la faute : la difficulté, ici encore, sera de bien discerner si c'est à l'imprudence ou à la force majeure que le désastre doit être attribué : ainsi la Cour de cassation a eu à décider que la condamnation à mort

---

(1) Pothier, n. 124. V. Duranton, t. 17, n. 403: Molinier, n. 335 ; Troplong, n. 576 ; Malpeyre et Jourdain, p. 72 et s.; Bédarride, n. 39 ; Pardessus, n. 1017 ; que quelques nuances séparent de Toullier, t. 6, n. 231 ; Duvergier, n. 324 et s.; Delangle, n. 160 et s.

prononcée révolutionnairement était un cas de force majeure et ne pouvait entraîner contre les héritiers de l'associé aucune responsabilité (1).

V.

413. Quand la mise a été réalisée, si elle vient à périr, la loi a déterminé sur qui doit retomber la perte, et quels sont les droits de celui qui l'a fournie.

Sont aux risques de la société :

Les corps certains et déterminés qui ne se consomment point par l'usage, si la propriété, complète et entière, a été apportée à la société.

En outre : 1° Les choses fongibles, c'est-à-dire qui se consomment par l'usage, telles que des vins, des blés, de l'argent ; 2° celles qui se détériorent en les gardant ; 3° celles qui sont destinées à être vendues ; 4° ou qui ont été mises dans la société sur une estimation portée dans un inventaire (C. civ., art. 1851), soit que la propriété même ou l'usage seulement ait été apporté dans la société : MM. Malpeyre et Jourdain pensent que cette règle souffre exception quand il s'agit d'un immeuble (2); la loi n'a fait aucune distinction, et nous pensons qu'elle ne peut être suppléée (3).

Il faut ajouter que la condition réellement exigée par la loi, c'est l'estimation ; et il n'est point nécessaire qu'elle ait été faite par un inventaire ; elle peut se trouver dans l'acte même de société ou être faite dans toute autre forme (4).

« Bien qu'on ait déclaré ne mettre en société que l'u-

(1) Cass., 3 mess. an VIII ; Dalloz, *Rép.*, v° *Société*, n. 567
(2) Malpeyre et Jourdain, p. 46. *Sic*, Molinier, n. 331.
(3) Troplong, n. 596 ; Duranton, t. 17, n. 409 ; Duvergier, n. 185.
(4) Troplong, n. 597 ; Duvergier, n. 174.

sufruit ou la jouissance d'une chose, dit M. Bravard-Veyrières, il peut se faire, d'après la nature de cette chose
ou l'intention présumée des parties, que la propriété
elle-même soit acquise à la société ; c'est ce qui arrive,
si la chose se consomme, si elle se détériore en la gardant, si elle a été destinée à être vendue, ou si elle a été
mise dans la société sur une estimation portée dans un
inventaire, cas prévus et spécifiés par l'art. 1851, C.
civ. Alors, quant à la translation de propriété et aux risques, c'est comme si l'on avait mis dans la société la
chose elle-même en toute propriété. Mais il y a cette
différence que l'associé qui n'y a mis que la jouissance
de sa chose en prélèvera la valeur lors de la dissolution
de la société (1). » Nous insisterons tout à l'heure sur
cette circonstance.

Sont aux risques de l'associé, au contraire, les choses
autres que celles que nous venons d'énumérer, c'est-à-
dire les corps certains et déterminés qui ne se consomment pas par l'usage, si la jouissance seulement, c'est-
à-dire, le profit ou les fruits, a été mise dans la société
(C. civ., art. 1851). Ainsi, si l'immeuble, dont la jouissance seulement a été apportée, vient à périr, la perte
retombe exclusivement sur l'associé qui n'a pas cessé
d'être propriétaire, et la société ne lui doit aucune indemnité. Aucune indemnité ne lui est due également pour
les dégradations qu'il a subies par suite de cas fortuit ou
de force majeure. La société n'est responsable que si elle
est en faute et dans les termes du droit commun. Des
stipulations expresses, et du reste très-licites, pourraient
seules modifier ces règles.

414. Pour déterminer les effets que produira la

---

(1) *Man. de droit comm.*, p. 47.

perte, il faut donc distinguer si la mise consistait dans la propriété ou dans l'usage seulement ; mais, à moins de stipulations expresses, il peut y avoir doute quelquefois, à cet égard, et les circonstances seules, appréciées par les juges, serviraient à résoudre la difficulté.

Si les objets existant dans la société ont été achetés par la société même, depuis sa formation et au moyen de l'actif social, il est certain que la propriété est sociale, et ils seront partagés plus tard dans la même proportion que les bénéfices.

Dans le cas contraire, le but que se proposaient les associés pourra servir quelquefois à décider la question. Pardessus cite comme exemple deux voituriers qui s'associent pour une entreprise de transport, et enseigne que l'on croira qu'ils n'ont mis en commun que l'usage des chevaux dont chacun était propriétaire ; si la société est formée entre deux marchands de chevaux pour une entreprise de remonte, la présomption, au contraire, sera qu'ils ont mis la propriété des apports en commun. « Lorsqu'on ne pourra s'éclairer par les termes de la convention, ajoute le même auteur, lorsqu'en examinant le but que se proposaient les parties, on verra qu'elles pouvaient indifféremment mettre en société la propriété ou l'usage des choses, la manière dont elles ont opéré, les bases d'après lesquelles les profits ou les pertes devaient être partagés, les circonstances ou tous autres moyens dont les tribunaux peuvent se servir pour s'éclairer, seront autant de données pour asseoir une décision (1). » Il est impossible de donner à cet égard des règles plus précises ; mais ce doit être un avertissement aux parties de stipuler avec clarté, dans les

_____

(1) *Droit comm.*, n. 990.

actes de société, leurs conventions sur ce point (1).

Au moment où la société sera dissoute, il faudra distinguer encore si les apports ont été faits en propriété ou pour la jouissance seulement.

Si les apports ont été faits en propriété, ils sont entrés, nous l'avons dit, dans le domaine de la société et font partie de son actif; il n'y a pas lieu pour l'associé qui en a été propriétaire à reprendre ce qu'il a abandonné complétement et sans réserve, et tout l'actif social doit être partagé entre les associés dans les proportions et selon les formes déterminées par le contrat. La règle est facile.

Si les apports ont été faits pour l'usage seulement, il résulte clairement des principes que nous venons de poser, et nous avons dit explicitement que, si les apports consistent en un corps certain *non estimé*, la société n'est tenue d'aucune indemnité, s'il est détérioré sans faute qui lui soit imputable, ni d'en restituer la valeur, s'il est péri : la perte a été pour l'associé qui n'a pas cessé d'être propriétaire; si le corps certain existe encore, l'associé le reprend dans l'état où il le trouve.

Si les apports, quelle qu'en soit la nature, mis dans la société pour l'usage seulement, ont été estimés, cette estimation a eu pour effet d'en transférer la propriété à la société, comme s'il y avait eu vente, et de constituer à sa charge une dette payable au moment de la dissolution; l'associé a droit au montant de l'estimation, sans qu'il puisse, sous aucun prétexte, y rien ajouter, ni la société, de son côté, en rien retrancher.

Il n'est pas indispensable que l'estimation ait été faite par un inventaire; le texte de l'art. 1851, C. civ., à cet

---

(1) V. Duranton, t. 17, n. 408, et Duvergier, n. 196 et s.

égard, est purement énonciatif et non limitatif, ainsi que nous l'avons dit.

Si la mise était destinée à être vendue, l'associé prélève le prix de la vente, ou la valeur, si la vente n'a pas été opérée, à moins qu'il ne consente à reprendre la chose même en nature.

Si l'apport consiste en choses qui se détériorent en les gardant, l'associé a le choix, ou de reprendre la chose même, si elle existe encore et dans l'état où elle se trouve, ou d'en demander l'estimation.

Si les choses mises en société se consomment par l'usage, la société en doit la restitution en pareille quantité, qualité et valeur, ou leur estimation.

Dans tous les cas où la société est tenue de restituer la valeur des choses mêmes apportées, si l'estimation en a été faite, l'associé ne peut répéter que le montant de l'estimation, ainsi que nous l'avons dit tout à l'heure ; dans le cas contraire, les auteurs ne sont pas d'accord pour décider si la société doit cette valeur au moment de l'apport ou au moment de la dissolution.

S'il s'agit de choses destinées à être vendues, nous pensons que la société doit le prix qui a été produit par la vente, ou la valeur, au moment du contrat, pour celles qui n'ont pas été vendues. Dans tous les autres cas, elle doit l'estimation au moment où l'associé peut reprendre les choses qui lui appartiennent, à moins de conventions contraires. Ces questions, toutefois, sont controversées (1). Des clauses explicites de l'acte de société devraient lever toute incertitude et éloigner la possibilité d'un débat.

_____

(1) V. Troplong, n. 586 et s.; Duvergier, n. 182 et s.; Duranton, n. 409 ; Pardessus, n. 1080; Delangle, n. 82 et 698; Páris, n. 821 et s.; Zachariæ et Aubry et Rau, t. 3, § 385.

415. L'associé, en outre, aura « action contre la société, dit l'art. 1852, C. civ., non-seulement à raison des sommes qu'il a déboursées pour elle, mais encore à raison des obligations qu'il a contractées de bonne foi pour les affaires de la société et des risques inséparables de sa gestion. »

Il semble, en effet, de toute justice que l'associé soit indemnisé, soit des déboursés faits par lui, soit des engagements qu'il a contractés, soit, enfin, des pertes occasionnées par sa gestion.

Les déboursés produisent intérêt de plein droit au profit de l'associé qui les a faits.

En fait, si ce n'est en droit, il n'y a difficulté, quelquefois, que pour décider, lorsque des pertes ont été éprouvées, jusqu'à quel point les risques étaient bien inséparables de la gestion et ont été une suite nécessaire. Les tribunaux devront se montrer, dans cette appréciation, bienveillants envers un associé qui établit un préjudice dont il a souffert, quand son imprudence ou sa faute ne sont point complétement prouvées.

L'indemnité due à l'associé doit être supportée, dans tous les cas, par l'actif de la société, et, par suite, l'associé, à qui elle est due, y contribuera pour sa part, de même que si elle était payée à un étranger.

VI.

416. Lorsqu'aucune difficulté n'existe quant à l'apport social, aux risques qu'il a courus, à la manière de le reprendre, des doutes peuvent encore s'élever, en cas de silence de l'acte de société, pour le partage des bénéfices ou des pertes. Il arrive rarement sans doute que, dans une société, ce point n'ait point été réglé ; en cas d'omission à cet égard, les principes établis par le Code civil seraient suivis, et la part de chaque associé dans les bénéfices ou dans les pertes sera en proportion de sa mise (C. civ., art. 1853).

On peut supposer, et il est arrivé fréquemment que le contrat détermine seulement la part de chaque associé dans les bénéfices et soit muet quant aux pertes ; le contraire peut se présenter : la jurisprudence et les auteurs décident, avec raison, que les pertes seront en proportion des bénéfices; et que, dans tous les cas, ainsi que le dit M. Duvergier après la loi romaine, les parts indiquées soit dans les bénéfices, soit dans les pertes, doivent être fixées aussi bien pour la chance dont le contrat ne parle pas, que pour celle qui est l'objet de la stipulation (1).

417. « On considère comme profits de la société, dit Pardessus, tout ce qui reste à sa disposition, déduction faite des dettes communes, des frais de gestion et d'administration, des capitaux, qui en constituent le fonds, soit d'après la convention des parties, soit d'après la nature des opérations qu'elle embrasse, quand même ces capitaux excéderaient la mise des associés et se composeraient des gains faits depuis sa formation, qu'ils y auraient ajoutés. Au contraire, lorsque les dettes, les frais de gestion et autres semblables, ne sont pas balancés par les choses communes et les bénéfices que leur emploi a pu procurer, on dit qu'il y a perte.

« En évaluant les profits et les pertes, il faut faire entrer en compte la diminution de valeur et la détérioration progressive que reçoivent, par l'usage, les instruments, les ustensiles et autres effets dont la société se sert pour l'exercice de ses opérations, ainsi que la dépréciation que

---

(1) Duvergier, n. 240; Duranton, t. 17, n. 416 ; Aubry et Rau sur Zachariæ, t. 3, § 380; Amiens, 27 mai 1840 ; Cass., 11 janv. 1865 (S.42.2.113 ; 65.1.12).

des marchandises appartenant à la société peuvent avoir
éprouvée par suite de la variation des cours, par la raison que l'exhaussement de leur valeur serait aussi pris en
considération des bénéfices (1). »

Cet état de choses est constaté par l'inventaire que tout
commerçant est tenu, conformément à l'art. 9 ci-dessus,
de faire chaque année, au moins, et les développements
dans lesquels est entré Pardessus indiquent les règles à
suivre pour la confection de cet important document.

On ne doit pas faire figurer dans l'inventaire fait en
vue d'une simple répartition de bénéfices, la valeur que
peut avoir le fonds de commerce exploité. L'appréciation
en serait souvent fort difficile à faire, sujette à contestation, et très-variable : d'ailleurs, aussi longtemps que
durera la société, il est évident que le fonds de commerce ne constitue pas une valeur réelle et liquide destinée à être réalisée ou pouvant l'être : il n'y aura lieu
d'en tenir compte qu'à la dissolution de la société, et
quand on arrivera à une liquidation. Jusqu'à ce moment, la valeur du fonds de commerce ne doit figurer,
nous le répétons, dans aucun inventaire.

418. Au moment de la liquidation, il y a bénéfice, si
quelque chose reste à partager, après que le montant des
apports, libérés de toute dette, a été prélevé ; il y a
perte, au contraire, si les mises ont été entamées. Dans
ce dernier cas, une difficulté peut se présenter.

En admettant que la simple diminution du fonds social constitue à elle seule une perte, cette perte sera-t-elle
supportée par les associés dans la proportion de leur
droit aux bénéfices, ou dans la proportion de leur mise
dans le fonds social? Ainsi, deux associés ayant fait cha-

(1) Pardessus, n. 909. Sic, Duvergier, n. 220.

cun une mise de fonds de 150,000 fr., en stipulant que
les bénéfices seraient attribués pour un tiers au premier,
et pour deux tiers au second, si ces apports ont été di-
minués de 45,000 fr., est-ce que chaque associé repren-
dra une somme de 127,500 fr., ou bien le premier re-
prendra-t-il 135,000 fr., et le second 120,000 fr.
seulement, le premier supportant ainsi un tiers de la diminution du fonds social, le second supportant les deux
tiers ?

Il faudra nécessairement consulter les clauses de l'acte
et apprécier quelle a pu être l'intention des parties ; et
la Cour de cassation a jugé qu'en pareille circonstance,
les Cours d'appel décideraient souverainement la difficulté, sans qu'il y ait lieu à se pourvoir (1). Si rien n'apparaît de l'intention des parties, d'après la règle que
nous venons de poser, il faut décider que la diminution
du fonds social constituant une perte, elle sera supportée
dans la même proportion que les bénéfices auraient été
partagés.

On peut supposer, au contraire, que les mises sont
inégales et que les pertes devaient être supportées par
moitié par chacun des deux associés ; la Cour de cassation a jugé que la perte entière du fonds social, dans ce
cas, n'autoriserait pas l'associé, qui a apporté une mise
plus forte, à exercer une action en répétition contre celui qui a apporté une mise plus faible, sous prétexte de
rétablir l'égalité dans la contribution aux pertes (2). On
ne doit pas supposer que telle a été l'intention des parties au moment où elles ont contracté ; d'ailleurs, l'ensemble des mises composait le fonds social, et la perte

---

(1) Cass., 11 janv. 1865 (S.65.1.12).
(2) Cass., 27 mars 1864 (S.64.1.315).

II.   7

doit être supportée par la société à laquelle il appartenait. Une clause formelle eût été nécessaire pour décider autrement.

419. Les mises des associés peuvent n'avoir point été
évaluées par les parties; dans cette hypothèse, pour le
partage des bénéfices ou des pertes, il y aura nécessité,
en cas de désaccord, de recourir à une expertise; et les
tribunaux décideraient le litige (1).

S'il résultait des circonstances que le défaut d'estimation n'a pas eu d'autre but que de déclarer l'intention
des parties de faire considérer les mises comme étant
d'égale valeur, afin d'arriver à un partage égal aussi des
bénéfices, rien ne s'opposerait à ce que la volonté des
contractants fût suivie. On admettrait aussi le partage
égal, s'il y avait impossibilité d'estimer les apports, dans
le cas, par exemple, où chaque associé n'a apporté que
son industrie, dont la valeur précise ne saurait être
fixée (2).

420. « A l'égard de celui qui n'a apporté que son
industrie, dit encore l'art. 1853, C. civ., sa part dans
les bénéfices ou dans les pertes est réglée comme si sa
mise eût été égale à celle de l'associé qui a le moins apporté. » S'il n'y a que deux associés, le bailleur de fonds
et l'industriel partageront donc également. Si l'un des
associés a apporté 20,000 fr., par exemple, l'autre
10,000 fr. et son industrie, l'industrie, à elle seule, doit
être assimilée à l'apport de l'autre associé, et il y a lieu
d'y ajouter la somme versée en espèces : ainsi, dans notre
exemple, l'un des associés ayant apporté 20,000 fr.,
l'autre est présumé avoir apporté une somme égale à

(1) Duvergier, n. 224 et s.; Troplong, n. 645; Dalloz, vᵒ *Société*, n. 394.
(2) V. Pardessus, n. 985; Malpeyre et Jourdain, p. 88.

celle-là représentée par son industrie, plus 10,000 fr.;
en tout, 30,000 fr. (1).

Cette règle ne devrait subir aucune modification, si la
société venait à se dissoudre avant l'époque fixée par le
contrat, dans le cas où l'argent n'a été apporté que pour
la jouissance seulement : l'industriel et le bailleur de
fonds ont été privés, l'un de son travail, l'autre de son
capital pendant le temps réel qu'a duré la société, et tous
les deux reprendront, au même moment, celui-là sa liberté, et celui-ci son argent : il n'y a rien à changer aux
arrangements.

Il en est tout autrement si le numéraire a été apporté
dans la société en toute propriété : l'industriel ne pourrait prélever sur cet argent la part qui ne lui a été promise qu'au terme fixé par le contrat (2).

Il en est de même si l'un des associés a apporté de
l'argent, et que l'industrie de l'autre ait été évaluée
d'avance à une somme déterminée, soit 100,000 fr. pour
une durée de vingt années. Si la société a été dissoute
avant le terme fixé, et qu'il s'agisse, non de partager les
bénéfices réalisés, mais de prélever, avant tout partage,
les apports de chacun, l'apport purement industriel ne
pourrait être considéré comme réalisé et fourni, que proportionnellement au temps que la société a duré.

Toutefois, les parties peuvent stipuler, à cet égard, en
toute liberté, et régler leurs intérêts comme elles l'entendent; en cas de doute, les juges du fond décideraient
sans que l'arrêt pût donner ouverture à cassation (3).

421. Dans le cas particulier où la société est conclue
entre un bailleur de fonds et un industriel, et lorsque le

---

(1) Duvergier, n. 232 ; Troplong, n. 649 ; Duranton, t. 17, n. 433.
(2) Bravard-Voyrières, *Manuel*, p. 50 et 51 ; Duvergier, n. 209 et 472.
(3) Cass., 14 juin 1865 (D.P.66.1.132).

contrat est muet, il devient donc particulièrement intéressant et fort embarrassant quelquefois de décider si
l'associé, qui n'a apporté que son industrie, aura non-
seulement sa part dans les bénéfices au moment de la
dissolution, mais encore dans les fonds apportés dans la
société ; en d'autres termes, s'il y a présomption que les
fonds ont été apportés dans la société pour la propriété
ou pour l'usage.

Quand la mise de chaque associé est exclusivement
composée de numéraire, aucun embarras ne peut jamais
exister au moment du partage : ainsi, en supposant qu'un
associé ait apporté 50,000 fr. et l'autre 100,000, le premier aura toujours droit au tiers de tout l'actif, l'autre,
aux deux tiers ; mais, si la même marche était suivie
quand l'un des associés a apporté son industrie seulement, il aurait un avantage auquel il n'a pas droit peut-
être.

Cette question a été sérieusement controversée sous
l'ancien droit ; l'opinion qui semblait la plus juste laissait, à défaut de stipulation expresse, la propriété du capital à celui qui l'avait fourni, ainsi que le droit de le
prélever avant tout partage, et ne voyait dans l'industrie
de l'autre associé que l'équivalent de l'usage de ce capital. Mais M. Troplong a fait observer qu'autrefois on
admettait que l'associé, bailleur de fonds, qui ne faisait
entrer dans la société que la jouissance de son capital,
en avait le risque ; et si l'industriel n'entrait pas en partage de ce capital, du moins il n'avait pas à en supporter
la perte pour sa part. L'art. 1851, C. civ., ainsi que
nous avons eu l'occasion de le dire (*suprà*, n° 413), a
renversé ce système ; il veut que le capital, dont la jouissance seulement a été mise dans la société, soit aux risques de celle-ci, de sorte qu'en suivant les mêmes prin-

cipes, l'industriel ne devrait aujourd'hui rien prendre
dans le capital, s'il existe encore, et devrait contribuer
pour sa part à en réparer la perte (1); l'art. 1853 veut
qu'il ait une part égale dans les pertes et dans les bénéfices, sauf stipulations contraires.

Nul doute que cette situation nouvelle de l'industriel
ne rende souvent inapplicables les raisonnements basés
sur d'autres principes, et qu'il ne soit, par suite, plus
utile que jamais de spécifier avec soin comment et sur
quelle base se fera le partage ; toutefois, si cette convention a été omise, si l'examen attentif des faits ne révèle
pas l'intention des parties, nous pensons encore que l'industrie correspond à l'usage seulement de l'argent versé
par l'autre associé. Il n'est pas absolument vrai qu'à l'expiration de la société, on ne puisse retirer l'industrie
qui a formé la mise; quand le terme de la société sera
arrivé, l'ouvrier conservera l'habileté qu'il avait apportée
et ne laissera que les produits qu'elle a fournis, comme
le bailleur de fonds l'usage de son argent.

Ainsi, on peut supposer la société conclue entre deux
individus dont l'un apporte 100,000 fr. et l'autre son
industrie ; si, à l'époque de la liquidation, il y a 25,000 fr.
de perte, l'industriel en devrait la moitié à la société ;
mais la société, de son côté, lui devrait la moitié du capital restant, soit 37,500 francs : il se trouvera donc en
définitive être plus riche de 25,000 francs, et son associé
plus pauvre de 75,000 francs, en outre de la perte des
intérêts, qui ont été justement compensés par l'industrie
de l'autre associé. Ce résultat ne nous semble pas admissible, et on ne peut croire qu'il ait été dans l'intention
des parties, même sous l'empire de l'art. 1851, C. civ. ;

---

(1) Troplong, n. 124.

nous pensons, qu'à moins de stipulation contraire ou de circonstances toutes particulières, une aussi forte prime ne peut être donnée à l'industrie et lui être assurée, alors même, comme dans l'exemple que nous avons cité, que son utilité paraît démentie par les faits, puisqu'elle n'a eu pour résultat que d'entraîner à des pertes (1).

422. Le texte de l'art. 1853 laisse encore incertaines d'autres questions ; tous les auteurs citent l'exemple où l'un des associés a versé 2,000 fr. et l'autre 4,000 fr., mais sous la condition qu'il prélèvera 2,000 fr. avant tout partage : la société est donc débitrice de cette somme envers lui. Dans ce cas, l'opinion générale est que les bénéfices devront être partagés comme si les mises étaient chacune de 2,000 fr. en ajoutant les intérêts des 2,000 fr. dont la société est reconnue débitrice. On ne peut se dissimuler que cette règle, à quelques égards, ne semble pas complétement équitable, mais il faut la suivre ou tomber dans les difficultés insolubles du calcul des risques : c'est à l'associé à stipuler et sauvegarder ses intérêts dans l'acte même de société.

423. Quelle que soit la liberté laissée aux parties, il est une limite que la loi a pris soin de fixer : « La convention, dit l'art. 1855, C. civ., qui donnerait à l'un des associés la totalité des bénéfices, est nulle. Il en est de même de la stipulation qui affranchirait de toute contribution aux pertes les sommes ou effets mis dans le fonds de la société par un ou plusieurs des associés. » Ainsi, si la loi n'exige pas une égalité entière dans la position faite aux associés, elle ne permet pas cependant que l'un d'eux se réserve la totalité des bénéfices,

---

(1) Pardessus, n. 990. — *Contrà*, Bravard-Veyrières, p. 50 ; Duvergier, n. 204.

en laissant à l'autre une partie des pertes, ou le charge exclusivement des pertes, en ne lui donnant qu'une part dans les bénéfices. Une semblable stipulation, flétrie sous le nom de société léonine, est complétement nulle. Mais entraîne-t-elle la nullité de la société, ou doit-elle être · simplement réputée non écrite ? Les auteurs sont fort divisés sur cette question.

On peut dire sans doute que la clause relative aux attributions des bénéfices ou des pertes est d'une importance telle qu'elle constitue, pour ainsi dire, tout le contrat ; une fois cette clause annulée, il semble difficile de se substituer aux parties pour créer des conventions nouvelles, puisqu'elles ont suffisamment fait connaître leur intention de ne pas admettre le partage égal ; il semble plus conforme aux règles du droit commun d'annuler un contrat qui blesse les principes généraux et l'équité, que de le refaire sans le concours des parties et contrairement à leur volonté exprimée. Mais ces raisons n'ont pas semblé apparemment déterminantes au législateur ; pour annuler le contrat même et non pas la convention seulement, il faut admettre que la loi a employé une expression inexacte ; il faut en changer le sens, et substituer évidemment la doctrine à la loi. C'est une entreprise périlleuse et dont on ne saurait s'abstenir avec trop de scrupule. D'ailleurs, est-il si difficile de supposer que la loi a voulu traiter avec rigueur et punir l'avidité d'un homme qui, sous le titre menteur d'associé, a su faire consentir l'autre partie à un contrat évidemment spoliateur ? S'il y avait doute possible, la loi devait décider contre lui, et c'est ce qu'elle a fait. Le partage aura donc lieu d'après les règles que la loi a tracées, comme si le contrat n'avait rien stipulé sur le partage des bénéfices. En fait n'y aurait-il pas nécessité d'agir ainsi, si la difficulté ne s'élève qu'au moment de la liquidation (1)?

424. « Toutefois, dit M. Bravard-Veyrières, ne pourrait-on pas stipuler que l'associé industriel serait affranchi de toute contribution aux pertes? Oui, on le pourrait, selon moi : car, d'une part, les termes de l'article 1855 ne comprennent pas ce genre d'apport; on ne saurait dire que l'industrie est une somme ou un effet mis dans la société; d'autre part, l'apport d'une industrie étant l'apport d'un genre particulier de capital composé des soins et du travail de l'associé pendant un temps donné, ce capital reste dans la société, et il est perdu pour l'associé, malgré la clause qui l'affranchirait de toute contribution aux pertes. Ainsi donc, voulût-on considérer le capital industriel comme un effet mis dans la société, il échapperait encore à la prohibition de l'article 1855; l'associé aurait bien irrévocablement perdu son temps et ses soins; seulement son avenir ne serait pas grevé des dettes de la société (2), »

L'industriel, dans une certaine mesure, a évidemment contribué aux pertes; si le capitaliste, en outre de l'intérêt de ses fonds, regardé comme l'équivalent de l'industrie, supporte seul la perte de tout ou partie de son capital, sa part dans les pertes sera plus forte que celle de l'industriel; mais la loi ne prohibe pas une semblable clause; ce qu'elle défend seulement, c'est l'affranchissement complet de toutes les pertes : nous ne voyons donc rien, quant à nous, qui s'oppose à ce que la doctrine enseignée par M. Bravard-Veyrières soit suivie, et elle doit

---

(1) Pardessus, n. 998; Delangle, n. 120; J.-B. Paris, n. 694 *ter;* Bédarride, n. 36. — *Contrà,* Duranton, t. 17, n. 422; Malpeyre et Jourdain, p. 82; Duvergier, n. 277; Troplong, n. 662; Molinier, n. 386; Aubry et Rau sur Zachariæ, t. 3, p. 393, § 377, note 9.

(2) *Man. de droit comm.,* p. 51 et 52. *Sic,* Duvergier, n. 257.

être entendue d'une manière générale. Ainsi, quelle que soit la mise d'un associé, les contractants peuvent stipuler entre eux que sa contribution aux pertes serait limitée exclusivement à son apport et qu'il ne pourrait être mis à sa charge aucune partie des pertes qui l'excéderaient (1). Il ne serait, en un mot, tenu que comme un commanditaire. Il est superflu d'ajouter que ces conventions, valables entre les associés pour le règlement de leurs droits les uns envers les autres, sont sans force, dans une société en nom collectif, à l'égard des tiers ; les tiers conservent contre chacun des associés, dans tous les cas, une action solidaire pour la totalité des dettes : nous aurons occasion de rappeler ce principe fondamental des sociétés commerciales sous l'art. 22.

Tous les auteurs s'accordent, au reste, pour décider qu'une stipulation expresse peut établir que la participation aux bénéfices et aux pertes ne sera pas dans une proportion exacte avec l'importance des mises : il suffit que chaque associé y prenne part dans une certaine mesure et de manière qu'il n'y ait pour personne des chances de perte sans possibilité de profit, ni possibilité de profit sans aucune chance de perte.

Ainsi, on pourrait stipuler, par exemple, qu'un associé aura les deux tiers des bénéfices et ne supportera qu'un tiers des pertes, laissant retomber sur l'autre, par conséquent, les deux tiers de la perte, tandis qu'il ne toucherait qu'un tiers des bénéfices ; mais, dans tous les cas, il faut, bien entendu, qu'un associé ne puisse rien prendre avant que toutes les dépenses aient été couvertes et les dettes payées : jusque-là, évidemment, il n'y a pas de bénéfice (V. *suprà*, n° 376, pour le cas où il y a prêt et non société).

_____

(1) Paris, 15 mars 1866 (J.P.66, p. 919), et tous les auteurs.

La Cour de eassation a jugé que la clause portant que l'un des associés sera privé de sa part dans les bénéfices pour le cas où, par son fait, les dépenses dépasseraient une somme déterminée est licite ; mais si cette privation était définitive, elle entraînerait, pour la suite, la dissolution de la société (1).

D'un autre côté, la même Cour a jugé que la clause d'un acte de société qui, pour le cas de décès de l'un des associés, prescrit, non point la continuation de la société entre l'associé survivant et les héritiers du prédécédé, mais seulement l'ajournement de la liquidation à une époque déterminée ; l'établissement commercial devant jusque-là continuer ses opérations sous le même nom et avec le même capital, dirigé sans contrôle par le survivant qui seul profitera des bénéfices et supportera les pertes, n'a rien d'illicite ni de contraire aux principes du contrat de société (2).

Est également licite la clause d'un acte de société par laquelle l'un des associés est affranchi de toute contribution aux pertes tant qu'elles ne dépasseront pas le capital apporté par ses coassociés, surtout si l'apport de cet associé consiste en un établissement industriel dont la dépréciation demeure à sa charge (3).

425. La question s'est élevée de savoir à quel moment les bénéfices doivent être partagés, ou, pour mieux dire, quand on doit les regarder comme définitivement acquis. Faut-il s'attacher à la situation que présente la société à certaines époques déterminées dans le cours de son existence, et, par exemple, au moment de chaque inventaire, ou bien faut-il attendre le résultat définitif

---

(1) Cass., 16 nov. 1858 (S.59.1.382).
(2) Cass., 17 août 1868 (J.P.69.33).
(3) Paris, 27 juill. 1869 (J.P.70.226).

des opérations sociales et la liquidation qui, tenant compte de tous les événements accomplis, dira d'une manière certaine si la société, pendant le cours entier de son existence, a réalisé un bénéfice ou subi une perte, et quelle est la position des associés?

En droit rigoureux, cette dernière opinion doit être préférée, mais, en fait, des principes moins sévères sont suivis, et les inventaires, auxquels sont tenus de procéder les commerçants, déterminent chaque année les bénéfices réalisés ou les pertes subies. Une clause du contrat de société peut s'opposer à ce que les profits soient immédiatement répartis, et décider qu'ils viendront augmenter le fonds social, sauf en ce qui concerne les sommes attribuées à chaque associé pour ses dépenses personnelles, prélevées à titre d'à-compte jusqu'à la liquidation complète, qui n'a lieu qu'à la fin de la société. « A défaut d'une convention de cette espèce, dit Pardessus, chaque associé est libre de disposer de sa part dans les bénéfices annuels et de la retirer de la société ; la majorité des voix même ne peut l'obliger à la laisser pour accroître les fonds sociaux (1). »

La question, en ce qui concerne les tiers, a peu d'intérêt dans les sociétés civiles réglées par le Code civil, et dans les sociétés commerciales en nom collectif; tous les associés, en effet, sont tenus indéfiniment et sur tous leurs biens ; mais, sauf les stipulations qui établissent quelquefois une retenue pour faire un fonds de réserve, faute de conventions particulières, la distribution annuelle des bénéfices devrait être de droit.

Cette question a soulevé, quand il s'agit des sociétés en commandite et des sociétés anonymes, les plus gran-

---

(1) *Droit comm.*, n. 1000. *Sic*, Molinier, n. 343.

des difficultés ; les auteurs les ont examinées, et la jurisprudence s'en est, à bien des reprises, préoccupée;
enfin, à propos de l'art. 10 de la loi du 24 juillet 1867,
sur les sociétés, ces difficultés ont donné lieu, au sein
du Corps législatif, à de très-vifs débats. A notre tour
nous en ferons l'objet d'une étude approfondie, quand
le moment sera venu.

426. « Si les associés sont convenus de s'en rapporter à l'un d'eux ou à un tiers pour le règlement des parts,
dit l'art. 1854, C. civ., ce règlement ne peut être attaqué, s'il n'est évidemment contraire à l'équité. Nulle
réclamation n'est admise à ce sujet, s'il s'est écoulé plus
de trois mois depuis que la partie qui se prétend lésée a
eu connaissance du règlement, ou si ce règlement a reçu
de sa part un commencement d'exécution. » Le cas prévu
par cet article se présentera rarement dans les sociétés
commerciales ; mais s'il venait à se réaliser et que le
tiers désigné ne voulût pas ou ne pût pas procéder à la
mission qui lui est confiée, plusieurs auteurs ont enseigné que cette clause devait être considérée comme une
condition du contrat qui, venant à défaillir, en entraînait la nullité (1). M. Duranton et M. Pâris (2) établissent une distinction, selon que la stipulation a lieu par
le contrat même de société ou par un acte postérieur.
Nous ne pouvons voir une condition à laquelle est attachée l'existence du contrat dans une clause qui se borne
à régler le mode de distribution des bénéfices réalisés ; à
coup sûr ce n'est pas en vue du tiers arbitrateur que la
société a été formée : la volonté de s'associer était formelle, mais des circonstances particulières avaient en-

---

(1) Troplong, n. 625; Duvergier, n. 249; Delangle, n. 122.
(2) Duranton, n. 425; Pâris, n. 704.

gagé les associés à ne pas déterminer eux-mêmes la part
de chacun d'eux dans les bénéfices ; ni l'art. 1854, C.
civ., ni la clause en elle-même, n'ont subordonné l'existence de la société au caprice ou au décès du tiers désigné. Si le règlement devait être fait avant que la société
se constitue, chaque associé peut exiger que l'acte soit
complété et refuser, jusque-là, de prendre part aux opérations ; il fait voir ainsi que, dans son intention, cette
clause avait la valeur d'une condition suspensive ; mais,
si les opérations ont commencé d'un commun accord, la
volonté des associés s'est manifestée et a suffisamment
démontré qu'ils ne faisaient pas, non de la clause même,
mais de la personne désignée, une condition d'existence
du contrat ; et les juges procéderont à la fixation que le
tiers choisi refuserait de faire. Ils apprécieront les circonstances, écouteront les associés et fixeront les parts,
soit en revenant au principe qui proportionne la part dans
les bénéfices ou les pertes à l'importance de la mise, ou
aux avantages que chaque associé peut procurer ou a
procurés à la société ; soit d'après les règles qu'ils trouveront les plus justes et les plus conformes à la volonté
présumée des parties (1). Nous pouvons répéter ici encore qu'il faudra bien adopter ce parti, si le règlement
ne doit être fait qu'au moment de la liquidation ; l'article 1854 ne s'oppose nullement à ce qu'il en soit ainsi
et paraît même, selon nous, le supposer ; déclarer que
le contrat en vertu duquel la société a existé et accompli
son cours entier est nul, et ne pas exécuter, autant que
possible, les conventions des parties, nous semble une
mauvaise manière de procéder.

---

(1) Pardessus, n. 998 ; Malpeyre et Jourdain, p. 89 ; Molinier, n. 385.

VII.

427. « A défaut de stipulations spéciales sur le mode d'administration, dit l'art. 1859, C. civ., on suit les règles suivantes : les associés sont censés s'être donné réciproquement le pouvoir d'administrer l'un pour l'autre. Ce que chacun fait est valable même pour la part de ses associés, sans qu'il ait pris leur consentement ; sauf le droit qu'ont ces derniers, ou l'un d'eux, de s'opposer à l'opération avant qu'elle soit conclue. »

Nous dirons, en donnant le commentaire du Code de commerce, les modifications que la forme particulière de quelques-unes des sociétés qu'il a réglées, apporte au principe posé par l'art. 1859, C. civ.

428. « Chaque associé peut se servir des choses appartenant à la société, pourvu qu'il les emploie à leur destination fixée par l'usage, et qu'il ne s'en serve pas contre l'intérêt de la société ou de manière à empêcher ses associés d'en user selon leur droit » (C. civ., article 1859).

Sur ce dernier paragraphe, il y a lieu d'observer qu'en matière commerciale, *la destination* de toutes les *choses appartenant à la société* est de donner des produits et de servir à l'exploitation commune ; les détourner de cet usage, ce serait s'en servir évidemment *contre l'intérêt de la société ;* ce n'est que sous cette réserve, et, par suite, avec une circonspection extrême, que cette disposition de la loi civile pourrait être étendue aux sociétés commerciales (1).

429. « Chaque associé, dit encore ce même art. 1859, C. civ., a le droit d'obliger ses associés à faire avec lui

---

(1) Pardessus, n. 1024 ; Pâris, n. 779 ; Delangle, n. 185.

les dépenses qui sont nécessaires pour la conservation des choses de la société.

« L'un des associés ne peut faire d'innovations sur les immeubles dépendants de la société, même quand il les soutiendrait avantageuses à cette société, si les autres associés n'y consentent. »

M. Delangle enseigne que la règle posée dans ce dernier paragraphe devrait être subordonnée, dans les sociétés commerciales, aux exigences de l'exploitation, dont le gérant serait chargé, et qui l'obligeraient à approprier les immeubles dépendants de la société aux convenances industrielles, en ce qui concerne particulièrement les machines et autres instruments de fabrication : « L'administrateur, dit-il, doit agir avec prudence ; marcher lentement ; proportionner la dépense aux gains de la société ; et ce qu'il a fait dans ces limites est valable (1). »

De semblables règles ne peuvent être acceptées sans réserves. Si les innovations ont été utiles et faites avec intelligence, sans doute la société, qui en aura les bénéfices, devra supporter les charges (2) ; mais la décision sera basée sur les principes généraux applicables à tout mandataire qui excède les bornes de son mandat, et ne sera plus une suite des principes posés par l'article 1859, C. civ., dont les prohibitions ne sauraient ainsi être enfreintes au gré d'une appréciation laissée au gérant : la limite serait trop malaisée à poser si l'on adoptait la règle enseignée par M. Delangle. Le gérant, au surplus, manquerait à son devoir si une innovation est utile, de ne pas demander l'autorisation de l'exécuter.

---

(1) Delangle, n. 143.
(2) Malpeyre et Jourdain, p. 62 ; Duvergier, n. 321 ; Pâris, n 753

L'autorisation expresse des associés, toutefois, n'est sans doute pas nécessaire, et ils seraient évidemment non recevables à critiquer l'opportunité des travaux qu'ils pouvaient empêcher et qu'ils ont laissés s'accomplir sans aucune réclamation (1).

Loin de dégager les gérants, dans une société commerciale, des liens de l'art. 1859, il faudrait en étendre les dispositions, en semblable circonstance, aux meubles mêmes qui composent souvent tout l'actif ou au moins la plus grande partie de l'actif d'une entreprise commerciale (2),

430. Si, en droit commun, tous les associés sont administrateurs, le contrat de société, ou même un acte postérieur, peut déroger aux dispositions de la loi ; l'article 1856, C. civ., dit : « L'associé chargé de l'administration par une clause spéciale du contrat de société peut faire, nonobstant l'opposition des autres associés, tous les actes qui dépendent de son administration, pourvu que ce soit sans fraude. Ce pouvoir ne peut être révoqué sans cause légitime tant que la société dure; mais, s'il n'a été donné que par acte postérieur au contrat de société, il est révocable comme un simple mandat. »

Les art. 1857 et 1858, C. civ., ajoutent à ces règles : « Lorsque plusieurs associés sont chargés d'administrer, sans que leurs fonctions soient déterminées, ou sans qu'il ait été exprimé que l'un ne pourrait agir sans l'autre, ils peuvent faire séparément tous les actes de cette administration.

« S'il a été stipulé que l'un des administrateurs ne pourra rien faire sans l'autre, un seul ne peut, sans une

---

(1) Duvergier, n. 321 ; Duranton, t. 17, n. 440 ; Delangle, n. 443 ; Paris, n. 734.

(2) Troplong, n. 697 et s.; Duvergier, n. 321 ; Paris, n. 750.

nouvelle convention, agir en l'absence de l'autre, lors
même que celui-ci serait dans l'impossibilité actuelle de
concourir aux actes d'administration. » En cas d'urgence
même, il semble impossible de décider, en présence d'un
texte aussi précis, que l'un des administrateurs puisse
agir autrement que ne pourrait le faire celui qui gère l'affaire d'autrui sans mandat (1). Nous dirons ici, ce que
nous répéterons plus tard, en parlant du mandat : l'associé fera bien, sans doute, d'agir au mieux des intérêts
de la société ; il devra être approuvé, s'il s'est conduit
avec intelligence ; mais c'est une appréciation à faire ; ce
n'est plus l'exécution d'un mandat, c'est l'acte officieux
d'un tiers agissant pour vous sans y être autorisé.

Toutes ces stipulations restrictives sont licites et admises en droit commercial comme en droit civil ; mais,
ainsi que nous avons déjà eu occasion de le dire, en droit
commercial elles ne peuvent être opposées aux tiers si
elles n'ont reçu la plus grande publicité, parce que le
droit commun, aujourd'hui au moins, et quel qu'ait été
l'état du droit au moyen âge, c'est que, dans la société
en nom collectif, la gérance appartient à tous. La société
ne pourrait refuser d'exécuter l'engagement que dans le
cas où celui qui réclame aurait eu connaissance de la
clause qui excluait de l'administration l'associé signataire de l'acte ; mais la charge de la preuve à faire retom-
berait sur la société.

431. « L'associé qui n'est point administrateur, dit
l'art. 1860, C. civ., ne peut aliéner ni engager les choses
même mobilières qui dépendent de la société. » Il faut
donc décider que cet associé est privé de tout mandat et

---

(1) Troplong, n. 707 ; J.-B. Pâris, n. 742. — *Contrà*, Duvergier, n. 303 ; Delvincourt, t. 3, notes, 225 ; Duranton, t. 17, n. 438.

de tout pouvoir d'agir au nom de la société, soit comme administrateur, soit comme propriétaire ; si on lui permettait de faire en cette dernière qualité ce qu'il ne peut faire comme gérant, la disposition de la loi deviendrait un non-sens ; il ne pourrait même vendre les choses vénales par destination, sauf à maintenir la vente en faveur de l'acheteur, si celui-ci avait été de bonne foi (1) ; il est complétement sans pouvoir d'agir : l'art. 1860, spécial à l'associé qui a renoncé au droit d'administrer, ou qui en a été privé, déroge expressément à l'art. 1859, dont nous avons parlé tout à l'heure ; mais il est sans doute inutile de faire observer de nouveau que ces associés, ainsi exclus de la gérance, ne peuvent à aucun point de vue être assimilés à des commanditaires ; ils sont solidaires de tous les engagements de la société si elle est en nom collectif, et ils peuvent, d'un autre côté, non-seulement exercer la surveillance la plus complète et la plus étendue, mais prendre part à toutes les opérations ; ils n'ont perdu dans les sociétés en nom collectif que les priviléges attachés à la signature sociale.

432. Les pouvoirs des gérants, lorsqu'il en a été nommé, sont limités par les art. 1857 et 1858, C. civ., que nous avons cités tout à l'heure, ainsi que par l'article 1856, dont nous parlerons de nouveau ; ces textes restreignent les pouvoirs aux actes de simple administration ; mais, à moins de conventions limitatives, claires et précises, portées dans l'acte social, cette administration comprend nécessairement tous les actes indispensables pour atteindre le but que se propose la société.

Quand il s'agit de société commerciale, « ce qu'il est important de remarquer, dit Pardessus, et ce qui doit être

---

(1) Duvergier, n. 269 ; Pâris, n. 777. *Contrà*, Troplong, n. 746.

perpétuellement la base des décisions, lorsqu'il s'élève quelque doute sur la légitimité de ce qu'a fait un associé gérant, non-seulement avec les tiers, mais encore entre les autres associés et les tiers, c'est le point de savoir si ce qu'il a fait est un objet d'administration. Ainsi, dans une manufacture, l'associé gérant peut, par sa qualité, acheter des marchandises et souscrire des obligations pour en payer le prix, ou même pour argent prêté. Il peut vendre les objets fabriqués, parce que c'est leur destination, et même les matières premières que la société aurait achetées pour fabriquer, parce qu'il n'est pas impossible que, dans certains cas, les circonstances ou l'espoir d'un bénéfice ne portent à faire telles reventes. Il a droit de faire et de poursuivre tous les recouvrements des sommes dues à la société... Mais l'aliénation qu'il ferait, sans une autorisation spéciale de ses coassociés, de la maison, des magasins servant à la manufacture ou au commerce de la société, serait évidemment nulle, même à l'égard des acheteurs, qui n'ont jamais dû croire que les pouvoirs d'un gérant s'étendissent jusqu'à vendre le fonds de l'établissement (1). » Il n'a donc pas les pouvoirs non-seulement de la société entière représentée par l'unanimité des associés, mais même de la majorité, dans une société dont les membres ont conservé les pouvoirs accordés d'habitude à tous les associés en nom collectif. Toutefois, il va de soi que l'acte fait sans droit par l'administrateur, devient valable s'il est ratifié par tous les associés (2).

433. Quelques auteurs, et un arrêt de la Cour de Douai, que justifient, il est vrai, les circonstances rele-

---

(1) Pardessus, n. 1014, t. 4, p. 133. *Sic*, Troplong, *Sociétés*, n. 683.
(2) Cass., 20 juill. 1842 (J.P.42.25.59).

vées dans l'espèce (1), refusent aux administrateurs le droit d'emprunter sans une autorisation expresse ; mais, en matière commerciale, une semblable règle rendrait l'administration bien difficile et quelquefois impossible ; le gérant ne pourrait ni faire aucun achat à crédit, ni négocier un effet. Il nous semble donc nécessaire que l'acte de société, en matière commerciale, retire expressément ce droit au gérant, si les associés veulent en effet l'en priver (2). Il n'est pas douteux, du reste, et quelle que soit l'opinion qu'on embrasse, que si les engagements contractés par le gérant même en dehors de ses pouvoirs, ont tourné au profit de la société, celle-ci est obligée (3) ; mais le pouvoir que nous lui accordons ne lui permettrait pas d'hypothéquer les immeubles de la société, encore moins de les vendre (4). Sans doute si ses engagements ne sont pas payés à l'échéance, le créancier peut agir en justice, obtenir des condamnations, et, en vertu des jugements qu'il a dans la main, grever de l'hypothèque qui s'y attache tous les biens de la société. Mais c'est la conséquence d'actes autorisés, et il ne faut pas en conclure que le gérant puisse directement conférer une garantie hypothécaire (5). Le pouvoir d'hypothéquer, comme de vendre, ne peut appartenir qu'à la société elle-même et selon les stipulations de l'acte social, soit à la majorité des associés, soit seulement à l'unanimité (6) ; sauf aux juges, en cas de contestation, à appré-

---

(1) Douai, 15 mai 1844 (S.44.2.403) ; Malpeyre et Jourdain, p. 55 ; Delangle, n. 140 ; Duvergier, n. 314.

(2) Pardessus, n. 1044 ; Troplong, 684 et 685 ; J.-B. Paris, n. 725.

(3) Cass., 7 juill. 1868 (S.68.1.357).

(4) Cass., 21 avril 1841 (J.P.41.2.381) et tous les auteurs.

(5) Delangle, n. 146.

(6) Cass., 7 mai 1844 ; 3 mai 1853 ; 27 janv. 1868 (S.45.1.53 ; 53.1.647 et 68 1.83). V. ci-après n. 209.

cier si les statuts sociaux donnent ce pouvoir au gérant (1).

Le gérant ne pourrait pas faire remise pure et simple
de dettes contractées envers la société, si ce n'est par
adhésion à un concordat, ni disposer à titre gratuit et par
donation, des objets qui appartiennent à la société.

Presque tous les auteurs accordent au gérant le droit
de transiger et même de compromettre, au moins pour
tout ce qui tient aux choses dont il a la, libre disposition
en qualité d'administrateur. « Le commerce, dit Pardessus, présente un grand nombre de circonstances dans
lesquelles il est de l'intérêt évident des parties de transiger ; et l'arbitrage étant le moyen le plus raisonnable
de terminer les contestations, il est juste que les gérants
de la société puissent y recourir (2). »

Le gérant étant le représentant légal de la société, la
personnifie dans ses rapports avec les tiers, et lorsqu'il
a contracté au nom de celle-ci, dans la sphère de ses attributions, c'est la société elle-même qui a contracté. Il
en résulte que s'il pratique des manœuvres frauduleuses,
et s'il commet un dol dans un acte de sa gérance, non-
seulement la société n'en doit pas profiter, mais elle
doit, au contraire, réparer en entier le préjudice qui en
résulte pour les tiers. La société est en effet tenue, comme
obligée directe et personnelle, de toutes les conséquences
dommageables du fait de son gérant dans les opérations
sociales, quelle que soit d'ailleurs la bonne foi des associés (3).

---

(1) Cass., 8 nov. 1869 (J.P.70 35).
(2) *Droit comm.*, n. 1044. — *Sic*, Duvergier, n. 320 ; Malpeyre et Jourdain,
p. 56 ; Troplong, n. 690 ; J.-B. Pâris, n. 733 ; Bédarride, n. 204. *Contrà*, Duranton,
n. 435 ; Delangle, n. 148 et s.
(3) Cass., 15 janv. 1872 (D.P.72.1.465).

Le gérant représentant une société commerciale peut agir en son nom en justice, et plaider, soit en demandant, soit en défendant, mais seulement quand il s'agit d'objets dont il a, comme administrateur, la disposition, et sur lesquels nous pensons qu'il peut transiger et compromettre ; en dehors de ce cercle, il aurait besoin d'une autorisation spéciale (1).

Il aurait également besoin d'une autorisation expresse pour consentir la retraite d'un associé ; mais, s'il avait reçu pouvoir à cet effet, il est certain que l'associé, envers qui il en aurait usé, serait libéré, après sa retraite, de toute obligation solidaire dérivant du contrat de société (2). Dans aucune autre circonstance, il ne peut résilier le contrat envers quelques-uns des associés, et, dans une société par actions particulièrement, les affranchir de leurs obligations comme souscripteurs, pas plus que leur accorder le remboursement des sommes par eux versées (3).

434. Ces règles sont consacrées par l'art. 1856, C. civ., qui y a apporté en même temps le tempérament que l'équité exigeait. « L'associé chargé de l'administration par une clause spéciale de l'acte de société peut faire, nonobstant l'opposition des autres associés, tous les actes qui dépendent de son administration, pourvu que ce soit sans fraude. » Dans le cercle de ses pouvoirs, le gérant peut donc agir en toute liberté, mais dans cette limite même, s'il peut être accusé de fraude, la loi devait permettre à tout associé d'intervenir et de former opposi-

---

(1) Duvergier, n. 318 : J.-B. Paris, n. 166. M. Troplong paraît accorder au gérant un pouvoir même plus étendu. V. 694 à 695.

(2) Cass., 5 juill. 1837 (J.P.37.2.370).

(3) Cass., 12 avril 1842 (J.P.42.1.645); Id., 11 mai 1853 (S.54.1.22) ; Paris, 4 déc. 1844 (J.P.45.1.124) ; Id., 9 juill. 1856 (S.56.2.611) ; Cass., 6 nov. 1865 (J.P.66, p. 275).

tion ; et la faute lourde, on le sait, est assimilée au dol.
Si le gérant refuse de faire droit à cette opposition, cette
contestation appellera nécessairement l'intervention des
tribunaux, qui auront à apprécier.

Le texte précis de la loi ne permet l'opposition que
dans le cas de fraude, et cependant le gérant serait tenu
envers la société des dommages qu'il lui aurait causés
par sa faute, si ce n'est la faute très-légère (V. *suprà*,
n°ˢ 411 et suiv.). « L'article 1856, dit M. Troplong, en-
tend-il que les associés qui ont action pour la réparation
du dommage occasionné par la faute moyenne n'auraient
pas la possibilité de la prévenir ? Là est la question, et
ainsi posée, elle ne saurait être douteuse (1). » En effet,
ajoute M. Troplong, « après les observations des oppo-
sants, il se trompe avec connaissance de cause et par une
sorte de dol impardonnable. »

Nous comprenons aisément que cet avertissement donné
au gérant rende sa responsabilité plus grande, et nous
admettons même, avec M. Troplong, que « le gérant
frappé d'une opposition ne peut aller en avant qu'à la
condition du succès (2). » Mais ce n'est que le résultat de
l'opération à entreprendre qui décidera si cette condition
a été remplie ; il ne peut réussir que s'il agit : les comptes
à rendre par le gérant viendront plus tard ; il faut s'occuper, en premier lieu, de son administration et de la
liberté qu'il doit avoir pour les actes qui en dépendent.
La loi n'a pas voulu que les associés puissent retirer d'une
main ce qu'ils donnent de l'autre ; s'ils ont nommé un
gérant, ils l'ont choisi en connaissance de cause, et il ne
doit pas, au gré des appréciations de chaque associé, être

---

(1) *Sociétés*, n. 675.
(2) *Sociétés*, p. 152.

entravé dans sa gestion par des oppositions qui pourraient être souvent répétées. La loi a dû excepter le dol ; hors de là, toute opposition devrait être repoussée péremptoirement par les tribunaux, s'ils étaient saisis, et l'associé déclaré responsable du tort qu'il aurait causé à la société par une opposition intempestive (1).

Ces principes rendent inutile d'examiner si l'opposition, pour être valable, doit partir de la majorité ; un seul associé alléguant le dol doit être écouté ; dans toute autre circonstance, l'action du gérant ne peut être entravée, même par la majorité, même, ajouterons-nous en droit rigoureux, par l'unanimité ; mais il est difficile d'admettre qu'un gérant ne s'arrête pas devant une semblable manifestation, si une pensée de fraude ne l'anime. Toutefois, nous allons voir tout à l'heure que le mandat confié à l'administrateur peut être irrévocable, quand il est conféré par le contrat même de société, ou n'être qu'un mandat ordinaire, et, comme tel, révocable à volonté ; il est évident que notre raisonnement n'a d'application qu'en supposant le mandat irrévocable ; dans le cas contraire, le pouvoir de révoquer contient implicitement, il est superflu de le dire, le droit de s'opposer ; la seule question à décider, c'est de savoir à qui appartient le droit de révocation (2).

435. Cette distinction fondamentale entre le pouvoir donné par une clause spéciale de l'acte de société et celui qui a été donné par acte postérieur, est établie par l'article 1856, C. civ. « Ce pouvoir, dit le texte déjà rapporté par nous, ne peut être révoqué sans cause légitime, tant que la société dure, mais, s'il n'a été donné que par acte

---

(1) Aubry et Rau, sur Zachariæ, t. 3, p. 408, § 382, note 9.
(2) Bravard-Veyrières, p. 53.

postérieur au contrat de société, il est révocable comme un simple mandat. »

La nomination du gérant faite par acte postérieur au contrat de société ne peut être regardée comme une clause du pacte social ; le même pouvoir qui a conféré le mandat peut le retirer. Si l'acte de société a établi en principe qu'il serait nommé un gérant, mais sans le désigner, il a dû déterminer le mode de nomination ; à défaut, la majorité ferait loi, puisqu'il s'agit de l'exécution du pacte social, pour la nomination comme pour la révocation. Si l'acte de société est muet, la gérance appartenant à tous, l'unanimité des associés est nécessaire pour changer cet état de choses et remettre l'administration aux mains d'un seul ; et, si plus tard, même un seul associé veut retirer le mandat qu'il a conféré, le gérant n'est plus le représentant de l'unanimité des associés et doit cesser ses fonctions.

Le mandat conféré par l'acte de société, au contraire, ne peut être révoqué sans cause légitime, tant que la société dure : la gestion donnée ainsi, en effet, fait partie du contrat même, en est une condition, et doit être observée comme toutes les autres ; ce n'est donc également que pour cause légitime qu'elle peut être abandonnée par l'associé gérant, qui a accepté le mandat : il doit être irrévocable pour le mandant comme pour le mandataire, sauf, bien entendu, toute stipulation contraire de l'acte social (1) ; V. toutefois n° 736, *infrà*.

En rapprochant la seconde partie de l'art. 1856, C. civ., de la première (*suprà*, n° 430), il est aisé de voir que les causes ne sont pas les mêmes pour s'opposer à un acte d'administration ou pour provoquer la destitution

---

(1) Cass., 25 nov. 1872 (J.P.73.951).

d'un gérant. Une suite d'actes non entachés de fraude, mais dénotant chez le gérant une incapacité qui doit mener la société à sa ruine, constitue une cause légitime pour demander sa destitution : « L'administration de la société, dit la loi espagnole, ne pourra être enlevée aux associés qui en ont été investis par l'acte de société, à moins qu'il ne résulte de leur gestion un préjudice mani-feste (1). » Le dol n'est donc plus exigé. En cas de ré-sistance du gérant, les tribunaux prononceraient, et soit que la révocation soit demandée par la majorité des as-sociés ou par un seul, il y a lieu de saisir les tribunaux et de prononcer la destitution, dans le cas où les faits al-légués sont de nature à la justifier.

436. Quand un associé gérant donne sa démission ou est remplacé, il peut être douteux s'il ne quitte que la gérance ou s'il se retire de la société. C'est une question de fait que les tribunaux apprécieront également (2).

437. Si le gérant se substituait quelqu'un, il en ré-pondrait dans les termes du droit commun : « Le man-dataire répond de celui qu'il s'est substitué dans sa ges-tion, dit l'art. 1994, C. civ. : 1° quand il n'a pas reçu le pouvoir de se substituer quelqu'un ; 2° quand ce pouvoir lui a été conféré sans désignation d'une personne, et que celle dont il a fait choix était notoirement incapable ou insolvable. » Mais, dans le cas même où il n'aurait pas reçu pouvoir exprès à cet égard, le gérant empêché de-vrait, s'il y avait urgence, se substituer une personne honnête et capable et ne pas laisser à l'abandon, dans aucun cas, l'administration qui lui a été confiée (3).

438. L'associé n'est tenu de plein droit des intérêts

---

(1) Code espagnol, art. 307.
(2) Cass., 1er juill. 1844 et 12 janv. 1852 (S.44.1.855, et 52.1.493).
(3) Troplong, 466 et s.

que pour les sommes qu'il devait apporter dans la société ou pour celles qu'il a tirées de la caisse sociale pour
son profit particulier (C. civ., art. 1846), et le mandataire, auquel peut être assimilé le gérant, que pour celles
qu'il a employées à son usage (C. civ., art. 1996). En
vertu de ces règles, le gérant ne pourrait être tenu de
plein droit, envers ses coassociés, de payer les intérêts
des capitaux qu'il aurait gardés oisifs dans la caisse ; aucun texte n'autoriserait une pareille rigueur (1) ; et il
n'est pas possible de suppléer une disposition aussi sévère, que l'équité est loin de faire désirer : on ne saurait
admettre, comme présomption nécessaire, ainsi que le
propose M. Delangle, que le gérant doit être, en semblable circonstance, coupable d'infidélité, ou tout au
moins de négligence.

439. Nous avons eu occasion déjà, en parlant des
devoirs de tout associé, de faire connaître la disposition
de l'art. 1850, C. civ., qui ne permet pas de compenser
les dommages-intérêts encourus par une faute, avec les
profits que l'industrie de l'associé a pu procurer dans
d'autres affaires. La règle, évidemment, serait la même
pour le gérant (V. *suprà*, n° 411).

440. Lorsque, dans une société, la gérance a été attribuée conjointement à plusieurs, doivent-ils répondre
solidairement de leur gestion envers leurs associés? Il
faudrait, à cet égard, s'en rapporter au droit commun :
« Quand il y a plusieurs fondés de pouvoirs ou mandataires établis par le même acte, dit l'art. 1995, C. civ.,
il n'y a de solidarité entre eux qu'autant qu'elle est exprimée. »
La question serait moins douteuse encore, sans doute,

---

(1) J.-B. Pâris, n. 759. — *Contrà*, Delangle, n. 158; Duvergier, n. 345.

dans le cas où l'un des gérants serait tenu envers la société à raison de sa faute; si son cogérant n'en est pas
complice, s'il ne peut être accusé, tout au moins, de négligence pour n'avoir pas empêché le préjudice dont la
société a eu à souffrir, il ne peut être responsable des
faits qui ne lui sont pas personnels (1).

La Cour de Lyon, dans une espèce où plusieurs administrateurs gérants d'une société anonyme avaient été
condamnés comme responsables à raison de leurs actes,
déclarant qu'il était impossible de voir la part de responsabilité qui devait être faite à chacun, a jugé que, dans
cette situation, la solidarité résultait de la force des choses (2); c'est, selon nous, faire trop bon marché de l'article 1995, C. civ.; tout au plus, cette circonstance pouvait autoriser la Cour à diviser la dette par portions égales
entre tous.

441. La société, de son côté, peut avoir des obligations à remplir envers le gérant; l'art. 2002, C. civ.,
porte : « Lorsque le mandataire a été constitué par plusieurs personnes pour une affaire commune, chacune
d'elles est tenue solidairement envers lui de tous les effets
du mandat. » Mais cette règle ne peut être appliquée à la
dette de la société envers un des associés : car l'associé
créancier en est tenu lui-même pour sa part, qu'il soit ou
non gérant, et comme chacun des autres associés; c'est
une dette sociale et le mandant c'est l'être moral et unique que représente la société. Si l'un des associés devient
insolvable, sa part doit être supportée par tous les autres,
y compris l'associé créancier. C'est avant tout la société,
dont il fait partie, qui est sa débitrice, et ce n'est que

---

(1) Lyon, 17 avril 1865 (D.P.66.2.494).
(2) Même arrêt.

subsidiairement, ou à défaut par celle-ci de pouvoir payer, qu'il a contre les associés un recours qui l'atteint personnellement (1) et rendrait par conséquent applicable contre lui l'art. 1213, C. civ.

Il en serait autrement si le gérant n'était pas lui-même membre de la société.

Sous cette réserve, les règles établies par le Code civil et qui déterminent les obligations du mandant envers le mandataire sont applicables à la société envers le gérant. La société est tenue d'exécuter les engagements contractés par le gérant, conformément au pouvoir qui lui a été donné. Elle doit lui payer les avances et frais qu'il a faits pour l'exécution du mandat : s'il n'y a aucune faute imputable au gérant, ce remboursement lui est dû, quel qu'ait été le résultat des opérations entreprises. Elle doit encore lui payer ses salaires, s'il en avait été promis ; si l'engagement de la société à cet égard est conditionnel et soumis, par exemple, à la condition que les salaires ne seront dus que sur les produits nets et avant tout partage, lorsque la société est en perte, le gérant n'a plus rien à réclamer (C. civ., 1998 et 1999).

Toutefois l'associé-gérant, malgré sa qualité de mandataire, ne pourrait, s'il avait été remplacé dans ses fonctions, invoquer l'art. 1948, C. civ., et prétendre retenir les livres et papiers de la société jusqu'au parfait paiement des sommes dont il se prétendrait créancier à raison de sa gestion. Il n'a en effet sur ces documents, indépendamment de sa qualité d'associé, aucun titre de possession personnelle qui soit corrélatif à la créance dont il poursuit le recouvrement contre la société (2).

---

(1) Paris, n. 769 ; Troplong, n. 641 et 642 ; Duvergier, n. 353 et s.; Duranton, n. 443.

(2) Cass., 29 nov. 1871 (J.P.74,716).

Ces règles particulières au gérant doivent être combinées, s'il est associé, avec les principes généraux posés
par l'art. 1852, C. civ., déterminant les obligations de
la société envers chacun de ses membres, et dont nous
avons parlé plus haut (V. *suprà*, n° 415).

Tout associé a une action personnelle pour réclamer,
dans les limites de son intérêt particulier, contre les administrateurs ou gérants de la société, la réparation du
dommage que ces derniers ont causé à la société par des
fautes commises dans leur gestion. Mais l'action sociale,
sauf dans les cas spécialement prévus par la loi, n'appartient qu'à l'universalité des associés ou à leurs représentants légaux. Dès lors est non recevable l'action intentée
par un associé concluant pour la société et dans un intérêt collectif (1).

442. Lorsqu'il n'existe pas de clause restreignant le
pouvoir des associés, tous ont des pouvoirs égaux, et chacun d'eux, conformément à l'art. 1859, C. civ., peut agir
valablement au nom de tous, sans avoir pris leur consentement ; mais, dans ce cas, la loi réserve aux autres
associés, ou à l'un d'eux, le droit de s'opposer à l'opération avant qu'elle soit conclue ; aucun n'a abdiqué ses
pouvoirs, comme il arrive quand des administrateurs ont
été nommés, et il n'y a plus lieu d'appliquer les règles que
nous avons enseignées quand il y a un gérant : « Cette
décision, dit Pothier, n'est pas contraire à ce que nous
avons dit ci-dessus, que celui des associés qui, par le contrat de société, avait été nommé administrateur, pouvait
faire tous les actes d'administration qu'il jugerait à propos, malgré les autres associés. La raison de cette différence est que, dans l'espèce opposée, les autres associés

(1) Cass., 9 juin 1874 (J.P.74.765).

n'ont aucune part à l'administration, qu'ils ont déférée en entier à celui qu'ils ont choisi par le contrat pour être l'administrateur. Mais, dans l'espèce présente, l'associé qui s'oppose au marché a un pouvoir égal à celui qu'a l'associé qui veut faire le marché » (1). La confusion n'est pas possible ; tout à l'heure il s'agissait des rapports de mandants à mandataire ; de représentés à représentant ; maintenant nous examinons les rapports de personnes ayant le même titre, la même position, les mêmes pouvoirs, les unes envers les autres.

L'opération achevée, toute opposition devient tardive évidemment, et ne peut avoir aucun effet ; à un moment plus opportun et quand les choses sont encore entières, le texte ne doit pas être entendu dans ce sens que l'opposition d'un seul, quel que soit le nombre des associés, doive nécessairement empêcher la société d'agir ; il faut évidemment distinguer.

Il ne peut exister de controverse bien sérieuse pour déterminer l'effet produit par l'opposition de la majorité des associés ; elle doit arrêter l'opération que la minorité voulait réaliser.

S'il y a partage égal de voix, le résultat sera le même ; et tous les auteurs, depuis Pothier, ont dit que c'était le vrai cas d'appliquer la règle enseignée par Papinien : *in re pari, potiorem causam esse prohibentis constat :* chaque associé a un pouvoir égal, et les actes soumis à deux volontés opposées, ayant une semblable puissance, ne peuvent s'accomplir (2).

Si l'opposition est faite par la minorité, elle ne peut arrêter la conclusion de l'affaire projetée ; tous les au-

(1) Pothier, *Sociétés*, n. 90.
(2) Pothier, n. 90 ; Duvergier, n. 285 ; Troplong, n. 720.

teurs encore, sauf M. Pâris, sont d'accord sur ce point (1).
Ce dernier s'appuie sur le texte de l'art. 1859, C. civ.,
qui accorde le droit d'opposition aux associés ou à *l'un
d'eux;* mais ces mots s'appliquent au cas très-fréquent
dans les sociétés commerciales, et habituel dans les sociétés civiles, où il n'existe que deux associés ; dans cette
hypothèse, le dissentiment de *l'un d'eux* amène le partage égal des voix (V. Pothier, nᵒ 90).

Enfin, il peut arriver que sur douze délibérants, par
exemple, trois soient d'un avis, quatre d'un autre, et que
les cinq derniers adoptent une troisième opinion. Une
semblable délibération n'a pas pour effet de former une
majorité absolue, et cette hypothèse devrait être assimilée à celle où il y a partage égal et nécessité, par suite,
de s'abstenir ; soit de s'adresser aux tribunaux, comme
en cas de contestation entre associés (2).

443. Dans ces délibérations ; la majorité se forme
par tête ; chaque associé a un pouvoir égal ; l'étendue de
l'intérêt ne peut plus être pris en considération lorsqu'il
s'agit d'apprécier le mérite d'un avis ; d'ailleurs, les associés étant tenus indéfiniment, la mise n'est même pas
la mesure de leur intérêt (3).

444. Ces délibérations, toutefois, n'ont de force que
pour ce qui concerne l'administration, à moins de dispositions expresses écrites dans l'acte de société, déterminant le nombre de voix nécessaire pour modifier le contrat. « Les délibérations de la majorité ne pourraient,
dit Pardessus, changer les conditions primitives ou cons-

---

(1) *Comm. du Code comm.*, n. 749.
(2) Pardessus, n. 930 ; Duvergier, n. 289 ; Troplong, n. 723 ; Malpeyre et Jourdain, p. 78 et s.; Molinier, n. 312 ; Pâris, n. 787.
(3) Pardessus, n. 979 ; Troplong, n. 722 ; Malpeyre et Jourdain, p. 77 ; Delangle,
n. 434 ; Duvergier, n. 288 ; Molinier, n. 344 ; Pâris, 786.

tituantes de la société, si l'acte lui-même n'y autorise. Cet acte est la réunion des conditions sans lesquelles l'association n'aurait pas eu lieu et qui doivent
être exécutées, quelque nombreux que soient ceux qui
veulent y déroger. L'unanimité des associés pourrait seule
apporter des modifications à un acte qui est lui-même
l'ouvrage de l'unanimité de ceux qui l'ont primitivement signé. Celui ou ceux qui forment la minorité sont
fondés à prétendre que ce n'est que sous la foi de l'inva-
riable exécution des conditions relatives au mode de délibérer qu'ils se sont associés (1). » Cette règle ne pourrait être modifiée en prétendant que ces changements ou
ces restrictions auraient pour objet le plus grand avantage de la société (2); nous avons eu occasion déjà de
poser cette règle, qui trouve évidemment son application
s'il s'agissait de modifier la forme même de la société et
de transformer, par exemple, une société en commandite
en société anonyme ou en nom collectif; ou encore de
disposer, sur les bénéfices annuels, du dividende afférent à chaque action, afin de l'appliquer à l'acquisition d'un immeuble pour le compte de la société, au lieu
de l'attribuer aux actionnaires conformément aux statuts (*suprà*, n° 404). Mais des distinctions ont été essayées quelquefois, lorsqu'il s'agit de restreindre seulement l'étendue des opérations et non de changer les
conditions mêmes du contrat; les juges apprécieront.

C'est la seule limite que rencontre le pouvoir de la
majorité; et il a été jugé que dans une société commerciale légalement constituée, la majorité des associés pou-

---

(1) Pardessus, n. 980. — *Sic*, Troplong, p. 724; Duvergier, n. 287.
(2) Orléans, 20 juill. 1853; Cass., 14 fév. 1853, et 17 avril 1855 (S.53.2.485;
1.424; 55.1.652); Aix, 30 janv. 1868 (S.68.2.343); Rouen, 8 août 1868 (J.P.69.
993). V. Cass., 19 mai 1857 (S.57.1.849), et Paris, 26 avril 1850 (S.50.2.329).

vait hypothéquer et aliéner tous les biens meubles et immeubles qui composent l'actif social, sans excéder ses pouvoirs (1).

Il résulte de ce qui précède que, lorsque des statuts nouveaux arrêtés par l'assemblée générale des actionnaires et publiés conformément à la loi ont modifié une société en commandite par actions, non-seulement quant aux personnes qui la composent, mais quant à la raison sociale, à son capital et à sa durée, il y a là une société nouvelle qui n'engage à l'égard des tiers que ceux des actionnaires qui ont consenti aux nouveaux statuts (2).

445. La jurisprudence a eu à décider si les abus commis pas le gérant d'une société donnaient ouverture à l'application de l'art. 408, C. pén., punissant celui qui a détourné ou dissipé les deniers, marchandises, billets ou autres objets mobiliers, qui ne lui auraient été remis qu'à titre de mandat. La Cour de cassation, un instant hésitante, s'est prononcée contre le gérant dans des espèces où il s'agissait, soit d'une société anonyme ou en commandite, soit d'une participation : la plupart des auteurs ont approuvé cette doctrine (3), contre laquelle ne s'est élevé, dans l'espèce d'une société en commandite, que M. Bédarride, suivi par M. Dalloz (4).

Dans la société civile, à défaut de stipulation spéciale, les règles posées par l'art. 1859, C. civ., ne permet-

---

(1) Cass., 7 mai 1844 (J.P.45.1.131) ; 3 mai 1853. V. cependant 27 janv. 1868 (S.53.1.617 et 68.1.53).

(2) Cass., 14 déc. 1869 (J.P.70.387).

(3) Cass., 8 avril 1845 ; 13 juin 1845 ; 31 juill. 1851 ; 10 déc. 1858 et 6 juill. 1849 (D.P.45.1.363, 366 et 371 ; 52.5.2 ; 65.5.5 ; 51.5.2) ; 14 mars 1862 (D.P.t6. 1.364). — Sic, Troplong, n. 359 et 809 ; Delangle, n. 320 et s. ; Molinier, n. 533 ; Demangeat sur Bravard, t. 1er, p. 232 ; Chauveau et F. Helie, 3e éd., n. 2076. — Contrà, Cass., 15 janv. 1842 (D.P.42.1.127).

(4) Bédarride, n. 213 ; Dalloz, Rép., vis Abus de confiance, n. 165, et Société, n. 1323.

traient pas d'appliquer les peines de l'abus de confiance à aucun des associés ; ils agissent en vertu seule du droit qu'ils tiennent des principes généraux applicables au contrat de société et sans avoir reçu mandat de personne : « Les associés, dit le texte, sont *censés* s'être donné *réciproquement* le pouvoir d'administrer. » Si le texte semble les assimiler à des mandataires, c'est en réalité en vertu du pouvoir propre qui leur est donné par la loi qu'ils agissent.

Nous pensons que la règle est la même dans la société commerciale en nom collectif, quoique chaque associé puisse plus gravement compromettre, dans cette circonstance, les intérêts de ses associés ; les raisons de décider ne changent pas.

Le doute serait permis, dans l'une et l'autre de ces deux hypothèses, si un associé a été spécialement chargé de l'administration ; cette délégation est bien un mandat ; toutefois, les associés exclus de la gérance conservent, du reste, tous les droits qu'ils tiennent de leur qualité ; ils peuvent, non-seulement exercer la surveillance la plus complète et la plus étendue, mais prendre part à toutes les opérations, et l'on peut soutenir qu'ils ne se sont pas dessaisis de l'actif social : cette doctrine, toutefois, est fort indulgente.

S'il s'agit d'un gérant dans une société anonyme où la question ne nous semble pas pouvoir être discutée, ou même dans une société en commandite, l'art. 408, C. pén., au contraire, nous paraît applicable. Chacun sait que les lois pénales ne peuvent jamais, sous prétexte d'analogie, être étendues d'un cas à un autre, et ce n'est pas nous qui essayerons d'attaquer cette maxime ; mais le Code pénal n'a pas défini le mandat ; il s'en est référé au droit civil ; et il n'est aucune des règles écrites au Code civil sur ce contrat, dont le gérant d'une société en comman-

dite puisse repousser l'application; comment cesserait-il
d'être mandataire en matière pénale? M. Bédarride convient qu'on peut être mandataire dans une affaire concernant tout à la fois le mandataire, le mandant ou des
tiers ; c'est le cas du gérant dans une société en commandite; si c'est à titre de mandat que lui ont été confiés les
fonds des commanditaires, et pour en faire l'usage déterminé dans le contrat de société ; pas plus que tout autre
mandataire, le gérant ne peut affecter les droits des commanditaires, ses mandants, que s'il a reçu le pouvoir exprès de disposer des fonds qui lui ont été confiés en leur
nom et dans leur intérêt. Or, l'acte de société détermine
et limite ses pouvoirs. Peu importe que le mandat soit
révocable ou non ; mais, dans ce dernier cas seulement,
il devient plus nécessaire de sanctionner l'abus qui en
serait fait. Enfin, dit M. Bédarride en terminant, le gérant ne saurait être un mandataire parce qu'il trouve
dans sa qualité le droit de transiger et de compromettre :
quelle difficulté y a-t-il donc à conférer de semblables
droits à un mandataire? S'il ne faut point étendre les
termes d'une loi pénale, ce n'est pas le cas de les restreindre en présence d'un fait que chacun reconnaît être
très-blâmable.

VIII.

446. Il nous reste enfin, pour terminer ce chapitre, à
parler des croupiers ou associés des associés, et du droit
de chaque associé de céder ses droits dans la société.

Nous ne voulons point nous occuper ici des associations de capitaux ou sociétés par actions. A l'occasion de
la loi du 24 juillet 1867, spéciale pour ces associations,
on a demandé s'il était possible de stipuler dans l'acte de
société non-seulement que les actions seront nomina-

tives; non-seulement qu'elles ne pourront être transférées que du consentement de la société, mais qu'elles seront incessibles d'une façon absolue, de telle sorte que, dans aucun cas, la personne, propriétaire du titre, laquelle par sa présence influera sur l'activité même de la société, ainsi que sur ses conditions d'existence et de prospérité, ne puisse se substituer un tiers.

Nous traiterons cette question dans le commentaire de la loi du 24 juillet 1867, que nous avons rejeté à la fin de ce volume.

Dans les sociétés de personnes, dont nous nous occupons ici exclusivement, et à moins de stipulations très-précises et bien peu usitées, aucun associé ne peut de plein droit, et sans le consentement de tous les membres de la société, modifier une des clauses du contrat sur la foi duquel elle s'est formée et mettre un cessionnaire à sa place.

Si la convention sociale autorise cette cession, elle peut stipuler en même temps, au moins, que les associés restants exerceront un droit de préférence et écarteront les acquéreurs étrangers, en offrant le prix de la cession ou l'estimation à dire d'experts pour éviter les fraudes (1).

L'associé peut toutefois, et dans tous les cas, consentir en faveur d'un tiers une cession valable à son égard, quoique nulle à l'égard de la société : « Chaque associé peut, dit l'art. 1861, C. civ., sans le consentement des associés, s'associer une tierce personne relativement à la part qu'il a dans la société : il ne peut pas, sans ce consentement, l'associer à la société, lors même qu'il en aurait l'administration ». Il se forme alors entre l'associé

---

(1) Douai, 10 janv. 1839 (S.39.2.495); Cass., 17 avril 1834 (S.34.1.276).

et celui qu'il s'est adjoint, appelé parfois *croupier* ou *participant*, une association particulière qui ne modifie en rien les rapports et la manière d'agir de la société primitive (1).

Le cédant conserve la qualité d'associé, tous les droits qui y sont attachés, et reste soumis à toutes les obligations qu'elle impose : le cessionnaire n'est pour la société qu'un étranger ; mais il recueillera les bénéfices que l'associé lui-même aura recueillis et supportera les charges qui auraient pesé sur lui ; société particulière ou communauté d'intérêts, le résultat est le même : « Le contrat qui se forme entre le cédant et le cessionnaire, dit M. Delangle, se règle sur la société dont il est issu ; il en suit toutes les phases, vit ou meurt avec elle et participe à toutes ses chances. Si l'exploitation donne des bénéfices, ils appartiennent au cessionnaire dans la proportion convenue ; il supporte également les pertes qui surviennent. Si les statuts autorisent des appels de fonds, il doit fournir son contingent ; il doit encore quand les associés, usant du droit qu'ils se sont réservé, modifient les conditions mêmes de la société, subir les conséquences des délibérations prises régulièrement. Or, qu'importe, puisque le contrat ne produit pas d'autres effets, qu'on le qualifie de communauté d'intérêts ou de société (2)? » S'il y avait contestation toutefois, nous croyons qu'il faudrait décider qu'il y a entre les contractants société et saisir la juridiction compétente en pareil cas : c'est l'opinion généralement suivie et contre laquelle on ne peut citer que M. Duvergier (3).

---

(1) Pardessus, n. 974 ; Troplong, n. 765 ; Bédarride, n. 40. Code allemand, art. 98.

(2) *Société comm.*, n. 193.

(3) Duvergier, n. 375.

La cession peut être totale et comprendre tous les droits de l'associé cédant : la position du croupier resterait la même à l'égard de la société, et il n'acquerrait pas contre elle des droits plus étendus que dans la cession partielle, si ce n'est au moment de la liquidation ; mais il est évident qu'il n'y a plus alors société particulière ; c'est une cession ou vente pure et simple. M. Delangle fait observer que si la cession est totale et embrasse tous les droits de l'associé, celui-ci devrait être considéré comme le mandataire du cessionnaire, gérant pour lui et tenu par le contrat des devoirs et de la responsabilité dérivant du mandat (1) ; à quelques égards l'observation est fort juste, mais le mandat serait ici forcé et irrévocable. Le cédant, du reste, ne doit pas espérer, en abandonnant même sa part totale, s'exonérer envers ses associés et les tiers ; il reste tenu, sauf seulement son recours contre le cessionnaire.

447. Nous avons donc prévu, avec la loi, deux situations qui ne peuvent être confondues : le cessionnaire est, ou membre de la société même, ou simplement l'associé de son cédant.

Pour réaliser la première hypothèse, il faut, ou une clause formelle de l'acte social primitif, dont l'application aura été demandée, et qui devra être exécutée sous les conditions et de la manière indiquée dans l'acte ; ou le consentement de tous les associés pouvant seul modifier le contrat qui avait été consenti ; mais ce consentement peut être tacite et résulter des circonstances, soit en ce qui concerne les anciens associés, soit en ce qui concerne l'associé nouveau qui est venu s'adjoindre à l'ancienne société et en partager les chances : il peut s'induire, ainsi

---

(1) *Société comm.*, n. 194.

que le disait Casaregis : *ex solâ scientiâ et patientiâ* (1) ;
les juges apprécieraient.

Pour réaliser la seconde hypothèse, le consentement
des autres associés n'est point nécessaire ; mais il nous
reste à dire quelles règles présideront aux rapports entre
le cédant et le cessionnaire ou croupier ; entre les autres
associés et ce même croupier ; enfin, entre les tiers et le
croupier.

448. Dans les rapports entre le cédant et le croupier,
l'objet de la société est la part même de l'associé dans la
société principale. Le cédant doit compte au croupier de
tous les bénéfices qu'il réalise ; en retour, le croupier
doit l'indemniser de toutes les pertes qu'il subit.

Y a-t-il une distinction à faire en ce qui concerne les
pertes, entre celles qui résultent de l'entreprise même ;
ainsi, d'une spéculation mal combinée ; de l'insolvabilité
d'un débiteur ; d'un naufrage ou de l'incendie des valeurs
sociales ; et les pertes qui résultent du fait des associés
mêmes du cédant, qui peuvent, par exemple, enlever la
caisse de la société, ou devenir insolvables et hors d'état
de faire compte des valeurs qu'ils avaient entre les
mains ?

Merlin est le seul qui ait soutenu l'affirmative (2) ; tous
les auteurs ont combattu une semblable doctrine (3) : le
cédant doit seulement, s'il a des actions contre ses coassociés, en faire part au croupier, mais sans être tenu à
aucune garantie, à moins qu'elle n'eût été très-formelle-
ment stipulée.

M. Bédarride, après avoir admis cette doctrine, de-

---

(1) Casaregis, disc. 133, n. 8 et 9.
(2) Merlin, *Quest. de dr.*, v° *Croupier* ; *Répert.*, v° *Société*, sect. 5.
(3) Troplong, n. 764 ; Duvergier, n. 380 ; Delangle, n. 196 ; Bédarride, n. 41 ;
Dalloz, *Rép.*, v° *Société*, n. 394.

mande cependant si le recours du cédant contre le croupier existe pour les sommes que le premier serait tenu
de payer en outre de sa part et portion, et, par suite,
des règles de la solidarité, à la décharge de ses coassociés. Il faut répondre affirmativement, sous peine d'inconséquence. Le croupier est substitué purement et simplement au cédant pour toutes les conséquences qui
résultent de la qualité d'associé et au nombre desquelles
se place cette solidarité ; elle ne dérive d'aucune autre
cause (1).

449. L'art. 1690, C. civ., relatif aux cessions de
créances et autres droits de même nature, est sans application à l'acte intervenu entre le cédant et le croupier :
tous les auteurs sont d'accord pour enseigner qu'une signification faite à la société principale serait sans utilité;
mais, au moment où la société devra se dissoudre et procéder à sa liquidation, nous dirons tout à l'heure dans
quel intérêt une signification devrait être faite.

450. Du croupier aux associés principaux, le contrat,
jusqu'à la liquidation au moins, est comme non avenu ;
le croupier reste, pour la société principale, un étranger.
Ainsi donc, le croupier n'a aucune action directe contre
la société principale pour obtenir sa part dans les bénéfices appartenant à son cédant ; et la société principale,
de son côté, n'a aucune action directe contre le croupier
pour l'obliger à payer sa part dans les pertes, qui retom-
bent sur son cédant. Aucune difficulté à cet égard. Mais
de part et d'autre, car tout doit être ici réciproque, les
deux parties peuvent agir par action indirecte, en vertu
de l'art. 1166, C. civ., qui permet à un créancier d'exercer tous les droits de son débiteur, sous les conditions

---

(1) *Contrà*, Bédarride, n. 42.

fixées par la loi, et notamment d'être repoussé par les exceptions opposables à ce débiteur lui-même.

La conséquence forcée de ces principes, admis sans aucune contestation, c'est que le cédant répondrait envers la société principale des fautes du croupier, sans pouvoir opposer ni son insolvabilité, ni les profits que ce croupier aurait procurés à la société dans d'autres circonstances : le croupier ne peut être distingué de son cédant ; et celui-ci est en faute s'il a mal choisi son associé et s'il l'a substitué à lui dans l'administration des affaires sociales dont il était chargé. Si ce point a été controversé en droit romain, il est certain au moins dans notre droit. Quant aux bénéfices que le croupier aurait réalisés dans son administration, il en doit compte à son cédant ; et c'est à ce cédant que la société principale devra s'adresser pour les faire rapporter à la masse sociale.

451. Il faut bien reconnaître que si le cédant et le croupier ont formé entre eux une société particulière, cette société reste soumise aux principes généraux qui régissent ce contrat, et notamment aux règles relatives à la prestation des fautes, que nous avons expliquées plus haut. Par suite, si l'un des deux a encouru des dommages-intérêts, il semble évident qu'ils n'entreront point en société ; et sous les distinctions que nous avons admises, les réparations pécuniaires, auxquelles chacun peut avoir été tenu par suite de sa faute, resteront à sa charge : ils ne se sont point associés pour les fautes.

452. Il nous reste à examiner les rapports entre le croupier et les tiers.

Les créanciers de la société principale ne peuvent évidemment avoir contre le croupier des droits que n'a pas la société elle-même, et agir contre lui par action directe ; il n'existe entre celui-ci et les créanciers aucun lien de droit. Les créanciers, comme la société même, ne pourraient agir que par action indirecte au nom de leur débiteur, en vertu de l'art. 1166, C. civ., ainsi que nous l'avons dit déjà pour la société principale ; et ainsi que nous l'avons dit également, ils ne peuvent avoir plus de droits que le cédant et doivent subir toutes les exceptions qui sont opposables à celui-ci ; et, par exemple, le fait de la dissolution intervenue avant que la société principale fût en perte (1).

453. En ce qui concerne les créanciers personnels de l'associé cédant, il faut dire que le croupier a un droit de préférence sur eux pour la part qui lui a été cédée : l'acte, à ce point de vue, doit être considéré comme une vente ; c'est ce qui explique que la signification n'ait pas été nécessaire, et pourvu que la date en soit régulièrement constatée avant toutes saisies et oppositions faites contre leur débiteur (2).

454. A la dissolution de la société principale, le cessionnaire pourrait agir contre la société et faire valoir les droits qu'il tient de son contrat, et il semble juste qu'il soit autorisé à intervenir au partage et à prendre une part directe à la liquidation, afin de veiller à ce qu'il n'y soit point procédé d'une manière contraire à ses intérêts ; mais, dans aucun cas, bien entendu, il ne peut avoir plus de droits que son cédant et prétendre revendiquer, par exemple, un objet particulier qui lui a été cédé, s'il ne tombe pas dans le lot de l'associé qu'il représente (3).

---

(1) Cass., 8 prairial an XIII ; Troplong, n. 763 ; Bédarride, n. 43 ; Dalloz, *Rép.*, v° *Société*, n. 595.
(2) Troplong, n. 764 ; Duranton, t. 17, n. 445 ; Duvergier, n. 378 ; Bédarride, n. 44.
(3) Delangle, n. 201 et 202.

M. Delangle a établi de la manière la plus complète, toutefois, que, si du cédant au cessionnaire la convention suffit pour transporter de l'un à l'autre les résultats de la liquidation, il n'en est pas de même, ni à l'égard de la société qui, moyennant un prix qu'elle compte à l'instant même, pourrait acheter la renonciation de l'associé cédant à tous ses droits, ni à plus forte raison contre les débiteurs de créances tombées dans le lot du cédant, lesquels pourraient payer entre ses mains ou entre les mains des liquidateurs ; il faut, en ce qui les concerne, non-seulement que la cession ait date certaine, mais qu'elle ait été régulièrement signifiée, conformément aux art. 1690, C. civ. (1). La signification, sans utilité pendant le cours de la société, deviendrait donc indispensable à ce point de vue, au moment de la dissolution ; ou, en d'autres termes, une opposition du croupier à se dessaisir ou se libérer au préjudice de ses droits. Il est superflu sans doute d'ajouter que le croupier conserve tous ses droits et a son recours contre son cédant.

455. Sᴇᴄᴛ. 2. *Des engagements des associés à l'égard des tiers.* — Les règles contenues dans cette section diffèrent de la manière la plus tranchée de celles qui sont suivies dans les mêmes circonstances en matière commerciale : le principe essentiel dans la société civile, c'est la non-solidarité des membres qui la composent et l'impuissance pour aucun d'eux d'engager, comme être moral et juridique, la réunion de personnes qui se sont associées ; chacune, dans les rapports avec les tiers, conserve son individualité ; en donnant le commentaire du Code de commerce, nous verrons prévaloir des principes tout contraires :

---

(1) *Sociétés comm* , n. 203 et 205. *Sic*, Troplong, n. 766 ; Duvergier, n. 379.

« Dans les sociétés autres que celles de commerce, dit
« le Code civil, les associés ne sont pas tenus solidaire-
« ment des dettes sociales ; et l'un des associés ne peut
« obliger les autres, si ceux-ci ne lui en ont conféré le
« pouvoir (art. 1862). »

« Les associés sont tenus envers le créancier avec le-
« quel ils ont contracté, chacun pour une somme et part
« égales, encore que la part de l'un d'eux dans la so-
« ciété fût moindre, si l'acte n'a pas spécialement res-
« treint l'obligation de celui-ci sur le pied de cette der-
« nière part (art. 1863). »

« La stipulation que l'obligation est contractée pour le
« compte de la société ne lie que l'associé contractant et
« non les autres, à moins que ceux-ci ne lui aient donné
« pouvoir, ou que la chose n'ait tourné au profit de la
« société (art. 1864). »

Toutes les hypothèses, on le voit, ont été prévues (1).

456. Lorsqu'un des associés a agi seul, il n'est pas
douteux, en ce cas, qu'il est seul obligé envers le créancier avec qui il a contracté.

La règle ne reçoit aucune modification, quand même,
par le contrat, l'associé aurait exprimé qu'il contractait
pour le compte de la société, tant en son nom qu'au nom
de ses associés, si ceux-ci, ainsi que le dit l'art. 1862,
C. civ., ne lui ont conféré aucun pouvoir.

457. Les associés, cependant, conservent le droit de
donner à toute personne, et à l'un d'eux particulièrement, pouvoir suffisant de les obliger : s'ils ont usé de
ce droit, l'associé mandataire aura qualité, évidemment,
quand il a traité tant en son nom qu'au nom de ses associés, pour les engager ; mais ce n'est que l'application

---

(1) V. Pothier, *Contr. de société*, n. 103 et s.

des règles du droit commun, que le contrat de société civile n'a pas modifiées, et sous la condition qu'il n'aura pas excédé son mandat. Nous avons déjà traité cette question en parlant de l'administration (V. *suprà*, nᵒˢ 432 et s.).

Le mandat peut être général ou spécial et il n'existe pas de formule sacramentelle imposée à l'associé qui contracte; mais il ne doit exister de doute, ni sur l'existence du pouvoir donné, ni sur l'intention du contractant d'en user, car il conserve évidemment la faculté d'agir encore en son propre et privé nom.

458. S'il a agi au nom de la société et en vertu de pouvoirs réguliers, tous les associés sont tenus, mais sans aucune solidarité entre eux, et chacun pour une part égale : « Chacun pour une somme et part égales, dit « l'art. 1863, encore que la part de l'un d'eux dans la « société fût moindre; » et sauf, bien entendu, les droits des associés dans leurs rapports entre eux; nous ne parlons ici que de leurs rapports avec les tiers. Il n'en serait autrement qu'à la condition expresse que l'inégalité établie par l'acte de société a été déclarée au tiers et acceptée par lui : dans ce cas, le créancier n'agira contre chacun des associés que pour une part dans la dette proportionnée à sa part dans la société. « Le tiers qui contracte avec les associés, disait le tribun Boutteville, est toujours censé ignorer leurs conventions particulières, peut demander à chacun d'eux une part égale de sa créance, à moins qu'il n'ait été averti, par la convention même, que l'un des associés avait une part moindre que les autres, et qu'il n'entendait s'engager qu'en proportion de sa part : » c'est la disposition finale de l'art. 1863.

Les règles que nous venons d'exposer resteront les mêmes, soit qu'un associé agisse seul, non-seulement en son nom, mais aussi au nom de son associé, dont il a un pouvoir régulier ; soit que les deux associés aient comparu ; ils ne s'obligent pas solidairement, mais chacun pour moitié.

En matière de solidarité, comme en matière de mandat, ce sont les principes du droit commun qui sont appliqués.

459. La disposition finale de l'art. 1864 prévoit encore un cas où les associés, dans les limites qui viennent d'être posées, seront tenus : c'est lorsque *la chose*, dit le texte, *a tourné au profit de la société.*

En effet, nul ne peut s'enrichir aux dépens d'autrui, et les associés sont tenus, mais jusqu'à concurrence du profit qu'ils ont retiré. Si aucune difficulté n'existe, quant au principe, il peut s'en élever sur l'application qui en serait faite aux diverses espèces. Pothier cite l'exemple de deux voisins associés ensemble pour acheter et entretenir un carrosse et des chevaux destinés à leur usage ; le foin qui serait acheté même par l'un des associés, pour servir de nourriture aux chevaux de leur équipage commun, aura tourné évidemment au profit de la société, et les associés seront tenus chacun pour sa part ; mais si l'associé a emprunté une somme qu'il a versée dans le fonds commun, ou qu'il a employée à des opérations sociales, soit pour accomplir l'engagement qu'il avait pris envers ses associés, soit dans des circonstances telles, que la société est devenue débitrice envers lui des sommes qui ont été employées à son profit, quoiqu'on puisse dire, en pareil cas, que les valeurs empruntées ont tourné, dans une certaine mesure, au profit de la société, ce ne peut être le cas d'appliquer la disposition finale de l'art. 1864 (1).

_____

(1) Cass., 13 mai 1835 ; 12 mars 1850, et 16 fév. 1853 (S.35.1.854 ; 50.1.257 ;

Nous verrons plus tard, nous le répétons, que les art. 1862, 1863 et 1864, C. civ., ne trouvent aucune application dans les sociétés commerciales.

Dans le cas où la société n'est tenue que parce que la chose a tourné à son profit, la règle posée par l'art. 1863 n'est pas suivie, et chaque associé n'est obligé que pour sa part dans la société (1).

Au surplus, une société commerciale est déclarée à bon droit n'avoir pas profité, dans le sens de l'art. 1864, d'une somme empruntée par son gérant personnellement, et n'être pas dès lors tenue au remboursement de cette somme, bien que les juges reconnaissent que le versement en a été fait dans la caisse sociale, s'ils constatent en même temps que ce versement a eu lieu pour acquitter la dette du gérant envers la société, et notamment pour réaliser une partie de la mise de fonds à laquelle il était tenu comme associé (2).

460. Le texte n'a pas décidé si les créanciers des associés obligés en cette qualité peuvent réclamer une préférence sur les objets composant le fonds commun, au préjudice des créanciers personnels de l'un des associés. Nous pensons que la réponse doit être négative. En matière commerciale, c'est le contraire qui serait décidé.

« En vain objecte-t-on, ont dit MM. Aubry et Rau, que les créanciers personnels de chaque associé ne peuvent avoir plus de droits que leur débiteur, et que ce dernier lui-même n'a rien à prétendre dans l'actif social tant que le passif n'est pas entièrement couvert. Il est vrai que l'associé débiteur de ses coassociés est tenu de

---

et 53.1.209); Troplong, n. 773 et s.; Delangle, t. 1ᵉʳ, n. 233 ; Aubry et Rau sur Zachariæ, t. 3, § 383, note 2; Duvergier, n. 404 et s.

(1) Cass., 18 mars 1824, et tous les auteurs.

(2) Cass., 8 juin 1869 (J.P.69.1400).

précompter sur sa part, dans l'actif, le montant des sommes dues à ces derniers, et qu'il ne peut rien retirer de cet actif tant qu'il n'est pas libéré envers eux ; mais ce principe, uniquement relatif aux dettes des associés les uns envers les autres, est complétement étranger au passif, dont les associés sont tenus vis-à-vis des tiers. La distinction qu'il convient de faire à cet égard est admise sans difficulté en matière de succession (1). » Il ne faut pas confondre les règles qui déterminent les rapports des associés entre eux et celles qui sont applicables aux personnes étrangères à la société. Cette opinion, cependant, est gravement controversée.

461. Disons, en terminant, que la loi a parlé des obligations des associés envers les tiers, mais est restée muette sur leurs droits, ou, si l'on veut, sur les obligations des tiers envers les associés. Des principes analogues seront suivis. Puisque chaque associé n'est tenu que pour sa part dans la dette, nous croyons qu'il ne peut également que réclamer sa part dans la créance, et que, puisqu'il ne peut engager la société, le paiement intégral de cette dette, fait à lui seul par le débiteur, ne libérerait pas celui-ci envers tous les associés (2). Par suite du même principe des règles du droit commun, il est hors de doute que si tous les associés ont donné pouvoir à l'un d'eux (C. civ., art. 1862), celui-ci pourra recevoir la créance entière et libérer valablement le débiteur.

462. Il nous resterait à examiner si une société civile peut emprunter l'une des formes des sociétés commerciales et quelles modifications entraînerait, aux règles que nous venons de poser, une semblable circonstance. Il nous

---

(1) Aubry et Rau sur Zachariæ, t. 3, § 383, note 5; Fremery, p. 32. *Contrà*, Duranton, t. 17, n. 457; Duvergier, n. 405 ; Troplong, n. 865.

(2) *Contrà*, Troplong, n. 866.

a paru que l'examen de cette question serait mieux placé dans le commentaire de l'art. 19, C. comm., auquel nous allons bientôt nous livrer.

CHAP. IV. — *Des différentes manières dont finit la société* (C. civ., art. 1865 à 1872).

SOMMAIRE.

481. La dissolution par décès doit-elle être rendue publique dans les formes exigées par la loi commerciale, pour être opposable aux tiers.

482. Suite.

483. § 5. *Mort civile, interdiction ou déconfiture* : la faillite doit être assimilée à la déconfiture, et amène la dissolution de plein droit.

484. Faillite d'un commanditaire; formalités de publicité.

485. Nomination d'un *conseil judiciaire.*

486. La faillite de la société même entraine-t-elle la dissolution?

487. § 6. *Volonté manifestée par un associé* : sous quelle condition il peut y avoir dissolution dans ce cas (C. civ., art. 1869 et 1870).

488. Cette cause de dissolution ne peut être invoquée d'une manière générale.

489. Cette cause n'est jamais applicable aux sociétés par actions.

490. Suite; dissentiment avec M. Pont.

491. Suite; explication des arrêts de la Cour de cassation rendus sur cette question et conclusion.

492. § 7. *Dissolution judiciaire* (C. civ., art. 1871); force exécutoire des jugements.

493. Diverses causes autorisant la demande judiciaire de dissolution; distinction entre l'inexécution volontaire et celle qui est la suite d'une force majeure.

494. Infirmité habituelle; commanditaire ou actionnaire.

495. Causes légitimes non prévues par la loi.

496. Suite; mésintelligence, incompatibilité d'humeurs; injures.

497. Distinction entre l'annulation et la dissolution; société ayant son siége social fixé à l'étranger.

498. Formes à suivre pour le partage de l'actif social (C. civ., art. 1872).

499. L'art. 792, C. civ., relatif aux objets divertis ou recelés dans une succession, ne s'applique pas au partage des sociétés.

500. Il en est de même de l'art. 841, C. civ., relatif au droit successoral).

501. Comment et par qui doit être formée la demande en partage; état de minorité et ses effets dans les sociétés civiles et les sociétés commerciales; pendant combien de temps il peut être sursis au partage (C. civ., art. 815).

502. Les créanciers peuvent attaquer le partage consommé; l'art. 882, C. civ., écrit en matière de succession, ne peut être étendu.

503. Liquidation des dettes et de l'actif à partager; licitation ou partage en nature.

504. Les associés se doivent garantie pour les lots échus à chacun d'eux; difficulté en cas de faillite.

505. Distinction entre les sociétés civiles et les sociétés commerciales, en ce qui concerne les liquidateurs, s'il en est nommé.

Dispositions relatives aux sociétés de commerce.

506. Texte de l'art. 1873, C. civ., et renvoi.

463. La dissolution d'une société peut s'opérer :

1° Soit de plein droit, ou conformément aux clauses de l'acte social, ou par l'autorité de la loi dans les cas qu'elle a prévus ;

2° Soit par une décision judiciaire que l'une des parties aurait provoquée.

Les art. 1865 et suiv., C. civ., ont prévu les causes de dissolution légale ou conventionnelle ; l'art. 1871 du même Code a prévu la dissolution judiciaire.

Le législateur a jugé inutile de dire que la volonté unanime des parties pouvait dissoudre également la société à toute époque. Cette volonté peut aussi proroger le terme qui avait été assigné, et éloigner la dissolution ; mais une prorogation ressemble trop, en réalité, à la constitution d'une société nouvelle, pour que la loi n'ait pas jugé nécessaire de la soumettre à certaines conditions. L'article 1866, C. civ., porte : « La prorogation d'une société « à temps limité ne peut être prouvée que par un écrit « revêtu des mêmes formes que le contrat de société. » Et le Code de comm., art. 46, a dit : « Toute continuation de société, après son terme expiré, sera constatée par une déclaration des coassociés. » La règle posée par le Code civil ne doit pas toutefois être entendue dans ce sens qu'il faudra, pour rendre la continuation valable, un acte identiquement semblable à l'acte constitutif de la société ; il est évident, par exemple, qu'un acte sous seing privé suffirait pour continuer une société qui aurait été formée par acte notarié.

Quand le terme est expiré, et dans tous les cas où, par suite d'une des causes que nous allons successivement examiner, une société se trouve dissoute de plein droit, les associés majeurs et maîtres de leurs droits peuvent sans doute aussi, s'ils le jugent à propos, continuer la

société tacitement et sans se conformer à l'art. 1866,
C. civ., que nous venons de transcrire, en renonçant à se
prévaloir du fait qui aurait entraîné légalement la dissolution, et du moment où la société continue ainsi du consentement de tous, le droit de se prévaloir de cet état de
choses existera au profit des tiers aussi bien que des associés ; mais, à l'égard de ceux-ci (V. *suprà*, n° 392), une
simple société de fait (1) ; les arrêts rendus sur la question ne peuvent avoir une portée plus étendue (C. civ.,
art. 1866 ; C. comm., art. 46, remplacé par l'art. 61 de
la loi du 24 juillet 1807).

Si la société a été dissoute par un acte sous seing privé,
cet acte, s'il n'est pas attaqué pour cause de dol ou de
fraude, aurait une date certaine pour les créanciers personnels d'un associé, comme pour lui-même, puisqu'ils
sont ses ayants cause (2).

Après ces observations préliminaires, nous allons expliquer d'abord l'art. 1865, C. civ., ainsi conçu : « La
société finit :

« 1° Par l'expiration du temps pour lequel elle a été
« contractée ;

« 2° Par l'extinction de la chose ou la consommation
« de la négociation ;

« 3° Par la mort naturelle de quelqu'un des associés ;

« 4° Par la mort civile, l'interdiction ou la déconfiture
« de l'un d'eux ;

« 5° Par la volonté qu'un seul ou plusieurs expriment
« de n'être plus en société. »

La loi du 24 juillet 1867 a prévu des causes de disso-

---

(1) Cass., 7 déc. 1858 (J.P.59, p. 1851); Caen, 8 mars 1842; Cass., 22 mars
1843 et 26 juill. 1843 (J.P.43.2.41 ; 42.2.115 et 44.1.84).
(2) Cass., 12 juill. 1825.

lution particulières aux sociétés qu'elle régit, et dont nous parlerons dans le commentaire de cette loi.

464. § 1ᵉʳ. *Expiration du temps.* — Il est rare qu'une société ne précise pas le temps de sa durée ; le terme expiré, la société est dissoute de plein droit, alors même que la négociation qui en avait été l'objet ne serait pas consommée : décider autrement ce serait faire disparaître, en fait, cette première cause de dissolution, et l'absorber dans celle qui est fondée sur la consommation de la négociation (1).

Des circonstances tout exceptionnelles et des raisons de fait particulières à une espèce pourraient seules permettre de décider que le terme n'a été fixé que par approximation et comme désignation secondaire, non comme limite ; et que, par suite, la société doit continuer jusqu'à la consommation de l'affaire pour laquelle elle a été entreprise, sans s'arrêter à l'époque fixée.

On a demandé si l'art. 815, C. civ., portant que toute convention ayant pour objet de maintenir l'indivision entre cohéritiers ne peut être obligatoire au delà de cinq ans, était applicable en matière de société. La négative nous paraît évidente dans tous les cas ; mais, en ce qui concerne au moins les sociétés commerciales, les auteurs sont unanimes pour repousser l'application de l'art. 815, C. civ. M. Duranton est, du reste, le seul auteur qui ait soutenu une semblable opinion, même en droit civil (2).

Enfin, une société finirait également par la réalisation d'une condition prévue et stipulée ; ce serait, sous une autre forme, l'expiration du terme ; mais, dans ce cas, nous croyons, avec Pardessus, qu'en matière commerciale,

---

(1) Troplong, n. 870 ; Malpeyre et Jourdain, p. 298 et s. : Pardessus, n. 1053.
(2) Duranton, t. 17. n. 392.

quoique cette éventualité eût été rendue publique par l'extrait de l'acte social déposé et affiché, la dissolution, qui en est la suite, se trouverait soumise aux formalités prescrites par l'art. 46, C. comm. (1), que la loi du 24 juillet 1867 a modifié en le remplaçant par son art. 61, dont nous donnerons plus tard le commentaire.

465. § 2. *Extinction de la chose.* — L'extinction ou la perte totale du fonds social est le second cas prévu par l'art. 1865, C. civ., comme devant nécessairement entraîner la dissolution de la société, mise ainsi forcément hors d'état de fonctionner. Pardessus en donne pour exemple une société formée pour entreprendre des transports au moyen d'un navire acheté en commun : en cas de perte de ce navire, la société n'a plus d'objet et doit prendre fin (2).

Si le fonds social n'a subi qu'une simple diminution, et que la chose périe ne formât pas à elle seule la totalité du fonds social; s'il n'y a eu que perte partielle, la loi a voulu que la société continuât, parce qu'elle suppose que ce qui subsiste encore du fonds social laisse aux opérations une base suffisante d'action; et toutefois, si une perte, même partielle, est d'assez grande importance pour rendre la chose sociale impropre à remplir son objet, la société devient impossible, et il y a lieu à dissolution (3); si l'on ne peut dire que la perte soit totale d'une manière absolue, elle l'est au moins d'une manière relative.

466. La perte, non plus du fonds social, mais de la mise de l'un des associés, peut également amener la dissolution de la société.

---

(1) *Droit comm.*, n. 1088-2º.
(2) *Droit comm.*, n. 1054.
(3) Duvergier, n. 419; Troplong, n. 940; Malpeyre et Jourdain, p. 292; Cass., 16 juin 1873 (J.P.73, p. 952).

« Lorsque la chose dont l'un des associés a promis de mettre en commun la propriété même, disait le Tribunat, vient à périr avant que la mise en soit effectuée, la perte de cette chose doit sans doute opérer la dissolution de la société, cet associé se trouvant réduit à l'impossibilité de réaliser sa mise.

« Si la chose dont la propriété même est mise en commun ne vient à périr qu'après avoir été effectivement apportée à la société, la perte tombe alors sur la société, qui en est demeurée propriétaire.

« Si ce n'est pas la propriété même, mais la seule jouissance ou les fruits de la chose qui aient été mis en commun, que la chose périsse avant ou après que la mise en a été effectuée, la perte de la chose dissout évidemment, dans les deux cas, la société, puisque, dans l'un et l'autre cas, l'associé dont la chose a péri ne peut plus contribuer pour rien à faire de mises dans la société, qui ne consistait qu'en fruits ou simple jouissance. »

Ces observations ont donné lieu à l'art. 1867, C. civ., qui trouve son application en matière commerciale, et elles lui servent de commentaire.

« Lorsque l'un des associés, dit cet article, a promis de
« mettre en commun la propriété d'une chose, la perte
« survenue avant que la mise en soit effectuée opère la
« dissolution de la société par rapport à tous les associés.

« La société est également dissoute, dans tous les cas,
« par la perte de la chose, lorsque la jouissance seule a
« été mise en commun et que la propriété en est restée
« dans les mains de l'associé.

« Mais la société n'est pas rompue par la perte de la
« chose dont la propriété a déjà été apportée à la so-
« ciété. »

Sur le premier paragraphe de cet article, Treilhard,

dans l'exposé des motifs, disait : « Si, de deux associés, l'un se trouve dans l'impossibilité d'apporter la chose qu'il avait promise, parce qu'elle n'existe plus, il ne peut plus y avoir de société : » on suppose donc que la chose a péri *après* qu'elle a été promise, mais *avant* qu'elle ait été apportée.

Trois hypothèses peuvent donc se présenter : 1° ou l'associé a promis de mettre en commun la jouissance seule, et dans ce cas pas de difficulté quant à la solution ; 2° ou il a promis de mettre en commun la propriété même, et la perte est survenue après que la chose avait déjà été apportée à la société, et, dans ce cas encore, pas de difficulté ; 3° ou cette chose, dont la propriété même avait été promise, a péri avant que la mise en soit effectuée, et, dans ce cas, le texte a donné lieu à une très-vive controverse. Ainsi, on le voit, lorsque c'est la jouissance seule de la mise d'un associé qui a été apportée dans la société, si la chose périt, et par les motifs expliqués plus haut par le Tribunat, cet événement dissout la société tout comme l'extinction totale du fonds social dont parle l'art. 1865, C. civ.

Si cet apport consistant, non dans la simple jouissance, mais dans la propriété même, avait déjà été réalisé, dans ce cas, la perte étant pour la société devenue propriétaire, cette perte n'emporterait dissolution qu'autant qu'elle constituerait l'extinction totale du fonds social, dont parle l'art. 1865, C. civ., ou qu'elle enlèverait à la société son objet principal et essentiel, comme le ferait la déchéance d'un brevet d'invention, par exemple, si la société n'avait pas d'autre but que l'exploitation de ce brevet (1). Dans toute autre circonstance, « l'associé,

_____

(1) Pardessus, n. 1055.

dit Pardessus, n'en reste pas moins membre de la société, tant que d'autres parties de l'actif social offrent matière aux opérations, car c'est pour le compte de la société que cette chose a péri. Ceux dont la mise subsiste ne seraient pas fondés à réclamer la dissolution ou à prétendre, lors du partage, plus de droits que l'associé dont la mise a péri, parce que l'effet de la livraison a fait disparaître l'ancienne propriété exclusive de l'associé, pour la remplacer par une copropriété qui ne permet point à l'un des associés, même à celui à qui la chose périe appartenait, d'y prétendre plus de droits que les autres (1). »

467. Arrivant enfin à la dernière hypothèse prévue par la loi et dans le cas où l'un des associés a promis de mettre en commun la propriété d'un corps certain et que la perte est survenue avant que la mise en soit effectuée, une controverse très-vive existe pour savoir si cet événement entraîne nécessairement la dissolution de la société. — Nous adoptons quant à nous l'affirmative ; c'est aussi l'opinion de Pardessus. « Nous ne devons pas dissimuler, ajoute toutefois cet auteur, que notre opinion est controversée, parce qu'elle repose sur une disposition de la loi qui ne présente pas une clarté parfaite (C. civ., art. 1867), et qui paraît en opposition avec les principes généraux du droit commun sur l'effet des promesses de livrer des corps certains. Mais il nous semble que cette opposition ou plutôt cette différence de principes tient à la différence des contrats, dont il s'agit de régler les effets... Le contrat de société, quoique parfait par le seul consentement, ne produisant jamais une simple obligation de livrer, mais créant entre les contractants

(1) *Droit comm.,* n. 990.

des rapports personnels, qui tiennent de l'obligation de faire, devient un contrat conditionnel : car la livraison qui ordinairement termine tous les rapports entre le vendeur et l'acheteur n'est que le principe des rapports individuels que la société fera naître pendant toute sa durée entre les associés. Les contractants sont présumés avoir entendu se mettre en société sous la condition expresse que chacun d'eux réaliserait l'apport destiné à former le fonds social, sans lequel la société se trouverait n'avoir aucun objet, aucun moyen d'exister. Il en est, dans ce cas, de la société comme de l'assurance, qui, parfaite, sans doute, par le seul consentement réciproque, ne produit cependant pas ses effets, si le risque essentiel à cette convention ne commence pas (1). »

M. Delangle soutient la même opinion : « Il est évident à nos yeux, dit-il, que le législateur, dérogeant par l'art. 1867, C. civ., au principe général écrit dans les art. 1138 et 1302, a fait dépendre, non de l'échange régulier du consentement, mais du fait de la livraison, l'exécution des engagements contractés par chaque associé. Les mots *avant que la mise soit effectuée* ne peuvent laisser aucun doute. On n'effectue pas une mise par cela seul qu'on a déclaré dans un acte de société qu'on apporterait tel ou tel objet déterminé. *Effectuer*, c'est mettre à effet, c'est exécuter (2). »

Cette doctrine nous paraît devoir être préférée ; elle est combattue, cependant, par les plus graves autorités. En se reportant aux distinctions qu'avaient faites les jurisconsultes romains, que Pothier avait adoptées, et dont on retrouve la trace dans les travaux préparatoires qui

---

(1) *Droit comm.*, n. 998. *Sic*, Malpeyre et Jourdain, p. 40.
(2) Delangle, n. 74, t. 1er, p. 80.

ont précédé l'observation du Tribunat, rapportée plus haut, on a refusé de croire que l'art. 1867 ait voulu renverser les principes fondamentaux du Code civil sur l'effet de l'obligation de livrer, quand il s'agit du contrat de société ; qu'il ait établi entre ce contrat et le contrat de vente une différence aussi capitale ; et on a enseigné, par suite, que pour faire considérer la mise comme effectuée, il n'était pas nécessaire que l'engagement de livrer eût été suivi d'une tradition effective, quand il s'agit de corps certains.

La société et la vente sont deux contrats de nature assez diverse pour qu'il ne nous semble pas nécessaire de leur appliquer des principes en tout identiques.

Selon les auteurs que nous combattons, l'art. 1867 se rapporterait exclusivement à la perte d'une chose non acquise, non conférée à la société, mais qui lui était simplement destinée ; il prévoit soit le cas où la société n'existant pas encore ne pouvait évidemment devenir propriétaire ; soit le cas où l'obligation de livrer la chose promise étant à terme ou conditionnelle, la société, quoique existant déjà, ne pouvait devenir propriétaire qu'à l'expiration du terme ou à l'avénement de la condition. Dans ces diverses hypothèses, si la chose périt avant que la société n'ait commencé, avant que le terme ne soit expiré ou la condition accomplie, la société est dissoute puisque l'associé ne peut réaliser sa promesse et que la chose a péri avant qu'à aucun titre la société pût en être regardée comme propriétaire (1).

Cette interprétation restreindrait singulièrement la

---

(1) Troplong, n. 916 et s.; Aubry et Rau sur Zacharie, t. 3, p. 442, § 384, note 5 ; Massé, n. 2346 ; Delvincourt, t. 3, p. 233, note 6 ; Bédarride, n. 52; Demangeat sur Bravard, p. 394, note 2, et 395, note 4 ; Toullier, t. 7, n. 454 et s.; Duvergier, n. 424 et s.

portée de l'art. 1867; et, en outre, la règle qu'il aurait pour but, dans ce cas, de rappeler, n'aurait jamais pu faire difficulté : le droit commun suffisait parfaitement. Sans méconnaître la force de l'argumentation qui nous est opposée, et la haute autorité des auteurs qui l'ont développée, nous persistons dans l'avis que nous avons émis, et nous pensons que l'art. 1867 n'a eu d'autre but que de créer un droit spécial, et n'aurait pas été écrit s'il n'avait dû que rappeler une règle incontestable du droit commun.

468. La loi est muette pour le cas de perte partielle, aussi bien lorsqu'elle s'applique à la mise de l'un des associés que dans le cas où elle s'applique au fonds social : « Si les corps certains et déterminés, dit Pardessus, dont la jouissance a été mise en commun par l'un des associés ne périssaient qu'en partie, on pourrait, suivant les circonstances, ordonner, soit une diminution de sa part dans les bénéfices, soit la résolution même de la société (1). » C'est par extension des règles établies à l'art. 1722, C. civ., relatif au bail, que l'art. 1867 prononce la dissolution de la société, quand il y a perte totale de la chose, dont la jouissance seule a été mise dans la société ; mais cette assimilation est expressément écrite dans la loi ; nous ne pensons pas que les juges fussent autorisés à appliquer également, quand la loi est muette, la seconde disposition de l'art. 1722, qui s'occupe de la perte partielle de l'objet loué; la perte partielle, selon nous, ne changerait rien aux conventions sociales et ne donnerait même pas lieu à une indemnité (2).

---

(1) *Droit comm.*, n. 1054.
(2) *Contrà*, Duvergier, n. 428.

469. Si un empêchement permanent et absolu ne permettait pas à un associé d'apporter son industrie personnelle dans la société, lorsque cette industrie constituait son apport social, il faudrait assimiler ce cas à la perte de la chose, et décider que la société est dissoute (1).

Dans les cas que nous avons examinés sous ce paragraphe, la dissolution en matière commerciale devrait être rendue publique (2).

470. § 3. *Consommation de la négociation.* — Dans les sociétés commerciales, sauf les participations, il est rare que le contrat n'ait pour but qu'une affaire déterminée; il s'étend, en général, à une branche de commerce embrassant des opérations successives et, par suite, non définies. Cette disposition de la loi civile trouve donc rarement son application dans la pratique commerciale.

Quand une société a été fondée pour durer autant qu'une certaine opération déterminée, le terme, dans ce cas, n'est pas explicitement fixé, mais il l'est au moins d'une manière implicite, et elle doit être considérée comme rentrant dans les prévisions du présent paragraphe, ou être rangée parmi les sociétés dont la durée a été fixée et dont s'occupe le § 1er ci-dessus : les auteurs, à très-peu d'exceptions près, sont d'accord pour refuser de voir dans une semblable association la société à durée illimitée, dont nous nous occuperons dans le § 7 ci-après. Toutefois, si une société avait été formée pour une entreprise devant durer plusieurs siècles, et, par exemple, pour l'exploitation d'une mine, la Cour de cassation a dit qu'elle devait être, à bon droit,

---

(1) Troplong, n. 947; Duranton, t. 17, n. 468.
(2) Pardessus, n. 1088-2°.

classée parmi les sociétés à durée illimitée (1); et cette
interprétation ne peut, sans doute, rencontrer aucune
difficulté. Il faut même ajouter qu'il suffirait que la durée
de l'opération entreprise dût égaler le temps ordinaire
de la vie d'un homme pour l'assimiler à une société à
durée illimitée. C'est la raisonnable interprétation donnée
par tous à la disposition de l'art. 1780, C. civ., relatif au
louage d'ouvrage, et elle doit être étendue au contrat de
société.

471. § 4. *Mort d'un associé.* — Nous devons, avant
tout, mentionner ici la disposition de l'art. 54 de la loi
du 24 juill. 1867, qui décide que, dans les *sociétés à capital variable,* que cette loi a réglementées, la mort ou la
retraite de l'un des associés ne dissout point la société
dont il faisait partie. En droit commun, au contraire, le
décès d'un associé entraîne la dissolution de la société ;
cet événement change les conditions du contrat : ce n'était
pas une simple communauté de choses qu'il avait fondée,
mais une association de personnes ; et il est tout naturel
qu'elle ne puisse continuer, au moins de plein droit, soit
entre les survivants, soit avec les héritiers.

Cette règle ne soulève aucune difficulté dans les sociétés civiles ordinaires ni dans les sociétés commerciales en nom collectif.

472. On a pu douter qu'elle fût applicable aux sociétés en commandite, lorsque c'est, non un gérant, le
doute ne serait pas possible, mais un commanditaire qui
vient à décéder, et demander si cet événement entraînait
également de plein droit la dissolution de la société ; en
cas de négative, s'il donnait au moins, soit aux héritiers
du commanditaire, soit aux associés commandités, soit

---

(1) Cass., 1er juin 1859 (J.P.61, p. 305).

aux uns et aux autres, le droit d'en poursuivre la dissolution ; enfin, si les règles établies pour les commandites
ordinaires devaient être les mêmes que pour les commandites par actions.

Si la société est par actions, l'opinion générale décide
que le décès d'un commanditaire ne peut être une cause
de dissolution : « Les associés, dit Pardessus, ayant par
cela seul consenti que chacun d'eux pût se substituer qui
il voudrait, sans l'autorisation des autres, il est naturel
d'en conclure que les héritiers d'un associé le remplacent de plein droit, de même que l'eussent fait des cessionnaires de ses actions (1). »

En est-il autrement dans la commandite ordinaire,
ainsi que l'enseigne Pardessus ?

Les textes, disons-le tout d'abord, se prêtent mal à
établir des règles différentes, selon que la commandite
est ou n'est pas divisée en actions ; l'art. 38, C. comm.,
en permettant que le capital des sociétés en commandite
soit divisé en actions, dit en termes exprès que cette circonstance n'apportera aucune autre dérogation aux règles établies pour ce genre de société ; et le Code civil ne
peut être cité comme ayant réglé spécialement ce qui
concerne les sociétés en commandite, dont il ne s'est pas
occupé.

Pardessus s'appuie exclusivement sur le consentement
présumé des associés gérants dans la commandite par
actions, à ce que chaque commanditaire puisse se substituer un cessionnaire ; si, en cas de décès, ces associés
dans une commandite ordinaire, déclarent formellement,
expressément, qu'ils consentent à accepter les héritiers
à la place de leur auteur, la raison de décider n'est-elle

---

(1) *Droit comm.*, n. 1057.

pas la même et mieux établie? Pourquoi donc se prononcer autrement dans ce cas? Il est possible même que l'acte de société contienne une stipulation à cet égard (1), et donne au commanditaire le droit de se *substituer qui il voudrait*, ainsi que le dit Pardessus : comment admettre, dans ce cas, la dissolution de plein droit par le décès du commanditaire?

Pardessus convient que les meilleures raisons qu'il a exposées avec sa logique habituelle, militent en faveur du système contraire au sien ; mais le même droit devrait appartenir aux commanditaires comme aux commandités, parce que, ajoute-t-il : « Il ne peut y avoir de droits résultant de la nature d'un acte synallagmatique, qui ne soient réciproques. » Pourquoi ne pas étendre la règle alors aux commandites par actions?

Pour admettre, d'ailleurs, cette raison comme péremptoire, il faudrait au moins que les obligations imposées aux deux parties fussent égales ; sous cette condition, leurs droits ne pourraient être différents. Dans le contrat intervenu, quelles obligations le commanditaire lègue-t-il à ses héritiers? Il n'est associé que pour ses fonds, non pour sa personne ; si la loi lui a réservé des droits, c'est uniquement dans son intérêt, mais elle ne lui impose aucun devoir. Toutefois, nous ne demandons pas mieux que de nous soumettre à la règle des contrats synallagmatiques invoquée par Pardessus. Les associés commanditaires étant complétement en dehors des prévisions du Code civil, nous ne pouvons leur en appliquer les dispositions ; mais le décès même d'un commanditaire pourra, comme toute autre cause laissée à l'appréciation des juges, autoriser, soit les associés gérants, soit

---

(1) Horson, q. 14.

même les héritiers du commanditaire, si le gérant, par
impossible, pouvait accomplir à leur égard autrement
qu'à l'égard de leur auteur ses obligations de commandité, à demander la résiliation : en droit, égalité parfaite. Disons cependant que Pardessus, en cas, non plus
de décès, mais de faillite du commanditaire, va même
plus loin que nous ; il accorde aux associés gérants seuls
le droit de choisir entre la continuation ou la dissolution
de la société (1).

La mort du gérant, dans le cas même où la société en
commandite est par actions, doit entraîner de plein droit
la dissolution de la société, puisque le gérant est associé
en nom collectif.

Nous ne devons pas laisser ignorer que la plupart des
auteurs, quand la société n'est point par actions, enseignent que le décès du commanditaire est une cause de
dissolution (2) : il sera donc prudent aux commandités
de stipuler dans l'acte, s'ils le jugent convenable, que
l'association continuera avec les héritiers, rien ne mettant obstacle à une semblable convention.

473. Dans une société anonyme, la mort d'un actionnaire ne doit jamais être un motif de dissolution ; le
C. civ., d'un commun accord, ne peut s'appliquer à cette
espèce de société.

474. Quant aux associations en participation, il est
malaisé de donner à l'avance et pour tous les cas une règle précise : on peut dire cependant que, toutes les fois
que la personne décédée était chargée d'un travail personnel qui peut n'être pas fait de la même manière par

---

(1) *Droit comm.*, n. 1066. — *Infrà*, n. 249.
(2) Troplong, n. 888 ; Pardessus, n. 1057 ; Malpeyre et Jourdain, p. 299 et s.;
Delangle, n. 644 ; Paris, n. 863.

toute autre, le décès devrait entraîner la dissolution (1).

475. Conformément à la loi, nous avons dit que le décès d'un associé autre que le commanditaire ou un actionnaire entraînait de plein droit la dissolution ; mais nous ne trouvons aucun texte ayant prévu, soit l'empêchement personnel d'un gérant de continuer l'administration qui lui est confiée, soit sa destitution ou sa révocation pour cause légitime : faut-il dire que la cessation, par quelque cause que ce soit, des fonctions de l'administrateur, entraîne la dissolution de la société, comme le fait le décès d'un associé ?

Dans les sociétés anonymes, l'art. 31, C. comm., comme l'art. 22 de la loi du 24 juillet 1867 qui l'a remplacé, disent expressément que l'administration est confiée *à des mandataires à temps, révocables,* associés, comme l'exige la loi nouvelle ; ou non associés, comme le permettait la loi ancienne ; quant au C. civ., il n'a aucune disposition relative à ces sortes de sociétés : la cessation des fonctions attribuées à ces mandataires peut-elle entraîner la dissolution ? Nous pensons qu'il faut tout d'abord rechercher si le gérant a été institué par l'acte social même ou par une délibération postérieure.

Dans le cas où il n'a été nommé que par une délibération postérieure, le pouvoir qui lui a été conféré, dit l'art. 1856, C. civ., « est révocable comme un simple mandat. La cessation des fonctions, par quelque motif que ce soit, ne sera pas alors une cause de dissolution nécessaire : les mêmes personnes qui avaient nommé le gérant peuvent le remplacer.

Si le gérant, au contraire, a été institué par l'acte so-

---

(1) Bordeaux, 29 juill. 1862 (S.63.2.34).

cial, sa personne peut avoir été une des conditions essentielles du contrat, et la décision ne doit plus être la même. En effet, le pouvoir conféré dans ces conditions « ne peut être révoqué, dit encore l'art. 1856, C. civ., sans cause légitime, *tant que la société dure*. »

M. Troplong, s'appuyant sur ces paroles du texte, enseigne que la destitution ou révocation pour cause légitime n'aurait pas pour résultat de dissoudre la société ; l'art. 1856, ajoute cet auteur, « dit, en effet, que le pouvoir du gérant ne peut être révoqué sans cause légitime, *tant que la société dure*. Donc, s'il y a cause légitime, il peut être destitué pendant la durée de la société ; et si la société dure, c'est, apparemment, qu'elle n'est pas dissoute par cet événement (1). »

Cette interprétation est tirée par les cheveux, dit le Dictionnaire de l'Académie dans les exemples qu'il donne de certaines locutions françaises ; nous n'oserions pas employer ici cette expression pour rendre notre pensée, quoique autorisé par le législateur suprême de notre langue, parce qu'elle nous semble trop familière : nous serions contraints d'ajouter, d'ailleurs, que, même entré dans cette voie, on n'arrive pas au but que poursuit M. Troplong. Sans doute, la société *dure* pendant que la révocation est demandée et jusqu'à ce qu'elle ait été prononcée : la destitution est donc encourue *pendant* la durée de la société ; mais la loi ne dit pas, et il n'y a aucune raison pour croire, que cette durée se prolongera *après* la destitution. Nous aimons mieux, toutefois, abandonner ce mode d'interprétation et recourir à ce principe fondamental, que les associés ne peuvent être tenus

---

(1) *Sociétés*, n. 677. — *Sic*, J.-B. Paris, n. 741 ; Paris, 28 fév. 1850 (J.P.1850. 1,364) ; Cass., 12 janv. 1852 (J.P.52.2.239).

en vertu d'un contrat dont une des clauses est annulée, quoiqu'elle le soit et pour cause légitime et par justice ; et nous croyons que substituer au gérant que les tribunaux condamnent à se retirer, ou que la mort a frappé, soit un autre gérant, soit la gestion de tous, serait faire un nouveau contrat. A moins d'une disposition de la loi très-expresse et très-formelle et qui ne pourrait être qu'une erreur du législateur, nul n'est obligé d'accepter les chances de ce nouvel état de choses (1).

Ces règles devraient être suivies, sauf les stipulations expresses du contrat de société qui auraient prévu le décès, la retraite, la révocation ou tout autre empêchement du gérant, quelle qu'en fût la cause, et réglé s'il devait entraîner la dissolution ; et, dans le cas contraire, de quelle manière il devait être procédé au remplacement.

L'avis unanime des associés, nous n'avons pas besoin de le dire, peut, dans tous les cas, suppléer aux dispositions du contrat de société ou les contredire.

Dans le cas où les associés conviennent de nommer un nouveau gérant et s'entendent sur le choix, il est évident que le gérant est nommé par un acte postérieur au contrat de société, et révocable, par suite, comme un simple mandataire (C. civ., art. 1856).

476. Ce n'est donc pas, on le voit, par application d'une des dispositions de l'art. 1865, muet sur le cas de révocation ou de retraite du gérant, que la société serait dissoute, mais par application d'un principe fondamental en matière de conventions.

Même en embrassant une doctrine différente de celle que nous avons soutenue, nous devons ajouter que les

---

(1) Delangle, n. 175 ; Duvergier, n. 295.

intérêts légitimes trouveraient, dans tous les cas, la protection qui leur est due. Il n'est contesté par personne,
en effet, que ce fait considérable de la destitution ou de
la retraite du gérant institué par l'acte social pourrait
être un motif autorisant une demande de dissolution aux
termes de l'art. 1871, C. civ.; et la société serait dissoute alors, non pas précisément à cause de la destitution, mais à cause des motifs sur lesquels elle est fondée.
Toutefois, il faut prendre garde que si les causes qui ont
amené la révocation du gérant peuvent encore dans ce
système être un motif suffisant pour autoriser un associé
à demander aux tribunaux la dissolution, cette dissolution n'existerait pas de plein droit, et les juges apprécieraient.

477. « S'il est stipulé, dit l'art. 1868, C. civ., qu'en
« cas de mort de l'un des associés, la société continue-
« rait avec son héritier ou seulement entre les associés
« survivants, ces dispositions seront suivies : au second
« cas, l'héritier du décédé n'a droit qu'au partage de la
« société, eu égard à la situation de cette société lors du
« décès, et ne participe aux droits ultérieurs qu'autant
« qu'ils sont une suite nécessaire de ce qui s'est fait
« avant la mort de l'associé auquel il succède. »

Les distinctions admises en droit romain ont donc été
repoussées par le Code civil, et la société peut également
continuer soit entre les associés survivants, soit avec
l'héritier de l'associé décédé.

Les héritiers de l'associé décédé, si la société ne continue pas avec eux, et à moins de stipulations précises à
cet égard, doivent participer pour le bénéfice ou pour la
perte aux opérations commencées avant le décès, quel
que soit le moment où elles seront définitivement con-
clues, mais à l'exclusion de toute opération nouvelle. Il

faut dire encore que si les associés survivants ont entamé des opérations pour la société, dans l'ignorance du décès, cette circonstance, par application des règles relatives au mandat (C. civ., art. 2008), validera ce qui a été fait ; et les héritiers y participeront également pour le profit ou pour la perte.

L'art. 1868, C. civ., serait appliqué à l'associé qui se retire, est exclu ou cesse de faire partie, de quelque manière que ce soit, de la société avant le moment de sa dissolution (1).

Quand la société continue, conformément à la première hypothèse posée par l'art. 1868, C. civ., avec l'*héritier* de l'associé décédé, l'expression dont la loi s'est servie ne doit pas être entendue dans ce sens restrictif qu'elle ait voulu ne rendre la disposition applicable que dans le cas unique où l'associé ne laisserait qu'un *seul* héritier ; quel qu'en soit le nombre, la règle est la même et sans distinction des héritiers du sang ou testamentaires.

478. A défaut même de stipulation formelle, les associés majeurs et maîtres de leurs droits peuvent évidemment consentir à la continuation de la société, qui peut, dans ce cas, conserver la même raison sociale (2) ; et cette société doit être présumée, à l'égard des tiers, avoir continué, quand les héritiers de l'associé décédé, s'ils sont majeurs, ont, par leur fait, donné à croire aux tiers que l'ancienne société avait continué, et que ceux-ci se trouveraient victimes de leur bonne foi (3). Ce point est admis par tous les auteurs et par la jurisprudence (V.

---

(1) Cass., 10 avril 1854 (S.55.1.672).
(2) Cass., 10 janv. 1870 (J.P.70 373).
(3) Cass., 16 mai 1838 ; 22 mars 1843 ; 26 juill. 1843 ; 7 déc. 1858 (J.P.38.2. 413 ; 44.2.115 ; 43.2.85 ; 59, p. 1051).

suprà, n° 463). Les Cours d'appel ont un pouvoir souverain pour apprécier les faits des héritiers, d'où résulte, mais à l'égard des tiers seulement, cette continuation de société; en matière civile, les juges peuvent admettre soit des dépositions orales, soit des présomptions graves, précises et concordantes, si elles sont soutenues par un commencement de preuve par écrit (1) pour prouver la société et suppléer à l'exécution littérale de l'art. 1834, C. civ.

Mais si les héritiers sont mineurs, cette présomption sera-t-elle admise également, et peuvent-ils, par leur fait, faire supposer, même à l'égard des tiers, une société que leur incapacité, aux termes de la loi, ne leur permettrait pas de contracter? La Cour de cassation a décidé le contraire. « Attendu, porte cet arrêt, que, si les tribunaux peuvent suppléer par l'appréciation des faits et des circonstances à une stipulation formelle de continuation de société avec les héritiers, en cas de mort de l'un des associés, ils ne sauraient avoir ce pouvoir, quand les héritiers de l'un des associés se trouvent, lors de son décès, en état de minorité; que des mineurs ne peuvent pas, en effet, *dans l'absence d'une stipulation formelle* faite par leur auteur, être engagés dans la suite et les conséquences d'une société commerciale, à laquelle ils n'ont pris et ne pouvaient prendre aucune part à raison de leur incapacité, casse (2). »

479. S'il y a eu stipulation formelle que la société continuera avec l'héritier, et que cet héritier soit majeur, aucune difficulté n'est donc possible. Si l'héritier est mineur, il résulte implicitement de l'arrêt que nous

---

(1) Cass., 19 juill. 1852 (J.P.54.1.257).
(2) Cass., 10 nov. 1847 (J.P.48.1.46).

venons de citer, que cet état de minorité ne serait pas un obstacle à la continuation de la société, s'il y avait eu, à cet égard, répétons-le avec l'arrêt, *une stipulation formelle.* Ce pacte se transmet avec la succession et en est une charge, et il n'y aurait par suite, s'il en est ainsi, aucune distinction à faire entre la société civile et la société commerciale. La société n'a peut-être été formée qu'à la condition de n'être pas dissoute par le décès; la position des associés survivants pourrait être fort difficile, si, sous prétexte de minorité, ils se voyaient enlever le bénéfice d'un pacte nécessaire à leur prospérité. Il ne serait pas impossible qu'une brusque liquidation les conduisît à la faillite (1).

Les mineurs, bien entendu, s'ils ne sont régulièrement autorisés, ne pourront cependant être considérés comme commerçants, déclarés en faillite; ils n'étaient pas soumis à la contrainte par corps; en outre, ne pouvant accepter la succession que sous bénéfice d'inventaire, ils ne seraient pas tenus sur leur patrimoine, puisqu'il est certain que c'est l'hérédité, à proprement parler, et non leur personne, qui reste dans la société; mais les biens de la succession répondraient de toutes les dettes sociales.

480. « Il est douteux, dit Pardessus, que l'héritier ou le légataire majeur, qui aurait accepté la succession sous bénéfice d'inventaire, pût invoquer l'effet de cette stipulation (2). » Le savant auteur ne se dissimule pas cependant que cette décision contredit celle qu'il vient

---

(1) Troplong, *Sociétés*, n. 954; Duranton, t. 17, p. 473; Pardessus, n. 1059; Bédarride, n. 62; Bordeaux, 29 juill. 1862 (J.P.63, p. 863); Aix, 16 déc. 1868 (D.P.74.2.70); Delangle, n. 654, qui pose toutefois des conditions que nous n'adoptons pas. — *Contrà*, Duvergier, n. 444; Pâris, n. 877.

(2) *Droit comm.*, n. 1059. — *Sic,* J.-B. Pâris, n. 874.

de donner pour les héritiers mineurs. Nous ne pouvons donc admettre cette doctrine; mais, en ce qui concerne les héritiers bénéficiaires majeurs et dans la limite fixée ci-dessus, il est bien certain qu'une stipulation formelle de leur auteur ne serait pas nécessaire pour les faire présumer associés.

Si l'héritier a renoncé, il va de soi que la stipulation cesse d'être obligatoire et doit être considérée comme non avenue.

481. La dissolution d'une société commerciale arrivée par suite du décès d'un associé peut-elle être opposée, même aux tiers, lorsque cette dissolution n'a pas été rendue publique dans les formes qui étaient exigées par l'art. 46, C. comm., aujourd'hui abrogé et remplacé par l'art. 61 de la loi du 24 juillet 1867, ou ces formalités ne sont-elles applicables que dans les cas où la dissolution de la société s'opère par le fait ou la volonté de l'homme? La loi nouvelle, qui pouvait si aisément résoudre cette difficulté, a gardé le silence le plus complet.

La Cour de cassation, saisie de ces questions, a rendu un arrêt ainsi conçu : « Attendu qu'aux termes de l'article 1865, C. civ., la société finit par la mort naturelle de l'un des associés; que l'art. 46, C. comm., en soumettant les faits qui modifient la société commerciale au même mode de publication que l'art. 42 prescrit pour ceux qui la forment, n'a eu en vue que les faits de l'homme, quand il envisage, soit la continuation de la société après son terme, soit la dissolution anticipée, soit le changement apporté à la personne de ses membres, aux stipulations qui la régissent ou à la raison sociale ;— Attendu qu'en appliquant, en pur droit, ces dispositions à la mort naturelle d'un associé, l'arrêt attaqué leur a donné une extension qu'elles n'ont pas et refusé à la mort naturelle l'effet que lui attribue la loi ; en quoi il a faussement appliqué l'art. 46, C. comm., et violé l'art. 1865, C. civ., casse (1). »

Cet arrêt a été approuvé par de graves autorités (2) ; mais un arrêt précédent de la Cour de cassation était contraire à cette doctrine (3), et M. Troplong, qui avait examiné la question avant que la Cour de cassation eût rendu son dernier arrêt, se prononçait dans un sens contraire à l'opinion qui a prévalu : « Entre associés, dit-il, la société est censée durer malgré le décès, en vertu d'une fiction empruntée à la théorie du mandat. Par la même raison, elle doit aussi se continuer fictivement à l'égard des tiers, qui ont contracté avec elle, dans l'ignorance de la dissolution. Il n'est pas possible de trouver un motif de différence entre ces deux situations ; les raisons de conformité sont, au contraire, nombreuses et palpables » (4).

482. L'intention de frauder est loin d'être incompatible, quoi qu'on en ait dit, avec la dissolution pour cause de décès. Sans doute le décès lui-même n'est pas un acte de la volonté des associés, mais, le fait une fois produit, ils peuvent avoir la volonté d'en profiter d'une manière frauduleuse, et la loi n'est pas plus favorable dans une circonstance que dans l'autre. Le Code de commerce a organisé un système particulier de publicité, en ce qui concerne les sociétés, tout à fait distinct des règles établies par le Code civil pour les sociétés civiles ;

---

(1) Cass., 10 juill. 1844 (S.44.1.763). — *Sic*, Lyon, 5 janv. 1849 (J.P.49.1.597).
(2) Pardessus, n. 1088-2ᵒ ; Delangle, t. 2, n. 580 ; Bédarride, n. 403 et s. ; Bravard, p. 94 ; Dalloz, *Rép.*, n. 981.
(3) Cass., 26 juill. 1843 (S.43.1.884). V. égal. Cass., 16 mai 1838 (S.38.1.836).
(4) *Sociétés*, n. 903.

et, si la loi commerciale a maintenu et complétement
adopté les principes de la loi civile, c'est en y ajoutant
toutefois, en ce qui concerne les tiers, des garanties nouvelles dont il faut bien tenir compte. Ainsi, le décès est
une cause de dissolution de *plein droit* entre les associés
et même à l'égard des tiers, si la société cesse d'agir à
partir de ce moment. Mais, si elle continue ses opérations, quoique frappée de dissolution, comment la traiter
plus favorablement qu'une société clandestine, dont la
nullité est radicale et d'ordre public, sans que cette nullité puisse être opposée aux tiers ? Le Code de commerce
a dit où il fallait se renseigner pour connaître l'existence
et les conditions d'une société commerciale; il n'a pas
parlé des registres de l'état civil.

« Malgré la publicité des actes de l'état civil, dont on
argumente, dit encore M. Troplong, on ne peut cependant pas exiger que le décès d'un associé soit connu de
tous les correspondants de la société sur toutes les places
de commerce où elle opérait. Or, voilà cette société qui,
au lieu de signaler l'événement dont elle est frappée, le
dissimule et continue de se servir du crédit social; la
voilà qui encourage et autorise l'ignorance des tiers,
dont les occupations ne sont pas précisément de parcou-
rir tous les jours les registres de décès de toutes les villes
avec lesquelles ils font des affaires. Et il n'y aurait pas là
un fait qui légitime la fiction de droit et la rend nécessaire aux yeux de la raison (1) ! » Ajoutons que l'associé
a pu mourir hors du siége de la maison de commerce, à
la campagne, en voyage, à l'étranger, où l'avaient conduit ses affaires ou le soin de sa santé ébranlée. La fraude
ne sera donc pas nécessairement évitée et peut être crainte

---

(1) *Sociétés*, n. 903.

à juste titre, si l'associé décédé était propriétaire de la plus grande partie du fonds social et attirait principalement le crédit. Sans doute, le siége de la société peut également être fort éloigné du domicile de son correspondant; mais, à coup sûr, il est connu de lui, au moins, et il peut aisément se renseigner.

Nous pensons donc qu'il faut entendre l'arrêt du 10 juillet 1844 dans un sens qui le mettrait en rapport avec les principes posés par l'arrêt précédent du 26 juillet 1843, lequel avait décidé qu'une société avait pu continuer, malgré le décès de l'un de ses membres, et que les tiers qui, dans cette confiance, avaient traité, ne pouvaient être victimes de leur bonne foi (1). La société ne sera dissoute de plein droit par le décès d'un associé, à l'égard des tiers, que s'il est prouvé contre eux que cet événement leur était connu (2); dans ce cas, ils ne pourront plus se prévaloir de l'inobservation des formalités exigées par l'art. 61 de la loi, 24 juillet 1867, et, à leur égard comme à l'égard des associés, la dissolution s'est opérée par le seul fait du décès. L'art. 61, qui a établi pour les sociétés commerciales un système de publicité particulier sanctionné par des règles rigoureuses, parce que les intérêts les plus graves l'exigeaient, ne s'applique pas seulement à tous actes portant dissolution de société, mais à tout changement ou retraite d'associé : le décès, s'il n'est une retraite, n'est-il donc pas un changement?

Au reste, M. Delangle lui-même, que nous avons cité comme soutenant une opinion contraire à la nôtre, n'a peut-être raisonné que pour le cas où les tiers connais-

---

(1) Cass., 26 juill. 1843 (S.43.1.881), et 15 mai 1838 (S.38.1.836).

(2) *Contrà*, même dans ce cas, Demangeat sur Bravard, t. 1er, p. 421, note 2.

saient le décès ; et dans ce cas, en effet, nous croyons
que le texte de l'art. 1865, C. civ., ne leur permet plus
d'invoquer l'exception que peut offrir aux tiers de bonne
foi l'art. 61 de la loi, 24 juill. 1867, c'est la seule manière de mettre ces deux dispositions de la loi en harmonie. Les héritiers de l'associé décédé seraient donc
responsables, et il est de leur intérêt, si notre système
doit être adopté, de faire eux-mêmes les publications
légales annonçant la dissolution de la société à défaut
des autres associés.

Si les héritiers sont mineurs, la règle qui ne permet
pas qu'ils puissent de plein droit être engagés dans une
société commerciale sans une *stipulation formelle* de leur
auteur, les protégerait (*supra*, n° 478). Ce n'est pas la
seule circonstance, à coup sûr, où les tiers peuvent souffrir de la protection que la loi, avec raison, a cru devoir
accorder aux mineurs.

483. — § 5. *Mort civile, interdiction ou déconfiture.*
— La mort civile est aujourd'hui abolie par la loi du
31 mai 1854.

L'art. 54 de la loi du 24 juillet 1867 a décidé que, pour
les sociétés à *capital variable*, l'interdiction, la faillite ou
la déconfiture de l'un des associés n'avaient point pour
effet de dissoudre la société.

La dissolution par suite de l'interdiction ne soulève
aucune difficulté ; la loi ne distingue pas entre les diverses causes qui peuvent la faire prononcer, ni pour le
cas où elle est une suite de condamnation judiciaire.

La déconfiture est l'état d'insolvabilité constaté dans la
vie purement civile ; en matière commerciale, elle conduit nécessairement à la faillite, qui doit, à bien plus
forte raison que la simple déconfiture civile, amener la
dissolution.

La loi a distingué d'une manière très-nette les causes qui amènent la dissolution de plein droit, et celles qui autorisent les parties intéressées à la provoquer en s'adressant aux tribunaux ; les premières sont énumérées par l'art. 1865, C. civ., dont nous avons déjà expliqué quelques dispositions ; les secondes par l'art. 1871, dont nous parlerons tout à l'heure.

L'art. 1865, dans l'énumération qu'il donne, met sur la même ligne que les faits dont nous avons examiné les conséquences, la mort civile, l'interdiction ou la déconfiture de l'un des associés ; cependant Pardessus, en ce qui concerne la faillite au moins, modifiant ce classement de la loi, ne veut voir dans cet événement qu'une de ces causes qui autorisent à demander la dissolution à l'autorité judiciaire, et dont l'art. 1871, nous l'avons dit, s'est occupé (1).

Cette doctrine a été vivement combattue par M. Delangle.

« La loi, dit M. Delangle, ne distingue pas entre la faillite et le décès de l'un des associés ; elle les place sur la même ligne pour en tirer les mêmes conséquences. M. Pardessus allègue que la faillite n'est pas, comme la mort, un événement tout à la fois nécessaire et naturel : cela est vrai, mais qu'importe si la loi, sans se préoccuper de la différence qui sépare ces accidents, en a tiré des conséquences analogues ; si elle a voulu que la faillite et le décès eussent le même effet ? Or, le doute n'est pas permis en présence du texte : la société finit... par la déconfiture de l'un des associés. Il n'y a rien là de facultatif ; le sens est absolu : la société ne survit donc pas à la faillite de l'un des associés : dès que cet

(1) *Droit comm.*, n. 1066. *Sic*, Troplong, n. 906.

événement arrive, elle finit pour tout le monde (1). »

Ces raisons nous paraissent convaincantes et s'appuient sur les termes du texte que nous sommes habitué à respecter. Toutefois, les associés majeurs et maîtres de leurs droits pourraient, d'un commun accord, décider que la société continuerait (2) ; ils usent d'une faculté qui ne peut leur être contestée.

484. S'il s'agissait de la faillite d'un commanditaire, nous serions disposé, au contraire, à adopter pleinement les règles enseignées par Pardessus ; le Code civil, nous l'avons dit bien des fois, ne s'est pas occupé des sociétés en commandite.

Si le commanditaire, dit-il, a réalisé sa mise par un versement complet, les événements malheureux qui surviennent dans sa fortune sont sans importance pour la société, et néanmoins une distinction est à faire : dans le cas où l'associé commanditaire avait été autorisé à céder ses droits sans l'agrément préalable de ses coassociés, ceux-ci ne peuvent élever aucune réclamation ; dans le cas contraire, les associés non faillis restent juges de leur intérêt ; seuls ils sont admissibles à demander la dissolution, et, s'ils préfèrent la continuation de la société, la masse du failli ne peut exiger la dissolution malgré eux.

Pardessus, dans ce cas, on le voit, est plus large que nous n'avons osé l'être nous-même pour le cas de décès (*suprà*, nᵒ 472).

Si le commanditaire n'a pas versé sa mise, l'inexécution de ses engagements serait évidemment une cause suffisante pour l'exclure ; mais les syndics du failli, ajoute

---

(1) *Sociétés comm.*, n. 664. — *Sic*, J.-B. Paris, n. 897 ; Demangeat sur Bravard, t. 4ᵉʳ, p. 398, note 2.

(2) Cass., 7 déc. 1858 (S.59.1.649).

Pardessus, « pourront-ils offrir de faire ou de compléter sa mise, afin d'assurer à la masse la chance des bénéfices que peut produire l'établissement, dans lequel le failli était commanditaire? Nous n'en doutons point, si la société avait été formée avec faculté concédée explicitement ou implicitement aux associés de céder leurs droits à qui bon leur semblera. Mais, s'il en est autrement, ils ne peuvent contraindre les associés à continuer la société avec la masse de la faillite (1). »

Nous adoptons pleinement ces règles (2).

L'interdiction ou la faillite ne pouvant être prononcées que par jugement ne seraient pas soumises, pour produire leur effet, à recevoir une publicité nouvelle et spéciale.

485. La loi n'a point parlé de la nomination d'un *conseil judiciaire* donné à l'un des associés; et quelques auteurs ont décidé que ce fait devait être assimilé à l'interdiction et entraîner de plein droit la dissolution : nous-même nous avons dit que le prodigue ne pouvait contracter une société commerciale. Toutefois, il n'est pas possible de soutenir que la loi ait jamais mis, en aucune circonstance, le prodigue sur la même ligne que l'interdit; ce serait donc positivement ajouter au texte de l'art. 1865 et le faire, il faut le dire, peut-être quelquefois au détriment de la société, sans qu'elle puisse souffrir d'une décision contraire, puisqu'il n'existe aucun doute que la dation d'un conseil judiciaire autoriserait une demande en dissolution dans les termes de l'article 1871, C. civ., que nous allons expliquer (3).

486. La loi n'a point parlé de la faillite de la société

---

(1) *Droit comm.*, n. 1066. *S*ic, Paris, n. 893.
(2) Paris, 22 nov. 1854 ; Lebir, 55.2.431.
(3) Paris, n. 889 et 924. *Contrà*, Duvergier, n. 444.

même; mais les auteurs sont unanimes pour déclarer qu'elle entraîne de plein droit la dissolution. La Cour de cassation a cependant jugé le contraire. Aucun texte de loi, a-t-elle dit, ne déclare dissoutes de plein droit les sociétés en faillite; si l'art. 1865, C. civ., porte que la société finit par la déconfiture de l'un des associés, cette disposition, qui a pour but d'empêcher que des associés solvables ne soient retenus en société avec des associés tombés en déconfiture ou en faillite, ne s'est point occupée du cas où, soit la déconfiture, soit la faillite, est l'état de la société tout entière, laquelle hypothèse est réglée par les dispositions générales de l'art. 1871. Si le même article dit encore que la société finit par l'extinction de la chose, cette extinction n'est pas une conséquence nécessaire de l'état de faillite, qui n'est pas incompatible par lui-même et de plein droit avec la conservation d'un reliquat actif. Aussi, la loi commerciale considère, dans un grand nombre de ses dispositions, l'être moral de la société comme encore subsistant après sa faillite; et dessaisie de l'administration de ses biens, aux termes de l'art. 443, C. comm., elle en conserve la propriété (1).

Cette doctrine nous semble vraie; il est certain que la loi permet d'accorder un concordat à la société même considérée collectivement, tout aussi bien qu'en faveur d'un ou de plusieurs des associés, conformément à l'article 531, C. comm.; ce qui serait impossible si le fait seul de la faillite avait dissous la société et mis fin à son existence.

La société subsiste donc jusqu'à la clôture de la fail-

---

(1) Cass., 9 mai 1854 (J.P.55.2.437). —Sic, Lyon, 3 juill. 1862 (J.P.64.1.505). V. Demangeat sur Bravard, t. 5, p. 676.

lite. S'il y a concordat, elle continue. S'il y a contrat d'union, la société finira par l'extinction de la chose, après la liquidation définitive et lorsqu'il ne lui reste plus rien. Ces règles ne mettent aucun obstacle à ce que la dissolution soit demandée, en invoquant l'art. 1871, s'il y a lieu.

487. § 6. *Volonté manifestée par un associé.* — Le Code civil a placé parmi les causes de dissolution la volonté qu'un seul ou plusieurs expriment de n'être plus en société (C. civ., art. 1865, nº 5), mais il a déterminé en même temps la seule circonstance où cette cause puisse être invoquée : « La dissolution de la société par la vo-« lonté de l'une des parties, dit l'art. 1869, C. civ., ne « s'applique qu'aux sociétés dont la durée est *illimitée*, et « s'opère par une renonciation notifiée à tous les asso-« ciés, pourvu que cette renonciation soit de bonne foi « et non faite à contre-temps. »

« La renonciation n'est point de bonne foi, dit l'ar-« ticle 1870, lorsque l'associé renonce pour s'appro-« prier à lui seul le profit que les associés s'étaient pro-« posé de retirer en commun. Elle est faite à contre-« temps, lorsque les choses ne sont plus entières et qu'il « importe à la société que sa dissolution soit différée. »

La volonté manifestée par un associé, ou dissolution purement facultative, ne peut donc être invoquée que dans un seul cas, c'est quand la société a une durée illimitée.

Même dans ce cas ainsi déterminé, cette volonté n'est pas un moyen péremptoire de rompre le contrat, qui soit affranchie de toute condition et ne puisse être soumis à aucun contrôle ; la renonciation doit être de bonne foi et non faite à contre-temps.

En cas de difficulté, les tribunaux apprécieraient ;

mais ce serait à l'associé défendeur, repoussant la demande en dissolution, à prouver que la renonciation est faite à contre-temps ou de mauvaise foi.

La notification, si elle n'est pas acceptée, doit être faite par huissier.

Si la renonciation n'avait pas été régulièrement notifiée à tous les associés, l'associé renonçant ne pourrait pas lui-même se prévaloir de cette circonstance pour faire regarder la renonciation comme non avenue ; ses coassociés, au contraire, s'ils étaient unanimes, pourraient faire considérer à leur choix la société, ou comme existant encore, en opposant la nullité ; ou comme dissoute, en couvrant l'irrégularité par leur consentement et refusant de s'en prévaloir. Mais, en cas de désaccord, l'irrégularité de la notification, relevée par un seul associé, aurait pour effet de maintenir la société, dont la dissolution ou l'existence est évidemment indivisible (1).

488. Un arrêt de la Cour de Lyon, longuement motivé, avait donné à cette cause de dissolution une portée bien plus grande et établi d'une manière générale que dans tous les cas où un associé en nom collectif déclare ne vouloir plus rester en société, le contrat, sans autre examen, doit être déclaré dissous, sauf dommages-intérêts : de la part de l'associé, l'obligation étant une obligation de faire, ce n'étaient plus les règles écrites pour les sociétés qui étaient applicables, mais bien l'art. 1142, C. civ.

M. Horson s'est élevé avec force contre cette singulière doctrine (2); sans doute la société ne peut com-

---

(1) Troplong, n. 379 et s.; Duranton, n. 477; Duvergier, n. 488 et s.; Delangle, n. 672; Pâris, n. 903.

(2) Lyon, 18 mai 1823; Horson, q. 24. — V. également Duvergier, *Sociétés*, n. 449; Troplong, n. 676; Pâris, n. 914.

mencer qu'à la condition que chaque associé apportera sa mise et son concours personnel ; c'est ce que nous avons soutenu (*suprà*, n° 403) ; mais, dans ce cas, le refus empêche le contrat de naître et laisse aux autres contractants la liberté de former une nouvelle société entre eux ; une fois la mise réalisée, le contrat est formé, et peut seulement être rompu dans les cas déterminés par la loi, et elle a dit dans quel cas unique la volonté d'un associé est une cause de dissolution : la perte d'une mise sociale n'entraîne qu'exceptionnellement la dissolution ; une fois le concours apporté, le refus d'y persévérer, de la part d'un associé, doit encore moins rompre une société dont les opérations ont commencé ; l'art. 1142, C. civ., qui dit que « toute obligation de faire ou de ne « pas faire se résout en dommages-intérêts, en cas « d'inexécution de la part du débiteur » donne une simple faculté au créancier et ne crée pas un droit au débiteur. Cette disposition ne donne pas évidemment au débiteur la liberté de s'affranchir à son gré, et moyennant indemnité, de l'obligation qu'il a contractée : ce serait le renversement le plus complet et le plus effronté de toute espèce de droit, trouvé dans un texte qui a voulu, au contraire, le sanctionner par tous les moyens possibles. Quand il s'agit d'une obligation de faire, la nature des choses s'opposant à ce que le débiteur puisse être précisément contraint à agir, la loi, pour éviter toute chicane, a dit qu'il serait tenu, au moins, de dommages-intérêts ; et, dans le cas qui nous occupe, la société continuant de subsister, il ouvre une action en dommages-intérêts contre l'associé qui refuse son concours pour réparation du préjudice qu'il cause aux autres associés : cette disposition de la loi trouve ainsi une juste et saine application. On comprend que les conséquences sont tout autres, ou de ne pas donner suite à un projet de société, ou de rompre brusquement le cours d'une société en activité.

Toutefois ces règles pourraient être modifiées par les stipulations formelles du contrat de société ; et serait valable, par exemple, la clause donnant à un associé, comme bailleur de fonds, le droit, *dans le cas où il jugerait les affaires mauvaises*, de demander la dissolution de la société avant le terme fixé, en prévenant par écrit ses co-associés de son intention ; mais, ici encore, ceux-ci conserveraient le droit d'opposer l'exception de mauvaise foi, ou d'une erreur assez évidente et assez grossière pour être assimilée au dol (1).

Dans le cas où le dernier § de l'art. 1865 est applicable, tous les auteurs sont d'accord pour enseigner qu'il n'est point permis de renoncer d'avance à la faculté que la loi a voulu accorder (2).

489. La Cour de cassation a décidé que cette cause de dissolution ne peut en aucun cas être invoquée dans une société par actions (3), et nous avions, sans hésiter, approuvé cette doctrine dans notre première édition.

On peut supposer, disions-nous, que l'acte de société contient la stipulation expresse que les actionnaires n'auront jamais le droit de demander la dissolution de la société et n'en pourront sortir qu'en vendant leur action ; ou admettre que le contrat est muet à cet égard ; on peut supposer encore que la société offre d'acheter l'action selon le cours, ou renvoie l'actionnaire à chercher un acheteur où et comme il le pourra. Mais nous croyons inutile d'entrer dans ces distinctions parce que, selon

---

(1) Metz, 6 mars 1860 (S.60.2.423).
(2) *Contrà*, Lyon, 12 août 1828.
(3) Cass., 6 déc. 1843 (S.44.1.22), et 1ᵉʳ juin 1859 (J.P.64, p. 305).

nous, il n'est jamais permis à un associé de demander la dissolution d'une société par actions, lorsqu'il n'allègue que sa seule et unique volonté d'en sortir.

Le droit conféré par l'art. 1865 a pu quelquefois paraître exorbitant ; mais la loi est contraire aux engagements perpétuels : elle les prohibe dans le louage de services, elle n'aurait pu, sans graves inconvénients, les autoriser dans la société et imposer pour toujours la communauté de vie et d'intérêts à des personnes qui n'ont plus aucune confiance l'une dans l'autre et entre lesquelles s'est déclarée la plus complète incompatibilité d'humeur : la loi a donc été sage. Mais dans les sociétés par actions, quel motif alléguera l'actionnaire pour vouloir rompre le contrat qu'il a signé et se dégager d'un lien qu'il s'est volontairement imposé? Nous le cherchons en vain. Les sociétés par actions ne sont pas une réunion de personnes, mais une réunion d'intérêts matériels : comment permettre à chaque associé, à tout moment, sans alléguer même une raison, de compromettre de la manière la plus grave peut-être les intérêts des autres actionnaires en exigeant la dissolution?

Le Code civil n'a point parlé des sociétés par actions : l'art. 1865 n'a donc pas pu s'appliquer à elles; c'est le Code de commerce seul qui les a nommées, et nulle part il ne laisse soupçonner qu'il ait voulu accorder à chaque actionnaire ce monstrueux privilége. Aucune société par actions ne serait possible à ces conditions, et il peut y avoir intérêt quelquefois à en créer de perpétuelles.

On a cité également à l'appui de l'opinion que nous repoussons, le principe qui régit toute communauté et qui ne permet pas que l'on puisse malgré soi rester perpétuellement dans l'indivision. Cet argument a été réfuté de la manière la plus péremptoire. La société est une

personne civile distincte des individus qui la composent ;
elle devient propriétaire des apports sociaux et, dans la
société par actions au moins, donne à chaque associé, en
échange de sa mise, les titres appelés actions. « Par cette
combinaison, dit M. Troplong, ces deux droits ont été
tellement différenciés ; la propriété sociale a été si nettement dessinée hors du cadre de l'intérêt des associés,
que, tandis que la société est propriétaire d'immeubles,
les actions délivrées aux sociétaires sont de purs meubles. On ne peut voir un contraste plus frappant. » Il
n'y a donc pas communauté.

Cette opinion, telle que nous venons de l'émettre, a
été combattue, au moins en pure doctrine, dans une note
très-développée que M. Pont a ajoutée, dans différents
recueils, à l'arrêt rendu par la Cour de cassation le
1ᵉʳ juin 1859, et cette circonstance nous oblige à insister.

490. « Il faut en convenir, dit M. Pont, l'argumentation de M. Alauzet n'est rien moins que concluante.
Quelle est, en effet, la société commerciale dont on ne
pourrait pas dire ce que cet auteur dit à propos des sociétés par actions ? Le Code civil ne mentionne pas les
sociétés par actions ! Est-ce que le titre des sociétés, au
Code civil, mentionne davantage la commandite, la société anonyme, la société en nom collectif ?..... Laissons
donc à l'écart une argumentation qui ne prouve rien,
précisément parce qu'elle prouverait trop. »

Nos raisonnements, suivant M. Pont, auraient donc
été, à ce qu'il paraît, d'une étrange naïveté.

La pratique moderne, s'inspirant peut-être d'anciens
souvenirs, a divisé les sociétés en deux catégories : les
sociétés *de personnes* ; les sociétés *de capitaux*. Les premières, qu'elles s'appellent sociétés civiles ou sociétés

commerciales ; qu'elles soient en nom collectif ou en commandite ; qu'elles adoptent telle forme ou telle autre dénomination que l'esprit des hommes inventera, ou que des besoins nouveaux rendront nécessaires, doivent rester soumises, à moins d'impossibilité évidente, aux principes généraux que le Code civil a posés et qu'il a pu trouver tout formulés depuis bien longtemps dans les législations antérieures. Il est fort indifférent, nous sommes parfaitement d'accord avec M. Pont, qu'elles soient mentionnées au Code civil par le nom qui viendra les qualifier.

Mais cet auteur n'aperçoit-il qu'une différence de nom entre ces sociétés de personnes, si anciennement connues, si généralement pratiquées, et les sociétés de capitaux? Ne voit-il pas autre chose qui distingue la société anonyme de la société en nom collectif, qu'il cite toutes deux pêle-mêle dans le passage de lui que nous avons rapporté plus haut?

S'il pouvait être douteux que le Code civil a posé des principes applicables à toutes les sociétés, telles qu'elles existaient au moment où il a été écrit, telles qu'elles pourraient être créées par la suite, lorsqu'elles rentreraient dans les conditions générales posées par lui et dont la première et la plus essentielle exige une RÉUNION DE PERSONNES, ce doute eût été levé par le texte de l'art. 18, C. comm.

Ces principes s'appliquent-ils également de plein droit aux sociétés de capitaux ou sociétés par actions? Nous aurons l'occasion d'en tracer brièvement l'histoire, et nous dirons que les rédacteurs du Code civil, ou ne les ont pas connues, ou ont refusé de s'en occuper; d'un autre côté, à aucune époque, sous l'ancien droit, quand ces sociétés n'existaient qu'à l'état d'exception et en vertu

d'actes législatifs ; sous le droit nouveau, qu'a fondé le
Code de commerce, les différences fondamentales qui
séparent ces deux espèces de sociétés n'ont pas permis
de les confondre. Dans le cas particulier qui nous occupe
spécialement, M. Pont ne pense-t-il pas avec nous, que
l'on est dans l'impossibilité de faire valoir les seuls motifs qui justifient la disposition tout à fait exorbitante de
l'art. 1865, C. civ., et qu'il ne peut y avoir entre des sacs
d'écus, ni communauté de vie, ni confiance réciproque
ou incompatibilité d'humeur ? Nous sommes-nous trompé
en fondant un raisonnement sur la différence existant
entre des hommes et des espèces monnayées ? Nous de-
manderons à M. Pont, enfin, s'il pense que cette autre
disposition non moins expresse de l'art. 1865, portant
que : *la société finit... par la mort naturelle de quelqu'un
des associés ;* est applicable aux sociétés anonymes, et si
le décès d'un actionnaire entraîne nécessairement la dissolution d'une semblable société ? Que M. Pont nous per-
mette donc de répéter après lui, en le lui appliquant :
« *Laissons à l'écart une argumentation qui ne prouverait
rien, précisément parce qu'elle prouverait trop.* »

« Est-ce que dans toutes autres sociétés, que dans les
sociétés par actions, dit encore M. Pont, quels qu'en
soient la forme et le mode de constitution, l'intérêt des
associés ne serait pas également susceptible d'être compromis par l'effet de la dissolution facultative ? » Que
M. Pont se rassure ; cette observation avait été faite,
même avant lui ; et c'est à coup sûr un des motifs qui
ont dû faire grandement hésiter à poser la règle que
consacre l'art. 1865 ; mais quand il s'agit de sociétés de
personnes, des considérations puissantes, et que nous
avions eu soin de rappeler, ont dû l'emporter sur les inconvénients attachés au principe, auquel le législateur

s'est rallié; quand il s'agit de sociétés de capitaux, aucune considération ne pouvant être invoquée pour permettre à un seul contractant de rompre, au grand préjudice peut-être de ses coassociés, la convention qu'il a
librement consentie, à moins de parti pris de consacrer
un non-sens, il fallait bien revenir au droit commun en
matière de contrats. Serons-nous assez heureux cette
fois pour être compris de M. Pont?

Nous persistons à croire qu'en écrivant l'art. 1865,
C. civ., le législateur n'a point prétendu régler, non-
seulement ce qu'il ne nommait pas, mais ce qu'il ne connaissait pas ou tout au moins ne voulait pas réglementer;
qu'il n'a rien écrit qui dût s'appliquer à des sociétés, à
ce point impersonnelles, que les actions en si grand
nombre, qui en forment le capital, sont presque toujours
créées au porteur, circulant de main en main comme
une pièce de monnaie, et qu'il n'a pas voulu donner à
chacun des innombrables actionnaires entre les mains
de qui arrivera, on ne sait comment, un seul de ces titres, le droit qui a été accordé à un associé qui avait été
choisi ou accepté en connaissance de cause et dont la
personne même doit jouer un rôle si considérable dans
la réunion à laquelle il appartient.

491. Disons, en terminant, que notre opinion a au
moins l'avantage de s'accorder parfaitement avec *la rigueur des principes*, que M. Pont trouve en contradiction
avec la doctrine professée par la Cour de cassation, et
qu'il ne se décide à approuver que par des raisons d'utilité; c'est toujours avec regret qu'un jurisconsulte consent à prendre un tel parti. Si les propriétaires d'actions
sont soumis à certaines entraves pour quitter la société,
s'ils ne sont pas entièrement libres de se séparer de leurs
coactionnaires, on pourra penser, avec la Cour de cassa-

tion, que la société a un caractère mixte; elle n'est plus
purement et simplement une société de capitaux; et par
d'autres motifs que M. Pont, nous croirons avec la Cour
de cassation que l'art. 1865, C. civ., peut être invoqué;
mais si le droit pour les actionnaires d'aliéner les actions
qui leur appartiennent et de se dégager du lien social
n'est soumis à aucune entrave, la disposition dont il s'a-
git n'est pas applicable. Sans doute, dans le cas où le
dernier paragraphe de l'art. 1865 peut être invoqué, nous
ne pensons pas qu'il soit permis de renoncer d'avance à
la faculté accordée par la loi; peut-être est-ce à tort que
la Cour de cassation semble admettre, d'une manière
générale, que les associés peuvent modifier la loi sur ce
point par les clauses du pacte social; mais la doctrine
des arrêts n'en reste pas moins inattaquable, suivant
nous, si, comme nous le croyons, le Code civil a exclusivement réglé les sociétés de personnes, quelle que soit
leur dénomination, à laquelle M. Pont a bien voulu
croire (nous ne pouvons deviner sur quel fondement),
que nous attachions la moindre importance, et non les
sociétés de capitaux; et à défaut d'une disposition spéciale extrêmement explicite, on ne peut, contrairement
à tous les principes, donner à un actionnaire le droit
tout à fait exorbitant de rompre à son gré le contrat, pas
plus, nous le répétons, qu'il ne sera rompu par son
décès, par son interdiction ou sa déconfiture.

Ce n'est pas tout à fait dans ces termes, nous en convenons, que s'est exprimée la Cour de cassation, particulièrement dans son arrêt du 6 déc. 1843, que M. Pont
nous accuse de n'avoir pas compris, et qu'il regarde
comme *absolument étranger à la thèse* que nous soutenons.
La Cour n'a point abordé de front la difficulté; elle semble appuyer sa décision, si l'on s'en rapporte aux con-

sidérants, sur ce fait que les associés ont pu substituer au moyen légal de la dissolution facultative, un autre moyen de sortir d'une société à durée illimitée. Nous n'avons pas voulu beaucoup insister sur ce point, parce que, d'accord avec tous les auteurs, d'accord avec M. Pont, nous croyons que l'art. 1865, C. civ., crée une de ces facultés qui touchent à l'ordre public et auxquelles, par ce motif, il n'est pas permis de renoncer, ni d'une manière expresse et directe, ni d'une manière indirecte et implicite. Nous avons donc laissé de côté les considérants, dont rien ne nous obligeait à peser tous les termes, et nous avons pris le dispositif, qui repoussait la prétention d'un actionnaire voulant appliquer à la société anonyme dont il faisait partie, l'art. 1865, C. civ.; ce résultat nous était acquis; nous n'avons pas cru qu'il fût aussi complétement étranger à notre thèse que semble l'enseigner M. Pont, puisqu'il résulte de la doctrine de la Cour de cassation que le droit accordé à tout associé par la loi civile cesse de pouvoir être exercé, par cela seul qu'il s'agit d'une société par actions, où chaque associé peut s'affranchir des liens du contrat en cédant le titre dont il est porteur. Pour approuver la décision de l'arrêt quels que fussent les motifs qui l'avaient dicté, nous n'étions pas contraint, dans le système que nous avons embrassé, de courir le *risque de nous montrer un peu facile sur les principes*, ce qui, pour toute personne s'occupant de droit, nous le répétons, nous semble une extrémité très-fâcheuse.

Nous croyons donc pouvoir maintenir la doctrine que nous avons enseignée : ce que le Code civil a réglé, ce sont les sociétés de personnes, quel que soit le nom qu'elles portent; ce que le Code civil n'a pas réglé, ce sont les sociétés de capitaux, quelle que soit la dénomination qui leur sera donnée; mais, jusqu'à ce jour, il n'en existait pas d'autres que les sociétés anonymes.

Cette distinction, sur laquelle nous sommes si souvent revenu, entre les sociétés des personnes et les sociétés de capitaux, M. Pont paraît ne s'être jamais douté qu'elle existât; et ce fait peut servir à expliquer les expressions que nous avons textuellement rapportées plus haut, et dont il a trouvé tout à fait convenable de se servir pour combattre l'opinion que nous avons soutenue.

492. § 7. *Dissolution judiciaire*. — La dissolution d'une société peut également, aux termes de l'art. 1871, C. civ., être demandée, en tout temps, par l'un des associés sous certaines conditions : c'est ce que nous avons appelé, avec tous les auteurs, la dissolution judiciaire (V. *suprà*, nᵒ 463); mais la loi veut que l'associé qui demande cette dissolution allègue de justes motifs dont les tribunaux seront juges, et elle n'est plus prononcée de plein droit. « La dissolution des sociétés à terme, dit le « texte, ne peut être demandée par l'un des associés « avant le terme convenu, qu'autant qu'il y en a de justes « motifs, comme lorsqu'un autre associé manque à ses « engagements, ou qu'une infirmité habituelle le rend « inhabile aux affaires de la société, ou autres cas sem- « blables, dont la légitimité et la gravité sont laissées à « l'arbitrage des juges » (C. civ., art. 1871).

Avant d'entrer dans les explications que cet article exige, disons tout de suite que, lorsque la dissolution d'une société est prononcée par jugement, les formalités de publicité prescrites en matière commerciale ne sont plus exigées, et nul ne peut prétendre que la société a continué d'exister contrairement à la décision judiciaire, qui cesserait ainsi de tirer d'elle-même sa force exécutoire; on ne peut subordonner à la bonne volonté des associés la validité de la sentence prononcée (1).

493. Nous avons eu occasion de parler déjà de quel-ques-unes des circonstances qui permettent de demander aux tribunaux de prononcer l'annulation de la société (V. *suprà*, n. 485 et s.); l'art. 1871, dont nous venons de donner le texte, mentionne spécialement l'inexécution du contrat par un associé qui manque à ses engagements. L'inexécution peut être involontaire et amenée par une force majeure; elle peut aussi être volontaire. Celui qui, par sa faute ou par sa mauvaise volonté, ne remplit pas ses promesses, non-seulement donne le droit de deman-der contre lui la dissolution de la société; mais il est passible de dommages-intérêts sans être admis, bien en-tendu, à se prévaloir de sa faute pour demander l'annu-lation du contrat; ce droit n'appartient qu'à ses coasso-ciés, qui peuvent, à leur choix, ou demander la dissolu-tion, ou poursuivre l'associé pour le forcer à l'exécution de ses engagements. Aucun doute n'existe à cet égard (V. *suprà*, n. 488).

L'associé manque volontairement à ses engagements s'il ne remplit pas l'obligation qu'il a prise de donner quelque chose, comme de verser sa mise ou de faire quel-que chose, comme de fournir son industrie et de donner son concours à la gestion sociale (2). S'il administre mal ou frauduleusement, ces faits pourront être assimilés à un défaut de concours; il en serait de même s'il s'absen-tait et qu'il prolongeât son absence sans justifier de causes légitimes (3).

D'autres raisons indépendantes de tout mauvais vou-loir ou de toute faute, telles qu'une infirmité habituelle,

---

(1) Bordeaux, 3 mars 1856 (S.57.2.426). — *Contrà*, Pardessus, n. 1088-2°.
(2) Cass., 15 nov. 1876 (D.P.78.4.424).
(3) Malpeyre et Jourdain, p. 315 ; Paris, n. 925.

l'absence légalement déclarée, quel que soit le motif qui
ait amené la disparition de l'associé, un éloignement
forcé, comme le service militaire (1); enfin, toute cause
légitime, suivant l'expression de la loi, jugée telle par
l'autorité compétente, autoriseraient également la dissolution de la société avant le terme convenu.

L'associé légitimement empêché peut, comme ses coassociés, demander la dissolution.

Tous les auteurs sont également d'accord sur ce point.

494. L'infirmité habituelle, dont la loi a parlé spécialement, n'est une cause légitime qu'autant qu'elle rend
celui qui en est atteint inhabile à remplir dans la société
les devoirs qui lui sont imposés et à rendre les services
sur lesquels on a dû compter. Par suite, cette cause ne
pourrait évidemment être invoquée, ni par un commanditaire ni contre lui, et encore moins quand il s'agit d'un
actionnaire.

La maladie ou l'infirmité accidentelle et momentanée
ne peut être une cause de dissolution.

495. L'art. 1871, C. civ., n'a nullement prétendu
donner l'énumération complète de tous les cas qui permettent de demander la dissolution avant le terme convenu; il s'est contenté de poser un principe et de citer
un exemple, en laissant à l'arbitrage des juges à apprécier la légitimité et la gravité des autres cas qui seraient
allégués comme constituant de justes motifs. La loi était
impuissante à les prévoir et à les énumérer. Il est à remarquer que les exemples donnés par la loi, ou que nous
empruntons soit à la doctrine, soit à la jurisprudence,
semblent s'appliquer plus particulièrement aux sociétés
civiles ou, en droit commercial, aux sociétés en nom

_____

(1) Pardessus, n. 1068.

collectif : mais, toutefois, il est certain que le principe
général posé par l'art. 1871 reste applicable, sans difficulté aucune, à des causes légitimes qui seraient empruntées à un autre ordre d'idées, quand il s'agit de capitaux, telles que les sociétés anonymes ou autres. Nous
avons cru, avant d'aller plus loin, qu'il pouvait être utile
de faire ici cette réserve.

Aucune règle ne peut être tracée au juge qui soit obligatoire pour lui ; mais pour faciliter l'appréciation qui lui
est réservée, on peut dire que tout fait de nature à porter une atteinte grave à la considération de l'un des associés, ou qui pourrait donner des inquiétudes sérieuses
sur la loyauté de son administration, tel que sa faillite
antérieure à la formation de la société et alors ignorée
des parties, l'inconduite, une diffamation dont il serait
l'objet, une condamnation infamante, la dation d'un conseil judiciaire, soit toute cause pouvant nuire à la prospérité de la société, sans entacher l'honneur des personnes en faisant partie, tel que l'incapacité notoire, la
témérité ou la timidité excessive, l'habitude du jeu, l'incompatibilité d'humeurs, amenant la mésintelligence et
la discorde, ont été cités quelquefois comme de justes
motifs pour demander et obtenir la dissolution (1), et
sauf, dans tous les cas, l'appréciation des tribunaux dans
chaque espèce.

L'incapacité notoire, toutefois, peut difficilement ne
s'être déclarée que depuis le contrat ; on doit connaître
les associés avec qui on se lie, et ce fait serait plutôt de
nature à provoquer une interdiction de gérance qu'une
dissolution de société (2).

---

(1) Delangle, n. 674 ; Duvergier, n. 450 ; Troplong, n. 994 ; Malpeyre et Jourdain, p. 316 et s.; Pâris, n. 916 et s.
(2) Malpeyre et Jourdain, p. 316 ; Pâris, n. 918.

Il n'y a, en définitive, qu'incapacité tout au plus relative, dans la témérité ou la timidité excessive ; MM. Malpeyre et Jourdain, auxquels se réunit M. Pâris, y voient un juste motif pour demander et faire prononcer la dissolution ; M. Delangle se prononce formellement en sens contraire (1). Cette dernière opinion nous paraît préférable ; de même que l'incapacité notoire, ces défauts ne peuvent être reprochés qu'à un gérant ; leurs effets désastreux disparaissent dans les délibérations sociales, où le partage suffit pour s'abstenir ; et sauf encore l'appréciation des juges pour des circonstances exceptionnelles.

Il en est autrement de l'habitude du jeu ; c'est une chose absolument et toujours mauvaise (2).

496. Presque tous les auteurs regardent comme cause légitime l'incompatibilité d'humeurs, les injures, une mésintelligence grave (3), et elle peut être amenée par une des causes énumérées plus haut, insuffisantes par elles-mêmes quelquefois, et devenant ainsi causes médiates d'une dissolution : « Considérant, dit un arrêt de la Cour d'Aix, que l'art. 1871 permet aux tribunaux de prononcer, dans certain cas, la dissolution de la société avant son terme ; que les exemples, que renferme ce texte de loi, sont démonstratifs et non limitatifs ; que le législateur s'en est rapporté à la prudence et à la sagesse des magistrats sur l'application du principe qui s'y trouve établi, et qu'il suffit qu'il existe de justes motifs de dissolution ; — Considérant que, de tout temps, la mésintelligence entre les associés ou les injures de l'un envers l'autre ont été regardées comme des causes suffisantes de

---

(1) Malpeyre et Jourdain, p. 345 ; Pâris, n. 920 ; Delangle, n. 675.
(2) Troplong, n. 994 ; Pâris, n. 949.
(3) Troplong, n. 994 ; Pardessus, n. 1067 ; Malpeyre et Jourdain, n. 314 ; Delangle, n. 675 ; Pâris, n. 926.

dissolution avant terme ; que les magistrats ont à examiner si la mésintelligence a pris un caractère de gravité tel
qu'il n'y ait plus d'espoir de retour, et à apprécier si cette
mésintelligence ou ces injures ont été poussées au point
d'être devenues un de ces justes motifs dont parle l'article 1871 ; — Considérant que cet article indique nom-
mément, comme juste motif, le défaut d'accomplissement des obligations d'un associé ; or, l'obligation la plus
essentielle d'un associé, comme son premier devoir, est
d'être sociable et de vivre en bonne intelligence avec ses
coassociés. Il suffit, en pareil cas, que la mésintelligence
soit constatée ; fût-il possible de l'imputer à tous les associés, elle n'en serait pas une moins juste cause de dissolution, et les associés seraient alors présumés s'être
déliés réciproquement » (1).

Toutes les fois donc que le but pour lequel a été établie la communauté de vie et d'intérêt, créée par le contrat de société, ne peut plus évidemment être atteint ;
que l'indivision n'offre plus que des dangers aux contractants, les tribunaux peuvent accorder la dissolution.

Nous avons déjà parlé de la perte ou de la diminution
du fonds social (V. *suprà*, n°ˢ 465 et 468) et de la cessation des fonctions d'un gérant (V. *suprà*, n. 475).

Le prodigue ne pouvant contracter une société commerciale, la nomination d'un conseil judiciaire autoriserait tout au moins les associés à invoquer l'art. 1871,
ainsi que nous l'avons dit plus haut (V. *suprà*, n° 485).

497. Il a été jugé avec raison que les conséquences
juridiques de l'annulation d'une société étant autres que
les conséquences de sa dissolution, la demande en nullité de la société ne saurait être déclarée non recevable

(1) Aix, 18 juin 1822 (J.P., t. 17, p. 432) ; Cass., 16 juin 1873 (J.P.73, p. 953).

comme dénuée d'intérêt, par cela seul que cette société était déjà dissoute au moment de la demande, si toutefois la liquidation n'en était pas terminée (1).

Une espèce s'est présentée où une société avait son siége social fixé à l'étranger, quoiqu'elle fût formée entre Français domiciliés en France et ayant une succursale dans une ville française.

La Cour de cassation a décidé avec raison, selon nous, que les tribunaux français n'étaient pas compétents pour juger les demandes en nullité ou en dissolution élevées contre cette société et qu'il y avait lieu de renvoyer les parties à se pourvoir devant les tribunaux du pays, où le siége social était fixé (2).

498. La loi, après avoir fait connaître de quelle manière et dans quels cas la société finit, devait indiquer aussi comment seraient réglés les intérêts que le contrat avait créés : le Code civil a assimilé à cet égard les associés à des cohéritiers : « Les règles concernant le par- « tage des successions, a-t-il dit, la forme de ce partage « et les obligations qui en résultent entre les cohéritiers « s'appliquent aux partages entre associés (art. 1872). »

Quel que soit notre désir d'être complet, nous ne pouvons évidemment, pas plus qu'aucun des auteurs ayant commenté le titre du Code civil relatif aux sociétés, expliquer ici les dispositions de nos lois relatives au partage des successions. Nous devons nous borner à signaler les points où l'assimilation faite par l'art. 1872 cesse de pouvoir être invoquée : cette assimilation, en effet, n'est pas aussi complète que semble l'établir le texte que nous venons de rapporter.

---

(1) Cass., 3 juin 1862 (S.63.1.489); Cass., 24 janv. 1872 (D.P.72.1.300).
(2) Cass., 19 déc. 1864 (*Gaz. des Trib.*, 20 déc. 1864).

499. En premier lieu, l'art. 792, C. civ., d'après lequel les héritiers, qui auraient diverti ou recélé des effets appartenant à la succession, ne peuvent prendre aucune part dans les objets divertis ou recélés, ne doit pas être entendu, par voie d'analogie, et appliqué en matière de société (1).

500. Il faut dire également que le tiers auquel un associé aurait, depuis que la société est dissoute et avant partage, cédé ses droits sociaux moyennant une somme d'argent, ne pourrait être écarté du partage, ni par tous les associés, ni par un seul, en lui remboursant ce qu'il a payé pour les acquérir. Ce droit a été accordé aux héritiers par l'art. 841, C. civ., par des motifs qui perdent toute leur force lorsqu'il s'agit d'une société. On a voulu permettre aux membres bien unis d'une famille d'écarter un étranger dans le règlement d'une succession ; mais la dissolution d'une société a rompu le seul lien qui existât entre les associés, et ils ne peuvent redouter beaucoup qu'un étranger vienne se substituer à un ancien associé. D'ailleurs, l'art. 1861 permet expressément à chaque associé de céder sa part à un tiers (2). Mais l'acte social pourrait établir que si l'un des associés vendait sa part, la préférence serait réservée aux coassociés : cette stipulation n'a rien que de licite, mais elle ne peut être suppléée.

501. Chacun des anciens associés peut former la demande en partage des effets restés en commun, et elle doit être dirigée contre tous les associés ou leurs représentants, et non contre un ou quelques-uns d'entre eux.

---

(1) Angers, 22 mai 1851 ; Toulouse, 22 juin 1862 ; Cass., 28 août 1865 (S.51. 2.599 ; 63.2.44 ; 65.1.453) ; Aubry et Rau sur Zachariæ, t. 3, p. 385.

(2) Duranton, t. 17, n. 443 ; Duvergier, n. 474 ; Troplong, n. 1059 ; Zachariæ et Aubry et Rau, t. 3, § 385 ; Delangle, n. 743 ; Persil, p. 49 ; Paris, 7 juill. 1835 (J.P.36.2.565). *Contrà*, Pardessus, n. 1085 ; Paris, n. 1079 ; Dageville, t. 1er, p. 80.

Si, parmi les associés ou leurs représentants, il se trouve un mineur, il faut se conformer, quand il s'agit de sociétés civiles, aux formes exigées, dans de pareilles circonstances, en matière de succession. Nous verrons que des règles différentes sont suivies dans les sociétés commerciales (V. *infrà*, sous l'art. 64). Toutefois, les scellés ne pourraient être apposés, même en matière purement civile.

La demande en partage peut être formée aussitôt après la dissolution de la société. Néanmoins, si les parties étaient convenues de surseoir au partage pendant un certain temps, et de le remettre à un moment qu'elles jugeraient devoir être plus opportun, cette convention devrait être exécutée (1), pourvu que le partage ne fût pas suspendu pendant plus de cinq années. L'art. 815, C. civ., que nous avons déclaré n'être pas applicable pendant la durée de la société (V. *suprà*, nº 464), doit être observé à partir de sa dissolution.

502. Les créanciers particuliers d'un associé ne peuvent être admis à intervenir dans les opérations de la société, ni en demander la dissolution et la liquidation ; mais, la société dissoute, ils pourraient intervenir au partage pour veiller à ce qu'il ne fût pas fait en fraude de leurs droits (2).

Il existe une assez vive controverse pour savoir, dans le cas où ils n'auraient préalablement fait aucune opposition, s'ils pourraient également attaquer le partage consommé.

Il paraît plus équitable de leur donner ce droit, que l'art. 882, C. civ., refuse, il est vrai, en matière de succession.

---

(1) Pothier, *Société*, n. 465.
(2) Pardessus, n. 1087.

L'art. 1872, en renvoyant d'une manière générale, pour les règles à suivre, au titre des successions, n'a pu, en effet, être suivi d'une manière très-rigoureuse; nous avons vu déjà que l'on s'en était écarté dans plusieurs circonstances, et toutes les fois que la loi spéciale avait écrit pour les héritiers des règles exorbitantes du droit commun. Ce n'est que sous cette réserve que doit être entendu et que peut être appliqué cet art. 1872.

L'art. 882, quelles que soient les raisons qui l'aient fait écrire, quand il s'agit de succession, déroge à la règle de droit commun et d'équité posée par l'art. 1167, C. civ.; c'est donc ce dernier article qui doit être suivi de préférence quand il s'agit de société : il faut ajouter que l'existence de créanciers, c'est l'exception en matière de succession et dans d'étroites limites; c'est la règle, au contraire, en matière de société et dans les plus larges proportions.

La jurisprudence et les auteurs ont adopté cette règle (1).

503. Avant que d'arriver au partage, on doit procéder au compte de ce que chacune des parties doit à la communauté qui est à partager, et de ce qui lui est dû par cette même communauté; on acquitte les dettes qui avaient été contractées; et c'est après ce compte fait que l'on peut reconnaître la consistance des biens qui restent aux associés, et qui seront répartis conformément aux stipulations du contrat social.

S'il y avait difficulté entre les associés relativement au mode du partage, l'un demandant qu'il ait lieu en nature, l'autre voulant qu'il y ait licitation, la préférence

---

(1) Cass., 20 sept. 1834 (S.35.1.131) et 9 juill. 1866 (D.P.66.1.309. *Sic*, Duvergier, n. 475; Troplong, n. 1061; Delangle, n. 706. V. Massé, n. 1744.

devrait être donnée à la voie du partage en nature, comme étant de droit commun (1).

Lorsque les dettes passives de la société n'ont pas été acquittées au moyen des ressources liquides et disponibles, les anciens associés peuvent se les distribuer entre eux, selon leur convenance, chacun se chargeant spécialement du paiement de certaines dettes. Mais cet arrangement, par lequel l'un des copartageants s'est chargé d'acquitter certaines dettes ou la totalité, n'en décharge pas les autres envers les créanciers, qui conservent tous les droits que leur accorde la loi, conformément aux règles que nous avons fait connaître. C'est un arrangement entre les associés et dont ils se doivent compte, mais qui ne regarde pas les tiers (2).

Dans les sociétés commerciales, on opérera presque toujours sur des valeurs mobilières ; il y a peu d'intérêt à dire, par conséquent, que le partage d'après les principes généraux est déclaratif et non translatif de propriété ; qu'il n'a pas pour effet, en d'autres termes, d'attribuer, de donner la propriété de l'objet à celui qui l'obtient dans le partage, mais de déclarer qu'il lui appartient déjà. Presque tous les auteurs font rétroagir cette propriété au moment où l'objet est entré dans la société ; M. Duvergier pense qu'il ne faut remonter que jusqu'au moment où, la société étant dissoute, les associés ont cessé d'être en société pour être en communauté. La question, même pour les immeubles, n'aura que rarement un intérêt pratique, puisque tout le monde convient que les charges créées par la société subsistent dans tous les cas et doivent être respectées par celui dans le lot

---

(1) Lyon, 23 juill. 1856 (S.58.2.204).
(2) Pothier, *Sociétés*, n. 173.

duquel tombe l'immeuble; il n'en serait pas tenu, au contraire, et cela également dans tous les cas, si ces charges avaient été créées, soit avant, soit depuis la dissolution de la société, par tout autre que par la société ou par lui, puisque l'immeuble appartenait ou à la société comme personne civile distincte, ou à lui, en vertu de la fiction qui fait remonter son droit au moment où l'immeuble est entré dans la société.

Nous croyons, quant à nous, que l'opinion de M. Duvergier, quoique en opposition avec l'imposante autorité de Pothier, est préférable; mais celui-ci, admettant toutes les conséquences de sa doctrine, enseignait que l'associé dans le lot duquel tombait l'immeuble social, n'était pas tenu des hypothèques, dont la société l'avait grevé (1). M. Troplong, combattant M. Duvergier, a bien essayé d'expliquer comment, au contraire, les charges créées pendant l'existence de la société ne s'évanouissent point par l'effet du partage; mais l'explication ne nous semble pas complétement satisfaisante. Au surplus, l'article 883, C. civ., portant que : « Chaque cohéritier est censé avoir succédé seul et immédiatement à tous les effets compris dans son lot, » dont on demande l'application en cas de société, ne fait remonter la propriété évidemment qu'au moment où la succession s'étant ouverte, il y a eu lieu au partage, et, dans la société, le partage n'a dû être fait qu'au moment où la société a pris fin (2); jusqu'à ce moment, l'objet était la propriété commune de tous les associés.

504. Les associés se doivent réciproquement garantir les lots : ainsi, si l'un d'eux était évincé d'un bien

---

(1) Pothier, *Sociétés*, n. 179.
(2) Duvergier, n. 478; Delangle, n. 707. *Contrà*, Troplong, n. 1063 et s.; Duranton, t. 17, n. 480.

social qui aurait été contenu dans son lot, ou s'il se trou-. vait avoir payé plus que sa part de dettes, il aurait, dans tous les cas, son recours pour rétablir l'égalité. Il faut excepter le cas où il y a eu forfait et où, l'événement étant prévu, l'associé en a pris l'éventualité à sa charge.

M. Pardessus examine une difficulté que cette règle peut soulever.

Pierre et Jacques formaient une société qui a été dissoute par la faillite. Les dettes sociales s'élevaient à 200,000 fr.; par suite de l'abandon qu'ont fait les associés de toute leur fortune s'élevant, celle de Pierre à 80,000 fr., et celle de Jacques à 50,000 fr., les créanciers les ont tenus quittes. Jacques ayant, par la suite, rétabli ses affaires, Pierre peut-il exiger de lui 15,000 fr., moitié de la somme qu'il a payée de plus que lui aux créanciers communs? Notre auteur se prononce avec raison pour la négative. Au moment où l'arrangement a été conclu, la société était dissoute, dit-il, les créanciers ont traité directement avec chacun des débiteurs, et Pierre a bien payé plus que Jacques, mais non plus que sa part : il ne peut donc rien réclamer, puisqu'il n'a rien payé à la décharge de Jacques (1). Cette décision, toutefois, est plus juridique qu'équitable.

505. Dans les sociétés civiles, la liquidation est faite, le plus souvent, par les soins de tous les associés agissant conjointement; nous verrons plus tard, en donnant le commentaire de l'art. 64, C. comm., que dans les sociétés commerciales, elle est presque toujours confiée à des liquidateurs. Rien ne s'oppose, sans doute, à ce que le système de liquidation introduit par les usages commerciaux ne soit adopté également en matière civile;

---

(1) Pardessus, n. 1086. *Contrà.* Delvincourt, t. 2, p. 27, note 3, *in fine.*

mais les liquidateurs, dans ce dernier cas, seront purement et simplement les mandataires de chacun des associés et ne pourront agir qu'en cette qualité; il faudra tenir compte des incapacités, minorités, absences qui forceraient à rester sous l'empire de la législation propre aux successions (1), et enfin, de la distinction profonde qui existe encore entre les sociétés civiles et les sociétés commerciales, et que la nomination d'un liquidateur, à coup sûr, ne fera pas disparaître.

506. « Les dispositions du présent titre, dit le Code « civil, ne s'appliquent aux sociétés de commerce que « dans les points qui n'ont rien de contraire aux lois et « aux usages du commerce » (art. 1873).

Nous ne pouvons donc que répéter ici ce que nous avons dit en commençant le commentaire de l'art. 18; c'est que les sociétés commerciales sont régies tout à la fois, et par les dispositions du Code civil, qui forment le droit commun et ont posé les principes généraux de la matière, et par les lois spéciales, dont nous allons donner le commentaire. Ce double travail était le seul moyen qui s'offrait à nous pour traiter la matière d'une manière complète. Nous allons reprendre maintenant le commentaire du Code de commerce.

ARTICLE 19.

La loi reconnaît trois espèces de sociétés commerciales : — la société en nom collectif, la société en commandite, la société anonyme.

SOMMAIRE.

507. Énumération et commentaire des diverses sociétés reconnues par la loi

---

(1) Troplong, n. 1054 ; Duvergier, n. 464 et s.

507. Nous avons parlé, sous l'article précédent, de la distinction à faire entre les sociétés civiles et les sociétés commerciales. Les règles applicables aux premières, tracées par le Code civil, forment, en même temps, le droit commun pour toutes les sociétés, quand il n'y a pas été expressément dérogé. Nous avons donné le commentaire des articles du Code civil qui se rapportent à ce contrat (V. *suprà*, n° 370 à 505).

Nous avons dit également que les sociétés commerciales reconnues par la loi sont nombreuses, et nous avons indiqué dans quelle partie de notre ouvrage chacune de ces formes de société a été expliquée par nous (V. *suprà*, n° 369).

Nous ne parlerons sous l'art. 19, que nous examinons en ce moment, que des sociétés que cet article a nommées, sauf à compléter, quand il y aura lieu, nos explications.

Mais nous devons préalablement examiner :

1° A quels signes on peut reconnaître les sociétés civiles des sociétés commerciales ;

2° Si les sociétés civiles peuvent adopter les formes sous lesquelles se produisent nécessairement les sociétés commerciales ;

3° Et, en cas d'affirmative, quelles conséquences entraînera, pour une société civile, la forme qu'elle aura adoptée, quand elle est au nombre de celles dont se sont occupés, soit le Code de commerce, soit les lois spéciales qui régissent les sociétés commerciales.

Ces questions ont été débattues à bien des reprises ; nous aurons occasion de le dire, en les examinant à notre tour : la commission législative, qui a préparé la loi du 23 mai 1863, avait voulu déjà les résoudre et faire cesser toute controverse par une disposition ajoutée au texte du projet qui lui était soumis ; le Conseil d'État s'y étant refusé, la commission, dont l'amendement était ainsi repoussé, a exprimé le vœu qu'une loi spéciale mît fin aux inconvénients de l'incertitude, qui paraissait exister dans beaucoup d'esprits.

La Chambre des députés, saisie en 1865 de la loi sur les sociétés, a renouvelé, par l'organe de la commission nommée pour examiner ce projet, le vœu qui avait été émis en 1863 ; le Conseil d'État a pensé encore que la question devait être l'objet d'une loi spéciale, et que le moment n'était point venu encore de la présenter.

Nous avons peine à nous rendre compte de ces hésitations, lorsque le Conseil d'État a depuis longtemps engagé sur ce point son opinion, en autorisant des sociétés civiles à adopter la forme des sociétés anonymes, ainsi que nous le dirons tout à l'heure.

508. La loi n'a pas défini à quel signe on distinguerait les sociétés commerciales des sociétés civiles ; cette définition était inutile, du moment que le législateur avait fait connaître les actes qui doivent être réputés commerciaux (C. comm., art. 632 et s.) : les sociétés sont commerciales aux mêmes conditions qu'un individu devient commerçant, et ces conditions sont posées par l'art. 1ᵉʳ, C. comm., auquel nous renvoyons ; il faut qu'elles accomplissent des actes de commerce et que l'exercice de ces actes soit habituel chez elles. Elles tiennent donc leur caractère du but qu'elles se proposent et de la nature comme de la fréquence de leurs opérations.

Le doute quelquefois a dû s'élever cependant, parce que, dans certaines circonstances, des sociétés purement civiles par leur but principal ont pu ajouter à l'exploitation d'une mine, par exemple, d'autres objets accessoires ; des spéculations auxiliaires d'une nature commerciale et dont l'importance sera devenue assez grande pour changer le caractère primitif de la société ; elle pourra, dans ce cas, et à cause de ces circonstances, être déclarée commerciale. C'est dans ce sens qu'il faut entendre divers arrêts, dont on n'a pas toujours bien démêlé la véritable signification. Mais il n'est pas douteux que la société n'en reste pas moins indivisible et qu'elle ne saurait être tout à la fois commerciale et civile : elle sera l'une ou l'autre et selon les circonstances.

Il est facile d'expliquer ainsi, nous le répétons, comment une société qui, par son but principal, paraissait être purement civile, a pu être qualifiée par la jurisprudence de société commerciale ; mais ce n'est pas la forme, c'est l'entreprise elle-même qui, mêlant à une industrie civile des spéculations essentiellement commerciales, imprime à la société ce dernier caractère, afin que ceux qui traitent avec elle ne soient pas privés des garanties auxquelles ils ont droit, quand il s'agit d'actes de commerce.

Sous le bénéfice de ces observations, et en tenant compte des circonstances psrticulières à chaque espèce, on peut admettre sans difficulté qu'une société formée pour l'exploitation d'une mine, soit considérée quelquefois comme commerciale (1).

Il n'est donc pas plus au pouvoir des parties d'attribuer, à leur gré et selon leurs convenances, à une société civile le caractère et les effets d'une société de commerce, que d'arriver au résultat opposé. On peut citer comme exemple frappant de cette vérité, les sociétés créées dans le but d'acheter des immeubles pour les diviser et les revendre par portions. Quelle que soit la forme donnée à une pareille société, la force des choses s'oppose à ce qu'elle puisse avoir le caractère de société commerciale, puisque les définitions données par les articles 632 et s., C. comm., ne peuvent s'appliquer à des immeubles (2). Il faut ajouter ici encore cependant que, pour une société dont l'objet est l'achat et la vente d'immeubles, les mêmes circonstances peuvent se présenter que dans la société formée pour l'exploitation d'une mine, et des spéculations auxiliaires qui viennent s'y rattacher pourront en changer le caractère (3); mais nous croyons qu'il faudrait procéder avec une circonspection extrême.

C'est encore conformément à ces principes, et quelle que fût, non-seulement la dénomination, mais la forme

---

(1) Cass., 26 mars 1855, et Colmar, 4 juin 1862 (S.56.1.504 et 62.2.240); Dijon, 1er avril 1874 (D.P.75.2.54).

(2) Troplong, n. 319; Duvergier, n. 481; Delangle, n. 27 et s.; Molinier, n. 244; Pâris, n. 667; Bédarride, n. 88 et 93. *Sic*, Paris, 15 fév., 17 août, 29 août 1868; la note de M. Labbé et les arrêts conformes qui y sont indiqués; (S.68.2.329). — V. sous l'art. 632, M. Beslay a soutenu avec beaucoup de vivacité une opinion contraire, t. 1er, n. 107.

(3) Cass. (req.), 6 juill. 1868 (S.68.1.396).

donnée à la société, qu'ont été déclarées civiles des sociétés ayant pour objet la distribution, dans une ville, d'eaux concédées par l'État, ou la compagnie générale établie dans la but de vendre et de distribuer pour le compte de la ville de Paris les eaux dont celle-ci est propriétaire; des sociétés fondées pour la construction d'une salle de spectacle; l'adjudication d'octroi, d'un péage; de la construction d'une église, d'un marché; pour l'exploitation d'un pensionnat; ou dans tout autre but, s'il ne s'agissait pas de faire en commun des actes ou des entreprises qui ont été réputés actes de commerce par les art. 632 et 633, C. comm., et nous aurons occasion, sous ce dernier article, de parler spécialement des entreprises de construction. Si les opérations accomplies rentrent, au contraire, dans les prévisions de ces articles, auxquels il faut se reporter, la société est commerciale (1).

509. « Je soutiens, dit cependant M. Troplong, en parlant des mines, que les concessionnaires sont maîtres de renoncer au bénéfice de la loi du 21 avril 1810. Pour augmenter leurs moyens d'exploitation et leur crédit, ils ont pu se constituer commerçants et s'assujettir à toutes les obligations d'une profession ouverte à tout le monde. Avant la loi de 1810, l'exploitation des mines était considérée comme un commerce; on voyait en elle une industrie dont le but était de livrer à la consommation des produits. Depuis, le législateur, voulant diriger vers cette industrie les capitaux civils et lui associer des per-

---

(1) Paris, 11 déc. 1830 (S.31.2.282); Paris, 31 janv. 1834 D.P.34.2.494); Nîmes, 27 mai 1851 (J.P.52.1.224); Paris, 23 juill. 1852 (J.P.53.1.98; Cass., 10 août 1842 (D.P.42.1.226); Cass., 18 déc. 1871 (D.P.72.1.9); 26 fév. 1872 (D.P. 72.1.10); Cass., 22 déc. 1873 (D.P.75.1.438); Cass., 16 juin 1874 (D.P.74.1. 145).

sonnes que leur position et leurs idées éloignent du commerce, en a fait une industrie purement civile ; mais il ne résulte pas de cette innovation que les parties, mues par un plus grand intérêt, ne puissent se placer sur un terrain moins privilégié et assumer la grave responsabilité qui s'attache à la qualité de commerçants. *Convenances vainquent la loi,* comme dit Loysel. Un propriétaire qui vend les produits de son cru n'est pas commerçant, d'après l'art. 638, C. comm., et la juridiction commerciale ne saurait l'atteindre de plein droit. Mais conclurez-vous de là qu'un propriétaire de vignes qui récolte de grandes quantités de vins ne pourra pas s'ériger en commerçant pour ouvrir à ses produits de plus vastes débouchés ? Direz-vous qu'un grand propriétaire de bois ne pourra pas faire le commerce avoué et patenté des bois avec les coupes de ses forêts ? Non, certainement, vous laisserez ce propriétaire de vignes ou de forêts abdiquer, dans son intérêt, le privilége que la loi n'avait créé que dans son intérêt. Or la loi de 1810 a fait pour les mines ce que l'art. 638, C. comm., a fait pour les propriétaires d'immeubles : donc il n'est pas plus interdit à ceux-là qu'à ceux-ci de recourir à la qualité de commerçant pour donner une base plus large à leur crédit et à leurs opérations. Le tout est de ne pas leur prêter légèrement une volonté qui ne se présume pas. Là-dessus on consultera les circonstances, on n'admettra que des faits graves, précis, concordants » (1).

Ce passage de M. Troplong ne doit pas être entendu, nous le croyons du moins, en ce sens que la simple volonté des associés puisse changer le caractère d'une so-

_____

(1) Troplong, *Sociétés,* n. 329 et s

ciété (1) ; si ce principe était admis pour les mines, il va
de soi qu'il s'appliquerait à toute autre société ; qu'il
s'étendrait également à tout individu faisant une suite
d'actes auxquels la loi n'a pas attribué le caractère commercial, et qui pourrait se faire considérer néanmoins
comme commerçant. Nous ne pouvons croire qu'il soit
libre à tout le monde de se soumettre aux obligations
plus étroites que la loi a imposées aux commerçants. À
chaque instant, pour augmenter son crédit, on consen-
tirait à se dépouiller des garanties que la loi civile a consacrées et à se soumettre, pour l'exécution d'une obligation exclusivement civile, à la juridiction purement
commerciale et à la contrainte par corps, si elle existait.
La loi commerciale a défini avec précision les faits qui
doivent être réputés commerciaux et la compétence des
tribunaux exceptionnels qui doivent en connaître. La
volonté des individus, nous ne saurions trop le répéter,
ne peut rien changer à ces règles. Les faits sont-ils au
nombre de ceux que la loi déclare faits de commerce ?
La société est commerciale, dans le cas contraire elle est
civile ; et de même qu'on ne peut se soustraire à la loi
commerciale en cherchant à transformer en opérations
civiles des faits commerciaux, de même il n'est pas possible de venir s'y soumettre, en appelant soi-même faits
de commerce des opérations purement civiles. La nature
des choses, non la volonté des contractants, imprime à
une action le caractère commercial. Nous verrons la con-
firmation de cette doctrine dans le commentaire du livre 4ᵉ, et nous avons déjà soutenu une doctrine analogue
sous l'art. 1ᵉʳ.

510. La conséquence forcée des règles que nous ve-

(1) V. dans ce sens, cependant, Bédarride. n. 99.

nons d'établir, c'est que le caractère d'une société se détermine par son objet, et qu'il ne saurait dépendre de la forme qu'elle aura adoptée (1). Ainsi que nous l'avons supposé, une société civile pouvait, en effet, affecter les formes diverses réglées par le Code de commerce et autres lois spéciales. Cette question, préjugée par nous dans les explications que nous avons données tout à l'heure, mérite un examen particulier.

La législation est complétement muette sur ce point, si ce n'est pour les sociétés à responsabilité limitée, que la loi de 1867 a fait disparaître, et peut-être pour celles qui sont relatives à l'exploitation des mines.

En ce qui concerne particulièrement ces dernières, la loi du 21 avril 1810 a déclaré d'une manière formelle qu'elles doivent être considérées comme civiles et qu'elles peuvent cependant être créées par actions : le Conseil d'État, en conséquence, avant la loi du 24 juill. 1867, a approuvé, en bien des circonstances, les statuts de semblables compagnies se formant en sociétés anonymes.

On peut citer encore les tontines et les compagnies d'assurances mutuelles organisées également en sociétés anonymes et que leur but ne permet pas de reconnaître comme sociétés commerciales.

Le Conseil d'Etat, au moins, n'a donc jamais fait difficulté d'admettre que les sociétés civiles pouvaient emprunter la forme d'une société commerciale.

La jurisprudence des tribunaux est également favorable à cette opinion (2).

---

(1) Grenoble, 10 mars 1870 (J.P.71, p. 114) ; Cass., 18 déc. 1871 ; 26 fév. 1872 ; 21 juill. 1873 (J.P.71, p. 608 ; 72.406 ; 73.1159) ; Dijon, 1er avril 1874 (D.P.75. 2.81).

(2) Cass., 13 mai 1857 et 9 nov. 1858 ; Paris, 1er fév. 1858 (S.58.1.129, et 2. 129 ; J.P.59, p. 297 ; Metz, 16 mars 1865 ; Cass., 31 janv. 1865 et 27 mars 1866

La doctrine des auteurs approuve cette interprétation ; presque tous, au moins, pensent que la société civile n'a pas été emprisonnée dans une organisation unique et sacramentelle, et que des statuts particuliers peuvent former sa constitution de pactes reconnus par la loi, sans en exclure quelques-unes des formes ou des obligations qui distinguent ou ont au moins distingué pendant longtemps, plus particulièrement, les sociétés commerciales. Nous partageons complétement cet avis.

511. Une fois cette théorie admise, il reste à rechercher quelles conséquences il faut en déduire.

« Si les contractants, dit Pardessus, pour servir de règles à une société civile, empruntaient les formes appartenant aux sociétés commerciales, il en résulterait seulement que les principes de ces dernières devraient être suivis pour l'interprétation des conventions et la solution des difficultés qui pourraient s'élever ; mais, du reste, le caractère non commercial de ces opérations n'en subsisterait pas moins » (1).

Le Conseil d'Etat, en autorisant des sociétés civiles à adopter la forme anonyme, a sanctionné nécessairement cette doctrine, ou ses décisions, à cet égard, seraient un véritable non-sens. Nous venons de poser en principe que la forme sous laquelle une société se produit ne peut en changer le caractère ; mais il en est autrement, à coup sûr, des conséquences que cette forme amène dans les

---

(D.P.65.2.65 et 1.390.66.1.428) ; Paris, 17 juill. 1866, *Bull. de la C. imp.*, 1866, p. 448 ; Paris, 15 fév. et 17 août 1868 (S.68.2.320), et la note de M. Labbé ; Dion, 19 mars 1868 (S.68.2.333).

(1) *Droit comm.*, n. 996. *Sic*, Troplong, n. 1076 ; Duvergier, n. 485 ; Molinier, n. 244 ; Pâris, n. 667 ; Malpeyre et Jourdain, p. 474 ; Demangeat sur Bravard, t. 1er, p. 479 et s.; et Cass., 31 janv. 1865, et 27 mars 1866 (D.P.65.390 et 66.1. 428).

rapports des associés entre eux et envers les tiers (1) ; et les plus solides raisons expliquent qu'il en soit ainsi.

Le droit commun, en matière de sociétés commerciales, c'est la *solidarité*.

En matière de société civile, ce droit commun est moins rigoureux, et la responsabilité est limitée, pour chaque associé, *à sa part virile*.

En matière commerciale, avec quelque sévérité que les principes, en ce qui concerne les débiteurs, doivent être maintenus, la loi, cependant, sous certaines conditions, permet aux associés de limiter leur responsabilité. Dans la société en commandite, on ne trouve que la responsabilité du gérant qui soit indéfinie ; celle des commanditaires est restreinte à leur mise ; dans la société anonyme, il n'y a d'engagé que le capital social lui-même.

Comment admettre qu'en matière civile où, en toute circonstance, la loi est plus bienveillante pour les débiteurs ; où dans la matière particulièrement qui nous occupe, au lieu de proclamer la solidarité, la loi a voulu que chaque associé ne fût tenu de plein droit que pour sa part virile, comment admettre qu'on ne pourra, en remplissant toutes et les mêmes conditions que les commerçants, obtenir tous et les mêmes avantages ? Où seraient la logique et la raison de décider ainsi ? Qu'est-ce qu'une société en commandite ou anonyme, où tous les associés sont indéfiniment engagés ? La forme ici emporte des effets nécessaires (2). Il n'est pas admissible que le Conseil d'État l'ait autrement entendu, et il nous est permis de dire qu'il s'est donc, depuis longtemps, prononcé en faveur de l'opinion que nous soutenons.

---

(1) **V. M.** Mathieu à la séance du 7 juin 1867, qui paraît contraire, *Moniteur* p. 705.

(2) Vavasseur, *Des sociétés par actions*, n. 19.

M. Delangle a combattu cet avis ; mais c'est parce qu'il refuse aux sociétés civiles le pouvoir d'emprunter l'une des formes des sociétés commerciales (1) ; l'opinion ainsi formulée est logique ; mais les raisons alléguées pour la soutenir ne peuvent nous convaincre ; elles s'appuient sur les termes de l'art. 1862, C. civ., auquel il ne serait point permis de déroger. C'est là, pour nous, une pétition de principes. Cet article, dans sa forme, est bienveillant pour les associés, qu'il veut exempter seulement de l'application du principe rigoureux de la solidarité : ils pourront, néanmoins, s'y soumettre, s'ils le jugent à propos, de même que l'art. 1863 leur permet de restreindre leur engagement, sous la seule condition d'en avertir le créancier, au moment où ils contractent.

L'art. 1862 n'a donc rien d'absolu. Les tiers sont à l'abri de toute surprise et aussi complétement avertis qu'il soit possible de l'être, par la dénomination même de la société et par la publicité que l'acte a reçu et à laquelle, bien entendu, il reste soumis, comme s'il s'agissait d'une société commerciale, puisqu'il en a revêtu la forme. Ces précautions nous semblent suffisantes (2). Sous ces conditions, nous ne pouvons croire qu'il y ait violation de la loi civile, dont les prescriptions ne sont pas exclusives, parce que les débiteurs non-seulement ne seront pas tenus chacun pour une somme et part égales, mais parce que le créancier pourra se trouver même sans action pour réclamer l'intégralité de ce qui lui est dû. Il est de droit commun, mais en matière civile surtout, que le débiteur est libre de déterminer et de limiter

---

(1) Delangle, n. 28 et s. et 124. *Sic*, Vincens, t. 1ᵉʳ, p. 349 et s.; Bédarride, n. 97 et 123.

(2) *Contrà*. Duvergier, n. 483.

l'étendue de l'obligation à laquelle il se soumet; et il n'y a rien, dans une semblable convention, qui puisse blesser l'ordre public, quand elle est expressément autorisée même en matière commerciale.

Sous ces réserves, il ne peut être douteux, nous ne saurions trop le répéter, que la nature de la société civile conserve son empire et produit ses conséquences naturelles; ainsi, c'est la juridiction civile qui reste compétente, et à bon droit.

M. le premier président Devienne insistait sur ce point, à propos des sociétés de mines. « Au point de vue de la juridiction, disait-il, la mise en activité d'une concession minière fait naître des contestations tout à fait semblables à celles qui divisent trop souvent les propriétaires de la surface du sol. Ces débats entraînent des vérifications de la même nature, et dont l'appréciation est très-utilement déférée aux mêmes juges » (1).

La société, puisqu'elle est civile, ne pourra être déclarée en faillite; la prescription de cinq ans, établie par l'art. 64, C. comm., ne sera pas applicable; et si la contrainte par corps existait, les associés n'y seraient pas soumis. Ceux qui traitent avec elle apprécieront si les garanties qui leur sont offertes doivent les rassurer.

512. Il nous reste encore une dernière hypothèse extra-légale, si nous pouvons nous exprimer ainsi, à examiner.

En fait, il est arrivé que certaines sociétés civiles, non-seulement se sont formées en commandite et en commandite par actions; mais ne se sont pas soumises aux règles qui sont imposées par les textes les plus positifs, aux sociétés de cette nature. Ce fait a été signalé

---

(1) Séance du Sénat du 7 mai 1867, *Moniteur*, p. 548.

par une pétition adressée au Sénat; et M. le premier
président Devienne disait avec raison que, quelle que fût
la bonne foi évidente des contractants, il existait là un
fait anormal : « On comprend difficilement, ajoutait
M. Devienne, que les précautions que la loi a crues nécessaires pour garantir les intérêts du public et des actionnaires dans les sociétés en commandite par actions,
cessent d'être exigées parce que ces sociétés exploitent
une mine. L'objet de l'exploitation ne modifie en rien
la situation des intéressés au point de vue des désordres
et des fraudes, que les lois de 1856 et des années suivantes ont voulu prévenir.

« Il semblerait donc que les associations qui veulent
se procurer les avantages de la constitution en commandite par actions, doivent en accepter la réglementation
législative, de même que si elles s'organisaient en sociétés
à responsabilité limitée, elles en subiraient inévitablement les conditions légales. Mais cette conséquence, qui
paraît si logique et si naturelle, aurait été mise de côté
dans l'exécution. Par les entraînements de l'habitude,
par une interprétation possible de la loi, par suite d'un
doute, au moins, qui peut s'appuyer sur la discussion
législative, qui a précédé les lois de 1856 et des années
suivantes, il existe une série de faits, qui se sont établis
et qui vivent sans préoccupation des dispositions de
ces lois.

« C'est là une situation qui crée d'incontestables périls ; qui peut donner lieu, dans un moment de crise
commerciale, par exemple, à des contestations sérieuses.
Tant qu'une industrie prospère, toute organisation est
bonne pour elle, les bénéfices couvrent tout, et personne
ne critique la validité d'opérations qui apportent des dividendes. Viennent les mauvais jours, toutes les disposi-

tions changent, les griefs surgissent de toute part, les irrégularités grossissent et les procès viennent ruiner ce que les événements ont ébranlé » (1).

Ce fait a également occupé la Chambre des députés et avait été mentionné dans un des rapports supplémentaires sur la loi des sociétés, par M. Mathieu : « Des so-« ciétés civiles par leur objet, disait-il, se sont donné « des statuts bigarrés où l'élément civil et commercial « est combiné dans une très-large mesure avec des « clauses qui ne relèvent d'aucune loi et appartiennent « sans réserve à *la liberté des conventions*. »

A la séance du 7 juin 1867, la discussion s'est élevée sur un discours assez vif de M. Javal, et à propos d'un amendement présenté par un certain nombre de dépu-iés (2). Tous demandaient que les difficultés juridiques que cet état de choses pouvait soulever fussent tranchées par le pouvoir législatif.

Mais (et nous devons fortement insister sur ce point), à la question que nous examinons en ce moment, se sont toujours trouvées mêlées dans les discussions que nous venons de rappeler, d'autres questions ayant avec celle-ci certaine analogie, et que nous avons posées et examinées dans les numéros précédents (V. *suprà*, n°˙ 508 à 511); et il est résulté peut-être, de cet amalgame, une hésitation qui, selon nous, ne devrait pas exister (3).

Nous ne reviendrons pas sur les solutions que nous avons proposées tout à l'heure et que nous maintenons. Sous cette réserve, nous affirmerons également sans hésiter, que les sociétés fondées dans des conditions qu'aucune loi n'a autorisées sont nécessairement illégales.

---

(1) Séance dn 7 mai 1867, *Moniteur*, p. 548.
(2) *Moniteur* du 18 juin 1867, p. 704 et s.
(3) Vavasseur, *Des sociétés par actions*, n. 18.

Ainsi que l'a dit M. Mathieu, elles appartiennent au système *de la liberté des conventions,* que la loi française repousse, et que l'on a refusé d'introduire dans notre droit, malgré l'insistance très-vive qui a été manifestée à cet égard dans la discussion de la loi du 24 juill. 1867. Cette circonstance, que la société illégalement formée est *civile,* ne peut en rien modifier une semblable solution.

Du moment qu'il ne faut tenir aucun compte, en ce qui concerne les tiers, des clauses extra–légales auxquelles il a plu aux associés de se soumettre, le droit commun reprend son empire ; et, à moins de circonstances toutes particulières que nous ne pouvons prévoir et que les tribunaux auraient à apprécier, il en résultera, si la société est *commerciale,* que les associés seront solidaires ; si la société est *civile,* que chacun sera tenu pour sa part virile.

Antérieurement à la loi du 24 juillet 1867, la question ne pouvait pas s'élever si la société civile avait emprunté la forme de la société à responsabilité limitée, puisque le législateur avait dit, en ce qui la concerne, qu'elle ne pouvait s'appliquer qu'aux sociétés commerciales.

Parmi les sociétés extra-légales, il faut compter aussi les sociétés si paisibles et si utiles dites *fromagères,* et qui se livrent dans les montagnes du Jura à la fabrication du *Gruyère* : la Cour de Besançon a eu souvent à s'en occuper et a dû quelquefois faire fléchir en leur faveur la rigueur du droit (1).

513. Nous revenons maintenant au texte même de l'article 19.

L'ordonnance de 1673 ne s'occupe que de la société

---

(1) V. Besançon, 28 nov. 1842 ; 23 avril 1845 ; 24 déc. 1862 ; 12 mars 1866 (D.P.47.2.16 et 15 ; 63.2.4 ; 67.2.33).

en nom collectif, qu'elle appelle société *générale*, et de la société en commandite (tit. 4, art. 1ᵉʳ); mais tous les auteurs parlent de l'association en participation, qu'ils désignent sous le nom de *société anonyme;* en outre, divers édits et déclarations, qu'on peut voir dans Bornier, à la suite du titre *des sociétés,* prouvent que la combinaison qui, de nos jours, a été fréquemment usitée sous le nom de société anonyme, était parfaitement connue sous l'ancien droit; mais chacune des compagnies fondées d'après cet ingénieux système tenait son existence et son organisation d'un acte spécial de l'autorité souveraine. En lisant avec peu d'attention les anciens auteurs, et sous la préoccupation trop exclusive de la nomenclature de l'art. 19, C. comm., on pourrait être entraîné à une certaine confusion qui, dans la réalité des choses, n'a jamais existé.

Sous l'ancienne jurisprudence, comme de nos jours, et soumises aux mêmes principes et aux mêmes règles, existaient donc :

1° La société en nom collectif, désignée sous le nom de société *générale ;*

2° La société en commandite, qui portait la même qualification que celle qui est usitée aujourd'hui ;

3° La société anonyme, qu'on ne voyait qu'à l'état d'exception et lorsque des actes de l'autorité souveraine l'avaient créée, par exemple, sous le nom de *Compagnie des Indes Orientales ; Compagnie des Indes Occidentales ;* ou autres, mais qu'aucune qualification générale ne réunissait pour en faire une espèce particulière de société ;

4° Enfin, l'association en participation, dont l'art. 19, C. comm., ne parle pas, mais qui est nommée dans les art. 47 et s. ; et que la doctrine, sous l'ancienne jurisprudence, appelait société *anonyme.*

En tenant compte de ces observations, toute confusion devient impossible, et l'on retrouve aisément les diverses sociétés mentionnées dans l'art. 19, ainsi que les *associations en participation* nommées dans les art. 47 et s., et dont nous parlerons sous ces articles.

La société en commandite se subdivisait aussi, dès cette époque, en sociétés en commandite *ordinaires* et en sociétés en commandite par *actions*.

La classification des sociétés commerciales, définitivement adoptée par l'art. 19, a été attaquée au Conseil d'État ; Merlin ne voulait reconnaître que la société collective et la société anonyme ; son opinion a été réfutée par Regnaud de Saint-Jean-d'Angély (1) ; et les articles qui suivent font connaître avec détails les différences marquées qui existent, en effet, entre les diverses associations énumérées par cet article. La proposition de M. Louis, qui, en maintenant la division tripartite, voulait changer des dénominations connues et acceptées de tous, a été également repoussée (2). Quant aux associations en participation, elles diffèrent trop, ainsi que nous le verrons plus tard, des véritables sociétés pour avoir pu trouver place dans l'énumération de l'art 19 (3).

514. Nous devons, avant de terminer, parler de certaines réunions qui pourraient être confondues avec des sociétés.

Les chambres d'assurances composées d'une certaine quantité d'assureurs particuliers et prenant généralement une dénomination qui sert à les faire connaître, tels que *le cercle de l'Union commerciale*, *le cercle Breton*, s'intitulant même *Compagnie d'assurances*, quoique n'ayant qu'un

---

(1) Procès-verbaux, 13 janv. 1807 ; Locré, t. 17, p. 184.
(2) Procès-verbaux, 13 janv. 1807 ; Locré, t. 17, p. 186.
(3) Procès-verbaux, 14 fév. 1807 ; Locré, t. 17, p. 258.

mandataire unique qui les représente et traite en leur
nom, ne forment cependant ni une société en nom collectif, ni une société en commandite, ni une société anonyme, ni même une association en participation : en
effet, disait devant la Cour de cassation M. Roulland,
alors avocat général : « Est-ce que chaque assureur n'o-
père pas divisément pour lui seul en son nom indiqué ?
Dans la participation, il y a quelqu'un chargé vis-à-vis
du public de toute l'opération et de toutes ses conséquences ; les participants ne sont point en rapport avec
les tiers. Ici, au contraire, ils figurent dans la police,
non comme participants, mais comme contractants directs et chacun pour soi. » Cette réunion ne peut constituer un être moral représentant une individualité unique
et indivisible. « D'où faire découler, ajoutait M. Roulland, l'existence d'un être moral, d'une personne civile,
là où nous rencontrons une simple réunion d'individus
représentés par le même mandataire et engagés dans le
même contrat collectivement, si vous voulez, mais pour
des parts distinctes, déterminées à raison d'un objet essentiellement divisible, dette ou créance, d'une somme
d'argent ? » La Cour de cassation, conformément aux
conclusions développées devant elle, a décidé avec raison
qu'une chambre d'assurances ne formait pas une société (1). Cette décision s'appliquerait évidemment à
toute autre opération que les assurances, et à toute autre
réunion que les cercles ou réunions d'assureurs. Il ne
suffit donc pas, pour former une société, que des individus se réunissent pour faire en commun une opération
ou une suite même d'opérations, si, du reste, ils n'ont
confondu ni leurs mises, ni les bénéfices, ni les pertes

---

(1) Cass., 3 mars 1852 (S.52.1.225).

qui peuvent être le résultat de leur spéculation. Ce sera
une réunion d'individus, et la dénomination sous laquelle ils jugeront à propos de se désigner, l'autorisation
même qu'ils obtiendraient du Gouvernement pour éviter
l'application de l'art. 291, C. pén., n'en feront qu'une
réunion autorisée, sans que l'on puisse y reconnaître aucune des sociétés prévues et réglées par le Code de commerce.

Toutefois, la Cour de cassation a jugé, également avec
raison, que si un cercle n'a pas les caractères d'une société et ne constitue qu'une réunion d'individus se coti-
sant pour des dépenses communes, il ne peut résulter de
cet état de choses, pour les membres de cette réunion,
aucune interdiction de donner mandat à quelques-uns
d'entre eux d'agir au nom de tous, soit à l'amiable, soit
en justice (1).

Toute réunion d'individus ne forme donc pas une société, même civile.

ARTICLE 20.

La société en nom collectif est celle que contractent deux personnes ou un plus grand nombre, et
qui a pour but de faire le commerce sous une raison sociale.

SOMMAIRE.

(1) Cass., 25 juin 1866, *Bull.* n. 127.

515. La société en nom collectif était mentionnée dans l'ordonnance de 1673, sous la désignation de *Société générale*; ainsi que nous l'avons dit sous l'article précédent, elle forme le type de toutes les autres sociétés commerciales, qui n'en sont que des modifications plus ou moins profondes.

Elle doit être représentée par une raison sociale, appelée quelquefois aussi *raison de commerce* : cette expression, depuis longtemps usitée et parfaitement claire pour les commerçants, s'applique à la désignation particulière sous laquelle seront compris tous les individus associés ensemble. Si Pierre, Paul et Jean contractent une société en nom collectif, ils peuvent convenir que la raison sociale portera le nom de chacun d'eux, ou seulement Pierre, Paul et compagnie, ou même Pierre et compagnie : il n'est donc pas nécessaire que la raison sociale contienne les noms de tous les associés; et tous n'en sont pas moins obligés par la signature sociale, si elle est donnée par une personne à laquelle l'acte de société a laissé le droit de l'employer.

On ne peut fixer avec précision à quel moment s'introduisit l'usage, si universellement adopté et si bien compris aujourd'hui, de la raison sociale. Il y a discussion assez vive à cet égard, surtout en ce qui concerne la formule très-usitée, qui ne désigne nominativement que l'un ou plusieurs des associés en nom collectif, et comprend tous les autres sous l'expression : *et compagnie.* L'esprit se laisse aisément aller à croire que, sous cette désignation fort incomplète, ne pouvaient être cachés dans l'origine que des commanditaires; cette opinion a cependant été combattue, et l'on a soutenu, sans doute même avec raison, que l'indication restreinte au nom d'un seul des associés, avait pour but d'annoncer que la personne nommée agissait pour les autres associés et les obligeait solidairement et non qu'elle était elle-même tenue à un autre titre qu'eux (1).

Quoi qu'il en soit, depuis longtemps au moins, les règles sont bien fixées et la question n'a plus qu'un intérêt historique. De nos jours, c'est l'acte de société qu'il faut consulter et qui fixe les droits et les obligations de chacun; toutefois, il n'est pas douteux que les mots : *et compagnie* ajoutés à un nom unique peuvent désigner une société en nom collectif, composée de deux ou d'un plus grand nombre de personnes; on peut dire que, dans la pratique, les exemples sont rares où un associé en nom collectif ne soit pas désigné dans la raison sociale.

« La première sorte de société, disait déjà Jousse, appelée *société générale* ou *ordinaire,* est celle qui se contracte entre deux ou plusieurs et dans laquelle les associés confèrent également leur argent et leurs soins. Tous les actes de ces associés se passent sous les noms des associés qui l'ont contractée, soit que ces noms soient exprimés chacun en particulier, soit qu'ils soient exprimés collectivement; v. g. sous le nom d'un tel et compagnie » (2).

L'omission qui aurait été faite dans l'acte, de choisir et de déterminer une raison sociale, ou celle qui aurait été prise mal à propos, dans certain cas, ne modifierait en rien, ni la position des associés, ni celle des tiers qui auraient traité avec eux : le texte de l'art. 20 ne peut rendre cette doctrine un instant douteuse (3).

---

(1) V Frémery, p. 39 et s., et Troplong, *Sociétés,* n. 362 et s.
(2) Sur l'ord. de 1673, tit. 4, *Des sociétés, Sic,* Savary, 2ᵉ part., liv. 1ᵉʳ, ch. 1ᵉʳ; Bornier, nous ne savons pas pourquoi, en parlant de cette société, l'appelle *Compagnie libre* (sur l'art. 1ᵉʳ, tit. 4, ord. de 1673).
(3) L'art. 85, C. comm. allemand, a employé une rédaction bien plus affirmative que notre art. 20, sans que la règle, nous le croyons du moins, soit modifiée.

Ce sont les circonstances seules qu'il faudrait considérer (1).

On ne doit pas oublier, en effet, que les tiers peuvent prouver l'existence d'une société, qu'aucun contrat n'a précédée, quand ils y ont intérêt, et que les associés eux-mêmes voudraient dissimuler : nous aurons occasion de nous étendre longuement sur ce sujet, en donnant le commentaire des art. 55 et 56 de la loi de 1867 ; à plus forte raison, ne pourrait-on induire aucune nullité de la simple omission qui aurait été faite de choisir un nom social. C'est aux juges qu'il appartient d'apprécier par les documents et les faits, en dehors de l'acte social lui-même, quand la société existe, quel en est le caractère, et à décider si les engagements, dont on demande l'exécution, ont été pris pour son compte.

Il ne faudrait pas donc entendre, dans un sens trop absolu, les paroles de M. Troplong, lorsqu'il dit que, sans la raison sociale, la société cesserait d'être une société collective : il est certain, nous le répétons, qu'une omission sur ce point ne pourrait modifier en rien la nature réelle de l'association, les obligations des associés ni les droits des tiers (2).

516. Quelquefois, les commerçants donnent à l'établissement qu'ils dirigent un nom qui le fera plus facilement reconnaître, qu'il soit pris du lieu où ils l'exploitent, ou de toute autre circonstance : *filature de Saint-Denis*, par exemple *café de la Régence ;* une pareille désignation s'applique à la chose même exploitée et non à celui qui l'exploite, et ne peut, en aucun cas, pas plus qu'une enseigne à laquelle, à bien des égards, elle doit

---

(1) Cass., 10 août 1859 (S.60.1.29); et 18 nov. 1864 (D.P.66.1.453).
(2) Troplong, n. 376. *Sic*, Bédarride, n. 127. V. en sens contraire, Dalloz, *Rép.*, v° *Société*, n. 305.

être assimilée, remplacer la raison sociale dans une société en nom collectif ou en commandite ; des principes
particuliers règlent les sociétés anonymes. Sans avoir
égard à cette désignation, qu'aurait choisie la société,
toutes assignations, significations ou actes semblables
doivent lui être donnés ou être faits par elle, sous le nom
social qu'elle a adopté.

En cédant un fonds de commerce et la suite de ses affaires, un commerçant ne peut vendre à son successeur
la raison sociale sous laquelle il était connu ; l'art. 21,
ci-après, s'y oppose, et nous dirons, en en faisant le
commentaire, à quels dangers peut exposer la violation
de ce texte ; mais il n'en est pas de même de la dénomination qui avait été donnée à son établissement ; elle
peut être vendue, et souvent même elle est de plein droit
cédée comme accessoire nécessaire (1). La Cour de Rouen
a décidé que le titre d'un établissement commercial appelé : *la Grande Carue*, faisait partie de l'actif appartenant à la société qui l'exploitait, devait être licité comme
les autres objets qui en dépendent, et qu'il n'était pas
permis à une partie des sociétaires réunis pour former
une société nouvelle, de se l'approprier au préjudice de
ceux qui restaient étrangers à cette association (2).

517. Tout ce qui touche aux usurpations de noms,
de raisons sociales, ou de marques de fabrique ; aux faits
de concurrence déloyale accomplis par des dénominations
ou tous autres signes distinctifs usités en matière commerciale pris sans droit, soit qu'ils constituent un délit,
ou ne donnent lieu qu'à une action civile en dommages-
intérêts, trouvera sa place sous l'art. 631, C. comm.
Nous ne nous étendrons pas davantage ici sur ce sujet.

---

(1) Pardessus, n. 978.
(2) Rouen, 15 mars 1827.

ARTICLE 21.

Les noms des associés peuvent seuls faire partie de la raison sociale.

518. La règle posée par l'art. 21 ne peut recevoir aucune exception ; sanction qu'elle trouve dans l'application du droit commun.

519. Examen des difficultés que ferait naître l'insertion dans une raison sociale, du nom d'une personne n'en ayant jamais fait partie, ou ayant cessé d'en faire partie ; diverses distinctions.

520. Responsabilité du mandataire qui signe de la signature sociale sans faire connaître sa qualité de mandataire.

518. La loi a voulu, par la disposition écrite dans l'art. 21, éviter toute surprise et empêcher que la confiance ne s'attache à une société à cause du nom d'une personne en possession de l'estime publique, et qui n'en ferait réellement pas ou aurait cessé d'en faire partie : « On s'étonne, dit M. Troplong, qu'un usage contraire ait jadis régné en France et qu'il se perpétue en Angleterre » (1). Le Code hollandais le consacre expressément : « La raison sociale d'une société dissoute, dit-il, pourra, soit en vertu de la convention, soit du consentement formel de l'ex-associé, dont le nom paraissait dans la raison sociale, ou, en cas de mort, si les héritiers du défunt ne s'y opposent pas, être continuée par une ou plusieurs personnes (2). » La loi exige seulement qu'une grande publicité soit donnée à l'acte qui établit cette non-vérité ; mais la disposition ne semble pas moins exorbitante et ne peut s'expliquer que par d'anciens usages connus de tous, et qui mettent en garde contre les surprises, en provoquant les vérifications.

---

(1) *Sociétés*, n. 372.
(2) Code hollandais, art. 30.

Par suite des principes admis dans la loi française, si
un associé meurt, son nom doit être rayé de la raison
sociale par ses coassociés, qui continuent les affaires :
« Il ne faut pas, dit Dageville, que le public soit trompé
par la réputation et le crédit attachés à un nom que celui
qui le portait a quitté avec la vie (1) ; » toutefois, la loi
n'a établi aucune sanction, et on ne peut se dissimuler
qu'il était difficile de le faire : mais les associés survivants s'exposeraient, dans certains cas, à être poursuivis
pour escroquerie (C. pén., art. 405), et, en cas de fraude
établie, à être condamnés ; les héritiers pourraient également être atteints dans leur fortune, parce que la société serait considérée comme continuant de subsister à
l'égard des tiers (2).

Il est certain, dans tous les cas, qu'il y a contravention
à la loi, si le nom d'un associé décédé est pris pour raison sociale par les personnes qui lui succèdent dans la
direction de l'établissement, à la tête duquel il se trouvait ; l'art. 21 ne permet même pas à la veuve d'un négociant, mariée en deuxièmes noces, de conserver le
nom de son premier mari comme raison sociale (3).
Aucun dissentiment n'existe, au reste, à cet égard entre
les auteurs. Le fils unique, seul héritier de son père
sous la raison sociale : Jacques père et fils, commet-
trait une irrégularité beaucoup plus excusable en conservant après la mort de son père l'ancienne raison
sociale.

519. Soit que la raison sociale contienne le nom
d'une personne qui n'aurait jamais fait partie de la so-

<hr/>

(1) Dageville, sur l'art. 20.
(2) Cass., 26 juill. 1843 (J.P.44.1.85). V. cependant Cass., 7 juill. 1852 (D.P. 52.1.204).
(3) Cass., 28 mars 1838 (J.P.38.1.401).

ciété, ou qui aurait cessé d'en faire partie, la position est la même. Dans ce cas, les associés seraient-ils engagés par cette signature irrégulière, et quel résultat amènerait cette irrégularité pour la personne dont le nom figurerait ainsi dans la raison sociale d'une société dont elle ne fait point partie?

Si la raison sociale irrégulière avait été adoptée par les associés dans l'acte de société, ou si même elle a été employée de leur consentement, aucun doute n'existe qu'ils ne peuvent se prévaloir de cette infraction à la loi : ils sont tenus tous et solidairement : l'irrégularité à leur égard et contre eux est comme non avenue.

Si la raison sociale irrégulière a été employée dans d'autres circonstances, les associés qui n'ont ni approuvé ni connu cette fraude ne peuvent être obligés par l'emploi d'une raison sociale qui n'est point celle de la société, et la responsabilité du signataire et des complices de sa faute est seule engagée. A leur égard, il existe non-seulement la responsabilité civile, à laquelle ils ne sauraient, en aucune manière, se soustraire, mais la menace d'une poursuite en escroquerie, si l'usage de ce faux nom a pu être considéré comme manœuvre frauduleuse, pour persuader l'existence d'un crédit imaginaire (1).

Quant à la personne dont le nom a été pris mal à propos, une distinction, en ce qui la concerne, est également indispensable. Si cette personne est restée complétement étrangère aux opérations accomplies; si son nom a été pris à son insu et que ce fait soit resté ignoré d'elle, nulle hésitation n'existera pour décider qu'elle est à l'abri de toute responsabilité; tous les auteurs sont

---

(1) Massé, n. 1949; Bédarride, n. 135.

d'accord. Si elle a donné son consentement à cette irrégularité, au contraire, ou si, connaissant cet abus, elle
n'a point réclamé et a autorisé, si ce n'est formellement,
au moins par son silence, cette infraction à la loi, nous
ne pensons pas qu'il puisse en résulter pour elle la qualité d'associé, quand elle est restée étrangère aux opérations commerciales ; mais elle n'en serait pas moins exposée à se voir condamner solidairement pour toutes les
dettes de la société, en vertu de l'art. 1382, C. civ., qui
décide que tout fait quelconque qui cause à autrui un
dommage, oblige celui par la faute duquel il est arrivé
à le réparer. Elle invoquerait même vainement les clauses
de l'acte dans lequel elle aurait accordé cette autorisation, sous la réserve de n'être pas tenue des dettes, et
nous ne pensons pas que, quelle que fût la publicité
donnée à cette réserve, elle évitât les condamnations
au profit des tiers (1); il faudrait prouver contre eux,
tout au moins, qu'ils n'ont pas, en fait, été induits en
erreur.

« L'appréciation des manœuvres qui pourraient être
pratiquées à l'aide de l'infraction de l'art. 21, pour
tromper le public ou surprendre sa confiance, porte un
jugement du tribunal de commerce de Marseille, confirmé par la Cour d'Aix, est laissée à l'arbitrage des
juges ; si, dans le cas où la fraude leur est prouvée, ils
doivent se montrer sévères envers les auteurs et complices, il ne saurait en être de même lorsqu'il est évident
qu'il n'y a eu ni dol ni fraude (2). »

Cet arrêt, qui rappelle le droit incontestable laissé aux
tribunaux d'apprécier quand il y a dol ou fraude, ne

---

(1) Pardessus, n. 978. Sic, Troplong, *Sociétés*, n. 373 ; Horson, t. 1ᵉʳ, p. 22 ;
Massé, n. 1950; Bédarride, n. 136.
(2) Aix, 16 janv. 1840 (J.P.40.1.463).

peut être accepté que sous la réserve des principes que
nous avons posés, et, il faut le dire, l'examen des circonstances dans lesquelles il a été rendu doit porter à
croire qu'il a été trop indulgent. Il peut y avoir lieu, en
effet, à responsabilité en vertu de l'art. 1382, C. civ.,
sans qu'il y ait dol ou fraude ; les juges apprécieront donc
si le tiers a ignoré l'abus, ou si l'usurpation, au contraire, a été consentie ou même tolérée ; et, dans ce dernier cas, la responsabilité est nécessairement encourue.
Sans doute, l'art. 21 ne porte pas de sanction, mais il est
aussi affirmatif qu'il soit possible de le rédiger ; à défaut
de sanction spéciale, il reste celle du droit commun.
On peut en dire autant de l'art. 25 ci-après, qui ne peut
être une lettre morte. Ce n'est que lorsque le doute a
été possible que la loi a cru nécessaire de se montrer
plus explicite : ainsi, dans les art. 27 et 28 ci-après.
L'appréciation des juges du fonds, toutefois, en pareille
circonstance, ne serait pas de nature à être censurée par
la Cour de cassation (1).

520. Ce n'est pas comme associé, mais également
comme responsable de son imprudence et d'un fait qui
a causé à autrui un dommage, que le simple mandataire,
gérant d'une société, qui signe de la signature sociale,
sans avertir les tiers que c'est *par procuration*, peut être
condamné à payer le montant des obligations qu'il a
ainsi souscrites, si les tiers ont pu légitimement le regarder comme associé. Il ne doit pas être réputé avoir,
en effet, la qualité d'associé ; il ne peut être mis en faillite et profiter du concordat accordé à la maison de commerce dont il a pris le nom ; mais il est tenu, à raison
de son imprudence, d'une indemnité égale à ce qu'il de-

---

(1) Cass., 10 mai 1845 ; Dalloz, *Rép.*, v° *Société*, n. 807.

vrait comme obligé personnel (1). Il faudrait donc décider que les personnes seules porteurs des engagements souscrits par lui ont une action, et non tous les créanciers de la société, et que ces créanciers viendraient évidemment en concurrence avec ces porteurs, puisqu'il sont les uns et les autres simples créanciers personnels.

ARTICLE 22.

Les associés en nom collectif indiqués dans l'acte de société sont solidaires pour tous les engagements de la société, encore qu'un seul des associés ait signé, pourvu que ce soit sous la raison sociale.

SOMMAIRE.

521. Étendue de la solidarité prononcée par l'art. 22 envers les tiers; règles particulières en ce qui concerne les rapports d'associé à associé; la société n'est pas tenue des dettes personnelles de chaque associé.
522. Cette solidarité est d'une espèce particulière et qu'il est nécessaire de bien définir; héritiers; solidarité active.
523. Les engagements contractés sous la raison sociale obligent-ils, dans tous les cas, la société; obligation contractée par un associé dans son intérêt personnel; distinction à faire.
524. Les clauses de l'acte de société rendues publiques ne suffisent pas, à l'égard des tiers, pour modifier l'application des principes en semblable matière, si ce n'est dans le cas où l'associé n'a pas la signature sociale.
525. Obligation consentie en commun et conjointement par deux personnes.
526. Obligation contractée par l'associé en son propre et privé nom.
527. Ancienneté des doctrines qui viennent d'être exposées; elles n'ont plus d'application, si l'acte de société a enlevé à un associé la signature sociale.
528. On peut également stipuler que la société n'est engagée que par la signature de deux ou de plusieurs des associés.
529. Toutes ces clauses, et d'autres encore que fournit la pratique, sont licites, mais présentent des inconvénients, et les associés peuvent y déroger, même tacitement, et être présumés l'avoir fait.

---

(1) Paris, 3 mars 1831 (S.34.2.93).

530. La nomination d'administrateurs ou gérants contient implicitement, de la part des autres associés, la renonciation au droit d'agir pour la société ; mais tous les associés peuvent-ils renoncer et confier la gérance à un étranger ?

531. Principes généraux sur l'administration des sociétés ; renvoi.

521. « Dans les sociétés autres que celles de commerce, dit l'art. 1862, C. civ., les associés ne sont pas tenus solidairement des dettes sociales ; et l'un des associés ne peut obliger les autres si ceux-ci ne lui en ont conféré le pouvoir. » Il y a donc sur ce point opposition complète entre le droit civil et le droit commercial, et elle est consacrée par le Code civil et par notre art. 22.

La loi dit expressément, toutefois, que cette solidarité n'existe qu'entre les associés indiqués dans l'acte social, et sous la condition expresse que la signature donnée par un seul des associés a été donnée sous la raison sociale ; mais contre ces personnes et sous cette condition, la solidarité existe non-seulement pour toutes les dettes, ainsi que le portait l'ord. de 1673 (tit. 4, art. 7) et le projet primitif du Code, mais pour tous les engagements ; c'est sur l'observation du Tribunat que cette substitution a été opérée comme exprimant une idée plus générale (1). Il faut ajouter que la solidarité frapperait les associés même *non indiqués dans l'acte social* : ces mots de l'art. 22 se rapportent au cas le plus fréquent et à l'état de choses le plus régulier ; mais la qualité d'associé en nom collectif peut résulter des circonstances, ainsi que nous le dirons sous l'art. 42 ci-après.

La solidarité s'étend donc à toute espèce d'engagement, telle que promesse de vendre ou d'acheter ; à toute obligation quelle qu'en soit la nature ou l'étendue.

---

(1) Locré, t. 17, p. 305 et 306.

Les associés en nom collectif ne pourraient s'affranchir de cette charge, au moyen d'aucune stipulation, d'aucun acte, quels qu'en fussent les termes et quelque publicité qu'ils lui eussent d'ailleurs donnée ; au moyen d'aucun fait, même par l'abandon de leur part dans la société : le principe est absolu. Il ne pourrait résulter d'une stipulation formelle qu'une action ou une exception au profit du stipulant contre les autres associés. Il y a, sur ce point, unanimité entre tous les auteurs, dont il devient superflu de citer les noms ; et cette règle est de droit commun partout : « Les associés, dit le dernier Code de « commerce qui ait été rédigé, sont tenus solidairement « et sur tous leurs biens de toutes les obligations con- « tractées par la société. Toute stipulation contraire « reste sans effet légal vis-à-vis des tiers (1). »

Il n'est point douteux cependant que le créancier peut renoncer au bénéfice que lui assure la loi (2).

La solidarité active et passive des associés en nom collectif n'a lieu qu'à l'égard des tiers et non d'associé à associé pour les engagements respectifs des uns envers les autres ; et dans le cas, par exemple, où l'un d'eux, ayant payé une dette sociale, exerce son recours. En effet, a dit la Cour de Paris : « L'obligation contractée par une société commerciale, solidaire entre ses membres à l'égard des tiers, se divise de plein droit entre les associés codébiteurs qui n'en sont tenus entre eux, aux termes des art. 1213 et 1214, C. civ., que chacun pour sa part et portion, de sorte que celui qui a payé la dette commune en entier ne peut répéter contre les autres per-

---

(1) Code allemand, art. 112.
(2) C'est dans ce sens que doit être entendu Bordeaux, 31 août 1831. V. De-langle, n. 229.

sonnellement que la part et portion de chacun d'eux (1). »
Il faudrait une stipulation très-expresse pour lui créer
des droits plus étendus; ou qu'il eût traité avec elle,
comme un tiers aurait pu le faire, puisque sa personne
reste distincte de l'être moral représenté par la société,
et qu'il agirait, dans ce cas, non contre chacun des associés, mais contre la société (2). S'il y avait doute, ce
doute serait interprété contre l'associé, et l'action solidaire devrait lui être refusée (3).

Mais si l'associé, créancier de la société pour avances
faites dans l'intérêt commun, n'a pas d'action solidaire
contre les coassociés pour le remboursement de sa créance,
ceux-ci sont tenus de contribuer, proportionnellement à
leur part dans la société, à la perte résultant de l'insolvabilité d'un ou de plusieurs d'entre eux (4).

Si les associés sont solidaires des dettes contractées
par la société, la société ni les associés ne sont tenus des
dettes personnelles de chaque associé. La Cour de cassation a jugé, avec raison, que cette solidarité inhérente
aux sociétés en nom collectif ne s'opposait pas à ce que
chacun des associés pût conserver un patrimoine particulier et personnel, distinct et séparé du fonds appartenant
à l'être moral représenté par la société; si la société est
dissoute à cause de la faillite déclarée seulement sur le
patrimoine particulier et personnel de l'un des associés,
les autres peuvent retirer leurs mises respectives dans le
fonds social, lesquelles, n'étant jamais devenues le gage
des créanciers particuliers et personnels de l'associé

---

(1) Paris, 28 fév. 1850 (S.50.2.649).
(2) Cass., 15 nov. 1834 ; Dalloz, *Rép.*, v° *Société*, n. 950 ; *Id.*, 28 fév. 1859
(D.P.59.1.232) ; Molinier, n. 349 et 359 ; Delangle, n. 264 et 265 ; Bédarride,
n. 166 et 167.
(3) Paris, 28 fév. 1850 (D.P.51.2.29).
(4) Cass., 16 fév. 1874 (D.P.74.1.194).

failli, n'ont jamais été soumises au paiement de ses dettes (1).

522. Cette solidarité sociale est cependant d'une espèce particulière et qu'il est nécessaire de bien définir : « Un créancier ne peut à son gré, dit Pardessus, sans avoir dirigé aucune action contre la société, poursuivre un associé pour le paiement d'une dette ou pour l'exécution d'un engagement social, comme si cet associé l'eût contracté directement et pour son propre compte. La qualité des associés, dans ce cas, n'est pas précisément celle de simples codébiteurs ; elle tient beaucoup plus du cautionnement, et s'il n'est pas exact de dire que le créancier est tenu de discuter la société avant de poursuivre les associés isolément, au moins est-il sûr qu'il ne peut agir contre eux que lorsqu'il a fait juger la vérité et la quotité de la dette contre la société. Ainsi, la demande doit être intentée contre la société...; et ce n'est qu'après que la condamnation a été prononcée que le créancier peut, en vertu du jugement, agir contre chacun des membres de la société pour les contraindre, dans leurs personnes et leurs biens, à l'exécution des engagements (2). »

Ces principes sont admis sans contestation ; mais nous pensons qu'il faut aller un peu plus loin même que ne l'a fait Pardessus; le jugement prononcé contre la société suffira bien sans doute pour poursuivre les associés, mais seulement après qu'il aura été constaté par le résultat de l'action dirigée contre la société, que celle-ci est impuissante à remplir ses engagements ; les associés ne sont

(1) Cass., 13 mars 1823.
(2) Pardessus, n. 1026. *Sic*, Delangle, n. 263 ; Malpeyre et Jourdain, p. 431 ; Bédarride, n. 165 ; Cass., 10 avril 1877 (D.P.77.1.347).

tenus que subsidiairement, ainsi que l'enseignent MM. Delamarre et Lepoitvin.

« Nous disons *subsidiairement*, car le créancier ne pourrait contraindre les associés conjointement ou divisément, avant d'avoir épuisé les biens de la société, sa débitrice directe et principale. A la vérité, ils sont tenus chacun d'eux, et un seul pour tous, de ce que la société est dans l'impuissance de payer ; mais ce n'est pas comme codébiteurs solidaires de l'être de raison qui les représente ; ils en sont seulement tenus *in solidum* ; d'où la conséquence qu'on ne peut les contraindre par saisie de leurs personnes ou de leurs biens personnels qu'après épuisement de l'avoir social. Tel est le sens de notre art. 22, lorsqu'il dit que les associés en nom collectif sont solidaires pour tous les engagements de la société. Mais il n'en résulte pas la nécessité de plusieurs jugements. Celui prononcé contre la raison sociale englobe tous les associés et s'exécute contre eux, le cas échéant, sans qu'il soit besoin d'aucune autre condamnation (1). »

Ces règles sont applicables même aux liquidateurs après la dissolution, comme elles l'avaient été contre les gérants pendant l'existence de la société (2).

Cette solidarité ne passe pas sur la tête des héritiers de l'associé ; sans doute ils sont tenus de toutes ses dettes, mais dans les termes du droit, c'est-à-dire chacun pour sa part ; la règle serait la même, la succession consistât-elle tout entière en objets dépendant de la société.

La solidarité active qui permet à chacun des créanciers de demander le paiement du total de la créance, de manière que le paiement fait à l'un d'eux libère le débiteur

___

(1) *Contr. de comm.*, t. 2, n. 240, 2ᵉ édit., t. 3, n. 26 ; Dalloz, *Rép.*, v° *Société*, n. 940 ; Demangeat sur Bravard, t. 1ᵉʳ, p. 210, note 2. *Contrà*, Molinier, n. 354.
(2) Cass., 24 août 1868, *Bull.* n. 153.

(C. civ., art. 1197), existe également en faveur des associés en nom collectif.

523. Le texte de l'art. 22 est-il tellement absolu, cependant, que les engagements contractés sous la raison sociale obligent nécessairement la société dans les limites que nous venons de poser, même dans le cas où l'engagement aurait pour seule cause le paiement de dettes personnelles à l'associé souscripteur? La Cour de cassation avait décidé l'affirmative quand il n'y avait pas dol ou fraude (1); cette jurisprudence avait été très-vivement combattue (2). Mais la Cour de cassation elle-même paraît être revenue à des principes moins absolus, et elle a décidé que les engagements, même souscrits sous la raison sociale par l'un des associés, n'engageaient pas la société, lorsqu'il résultait, dit un des derniers arrêts rendus par elle, « de l'ensemble des faits constatés, que le demandeur avait une parfaite connaissance de la nature des valeurs qu'il recevait en échange de sa créance primitive. » L'arrêt ajoute « qu'en recevant ainsi ces valeurs au préjudice de la société, le demandeur agissait de mauvaise foi (3). » La Cour de cassation a donc eu soin, on le voit, d'appuyer cette décision sur la mauvaise foi du créancier; mais, ainsi que le fait remarquer M. Devilleneuve dans la note qui accompagne cet arrêt, cette mauvaise foi n'est pas le dol ou la fraude exigée par la

_____

(1) Cass., 11 mai 1836; 22 avril 1845; 7 mai 1851 (S.36.1.711; 45.1.344; 51.1.321).

(2) Malpeyre et Jourdain, p. 95; Massé, n. 957; Delangle, n. 247 et s.; Pardessus, n. 1023; Troplong, n. 805; Bédarride, n. 459 et s.; Dalloz, _Rép._, vº _Société_, n. 927. Sic, Casaregis, disc. 39, n. 12; Pothier, n. 101. V. Savary, par. 15, qui semble contraire.

(3) Cass., 24 janv. 1853 (S.53.1.241). Sic, Paris, 12 juill. 1849 et 14 août 1852; Lyon, 26 juin 1851 (D.P.49.2.199; 52.2.284; 53.2.84), et Cass., 25 fév. 1858. _Gaz. des Trib._, 26 fév. 1868. V. Cass., 21 fév. 1860 (S.60.1.445).

jurisprudence antérieure; elle peut être purement passive, et il suffit désormais, pour que le créancier soit réputé avoir agi de mauvaise foi, qu'il ait su que l'engagement était souscrit dans le but de l'avantager au préjudice de la société (1).

Il faut donc admettre que la Cour de cassation s'est ralliée à l'opinion unanime de tous les auteurs sur ce point. « Si les tiers, dit M. Delangle, ont pu croire que l'associé qui traitait au nom de la société agissait pour le compte et dans l'intérêt de la société, les engagements souscrits de la raison sociale sont obligatoires, quel qu'ait été le résultat de l'opération pour la société. Mais s'il résulte de la position respective des contractants, de la teneur du titre souscrit par l'associé, ou de la déclaration du tiers, que la dette pour laquelle un engagement a été souscrit de la raison sociale ne concernait pas la société, le tiers n'a rien à lui demander ; car il est complice de la fraude préparée contre elle par un mandataire infidèle » (2) ; mais il ne saurait être douteux, bien entendu, qu'avec le consentement de l'unanimité des associés, l'un d'eux pût disposer valablement de la signature sociale, dans son intérêt personnel ; c'est alors la société même qui agit dans la limite de ses pouvoirs (3).

524. On voit fréquemment dans les actes de société des clauses conçues dans ces termes, ou d'autres analogues : « Chaque associé aura la signature sociale, qui « ne pourra être employée qu'aux affaires de la société, « à peine de nullité, à l'égard des tiers, de toutes obli- « gations, billets ou engagements qui ne concerneraient

---

(1) Montpellier, 2 juin 1876 (S.76.320).
(2) *Sociétés omm.*, t. 1ᵉʳ, p. 255, n. 257. *Sic*, Bordeaux, 12 août 1868 (J.P. 69, p. 564).
(3) Paris, 11 déc. 1866 (D.P.67.2.165).

« pas la société. » Quelque publicité qui fût donnée à
de semblables stipulations, elles ne changeraient rien aux
règles que nous venons d'exposer, du moment que l'associé a la signature sociale : les tiers, en général, n'ont
aucun moyen de savoir si la signature sociale est employée, en effet, pour les affaires de la société, et ils
sont complétement protégés par le texte de l'art. 22. Il
est bon peut-être de prémunir les commerçants sur la
valeur de pareilles réserves, sur l'efficacité desquelles ils
auraient tort de compter.

525. Si une obligation avait été consentie en commun et conjointement par deux associés, il importerait
peu qu'elle eût été souscrite sous la raison sociale, puisque cette forme n'était nécessaire, pour obliger la société, qu'autant que l'engagement n'eût été signé que
par un seul des associés (1).

Il faudrait aller plus loin encore et dire dans ce cas
que la solidarité existerait, même s'il n'y avait pas raison sociale, et que l'acte eût omis de stipuler à cet égard.
« De ce que deux associés collectifs, dit M. Troplong,
ont négligé dans l'acte de société d'adopter une raison de
commerce, il ne faudra pas se hâter d'en conclure que
leur société n'est qu'une sorte de participation. Si Pierre
et Paul ont publié leur société ; s'ils ont révélé au grand
jour le lien qui les unissait ; si, en face du public, ils se
sont toujours comportés comme associés, ils sont vrais
associés collectifs ; car on aura été positivement informé
que Pierre agissait en *compagnie ;* que Paul, de son côté,
agissait en *compagnie ;* la raison sociale sortira de la publicité de la qualité d'associé, nécessairement inhérente

---

(1) Rennes, 29 anv. 1839 J.P.41.1.401).

à chaque acte fait par Pierre et Paul pour la chose commune (1) » (V. *suprà*, n° 515.)

Ainsi il est de règle constante, comme nous le verrons plus tard, que la solidarité ne résulte pas d'une simple participation ; mais cette règle reçoit exception lorsque l'obligation a été contractée conjointement et en commun par tous les participants, et non plus seulement par l'un d'eux agissant seul au profit et dans l'intérêt de l'association. La loi a placé, avec raison, la participation au titre consacré dans le Code de commerce aux sociétés ; il faut bien admettre, par suite, que l'obligation contractée en commun doit être de plein droit solidaire en vertu du principe particulier applicable aux sociétés commerciales (2).

526. Aucune difficulté ne peut exister si l'associé a contracté en son propre et privé nom ; la société ne peut être tenue, même dans le cas où la somme empruntée aurait été versée dans la caisse sociale. Le prêteur n'a pas d'autre débiteur que l'associé qui a contracté avec lui et qui a pu disposer à son gré de la somme empruntée, soit en faveur de la société dont il fait partie, soit en faveur de tout autre. Si la société a profité de la somme, ce n'est point pour elle cependant que l'emprunt a été fait, et elle n'avait pas à s'enquérir d'où provenaient les fonds qui ont été versés dans sa caisse. Les tiers ne peuvent donc exercer dans ce cas contre la société que les actions de leur propre débiteur ; cette opinion nous semble hors de toute controverse (3).

---

(1) *Société*, n. 376. *Sic*, Delangle, n. 258 et 259.

(2) Metz, 7 fév. 1822 ; Caen, 9 fév. 1824 ; Bordeaux, 19 juill. 1830 ; Colmar, 29 avril 1850 ; Metz, 2 nov. 1854 (S.31.2.75, et 55.2.126. *Contrà*, Bruxelles, 12 janv. 1822.

(3) Pardessus, n. 1025 ; Troplong, *Société*, n. 772 ; Delangle, n. 232 ; Bédarride, n. 133 ; Delamarre et Lepoitvin, t. 2, n. 250, 2ᵉ éd., t. 3, n. 38 ; Massé, n. 1959. V. Duvergier, n. 404, et Duranton, t. 17, n. 449.

En appliquant cette règle, il faudra se garder de confondre le cas où la chose a pu tourner, en définitive, au
profit de la société, et celui où l'engagement, quoique non
signé de la raison sociale, a été pris pour la société, le
tiers suivant bien la foi de la société et non simplement
la foi de celui avec qui il contractait. Nous n'allons donc
pas jusqu'à dire que la société ne puisse être jamais engagée, si l'associé n'a pas contracté sous la raison sociale ; même sous l'empire de l'ordonn. de 1673, qui
semblait se montrer peut-être, par son texte rigoureusement appliqué, plus favorable à une pareille règle, le
contraire a été jugé avec raison (1). Tout dépend des circonstances. « La société, dit Pardessus, doit être tenue
des engagements, quoique non souscrits sous la raison
sociale, s'ils manifestaient par eux-mêmes qu'ils l'ont été
pour elle : tel serait un bail de quelques bâtiments employés à son commerce. Il n'est pas juste dans ce cas,
que, par défaut d'emploi du nom social, la société soit
dégagée des obligations résultant d'une opération qui l'a
véritablement intéressée (Rej. 13 fruct. an ix; Rej.
23 frim. an xiii; Rej. 30 juill. 1810) : elle n'est pas plus
favorable que tout particulier obligé, dans de semblables
circonstances, à tenir les engagements d'une personne
qui aurait agi pour lui sans mandat, dès qu'il aurait agréé
l'affaire dont ces engagements sont la suite ; ou même
quand il ne l'aurait pas agréée, si cette affaire avait été
bien administrée, encore qu'un événement casuel et im-
prévu l'eût rendue plus onéreuse que profitable. Dans ce
cas seulement, le réclamant serait tenu de prouver que
l'affaire concernait la société (Rej. 28 août 1828), tandis
que l'emploi de la raison sociale serait, en sa faveur, une

---

(1) Cass., 23 frim. an xiii.

présomption qui le dispenserait de toutes preuves et qui rendrait même la preuve contraire inadmissible (1). » Ainsi Pardessus cite encore le cas où Pierre associé emprunte sous son nom seul 10,000 fr. avec lesquels il paie le prix de 100 tonneaux de vin entrés dans les magasins de la société ; la société sera obligée. Les tribunaux auront donc à apprécier ; et il est bien certain que sa qualité ne peut faire obstacle à ce qu'un associé engage la société, lorsqu'un étranger même aurait pu le faire comme *negotiorum gestor,* comme gérant son affaire ; mais on comprend aisément les complications et les difficultés que rencontrerait le créancier pour établir son droit ; et il reposerait en réalité sur des principes tout à fait étrangers à la matière même des sociétés, sur ceux de la gestion d'affaires (2).

527. Toutes ces règles étaient enseignées par l'école italienne et sont admises par tous les auteurs modernes : la preuve que l'engagement a été contracté pour la société peut également résulter ou de l'acte lui-même, ou des circonstances : « Socius socium non obligat, dit Casaregis, nisi in contrahendo expressum fuerit nomen sociale, vel saltem ex facti circumstanciis, aut subjectâ materiâ, illud argui potuerit (3). »

Mais des conventions particulières et expresses peuvent changer le droit commun établi par l'art. 22, et ne donner qu'à quelques-uns des associés le droit de signer de la raison sociale, et par suite de plein droit et sans qu'il soit nécessaire de stipulations particulières, d'engager la société (4). Dans ce cas, à ceux-ci le droit ex-

---

(1) Pardessus, n. 1025.
(2) Cass., 12 mars 1850 (D.P.50.1.36).
(3) Casaregis, disc. 39, n. 13. *Sic,* Ansaldus, disc. 45, n. 3 ; Merlin, v° *Société,* sect. 6, § 1er; Troplong, n. 813 ; Delangle, n. 237 ; Bédarride, n. 148 et s.
(4) Cass., 4 déc. 1854 D.p.55.1.22).

clusif de rendre tous les associés solidaires des actes accomplis par eux dans la limite des pouvoirs qui leur sont conférés; les autres associés sont assimilés, sous ce rapport, à de véritables étrangers; ils ne peuvent plus être considérés ni comme propriétaires, ni comme mandataires. La seule condition exigée est que la publicité la plus grande soit donnée à cette clause de l'acte de société. Les Codes d'Espagne et de Portugal mettent pour condition que les noms des associés exclus de la gérance ne figureront pas dans la raison sociale (1); la loi française n'a point été aussi prévoyante, et, sauf le cas de dol, cette circonstance ne pourrait être invoquée par les tiers comme décisive contre la société.

La légitimité de semblables clauses qui paraissent, au premier abord, en opposition avec le texte de l'art. 22, a été examinée avec beaucoup de soin par M. Horson, et discutée de manière à lever tous les doutes.

Sous l'ordonnance de 1673, qui n'était pas plus explicite que l'art. 22, fait observer cet auteur, la légalité d'une mesure qui enlevait à quelques-uns des associés le pouvoir d'engager la société, était généralement admise (2), et ce fait explique sans doute que le Code de commerce ait cru inutile d'être plus explicite sur ce point. Mais la moindre incertitude ne peut exister sur l'intention du législateur; la question est tranchée par l'art. 43 du Code de commerce qu'a reproduit l'art. 57 de la loi du 24 juillet 1867, où il est dit que l'extrait des actes de société doit désigner *ceux des associés autorisés à gérer, administrer et signer pour la société;* et il est impossible d'admettre que la loi ait voulu parler, en s'ex-

---

(1) Code espagnol, art. 268; Code portugais, art. 550.
(2) Jousse, ord. de 1673, tit. 4, art. 3, n. 3; et Bornier, sur l'art. 3.

primant ainsi, des associés gérants d'une société en commandite, puisqu'elle avait dit plus haut que cet extrait devait contenir les noms, prénoms, qualités et demeures des associés autres que les actionnaires ou commanditaires (1).

528. Peut-on également stipuler, demande encore M. Horson, qu'un engagement social ne sera valable qu'autant que deux des associés gérants ou un plus grand nombre l'auront signé? L'affirmative est également certaine; du moment que la loi permet qu'un associé en nom collectif soit dépouillé du droit que lui accorde l'art. 22, elle ne peut pas défendre qu'il n'en sera dépouillé qu'en partie et que les pouvoirs qui lui sont laissés seront limités. Les associés gérants sont les mandataires des autres associés, et les principes généraux ont toujours permis qu'en donnant un mandat à plusieurs, on y mît pour condition qu'aucun des mandataires ne pourra agir séparément (2).

Toutefois, ces règles ne peuvent être un obstacle à ce que la société soit tenue dans le cas où un associé aurait géré seul au vu et au su de tout le monde, aurait souscrit seul tous les engagements de la maison, et sans que ses coassoaciés pussent exhumer plus tard, en cas de revers, une stipulation oubliée par eux-mêmes, pour demander à leur égard la nullité des engagements sociaux. Si les associés ont ouvertement dérogé à cette clause; « si d'un ensemble de faits et de circonstances que la justice aura le droit d'apprécier, dit M. Horson, il résultait que les associés ont, au nom des tiers, tacitement renoncé aux limites du mandat donné par eux, il est hors de doute

---

(1) Quest. 9.
(2) T. 1er, p. 28. *Sic*, Malpeyre et Jourdain, p. 129; Bédarride, n. 144; Cass , 9 juillet 1872 (P. 73, p. 634).

que les tribunaux ne seraient pas dans la nécessité de s'y renfermer (1). »

529. On ne peut se dissimuler que ces clauses, venant modifier ou restreindre le droit commun qu'avait établi l'art. 22, présentent des inconvénients, même avec les conditions de publicité exigées pour les rendre efficaces; la rapidité des transactions commerciales ne permet pas, à chaque instant, de recourir à une vérification et à une étude d'autant plus nécessaires, qu'une fois entré dans cette voie, on ne sait plus où poser la limite des restrictions obligatoires, lesquelles pourront s'appliquer tout aussi bien à la désignation des personnes qui devront gérer, qu'à l'étendue des pouvoirs qui leur sont confiés; le juge, quand le tiers est de bonne foi, admettra donc aisément le principe de la dérogation tacite. Ainsi, quelquefois, la restriction ne porte que sur certains actes déterminés; et les billets, lettres de change et endos seulement, par exemple, pour engager la société, doivent être signés, soit de tel ou tel des associés, soit de tous individuellement, tandis que pour les autres affaires sociales, c'est le droit commun qui est applicable. Nous avons vu dans les publications légales, des sociétés, où les endos devaient être signés par deux associés, et les billets et lettres de change par trois. Enfin, la pratique peut offrir, sur ce sujet, les documents les plus variés; entre mille, nous citerons encore un exemple, que nous prenons dans les publications légales : « A l'égard de tous marchés, dit un acte de société, M. A... aura le droit d'en passer seul, pendant la première année de la société, en tant qu'ils n'excéderaient pas un chiffre de 3,000 fr. chacun; au delà de cette somme, M. A...

_____

(1) T. 1er, p. 36. — _Sic_, Delangle, n. 239.

devra obtenir l'assentiment de l'un de MM. B** et C***. Pour les deux dernières années de la société, chacun des trois associés aura le droit de signer des marchés n'excédant pas le chiffre de 3,000 fr., et, au delà de cette somme, les marchés devront pareillement réunir l'assentiment de A* et de l'un de MM. B** ou C***, etc., etc. »

Les restrictions, modifications et changements pourront donc varier, et, en fait, varient à l'infini ; et, comme dans le dernier exemple cité par nous, ne seront pas les mêmes quelquefois pendant toute la durée de la société. Des tiers de très-bonne foi pourraient être trompés, surtout si la clause restrictive est tout à fait inaccoutumée ; et la jurisprudence sera entraînée quelquefois à prendre leur défense, s'il s'agit, non plus de déterminer quels seront les gérants, mais si l'acte a limité leurs pouvoirs d'une manière tout à fait inusitée et en opposition avec le texte de l'art. 22. Ainsi, la clause portant que toutes les affaires seraient faites au comptant a été déclarée sans effet à l'égard des tiers ; et, par suite, la société a pu être déclarée en faillite, à raison de dettes contractées par le gérant au mépris de cette clause (1).

Nous avons vu d'autres stipulations d'une nature tellement générale et indéterminée, que l'on ne pourrait comprendre la sanction que leur donneraient les tribunaux : nous en citerons encore un exemple : « Le sieur « N... aura seul la signature sociale ; mais, à l'exception « des actes de simple administration, *il ne pourra rien* « *faire* sans s'être préalablement *mis d'accord avec les au-* « *tres associés.* »

Quelle est la sanction possible à une pareille clause en

_____

(1) Paris, 12 août 1848 (S.48.2.608). V. égal. Douai, 4 août 1848 (D.P.50.2. 163).

ce qui concerne les tiers, et quand ceux-ci sauront-ils si les associés se sont *mis d'accord?*

D'un autre côté, il a été jugé que dans un acte de société en commandite la clause qu'il ne pourra jamais être créé de billets, ni fait aucune traite pouvant engager la société, même avec le concours et la signature des deux associés en nom collectif, sous peine de nullité pour les tiers, est obligatoire entre les associés et même opposable aux tiers, pourvu que la société ait été régulièrement publiée (1). Toutefois, il est à remarquer que, dans l'espèce, la dette avait été contractée dans l'intérêt d'un seul associé et n'avait pas tourné au profit de la société ; mais il n'en est pas moins vrai que l'arrêt décide, en droit, et vient confirmer ce que nous avons dit tout à l'heure de la difficulté qu'il y a à donner une règle précise et des inconvénients, peut-être, que présente la loi.

530. Les associés ainsi investis du droit exclusif de signer de la raison sociale portent le nom d'administrateurs ou gérants ; « La nomination d'administrateurs-gérants, dit Locré, contient implicitement, de la part des associés qui ne le sont pas, la renonciation au droit d'agir pour la société (2). » Mais il nous reste à examiner, sur ce sujet, une dernière question, et à décider si tous les associés peuvent renoncer à leur droit d'administrer et confier la gérance de la société à une personne étrangère, autorisée par l'acte dont elle tient ce pouvoir, à signer de la raison sociale.

MM. Malpeyre et Jourdain répondent négativement à cette question ; mais la raison de décider, pour eux, c'est que ce gérant serait tenu des dettes contractées au nom

---

(1) Cass., 22 déc. 1874 (D.p.75.4.254).
(2) *Espr. du Cod. comm.*, t. 1ᵉʳ, p. 133.

d'une société dont il ne ferait point partie; ils ne font nulle difficulté, du reste, de convenir que les associés peuvent constituer un mandataire agissant en leur nom, pourvu qu'il signe par procuration (1). Entre eux et leurs adversaires, la différence réside tout entière en ce que, pour ceux-ci, le gérant pourrait signer de la raison sociale, sans abdiquer sa qualité de mandataire (2). En effet, si chacun des associés peut renoncer à son droit d'administrer, on ne voit pas pourquoi tous ne pourraient pas le faire ; et la question se réduit donc à savoir si la formule du mandat que les associés auront donné à un tiers étranger peut se réaliser par l'emploi pur et simple de la raison sociale. Nous devons ajouter qu'il n'existe aucun doute que la société sera engagée par cette signature donnée conformément au pouvoir qu'elle a délégué, et il n'y a difficulté que pour savoir si le mandataire qui a signé ainsi est personnellement tenu.

En fait, la pratique fournit de nombreux exemples où la signature sociale est donnée à un commis intéressé; les tiers n'en sont instruits que par l'envoi de circulaires spéciales. Dans une espèce portée devant la Cour de Paris, c'était aussi par ce seul moyen de publicité qu'une société avait annoncé aux tiers, qu'un étranger aurait seul désormais la gestion et signerait de la raison sociale : un arrêt de la Cour de Paris a décidé que les tiers n'avaient pas été suffisamment avertis de la qualité dans laquelle agissait le gérant et avaient pu le croire associé; par suite, il le déclare responsable, non comme associé, dont la Cour lui refuse la qualité, mais en vertu de l'article 1382, C. civ. (3) (V. n° 520).

---

(1) Malpeyre et Jourdain, p. 124 et s.; Delangle, n. 260.
(2) Molinier, n. 344 ; Bédarride, n. 143 et s., Dalloz, *Rép.*, v° *Société*, n. 894 et 895.
(3) Paris, 3 mars 1834; Dalloz, *Rép.*, n. 895.

La question de droit restait donc entière ; et nous ne mettons pas en doute que la décision eût été différente, si la gérance avait été confiée par une clause de l'acte social, soumise à toutes les formalités de publicité exigées par la loi, et telles, enfin, qu'elles doivent être remplies pour restreindre le droit de quelques-uns des associés seulement. Mais, nous ne saurions trop le répéter, si les associés peuvent renoncer à leur droit d'administrer, ils ne peuvent se décharger de la respensabilité qui résulte de leur qualité, et elle reste complète et entière.

531. Nous avons donné plus haut les règles à suivre et expliqué les principes généraux en ce qui concerne l'administration des sociétés (*suprà*, nᵒˢ 427 et s.) ; les sociétés commerciales en nom collectif n'en ont pas d'autres que les sociétés civiles dont nous avons déjà parlé : le Code de commerce s'est référé purement et simplement, à cet égard, au Code civil. Nous ne reviendrons donc pas sur ce sujet ; nous n'avons rien à ajouter à ce que nous avons dit.

ARTICLE 23.

La *société en commandite* se contracte entre un ou plusieurs associés responsables et solidaires, et un ou plusieurs associés simples bailleurs de fonds, que l'on nomme *commanditaires* ou *associés en commandite*.

Elle est régie sous un nom social, qui doit être nécessairement celui d'un ou de plusieurs des associés responsables et solidaires.

SOMMAIRE.

532. Si la loi nouvelle et un usage de tous les jours ont désormais défini très-nettement le caractère de chacune des trois sociétés énumérées en l'art. 19 et les ont distinguées de la simple participation, nous avons dit qu'il n'en était point de même sous l'ancien droit. En ce qui concerne particulièrement la société en commandite, depuis l'ord. de 1673, cependant la discussion n'a pu porter que sur son origine et son développement au moyen âge, et le doute n'a existé que pour décider si, à une époque déjà bien reculée, la commandite avait été autre chose qu'une association en participation. Nous pensons, quant à nous, que la réponse doit être négative et la doctrine des auteurs italiens, comme la jurisprudence suivie dans leur patrie, où il paraît démontré que la commandite a pris naissance, nous semblent avoir décidé la question ; dès les temps les plus reculés, au moment où elle se confondait encore avec le contrat maritime de *commande,* usité déjà au xiii⁰ siècle, elle a été ce qu'elle est restée jusqu'à nos jours, une société entre un associé gérant, *qui habet,* dit Casaregis, *totale exercitium et administrationem, et proprio nomine, contrahit et distrahit,* et un associé bailleur de fonds, qui n'était point nommé et ne pouvait être tenu que jusqu'à concurrence de la mise qu'il s'était obligé à fournir (1). Si les commanditaires sont quelquefois qualifiés du nom de participants, *participes*, cette expression ne nous semble nullement employée comme définition juridique de la qualité de ceux à qui elle s'applique, mais comme n'ayant d'autre but que d'expliquer les conséquences qui dérivaient pour eux du contrat qu'ils avaient consenti. Deluca, cité à l'appui de l'opinion contraire à la nôtre, nous paraît cependant décider la question en notre faveur, lorsqu'il dit : *Aliud est societas, aliud vero admissio alicujus ad participationem, dum* PARTICEPS VERE SOCIUS NON EST (2). Du moment qu'il y a société véritable, il ne peut donc plus être question de participation, et le doute ne saurait exister que le commanditaire est associé.

Quoi qu'il en soit de ces problèmes purement historiques, en France, au moins, et à partir de l'ord. de 1673 et de ses commentateurs, le caractère de la société a été parfaitement connu et défini. « La seconde espèce de société, dit Jousse, est celle qui se fait entre plusieurs associés, dont l'un ne fournit que son argent, et les autres donnent leur argent et leur travail, ou leur travail seulement pour leur tenir lieu du fonds ou d'une partie de ce fonds, qu'ils sont dispensés de fournir. Ceux qui sont ainsi associés en commandite ne sont point obligés solidairement aux dettes de la société : ils se contentent de fournir leurs deniers sans faire aucune fonction et sans paraître, en aucune manière, dans les achats et ventes, obligations, billets ou autres actes concernant le commerce ; mais ils participent seulement dans les profits ou pertes jusqu'à concurrence de leur part ou portion qu'ils

---

(1) Casaregis, disc. 29, n. 4. *Sic*, Ansaldus, disc. 98, n. 59.
(2) Deluca, *De credito*, disc. 89, n. 5.

ont dans la société (1). » Mais la loi était peu explicite
encore, et l'interprétation hésitante sur quelques-uns des
principes qui forment aujourd'hui les bases de la société
en commandite, particulièrement sur les actes de la gestion, dont s'occupent les art. 27 et 28 ci-après, et sur
les formalités de publicité.

533. Dans la société en commandite, aussi bien dans
l'ancien droit que sous l'empire du Code de commerce, il
existe donc deux éléments parfaitement distincts : en
premier lieu, un ou plusieurs associés responsables et
solidaires ; en second lieu, un ou plusieurs associés simples bailleurs de fonds, qui ne sont, ainsi que nous l'expliquerons tout à l'heure, ni solidaires ni responsables.
Cet élément particulier est le caractère distinctif de la
société en commandite. Quant aux associés responsables
et solidaires, ils ne pourraient être toutefois poursuivis
individuellement par les créanciers de la société, à raison
d'une obligation contractée par celle-ci, qu'après que la
société aurait été condamnée dans la personne de son
gérant, si cette société existe encore ; ou de son liquidateur, si elle est dissoute (2). Cette règle, suivie même
dans la société en nom collectif (*suprà*, n° 522), devrait,
à bien plus forte raison, être appliquée à la société en
commandite, dont le patrimoine se distingue plus nettement, par suite de l'élément commanditaire, du patrimoine des associés gérants.

On fait dériver le nom de commanditaire donné à cette
classe d'associés du vieux mot *command*, qui signifierait
dépôt, *procuration*, et qui rend assez bien compte, en
effet, de la position des deux classes d'associés les uns à

<hr/>

(1) Jousse, ord. de 1673, tit. 4, *des Sociétés. Sic*, Bornier, *id.* sur l'art. 1er ; Savary, 2e part., liv. 1er, ch. 1er.

(2) Cass., 14 ou 24 août 1858 (S.59.1.332).

l'égard des autres, les associés gérants étant en quelque
sorte les fondés de pouvoir et les dépositaires des fonds
du commanditaire ; c'est également l'étymologie donnée
à *commenda* par Ducange, parce que, dans le contrat, que
ce mot représente, quelque chose doit être confié : *quia
aliquid commendatur* (1). Ainsi, le Code espagnol dit qu'il
y a société en commandite « lorsqu'une ou plusieurs personnes fournissent seulement les fonds nécessaires pour
des opérations sociales sous la direction exclusive d'autres associés qui les administrent en leur nom particulier (2). »

Bornier était donc mal inspiré en enseignant que cette
société : « Est appelée en commandite parce que celui
qui donne son argent à un autre, qui n'apporte bien souvent en la société que son nom et industrie, est toujours
le maître. » Cette définition attribuerait au commanditaire un rôle diamétralement opposé à celui qu'il tient
de la loi.

Merlin, au Conseil d'État, a soutenu qu'il ne pouvait
pas y avoir de société en commandite composée seulement de deux personnes, dont l'une serait commanditaire, et l'autre gérerait sous un nom social ; selon lui,
par cela seul qu'un commerçant signe *un tel et compagnie*,
il manifeste au public qu'il a au moins un associé solidaire et non simplement un commanditaire ; l'usage contraire était à ses yeux un abus et devait être proscrit (3).
Cette règle n'a point été adoptée, et il n'y avait aucune
raison pour qu'elle le fût, parce que les inconvénients
que redoutait Merlin sont purement imaginaires. « La
raison sociale *Pierre et comp.*, dit Pardessus, a pour objet

(1) Ducange, Glos., vᵒ *Commenda*.
(2) Code espagnol, art. 265.
(3) Locré, t. 17, p. 186.

d'apprendre que Pierre n'est pas seul, qu'il est en société; mais elle n'exclut pas la possibilité d'une commandite dont le contrat affiché annonce à la fois l'existence et la raison sociale (1). »

Il ne faut pas confondre une société collective où, par l'acte d'association, la gestion a été exclusivement donnée à un ou plusieurs gérants, avec la société en commandite; pour éviter toute équivoque, la rédaction première, qui portait *associés gérants*, a été remplacée par l'expression d'*associés responsables et solidaires*. Sur les observations faites au Conseil d'État par M. Jaubert (2), et sur celles du Tribunat (3), le texte exige que ce soit le nom d'un ou de plusieurs de ces associés qui forme la raison sociale.

534. La société en commandite est une exception au droit commun : elle ne se suppose donc pas et doit être clairement énoncée dans l'acte de société ou résulter forcément des clauses qui s'y trouvent portées. Si le bailleur de fonds n'a pas explicitement stipulé qu'il ne serait tenu envers les tiers que jusqu'à concurrence de sa mise, ce qui lèverait toute incertitude, il peut rester quelquefois indécis s'il a voulu se retrancher dans la position d'un simple commanditaire. Le doute sera interprété contre lui. Le droit commun, nous l'avons dit, c'est la société en nom collectif; la commandite est l'exception ou une restriction, tout au moins, aux règles générales. Il faut dire avec Merlin : « Si l'on veut ne former, sans le dire littéralement, qu'une société en commandite, il faut placer dans l'acte la clause expresse que le bailleur

---

(1) *Droit comm.*, n. 1032.
(2) Procès-verbaux, 14 fév. 1807. Locré, t. 17, p. 259.
(3) Observations du Tribunat, Locré,. t. 17, p. 306.

de fonds ne pourra rien perdre au delà de sa mise (1). »

Une loi particulière avait établi une exception pour les sociétés d'armement en course; le décret du 2 prair. an XI décidait qu'elles doivent être réputées de plein droit sociétés en commandite, s'il n'y a convention contraire; mais cette exception était rigoureusement restreinte au cas particulier pour lequel elle a été créée; aujourd'hui, cette observation n'a plus d'objet, puisque le traité de Paris du 30 mars 1856 et la déclaration du 16 avril suivant ont aboli la course.

Il n'y a pas, toutefois, de formule sacramentelle, et, si la volonté des parties est clairement exprimée, que les tiers n'aient pu, en aucune manière, être induits en erreur, les juges décideront que la société est en commandite, sans rechercher les expressions qui auront été employées; ils peuvent d'un autre côté, quoique l'association ait été qualifiée dans l'acte, par ceux qui l'ont souscrit, de société en commandite, déclarer qu'elle ne constitue qu'une simple participation, ou qu'elle forme une société collective (2). C'est une appréciation qui leur appartient Cette règle, cependant, doit être sainement entendue; aujourd'hui, les définitions du Code de commerce sont beaucoup plus précises que sous l'ordonnance de 1673, et ne permettraient pas de réduire toujours la question à une appréciation de fait; il y aurait, dans certains cas, une appréciation de droit qui devrait appartenir à la Cour de cassation, et la décision des juges du fond ne pourrait être maintenue, si elle était en opposition avec les prescriptions formelles de la loi (3).

---

(1) *Répert.*, v° *Sociétés*, sect. 2°, § 3, art. 2. *Sic*, Troplong, n. 414; Delangle, n. 269 et s.

(2) Agen, 23 nov. 1853 (S.54.2.23); Cass., 2 fév. 1808, et 8 mai 1867, B., 97.

(3) Delangle, n. 273 et 274. *Sic*, Bédarride, n. 498.

535. Ainsi, sous cette réserve et par suite de ce principe, que pour reconnaître le véritable caractère d'un contrat, il ne faut pas s'arrêter à la dénomination et à la forme extérieure qui lui a été donnée, mais rechercher s'il renferme les éléments essentiels qui le constituent, un acte, bien que qualifié société en commandite, et publié conformément à la loi, ne renferme néanmoins qu'un simple contrat de prêt, si les bailleurs de fonds ne peuvent participer ni aux bénéfices ni aux pertes, le seul associé gérant s'étant engagé à leur payer les intérêts à 5 pour cent, et à leur rembourser le capital dans un délai fixé (1).

Il a été jugé également qu'un bailleur de fonds prêtant un capital en compte courant à une société en commandite, en se réservant de convertir le prêt en une commandite, fait un acte licite et valable, et ne devient pas nécessairement associé commanditaire de plein droit et avant d'avoir déclaré son option, si la clause dont il s'agit est, du reste, sincère et sans fraude; il n'y a encore là qu'un prêt ordinaire (2). « Attendu, a dit la Cour de cassation, que la Cour royale de Lyon décide, d'une part, que cette option avait été stipulée de bonne foi par tous les commanditaires sans exception; que, dans les limites fixées par la convention, elle n'avait rien d'immoral, de contraire à la loi et aux intérêts des tiers. »

Si le prêteur, au contraire, stipulait, outre l'intérêt convenu, qu'il aurait droit à une quote-part dans les bénéfices, et jouirait des prérogatives qui n'appartiennent régulièrement qu'à un associé, il se retrancherait en vain dans la qualité que lui donne le contrat, et devrait être

___

(1) Cass., 20 avril 1842 (J.P.42.1.680). *Contrà*, Caen, 27 déc. 1861 (D.P.66 2.16).

(2) Cass., 25 juin 1846 (J.P.46.2.484).

déclaré commanditaire. Toutefois, il a été jugé que le contrat devrait être qualifié prêt par cela seul qu'il n'y aurait pas participation aux pertes en même temps qu'aux bénéfices (1).

La Cour de cassation a décidé qu'en faisant un prêt à une société en commandite, si le prêteur a reçu, quoiqu'à titre de garantie seulement, des actions de cette société inscrites en son nom, il peut, par appréciation des actes et faits de la cause, être considéré, à l'égard des tiers, comme un véritable associé (2); mais c'est un arrêt d'espèce ne pouvant être considéré comme établissant une doctrine, qui, dans bien des cas, ne serait pas acceptable.

Nous verrons tout à l'heure que le commanditaire qui fait acte de gestion et sort du rôle que lui assignait l'acte de société, peut être déclaré solidairement obligé; mais dans de certaines circonstances, sans avoir à rechercher les actes qu'il a accomplis, les seules énonciations du contrat de société suffiront pour faire déclarer société collective celle dont il fait partie, si le prétendu commanditaire tient du contrat les droits, les prérogatives et les avantages de l'associé ordinaire, et alors même qu'il y aurait un gérant, puisque cette forme d'administration peut exister dans la société collective. Dans ce cas, il n'est pas seulement solidairement responsable, il est associé pur et simple; la dénomination de l'acte est rectifiée. Mais ce n'est pas sans de bonnes raisons et à la légère que les juges iront modifier d'une manière aussi grave la qualification d'un acte social (3). Il a été jugé

_____

(1) V. *suprà*, n. 376. Grenoble, 29 janv. 1870 (J.P.70, p. 900).
(2) Cass., 28 mai 1851 (S.51.1.609), *Contrà*, Lyon 4 mai 1844, id., en note.
(3) Cass., 23 mars 1846 et 29 juin 1858 (J. du P., 1846, 2.482; 59, p. 1203), t Lyon, 15 avril 1859 (J. P. 59, p. 959).

que la qualification d'adjoint à la gérance, donnée à un associé commanditaire dans l'acte social, avec attribution d'une part déterminée dans les bénéfices pour les services qu'il pourra rendre en cette qualité, ne suffit pas pour le faire considérer comme associé responsable et solidaire ; l'arrêt de la Cour dut constater toutefois que l'acte ne lui donnait pas les pouvoirs d'un *cogérant*, et qu'il n'avait concouru en fait à l'administration que par ses conseils et sa surveillance (1) ; ce dernier titre aurait exposé celui qui l'aurait pris à une appréciation plus sévère.

C'est donc toujours d'après les clauses mêmes du contrat, et non d'après de simples énonciations, que l'on reconnaîtra le prêteur d'avec le commanditaire ; le commanditaire, de l'associé en nom collectif ; et il a été jugé avec raison qu'il ne suffisait pas, pour restreindre définitivement quelques-uns des associés au rôle de commanditaires, qu'ils eussent été assignés en cette qualité par les créanciers de la société. Ce fait ne constitue pas un contrat judiciaire désormais inattaquable, lorsqu'aucun jugement n'a maintenu cette qualité aux individus assignés en paiement de leur mise sociale ; et les créanciers sont encore recevables à modifier leurs conclusions et à assigner les défendeurs comme associés solidaires en paiement de dettes sociales, tant qu'il n'est pas intervenu, nous le répétons, un contrat judiciaire constaté par jugement (2).

536. Plusieurs auteurs, dit M. Dalloz, examinent la question suivante : les commanditaires perdraient-ils cette qualité si, aux termes du contrat de société, toutes

---

(1) Cass., 29 mars 1843 (S.43.1.593).
(2) Cass., 9 juill. 1845 (S.45.1.729) ; et Cass., 10 fév. 1846 (S.46.1.643).

les *questions importantes*, concernant la gestion, devaient être l'objet de dispositions prises par tous les associés et obligatoires pour le gérant (1). Cette clause, assez ambiguë, n'aurait pas de sens, si elle n'avait pour effet de donner aux commanditaires le droit d'intervenir d'une manière souveraine dans les actes ordinaires de la gestion, et de substituer leur direction à celle du gérant, dépourvu de toute initiative et réduit pour ainsi dire à l'état de simple mandataire ou de commis. Une semblable stipulation serait donc incompatible avec la forme d'une société en commandite.

Si l'expression : *questions importantes* devait s'entendre exclusivement des actes extraordinaires ou accidentels, en dehors du cours ordinaire des affaires entreprises par la société, la réponse devrait être différente (2).

C'est une appréciation à faire, que les explications à donner sous l'art. 27 devront faciliter, et cette clause, on le voit, pourrait soulever des difficultés que toute personne prudente évitera en repoussant de l'acte social cette formule ou d'autres analogues, dont le sens ne serait pas très-clair et très-précis.

Ainsi à un autre point de vue, un acte, bien que qualifié de société en commandite, sera réputé ne pas constituer une société, si les prétendus commanditaires, au lieu de verser une mise sociale, s'engagent seulement comme cautions à supporter les pertes de la société, jusqu'à concurrence d'une certaine somme (3).

537. Le commanditaire peut, en outre de la somme qui forme sa mise sociale, faire des avances à la société

---

(1) Dalloz, *Rép.*, vᵒ *Société*, n. 1356.

(2) Lyon, 15 avril 1859 ; Cass., 29 juin 1858 et 24 mai 1859 (S.59.2.435 ; 1.483 et 818).

(3) Caen, 17 juin 1852 (S.53.2.138).

comme prêteur ; et, dans une comptabilité bien tenue, il
est évident que ces deux comptes, l'un pour la commandite, l'autre pour les avances, seront distincts et ne devront pas être confondus. Il est possible même que ce
soit en vertu de l'une des clauses du contrat, que le commanditaire soit tenu à prêter une somme déterminée.
Nous verrons, en parlant des faillites, que la compensation ne peut s'établir entre les sommes dues par le commanditaire jusqu'à ce que sa mise ait été intégralement
versée, et les sommes qui pourraient lui être dues pour
avances faites à la société comme prêteur (1). Mais, une fois
la commandite intégralement versée, il est entièrement
libéré et devient prêteur pur et simple pour le surplus. Il
a été jugé que le montant des frais de négociations des
valeurs fournies par le commanditaire peut être com-
pensé avec les sommes qui lui sont dues (2). Si les billets souscrits par le commanditaire, en paiement de sa
mise sociale, ont été remboursés par la société, il est évident qu'il est tenu d'en faire compte à la société qui s'est
mise en avances pour lui (3).

538. L'engagement pris par un non-commerçant de
verser des fonds dans une société, comme associé commanditaire, constitue-t-il un acte de commerce et le rend-
il justiciable de la juridiction consulaire ?

La jurisprudence n'est pas fixée ; quant à nous, nous
n'hésitons pas à refuser à un pareil acte le caractère commercial.

La Cour de cassation, dans un arrêt du 28 février 1844,
a considéré la commandite comme opération commerciale, parce que les fonds avaient été versés dans une

---

(1) Aix, 15 juin 1855 (S.57.2.94).
(2) Cass., 8 juill. 1862 (S.63.4.196).
(3) Cass., 14 août 1862 (S.63.1.197).

maison de banque, et en s'appuyant sur le § 4 de l'article 632, C. comm.; par suite, elle a déclaré que la contrainte par corps pouvait être prononcée contre le commanditaire (1). Cette particularité, relevée par l'arrêt, que les fonds avaient été versés dans une maison de banque, nous paraît sans importance ; les actes de la société, quels qu'ils soient, restent étrangers au commanditaire dans tous les cas ; et, dans tous les cas aussi, ces actes seront commerciaux, qu'il s'agisse d'opérations de banque ou de toutes autres.

M. de Vatimesnil, dans une consultation produite devant la Cour, répondant au raisonnement qui confond les commanditaires avec la société même, dont les actes évidemment seront toujours commerciaux, disait : « Qui ne voit d'ailleurs que le raisonnement auquel on répond irait beaucoup trop loin ? Si les actes de la société étaient propres au commanditaire, comme ces actes se répètent journellement, le commanditaire devrait être considéré comme commerçant : est-ce qu'un tel système est tolérable ? Est-ce qu'un propriétaire, un pair de France, un magistrat, un administrateur, un avocat, un notaire, peut devenir commerçant et patentable, par cela seul qu'il place des fonds en commandite dans une maison de commerce ? »

Sans doute, la société est commerciale ; la matière considérée dans son essence et dans son ensemble est commerciale ; mais qu'en conclure ? Lorsque des billets à ordre portent en même temps des signatures d'individus négociants et d'individus non négociants, le tribunal de commerce en connaît, mais il ne pouvait prononcer la contrainte par corps contre des individus non négociants.

Si la contrainte par corps, avant qu'elle ne fût abolie, avait pu être prononcée en pareille circonstance, « il faudrait dire, ajoutait M. de Vatimesnil, que le magistrat qui promet de verser des fonds en commandite compromet la dignité de son caractère et s'expose à des peines de discipline, comme celui qui souscrit une lettre de change ; qu'en pareille situation, un avocat doit être rayé du tableau et qu'un officier encourt la perte de son emploi ! »

Ces raisons nous paraissent péremptoires ; la commandite n'a été inventée que pour associer les capitaux civils aux spéculations commerciales ; nous croyons le tribunal de commerce incompétent pour connaître de la demande en paiement du montant de la commandite, et la contrainte par corps serait tout à fait inadmissible.

La Cour de cassation, depuis lors, a maintenu sa jurisprudence, et, dans un nouvel arrêt, a jugé « que tous ceux qui, pour participer, dans la proportion de leur intérêt, *aux chances de bénéfices d'une société commerciale*, prennent l'engagement d'y verser, soit à titre de commanditaires, soit comme souscripteurs d'actions, des fonds destinés à servir de garantie à ses opérations, et qui, par là, concourent à la fondation du crédit de la société et à la création de la société elle-même, dans un de ses éléments essentiels, contractent, pour la réalisation de leur mise de fonds, une obligation commerciale, laquelle, en cas d'inexécution, les soumettait à la contrainte par corps aux termes de l'art. 1er de la loi du 17 avril 1832 » (1). Nous persistons à croire, avec la plupart des Cours d'appel, que cette décision ne doit pas

---

(1) Cass., 13 août 1856 et 15 juill. 1863 (S.56.1.769 et 63.1.485).

être suivie (1). Le considérant du dernier arrêt de la Cour de cassation que nous avons rapporté, en décidant que tous ceux qui participent *aux chances de bénéfices d'une société commerciale* font acte de commerce, pourrait amener comme conséquence de rendre justiciable du tribunal de commerce tout achat de valeurs industrielles. Cette règle devrait être repoussée.

ARTICLE 24.

Lorsqu'il y a plusieurs associés solidaires et en nom, soit que tous gèrent ensemble, soit qu'un ou plusieurs gèrent pour tous, la société est, à la fois, société en nom collectif à leur égard, et société en commandite à l'égard des simples bailleurs de fonds.

SOMMAIRE.

539. Position respective des associés solidaires et des simples bailleurs de fonds dans une société en commandite.
540. Pouvoirs des gérants dans une société en commandite.
541. Les commanditaires peuvent-ils se réserver le droit de révoquer le gérant; peuvent-ils en nommer un nouveau ?

539. La rédaction de cet article est due aux obser-

---

(1) *Sic*, Pardessus, n. 1509 ; Delangle, *Sociétés comm*, n. 309 et s.; Nouguier, *Compétence*, t. 1er, p. 374 ; Pont, *Revue de législ.*, 1844, t. 20, p. 352; Ballot, *Revue de droit français*, 1847, t. 4, p. 425 ; Fourcix, *Traité des Sociétés comm.*, n. 116; Devilleneuve (S.56.1.769); Rouen, 6 août 1844 ; Douai, 26 janv. 1843; Lyon, 7 fév. 1850; Dijon, 20 mars 1851 ; Paris, 23 fév. 1842 et 22 déc. 1846 (S.44.2, 636; 43.2.181 ; 44.1.694 et 49.2.219; 50.2.369 ; 51.2.164); Dijon, 4 août 1857 (S.58.2.195); Angers, 18 janv. 1865 (D.P.65.2.67). *Contrà*, Vincens, t. 1er, p. 322; Malpeyre et Jourdain, p. 138; Molinier, n. 491 et 546; Bédarride, *Sociétés comm.*; n. 241; Demangeat sur Bravard, t. 1er, p. 246, note 1re; Paris, 27 fév. et 31 déc. 1847, 3 oct. 1850 et 3 juin 1856 (S.47.2.431; 49.2.219; 50.2.607 et 56.2.611 ; Grenoble, 27 fév. 1857; Lyon 21 juill. 1858 ; Rouen, 25 janv. 1859 ; Paris, 10 janv. 1861 (S.58.2.693; 60.1.247; 61.2.188); Bourges, 21 août 1871 (J.P.71, p. 831).

vations du Tribunat (1) et est assez précise pour qu'il ne puisse rester aucun doute sur les personnes qui, par leur qualité d'associés en nom collectif, sont responsables et solidaires, et sur celles à qui appartient exclusivement le rôle d'associés commanditaires. Il existe deux sociétés, pour ainsi dire juxtaposées, et dont chacune a des effets qui lui sont propres; les associés en nom collectif sont obligés solidairement d'une manière indéfinie; les associés commanditaires, au contraire, ne sont tenus que jusqu'à concurrence de leur mise.

Il faut donc poser en principe qu'on ne pourrait voir une société en commandite dans les stipulations qui déclareraient que tous les membres sont commanditaires, et que la société sera gérée par une ou plusieurs personnes non associées. Ce mode n'est autorisé que dans les sociétés anonymes ou à responsabilité limitée. Il doit y avoir nécessairement un associé, au moins, indéfiniment responsable, et la raison sociale ne peut pas plus comprendre le nom d'un commanditaire (art. 25) que le nom d'un étranger (*suprà*, n°s 518 et s.). Elle doit nécessairement reproduire celui d'un ou de plusieurs des associés responsables et solidaires.

Les juges restitueraient à la société son véritable caractère; et aux commanditaires comme aux gérants, la qualité qui devrait leur appartenir, selon les circonstances (*suprà*, n° 535).

540. Les pouvoirs des gérants, dans une société en commandite, ne peuvent être différents ni plus étendus que dans une société en nom collectif; nous les avons fait connaître sous l'art. 22 (*suprà*, n° 531). Quand la commandite est par actions, il faut se reporter aux rè-

---

(1) Observations du Tribunat, Locré, t. 17, p. 307.

gles générales écrites dans la loi du 24 juillet 1867 qui règle ces sortes de sociétés et dont nous donnons ci-après le commentaire.

Cette proposition nous paraît évidente : on ne peut prétendre que les commanditaires ayant évidemment des droits plus restreints que les associés collectifs, même exclus de la gestion, le gérant devrait, par suite, avoir des pouvoirs plus étendus. En fait, et dans tout ce qui concerne la gestion particulièrement, il n'est point exact de dire que les associés collectifs ayant abdiqué l'administration aient conservé plus de droits que les simples commanditaires; mais la raison de décider, c'est que les limites du mandat accordé au gérant ont dû être fixées dans le seul but d'empêcher qu'il ne puisse compromettre les intérêts des autres associés; et cette qualité appartient aux commanditaires : on ne peut pas plus faire descendre ceux-ci au rang de simples prêteurs qu'on ne peut faire monter les gérants au rang de propriétaires (1). D'un autre côté, on soutiendrait avec aussi peu de raison que ces pouvoirs doivent de plein droit être moins étendus.

Le gérant a particulièrement un droit absolu pour choisir et remplacer tout employé, l'un d'eux fût-il même investi des fonctions qu'il exerce par une clause spéciale de l'acte social, si elle n'est pas conçue en termes tels, qu'elle rende ce choix obligatoire pour toute la durée de la société (2). Il répondrait, par suite, des employés qu'il choisit, s'il y avait, toutefois, faute imputable et imprudence assez grande de sa part pour engager sa responsabilité; et, dans ce cas, qu'il faut bien regarder

---

(1) Cass., 24 avril 1841 (S.44.1.395).
(2) Lyon, 26 août 1857 (S.57.2.703).

comme exceptionnel, il ne pourrait faire retomber une part
des pertes qu'ont entraînées des vols et détournements
à la charge des commanditaires, qui ne participent, pour
les pertes comme pour les bénéfices, qu'au résultat des
seules opérations commerciales (1); et, toutefois, ce motif, allégué par la Cour. de Lyon dans le dernier arrêt,
que nous avons cité, ne formerait pas obstacle à ce que
le commanditaire supportât pour sa part la perte résultant d'un vol à main armée, d'une force majeure, ou enfin [de toute autre cause, quand aucune faute [ne peut
être imputée au gérant.

D'un autre côté, la Cour de cassation, dans une autre
circonstance, a décidé avec raison que le gérant d'une
société en commandite ne répond pas d'une manière absolue, vis-à-vis des commanditaires, des fautes des employés qu'il a choisis; mais il est responsable des vols
et détournements commis au préjudice de la société par
un employé, si ces vols et détournements sont le résultat
de sa faute et de sa négligence propres.

Dans tous les cas, enfin, les juges apprécieraient, en
tenant compte des circonstances, si la faute imputée à
l'associé gérant est assez lourde pour qu'elle entraîne sa
responsabilité; et il est hors de doute qu'il ne faudra jamais confondre le malheur et la faute. En matière de
commerce, la spéculation la plus sagement entreprise
peut avoir une issue désavantageuse; la Cour de cassation
ne revisera pas l'appréciation qui aura été faite par les
juges du fond (2).

Les gérants ne sont point de simples mandataires
comme les administrateurs dans les sociétés anonymes,

---

(1) Lyon, 3 déc. 1857 (S.58.2.471).
(2) Cass., 23 nov. 1875 (S.76.1.21).

et les règles que nous avons enseignées pour les associés
en nom collectif, quand l'un ou plusieurs d'entre eux
sont, à l'exclusion des autres, chargés de l'administration, leur sont en tout applicables, et de nouveau nous
devons y renvoyer.

541. Les associés commanditaires pourraient se réserver, par l'acte de société, le droit de révoquer à volonté le gérant de la société (1) ; cette opinion, toutefois,
a été contestée (2) ; mais il est certain, au moins, que
cette révocation pourrait être demandée pour cause légitime, comme dans une société en nom collectif, par chacun des associés (3), ou dans les cas déterminés par les
statuts : la décision de l'assemblée générale, prise dans
la limite de ses pouvoirs dans une commandite par actions, ne pourrait être réformée (4).

En admettant même que les commanditaires ne puissent, en aucun cas, révoquer le gérant, il est donc permis de prévoir qu'il pourrait être révoqué par justice ; il
peut mourir, tomber en faillite, refuser de continuer ses
fonctions ; et une clause formelle de l'acte peut stipuler
que, nonobstant cet événement, la société subsistera.
Dans ces différentes circonstances, nous croyons, avec
Pardessus, que les commanditaires sont investis de plein
droit des pouvoirs nécessaires pour nommer un nouveau
gérant, et qu'il ne serait ni juste ni logique, dans ce cas,
de dire qu'ils administrent : « Ils nomment un gérant,

---

(1) Paris, 11 nov. 1848 (S.48.2.687) ; Cass., 22 déc. 1845 ; 23 mars 1846 ;
25 juin 1846 ; Dalloz, *Rép.*, n. 1366 ; Paris, 5 juill. 1859 ; Cass., 9 mai 1859 et
9 mai 1860 (S.59.2.553 et 60.1.442 et 624). *Sic*, Demangeat sur Bravard, t. 1ᵉʳ,
p. 239, note 1ʳᵒ.
(2) Troplong, 433 ; Delangle, n. 176.
(3) Paris, 23 déc. 1848 et 28 fév. 1850 (S.49.2.34 ; 50.2.447).
(4) Cass., 9 mai 1859 ; Dalloz, *Rép.*, vᵒ *Société*, n. 1291 ; Paris, 5 juill. 1859
et Cass., 9 mai 1860 (S.59.2.553, et 60.1.624).

dit Pardessus, précisément pour ne pas administrer, et pour offrir au public un associé indéfiniment responsable, dont l'existence est essentielle dans toute société en commandite. La délibération qui pourvoit au remplacement n'est pas plus un acte d'administration que ne l'était celle qui avait nommé le remplacé ; elle est, à vrai dire, une reconstitution de la société pour la continuation des clauses primitives avec simple changement de personnes, et, sans contredit, avec obligation de rendre ces changements publics. Sans doute, le nouveau gérant, s'il est pris parmi les commanditaires , perdra cette qualité, mais ceux qui l'auront nommé la conserveront. »

La précaution que prendraient les commanditaires, en semblable circonstance, de demander au tribunal une autorisation, serait insuffisante, si la loi était contraire à cette manière de procéder : « Les juges ne pouvant se dispenser d'exécuter les lois, ajoute Pardessus, ne mettraient point les commanditaires à l'abri par leur autorisation (1). »

ARTICLE 25.

Le nom d'un associé commanditaire ne peut faire partie de la raison sociale.

SOMMAIRE.

542. Quelle serait la sanction pour infraction à la règle posée par cet article ?

542. Cet article ne fait qu'expliquer l'art. 23, en énonçant d'une manière expresse que les noms des asso-

___

(1) Pardessus, n. 1031-2°; Troplong, n. 432; Bédarride, n. 251 ; Paris, 5 mai 1811 (J.P.44.1.699, et Cass., 30 avril 1862 (S.63,1.195).

ciés solidaires seuls, et non ceux des commanditaires, peuvent figurer dans la raison sociale.

La sanction d'une infraction à la règle posée par cet article serait probablement d'imposer la solidarité indéfinie à l'associé commanditaire, qui aurait consenti à ce que son nom fît partie de la raison sociale. Il ne faut point perdre de vue que ce n'est point dans l'intérêt des commanditaires et pour leur assurer la faculté de rester inconnus que l'article a été écrit; le droit commun et les stipulations de l'acte de société eussent suffi à cet égard; la disposition de la loi est écrite dans l'intérêt des tiers qui ne doivent pas être abusés et donneraient peut-être leur confiance à la société, d'après le nom qu'ils verraient figurer dans la raison sociale, en croyant, à tort, qu'il appartient à un associé responsable et solidaire. Nous pensons, en conséquence, qu'il y a lieu d'appliquer dans ce cas les mêmes règles que celles qui ont été expliquées plus haut sous l'art. 21 (V. *suprà*, n° 519), pour les personnes non associées dont le nom figure dans une raison sociale; mais quand il s'agit d'un commanditaire, l'hypothèse est à peu près impossible où le fait soit complétement ignoré de lui et à son insu; s'il n'y a fraude, il y aura tout au moins imprudence et faute imputable; par suite, le commanditaire serait nécessairement responsable (1).

Il va de soi que l'addition des mots : *et compagnie,* ajoutés au nom de l'associé responsable et solidaire, et s'appliquant à un commanditaire, ne peut, en aucune sorte, le compromettre (V. *suprà*, n° 534). Mais il faut dire, pour le commanditaire comme pour tout autre as-

(1) Casaregis, disc. 29, n. 27; Troplong, n. 449 ; Delangle, n. 343; Bédarride, n. 485 ; P. Pont, *Rép.*, vᵒ *Société*, n. 1420.

socié, qu'une réserve faite dans l'acte de société, et la publicité qui y a été donnée ne modifieraient pas sa responsabilité à l'égard des tiers, si son nom figure dans la raison sociale; il serait indéfiniment tenu : l'art. 25 est formel et ne permet pas aux parties de se soustraire à la règle qu'il impose.

ARTICLE 26.

L'associé commanditaire n'est passible des pertes que jusqu'à concurrence des fonds qu'il a mis ou dû mettre dans la société.

SOMMAIRE.

543. L'obligation contractée par l'associé commanditaire est restreinte, mais doit être, dans la limite fixée, rigoureusement accomplie.
544. Le commanditaire peut-il prélever annuellement la part que l'acte social lui donne dans les bénéfices ; renvoi.
545. Sommes appartenant au commanditaire, en outre de sa mise, et bénéfices acquis laissés dans la caisse sociale.
546. Droits des créanciers contre le commanditaire ; et droits de celui-ci contre le gérant.
547. Action des créanciers contre le commanditaire qui n'a pas accompli son engagement ; règles à suivre en cas de dol.
548. Suite.
549. Conclusion et règle à suivre en pareille matière. Intérêts de la mise sociale due par les commanditaires.
550. Les commanditaires poursuivis ne peuvent opposer les conventions passées avec le gérant pour être relevés de leurs obligations ; art. 1er et 3 de la loi du 24 juill. 1867; renvoi.
550 bis. Le liquidateur n'est pas le représentant des créanciers.

543. Le droit commun, en matière commerciale, soumet les associés à une responsabilité indéfinie, et tous leurs biens sont le gage des créanciers de la société. La société en commandite est la première exception à cette règle; la loi décide que le commanditaire, quoique associé, n'est passible des pertes que jusqu'à concurrence des fonds qu'il a mis ou dû mettre dans la société. Le sacrifice qu'il est exposé à supporter est déterminé par l'apport qu'il s'est engagé à fournir et ne peut jamais l'excéder. C'est l'avantage de cette espèce de société et l'attrait offert à toute personne qui veut s'y intéresser. Mais, dans cette limite, le commanditaire est rigoureusement tenu de remplir l'obligation qu'il a prise et qui le lie non-seulement envers ses coassociés, mais envers les tiers.

Les règles qui s'appliquent à l'associé commanditaire, quant à la mise qu'il est tenu de fournir, sont soumises aux principes généraux que nous avons expliqués plus haut (V. *suprà*, nᵒˢ 404 et s.), et dans les espèces, citées par nous dans les pages où nous renvoyons, plusieurs mêmes nous ont été fournies par des sociétés en commandites. Nous n'y reviendrons pas.

Le principe général et fondamental de la commandite est donc bien l'obligation pour le commanditaire de verser la commandite qu'il avait promise d'une manière formelle ou même tacitement, et par des actes qui doivent faire présumer son adhésion (1); mais il ne pourrait être tenu envers une société nouvelle ayant remplacé la première en vertu d'une délibération à laquelle n'a point pris part le commanditaire actionné, et qui ne pouvait le lier, et lorsqu'il a voulu constamment rester étranger à cette société nouvelle (2).

544. Au moment où a été écrit le Code de commerce, et au sein même du Conseil d'État, on a agité la question de savoir si l'associé commanditaire peut prélever

---

(1) Paris, 3 juin et 9 juill. 1856 (S.56.2.642); Cass., 13 août 1856 (S.56.1.770); Nîmes, 16 juill. 1852, et Cass., 6 nov. 1865 (S 66.1.109).

(2) Cass., 11 mars 1868 (S.68.1.244), et 6 nov. 1865 (S.66.1.109).

annuellement la part que l'acte social lui donne dans les bénéfices.

Le texte soumis aux délibérations n'était pas assez précis pour trancher la question ; et les lumières que nous fournit la discussion n'ont pu empêcher une très-vive controverse.

La loi du 24 juill. 1867 a essayé d'y mettre un terme, et l'art. 10 s'est occupé de cet objet en ce qui concerne au moins les commandites par actions.

Pour ne pas scinder l'examen d'une question où les principes généraux doivent être posés avant d'arriver à l'examen des dispositions spéciales de l'art. 10 de la loi du 24 juill. 1867, c'est dans le commentaire de ce texte que nous réunirons tout ce que nous avons à dire sur la question qui s'est d'ailleurs plus particulièrement présentée dans les sociétés par actions.

545. Le commanditaire, quoiqu'il soit associé, en outre de la mise par lui promise et versée (V. *suprà*, n° 537), peut avoir dans la société des fonds qui lui appartiennent, et s'être engagé même à les y laisser ; c'est c'est ce qu'on appelle dans ce cas *compte courant obligé ;* à moins de stipulations contraires, ils ne forment pas une addition à sa mise, et le commanditaire doit être, quant à ces fonds, considéré et traité comme créancier (1).

Nous mettrons sur la même ligne les intérêts ou dividendes qui étaient légitimement acquis au commanditaire, et qu'il peut n'avoir pas retirés, sous la condition que ces sommes seraient portées à son crédit. Il nous semble naturel de décider que ces sommes ne deviennent pas ainsi, de plein droit, un supplément de mise, suivant

_____

(1) V. Pardessus, n. 1036.

le sort de la mise elle-même, mais représentent une créance que le commanditaire acquiert contre la société, tout aussi bien que dans le cas où le prélèvement ayant été fait matériellement, des espèces seraient prêtées à la société.

Cette doctrine cependant a été combattue ; M. Bédarride la représente comme violant les principes et méconnaissant le texte et l'esprit de la loi (1). Il nous est impossible de nous associer à cet avis ; il nous paraît reposer sur une subtilité que l'esprit de notre législation repousse, et il aurait pour résultat d'obliger le commanditaire, voulant réserver ses droits, à jouer la comédie puérile d'emporter ses fonds aujourd'hui pour les rapporter demain dans le local d'où il viendrait de les déplacer.

Nous n'acceptons pas, comme contraire à notre opinion, l'arrêt de la Cour d'Angers (2), cité par M. Bédarride. Il ne s'agissait pas, dans l'espèce, de bénéfices fixés et régulièrement liquidés à la suite de chaque inventaire, mais bien d'un compte à faire pour la première fois au moment de la liquidation définitive de la société, où le commanditaire s'était même fait allouer, en outre de sa mise et des bénéfices prétendus, une somme représentant la valeur de certaines créances sociales ; et cela lorsque le résultat de cette liquidation laissait en souffrance les créanciers de la société : il paraissait impossible, en semblable circonstance, de favoriser le commanditaire aux dépens des créanciers.

546. Les fonds mêmes qui composent la mise sociale ne peuvent être retirés avant la dissolution de la société

---

(1) Bédarride, n. 235. *Contrà*, Rouen, 30 mars 1844 (J.P.44.1.473) ; Delangle, n. 364 ; Dalloz, *Rép.*, vo *Société*, n. 1400.

(2) Angers, 18 fév. 1843 (J.P.43.2.166).

et sa liquidation ; ils appartiennent aux créanciers, et tout remboursement anticipé fait à leur préjudice serait nul ; aucun doute ne peut exister à cet égard (1).

Si la société était nulle par défaut de publication ou par toute autre cause, le commanditaire qui ne peut, en aucun cas, concourir avec les créanciers de la société, perdrait même le droit qui lui appartient dans une société régulière, de prélever sa mise de préférence aux créanciers personnels du gérant ; il ne pourrait que concourir avec eux (2).

Quelles que soient, en effet, les stipulations intervenues entre le gérant et le commanditaire, il est certain que le montant intégral de la commandite est le gage des créanciers sociaux et doit, jusqu'à parfait paiement, leur être abandonné tout entier : les créanciers personnels du gérant ne peuvent donc évidemment prétendre aucun droit sur les deniers composant la commandite.

On ne peut poser des principes aussi absolus dans le règlement à faire entre le commanditaire et le gérant, parce qu'il y a lieu de tenir compte des stipulations de l'acte de société. La mise d'un associé, commanditaire ou autre, ne peut être exempte de toute contribution aux pertes ; il y aurait société léonine ; mais, sous cette réserve, le partage du fonds social diminué par les pertes ou l'acquittement des dettes se fera d'après les conventions des parties ; et le commanditaire peut stipuler qu'il ne sera passible des pertes, par exemple, que pour une portion de sa commandite.

Il est donc possible que le commanditaire, par suite

---

(1) Cass., 13 août 1846 ; Paris, 22 mai 1844 ; Dalloz, *Rép.*, n. 1342 ; Ang rs, 18 fév. 1843 ; Douai, 14 déc. 1843 (S.43.2.389, et 44.2.313).

(2) Lyon, 24 janv. 1843 (S.46.2.211).

des obligations qui le lient envers les créanciers sociaux, ait payé une somme plus forte qu'il n'y était tenu d'après ses conventions avec le gérant; dans ce cas, l'actif social étant épuisé, il a, pour le remboursement de cet excédant, une action sur les biens du gérant, constitué son débiteur personnel. S'il n'est en concurrence qu'avec les créanciers personnels, ils viennent tous au même titre et sans préférence. S'il est en concurrence avec des créanciers sociaux, qui n'ont pas été complétement désintéressés, une situation singulière se présentera, puisque, d'une part, sur les biens personnels du gérant, les créanciers sociaux et les créanciers personnels, au nombre desquels, dans notre hypothèse, se trouvent les commanditaires, viennent en concours; et, d'autre part, que le commanditaire ne peut rien enlever aux créanciers sociaux, du montant intégral de sa commandite.

Il faut décider que, quelles que soient les stipulations intervenues entre les commanditaires et les associés gérants, et quoique parfaitement valables entre eux, les commanditaires ne peuvent, pour l'exécution de ces conventions, venir jamais en concours avec les créanciers sociaux, même sur les biens personnels de ces associés (1).

Les créanciers ne pourraient toutefois, bien entendu, empêcher le commanditaire de se présenter comme créancier, à raison des opérations personnelles et distinctes qu'il a faites et pouvait faire avec la société (2). L'hypothèse est toute différente.

547. Le commanditaire qui n'a pas accompli son engagement en versant intégralement sa mise, peut-il

---

(1) Cass., 9 mai 1865 (D.P.65.1.277). V. Cass., 1ᵉʳ déc. 1856 (S.57.1.519).
(2) Cass., 25 juin 1862 (S.62.1.955).

être actionné directement par les créanciers pour le paiement des fonds qu'il doit verser, ou les créanciers ne
peuvent-ils intenter qu'une action oblique ; en d'autres
termes, poursuivre le commanditaire en retard au nom
du gérant de la société, leur débiteur, et non en leur
nom, et, par suite, s'exposer à être repoussés par des
exceptions qui seraient personnelles au gérant ?

Les monuments de l'ancienne jurisprudence doivent
tout d'abord être écartés, parce que la société appelée
en commandite avant le Code de commerce était en réalité anonyme, et les commanditaires complétement inconnus du public. Sauf quelques exceptions, qui laissaient parfaitement subsister la règle comme principe,
c'était l'ancien ordre de choses auquel se référait Merlin,
quand il soutenait au Conseil d'État qu'il n'y avait que
deux sociétés : « la société collective, disait-il, qui unit
plusieurs associés sous un nom social ; la société anonyme, qui ne porte qu'un *nom unique* et dans laquelle
rentre *la société en commandite* » (1).

Le Code de commerce a établi des règles différentes ;
Regnaud de Saint-Jean-d'Angély répondant à Merlin, et
après avoir expliqué avec précision les différences carac-
téristiques et essentielles qui séparent la société anonyme de la société en commandite, conclut en disant que
le commanditaire : « répond *directement,* quoique seulement en proportion de sa mise (2). » M. Cretet ajoutait
après lui : « Le projet consacre ce principe et ne laisse
plus de prise au doute (3). »

La différence unique, mais immense, que la loi a mise
entre les gérants et les commanditaires, c'est que les

---

(1) Procès-verbaux, 13 janv. 1807, Locré, t. 17, p. 184.
(2) Locré, t. 17, p. 185.
(3) Locré, t. 17, p. 187.

uns sont tenus indéfiniment, et les autres jusqu'à concurrence seulement de leur commandite ; mais ils ne peuvent être tenus envers des personnes différentes. Si les créanciers ont une action directe contre le gérant, comment leurs droits ne seraient-ils pas les mêmes envers les commanditaires? Ils sont les uns et les autres *associés*. La loi n'appelle pas les commanditaires, comme on l'a répété trop souvent, *simples bailleurs de fonds*, mais bien : ASSOCIÉS, simples bailleurs de fonds. Ils sont donc avant tout associés ; et, pour les distinguer ensuite des associés gérants, la loi ajoute, avec une parfaite exactitude : simples bailleurs de fonds.

Comment admettre que ces divers associés ne soient pas tous obligés envers les tiers ; et, à quoi bon, s'il n'en était pas ainsi, la publicité si grande donnée à l'acte de société ! Ainsi un commanditaire, le lendemain de la formation de la société, deviendra créancier en compte courant envers elle d'une somme égale au montant de sa commandite, et au jour de la déconfiture n'aurait rien à payer, parce qu'il opposerait au gérant la compensation ! Ce n'est pas là ce qu'a voulu la loi, et les tiers, dans un pareil système, seraient victimes des précautions mêmes qui paraissent avoir été prises dans leur intérêt.

548. Les partisans du système opposé au nôtre ont été jusqu'à dire que les commanditaires ne pouvaient s'engager personnellement envers les créanciers, parce qu'ils doivent rester étrangers à la gestion de la société. Cet argument n'est pas sérieux ; ce n'est évidemment pas plus un acte de gestion de s'engager envers les créanciers qu'envers le gérant.

La faillite, dit-on encore, ne peut créer au profit des créanciers un droit nouveau qu'ils n'avaient pas avant la

faillite : aussi, quant à nous, nous admettons sans difficulté que ce droit, en effet, existait virtuellement avant
la faillite ; mais les créanciers n'en avaient pas et ne pouvaient pas en avoir l'exercice, d'abord, et en vertu de ce
principe établi précédemment qui ne permet pas de s'a-
dresser à l'associé, même en nom collectif, avant d'avoir
interpellé la société (V. *suprà*, n. 522) ; en outre, faute
d'intérêt : tant que la société sera debout, on doit donc
s'adresser au gérant seul, lequel représente la société et
la résume dans sa personne ; et faute d'intérêt d'ailleurs,
nous le répétons, à s'adresser aux autres associés (1).
Nous regretterions que personne pût prendre le change
et croire que, pour nous, l'action directe naît de la faillite ; ce n'est pas une semblable hérésie que nous ensei-
gnons ; mais autre chose est le droit, autre chose est la
manière de l'exercer.

Comment un créancier peut-il savoir si le commanditaire a versé sa mise avant la faillite déclarée? Faut-il
qu'à chaque instant, le commanditaire puisse être mis en
cause et tenu de faire à tout propos et à toute réquisition,
et à toute personne, la preuve de sa libération? Comment un créancier se ferait-il attribuer les sommes que le
commanditaire a pris l'engagement de verser au profit
de tous ceux qui contracteraient avec la société dont il
fait partie? Les associés commanditaires ou autres ne
peuvent être débiteurs de leur mise qu'à la société tant
qu'elle existe ; ou à la masse des créanciers quand la
faillite est déclarée ; ou à chacun d'eux, si l'on veut,
quand l'union aura été dissoute (C. comm., art. 537 et
539). « Si le commanditaire n'a pas versé sa mise, dit
Pardessus, il en est débiteur ; il est tenu des dettes jus-

_____

(1) Troplong, *Sociétés*, n. 841.

qu'à concurrence de cette mise; cette obligation est le résultat de l'acte social, qui, par sa publicité, forme contre lui un titre au profit des tiers envers lesquels il a été engagé par le gérant, son mandataire (1). »

549. La règle nous semble donc facile à établir : ou la société, à qui le créancier doit s'adresser d'abord, non-seulement dans le cas que nous discutons, mais en toute circonstance, paiera, et alors tout intérêt disparaît; ou elle se constituera en état de cessation de paiements, et alors le créancier pourra agir contre tous les associés en nom collectif et en commandite, contre les premiers indéfiniment, contre les seconds, dans la limite de leur mise; mais cette mise, ils se sont engagés à la verser envers tous les créanciers que rien n'a établis solidaires à son égard, de manière que le paiement fait à l'un d'eux le libère envers tous les autres : le commanditaire devra donc, dans tous les cas, ou prouver sa libération envers la société par un versement effectif, ce qui le dégage de toute obligation; ou ne verser sa mise qu'entre les mains des syndics, si la société n'est plus en état de recevoir.

Ajoutons qu'il est bien évident que le mystère qui couvre le nom des commanditaires serait dévoilé tout aussi bien par l'action oblique que par l'action directe : la loi, par des scrupules faciles à concevoir, n'oblige pas les commanditaires à se nommer; mais elle ne défend

---

(1) Pardessus, n. 1034; Massé, n. 1977; Malpeyre et Jourdain, p. 156; Persil, fils, sur l'art. 23; Dageville, t. 1er, p. 102 et s.; Bédarride, n. 237; Aix, 10 mars 1820; Paris, 23 fév. 1833; Rouen, 24 déc. 1844; Cass., 28 fév. 1844; *Id.* 25 juin 1846; Paris, 16 déc. 1850; Cass., 30 juill. 1851; Grenoble, 19 janv. 1854; Dalloz, *Rép.*, n. 1335; Aix, 3 août 1860 (S.64.2.447); Cass., 24 juin 1864 (S.62.1.485); Lyon, 2 fév. 1864, et Cass., 9 fév. 1864 (S.64.1.137, et 65.2.259); Poitiers, 30 janv. 1867 (D.P.67.2.142). *Contrà*, Delangle, n. 276; Molinier, n. 547; Paris, 24 août 1833; Douai, 11 juill. 1846; Dalloz, *Rép.*, n. 1338.

pas aux créanciers de s'enquérir de leurs noms s'ils y ont intérêt (1).

Nul doute, toutefois, que s'il existait dans l'acte de société, duquel dérivent les obligations des commanditaires, des exceptions fondamentales et destructives de l'existence et des effets de cet acte, rendues publiques conformément aux art. 42 et s., C. comm., les commanditaires seraient en droit de les opposer aux syndics, comme ils auraient pu le faire au gérant lui-même, puisque l'acte de société est le seul titre des créanciers (2). S'il y avait doute quant à l'interprétation de l'acte social, les tribunaux décideraient. Ainsi, ils ont dû déclarer que les souscripteurs d'actions qui, d'après le pacte social, ne sont tenus de compléter leurs versements que contre la remise des titres libérés et définitifs, deviennent débiteurs purs et simples de leurs derniers versements, lorsque, la société étant tombée en faillite, la délivrance des titres est devenue impossible (3).

Cette règle, cependant, doit être sainement entendue et en la combinant avec les principes que nous venons de développer dans ce numéro et les deux numéros précédents, et qui rendent le commanditaire débiteur, non-seulement envers le gérant avec qui il a contracté, mais encore envers les tiers, lesquels, nous venons de le dire, ont contre lui, non l'action oblique, mais bien l'action directe. Ainsi, si la société est illicite, contraire aux bonnes mœurs et, en définitive, nulle de plein droit, le commanditaire ne sera tenu envers personne. Mais si l'engagement du commanditaire a été déterminé par le

---

(1) Troplong, *Sociétés*, n. 843.
(2) V. Cass., 18 avril 1877 (D.P.78.1.87), qui pourrait être cité comme contraire.
(3) Même arrêt.

dol et la fraude du gérant, il pourra sans doute, contre
ce dernier, se prévaloir de ces circonstances, soit pour
refuser de verser sa mise, soit pour lui demander des
dommages-intérêts ; mais il n'a aucune exception à opposer aux tiers qui, nous ne saurions trop le répéter,
n'agissent pas comme exerçant les droits du gérant, mais
comme exerçant un droit qui leur est propre. C'est là le
grand intérêt pratique de la question que nous venons
d'examiner.

La jurisprudence est favorable à l'opinion que nous
soutenons ; et il a été jugé avec raison que cette règle est
applicable aussi bien dans le cas où la société a été déclarée nulle que dans celui où elle est tombée en fail-
lité (1).

L'engagement qui n'était pas valablement contracté
envers le gérant était parfaitement valable envers les
tiers.

Les intérêts de la mise sociale des souscripteurs d'actions seraient dus à partir du jour où le versement de
cette mise devait être effectué, et non point seulement
du jour de la demande en justice (2); c'est, au reste, la
disposition formelle de l'art. 1846, C. civ.

550. En principe, nul doute ne peut donc s'élever
pour décider que le gérant, dont le premier devoir est
d'obliger les commanditaires à réaliser les mises par eux
promises et jusqu'à concurrence desquelles il a mandat
pour les engager envers les tiers, ne peut les dégager des
obligations qu'ils ont contractées et sur la foi desquelles
la société s'est formée et les tiers ont traité : les comman-

---

(1) Cass., 25 juin 1846 (J.P.46.2.488) ; Douai, 11 juill. 1846 (J.P.46.2.490);
Cass., 24 juin 1864, et Lyon, 7 avril 1865 (D.P.64.1.435. et 65.2.177) ; Cass.,
10 fév. 1868 (S.68.1.449).

(2) Aix, 14 nov. 1860, et Cass., 6 août 1862 (S.62.2.296, et 1.783).

ditaires ne peuvent opposer aux demandes formées contre
eux, soit par la société, soit par les créanciers de la société, les conventions passées avec les gérants, et qui auraient pour résultat, soit la restitution des mises versées,
soit l'exonération des mises à verser ; sans qu'il y ait lieu
d'établir aucune distinction dans le cas où ces conventions ont la forme de rétrocession ou toute autre, si elles
ont pour résultat de dégager le commanditaire de l'obligation qu'il a consentie. Celui-ci ne peut même exiger
des tiers la remise préalable des titres dont il s'est des-
saisi (1). Il semblerait inutile d'ajouter, si la question
n'avait pas été élevée dans la même espèce, que les commanditaires ne sauraient être tenus envers les créanciers
d'une société nouvelle qui s'est substituée à celle dont
ils faisaient partie, et à laquelle ils sont restés complète-
ment étrangers (2).

On citerait mal à propos, comme contraire à la règle
posée par nous, une décision de la Cour de cassation refusant de casser un arrêt ayant jugé que des faits souverainement constatés et appréciés, il résultait que l'opération reprochée au gérant devait être assimilée à la
cession que les actionnaires remboursés auraient faite
eux-mêmes de leurs titres à de nouveaux actionnaires venant prendre leur place. C'est un arrêt d'espèce et une
appréciation critiquable peut-être, mais souveraine, faite
par les juges du fond (3).

L'art. 3 de la loi du 24 juillet 1867 a modifié, dans
une certaine mesure, les principes que nous venons de

---

(1) Cass., 6 nov. 1865 (D.P.65.1.479) ; Cass., 18 fév. 1868 (D.P.68.1.503) ;
Riom, 22 fév. 1870 (D.P.71.2.66) ; Rouen, 1er mai 1869 (J.P.70, p. 920).
(2) Cass., 6 nov. 1865 et 11 mars 1868 (S.66.1.109, et 68.1.211) ; 14 déc. 1869
(D.P.70.1.479).
(3) Cass., 11 déc. 1866 (S.68.1.119).

poser pour les sociétés par actions ; nous ne pouvons que renvoyer au commentaire de cette loi placée dans notre appendice.

Sous l'art. 1er de cette loi, nous examinerons également si le gérant peut se rendre souscripteur ou acquéreur des actions de la société dont il fait partie.

La question s'est présentée de savoir si les liquidateurs d'une société pouvaient actionner les commanditaires lorsque, par suite de conventions particulières intervenues entre ces commanditaires et tous les membres, sans exception, de l'ancienne société dissoute, cette société même aurait été sans droit. En d'autres termes, si les liquidateurs peuvent agir comme représentant les créanciers, ainsi que les syndics peuvent le faire.

La Cour de Poitiers, saisie de la question, avait dit dans un arrêt du 12 juill. 1875 : « Que les liquidateurs « sont sans qualité pour agir contre les associés com- « manditaires non débiteurs de leurs coassociés ;—qu'ils « ne peuvent représenter les créanciers et attaquer en « leur nom, conformément à l'art. 1167, C. civ., des « actes faits par les membres de la société. »

La Cour de cassation a cassé cet arrêt par ce motif : « Que toute société de commerce, régulièrement formée, constitue une personne morale ayant des droits complétement distincts de ceux des associés qui la composent (1). »

Le principe rappelé par la Cour de cassation n'est douteux pour personne ; mais nous avouons ne pas comprendre que cette fiction puisse être portée à ce point que là où aucun des membres de la société, que là où chacun d'eux, ni tous ensemble, ne pourraient agir, il reste en-

_____

(1) Poitiers, 12 juill. 1875 ; Cass., 16 mai 1877 (D.P.78.4.84).

core un être moral pouvant faire plus et autrement que tous les associés ; et le liquidateur, évidemment, n'a pas plus de droit que l'ancienne société dissoute. Nous venons de dire très-longuement, et nous rappelons, que les créanciers ont un droit distinct de celui de la société, mais le liquidateur n'est pas leur représentant.

ARTICLE 27.

L'associé commanditaire ne peut faire aucun acte de gestion, même en vertu de procuration (1).

ARTICLE 28.

En cas de contravention à la prohibition mentionnée dans l'article précédent, l'associé commanditaire est obligé, solidairement avec les associés en nom collectif, pour les dettes et engagements de la société qui dérivent des actes de gestion qu'il a faits, et il peut, suivant le nombre ou la gravité de ces actes, être déclaré solidairement obligé pour tous les engagements de la société ou pour quelques-uns seulement.

Les avis et conseils, les actes de contrôle et de surveillance n'engagent point l'associé commanditaire (2).

---

(1) La loi du 6 mai 1863 a remplacé par l'article que nous venons de donner le texte de l'article du Code de commerce qui était ainsi conçu : « L'associé comman- « ditaire ne peut faire aucun acte de gestion ni être employé pour les affaires de « la société, même en vertu de procuration. »

(2) La loi du 6 mai 1863 a remplacé par l'article dont nous venons de donner le texte l'article du Code de commerce qui était ainsi conçu : « En cas de contra- « vention à la prohibition mentionnée dans l'article précédent, l'associé comman- « ditaire est obligé solidairement, avec les associés en nom collectif, pour toutes « les dettes et engagements de la société. »

551. « En fixant les droits et les devoirs des commanditaires, ont dit les auteurs du Code de commerce, en déclarant qu'ils ne peuvent gérer ni administrer pour le compte de la société, on a déterminé leur véritable caractère. En effet, si l'on ne maintient pas cette disposition, quelque sévère qu'elle paraisse, les associés commanditaires pourront abuser de leur qualité sans s'exposer au moindre danger; cette espèce de société deviendrait un moyen de fraude (1). » La disposition contenue dans cet article avait été, de la part des corps judiciaires auxquels elle avait été communiquée, l'objet d'observations nombreuses, souvent en sens contraire; elles eu-

(1) *Observations des trib.*, t. 1er, p. 3.

rent pour résultat de faire ajouter à la rédaction primitive la mention expresse que l'associé commanditaire ne pourrait agir au nom de la société, même en vertu d'une procuration : les termes de la loi sont formels, très-clairs, et il est évident que la prohibition est absolue.

Si la prohibition dont sont frappés les commanditaires ne peut être éludée en aucune manière, il reste toutefois à en déterminer les limites, car elle n'est pas générale.

La Cour de cassation avait demandé que le commanditaire ne pût assister aux assemblées de la société ni prendre aucune part aux délibérations (1) ; et peut-être était-ce aussi la pensée du Conseil d'État, dont le projet défendait à l'associé commanditaire *de concourir en aucune manière aux achats, ventes, obligations et engagements de la société.* Le Tribunat trouva que l'exclusion était trop générale : « Un des droits du commanditaire, a-t-il dit, est de participer aux délibérations, et ces délibérations ont souvent pour but, ou d'en approuver les opérations, ou d'en autoriser les engagements, de sorte que, sous ce rapport, le commanditaire y concourt et doit y concourir au moins par son consentement (2). » Le Conseil d'État fit droit à ces observations en adoptant la rédaction proposée par le Tribunat : tous les auteurs ont enseigné une doctrine conforme.

Il faut donc distinguer avec soin les actes de gestion qui sont interdits aux commanditaires, même en vertu d'une procuration (3), et le concours aux délibérations, qui est licite de leur part. Pour bien faire accepter la position respective des associés gérants et des commanditaires, M. Troplong compare les premiers à un tu-

---

(1) *Analyse raisonnée des observ. des trib.,* p. 22.
(2) *Observations du tribunat;* Locré, t. 17, p. 308. *Sic, Code hongrois,* art. 33.
(3) Cass., 14 mars 1866, *Gaz. des Trib.,* 15 mars 1866.

teur qui, seul, a l'administration et, avec elle, une responsabilité personnelle ; et les autres, aux membres du
conseil de famille placés à côté du tuteur, qui délibèrent,
mais qu'on n'a jamais songé à regarder comme administrateurs de la tutelle (1). Toutefois, il faudrait ajouter
que le rôle des membres du conseil de famille est à peu
près passif en ce qui concerne l'administration, et que
bien rarement les occasions se présentent pour eux de
l'exercer ; il en est tout autrement des commanditaires,
toujours intéressés personnellement dans la gestion dont
ils sont exclus.

552. La loi nouvelle, qui a modifié le texte de l'ancien Code, a voulu aider la jurisprudence et la doctrine
à interpréter d'une manière large les principes qu'avait
posés le Code de commerce ; elle a dit particulièrement,
en termes exprès, que les avis et conseils, les actes de
contrôle et de surveillance n'engagent point l'associé
commanditaire ; mais elle n'a pas voulu apporter de
changement fondamental dans la manière dont la loi devait être entendue et appliquée.

« Depuis 1807, disait au Corps législatif M. David
Deschamps, rapporteur de la commission, on n'a jamais
compris les sociétés en commandite sans deux principes
essentiels. D'abord, c'est que le gérant, qui est responsable dans sa fortune, responsable dans son honneur, doit être omnipotent dans son action, libre de
toute entrave ; ensuite, c'est que le commanditaire qui
ne risque que son argent, que la part d'argent qu'il a
mise dans l'affaire, n'a pas le droit de gérer.

« Sous l'ancienne législation, celle qui nous régit encore aujourd'hui, la loi était excessivement rigoureuse,

---

(1) *Sociétés*, n. 424.

car il suffisait à un commanditaire d'avoir fait un simple
acte de gestion pour être responsable non-seulement des
conséquences de cet acte de gestion, mais encore de tous
les engagements de la société, même de ceux qui étaient
antérieurs à leur immixtion, même de ceux dont il n'avait
pas connaissance. C'est pour cela qu'à bon droit, dans
l'exposé des motifs, on dit que le juge était quelquefois
exposé à rendre des sentences dont il regrettait la rigueur.

« Arrive le projet de loi dont vous êtes saisis aujour-
d'hui.

« A moins de fermer les yeux à la lumière, il faut
bien reconnaître qu'il a été dicté par une pensée libérale.

« En effet, désormais le commanditaire qui aura fait
des actes de gestion ne sera pas forcément responsable
de tous les engagements de la société ; il sera responsable
et c'est le bon sens qui le dit, la loi n'avait pas, pour
ainsi dire, besoin d'en faire mention, puisque c'est
le droit commun, il sera responsable de ses actes de
gestion.

« Une première objection a été soulevée par l'honorable M. Devinck.

« Dans la commission, l'honorable M. Devinck, qui
faisait partie de la minorité, voulait effacer ces mots du
projet : « Ne peut faire aucun acte de gestion » et les
remplacer par ceux-ci « ne peut pas gérer. » A quoi la
majorité a répondu : Mais combien faudra-t-il donc d'actes pour gérer ? Quoi ! un acte isolé ne peut pas être con-
damnable !..... Mais si cet acte est grave, désastreux pour
la société ou pour des tiers, quand bien même cet acte
serait unique, pourquoi le commanditaire qui l'a commis n'en serait-il pas responsable ?

« Telle a été l'opinion de la majorité de votre commission.

« Par cela seul qu'il a été fait un acte grave de gestion qui a eu des conséquences désastreuses pour des tiers ou pour la société, il faut que celui qui a fait indûment cet acte soit responsable des conséquences de son immixtion.

« Une autre observation a été faite par MM. Devink et Javal simultanément; on nous a dit : Il n'y a pas concordance entre vos art. 27 et 28 : dans un cas, la responsabilité est forcée; dans l'autre, elle est facultative.

« J'avoue que, pour moi, je ne trouve rien de plus logique, de plus rationnel que la concordance de ces deux articles. Qu'est-ce que vous dit le projet de loi? Vous ne devez pas faire d'actes de gestion : si vous faites indûment un acte de gestion, vous êtes forcément responsable; puis il ajoute : Si sans faire un acte de gestion qui vous rendrait forcément responsable vis-à-vis des tiers, vous vous immiscez à la gestion, si vous prenez l'habitude de mettre de côté le gérant, de faire ce qu'il aurait eu seul le droit de faire; si le public voit cela, s'il trouve en vous un individu qui, n'étant pas gérant, qui, n'étant que commanditaire, donne des ordres, fait des marchés; dans ce cas-là, alors même que vous n'auriez pas fait un acte de gestion, si l'acte que vous avez fait est préjudiciable à un tiers, vous pouvez être responsable. Ici, il y aura eu dans vos habitudes, des actes, des faits qui auront pu vous faire passer pour un gérant; mais vous ne serez plus responsable de plein droit; les tribunaux pourront examiner si les résultats de cette habitude de faire certains actes, qui ont pu tromper le public et vous faire prendre pour gérant, ne doivent pas vous rendre responsable : ils peuvent examiner la question de savoir s'il y a lieu d'appliquer contre vous la responsabilité facultative. Il m'est impossible de voir une anomalie entre ces deux cas, qui se concilient, au contraire, à merveille.

« Je le répète, la pensée du Gouvernement était une pensée libérale. Tout d'emblée nous y sommes entrés : nous avons demandé le retranchement de certaines dispositions qui avaient un caractère de défiance et de rigueur qui ne s'accordait pas avec la tendance du projet de loi, qui a pour but de tempérer les rigueurs de la loi. Ainsi, on voulait punir celui qui prenait part à l'administration ; le mot « prendre part » a été effacé du consentement du Conseil d'État. Il y avait une prohibition à l'égard des employés ; nous avons demandé qu'elle fût effacée : on y a consenti.

« Nous avons, en outre, ajouté au projet de loi des clauses qui ont bien leur importance. Je sais bien que si le public se composait d'individus tous avocats ou tous légistes, nous n'aurions pas eu besoin d'écrire dans la loi que le commanditaire n'est pas obligé, parce qu'il exerce des actes de contrôle, de surveillance, parce qu'il donne des avis et des conseils : la jurisprudence et la doctrine l'avaient dit comme nous et avant le projet de loi. Mais, malgré tout, comme en définitive on ne saurait parler trop clairement au public, lorsqu'on s'adresse à lui, qu'on lui demande son argent, nous avons converti en disposition législative ce qui n'était que l'opinion des tribunaux et des jurisconsultes.

« En résumé, les dispositions dont nous avons demandé la suppression nous paraissent n'être plus en harmonie avec la loi. Celles que nous avons ajoutées, ou du moins dont nous avons demandé l'addition, donnent une nouvelle force à la loi. Je sais qu'avec cette loi nous pouvons espérer que les sociétés en commandite prendront un nouveau développement, et que le public sera affran-

chi de ses craintes, exagérées il est vrai, mais qui font
que les gens les plus capables, et dont l'assistance serait
si précieuse au gérant, se tiennent à l'écart, de peur de
dire un mot qui pourrait passer pour un ordre et donner lieu ultérieurement à une responsabilité. A notre
sens, nous pensons qu'en votant cette loi, vous ferez une
chose bonne et utile au commerce. »

553. Les décisions antérieures à la loi nouvelle peuvent donc encore être consultées avec fruit, à bien des
égards, puisque le principe posé par l'art. 27, au moins,
n'a pas changé.

Nous avons vu, sous l'art. 23 (*suprà*, nᵒ 534 et suiv.),
des décisions judiciaires, basées sur le texte même de
l'acte de société, déclarer que la qualification donnée au
contrat était inexacte, et que la société devait être réputée en nom collectif et non en commandite ; toute recherche des actes du prétendu commanditaire est inutile
dans ce cas : le contrat même de société suffit pour déterminer la véritable qualité du contractant et en fait un
associé responsable et solidaire. L'art. 27 s'applique à
une autre hypothèse. L'acte même de société est régulier
et ne donnait bien au commanditaire que les droits qui
peuvent lui appartenir ; mais il a outrepassé ses pouvoirs,
il a fait des actes de gestion qui lui étaient interdits conformément aux dispositions de la loi ; et la conséquence
de ces faits est pour lui, non d'être déclaré associé en
nom collectif, mais simplement d'encourir la responsabilité à laquelle le soumet, ainsi que nous le verrons tout
à l'heure, l'article 28. Mais, nous le répétons, toute intervention dans les affaires de la société n'est pas un acte
de gestion.

Ainsi, on avait jugé que le commanditaire pouvait
donner à l'associé gérant des instructions pour l'adminis-

tration sociale (1), vérifier les livres et la caisse (2), demander au gérant le compte de son administration, si ces mesures se renferment dans l'intérieur de la société et restent entièrement étrangères aux tiers qui traitent avec le gérant (3). Le commanditaire peut également intervenir pour autoriser l'achat d'un immeuble destiné à devenir le siége de la société, l'agrandissement des bâtiments consacrés à l'exploitation, un emprunt qui sera devenu nécessaire ou l'aliénation d'un immeuble social : « Attendu, a dit la Cour de cassation, que la disposition des art. 27 et 28, C. comm., ni dans son texte, ni dans son esprit, n'est incompatible avec le droit des associés commanditaires d'exercer sur la gestion de la société une surveillance limitée et raisonnable, que justifie leur intérêt(4). »

Un autre arrêt de la même Cour porte : « Attendu que l'arrêt attaqué, en appréciant les prétendus actes d'immixtion reprochés aux défendeurs sous le mérite de cette idée, que délibérer n'est pas agir, et qu'approuver une gestion n'était pas gérer, n'a fait qu'établir une distinction qui ressort de la nature des choses ; que cet arrêt constate, d'ailleurs, que les règles de conduite tracées par l'assemblée générale des actionnaires n'étaient pas obligatoires pour le gérant, qui était toujours maître de s'en écarter sous sa responsabilité personnelle (5).

Si des conventions particulières sont venues restrein-

---

(1) Bordeaux, 16 avril 1832 et 29 août 1838 (S.33.2.133 ; 39.2.43) ; Cass., 13 déc. 1841 (S.42.1.141).

(2) Bordeaux, 7 juin 1842 (S.43.2.79) ; Cass., 5 janv. 1859 (J.P.59, p. 222).

(3) Cass., 13 nov. 1844 ; 23 mars et 25 juin 1846 (S.44.1.847; 46.1.770); Rouen, 9 juin 1875 (D.P.75.2.205).

(4) Cass., 25 juin 1846 (J.P.46.2.481).

(5) Cass., 23 mars 1846 (J.P.46.2.482). — V. également Cass., 29 mars 1843 (S.43.1.593) ; Id., 22 déc. 1845 (D.P.46.1.30) ; Id., 17 janv. 1855 ; 29 juin 1858 et 24 mai 1859 (S.55.1.90 ; 59.1.483 et 818); Paris, 4 janv. 1844 ; Dalloz, Rép., n. 1355 ; Lyon, 15 avril 1859 (S.59.2.435). Sic, Troplong, n. 424 ; Delangle, n. 386 ; Bédarride, n. 245 ; Pardessus, n. 1034.

dre outre mesure les pouvoirs du gérant, elles pourront être invoquées et discutées, s'il y a lieu, entre lui et les commanditaires ; mais, à l'égard des tiers, le gérant conserve, sous sa responsabilité personnelle, s'il y a lieu, l'exercice qui lui appartient; le commanditaire ne peut les exercer à sa place, sans abdiquer son rôle et encourir la responsabilité prévue par l'article 28. Il doit craindre que tout acte, de sa part, ayant cette tendance, ne lui soit reproché. Ainsi, la Cour de Paris a jugé que les délibérations par lesquelles des associés commanditaires, réunis en conseil de surveillance, étendent ou restreignent l'action du gérant, constituent des actes de gestion et rendent ces commanditaires responsables des dettes sociales (1). Peut-être, toutefois, sauf l'appréciation des faits, cette doctrine, si elle devait être considérée comme une règle générale, pourrait paraître trop sévère. En effet, si des modifications sont reconnues nécessaires à l'organisation primitive, qu'elles soient prévues dans l'acte social ou proposées par suite d'événements fortuits, les commanditaires pourront délibérer, sans faire acte d'immixtion, ni sortir de leur rôle (2).

En dehors même du cercle des actes d'administration, le commanditaire, s'il intervient pour approuver la conduite du gérant et autoriser ses opérations, doit éviter encore, avec le plus grand soin, de tromper les tiers sur sa qualité et de traiter directement avec eux.

Dans tous les cas, il faut que les faits de gestion ou d'immixtion aient eu lieu pendant l'existence de la société et avant sa dissolution légale et sa mise en liquidation : les commanditaires peuvent donc coopérer et prendre part

---

(1) Paris, 26 mars 1840 (J.P.40, t. 1er, p. 704).
(2) Paris, 23 juill. 1828, et Cass., 13 déc. 1841 ; Dalloz, *Rép.*, n. 1365 ; Troplong, n. 426 ; Delangle, n. 387 ; Bédarride, n. 251.

à la liquidation (1), comme ils peuvent évidemment, dans tous les cas, recevoir les comptes des gérants (2).

Quand l'immixtion existe, la responsabilité serait encourue aussi bien lorsque le commanditaire agit par mandataire, que lorsqu'il agit par lui-même (3).

Les tribunaux, au reste, sont les juges naturels pour apprécier les faits, et leur décision pourra difficilement donner ouverture à cassation (4) ; mais l'art. 10 de la loi sur les sociétés par actions du 24 juillet 1867 paraît une interprétation législative qui accorde, dans tous les cas, aux commanditaires, le droit de vérifier les livres, la caisse, le portefeuille et les valeurs de la société (5). Le commanditaire, qui a le droit d'examiner les livres, peut se faire remplacer par un mandataire, à qui il déléguera le pouvoir qui lui appartient (6).

Disons enfin que la rédaction nouvelle des art. 27 et 28 semble avoir mis hors de controverse, que si les actes reprochés aux commanditaires n'étaient pas de nature à les mettre en contact avec les tiers et à faire penser à ceux-ci qu'ils avaient une action directe dans les affaires de la société, leur responsabilité ne peut être engagée (7). La décision doit être différente si le commanditaire, indépendamment de cette influence tout intérieure sur la direction des opérations, que la loi

---

(1) Cass., 26 déc. 1842 (S.43.1.404), et 17 avril 1843 (J.P.43.2.263) ; Cass., 31 mai 1831 ; Nancy, 25 janv. 1845 ; Dalloz, *Rép.*, n. 1371 ; Delangle, n. 396 ; Troplong, n. 1045 ; Bédarride, n. 251.

(2) Cass., 5 janv. 1859 (S.60.1.444).

(3) Douai, 21 fév. 1861 (S.61.2.289).

(4) Cass., 6 fév. 1843 ; 6 mai 1835 ; 7 mars et 24 mai 1859 ; Dalloz, *Rép.*, n. 1370 ; Cass., 9 fév. 1864 (D.P.64.1.138).

(5) V. Colmar, 4 fév. 1819 ; Bordeaux, 16 avril 1832 ; 29 août 1838 et 7 juin 1842 ; Cass., 13 nov. 1844 ; Dalloz, *Rép.*, n. 1361, rendus avant la promulgation de la loi nouvelle.

(6) Poitiers, 22 mars 1854 (S.55.2.532).

(7) Cass., 21 déc. 1863 (J.P.64, p. 772) ; 9 fév. 1864 (D.P.64.1.138).

considère comme légitime, s'est mis en rapport avec les tiers comme représentant de la société (1). Dans de semblables circonstances, le commanditaire doit être déclaré responsable comme s'étant immiscé.

554. La disposition de l'ancien art. 27, qui ne permettait pas au commanditaire d'être employé pour les affaires de la société, était de nature à faire naître une difficulté. La rédaction proposée par le Tribunat portait : « L'associé commanditaire ne peut faire aucun acte de « gestion, ni être employé, même en vertu de procura- « tion (2). » Le Conseil d'État n'avait pas eu l'intention de modifier le sens de cette disposition, mais sa pensée pouvant être mal interprétée, il fit connaître, par un avis explicite, que la prohibition ne s'étendait pas aux transactions commerciales qui pourraient avoir lieu entre la société et le commanditaire représentant deux intérêts distincts et séparés. Les art. 27 et 28 ne devaient s'appliquer qu'aux actes que feraient les associés commanditaires en représentant comme gérants la maison commanditée même par procuration, et non aux transactions commerciales que la maison commanditée peut faire pour son compte avec le commanditaire, et, réciproquement, le commanditaire avec la maison commanditée, comme avec toute autre maison de commerce (3). Ici ne s'appliquerait pas la règle que nous avons posée en parlant des associés en nom collectif (*suprà*, n° 521), et le commanditaire aurait contre la société et contre les associés une action solidaire, comme tout créancier, et sauf, bien entendu, la charge qui devrait peser sur sa commandite, distincte de sa personne.

---

(1) Caen, 16 août 1864 (D.P.65.2.492).
(2) Locré, t. 17, p. 308.
(3) Avis du Conseil d'État, 29 avril et 17 mai 1809

Rien ne s'oppose donc à ce que le commanditaire soit le banquier, le commissionnaire même du commandité, et à ce qu'ils fassent ensemble toutes les affaires qui se traitent entre deux maisons de commerce étrangères l'une à l'autre (1).

M. Troplong enseigne même, comme conséquence, que le commanditaire pourra également être employé par la société commanditée, comme ouvrier, commis ou à tout autre titre, où il ne fait ni ne peut faire aucun acte de gestion ; dans les cas enfin où, suivant l'expression du Conseil d'État, il ne représente pas comme gérant la maison commanditée ; et la Cour de cassation s'est prononcée dans ce sens (2).

Cette règle a été combattue par plusieurs auteurs dont le nom fait autorité (3). Quelque distinction nous semble nécessaire. Dans le sens le plus large, sous le nom de commis, de préposés, il faut entendre tous les auxiliaires employés par un négociant, soit aux achats, aux ventes, à la fabrication, aux écritures, etc., mais une différence notable existe entre la plupart des commis et une personne ayant des pouvoirs généraux pour remplacer le patron et tenant la place de celui-ci, soit dans une localité différente, soit au lieu même de la résidence et souvent alors pour une branche de commerce ; c'est ce qu'au moyen âge et quelquefois encore on appelle *facteur*. Des employés avec de pareils pouvoirs font évidemment des actes de gestion et ne peuvent être commanditaires ; mais

---

(1) Troplong, n. 434 et s.; Pardessus, n. 1030; Delangle, n. 382 et s.; Malpeyre et Jourdain, p. 153 ; Bédarride, n. 253.

(2) Cass., 15 mars 1847 et 17 janv. 1855 (S.47.1.353, et 55.1.90); Paris, 25 avril 1854; Lehir, 56.2.467; Molinier, n. 509; Dalloz, *Rép.*, n. 1376; Bédarride, n. 254.

(3) Pardessus, n. 1030 ; Malpeyre et Jourdain, p. 154 : Delangle, n. 398.

nous ne saurions voir aucun inconvénient à ce que le
titulaire d'une action dans une société en commandite, ou
tout autre commanditaire, soit employé par elle, non-seulement comme ouvrier, mais encore en qualité de commis, si les fonctions qui lui sont attribuées sont d'un
ordre tel, qu'il ne puisse jamais de son chef faire un acte
de gestion proprement dit. Ce sera donc, la plupart du
temps, une question de fait à juger, et pourvu qu'il n'ait
jamais laissé croire qu'il stipulait comme associé solidaire et n'ait jamais appelé la confiance des tiers, en
considération de sa solvabilité personnelle, le commanditaire n'est pas responsable.

555. Cette question se représentera sous une autre
forme.

L'industrie, un secret, une découverte brevetée, peuvent former dans toute société commerciale l'apport stipulé. Par suite, MM. Malpeyre et Jourdain ont demandé
si la mise d'un associé commanditaire pouvait consister
uniquement ou même partiellement dans son industrie
personnelle. « Nous ne le pensons pas, disent ces auteurs,
et, par cela seul qu'un associé coopérerait de sa personne
aux affaires de la société, nous croyons qu'il y aurait
immixtion dans la gestion, et, par conséquent, solidarité. La gestion de la société ne consiste pas seulement
dans les actes purement administratifs ; elle embrasse
aussi l'œuvre matérielle et intellectuelle qui donne la vie
à l'industrie qu'on exploite en commun. Ainsi des fabricants de produits chimiques qui s'occuperaient journellement, au domicile social, de la fabrication de ces produits, participeraient de leur personne à l'industrie
sociale et ne pourraient pas conserver la qualité de commanditaires. Cependant il serait à désirer que la loi eût
introduit une exception en faveur de la science et qu'il

eût été possible qu'un savant, qui apporterait une découverte précieuse, pût surveiller lui-même l'emploi de
ses procédés, faire profiter l'établissement de toutes ses
connaissances et de toute son expérience, sans se voir
exposé indéfiniment dans sa personne ou dans ses biens.
Mais, sans aucun doute, l'apport d'un commanditaire
pourrait consister dans un secret d'art ou de science qu'il
communiquerait à la société, pourvu qu'il ne l'appliquât
pas lui-même, ou qu'il ne coopérât pas journellement,
pour son application, aux opérations de la société (1). »

Cette opinion nous semble trop absolue, et une distinction ici encore est nécessaire. Si l'industrie de l'associé commanditaire doit s'exercer dans les rapports de
la société avec les tiers, être publique et mettre en évidence son action personnelle sur la direction des opérations sociales, nous adoptons sans hésiter la solution
donnée par MM. Malpeyre et Jourdain ; il administre
quand il préside ou se mêle aux transactions, objets de
la société. Mais, si l'industrie du commanditaire s'exerce
tout entière dans l'intérieur de l'atelier ou du labora-
toire ; si son rôle se borne à fabriquer ou à surveiller la
fabrication, sans s'occuper de l'acquisition des matières
ni de l'écoulement des produits, pour nous il n'administre plus : une manufacture n'a pas pour but la fabrication, mais la vente ; la fabrication n'est que le moyen d'y
parvenir : la mécanique qui concourt avec l'ouvrier, avec
le chef d'atelier, à donner un produit, lequel, plus tard,
servira d'objet aux transactions de la maison de commerce, n'administre pas, à coup sûr, elle produit : il en
est de même du savant qui se livre aux travaux du labo-
ratoire ou qui les dirige ; de l'inventeur qui surveille

_____

(1) *Traité des Sociétés comm.*, p. 142.

l'emploi de ses procédés ; ils produisent, ils n'administrent pas. L'administration est dans l'achat des matières
premières, parce qu'il met la société en rapport avec des
tiers ; dans la vente des objets manufacturés, dans d'autres faits plus étrangers encore à la fabrication confiée
au commanditaire ; et nous avons vu que la loi, la jurisprudence, les auteurs, s'accordent pour permettre à un
commanditaire de se mêler même, dans une certaine
mesure, à l'administration proprement dite, si son action
n'est pas publique et ne peut avoir pour effet de tromper la confiance des tiers qui ont traité avec la société.

556. La nouvelle rédaction donnée à l'art. 27 met
hors de controverse cette manière d'interpréter la loi.

Le rapporteur disait au Corps législatif : « Le Code de
commerce portait une prohibition très-rigoureuse : il
était défendu au commanditaire d'être employé pour le
compte de la société. Le projet de loi n'en disait pas un
mot. La prohibition, par conséquent, subsistait tout entière. Dans le sein de la commission, nous nous sommes
entendus avec MM. les commissaires du Gouvernement ;
nous leur avons dit que cette prohibition n'était pas en harmonie avec les usages, avec les nécessités du commerce.

« En effet, les affaires ont introduit cet usage que la
plupart du temps les employés sont intéressés dans la
société, ils sont même commanditaires. Le gérant a d'autant plus de raison de compter sur leur zèle et sur leur
probité, qu'ils auront des intérêts dans la société.

« Cette prohibition a donc été effacée. Il a été entendu
que désormais, quoique commanditaire, on pouvait être
employé pour les affaires de la société.

« Ici, l'honorable M. Javal nous arrête et nous dit : Mais
« définissez-nous donc ce que l'employé pourra faire ? »

« Messieurs, ce serait difficile et surtout ce serait long ;

mais il me semble que le bon sens, et le bon sens surtout des magistrats qui auront à appliquer la loi, saura
parfaitement distinguer ce qui est véritablement un acte
de gestion ou simplement l'exécution d'un ordre donné
par le gérant. Si vous êtes employé de la société, si vous
êtes liquidateur, si vous êtes teneur de livres, si vous
êtes commis préposé à la vente ou à l'achat, évidemment
vous n'êtes pas gérant ; mais si, effaçant le gérant, si le
mettant de côté, vous y substituant, vous allez traiter
partout, vous allez engager la société comme si vous étiez
le gérant, dans ce cas-là vous vous mêlez de la gestion.
Le gérant a seul le droit de le faire, et, si vous le faites
en son lieu et place sans le consulter, vous devez subir
la conséquence de l'acte de gestion auquel vous vous êtes
indûment livré. »

557. On a parlé au Corps législatif des commanditaires dans les sociétés où les actions sont au porteur : il
est évident que les principes qui viennent d'être posés
sont applicables à ceux-ci comme à tout autre commanditaire ; mais, qu'en fait, une difficulté peut exister, puisque rien ne révèle ni aux yeux de ses coassociés, ni aux
yeux du public, la qualité de commanditaire chez le propriétaire d'une action au porteur. Aussi, M. Duvergier,
commissaire du Gouvernement, disait au Corps législatif : « De deux choses l'une, ou celui qui a une action au
porteur dans son portefeuille et qui aura fait un acte de
gestion sera connu, ou il ne sera pas connu. S'il est
connu, on lui dira : Vous êtes commanditaire, comme
ayant des actions au porteur ; vous êtes responsable
comme ayant fait un acte de gestion. »

« Si, au contraire, on ne peut pas lui démontrer qu'il
est porteur d'une action et, par conséquent, commanditaire, il n'aura rien à craindre. »

Quant à lui, il faut le constater à regret, « il pourra, disait encore M. Duvergier, en fraude de la loi, gérer sans qu'on puisse le lui reprocher parce qu'on ne le saura pas. » Mais nous devons le répéter, du jour où il serait connu, du jour où sa qualité serait établie, la loi lui serait appliquée. En droit, il ne peut donc exister aucune différence entre l'associé dans une commandite ordinaire et l'actionnaire dans une commandite par actions ; mais, en fait, la qualité de l'un pourra être plus facilement établie que la qualité de l'autre quelquefois, à moins qu'il ne soit, par exemple, membre du conseil de surveillance ou dans d'autres circonstances analogues.

558. Une sanction était nécessaire aux dispositions contenues dans l'art. 27 ; elle était déjà formulée sous l'ancienne loi dans l'art. 28, complément indispensable de celui qui le précède ; mais la loi du 6 mai 1863 a apporté, à cet ancien texte, des modifications profondes, que fait connaître l'exposé des motifs : « Le projet, dit ce document, n'a pour but ni d'affaiblir le principe qu'exprime l'art. 27, C. comm., ni de donner, par une rédaction nouvelle, des notions plus précises sur les caractères distinctifs de la gestion et de la surveillance. Il se propose uniquement, en maintenant le principe de l'art. 27, d'atténuer la sanction que renferme l'art. 28.

« Aux termes de ce dernier article, toute contravention à la prohibition de celui qui le précède rend l'associé commanditaire, qui l'a commise, solidairement responsable, avec les associés en nom collectif, de toutes les dettes et de tous les engagements de la société.

« Cette disposition ne fait point de distinction ; par conséquent il n'est permis aux juges d'en faire aucune.

« Un acte de gestion sans importance, sans conséquences nuisibles, complétement isolé, effet d'un zèle irréfléchi ou d'une inexpérience bien constatée, doit avoir, s'il est dénoncé aux tribunaux, les mêmes résultats que des actes graves, nombreux, prémédités, accomplis avec l'intention de s'emparer de la gérance, en conservant le bénéfice de l'irresponsabilité.

« C'est là ce qui a paru excessif.

« Le caractère absolu d'une pareille disposition peut, dans plus d'une occasion, faire hésiter à l'appliquer ; cette règle inflexible peut quelquefois fournir des armes à la mauvaise foi spéculant sur la crainte qu'elle inspire ; cette pénalité, qui n'admet aucun tempérament, peut être souvent hors de proportion avec les faits qu'il s'agit de réprimer. On comprend, dès lors, l'extrême circonspection de tous ceux qui sont engagés dans une société en commandite. Avec la perspective que présente l'article 28, tout acte équivoque devient effrayant. La jurisprudence, quelque rassurante qu'elle soit, peut, il faut en convenir, laisser subsister une certaine inquiétude dans l'esprit des commanditaires, et le droit de surveillance qui leur appartient incontestablement, se trouve, jusqu'à un certain point, compromis. Pour restituer à ce droit toute la force et toute la sécurité qu'il doit avoir, il faut en rendre l'exercice moins périlleux.

« C'est là l'objet du projet de loi que nous avons l'honneur de vous présenter.

« En partant de l'idée que la disposition de l'art. 28 est trop absolue, différents systèmes peuvent être proposés pour en modérer les effets.

« D'abord, ne serait-il pas convenable et juste de limiter la responsabilité du commanditaire qui a fait des actes de gestion, aux obligations qui sont la conséquence de ces actes ; en d'autres termes, de n'accorder contre lui une action qu'à ceux envers lesquels il s'est personnellement engagé ?

« Cette restriction ne peut être admise.

« Que les commanditaires qui empiètent sur les attributions du gérant, qui font des actes que celui-ci a seul
le droit de faire, soient tenus sur tous leurs biens des
suites légales des actes dans lesquels ils ont personnellement figuré, cela est tout naturel, et il est presque
superflu d'écrire dans la loi une responsabilité qui dérive des règles les plus élémentaires. Mais quand des
actes de gestion plus ou moins nombreux se sont succédé, ils ne sont pas connus seulement de ceux qui y
ont pris part, ils le sont, ou du moins ils peuvent l'être,
hors de ce cercle, et faire naître chez des tiers, dans le
public, la croyance qu'ils sont émanés de l'un des gérants de la société. Cette confiance ne doit pas être illusoire ; il faut que ceux qui, à l'avenir, contracteront
avec la société, ne soient pas trompés dans leur attente
d'avoir pour obligé solidaire celui qui s'est présenté
comme gérant aux yeux du monde commercial ; qui,
du moins, a pu faire supposer, par sa conduite, qu'il
l'était.

« Mais, ne donnerait-on pas, sous ce rapport, satisfaction à tous les intérêts, en déclarant que la responsabilité du commanditaire qui se sera immiscé dans la
gestion s'étendra à tous les engagements qui auront pris
naissance postérieurement à l'immixtion ?

« Quels sont, en effet, les tiers qui peuvent se prévaloir justement de l'erreur dans laquelle le public a été
induit par la conduite imprudente ou frauduleuse du
commanditaire ?

« Ce ne sont évidemment que ceux qui ont contracté
avec la société depuis le moment où l'erreur a pu s'ac-

créditer ; c'est-à-dire depuis les actes d'immixtion dans lesquels l'erreur a pris sa source. Évidemment, un engagement antérieur à ces actes n'a point été déterminé par les inductions erronées qu'on en a tirées.

« La règle, ainsi formulée, ne serait point cependant aussi satisfaisante qu'elle semble l'être au premier aperçu.

« D'une part, elle conserverait encore ce caractère inflexible qu'on veut faire disparaître de l'art. 28. Tout créancier de la société, postérieur aux actes d'immixtion, pourrait, sans avoir égard au nombre, à la gravité, aux conséquences de ces actes, en faire résulter la responsabilité du commanditaire. Celui-ci serait compromis par un acte isolé, insignifiant, même inconnu du créancier, aussi bien que par une série de faits, d'engagements évidemment constitutifs de la gérance la mieux caractérisée.

« D'un autre côté, il ne serait pas toujours juste de refuser à des créanciers antérieurs aux actes d'immixtion le droit de faire déclarer responsable le commanditaire. Si ces actes ont nui à la société, si le commanditaire, en s'immisçant, a dissipé tout ou partie de l'actif social, sans doute les créanciers antérieurs ne peuvent point soutenir que c'est avec la confiance qu'il serait tenu envers eux comme gérant qu'ils ont contracté ; mais ils sont autorisés à dire que, par son fait, l'actif social, qui était le gage de leur créance, a disparu, et que, par conséquent, sa responsabilité est engagée.

« Ainsi, ce ne serait pas donner à la loi nouvelle une base équitable et juridique que de distinguer entre les créanciers antérieurs et les créanciers postérieurs aux actes d'immixtion, et de refuser absolument aux premiers l'action solidaire contre le commanditaire pour l'accorder aux seconds sans réserve et sans limite.

« Dans une pareille situation dont les difficultés sont manifestes, on a pu avoir la pensée de s'en rapporter entièrement à la sagesse des tribunaux, de leur laisser le soin de proportionner la réparation au préjudice, de les armer d'un pouvoir discrétionnaire pour juger d'abord dans quel cas les actes d'immixtion seraient de nature à engager la responsabilité des commanditaires, et, en second lieu, dans quelle mesure la responsabilité devait peser sur eux.

« Nos lois offrent de nombreux exemples de semblables dispositions. Il est quelquefois impossible au législateur de déterminer la règle précisément applicable à chaque fait ; la force des choses l'oblige alors à transmettre, en quelque sorte, une partie de sa puissance au juge, et l'on peut dire que si jamais magistrature s'est montrée digne de pareils témoignages de confiance, par son discernement, ses lumières, sa haute intégrité, c'est assurément celle de notre temps et de notre pays.

« Mais le grand principe de la séparation des pouvoirs ne doit jamais être perdu de vue, et alors même que des circonstances exceptionnelles commandent de laisser aux tribunaux une certaine faculté d'appréciation, il est nécessaire que la loi en fixe la limite et en assigne le but.

« C'est dans cet esprit qu'a été préparé le projet qui vous est soumis.

« S'il se bornait à dire que le commanditaire qui s'immisce dans la gestion peut, suivant les circonstances, être déclaré solidairement responsable avec les associés en nom collectif de tous les engagements de la société ou d'une partie de ses engagements, une pareille disposition pourrait paraître, par la généralité de ces termes, abandonner trop complétement aux tribunaux l'application du principe de la responsabilité qui naît de l'immixtion.

« Nous proposons de donner aux magistrats un pouvoir moins étendu et mieux défini.

« D'abord, s'il s'agit de dettes ou d'engagements qui dérivent des actes mêmes de la gestion qu'a faits le commanditaire, ou auxquels il a pris part, il est tenu, et il n'est pas au pouvoir du juge de l'affranchir de l'obligation solidaire qui pèse sur lui en même temps que sur les associés en nom collectif. Le texte est formel et il n'est, à vrai dire, qu'une déduction des principes généraux.

« Quant aux autres engagements, à ceux qui ne se rattachent point par un lien direct aux faits d'immixtion, le projet admet un tempérament que repoussait l'art. 28 ; il autorise les juges à appliquer ou à rejeter la responsabilité, et il a soin d'indiquer que c'est en raison de la gravité et du nombre des actes de gestion qu'ils doivent se déterminer.

« Ainsi, dans l'état actuel de la législation, un créancier se présente avec la preuve d'actes d'immixtion quelconques ; cela suffit : la conscience du juge est enchaînée, la condamnation inévitable.

« Vainement le commanditaire démontrerait que la dette ou l'engagement est complétement étranger aux actes d'immixtion qu'on lui impute ; vainement il établirait que ces actes n'ont pu lui donner l'apparence d'un gérant et que, d'ailleurs, ils n'ont diminué en rien l'actif social ; les juges manqueraient à leur devoir si, se laissant toucher par ces considérations, ils refusaient de prononcer la condamnation solidaire.

« Désormais il en sera autrement. Si les créanciers prouvent que leurs droits prennent leur source dans les actes de gestion, qu'a faits le commanditaire ou auxquels il a pris part, le succès de leur demande sera assuré.

« S'ils ne peuvent fournir cette preuve, ils auront une autre ressource ; ils s'adresseront au pouvoir discrétionnaire des magistrats ; ils tâcheront d'établir que, par des actes d'immixtion graves et nombreux, le commanditaire s'est constitué gérant, ou du moins qu'ils ont été conduits à le considérer comme tel, lorsque la société s'est engagée envers eux ; ou enfin que par ses actes il leur a causé préjudice, en diminuant les garanties que leur offrait l'actif social. Les tribunaux apprécieront leurs prétentions, ils décideront d'après les circonstances et n'auront jamais à prononcer une sentence, dont la rigueur puisse leur inspirer quelques regrets.

« Dans ce système, on le voit, le principe qui défend l'immixtion des commanditaires dans les opérations de la gérance est maintenu ; la sanction consiste toujours dans la responsabilité imposée à celui qui enfreint la prohibition de la loi ; mais la responsabilité est établie sur des bases plus équitables, et, nous n'hésitons pas à le dire, la sanction du principe, loin d'être affaiblie par la modération des règles nouvelles, n'en sera que mieux assurée. »

La loi établit donc désormais deux sortes de responsabilité : l'une forcée, nécessaire, ainsi qu'il résulte de ces mots : « Le commanditaire *est obligé;* » l'autre facultative, puisque la loi porte : *peut être déclaré.* Un amendement proposé par la commission et ayant pour but de faire disparaître cette différence, d'étendre à tous les cas le pouvoir discrétionnaire du juge, et de déclarer que la responsabilité ne serait jamais que facultative, a été rejeté par le Conseil d'État.

Les syndics ont qualité pour exercer contre les commanditaires l'action en responsabilité (1) ; et le créancier n'est même pas tenu de prouver qu'il connaissait, lorsqu'il a contracté, l'acte d'où résulte la solidarité.

559. M. Berlier avait proposé en 1807, au Conseil d'État, d'autoriser par une disposition formelle la preuve, même testimoniale, qu'un commanditaire avait pris part à la gestion et encouru la pénalité de l'art. 28. Cet amendement fut rejeté comme inutile : « Dans ce cas, disait M. Regnaud de Saint-Jean-d'Angély, il ne s'agit pas de prouver plus que l'acte ne contient, mais un fait qui change la nature de l'acte : la preuve par témoin est le droit commun (2). »

560. A l'égard des créanciers de la société, le commanditaire qui est contrevenu à la prohibition qui lui est imposée peut donc encore être en tout assimilé à un associé en nom collectif ; en est-il de même à l'égard de l'associé gérant ? et a-t-il le droit d'exiger de lui la restitution de ce qu'il a payé aux créanciers au delà de sa mise ?

Cette question a été controversée avant la rédaction nouvelle des art. 27 et 28 ; des auteurs, en petit nombre, avaient soutenu que le commanditaire devait encourir d'une manière générale et absolue la responsabilité de ses actes de gestion ; qu'il suffisait que sa détermination ait été spontanée et volontaire, pour qu'il ne pût en répudier les conséquences, même envers les gérants. Les stipulations de l'acte social, a-t-on dit, peuvent, à toute époque, par le consentement réciproque des parties, être modifiées et changées ; si le commanditaire et le gérant ont voulu, l'un et l'autre, que la position prise par le

---

(1) Paris, 26 mars 1840 (S.40.2.250).
(2) Procès-verbaux, 15 janv. 1807, Locré, t. 17, p. 197.

premier cessât d'avoir son caractère primitif, que leur consentement soit exprès et résulte d'une convention formelle, ou qu'il soit purement tacite, s'il n'en est pas moins certain, les conséquences doivent être les mêmes. Le gérant, en effet, n'a pu ignorer la part que le commanditaire prenait à la gestion ; il dépendait de lui de s'y opposer : le consentement des deux parties ne peut donc être douteux (1).

Cette argumentation, que nous empruntons à M. Bédarride, repose sur une confusion. Les art. 27 et 28 laissaient et laissent encore intact le principe incontesté qu'une société en nom collectif peut exister en fait, sans qu'aucun acte ait été rédigé et que les tiers peuvent s'en prévaloir : jusqu'à présent, dans l'hypothèse prévue par les art. 27 et 28, ces tiers ne pouvaient avoir intérêt à invoquer cette règle ; la preuve qu'ils avaient à faire était plus facile et leur assurait les mêmes avantages : aujourd'hui, peut-être, le cas se présentera où il y aura avantage pour eux à recourir à ce moyen ; et, nous le répétons, la loi n'a voulu porter aucune atteinte à ce principe et a prévu une hypothèse toute différente. Mais, en ce qui concerne les rapports des associés entre eux, la modification que le gérant prétendrait avoir été apportée à l'acte primitif serait comme non avenue, puisqu'elle ne serait constatée par aucun acte écrit ; et pour régler les rapports existant entre eux, gérant et commanditaires ne pourraient invoquer que la convention régulièrement dressée et qui fait loi pour eux.

Il était donc admis, même sous l'ancienne loi, que la disposition pénale avait été établie en faveur des créan-

---

(1) Bédarride, n. 260 et s.; Demangeat sur Bravard, p. 249, note 1ʳᵉ. *Sic*, Paris, 9 janv. 1836 (S 36.2.433).

ciers ; que seuls ils pouvaient se plaindre d'une infraction au contrat, qu'ils n'avaient nul pouvoir d'empêcher (1). Cette doctrine semble avoir été mise hors de
toute controverse par la rédaction nouvelle des art. 27
et 28, qui exclut toute possibilité d'assimiler le commanditaire en faute à un associé.

Les actionnaires, pas plus que le gérant, ne seraient
fondés à demander qu'un commanditaire fût déclaré responsable envers eux, par cela seul qu'il s'est immiscé
dans la gestion, et fût tenu de la perte qu'ils éprouveraient sur le montant de leurs actions (2) ; sans doute la
position des actionnaires est tout autre que celle des gérants ; mais la loi n'a été faite qu'en faveur des créanciers et ne peut ainsi être étendue.

Il va de soi que si le commanditaire avait pu administrer sans le consentement de l'associé gérant et à son
insu ; s'il avait causé, par ses actes d'immixtion, un dommage à la société, il serait tenu de sa faute comme le
serait un associé solidaire, indépendamment de sa part
virile et dans les mêmes limites (3) : mais la première hypothèse pourra bien difficilement se réaliser ; la seconde
n'est que l'application du droit commun en matière de
responsabilité ; et la règle que nous avons posée n'en
doit pas moins être maintenue.

561. Une question plus controversée et qui ne nous
semble pas, quant à nous, plus douteuse, est celle de savoir si la solidarité imposée au commanditaire, comme
peine de son immixtion, peut avoir pour résultat de le

---

(1) Pardessus, n. 1038; Troplong, n. 440 ; Massé, n. 1973; Lyon, 27 mai 1859
et Bordeaux, 4 déc. 1860 (S.60.2.16 et 61.2.190) ; Caen, 16 août 1864, et Paris,
6 juill. 1865 (J.P.65, p. 217, et 66, p. 835).
(2) Caen, 16 août 1864 (D.P.65.2.192).
(3) Delangle. n. 414.

faire déclarer commerçant, et par suite, s'il y avait lieu, de le mettre en faillite. La négative nous paraît certaine. Ce serait ajouter à la loi, et sans qu'aucune considération puisse rendre désirable un semblable résultat (1). Cette question semble tranchée également par la loi nouvelle. Il est bien entendu, d'ailleurs, que, si l'on prouve contre lui l'habitude d'actes commerciaux et qu'ils constituent son occupation principale, il devra, à raison de ces faits, et non pour un fait d'immixtion, être déclaré commerçant.

562. Il a été jugé avec raison que le concordat obtenu par une société en commandite profite, à défaut de réserves contraires, aux associés commanditaires, qui, par leur immixtion, avaient encouru la responsabilité solidaire du passif social, aussi bien qu'aux associés en nom collectif. Il n'est pas possible de leur faire une pire condition qu'aux associés en nom collectif, auxquels ils peuvent tout au plus être assimilés; et ils ne doivent pas être regardés comme les coobligés du failli, dont parle l'art. 545, C. comm., qui n'a point été écrit pour eux : c'est aux art. 27 et 28 qu'il faut se reporter pour régler leur position.

Ces règles ne peuvent être modifiées par cette circonstance, que les commanditaires, en fait, n'ont concouru que par la perte de leur mise aux sacrifices faits par les associés gérants pour obtenir le concordat, et n'ont consenti aucun autre sacrifice, que les faits d'immixtion fussent ou non connus des créanciers au moment où le concordat a été voté. Les termes de l'art. 518, C. comm., sont limitatifs et disent quelles sont les seules circon-

---

(1) Troplong, n. 438; Pardessus, n. 1037; Persil fils, p. 119 et s.; Bourges 2 août 1828. — *Contrà*, Delangle, n. 404 et s.; Malpeyre et Jourdain, p. 164 et s.; Molinier, n. 504.

stances où les effets du concordat peuvent être para-
lysés (1). Que les créanciers fassent leurs réserves ; à
défaut, ils ne peuvent exercer aucune poursuite particulière contre les commanditaires.

ARTICLE 29.

La *société anonyme* n'existe point sous un nom social : elle n'est désignée par le nom d'aucun des
associés.

563. On peut trouver, soit en Italie, dans le cours du
XVIe siècle, et en matière commerciale ; soit en France et
en remontant à une époque plus reculée, en matière purement civile, des exemples d'associations dont le capital était représenté par des parts, quel que fût le nom
qui leur était attribué, tenant lieu de ce que de nos jours
nous avons appelé des actions. Mais si la combinaison qui
consiste à diviser en actions le capital d'une société, était
depuis longtemps déjà pratiquée au moment où a été rédigée l'ordonnance de 1673, il n'en est pas moins certain
que ce document, ni aucune loi générale antérieure au
Code de commerce, n'en avait fait mention. La pratique
seule avait introduit et maintenu cet usage pour les sociétés en commandite ; et il avait été sanctionné pour des

---

(1) Cass., 5 déc. 1864 (S.65.1.29).

sociétés en tout conformes à nos sociétés anonymes, par les édits spéciaux, qui fondèrent en France, dans le cours du xviie et du xviiie siècle, par imitation, peut-être, de la compagnie des Indes Orientales d'Amsterdam, les sociétés des Indes Orientales, des Indes Occidentales, du Sénégal, etc.

On croyait encore, à cette époque, que la forme exceptionnelle de nos sociétés anonymes modernes devait être réservée à des entreprises d'une importance assez grande et d'un caractère tel, qu'elles ne pouvaient être traitées que comme affaires gouvernementales ; et les sociétés de ce genre, dont nous venons de parler, et qui ont été fondées dans le cours des deux derniers siècles, auraient eu besoin, à coup sûr, même de nos jours, de l'intervention du pouvoir législatif, puisqu'une partie des attributs de la souveraineté leur étaient délégués (1).

Jusqu'au moment où a paru la compagnie d'Occident, fondée par lettres patentes du mois d'août 1717, les actions avaient été nominatives. Ce dernier acte dit, au contraire, dans l'art. 33 et après avoir fixé le montant des actions à 500 livres : « Les billets desdites actions sont payables au porteur. » L'art. 34 ajoute : « Ceux qui voudront envoyer les billets desdites actions dans les provinces et les pays étrangers pourront les endosser, pour plus grande sûreté, sans que les endossements les obligent à la garantie de l'action. » Ainsi il dépendait de chaque actionnaire de faire un titre à ordre, de ce titre créé au porteur.

L'usage des sociétés par actions, qui avait précédé la fondation de ces grandes entreprises, survécut à la ruine de ces diverses associations, dont l'existence fut de

---

(1) Bornier, à la suite du titre des *Sociétés*.

courte durée ; on en trouve la preuve dans les réclamations nombreuses soulevées par le projet de Code de commerce qui, réalisant un progrès, rendait plus facile la création des sociétés anonymes, mais semblait limiter à ces seules sociétés, organisées par lui, l'avantage d'avoir leur capital divisé en actions. La commission fit droit à ces réclamations, en insérant une disposition qui est devenu l'art. 38, C. comm.; et ce n'est que dans la rédaction définitive, bien plus développée même que le projet rectifié, qu'apparaît l'art. 35, autorisant formellement les titres au porteur.

Quant aux rédacteurs du Code civil, s'ils n'avaient point perdu la mémoire des sociétés par actions, ainsi que semble le démontrer l'art. 529, C. civ.; s'ils avaient encore présentes à l'esprit ces sociétés de capitaux, qui ne réveillaient plus, au moment où ils écrivaient, que les déplorables souvenirs de la fameuse banque de Law; ou ils les trouvèrent dignes de trop peu de faveur pour s'en occuper ; ou elles apparurent avec un caractère trop éminemment commercial pour trouver place dans un Code civil ; ou bien plutôt, ils ne voulurent rien changer à l'état de choses existant, et ils laissèrent au Gouvernement le soin de les autoriser et de les régler par des actes législatifs comme il l'avait fait jusqu'alors, et comme nous le voyons pratiquer encore de nos jours en Angleterre. Quelle qu'en soit la raison, il n'en reste pas moins avéré que les auteurs du Code civil n'ont point adopté cette division des sociétés en deux catégories : les sociétés de *personnes* et les sociétés de *capitaux*, qui est aujourd'hui parfaitement connue et acceptée avec ses conséquences. Par suite, les dispositions de la loi civile ont dû trouver quelquefois de la difficulté à s'adapter à un genre d'association d'une nature toute spéciale, ainsi que

nous avons eu particulièrement l'occasion de le faire remarquer, en parlant des cas de dissolution prévus par
l'art. 1865, C. civ. (V. *suprà*, nᵒˢ 489 et s.).

Les sociétés anonymes doivent être rangées évidemment parmi les sociétés de *capitaux*; et il résulte de ce
que nous venons de dire, que les rédacteurs du Code de
commerce furent les premiers qui, sachant apprécier le
parti qu'il était possible de tirer de combinaisons dont
l'usage avait été si restreint, soient arrivés, par les articles 29 et s., à organiser les sociétés anonymes modernes.

La première des conditions nécessaires à l'existence de
ces sociétés était restée encore, cependant, l'autorisation
préalable, non du pouvoir législatif, mais du Gouvernement.

Un nouveau progrès avait été accompli par la loi du
23 mai 1863, qui avait créé les *sociétés à responsabilité
limitée*, et permis, sous certaines conditions, la fondation de véritables sociétés anonymes, en les affranchis-
sant du contrôle gouvernemental. Mais cette loi laissait
donc ainsi subsister deux formes de sociétés, ayant le
même caractère essentiel et pouvant, au gré des fondateurs, ou recourir à l'intervention du Gouvernement, ou
s'abstenir de ce préliminaire.

564. La loi du 24 juillet 1867 a été plus radicale ; et,
rompant entièrement avec les traditions du passé, elle
n'a plus reconnu d'autres sociétés anonymes que les sociétés libres, affranchies de toute intervention gouvernementale.

Toutefois, les sociétés anonymes autorisées existant au
moment de la promulgation de la loi du 24 juillet 1867,
continueront à être soumises, pendant toute leur durée,
aux dispositions du Code de commerce, sauf leur droit

de se transformer dans les conditions de la loi nouvelle,
en obtenant l'autorisation du Gouvernement et en observant les formes prescrites pour les modifications de
leurs statuts (L. 24 juillet 1867, art. 46). Il semblait naturel, en effet, de ne pas donner à un acte législatif un
effet rétroactif, et ce principe a cependant reçu une exception par la disposition de l'art. 45 de cette même loi
du 24 juillet 1867, en ce qui concerne les dispositions
des art. 13, 14, 15 et 16, au commentaire desquels nous
devons nous borner à renvoyer. Pour l'application de ces
articles, il n'y a pas lieu de distinguer les sociétés anonymes existant au moment où la loi du 24 juillet 1867 a
été promulguée et celles qui auront été créées depuis; la
disposition que nous venons de rappeler les atteint
toutes également en ce qui concerne les faits accomplis
depuis sa promulgation; mais, nous le répétons, on trouvera au commentaire spécial de la loi du 24 juillet 1867,
qui termine ce volume, l'explication des articles que
nous venons de rappeler.

Nous devons enfin ajouter qu'une exception, même
pour l'avenir, a été faite à la règle générale établie par
la loi, en ce qui touche les associations de la nature des
tontines et les sociétés d'assurance sur la vie, mutuelles
ou à primes : elles restent soumises à l'autorisation et à
la surveillance du Gouvernement.

Des raisons d'utilité ont fait accueillir ces diverses innovations; mais, en pure théorie comme en pratique, il
est nécessaire d'en bien préciser le caractère, et il ne faut
pas se dissimuler que cette institution nouvelle des sociétés de capitaux est en opposition avec le principe de la
responsabilité personnelle, en vertu duquel celui qui
contracte un engagement doit en supporter les conséquences sur sa fortune entière. Sans doute, il appartient

toujours au débiteur de déterminer et de limiter l'étendue de l'obligation à laquelle il se soumet ; les exemples de semblables stipulations sont fréquents dans les contrats de bienfaisance, dans les contrats de cautionnement particulièrement ; ils seront beaucoup plus rares, à coup sûr, dans les contrats synallagmatiques, dans les contrats commerciaux, toujours intéressés de part et d'autre, et où il n'est certes pas d'usage que l'une des parties soit tenue autrement que l'autre contractant qui s'oblige envers elle. Les tiers doivent être avertis que, de plein droit et sans stipulation expresse, l'engagement des associés dans ces nouvelles sociétés sera limité ; que celui qu'ils contractent avec la société, au contraire, est de plein droit entier, à moins de réserves.

Il n'en est point ainsi, quoi qu'on en ait dit, dans les sociétés en commandite : les commanditaires se bornent à promettre de verser une somme déterminée entre les mains du gérant ; et cet engagement, ils doivent l'accomplir dans toute son étendue ; les tiers ne traitent qu'avec ce gérant, qui personnifie la société, et est tenu, non-seulement sur tous les biens sociaux, mais aussi sur tous les siens.

Dans les sociétés anonymes seules, il y a dérogation formelle au droit commun, en limitant la responsabilité des associés aux sommes formant l'ensemble des mises sociales, puisque c'est bien avec ces associés et non pas avec les administrateurs, simples mandataires, que les tiers contracteront. Cette exception trouvait une excuse dans cette considération que l'autorité publique, protectrice des intérêts généraux, s'était assurée que la société était loyalement constituée, qu'elle avait un capital suffisant, et qu'elle n'avait en vue que des opérations honorables ; elle trouvait encore une explication toute ·

naturelle dans les traditions de l'ancien droit, où cette forme exceptionnelle était réservée à certaines entreprises d'un caractère particulier et d'une importance assez grande pour être traitées comme affaires gouvernementales.

A côté de cette société anonyme qui, dans notre droit moderne encore, pouvait être appelée privilégiée, ou plutôt pour remplacer ces sociétés dans l'avenir au moins, et les faire disparaître désormais, la loi nouvelle a voulu créer la société anonyme libre ; et la garantie qu'offrait aux tiers l'autorisation du Conseil d'État, elle l'a remplacée par un ensemble de dispositions que nous passerons en revue dans le commentaire des art. 21 et suiv. de la loi du 24 juillet 1867.

Ce nouvel état de choses existe désormais depuis un temps assez long pour qu'il soit inutile d'expliquer une loi ainsi abrogée, ainsi que nous avions cru devoir le faire encore dans notre précédente édition : le commentaire de la loi précitée de 1867, placé à la fin de ce volume, répond aujourd'hui à tous les besoins.

Toutefois, il est nécessaire de bien poser les principes qui régiront désormais les sociétés anonymes, et de dire où ils se trouvent écrits.

La loi de 1867 a renversé ce principe fondamental qui soumettait ces sortes de sociétés à l'autorisation préalable du Gouvernement, et, en abrogeant la disposition de la loi à cet égard, elle a fait tomber de plein droit les autres dispositions purement réglementaires qui en étaient la conséquence. Mais, à tous autres égards, elle a laissé subsister les principes généraux qui avaient été suivis jusqu'à sa promulgation, lesquels se trouvaient et restent encore écrits dans le Code de commerce. La loi de 1867 a eu seulement pour but et pour effet d'ajouter d'autres dispositions réglementaires aux textes conservés, et de remplacer purement et simplement les anciennes dispositions, également réglementaires, dont l'existence devenait impossible, qui ont dû être abrogées, et dont nous avons dit qu'il devenait inutile d'entretenir nos lecteurs.

Nous devons donc enfin répéter encore, et, pour la dernière fois, que les principes généraux s'appliquant aux sociétés anonymes, sont consignés dans les articles du Code de commerce conservés, et que la loi de 1867 n'en est que le complément.

ARTICLE 30.

Elle est qualifiée par la désignation de l'objet de son entreprise.

565. La société anonyme peut prendre un nom particulier qu'elle ajoute à l'objet de son entreprise.

565. A défaut de raison sociale, la société anonyme se spécialise et se fait connaître par l'objet de son entreprise : ainsi elle s'appellera *Société* ou *Compagnie d'assurances*, si elle s'occupe d'assurances ; *Société des messageries générales de France*, si elle a pour but une entreprise de transports dans tout le territoire ; *Compagnie du chemin de fer du Nord, Compagnie du chemin de fer de Paris à Lyon, Banque de France, Société de crédit immobilier*. Le nom seul de la société anonyme suffit donc à faire connaître l'objet spécial dont elle s'occupe, et elle est tenue de s'y renfermer. Toute autre association, toute entreprise, en outre de la raison sociale qui la personnifie, peut prendre une désignation de ce genre, si elle le juge

à propos ; mais pour aucune autre ce n'est pas une nécessité ; c'est, au contraire, une condition indispensable
d'existence pour la société anonyme.

Les sociétés anonymes s'occupant d'un objet qui peut
être exploité et qui l'est, en effet, par plusieurs autres associations rivales, telles que les assurances, prennent
souvent des noms particuliers qu'elles ajoutent à l'objet
de leur entreprise : rien ne s'y oppose, pourvu que ce ne
soit pas un nom patronymique ; ainsi : *Compagnie de l'U-*
nion, Assurances contre l'incendie et sur la vie humaine ;
Compagnie du Soleil, Assurances générales contre l'incendie ;
Compagnie française du Phénix, Assurances à primes contre
l'incendie. Les compagnies anonymes, du reste, ne jouissent pas non plus exclusivement du droit de prendre ces
qualifications arbitraires (*suprà*, n° 516), et peuvent les
adopter dans tous les cas, au gré des fondateurs.

Ces dénominations forment pour les sociétés qui les
ont choisies une espèce de propriété ; mais, toutefois, il
a été jugé que cette propriété n'est pas tellement exclusive que la dénomination ne puisse être prise par une
autre compagnie, ayant une industrie tout à fait différente de la première : « Attendu, porte un arrêt de la
Cour de Lyon, qu'on ne conçoit pas quel préjudice pourrait résulter pour la compagnie d'assurance de Paris de
la ressemblance de nom avec une société ayant un objet
tout autre à Lyon (1). » C'est donc à proprement parler
un droit plutôt qu'une propriété, car le domaine, de sa
nature, est absolu ; il faut justifier de la possibilité au
moins d'un préjudice, comme pour une usurpation d'enseigne.

_____

(1) Lyon, 9 déc. 1840 (S.41.2.131).

ARTICLE 31.

Elle est administrée par des mandataires à temps, révocables, associés ou non associés, salariés ou gratuits.

(*Remplacé par l'art. 22 de la loi du 24 juill. 1867. V. infrà n. 731.*)

ARTICLE 32.

Les administrateurs ne sont responsables que de l'exécution du mandat qu'ils ont reçu.

Ils ne contractent, à raison de leur gestion, aucune obligation personnelle ni solidaire relativement aux engagements de la société.

SOMMAIRE.

566. Les administrateurs sont de simples mandataires ; conséquences dérivant de cette qualité.

567. En principe, la société et le gérant ne peuvent être tenus en même temps ; exceptions à cette règle ; quand le gérant est-il présumé avoir donné aux tiers connaissance suffisante de ses pouvoirs? (C. civ., art. 1997. Règles nouvelles de publicité établies par la loi du 24 juillet 1867.

568. Obligation du gérant de rendre compte et comment il est tenu de l'accomplir.

569. Résumé des principes qui régissent les sociétés anonymes; règles en ce qui concerne les gérants ou administrateurs; espèces fournies par la jurisprudence ; emprunt fait en contravention aux termes des statuts ; recours contre les administrateurs.

570. Suite ; gérant agissant dans la limite de ses pouvoirs.

571. Suite; opérations non défendues par les statuts ; garanties que présentent les statuts, non-seulement pour les associés, mais aussi pour les tiers.

572. Énumération et limites des pouvoirs accordés aux administrateurs; c'est aux juges du fait qu'il appartient souverainement d'apprécier les faits ; responsabilité pénale ; renvoi.

573. Règles en ce qui concerne les membres du conseil d'administration; dans quels cas et envers qui sont-ils responsables?

566. A la différence de la société en commandite, même par actions, où il existe toujours un ou plusieurs associés responsables et solidaires, la société anonyme n'en peut présenter aucun : le gérant ou administrateur, même associé, n'engage pas sa responsabilité personnelle, et ceux avec qui il a traité, dans la limite de ses pouvoirs, n'ont de recours que contre la société elle-même (1) : « Ces gérants, dit Pardessus, cumulent deux qualités qui ne se confondent pas : comme mandataires, ils sont soumis à la même responsabilité que les préposés ordinaires : comme associés, ils ne sont pas plus obligés que les autres envers les tiers (2). »

Ainsi, comme actionnaire, l'administrateur doit remplir ses obligations envers la société, mais il ne peut être tenu au delà des sommes par lui souscrites ; comme mandataire, il ne répond ni personnellement ni solidairement des engagements par lui contractés au nom et dans l'intérêt de la société, et n'est responsable que s'il a excédé ses pouvoirs sans en avoir donné aux tiers une connaissance suffisante (C. civ., art. 1997); à moins, bien entendu, qu'il n'eût expressément stipulé qu'il ajoutait sa garantie personnelle, comme cooligé ou caution, à celle de la société; ou s'il a commis, dans sa gestion, une faute imputable qui doit le soumettre, aux termes du droit commun, à des dommages-intérêts.

---

(1) Paris, 25 mai 1833, et Cass., 6 mai 1835 (S.33.2.337 et 35.1.325).
(2) *Droit comm.*, n. 1041.

Aucun embarras ne semblait pouvoir exister pour décider que les administrateurs ne sauraient être engagés, dans aucun cas, par les actes de mandataires, dont
la gestion a précédé la leur (1).

Il est également certain, en vertu des règles que nous
venons de poser, qu'ils ne peuvent être contraints personnellement à raison des engagements de la société ; et
si le contrat était annulé, être tenus, envers les actionnaires, du remboursement des sommes versées (2).

567. En principe, la société et le gérant ne peuvent
donc jamais être tenus en même temps ; l'un exclut
l'autre ; ou le gérant a agi dans la limite des pouvoirs
qui lui ont été conférés, et il oblige alors la société, dont
il est mandataire, sans s'obliger lui-même ; ou il a contracté au delà de ce qui est porté dans son mandat ; et
alors il devient personnellement responsable, mais sans
que la société puisse être tenue, au moins directement,
et si ce n'est dans la limite du profit réel qu'elle aurait
retiré (3).

Toutefois, et par exception, le gérant et la société,
avons-nous dit, peuvent être tenus, l'un et l'autre, si le
gérant a expressément stipulé qu'il ajoutait sa garantie
personnelle à celle de la société comme cooblige ou caution ; d'un autre côté, les tiers peuvent être privés de
toute action en vertu de l'art. 1997, C. civ., ainsi conçu :
« Le mandataire, qui a donné à la partie avec laquelle il
« contracte, en cette qualité, une suffisante connais-
« sance de ses pouvoirs, n'est tenu d'aucune garantie
« pour ce qui a été fait au delà, s'il ne s'y est person-

(1) Cass., 24 mars 1852 (S.52.1.436).
(2) Cass., 23 mai 1826, 24 juin 1851 et 19 nov. 1857 (S.51.1.583 et 57.1.33) ;
Orléans, 20 juill. 1853 (D.P.54.2.30).
(3) Cass., 24 mars 1852 (D.P.52.1.109) ; Bordeaux, 6 août 1853 (S.55.2.747).

« nellement soumis. » Ainsi, la société ne peut être tenue pour tout ce qui a été fait au delà des termes du mandat (1) ; et l'administrateur est dégagé de toute responsabilité s'il a donné une SUFFISANTE *connaissance de ses pouvoirs*.

En matière de mandat ordinaire, il y a eu difficulté quelquefois pour décider si la connaissance donnée aux tiers avait été suffisante ou insuffisante : c'est aux juges du fait à apprécier souverainement la question (2) ; mais en matière de société anonyme quelques règles peuvent-elles être indiquées?

M. Bédarride a posé la question : « En pareille occurrence, dit-il, l'habitude n'est pas de se faire représenter à chaque affaire l'acte de société et les délibérations de l'assemblée générale qui ont pu le modifier. Il n'y a donc pas à hésiter entre les tiers confiants et de bonne foi et le gérant coupable d'avoir sciemment excédé ses pouvoirs (3). » M. Bédarride semble donc enseigner que dans tous les cas le gérant serait engagé, sans pouvoir invoquer la publicité donnée aux statuts.

M. Molinier décide, au contraire, que la publicité donnée aux statuts est suffisante pour enlever aux tiers le droit de prétendre qu'ils n'ont pas connu suffisamment les limites du mandat donné au gérant (4).

La qualité d'administrateur d'une société anonyme est établie par son exercice habituel et notoire. Les tiers doivent supposer, cette qualité étant acquise, que celui qui traite avec eux a les pouvoirs suffisants et nécessaires, surtout pour tout ce qui concerne les actes de pure

---

(1) Nancy, 22 déc. 1842 (S.43.2.384).
(2) Cass., 26 juin 1845 (D.P.33, 5ᵉ part., vᵒ *Mandat*) ; Troplong, n. 592.
(3) Bédarride, n. 280.
4) Molinier, n. 468.

administration ; mais si le gérant, qui se trouve sous le
coup de cette présomption, prouvait cependant qu'il a
donné aux tiers complète et entière connaissance de l'acte
de société, indépendamment de la publicité qu'il a reçue,
ainsi que des délibérations de l'assemblée générale qui
ont pu le modifier, ou qu'il ait agi en dehors de simples
actes d'administration, on ne peut admettre que le gérant soit tenu ; on se mettrait en contradiction manifeste
et avec l'équité et avec le texte de l'art. 1997, C. civ.;
mais ce cas sera fort exceptionnel.

Ce sera donc encore une question de fait que les tribunaux seront appelés à décider ; mais il y a présomption contre le gérant, tenu de prouver l'exception qu'il
invoque pour sa décharge. Ces règles ne sont point modifiées par les art. 55 et suivants de la loi du 24 juillet
1867, qui a établi, pour les sociétés anonymes, des formalités de publicité différentes de celles qu'avait exigées,
jusqu'à présent, le Code de commerce : les principes
restent les mêmes. Il peut donc arriver que le gérant
lui-même ne soit pas engagé ; mais il est certain, dans
tous les cas, que la société ne l'est pas.

La jurisprudence va nous offrir tout à l'heure des espèces qui serviront à compléter nos observations sur ce
point (V. *infrà*, n° 569).

568. Tout mandataire, tout comptable, est tenu de
rendre compte de sa gestion ; et, en droit commun, chaque actionnaire pourrait demander aux administrateurs
de se soumettre à cette obligation que leur impose la loi;
le compte rendu en assemblée générale et apuré définitivement par la majorité au moins de cette assemblée,
chaque actionnaire conserverait encore pleinement le
droit, pour son intérêt particulier, de se faire représenter le compte, qui a été fourni, tous les livres et pièces

justificatives produites à l'appui ; de débattre et de contester ce compte à ses périls et risques (1).

On comprend aisément que dans les sociétés si nombreuses, dont la France est aujourd'hui couverte, l'exercice de semblables droits rendrait tout à fait impossibles les fonctions de gérant et ferait reculer les plus intrépides. Les statuts déterminent de quelle manière le compte sera rendu et le gérant définitivement déchargé. Chaque actionnaire a accepté d'avance, sur ce point, comme sur tous les autres, les clauses écrites dans les statuts.

569. Les principes qui régissent les sociétés anonymes peuvent se résumer ainsi :

1° Les pouvoirs des administrateurs sont exactement les mêmes que ceux d'un simple mandataire ;

2° Les administrateurs peuvent, par une stipulation expresse, s'engager en leur nom personnel, et sont tenus, dans tous les cas, de plein droit, s'ils ont excédé les bornes de leur mandat ; ou, bien entendu, s'ils sont poursuivis à raison de leur délit ou quasi-délit, sans pouvoir s'exonérer de cette responsabilité sur celui qui aurait exécuté les ordres donnés par eux (2) ;

3° Les pouvoirs de l'assemblée générale, beaucoup plus étendus que ceux des administrateurs, sont circonscrits et limités par les statuts ;

4° Les actionnaires ne peuvent jamais être tenus personnellement, ni par les actes des administrateurs, ni par les actes de la société représentée par l'assemblée générale, s'ils sont contraires aux statuts.

Des espèces que nous fournira la jurisprudence ren-

---

(1) Lyon, 19 août 1826 ; Dalloz, *Rép.*, v° *Société*, n. 1539 ; Bédarride, n. 283.
(2) Cass., 21 nov. 1856 (S.57.1.156).

dront clairs et faciles à saisir les principes que nous venons de poser.

Une société avait été fondée pour rechercher des terrains houillers, et la somme destinée aux opérations de recherche et de découverte déterminée par l'acte social ; une disposition expresse défendait tout acte d'emprunt. Les administrateurs de cette société, autorisés par l'assemblée générale, empruntèrent néanmoins. La Cour de Douai décida que la société ne pouvait être tenue d'un acte fait en contravention aux termes des statuts, auxquels non-seulement les administrateurs, mais l'assemblée générale elle-même, étaient tenus de se soumettre ; et elle admit le recours en garantie contre les administrateurs personnellement : « Attendu, dit l'arrêt, que le mandataire qui excède les bornes de son mandat est garant envers le tiers avec lequel il contracte ; que sa garantie ne cesse qu'autant qu'il justifie avoir donné à ce dernier une suffisante connaissance de ses pouvoirs ; attendu que rien n'établit dans la cause que les administrateurs de la société aient donné au prêteur connaissance de l'acte social et spécialement de la restriction portée en l'art. 19 ; que leur obligation à cet égard était cependant d'autant plus étroite, que cet acte était leur ouvrage, et que le prêteur y était étranger ; que la connaissance que peut avoir eue ce dernier de la délibération du 2 mai était d'autant plus insuffisante, qu'elle était de nature à faire naître plutôt qu'à exclure l'opinion d'un pouvoir suffisant existant dans l'acte de société » (1). Ces principes sont certains ; il faut ajouter qu'à la responsabilité des administrateurs viendrait se joindre, dans

---

(1) Douai, 15 mai 1844 (S.44.2.403). V. égal. Cass., 22 janv. 1867 (J.P.67.1. 168).

certains cas, la responsabilité de ceux des actionnaires qui, en les autorisant à agir en dehors des termes des statuts, auraient pu s'engager personnellement (1).

L'acte social ne saurait donc à lui seul dégager de toute responsabilité les administrateurs; et on a jugé ici que la publicité qu'il a reçue n'avait pas pu donner aux tiers cette connaissance suffisante de leur mandat, qui, aux termes de l'art. 1997, C. civ., devrait avoir pour effet de les mettre à l'abri; ils ont agi et traité personnellement avec les tiers, sous nom qualifié, il est vrai, mais sans y être autorisés, puisqu'ils excédaient les pouvoirs qui leur avaient été conférés. Les actionnaires, au contraire, invoqueront l'acte social contre les tiers; les clauses qu'il contient sont une garantie pour eux, qu'on ne peut leur enlever; la majorité des actionnaires elle-même n'a pas qualité pour engager la minorité dissidente en dehors de la convention sociale (2).

Il est donc sans difficulté que si l'acte imputé aux administrateurs a été accompli contrairement aux dispositions des statuts, le concours de l'assemblée générale ne les couvre pas à l'égard des tiers (3); mais le doute peut exister pour savoir si l'approbation de l'assemblée générale les met à l'abri du recours des associés, quand il y a lieu. Il faudrait répondre négativement encore si les actes étaient contraires aux statuts; et si l'assemblée générale, par exemple, a autorisé ou ratifié les opérations du gérant d'un comptoir d'escompte, acceptant des effets de commerce revêtus d'une seule signature, quand les statuts en exigent deux au moins (4).

---

(1) Cass., 22 août 1844 (S.45.1.209).
(2) Cass., 14 fév. 1853 (S.53.1.424).
(3) Dijon, 10 avril 1867 (S.68.2.342). *Sic*, Paris, 18 mars 1862 (S.62.2.161).
(4) Cass., 27 et 28 déc. 1853 (D.P.54.1.143).

La même règle serait suivie évidemment si l'emprunt avait été contracté par le directeur, autorisé par le conseil d'administration, lorsque les statuts ne reconnaissaient comme valables que les emprunts proposés par ce conseil à l'assemblée générale et approuvés par elle (1).

570. Toutes les fois, au contraire, que l'administrateur agit dans la limite des pouvoirs qui lui ont été conférés par l'assemblée générale, et que l'assemblée générale elle-même n'a pas violé les statuts, l'administrateur ne peut être tenu (2) ; et la société est engagée, mais non les actionnaires personnellement, qui ne doivent pas être confondus avec elle.

Il est de principe, toutefois, que si le mandant a ratifié ce qu'a fait le mandataire en son nom, l'acte sera valable et le mandant sera engagé, et dans notre matière l'assemblée générale, par conséquent, si elle a ratifié dans la limite de ses pouvoirs (3).

La société anonyme du Creuzot avait contracté un emprunt garanti par hypothèque ; plus tard, les administrateurs régulièrement autorisés par l'assemblée générale aliènent une partie du gage accordé aux prêteurs. La société n'ayant pu tenir ses engagements, les prêteurs attaquèrent les administrateurs. Ceux-ci soutinrent que la responsabilité, s'il y avait lieu, devait remonter à leurs mandants. La Cour de Paris reconnut que l'assemblée générale avait agi dans la limite des pouvoirs que lui donnaient les statuts, en aliénant l'objet soumis à l'hypothèque ; elle en avait sans doute fait un mauvais usage, mais elle n'était pas soumise à plus de gêne que les sim-

---

(1) Cass., 22 janv. 1867 (D.P.67.1.168).

(2) Paris, 25 mai 1833 ; 6 mai 1835 (D.P.33.2.229 et 35.1.268) ; Cass., 16 juin 1851 ; 19 nov. 1856 ; 15 juin 1857 (S.54.1.583 ; 57.1.33 ; 59.1.132).

(3) Cass., 13 mars 1876 (D.P.77.1.49).

ples particuliers ; elle ne pouvait être exposée à d'autres actions. « Or, dit M. Delangle en rapportant cet arrêt, qu'un particulier diminue d'une façon quelconque le gage hypothécaire qu'il a donné, qu'en résulte-t-il ? Qu'il sera passible de dommages-intérêts ? Non, mais qu'aux termes de l'art. 2131, C. civ., le créancier pourra poursuivre son remboursement immédiat, ou réclamer un supplément d'hypothèque. Le prêteur n'avait pas d'autre droit. Créancier de la société anonyme, il n'avait d'action que contre la société ; et c'est avec raison qu'une condamnation contre les associés personnellement lui a été refusée » (1).

571. Les statuts doivent, dans tous les cas, être respectés, et il n'est permis ni d'en étendre, ni d'en restreindre les termes pour en faire sortir une responsabilité ou des nullités qui n'y sont pas expressément écrites. Nous citerons encore la société du Creuzot, à qui le Gouvernement avait refusé de laisser insérer dans les statuts l'autorisation de prendre à forfait l'actif et le passif d'une société en commandite à laquelle elle succédait. Néanmoins, cette opération n'en fut pas moins faite par la société une fois autorisée ; et la Cour de cassation la déclara valable : « Attendu, dit l'arrêt, que si, lors de la constitution de la société anonyme, le ministre s'était opposé à ce que l'on insérât dans les statuts une clause qui mettait la liquidation de la société en commandite aux risques et périls de la société anonyme, l'arrêt attaqué avait reconnu en fait que les causes qui avaient motivé l'opposition du ministre n'existaient plus lors de la passation du traité à forfait ; que ce traité avait été formé régulièrement, provoqué d'abord et approuvé

_____

(1) *Société comm.*, n. 447; Paris, 20 déc. 1839.

ensuite par l'assemblée générale des actionnaires ; consenti par la société anonyme, et exécuté sans réclamation par la société en commandite ; — Attendu que l'arrêt avait de plus reconnu que ce traité n'avait rien de contraire aux statuts ; qu'en effet, ces statuts ne contiennent aucune clause prohibitive au traité à forfait, et que l'article 18 autorisant l'assemblée générale à statuer sur les cas imprévus, elle avait pu prendre la liquidation à ses risques et périls, lorsque des circonstances nouvelles paraissaient avoir amené la nécessité de cette convention ; qu'ainsi, il n'avait existé aucune infraction formelle aux statuts et se rattachant aux bases essentielles et fondamentales de la société » (1). Cet arrêt bien rendu fixe sans doute, toutefois, les limites extrêmes du pouvoir des assemblées générales ; mais la Cour de Paris, comme l'arrêt intervenu sur le pourvoi dont il avait été frappé, sont exclusivement basés sur ce fait, que l'assemblée n'avait pas agi contrairement aux statuts.

En effet, « une opération ne doit pas être réputée défendue, dit encore M. Delangle, par cela seul qu'elle n'est pas expressément autorisée par les statuts. Les sociétés anonymes, comme toutes les sociétés commerciales, ont le droit et le pouvoir de faire tout ce qui se rattache, même indirectement, au but qu'elle se sont proposé. Les statuts ne peuvent pas tout régler, car il est impossible, au moment où une société s'organise, de prévoir les événements qui pourront ou favoriser ou contrarier sa marche, et conséquemment de savoir à quelle mesure elle aura recours un jour pour consolider sa fortune, si elle réussit, ou, dans le cas contraire, combattre et renverser les obstacles qui s'opposent à un succès » (2). Mais, nous

(1) Cass., 9 mars 1841 (D.P.41.1.154).
(2) *Société comm.*, n. 488.

ne saurions trop le répéter, et sous le bénéfice de ces observations, tout acte contraire aux statuts est nul.

Disons en terminant que les statuts ne sont pas une garantie pour les seuls actionnaires, mais aussi pour les tiers; et il est évident que l'unanimité des associés même ne pourrait en modifier les clauses à leur préjudice. Dans une espèce, spécialement, il a été décidé que la société ne pouvait pas changer la nature des actions délivrées, même en les marquant d'un signe distinctif, et permettre aux porteurs de ces actions de se présenter à la faillite comme simples créanciers et non comme associés (1).

572. Après ces généralités, il nous reste à poser d'une manière plus précise quelles sont les limites des pouvoirs accordés aux administrateurs d'une société anonyme.

Disons tout d'abord qu'il ne peut y avoir lieu de se reporter aux règles et aux principes exposés par nous plus haut sous l'art. 22, en ce qui concerne les associés gérants dans une société en nom collectif, et que nous avons étendus aux associés gérants dans une société en commandite. L'hypothèse est entièrement différente. Les administrateurs, dans une société anonyme, associés ou non associés, sont de simples mandataires. Les règles à suivre seront puisées dans les principes du mandat combinés avec les termes des statuts.

Les statuts, en effet, déterminent en général le mandat dont sont chargés les administrateurs et son étendue; ceux-ci doivent s'y conformer exactement (C. civ., article 1989). Quand les statuts sont muets sur ce point, ou ne précisent pas d'une manière suffisante les pouvoirs des directeurs ou administrateurs, il faut se reporter

---

(1) Cass., 8 mars 1848 (J.P.48.1.431).

d'une manière complète aux principes du Code civil sur le mandat.

Le mandataire doit accomplir son mandat tant qu'il en demeure chargé, et répond des dommages-intérêts qui pourraient résulter de son inexécution. Il est tenu non-seulement de son dol, mais encore des fautes qu'il commet et de sa négligence. Il doit rendre compte de sa gestion et faire raison à ses mandants de tout ce qu'il a reçu en vertu de sa procuration, quand même ce qu'il aurait reçu n'eût point été dû à la société. Enfin, il est responsable de celui qu'il se serait substitué, s'il n'a pas reçu pouvoir à cet effet; et, dans le cas même où ce pouvoir lui a été conféré sans désignation de personne, il serait responsable, s'il n'avait pas choisi quelqu'un honnête, capable et de bonne réputation (C. civ., art. 1991 à 1994). Les règles du Code civil seraient appliquées plus rigoureusement en matière commerciale qu'en matière civile, et à des mandataires salariés qu'à des mandataires gratuits. Les administrateurs ont le droit de se démettre de leurs fonctions.

A défaut de stipulations expresses, l'art. 1988, C. civ., doit être étendu aux administrateurs des sociétés anonymes : « Le mandat conçu en termes généraux, porte « cet article, n'embrasse que les actes d'administration. « S'il s'agit d'aliéner ou d'hypothéquer, ou de quelque « autre acte de propriété, le mandat doit être exprès. » Ce mandat ne s'étend donc qu'aux actes d'administration ; mais il les comprend tous : leur caractère peut dépendre de la nature de la société et de l'objet de son entreprise, sans que l'administrateur puisse faire aucun acte de propriété.

Dans la société en nom collectif, nous avons reconnu, de plein droit, au gérant, le droit d'emprunter, à moins de clause expresse restrictive ; dans la société anonyme, nous croyons que ce pouvoir doit être refusé à l'administrateur, même quand il s'agit d'emprunts courants, par acte sous seing privé, à moins de clause expresse qui confère ce droit. Les auteurs cependant se montrent moins sévères ; et nous comprenons qu'en matière commerciale, l'administration devienne quelquefois, dans ces termes, difficile ou même impossible, si l'on veut. Dans ce cas, cet état de choses se révélera dès le début ; et les statuts auront eu soin de pourvoir à cette nécessité et de fixer en même temps les limites du droit accordé à l'administrateur (1). Si les sommes empruntées au nom de la société ont tourné à son profit, il va de soi qu'elle devrait indemniser le prêteur (2).

A plus forte raison, ne peut-il contracter un emprunt hypothécaire.

Si les statuts d'une société anonyme, rendus publics dans la forme légale, ne reconnaissaient expressément comme valables que les emprunts proposés par le conseil d'administration et approuvés par l'assemblée générale, il est évident que la société ne pourrait être tenue des engagements pris par le directeur ou gérant en dehors de ces conditions, même dans le cas où le conseil d'administration aurait autorisé l'emprunt contracté, puisqu'il ne pouvait communiquer au gérant un pouvoir qu'il ne possédait pas lui-même (3).

L'administrateur pourrait encore moins vendre et aliéner les immeubles sociaux. Nous croyons qu'aucune exception ne doit être faite à cette règle (4), si les statuts

(1) Nancy, 22 déc. 1842 ; Dalloz, *Rép.*, v° *Société*, n. 1526.
(2) Cass., 24 mars 1852 (D.P.52.1.109).
(3) Cass., 22 janv. 1867, Bull. n. 15. V. égal. Nancy, 22 déc. 1842 ; Bordeaux, 6 août 1853 ; Alger, 18 mai 1863 (D.P.43.2.53 ; 54.2.14 ; 63.5.353).
(4) *Contrà*, Malpeyre et Jourdain, p. 238.

ne l'ont eux-mêmes établie, d'une manière formelle, ainsi qu'ils ne manqueraient pas de le faire, s'il y avait lieu.

Le gérant ne peut faire remise pure et simple des dettes contractées envers la société, si ce n'est, cependant, par adhésion à un concordat, ni disposer, à titre gratuit et par donation, des objets appartenant à la société. Il ne peut, dans aucune circonstance, affranchir les actionnaires de leurs obligations, ni leur accorder le remboursement des sommes par eux versées (1).

Contrairement à la règle enseignée par nous pour le gérant d'une société collective ou en commandite, l'administrateur dans une société anonyme a besoin d'un pouvoir spécial, soit directement émané des statuts, soit du conseil d'administration ou de l'assemblée générale, qui auraient été investis du droit de l'accorder, pour transiger ou compromettre (2). Mais il semble difficile que l'un et l'autre pouvoir ne soient pas conférés dans une certaine mesure au gérant, ou tout au moins, soit au conseil d'administration, soit à l'assemblée générale. V. *infrà*, n° 575.

En cas de contestation, au reste, c'est aux juges du fait qu'il appartient d'interpréter souverainement les clauses des statuts qui déterminent les pouvoirs accordés au gérant (3). Ce sont aussi ces juges du fond qui décideront si les statuts autorisent, en effet, l'assemblée générale à voter l'augmentation du capital, contrairement au principe général, qui ne permettrait cette modification aux conventions primitives qu'avec l'assentiment de

---

(1) Cass., 12 avril 1842 (J.P.42.1.545); 11 mai 1853 (S.54.1.22); Paris, 4 déc. 1844 (J.P.45.1.124); *Id.*, 9 juill. 1856 (S.56.2.641).

(2) Bédarride, n. 278 et 285; Malpeyre et Jourdain, p. 244 et s.; Dalloz, *Rép.*, v° *Société*, n. 1531 et 1532.

(3) Cass., 19 fév. 1865, *Gaz. des Trib.* du 22 fév. 1865.

tous les associés (V. *infrà*, n° 745) (1) ; ce sont eux également, qui, en présence d'une clause défendant au gérant de souscrire des effets de commerce, et l'obligeant à opérer au comptant, pourront dire, néanmoins, que cette clause, sainement interprétée, n'interdisait pas au gérant de faire traite pour le recouvrement des créances sociales (2).

Le mandat des administrateurs renfermera de plein droit, à moins de stipulations restrictives expressément écrites, le pouvoir d'introduire en justice toutes les actions de la société, relatives à l'administration dont ils sont chargés, ainsi que de défendre à celles qui seraient dirigées contre la société. Il en est autrement en ce qui concerne les contestations étrangères aux actes d'administration. Dans tous les cas, la société sera valablement assignée dans la personne des administrateurs (3); mais il a été jugé que les administrateurs d'une société anonyme, quoique représentant bien tous les actionnaires, n'ont pas toujours qualité pour représenter les fondateurs de la société : par suite, le jugement qui a prononcé la nullité de la société contre les administrateurs ne peut être opposé aux fondateurs, s'ils n'ont pas été appelés dans l'instance ; ceux-ci ne sont pas même obligés de former tierce opposition au jugement qui a prononcé la nullité de la société ; il leur suffit de prouver qu'ils n'ont point été appelés (4). Une grande différence existe en effet entre eux et les actionnaires, dont le nombre sera souvent considérable et la personne même nécessairement inconnue, si les titres sont au porteur.

---

(1) Cass., 29 mars 1864 (D.P.65.1.59).

(2) Cass., 12 avril 1865, *Gaz. des Trib.* du 13 avril 1865.

(3) Malpeyre et Jourdain, p. 240 ; Nîmes, 7 mai 1857, et Cass., 2 déc. 1857 (S.58.1.294). V. égal. Orléans, 21 déc. 1854, et Cass., 5 nov. 1855 (S.55.2.664 et 57.1.375).

(4) Douai, 12 fév. 1848 (S.49.2.670).

II.   22

Il n'est pas douteux, non plus, comme le rappelle surabondamment l'art. 44, ci-après, que les administrateurs ne soient responsables conformément aux règles du droit commun, non-seulement individuellement, mais encore solidairement suivant les cas. Il en résulte qu'en cas de faute commune les parties lésées ne sont pas tenues de diviser leur action, et que tous les auteurs du préjudice sont indistinctement obligés à le réparer (1).

Les administrateurs dans les termes de l'art. 44 de la loi du 24 juillet 1867, qui n'a fait que rappeler des règles de droit commun, seraient responsables de leur incurie et de leur négligence sans qu'il y ait nécessité de leur imputer le dol ou la fraude (2).

D'un autre côté, il a été jugé que les administrateurs peuvent être déchargés de toute responsabilité, même pour une faute lourde, à l'égard des actionnaires qui sont entrés dans la société en parfaite connaissance de cause et ont participé à une délibération de laquelle il résulte qu'ils ont tout connu, tout approuvé et tout ratifié (3).

Ils sont également soumis dans certaines circonstances à une responsabilité pénale, en vertu de la loi du 24 juillet 1867 qui leur impose des devoirs spéciaux. Nous en parlerons en donnant le commentaire de cette loi (V. *infra*, n°ˢ 764 et s.).

573. Les règles que nous venons de poser en ce qui concerne les gérants ou directeurs de sociétés anonymes, seraient de plein droit applicables, s'il y avait lieu, aux membres d'un conseil d'administration, qui serait distinct des gérants dans les sociétés dont nous nous occupons. Ceux-ci sont mandataires comme les premiers ; et

---

(1) Cass., 30 déc. 1872 (J.P.73,387).
(2) Grenoble, 6 juill. 1875 (S.76.2.103).
(3) Cass., 2 juill. 1873 (J.P.73.765).

les principes du mandat combinés avec les termes de l'acte de société, pour les uns comme pour les autres, déterminent quels sont leurs pouvoirs, leurs obligations et leur responsabilité. Comme tous mandataires et comme les gérants, ils ne peuvent rien faire au delà de ce qui est porté dans leur mandat et ils sont tenus, conformément aux principes du droit commun, de leur faute dans la mission qui leur a été confiée (1).

574. Lorsque des poursuites seront intentées dans les circonstances que nous venons de prévoir, dans certains cas, la société, dont les administrateurs ou gérants sont en faute, pourra être déclarée en faillite. La jurisprudence a dû s'occuper à diverses reprises de la question de savoir si les poursuites devaient être intentées par les syndics ou bien par les associés ou héritiers qui prétendaient avoir éprouvé un dommage. Deux arrêts de la Cour de cassation de la même date paraissent avoir posé les principes en cette matière.

La Cour a décidé que, si la faute qui donne lieu à l'action intentée a pour base un préjudice commun à tous les créanciers composant la masse de la faillite, les syndics seuls ont qualité pour agir. Il en est autrement si l'action est fondée sur une faute dont les demandeurs auraient spécialement souffert, et qui leur eût causé un préjudice particulier, distinct du préjudice occasionné à la masse dont ils faisaient partie (2). La difficulté consiste à reconnaître les actions qui intéressent la masse.

Après avoir essayé de définir les droits qui appartiennent aux administrateurs et aux membres des conseils de

---

(1) Malpeyre et Jourdain, p. 239 ; Dalloz, *Rép.*, v° *Société*, n. 1529 ; Douai, 12 fév. 1848 (D.P.50.2.8).

(2) Cass., 24 déc. 1875 (D.P.77.1.17). V. également Cass., 13 janv. 1869 (D.P. 70.1.67), et 16 mars 1870 (D.P.70.1.299).

surveillance qui doivent leur être assimilés comme mandataires, ainsi que nous l'avons dit dans le numéro précédent, après avoir posé les limites que dans leurs actes
ils ne peuvent dépasser, il nous reste à dire dans quelle
forme on procédera, s'il y a lieu de les poursuivre comme
civilement responsables, soit parce qu'ils auraient omis
de se soumettre aux obligations que la loi du 24 juillet
1867 leur impose, soit parce que, dans les termes du
droit commun, des tiers auraient eu à souffrir des faits
par eux accomplis sans droit, ou bien de leur négligence.
La loi de 1867 précitée a cru utile de prévoir certaines
hypothèses entraînant une responsabilité ; mais ces indications sont purement énonciatives, sont citées par forme
d'exemples, et il est certain, ainsi que nous aurons occasion de le répéter, et que nous venons de le dire dès à
présent, que les règles du droit commun, en ce qui concerne la prestation des fautes, sont restées entières et
dans tous les cas applicables, lorsque par leur fait les
administrateurs ou les membres d'un conseil de surveillance ont causé à autrui un préjudice.

Cependant on peut citer comme exemple d'une action
intéressant la masse celle qui serait intentée par suite de
diminution de l'actif social ; en cas, par exemple, de distribution de dividendes fictifs, parce que, dans ces hypothèses, leur faute a préjudicié à tous les créanciers,
sans exception possible.

Au contraire, l'action n'appartiendrait qu'aux seules
personnes intéressées, dans le cas de déclarations fausses
et de publications de nature à tromper le public, parce que
tous les créanciers n'ont pas été nécessairement trompés
et à un égal degré, et à celles seulement dont les droits,
évidemment, ont une date postérieure à ces publications.

Dans ce système, il n'y a aucun intérêt à rechercher si

la faute imputée résulte d'une omission aux injonctions de la loi au lieu d'un fait qui doit être incriminé d'après les règles générales du droit commun sur la prestation des fautes. Il faut seulement rechercher si le préjudice a été souffert par la masse et dans la même proportion par chacun des individus qui la composent, ou bien s'il les frappe inégalement ou seulement quelques-uns d'entre eux.

Il n'est pas douteux que dans le cas où l'action, conformément aux règles que nous venons de poser, appartient à chaque associé individuellement et dans la mesure de son intérêt, il peut agir en vertu de l'action sociale dérivant du mandat. Mais on peut supposer, et il est arrivé qu'une société délibérant en conformité de ses statuts, a, postérieurement à la demande en justice formée par l'associé, renoncé à user de son droit moyennant certains avantages qu'elle aurait le pouvoir souverain d'apprécier. Dans ce cas, l'associé peut encore, comme le ferait toute personne intéressée étrangère à la société, poursuivre les administrateurs dont il a à se plaindre, en vertu de l'art. 1382, C. civ., et en invoquant le droit commun auquel, nous ne saurions trop le répéter, la loi du 24 juill. 1867 n'a nullement dérogé.

En effet, ainsi que l'a dit la Cour de Paris, « si les administrateurs sont astreints aux obligations de leur mandat envers la société qui le leur a conféré, ils sont en même temps soumis envers tout le monde aux devoirs généraux qui sont imposés par la conscience ou par la loi, et dont l'infraction constitue, aux termes de l'art. 1382, C. civ., une faute ou un quasi-délit obligeant à la réparation du dommage causé (1). »

Mais la responsabilité dérivant du principe consacré

---

(1) Paris, 16 avril 1870 (D.P.70.2.121); Cass., 7 mai 1872 (D.P.72.1.233).

par l'art. 1382 sera moins grave que celle qui naît du mandat conféré aux administrateurs, et si la seconde fait défaut, la première devra reposer sur un fait positif, un acte accompli qui ait été dommageable, et elle ne pourra, en général, être fondée sur une simple abstention d'agir, dont le mandataire, au contraire, pourrait avoir à répondre vis-à-vis du mandant.

La responsabilité des administrateurs sera donc plus ou moins gravement engagée, et elle pourra même disparaître complétement, selon le point de vue où on l'envisagera. C'est en basant sa décision uniquement sur l'art. 1382, C. civ., et non sur les règles du mandat qui ne pouvaient être invoquées dans la cause, que l'arrêt précité de la Cour de Paris a pu distinguer dans un conseil d'administration dont tous les membres, au nombre de douze, avaient été actionnés, ceux d'entre eux qui avaient eu seuls la gestion des autres qui s'étaient, au contraire, tenus absolument en dehors de cette gestion et avaient suivi la foi de leurs collègues, en qui tout les invitait à placer une entière confiance. Les premiers, au nombre de trois seulement, ont été jugés par la Cour responsables des rapports, des bilans, des dividendes par lesquels avaient été trompés les acheteurs d'actions agissant non en vertu de l'action sociale, mais conformément à l'art. 1382, C. civ.; les autres sont restés complétement indemnes. Si, dans l'espèce, il eût été possible de considérer les administrateurs comme des mandataires, ils auraient été tous, sans distinction, enveloppés dans la même responsabilité sans qu'aucun d'eux eût pu prétendre à une exonération complète, parce qu'il aurait, en quelque sorte, abdiqué ses fonctions en faveur de ses collègues. Ces principes sont désormais hors de toute controverse.

575. L'action intentée contre les gérants ou administrateurs par les personnes lésées, quoique dérivant d'un délit, peut être poursuivie séparément et portée devant la juridiction civile, aux termes de l'art. 3, C. inst. crim. (1).

576. Au-dessus des actionnaires, simples mandataires, se placent les assemblées générales qui représentent la société, et dont les pouvoirs seront nécessairement beaucoup plus étendus que ceux des administrateurs ou des membres du conseil de surveillance.

La loi du 24 juill. 1867 a établi quelques règles nouvelles, dérogeant, même dans une certaine mesure, aux principes généraux. Pour ne pas scinder ce que nous avons à dire sur cette importante matière, nous renvoyons au n° 745 ci-après le commentaire complet de tout ce qui a trait aux assemblées générales.

ARTICLE 33.

Les associés ne sont passibles que de la perte du montant de leur intérêt dans la société.

577. Cette disposition est commune aux associés commanditaires comme à ceux qui sont engagés dans une

------

(1) Cass., 13 janv. 1869 (D.P.70.1.67).

société anonyme, mais, pour ceux-ci, cet état de choses ne peut être modifié, quoi qu'ils fassent, et leur responsabilité ne peut en aucun cas être étendue.

Leurs obligations envers la société sont également limitées par l'acte social, et ils ne peuvent être tenus de verser aucune somme au delà de la mise qu'il a fixée. Un nouvel appel de fonds ne serait obligatoire qu'en vertu d'une clause formelle du contrat de société, et alors les actionnaires s'y étaient d'avance éventuellement soumis ; ou en vertu d'une délibération unanime de tous les associés, et alors une difficulté serait bien moins à craindre encore, puisque le nouvel engagement, qu'ils ont librement consenti, est formel et sans condition (1). Un arrêt de la Cour de Nîmes a été cité quelquefois comme ayant décidé que, dans certaines circonstances au moins, la majorité des actionnaires suffirait pour rendre un appel de fonds obligatoire (2). M. Delangle a soutenu que cette doctrine ne résultait nullement de cet arrêt sainement entendu (3) ; dans tous les cas elle ne pourrait être suivie. Mais la somme que chaque associé a promis de verser constitue une dette dont le directeur de la société, comme mandataire, a qualité pour poursuivre le remboursement.

578. Les tiers qui ont contracté avec la société et qui la trouvent insolvable ont qualité même pour agir directement contre les associés en retard de verser le montant de leurs actions (4). Les règles en pareille matière et après la liquidation définitive de la société, si les actionnaires se sont partagé tout l'actif social, sont parfai-

---

(1) Troplong, n. 182 ; Delangle, n. 441 : Malpeyre et Jourdain, p. 213.
(2) Nîmes, 3 fruct. an XII.
(3) *Sociétés comm.*, n. 444.
(4) Troplong, n. 457 : Malpeyre et Jourdain, p. 156.

tement expliquées dans un arrêt que nous allons rapporter :

« Attendu qu'il résulte de l'esprit comme des termes de la loi, que les tiers qui contractent avec une société anonyme ont pour garantie les capitaux que les actionnaires ont promis d'apporter à la société pour composer l'actif social, dont le chiffre a dû être porté à la connaissance de tous par la publicité imposée à ces sortes de sociétés ; que les créanciers qui ont suivi la foi de la société annonçant son capital social comme garantie de ses engagements, et qui par suite ont dû croire à la réalisation des valeurs promises par les actionnaires pour fournir ce capital, ont réellement pour débiteurs ces derniers jusqu'à concurrence des sommes qu'ils se sont engagés à verser dans la caisse sociale ; qu'il en résulte un lien de droit entre eux ; d'où résulte pour les créanciers une action directe utile dans la limite des actions souscrites, quand la nécessité de sauvegarder leurs droits ne laisse pas d'autres ressources ;

« Attendu que l'art. 33, C. comm., en déclarant les actionnaires d'une société anonyme passibles des pertes jusqu'à concurrence du montant de leur intérêt dans la société, est conçu en termes généraux ; qu'il ne limite pas cette responsabilité dans les rapports des associés entre eux, et que les créanciers de la société ont d'autant plus de droits de l'invoquer, qu'ils y ont plus d'intérêt dans certaines circonstances, puisque, à la différence de ce qui a lieu dans les sociétés en commandite, ils n'ont pas trouvé dans la personne des gérants une responsabilité solidaire et illimitée ; que, sans doute, tant que la société existe, et même après sa dissolution, tant que le fonds social n'a pas été distribué et qu'il reste encore dans la caisse sociale une somme suffisante pour

faire face aux dettes, c'est contre les administrateurs et liquidateurs que les tiers doivent agir : la personne civile
de la société continuant d'exister, c'est contre ses représentants légaux que toutes actions doivent être dirigées;
mais il n'en est plus ainsi lorsque la dissolution et la
liquidation de la société ont fait cesser, en la personne
des administrateurs, la représentation de l'être moral,
qui ne subsiste plus ; alors il appartient aux créanciers
non payés de rechercher si les actionnaires ont versé
réellement dans la caisse sociale les fonds qu'ils avaient
promis d'y apporter ; ou si, les y ayant mis d'abord, ils ne
les auraient pas retirés au préjudice des tiers, dont ces
capitaux étaient le gage ; et s'il est établi que les actionnaires n'ont pas rempli leurs obligations à cet égard,
lesdits créanciers doivent avoir une action directe et
utile pour les y contraindre et leur demander la restitution de ce qu'ils ont retiré indûment de la caisse sociale » (1).

Les mêmes règles que nous avons enseignées en ce qui
concerne les commanditaires (V. *suprà*, nᵒˢ 547 et s.)
s'appliquent donc de plein droit dans les sociétés anonymes, et nous ne pouvons donc que renvoyer aux développements dans lesquels nous sommes entrés.

579. La qualité de souscripteur ou d'actionnaire ne
peut résulter que d'une véritable convention synallagmatique renfermant l'offre ou la demande et l'acceptation (2); mais la signature apposée par le souscripteur
au bas de certificats signés par le gérant ou par le fondateur constitue un engagement parfaitement valable.

---

(1) Cass., 28 mars 1855 (S.55.1.294). *Sic,* Amiens, 25 janv. 1856 (S.56.2.409).
(2) Paris, 10 août 1850; 22 janv. 1853 ; 14 janv. 1854 ; 17 avril 1852; 16 nov.
1853 ; 16 fév. 1850 ; 17 avril 1852 (Dalloz, *Rép.*, n. 1503 et 1504); Cass., 25 mai
1870 (J.P.70.869).

Celui qui prend des actions dans une société anonyme commerciale ne fait pas acte de commerce ; le tribunal de commerce est incompétent pour connaître de la demande formée contre lui en paiement du prix des actions qu'il a souscrites (1) : des arrêts néanmoins ont jugé le contraire et avaient admis comme conséquence que la contrainte par corps pouvait être prononcée contre l'actionnaire d'une société anonyme pour le paiement du montant de sa mise (2) ; nous n'admettons pas cette règle, que nous avons repoussée même quand il s'agit d'un associé commanditaire (*suprà,* n° 538).

Nous avons dit plus haut que, pour ne pas scinder la discussion sur une question d'un intérêt très-grand, nous pensions devoir renvoyer au commentaire de l'art. 10 de la loi du 24 juillet 1867, l'examen des difficultés soulevées pour savoir si l'actionnaire peut être tenu de rapporter les bénéfices et dividendes qui lui ont été distribués. On avait toujours enseigné, sur ce point, que les actionnaires étaient à l'abri de tout recours dans le cas où ils avaient été de bonne foi et avaient reçu des bénéfices réels, qu'on n'avait pas fait abusivement résulter d'inventaires irréguliers ou entachés de fraude (3).

ARTICLE 34.

Le capital de la société anonyme se divise en actions et même en coupons d'action d'une valeur égale.

SOMMAIRE.

580. Définitions des diverses espèces d'actions : des coupons d'action ; des

---

(1) Rouen, 6 avril 1844 (S.44.2.636). — *Sic*, Delangle, n. 453.
(2) Paris, 27 fév. et 20 nov. 1847 (S.47.2.131 et 133, et 49.2.219).
(3) Pardessus, n. 1042 ; Delangle, n. 454 ; Bédarride, n. 300.

promesses ; l'actionnaire ne peut jamais être tenu de rendre la somme
qu'il a reçue à titre d'amortissement ; les sociétés anonymes peuvent-
elles aujourd'hui se constituer sans actions, et les actions peuvent-
elles être d'une valeur inégale ? Renvoi au commentaire de l'art. 21
de la loi du 24 juillet 1867.

581. Apports consistant en objets autres que du numéraire ; renvoi à la loi
du 24 juillet 1867.

582. Règles à suivre quand la promesse d'action en l'action non libérée a été
cédée par le souscripteur primitif.

583. Règles à suivre quand les statuts prononcent l'exclusion des actionnaires
en retard de verser leur mise.

584. Clauses habituellement insérées dans les statuts pour lever tous les
doutes.

585. Droits des associés pendant la durée de la société et après sa dissolution.

580. Le capital d'une société anonyme, ou, en d'autres termes, son actif, quelle qu'en soit la composition,
doit être nécessairement, aux termes de l'art. 34, frac-
tionné en une certaine quantité de portions, dont chacune est appelée *action*, et dont la valeur est déterminée
par l'acte de société. L'associé est celui qui verse à la
caisse sociale la somme représentant une de ces portions
ou actions : de là vient que les associés sont communément appelés *actionnaires*.

La possession d'une action emporte de plein droit adhésion aux statuts de la société.

Afin de faciliter l'association de petits capitaux aux
grandes entreprises, la loi n'avait fixé aucune limite pour
la valeur que doit représenter chaque action ; elle avait
permis, en outre, que chaque action fût divisée en coupons, pourvu qu'ils fussent d'une *valeur égale*. Cette expression manque de clarté, et Locré, le commentateur si
exact des discussions du Conseil d'Etat, n'a pas cherché
à l'expliquer. Quoi qu'il en soit, l'occasion s'est présentée
de déclarer législativement que cette prescription n'était
pas écrite à peine de nullité. En effet, la loi du 24 juillet 1867 a fixé le chiffre au-dessous duquel désormais

ne peut être abaissé le coupon d'action, et dans la discussion de la loi du 24 juillet 1867, on a demandé si le texte de l'art. 34, C. comm., devait être considéré comme purement énonciatif et non pas comme impératif ; si, par suite, une société anonyme pouvait se constituer sans actions, et si les actions et les coupons d'action devaient nécessairement être d'égale valeur entre eux ? Cette question était nouvelle ; elle ne s'était pas présentée devant le Conseil d'État, qui l'eût résolue en fait sans trancher le point de droit : le régime nouveau de la liberté accordée aux sociétés anomymes lui donnait un intérêt particulier. Nous devons en renvoyer l'examen au commentaire de l'art. 21 de la loi du 24 juillet 1867.

Il ne faut pas confondre les coupons d'action avec les promesses d'action : il arrive fréquemment, en effet, qu'on divise le paiement de l'action entière en plusieurs échéances : jusqu'à ce que le montant intégral de la valeur de l'action ait été acquitté, les actionnaires n'ont droit qu'à un simple récépissé ou à un titre provisoire, appelé promesse d'action ; quand la valeur entière est versée, l'action est *libérée*, et l'actionnaire reçoit un titre définitif. Quelquefois, les titres définitifs sont remis après le paiement d'un certain nombre de versements déterminés par les statuts, et constituent des actions *non libérées*.

Même dans le cas où les titres définitifs doivent être au porteur, les titres provisoires peuvent être nominatifs, et la cession peut en être soumise à un transfert régulier fait au siége de la société.

Dans la pratique commerciale, on avait établi, en dehors des définitions légales, mais en s'appuyant sur des faits qu'il est nécessaire de faire bien apprécier, deux catégories d'actions : les actions de capital ou payantes

et les actions industrielles ou non payantes. Les premières, ainsi que le nom l'indique, représentent une
somme versée en argent, dont le paiement effectif est
obligatoire ; les secondes représentent la mise des personnes qui fournissent leur industrie, l'apport d'une
idée, d'une découverte, et sont données à l'industriel ou
à l'inventeur comme l'équivalent de son travail ou de son
droit.

Cette distinction a pour effet quelquefois de n'accorder aux porteurs des actions industrielles qu'un simple
droit au partage des bénéfices, sans qu'ils puissent rien
prétendre à la propriété du capital : une stipulation formelle, à cet égard, est presque toujours écrite, et habituellement ces actions restent déposées pendant toute la
durée de la société, comme garantie que le travail qu'elles
représentent ne sera pas refusé.

Il est superflu d'ajouter que rien n'oblige les sociétaires à établir cette division, et ils peuvent, s'ils le jugent convenable, mettre sur la même ligne l'apport de
l'industrie, et celui des capitaux et ne créer qu'une seule
espèce d'actions.

Lorsque les actions de capital ont été amorties, c'est-
à-dire que la somme versée dans la société a été remboursée, elles sont remplacées par des actions de jouissance donnant droit au partage des bénéfices réalisés
jusqu'à la fin de la société, et il peut n'exister plus aucune trace des distinctions d'origine dont il vient d'être
question.

De quelque manière que ce remboursement ait été fait,
soit sur le fonds de réserve dépassant le chiffre déterminé, soit sur les bénéfices, ou de toute autre manière,
pourvu qu'au moment où il a été accompli il n'ait pas
entamé le capital stipulé, l'actionnaire remboursé con-

formément aux statuts ou aux délibérations régulières de
la société ne peut jamais être tenu à rapport, soit envers
les créanciers, soit envers les associés (1).

On appelle encore actions de *fondation* celles qui sont
attribuées aux fondateurs, pour représenter leur apport ;
elles doivent donc être assimilées aux actions de capital.

Les actions de *prime* sont celles qui sont accordées aux
personnes dont le concours semble pouvoir être utile
pour le succès de la société et devoir être récompensé ;
mais ces actions gratuites doivent représenter un concours réel, des services effectifs rendus à la société (2)
(V. *suprà*, n° 390).

Nous devons dire des actions de *fondation* ce que nous
dirons aussi des actions *industrielles* ; elles sont soumises
aux prescriptions de l'art. 4 de la loi du 24 juillet 1867.
Quant aux actions de *prime*, ou il en serait de même si
elles représentent des services effectifs, ou elles sont
prohibées et illégales (V. *infrà*, sous l'art. 1er de la loi
du 24 juillet 1867).

581. Le fonds social, dans les sociétés anonymes
comme dans toutes les autres, peut être composé en partie d'objets autres que du numéraire : l'instruction mi-
nistérielle du 22 octobre 1817 prévoit spécialement que
certains actionnaires peuvent apporter la propriété ou la
jouissance d'un brevet d'invention ou d'un secret, mais
rien n'exclut, en outre de cet apport industriel, un apport d'un autre genre, consistant en valeurs mobilières
autres que des espèces, ou en immeubles. Ces sortes
d'apports ne soulèvent qu'une difficulté d'exécution souvent très-grande pour arriver à apprécier exactement

---

(1) Bédarride, n. 344.
(2) Malpeyre et Jourdain, p. 209.

quelle en est la valeur vénale. L'examen préalable de l'administration était sans doute, avant la loi du 24 juillet 1867, une garantie suffisante de la bonne foi qui avait présidé à l'évaluation et contre une erreur trop forte ; mais cet examen ne pouvait rassurer complétement contre les mécomptes d'une réalisation que la liquidation de la société rendrait nécessaire. Le Gouvernement s'entourait de toutes les lumières ; mais il est évident qu'il ne s'engageait pas dans cette circonstance, non plus qu'il ne promettait le succès de l'entreprise. C'était aux actionnaires à prendre leurs renseignements et à veiller à leurs intérêts.

La loi du 24 juillet 1867 a introduit un système nouveau de garanties destinées à remplacer l'examen du Conseil d'État ; nous devons renvoyer encore au commentaire de cette loi.

582. L'engagement pris par le souscripteur d'actions doit être accompli par lui d'une manière complète.

Quand la promesse d'action, ou l'action non libérée, a été cédée par le souscripteur primitif, il n'existe aucun doute que son cessionnaire ne soit obligé à payer le complément encore dû ; mais, en cas d'insolvabilité, il peut y avoir intérêt très-grand à savoir si les engagements pris par le cédant continuent de subsister à sa charge, et si la société a action contre l'un et l'autre jusqu'à sa libération complète.

Si aucun engagement n'a été exigé du souscripteur, Pardessus semble enseigner que l'actionnaire qui a régulièrement cédé la promesse d'action dont il est propriétaire, suivant les formalités exigées par les statuts et par la loi, ne peut plus désormais être inquiété : « La novation dans la personne du débiteur est parfaite, disent également MM. Malpeyre et Jourdain : car l'accomplissement des formalités prescrites par la loi et les statuts équivaut à un consentement donné par la société à la substitution d'un nouveau débiteur à l'ancien » (1). Nous avions pensé, au contraire, et c'est l'opinion qu'ont embrassée presque tous les auteurs, que le souscripteur primitif reste de plein droit engagé, s'il ne peut rien alléguer qui rompe l'obligation à laquelle il y a présomption qu'il a voulu se soumettre, sans qu'il y ait lieu de distinguer entre les actions nominatives et celles qui sont au porteur (2). C'est l'application du droit commun ; le souscripteur cède ses droits ; il ne peut à sa volonté se décharger de ses obligations.

Depuis le développement si grand qu'ont pris les sociétés par actions ; depuis les discussions auxquelles ont donné lieu les lois de 1856, de 1863 et de 1867 sur ces sortes de sociétés, la doctrine que nous avions embrassée n'est même plus contestée. Les actions restent nominatives, en droit commun, jusqu'à leur entière libération, et tous les cessionnaires successifs, entre les mains desquels l'action a passé, doivent être soumis à la même responsabilité que le souscripteur primitif.

L'art. 3 de la loi du 24 juillet 1867 a spécialement prévu la seule exception qui pourra être faite par la suite à cette règle fondamentale. Nous en parlerons dans le commentaire de cette loi.

Quelquefois le souscripteur signe des billets pour le complément de sa mise, et aucun doute n'existe dans ce cas qu'il est tenu personnellement. Mais on peut supposer que les administrateurs de la société consentent à une novation et acceptent l'engagement du cessionnaire

---

(1) Pardessus, n. 1043-2° ; Malpeyre et Jourdain, p. 103.
(2) Troplong, n. 177 et s.; Delangle, n. 449 et s ; Molinier n. 447 ; Bédarride, n. 298.

en remplacement de celui du cédant, lequel est déchargé par eux d'une manière définitive. S'il n'y a ni dol ni collusion, et sauf la responsabilité des administrateurs, Pardessus pensait que les tiers ne pourraient rechercher les souscripteurs primitifs (1). Nous estimions avec M. Troplong que, sauf dans le cas où une clause expresse des statuts aurait donné aux administrateurs un pouvoir qui ne devait pas, en règle générale, leur appartenir, il ne pouvait dépendre de simples administrateurs de donner à des individus insolvables la place de souscripteurs sérieux, sur l'engagement desquels la société avait dû compter (2). Ainsi, il a été jugé que tout souscripteur d'actions est tenu de faire les versements exigibles, aux termes indiqués dans les statuts de la société, sans pouvoir être relevé de cet engagement, ni être admis à se faire restituer les sommes par lui versées, sous le prétexte d'une convention verbale intervenue entre lui et le gérant en dehors des statuts et par le seul effet d'une condition résolutoire qui, n'étant ni autorisée par les statuts, ni stipulée par l'acte de souscription, était ignorée des tiers : les gérants ne peuvent diminuer les garanties sociales sur lesquelles les tiers ont dû compter (3). Ces questions ne se présenteront plus avec la législation nouvelle ; V. *infrà*, n° 642.

Toutefois l'engagement pris par le souscripteur ne peut être exigé de lui que dans les termes où il a été contracté ; et il a été jugé plusieurs fois, avec raison, que la simple promesse de verser des fonds dans une société, en échange d'actions, à la volonté du promettant, ne

---

(1) Pardessus, n. 1043. — *Sic*, Delangle, n 431 ; Bédarride, n. 298.
(2) Troplong, n. 475 et s.
(3) Cass., 11 mai 1853 (S.54.1.22).

peut être obligatoire, lorsque la société est tombée en
faillite, puisqu'elle ne peut plus offrir, en échange des
fonds réclamés, des titres sérieux (1).

583. Souvent une clause prononce l'exclusion des
actionnaires en retard d'acquitter les versements qu'ils
doivent, en déclarant définitivement acquises à la société
les sommes déjà versées par eux. Par suite, les souscripteurs, a-t-on dit, sont complétement dégagés en su-
bissant cette perte (2); les statuts ont déterminé la clause
pénale; en l'acceptant, ils sont libérés.

Cette conséquence a été niée : on a prétendu que cette
clause, valide entre les actionnaires et les fondateurs
gérants de la société, ne pouvait être opposée aux tiers,
qui avaient le droit d'exiger que la somme annoncée fût
réalisée : et la Cour de Lyon a jugé dans ce sens, en faveur des créanciers d'une société tombée en faillite (3);
et, en effet, il doit en être ainsi. Même en ce qui concerne
la société, on ne peut admettre qu'un débiteur puisse,
en se soumettant à la peine, se dégager de l'obligation,
que cette peine avait eu pour but, au contraire, de sanctionner.

Ces règles supposent évidemment que l'obligation du
souscripteur est bien contractée sous clause pénale et
dans l'intérêt par conséquent de la société; mais on peut
admettre que l'obligation a été de la part du souscripteur conditionnelle ou alternative, et qu'en s'engageant
il s'est réservé le droit de se décharger de son obligation
en payant une indemnité convenue, qui sera par exemple

---

(1) Dijon, 17 janv. 1853 (S.53.2.424).
(2) Paris, 31 mars 1832 (S.32.2.541), et 8 déc. 1840 (S.50.2.343) ; *Id.*, 8 août
1851 ; Cass., 2 août 1853 (D.P.50.2.444 et 54.5.709) ; Troplong, n. 179 ; Cass.,
14 fév. 1872 (D.P.72.1.244).
(3) Lyon, 31 janv. 1840, et Lyon, 9 avril 1856 (S.50.2.343 et D P.56.2.198).

des sommes déjà versées par lui. Cette clause serait valide sans doute, mais devrait être très-expresse, en cas d'ambiguïté, elle ne serait jamais présumée.

Ces questions, au reste, ne peuvent plus se présenter depuis la loi du 24 juillet 1867, qui a posé les principes à suivre contre les souscripteurs d'actions et prohibe formellement l'obligation facultative (1).

584. La plupart des statuts, au surplus, sont rédigés de manière à lever tous les doutes : ils portent, qu'à défaut de versement à l'échéance, les numéros des titres en retard seront publiés comme défaillants, et, quinze jours après cette publication, la société a le droit de faire procéder à la vente des actions à la Bourse, aux risques et périls du retardataire, sans autre mise en demeure et sans aucune formalité judiciaire. Les certificats provisoires des actions ainsi vendues deviennent nuls de plein droit, et il en est délivré de nouveaux ' aux acquéreurs (2).

Les statuts portent, en même temps, que la société conserve l'exercice simultané des moyens ordinaires de droit.

L'actionnaire reste passible de la différence, s'il y a déficit, et profite de l'excédant, s'il en existe.

Ces clauses, parfaitement claires, ont fait naître encore une difficulté. On a demandé si elles imposaient à la société l'obligation de faire procéder à la vente immédiatement après l'expiration du délai fixé. Il y aurait de graves inconvénients pour la société à l'obliger de vendre, à un jour donné, une masse considérable peut-être d'actions ; et il a été reconnu, en conséquence, que si

---

(1) Beslay, t. 5, n. 361 et s.
(2) Cass., 10 mai 1859 (S.59.1.924).

la société a agi sans intention de nuire, l'actionnaire ne peut se plaindre, quelle que soit l'époque de la réalisation, même quand elle a lieu à un moment de baisse considérable (1) ; si la société ne prouvait pas avoir agi avec prudence et discernement, elle devrait répondre de sa faute ou de sa négligence.

• Toute somme dont le paiement est retardé doit porter, en outre, intérêt de plein droit en faveur de la société, à compter du jour de l'exigibilité ; les statuts contiennent aussi, en général, une clause à cet égard. Mais il ne saurait être douteux que jusqu'au moment où les actions auront été vendues, les dividendes qu'elles donnent appartiennent aux titulaires de ces actions et peuvent être compensés avec les versements non opérés, augmentés des intérêts de retard (2).

585. L'associé ou actionnaire, tant que dure la société, n'a droit qu'au partage, pour sa quote-part, des bénéfices qui ont été réalisés, et dans les proportions fixées par les statuts ; c'est ce qu'on appelle les *dividendes* : ils sont évidemment plus ou moins considérables, selon le résultat des opérations entreprises par la société, ou même nuls. A l'expiration du terme fixé pour l'association, ou lorsque par tout autre motif la société est dissoute, chacun des associés a droit à une quote-part du fonds social que représente son action, à moins qu'elle n'ait été amortie et qu'à l'expiration de la société le fonds social ne doive, comme dans les compagnies de chemins de fer, par exemple, devenir la propriété du Gouvernement ou de tout autre.

L'art. 529, C. civ., a déclaré que les actions ou inté-

---

(1) Paris, 19 fév. 1850 (S.50.2.72).
(2) Paris, 8 nov. 1865 (D.P.67.2.24).

rêts dans les compagnies de finance, de commerce ou d'industrie, sont meubles dans tous les cas, tant que dure la société ; la loi pouvait toutefois changer cette détermination : ainsi la loi du 16 janvier 1808 a décidé que les actions de la Banque de France, dans certaines circonstances et sous les conditions qui ont été fixées, pourraient être immobilisées.

Personne ne confondra sans doute l'actionnaire d'une société anonyme avec un créancier de cette même société : « Celui qui a une action de la Banque de France, dit Dageville, n'ignore pas que la dissolution de cet établissement peut seule lui donner des droits au fonds qui la compose, tandis que celui qui a dans ses mains un billet de cette banque sait qu'à chaque instant il a droit d'en exiger le remboursement (1). »

La loi du 5 juin 1850 (art. 14 à 26) a soumis à un droit de timbre proportionnel les actions de toute société, à partir du 1ᵉʳ janvier suivant.

ARTICLE 35.

L'action peut être établie sous la forme d'un titre au porteur. Dans ce cas, la cession s'opère par la tradition du titre.

ARTICLE 36.

La propriété des actions peut être établie par une inscription sur les registres de la société. Dans ce cas, la cession s'opère par une déclaration de transfert inscrite sur les registres, et signée de celui qui fait le transport ou d'un fondé de pouvoir.

---

(1) Dageville, sur l'art. 34.

586. Le titre au porteur contient l'engagement par la société de reconnaître comme actionnaire la personne qui représentera le titre même sans exiger d'autre justification; et de l'admettre, en toute circonstance, comme légitime propriétaire, par cela seul qu'il est détenteur. La société anonyme étant formée, abstraction faite de la manière la plus complète des personnes qui fournissent les fonds, rien ne s'opposait à ce que ces personnes restassent non-seulement inconnues du public, mais des administrateurs mêmes qui gèrent la société.

La possession suffisant dans ce cas pour établir la propriété, il était naturel d'admettre que la cession d'une action au porteur s'établirait par une simple tradition du titre, sans aucune autre formalité.

Cette règle cesserait d'être applicable après la dissolution de la société suivant un arrêt de la Cour de Paris. Cet arrêt porte que l'acte de partage intervenu pour la liquidation est déclaratif d'un droit de propriété sur l'ancien actif social et constitue désormais, avec la possession des actions dont la représentation n'est plus qu'un mode justificatif de libération pour le liquidateur, un titre nominatif à la délivrance de la somme due. Ce droit ne peut plus être cédé que comme une créance ordinaire, et la cession n'est valable, à l'égard des tiers, que si le

transport a été régulièrement signifié, conformément à
l'art. 1690, C. civ. (1).

La société dissoute, il est certain qu'il n'existe plus
d'associés, ni d'actions proprement dites ; l'action représente désormais une véritable créance ou constate un
droit de propriété ; mais ce ne sont pas seulement les actions des sociétés commerciales qui peuvent être au porteur; tout titre de créance peut être créé sous cette forme ;
une rente au porteur est un véritable titre de propriété ;
ne peut-on pas admettre que jusqu'à parfaite liquidation,
le droit, quel qu'il soit, qui appartient à l'ancien actionnaire, sera représenté par un titre au porteur? Cette présomption ne résulte-t-elle pas forcément de l'origine de
ce droit de propriété? Sauf des circonstances particulières, nous ne pourrions admettre la doctrine de l'arrêt de
la Cour de Paris, et le titre créé au porteur, soit qu'il
représente le droit à toucher les dividendes ou à recevoir
une quote-part du fonds social, nous semble devoir conserver sa nature.

587. Avant la loi du 15 juin 1872, on avait demandé
si, en cas de perte d'actions au porteur, le propriétaire
était déchu de tous ses droits et si le paiement était dû
au titre, non à la personne? « Si le législateur ne s'est
pas occupé du remplacement des effets au porteur qui
auraient été perdus, disait M. Jaubert, rapporteur à la
Cour de cassation, c'est peut-être à cause des difficultés
qu'il y aurait à trouver un mode certain de garantie.....
évidemment des réclamations occasionneraient des procès
qui entraveraient la libre circulation des actions et en
déprécieraient la valeur. D'où il faut conclure que c'est
à dessein que le législateur a laissé le porteur d'actions

---

(1) Paris, 15 fév. 1851 (J.P.51.1.333).

pareilles responsable de la perte de ses titres (1). »

La jurisprudence s'était montré moins rigoureuse et était venue, autant qu'il était possible, au secours des propriétaires d'actions au porteur dépossédés, en cas de vol, de perte ou de destruction matérielle.

Nous avons dit (*suprà*, n° 563) qu'au moment où le Code civil a été rédigé, ces valeurs avaient disparu de la circulation ; il n'en restait que le souvenir, et d'ailleurs, à aucune époque, ces titres n'avaient eu l'importance qu'ils ont acquise de nos jours. On s'explique donc aisément que notre loi civile ait gardé le silence sur cette espèce de biens, laquelle, sans aucun doute, rentre dans les classifications générales de l'art. 529, C. civ. Si le Code de commerce a nommé à deux reprises les actions au porteur, cette mention n'apparaît que dans la troisième rédaction, et sans que rien indique que ses auteurs y aient attaché d'intérêt et aient prévu le développement extraordinaire que l'avenir réservait à de pareils titres. Ils ont dû croire que le droit commun, qui pourrait toujours être invoqué, suffirait à lever les difficultés. Mais cette protection a pu quelquefois paraître insuffisante.

Dans tous les cas où le propriétaire agit contre ceux par le fait desquels il a été dépossédé et où il se fonde sur l'obligation personnelle du défendeur résultant d'un contrat ou quasi-contrat, d'un délit ou quasi-délit, la loi lui donne satisfaction complète.

Si le propriétaire agit contre un tiers qui a acquis de bonne foi le titre perdu ou volé, l'art. 2279, C. civ., lui accorde la revendication ; mais pendant trois ans seulement à compter du jour de la perte ou du vol ; et l'art. 2280 ajoute : « Si le possesseur actuel de la chose perdue ou

---

(1) Cass., 5 déc. 1837 (J.P.37.2.564).

volée l'a achetée dans une foire ou dans un marché, ou
dans une vente publique ou d'un marchand vendant des
choses pareilles, le propriétaire de la chose volée ne peut
se la faire rendre qu'en remboursant au possesseur le
prix qu'elle lui a coûté. » Cet article pourra toujours être
invoqué par tout détenteur qui a acquis le titre reven-
diqué à la Bourse, qui est le marché de ces sortes de valeurs et par l'entremise d'un agent de change, dont il est
toujours prudent, comme on le voit par cet exemple, de
réclamer le concours ; mais il faut ajouter que la jurisprudence refuse de l'appliquer quand l'achat a été fait
chez un changeur (1).

Nous avons dit plus haut et nous rappelons que
l'art. 2279 ci-dessus n'est plus applicable, s'il n'y a eu
ni perte ni vol proprement dit, mais que le propriétaire ait été dépossédé par un abus de confiance, une escroquerie ou tout autre fait ne constituant pas, d'après
les principes du droit criminel, le délit spécial de
vol (2).

588. Les difficultés n'ont commencé que dans les
rapports du propriétaire dépossédé et de la compagnie
ayant émis les titres, lorsque des duplicata lui étaient
demandés.

Après quelques hésitations, la jurisprudence avait
admis que sur la justification faite en justice par le propriétaire de son droit de propriété et des faits de vol, de
perte ou de soustraction, la compagnie serait tenue de
déposer à la caisse des dépôts et consignations, au fur et
à mesure des échéances, les intérêts et dividendes ; et,

---

(1) Paris, 10 nov. et 23 déc. 1858 (J.P.59, p. 148 et 149), et 9 nov. 1864 ; *Gaz*
des Trib., 13 nov. 1864.

(2) Cass., 20 mai 1835 ; Rouen, 10 mars 1835 ; Paris, 21 nov. 1835.

de plus, en cas de liquidation ou de remboursement, le capital afférent aux titres perdus ou détruits.

Le propriétaire touche ces intérêts et dividendes à l'expiration du délai de cinq ans, après lequel chaque semestre se trouve prescrit, dans tous les cas, contre tout tiers détenteur (C. civ., art. 2277).

Les propriétaires dépossédés ne reçoivent satisfaction dans ces termes que d'une manière évidemment incomplète; et ils avaient demandé, en outre, que les compagnies débitrices fussent tenues de leur délivrer, après trente ans, un nouveau titre en remplacement du titre perdu ou tout au moins un titre nominatif par duplicata énonciatif de la cause de la création de ce titre transmissible dans les formes de droit, de manière que les acquéreurs et détenteurs fussent et demeurassent informés qu'ils peuvent se trouver en présence du titre primitif et sauf discussion entre les détenteurs respectifs, sans que jamais la compagnie pût être exposée à subir en même temps le titre ancien et le titre nouveau.

Une demande semblable introduite par la demoiselle Boulanger devant la Cour de Paris a été rejetée. Ces questions, si vivement débattues, ont perdu aujourd'hui tout intérêt; la loi du 15 juin 1872, au texte de laquelle nous renvoyons, les a toutes tranchées en faveur des propriétaires dépossédés et leur a donné entière satisfaction.

Les statuts de plusieurs compagnies, pour parer aux inconvénients attachés à la nature des titres au porteur, permettent à tout actionnaire de déposer ses titres dans la caisse sociale et de réclamer en échange un récépissé nominatif.

589. Après les actions au porteur proprement dites et les obligations dont nous venons de parler, nous devons mentionner encore les coupons.

Les titres au porteur sont donc de deux sortes : les uns ont été créés et circulent sous la forme d'obligations, actions industrielles, etc., etc.; les autres, qui ne sont que les accessoires des premiers, portent le nom de *coupons*, et représentent les intérêts ou autres avantages périodiquement exigibles ; ces titres accessoires doivent être détachés du titre principal, pour être remis au débiteur en échange de la somme reçue.

L'assimilation complète de ces deux espèces de titres, à certains égards, ne semblerait pas justifiée ; mais, d'un autre côté, la Cour de Paris avait décidé, avec raison, que ces coupons ne devaient être considérés *ni comme billets de banque, ni comme monnaie courante* (1), que, en fait, ils en remplissent fort souvent la fonction ; car, ce n'est pas, comme le billet de banque, de la monnaie de papier, ni encore moins, il est inutile de le dire, du *papier-monnaie*. Par suite, les mêmes règles, quant à la revendication, devront être suivies, que pour les autres titres au porteur.

Quoi qu'il en soit, la loi du 15 juillet 1872, dont nous venons de parler, a étendu, par son art. 8, les dispositions qu'elle contient aux coupons d'actions détachés du titre.

Disons enfin, pour terminer nos explications sur ce sujet, que l'art. 16 de la loi du 15 juin 1872, si souvent cité par nous, est ainsi conçu :

« Les dispositions de la présente loi sont applicables
« aux titres au porteur émis par les départements, les
« communes et les établissements publics ; mais elles ne
« sont pas applicables aux billets de la Banque de
« France, ni aux billets de même nature émis par des

---

(1) Paris, 23 déc. 1858 (J.P.59, p. 449).

« établissements légalement autorisés, ni aux rentes et
« aux titres au porteur émis par l'État, lesquels conti-
« nueront à être régis par les lois, décrets et règlements
« en vigueur.

« Toutefois, les cautionnements exigés par l'adminis-
« tration des finances pour la délivrance des duplicata
« des titres perdus, volés ou détruits, seront restitués si,
« dans les vingt ans qui auront suivi, il n'a été formé
« aucune demande de la part du tiers porteur, soit pour
« les arrérages, soit pour le capital. Le trésor sera défi-
« nitivement libéré envers le porteur des titres primitifs,
« sauf l'action personnelle de celui-ci contre la per-
« sonne qui aura obtenu le duplicata. »

590. Les actions peuvent également être créées nominatives et sous cette condition, que la propriété n'en
sera établie que par une inscription sur les registres de
la société. La simple tradition du titre, dans ce cas, n'a
aucune valeur et ne produit aucun effet ; pour transporter la propriété du cédant au cessionnaire, il faut une déclaration de transfert signée par l'ancien propriétaire ou
un fondé de pouvoirs et une nouvelle inscription sur les
registres au nom du cessionnaire. Les statuts exigent
quelquefois que la signature de l'actionnaire cédant soit
certifiée par un officier public, tel qu'un agent de change,
un notaire ou un avoué. L'art. 4 du décret du 16 janv.
1808 a dit, en ce qui concerne les actions de la Banque
de France : « La transmission des actions s'opère par de
simples transferts sur des registres tenus à cet effet. Elles
sont valablement transférées par la déclaration du propriétaire ou de son fondé de pouvoirs signée sur les registres et certifiée par un agent de change, s'il n'y a opposition signifiée et visée à la Banque. »

Sauf l'opposition, la déclaration de transfert transporte au cessionnaire tous les droits du cédant, tant à la répartition des dividendes qu'au partage de l'actif, à la dissolution de la société.

La loi n'a point parlé des actions qui seraient créées à ordre et se transmettraient, par suite, au moyen d'un simple endossement. Les règles du droit commun suffiraient pour les rendre parfaitement légales (V. *infrà*, n° 1342).

ARTICLE 37.

La société anonyme ne peut exister qu'avec l'autorisation de l'Empereur, et avec son approbation pour l'acte qui la constitue ; cette approbation doit être donnée dans la forme prescrite par les règlements d'administration publique.

(*Abrogé par l'art. 47 de la loi du 24 juillet 1867. V. art. 21 de cette loi, infrà, n° 724 et s.*)

ARTICLE 38.

Le capital des sociétés en commandite pourra être aussi divisé en actions, *sans aucune autre dérogation aux règles établies pour ce genre de société.*

591. Nous avons eu l'occasion de dire déjà que les réclamations nombreuses soulevées par le projet du Code de commerce, limitant aux seules sociétés anonymes l'avantage d'avoir leur capital divisé en actions, semblent indiquer que l'usage avait introduit et maintenu, sous l'ancienne jurisprudence, cette manière de procéder pour les sociétés en commandite. La commission fit droit à ces réclamations, et inséra, dans le projet rectifié, la disposition qui est devenue l'art. 38.

Cambacérès exprimait la crainte au Conseil d'État que cette disposition n'offrît le moyen d'échapper aux prescriptions de l'ancien art. 37 : « On formera, disait-il, une société prétendue en commandite ; une seule personne paraîtra ; cependant on divisera l'intérêt en plusieurs actions qu'on distribuera entre les personnes qui se présenteront et auxquelles on donnera facilement le nom de commanditaires : ainsi, la société sera vraiment anonyme, et cependant elle pourra exister sans l'autorisation du Gouvernement (1). » En vertu d'aucunes stipulations, il n'était possible de fonder une société dans laquelle un associé, au moins, ne fût indéfiniment responsable ; ce serait, suivant l'expression de Cambacérès, la personne qui paraîtra : ces craintes étaient donc chimériques ; et, si les stipulations de l'acte de société n'étaient pas claires et précises, le seul danger à redouter, et il est exclusivement pour les associés, c'est que la société ne fût déclarée par les tribunaux purement et simplement en nom collectif, parce que ce régime est le droit commun en matière de société. Il n'existe aucun doute qu'une société prenant le nom de commandite, où le gérant prétendrait n'être pas responsable et dont les stipulations donneraient, à tous les associés, le nom de commanditaires, ne serait pas reconnue par les tribunaux qui imposeraient la qualité d'associé respon-

---

(1) Procès-verbaux, 15 janv. 1807 ; Locré, t. 17, p. 193.

sable aux gérants, tout au moins; à tous les associés peut-être.

La loi du 24 juillet 1867, en inaugurant, pour les sociétés anonymes, une ère d'indépendance complète, ne les laisse pas moins parfaitement distinctes des sociétés en commandite par actions, ainsi que nous le verrons dans le commentaire de cette loi.

592. La société en commandite par actions, si elle n'offre pas le danger que redoutait Cambacérès, avait donné lieu, en fait, à de regrettables abus sous le régime de liberté entière qui résultait des termes très-laconiques de l'art. 38. Dès 1838, on s'en était préoccupé; la loi du 17 juillet 1856 avait essayé d'y mettre un terme; cette société est aujourd'hui régie par la loi du 24 juillet 1867, au commentaire de laquelle nous devons nous borner à renvoyer le lecteur, et qui nécessite le retranchement dans l'art. 38 des mots que nous faisons figurer en caractères italiques.

ARTICLE 39.

Les sociétés en nom collectif ou en commandite doivent être constatées par des actes publics ou sous signature privée, en se conformant, dans ce dernier cas, à l'art. 1325, C. civ.

SOMMAIRE.

593. Exception posée par l'art. 854, C. civ., à la règle posée par l'art. 39, C. comm.; l'existence d'un acte est nécessaire.
594. L'art. 1325, C. civ., s'applique aux sociétés en commandite; loi du 24 juillet 1867; projet d'acte régularisé.

593. La loi, contrairement au désir exprimé à cet

égard par le Tribunat (1), a permis que les actes de société en nom collectif ou en commandite fussent rédigés
même sous signature privée; dans ce cas, les parties
doivent se conformer à l'art. 1325, C. civ., ainsi conçu :
« Les actes sous seing privé qui contiennent des conven-
« tions synallagmatiques ne sont valables qu'autant qu'ils
« ont été faits en autant d'originaux qu'il y a de parties
« ayant un intérêt distinct. Il suffit d'un original pour
« toutes les personnes ayant le même intérêt. Chaque
« original doit contenir la mention du nombre d'origi-
« naux qui en ont été faits. »

Il est utile de rappeler ici, toutefois, que l'art. 854,
C. civ., modifie pour un cas particulier notre art. 39, en
décidant que les bénéfices d'une association faite sans
fraude entre tout individu et l'un de ses héritiers, sont
nécessairement sujets à rapport, au moment où la succession du premier viendra à être liquidée, si les conditions de cette association n'ont été réglées par *acte authentique* : la Cour de cassation a décidé que le texte est
absolu et impératif; et que, dès lors, le rapport est dû
par l'héritier, si l'association a été réglée par acte sous
seing privé, alors même que cet acte aurait été enregistré
et publié conformément aux règles de la loi commerciale (2). Cette disposition ne doit pas être perdue de vue
dans les associations si fréquentes entre un père et l'un
de ses fils ou de ses gendres ou tout autre parent ou
allié.

L'article 39 s'applique, sans aucune exception, à toute
société commerciale; il est très-explicite, mais il amène

---

(1) Observation du **Tribunat**, Locré, t. 17, p. 310.
(2) Cass., 26 janv. 1842 (J.P.42.1.443), et Paris, 28 déc. 1854 (*Journ. des Not.*, 1855, p. 155). *Sic*, Delvincourt, t. 2, p. 326, et Bédarride, n. 350 *bis*. *Contrà*, Duranton, t. 7, n. 340; Vazeille, art. 854, n. 3, et Marcadé, n. 339.

naturellement à se demander quelles règles seront suivies quand il n'existera aucun acte. L'écriture n'est pas
de l'essence du contrat de société ; elle peut être un
moyen de preuve, mais elle ne constitue pas le contrat.

Ces questions ont soulevé d'assez vives discussions au
Conseil d'État ; elles sont tranchées par l'art. 41, que
nous allons expliquer bientôt, et par l'art. 42 qui a été
remplacé par les art. 55 et 56 de la loi du 24 juillet 1867.
L'art. 42 exige, à peine de nullité, que les actes de société soient transcrits au greffe, affichés, enregistrés : à
plus forte raison y aurait-il nullité si l'acte même n'existait pas ; mais ce texte ajoute que le défaut d'aucune de
ces formalités ne pourra être opposé à des tiers par les
associés. Il suffit aux tiers qui y ont intérêt de prouver
l'existence de fait de la société, soit par témoins, soit par
présomptions, soit par tout autre mode de preuve usité
en matière commerciale (1). Ces dispositions de l'art. 42
se lient si intimement aux questions que peut soulever
l'art. 39 que nous n'essaierons pas de les scinder ; sous
cet article, nous examinerons toutes les difficultés pouvant
résulter de l'inexécution des prescriptions de la loi, qui
exige que le contrat de société soit rédigé par écrit et
soumis à la publicité, et en rappelant que les art. 42, 43,
44, 45 et 46, C. comm., ont été abrogés par la loi du
24 juill. 1867 et remplacés par un ensemble de dispositions nouvelles sur la publication des actes de société.

594. Dans une société en commandite, la Cour de
cassation a jugé qu'il n'y avait que deux intérêts distincts,
celui des gérants, qui administrent, et celui des actionnaires, à raison de leur mise de fonds ; que ces actionnaires entre eux ne représentant qu'un intérêt commun,

---

(1) Nancy, 25 avril 1853 (S.55.2.535).

l'acte social sous seing privé, auquel ils ont apposé leurs signatures, n'a pas besoin d'être fait en autant de doubles qu'il y a d'individus signataires; qu'il suffit qu'il y en ait deux, l'*un pour les gérants, l'autre pour leurs associés commanditaires* (1).

L'art. 1ᵉʳ de la loi du 24 juillet 1867 a décidé en termes formels que l'acte sous seing privé, quel que soit le nombre des associés, est valable, à la seule condition d'être fait en deux originaux seulement.

Si l'acte n'est qu'un simple projet et que le gérant, entre les mains de qui il reste déposé, ait mandat de la part des actionnaires qui viennent successivement y adhérer, de le régulariser, lorsqu'une condition suspensive, telle que la réalisation d'un certain capital, aura été accomplie, il n'y a aucun doute que cet acte, une fois régularisé, ne peut plus être attaqué, si les juges reconnaissent qu'il n'est pas resté à l'état de simple projet, et qu'au moment où il a été contesté, il réunissait toutes les conditions d'existence et de validité nécessaires pour le rendre obligatoire (2).

L'acte de société peut être fait, ainsi que nous l'avons vu, devant notaires, ou sous signatures privées : dans le premier cas, la signature du notaire qui l'a reçu apposée au bas de l'extrait suffit, et c'est lui généralement qui est chargé des formalités de la publication ; comme tout mandataire, il répondrait de sa faute ou de sa négligence, mais dans le cas seulement où il a reçu mandat exprès à cet effet ; il n'en est pas chargé de plein droit ; dans le second cas, tous les associés doivent signer, si la société est en nom collectif ; la signature des associés res-

---

(1) Cass., 20 déc. 1830 (S.31.2.38). *Sic*, Bédarride, n. 350.
(2) Cass., 28 fév. 1844; Dalloz, *Rép.*, v° *Société*, n. 1335, 1ʳᵉ espèce.

ponsables et solidaires est seule exigée si la société est en commandite.

Lorsqu'un acte sous seing privé reconnu par toutes les parties est déposé par elles chez un notaire, il doit être assimilé, par suite de ce dépôt, à un acte authentique ; c'est une règle admise sans difficultés : dans ce cas, il suffirait donc que l'extrait fût signé par le notaire dépositaire.

ARTICLE 40.

Les sociétés anonymes ne peuvent être formées que par des actes publics.

(*Remplacé par l'art.* 21, 2ᵉ *alinéa, de la loi du* 24 *juillet* 1867. V. *infrà*, n. 728.)

ARTICLE 41.

Aucune preuve par témoins ne peut être admise contre et outre le contenu dans les actes de société, ni sur ce qui serait allégué avoir été dit avant l'acte, lors de l'acte ou depuis, encore qu'il s'agisse d'une somme au-dessous de cent cinquante francs.

595. Cette disposition, empruntée à l'art. 1ᵉʳ du tit. IV de l'ordonnance de 1673, est reproduite dans l'art. 1834, C. civ., en qui concerne les sociétés non commerciales. L'acte écrit est donc la loi des parties, et elles doivent s'y conformer strictement.

La preuve testimoniale est vue avec défaveur en matière civile ; elle est de droit commun, au contraire, en matière commerciale. La disposition expresse de l'article 41, en ce qui concerne les sociétés, repousse néanmoins d'une manière absolue les témoignages en semblable matière, même pour rectifier ou compléter l'acte écrit, et quand il s'agirait d'une somme au-dessous de 150 fr. Nous verrons sous l'article suivant, les motifs de cette extrême rigueur et l'importance que la loi attache à ce que les sociétés commerciales soient constatées par écrit.

ARTICLE 42.

L'extrait des actes de société en nom collectif et en commandite doit être remis, dans la quinzaine de leur date, au greffe du tribunal de commerce de l'arrondissement dans lequel est établie la maison du commerce social, pour être transcrit sur le registre et affiché pendant trois mois dans la salle des audiences.

Si la société a plusieurs maisons de commerce situées dans divers arrondissements, la remise, la transcription et l'affiche de cet extrait seront faites au tribunal de commerce de chaque arrondissement.

« Chaque année, dans la première quinzaine de « janvier, les tribunaux de commerce désigneront, « au chef lieu de leur ressort, et, à leur défaut, « dans la ville la plus voisine, un ou plusieurs jour- « naux où devront être insérés, dans la quinzaine « de leur date, les extraits d'actes de société en nom « collectif ou en commandite, et régleront le tarif « de l'impression de ces extraits.

« Il sera justifié de cette insertion par un exem-

« plaire du journal, certifié par l'imprimeur, léga-
« lisé par le maire et enregistré dans les trois mois
« de sa date. »

Ces formalités seront observées. à peine de nullité, à l'égard des intéressés, mais le défaut d'aucune d'elles ne pourra être opposé à des tiers par
les associés.

(Abrogé par l'art. 65 de la loi du 24 juillet 1867, et remplacé
par les art. 55 et 56 de cette loi. V. infrà, n. 804 et suiv.)

ARTICLE 43.

L'extrait doit contenir :

Les noms, prénoms, qualités et demeures des associés autres que les actionnaires ou commanditaires ;

La raison de commerce de la société ;

La désignation de ceux des associés autorisés à
gérer, administrer et signer pour la société ;

Le montant des valeurs fournies ou à fournir par
actions ou en commandite;

L'époque où la société doit commencer et celle
où elle doit finir.

(Abrogé par l'art. 65 de la loi du 24 juillet 1867 et remplacé
par les art. 57 et 58 de cette loi. V. infrà, n. 822 et suiv.).

ARTICLE 44.

L'extrait des actes de société est signé, pour es
actes publics, par les notaires, et pour les actes sous
seing privé, par tous les associés. si la société est
en nom collectif, et par les associés solidaires ou gé-

rants, si la société est en commandite, soit qu'elle se divise ou ne se divise pas en actions.

(Abrogé par l'art. 65 de la loi du 24 juillet 1867, et remplacé par l'art. 60 de cette loi. V. infrà, n. 830).

ARTICLE 45.

L'ordonnance du roi qui autorise les sociétés anonymes devra être affichée avec l'acte d'association et pendant le même temps.

(Abrogé par l'art. 65 de la loi du 24 juillet 1867).

ARTICLE 46.

Toute continuation de société, après son terme expiré, sera constatée par une déclaration des co-associés.

Cette déclaration, et tous actes portant dissolution de société avant le terme fixé pour sa durée par l'acte qui l'établit, tout changement ou retraite d'associés, toutes nouvelles stipulations ou clauses, tout changement à la raison de société, sont soumis aux formalités prescrites par les art. 42, 43 et 44.

En cas d'omission de ces formalités, il y aura lieu à l'application des dispositions pénales de l'art. 42, dernier alinéa.

(Abrogé par l'art. 65 de la loi du 24 juillet 1867, et remplacé par l'art. 61 de cette loi. V. infrà, n. 831).

ARTICLE 47.

Indépendamment des trois espèces de sociétés

ci–dessus, la loi reconnaît les *associations commer-ciales en participation*.

ARTICLE 48.

Ces associations seront relatives à une ou plusieurs opérations de commerce; elles ont lieu pour les objets, dans les formes, avec les proportions d'intérêt et aux conditions convenues entre les participants.

SOMMAIRE.

596. Les associations en participation usitées dès le moyen âge, mais mal définies et souvent confondues avec les commandites, ainsi que le Code allemand l'a fait de nos jours, n'ont jamais été abandonnées par la pratique commerciale ; elles étaient connues dans l'ancienne jurisprudence française, quoique l'ordonnance de 1673 n'en ait fait aucune mention, et désignées sous le nom de sociétés anonymes. « Il reste maintenant à expliquer, dit Savary, la troisième sorte de société, que l'on appelle *anonyme*; elle s'appelle ainsi parce qu'elle est sans nom et qu'elle n'est connue de personne, comme n'important en aucune façon quelconque au public : tout ce qui se fait en la négociation, tant en l'achat qu'en la vente des marchandises, ne regarde que les associés chacun en droit soi, de sorte que celui des associés qui achète est celui qui s'oblige et qui paie au vendeur; celui qui vend reçoit de l'acheteur : ils ne s'obligent point tous deux ensemble envers une tierce personne; il n'y a que celui qui agit qui est le [seul obligé : ils le sont seulement réciproquement l'un envers l'autre, en ce qui regarde cette société » (1).

Toutes ces règles doivent être suivies encore de nos jours, et nous aurons occasion de les rappeler; elles ne sont cependant pas encore écrites dans notre loi commerciale, qui s'est bornée à nommer ces associations; et en parlant dans une disposition particulière, elle semble leur refuser le caractère de société qui, à proprement parler, ne leur appartient pas en effet. Le Code de commerce allemand a donné le nom de société en participation à une espèce de commandite bâtarde, ainsi que nous l'avons dit tout à l'heure, qu'il a définie et réglée, et il appelle *association de compte à demi* ce qui est désigné en France comme participation (2). On voit qu'à s'en tenir aux dénominations, les confusions seraient faciles, soient en étudiant les anciens auteurs, soit en se reportant aux législations étrangères.

Le Code italien les a nommées et définies d'une manière plus exacte et plus complète en s'inspirant des

(1) Savary, 2ᵉ part., liv. 1ᵉʳ, ch. 1ᵉʳ V. égal. Jousse et Bornier, ord. de 1673, tit. 4, art. 1ᵉʳ.
(2) Code allemand, liv. 3, tit. 1ᵉʳ, art. 250 à 265; et tit. 2, art. 266 à 270.

décisions de la doctrine et de la jurisprudence française.

597. Le Code de commerce connaissait donc et a
parfaitement distingué les sociétés-personnes, celles qui
constituent un être moral, abstraction faite des individus
associés ; et les sociétés-contrats, celles du droit des
gens : il a réglé les premières, dont il avait limité le
nombre; il a laissé les secondes sous l'empire du droit
commun et des principes qui s'appliquent aux obligations
conventionnelles; mais, pour éviter toute incertitude et
toute controverse, il a nommé, cependant, les associations en participation, afin qu'il fût avéré que c'est avec
intention qu'elles n'ont point été soumises par lui à des
règles plus précises.

La participation n'établit donc pas évidemment entre
ceux qui la créent cette communauté entière d'intérêts
qui forme la base des sociétés; et elle ne produit pas les
mêmes résultats. Il peut arriver, et il arrive en effet journellement, que deux sociétés permanentes se réuniront
pour faire en participation une ou plusieurs opérations
commerciales, sans que ces sociétés en éprouvent aucune
modification dans leur constitution et sans qu'elles cessent un seul instant de conserver leur existence indépendante et séparée.

Il n'est pas aisé de définir d'une manière doctrinale,
avec toute la clarté désirable, les caractères essentiels qui
séparent l'association en participation d'une société en
nom collectif. On a prétendu que la première ne pouvait
s'appliquer à des opérations qui n'étaient pas prévues et
déterminées au moment où l'association s'est formée; ou
à une série d'opérations successives, limitée seulement
par la durée même de l'association; qu'elle devait se
renfermer dans une seule affaire et le temps nécessaire

pour la terminer. Il serait dangereux de se fier à ces définitions beaucoup trop vagues, quand elles ne sont pas
démenties par les faits. Le Code de commerce n'a pas
ainsi limité la participation ; il a été impuissant, sans
doute, à la bien définir, mais il l'a laissée telle qu'elle
existait sous l'ancien droit et pouvant s'appliquer, au
moins par exception, à tous les cas dont la doctrine quelquefois a voulu l'exclure, et sans tenir compte ni de la
multiplicité de ses opérations, ni de sa durée, ni de son
objet, dès que les tiers n'ont eu à traiter qu'avec chacun
des participants agissant en son propre et privé nom (1).

Ainsi la jurisprudence a considéré comme une simple
participation, l'association formée pour l'exploitation
d'un établissement de bains publics (2) ; d'un appareil
breveté, même quand il s'y joignait l'achat des matières
premières nécessaires à cette exploitation (3) ; de la monnaie de la Rochelle, quoique à la circonstance d'opérations successives, il fallût ajouter des opérations accessoires, telles que l'affinage et souvent des opérations de
change (4). La convention par laquelle deux individus
s'associent pour trois ans, afin de faire le commerce de
vins, avec cette clause que l'un prendra les vins sur les
lieux et les expédiera à l'autre, qui fournira les magasins, paiera les droits, procurera la vente (5), ainsi que
celle pour la publication d'un journal (6), ont été décla-

---

(1) Agen, 23 nov. 1853 (S.54.2.23) ; Rennes, 28 janv. 1856 (S.57.2.10) ; Cass.,
11 mai 1857 et 4 déc. 1860 (S.57.1.843 et 62.1.575), et 21 juin 1864 (J.P.64,
p. 1057) ; Paris, 27 mars 1866 ; *Gaz. des Trib.*, 5 mai 1866 ; Cass., 29 juill. 1863
23 fév. et 13 avril 1864 (D.P.64.4.63.136 et 305).
(2) Cass., 5 juill. 1825.
(3) Amiens, 18 janv. 1843 ; Rouen, 19 janv. 1844 (S.45.2.362 ; 44.2.393).
(4) Poitiers, 13 juill. 1837 (J.P.40.1.468).
(5) Bruxelles, 27 nov. 1830.
(6) Paris, 9 mars 1843 (S.43.2.273).

rées également ne constituer que des associations en participation.

La Cour de Pau, cependant, dans une espèce où l'association s'était gardée avec soin de prendre une raison sociale ; où elle était demeurée complétement occulte ; où elle fonctionnait exclusivement sous le nom privé de l'un des participants, a déclaré « qu'il était de principe « qu'une société qui embrasse dans un genre particulier « d'industrie toutes les affaires qui peuvent se présenter, « constitue une société en nom collectif, et non une so- « ciété en participation. » La Cour de cassation, à qui l'arrêt a été déféré, a rejeté le pourvoi en se fondant sur ce motif unique, que les juges n'avaient fait qu'user de leur droit d'interprétation (1).

Il est possible, en effet, qu'il n'y ait pas eu violation de la loi ; mais, à coup sûr, pour nous, il y avait un mal-jugé, et nous ne pouvons admettre que l'objet en vue duquel l'association s'est formée puisse être, *à lui seul*, un motif déterminant pour imprimer à la participation le caractère de société en nom collectif : ce serait apporter une entrave fâcheuse, et que rien ne justifie, à la liberté des conventions.

598. Le caractère distinctif de la participation, selon nous ; ce qui la différencie d'une manière bien nette de la société, c'est que celle-ci n'existe qu'autant qu'il y a communauté ; on n'est associé qu'à la condition de mettre quelque chose en commun ; il y a nécessairement un patrimoine appartenant à l'être moral que représente la société ; et ce patrimoine est distinct de celui des associés : dans la participation, au contraire, il n'y a pas d'être moral, il n'y a pas de biens sociaux ; chacune des

(1) Pau, 1ᵉʳ juin 1864, et Cass., 8 mai 1867 (J.P.67.1.225).

parties garde son individualité parfaitement distincte, et
n'est tenue de mettre rien en communauté : les parties
sont libres de stipuler telles conditions qu'elles jugeront
à propos ; d'imposer à chacune d'elles des obligations
et des devoirs particuliers ; mais la convention ne doit
pas avoir d'autre but que de partager, quand l'opération
ou les opérations seront achevées, la perte ou le bénéfice qui en sera résulté. Ainsi, si la collaboration peut
résulter des conventions des parties, elle n'est pas nécessaire et n'aura pas lieu en commun ; et l'industrie,
comme les capitaux, les marchandises, comme tous autres objets matériels, restent distincts. C'est cette circonstance spéciale de toute participation, qui s'oppose
invinciblement à ce qu'elle puisse être considérée comme
une société, puisque ce dernier contrat a un point de départ tout opposé et n'existe qu'à la condition d'une mise
sociale devenant un patrimoine commun (1) : ainsi encore, et par la même raison, la participation, à la différence de toute société commerciale, ne forme pas un
corps moral distinct en dehors des individus qui le composent, et au nom duquel on puisse intenter une action (2).

Chaque intéressé agit donc avec ses fonds et pour soi
avec une entière indépendance ; il gère comme il l'entend, conduit ses opérations comme il veut, et ne doit à
son coparticipant qu'un compte des profits et des pertes
qui se partagent d'après les conventions, et sauf, bien
entendu, la responsabilité qui serait encourue pour dol
ou pour fraude, ou même pour fautes. Ce n'est donc pas
sans doute une condition de doctrine que la participation

---

(1) Bordeaux, 22 août 1860 ; Cass., 17 juill. 1861 (S.64.2.49 et 62.1.374).
(2) Bastia, 25 avril 1855 ; Cass., 5 mai 1858 (S.55.2.422 et 59.1.223); 19 fév.
1868 (S.68.1.297).

ait lieu pour une ou plusieurs opérations déterminées à l'avance et devant s'accomplir dans un délai fixé ; mais ce sera presque toujours une condition de fait pour empêcher la participation de dégénérer en société.

Ce serait aller trop loin, sans aucun doute, que de prétendre que les participants ne peuvent, si telle est leur volonté, établir entre eux une communauté. Cette communauté résultant d'une convention expresse ne suffit pas à elle seule, si les participants n'ont jamais agi de manière à révéler une société, pour faire regarder la participation comme une société en nom collectif. Mais ce que nous voulons dire, c'est que la communauté des mises, loin d'être de l'essence de la participation comme elle l'est des autres sociétés commerciales, ne peut exister que par suite d'une stipulation particulière. « Dans la participation, a dit le tribunal de commerce de Rennes, et à la différence de la *société-personne*, dont l'être ou préposé de raison personnifié par le gérant représente les capitaux de tous les associés, et rend tous ceux-ci responsables, puisqu'ils l'ont créé, il ne peut y avoir de patrimoine propre à la société, distinct du patrimoine des associés ; mais rien ne s'oppose, cependant, à ce qu'il y ait mise en commun d'une chose, copropriété des apports, puisque la loi a laissé toute liberté aux participants pour régler à leurs convenances leurs intérêts et leurs relations intérieures, comme leurs rapports individuels vis-à-vis des tiers » (1).

599. Nous n'admettons même pas que le participant achetant en son nom agisse comme commissionnaire du participant inactif et que, par suite, celui-ci devienne propriétaire de plein droit, pour sa part, de la chose

---

(1) Trib. comm. de Rennes, 17 août 1855, et Rennes, 28 janv. 1856 (S.57.2.40).

achetée ; rien ne nous démontre l'existence du contrat de commission en pareille circonstance. Si le participant inactif a avancé les fonds, il a suivi la foi de son participant et ne peut revendiquer, s'il n'a aucun droit de préférence ; et l'acheteur est seul propriétaire sous l'obligation de restituer les fonds empruntés par lui (1). S'il n'a pas avancé les fonds, il n'est pas tenu, en cas de faillite, de se livrer des marchandises achetées, car il ne s'est engagé à autre chose qu'à supporter sa part dans les pertes, une fois l'affaire liquidée.

Si, peu d'instants après que le participant a acheté les marchandises, objet de l'association, elles viennent à périr, son associé ne supporte pas cette perte pour sa part en qualité de propriétaire, car aucune partie de ces marchandises n'a jamais été sa propriété, mais le dommage souffert par l'acheteur est une suite directe de l'affaire traitée en commun, et son participant ne peut refuser de l'indemniser jusqu'à due concurrence. Telles sont, nous le croyons du moins, les règles qui devraient être suivies.

MM. Delamarre et Lepoitvin ont soutenu des principes différents que nous ne pouvons admettre (2).

Par suite de ces règles, l'un de ces participants ne pourrait pas, évidemment, agir contre un tiers débiteur de son participant, comme exerçant les droits et actions d'un être moral représenté par la participation (3), pas plus que le débiteur ne pourrait se libérer en payant au participant de son créancier ; l'un n'est ni l'associé ni le

---

(1) Rouen, 19 janv. 1844 ; Dalloz, *Rép.*, n. 1684 ; Cass., 15 juill. 1846 (D.P. 46.1.273).

(2) Delamarre et Lepoitvin, t. 5, n. 124, et supplém., p. 346 ; 2ᵉ édit., t. 6, n. 94 et s.

(3) Bastia, 25 avril 1855 (S.55.2.422).

mandataire de l'autre (1). Ces principes étaient ensei-
gnés déjà par l'école italienne et n'ont jamais varié :
« *Neque participes*, dit Casaregis, *agere possunt contra de-*
« *bitores societatis, neque conveniri valent a creditoribus so-*
« *cietatis* (2). »

600. Conformément aux principes que nous venons
de poser, le participant reste seul propriétaire des marchandises qu'il a acquises avec ses propres fonds ; son
coparticipant ou les créanciers personnels de celui-ci
n'ont aucun droit sur cette propriété. Si cet acheteur les
adresse à son associé, il n'en reste pas moins propriétaire ; et ils doivent être considérés, l'un comme un commettant ordinaire, l'autre comme un dépositaire, un mandataire. En cas de faillite, le premier conserve donc
le droit et le privilége de revendiquer sa marchandise,
et, si elle a été vendue par l'associé, le prix qui en est
encore dû. Il doit seulement compte du bénéfice que
pourra donner l'opération (3). « En un mot, dit M. Vincens, celui qui a fait l'avance n'a rien aliéné à l'intéressé,
qui n'a pas fait sa mise, même en lui confiant les effets
et les soins de la revente. Ce n'est, en ce cas, que pour
le profit ou la perte finale, et non pour la propriété, qu'ils
sont associés (4). » C'est par suite de ces principes qu'il
a été jugé que dans une participation, les écritures de
l'un et de l'autre participant qui s'accordent à débiter
l'associé non propriétaire de la moitié des marchandises,
objet de l'association, n'ont pas d'autre but ni d'autre
effet que de constater ce qui est dû par le coparticipant

(1) *Contrà*, Cass., 17 janv. 1826; Dalloz, *Rép.*, n. 1673.
(2) Casaregis, disc. 39, n. 38 et s. *Sic*, Rote de Gènes, déc. 44, n. 56, 64, 86, 118 et s.
(3) Cass., 7 août 1838 (S.38.1.691); Bruxelles, 15 mars 1808; Rouen, 20 avril 1810.
(4) Vincens, t. 1ᵉʳ, p. 380.

à celui qui a fait les avances, mais ne constituent pas une vente (1). C'est une simple mention de la convention existant entre les participants et non un transport de propriété (2).

Entre participants, la propriété n'est jamais présumée commune, et, d'un autre côté, la nature des rapports qui existent entre eux répugne à l'idée d'une vente, car ils ne sont pas associés pour se faire mutuellement des ventes, mais bien pour acheter à des tiers ou leur vendre, en partageant, l'opération une fois terminée, le bénéfice ou la perte.

Nous ne pouvons donc encore que donner une approbation complète à l'arrêt de la Cour de Paris, jugeant que chacun des participants, lorsque l'association a pris fin, a droit au prélèvement de ses apports en nature, qui sont restés sa propriété individuelle, ainsi qu'au partage des objets achetés en commun : le gain et la perte se répartissent entre les participants, sans qu'il en résulte autre chose qu'une créance de l'un contre l'autre, tant pour les avances qui peuvent avoir été faites par l'un des deux que pour le profit réalisé.

En cas de faillite de l'un des participants, l'autre est donc considéré comme créancier ordinaire, ayant le droit de revendiquer dans les cas où la loi le permet et pouvant produire à la faillite pour le montant de ses avances, mais au même titre que les tiers (3).

De participant à participant, et sauf le cas de faillite, qui fait nécessairement intervenir les tiers dans les rapports qui existent entre eux, il semble impossible qu'il y

(1) Cass., 7 août 1838 (J.P.38.2.422).
(2) Cass., 23 fév. et 13 avril 1864 (D.P.64.1.436 et 305), et 10 janv. 1865. *Gaz. des Trib.*, 14 janv. 1865.
(3) Paris, 22 déc. 1865 (D.P.66.2.23), et les arrêts cités à la note précédente.

ait un intérêt pratique à démêler s'il y a eu participation simple ou société véritable au moment de liquider l'opération qu'ils ont faite, puisque des règles identiques seront suivies dans l'un et l'autre cas. Si, jusqu'au moment où ils règlent leurs comptes, il n'y a entre eux aucune solidarité; si l'un n'est jamais supposé même le mandataire de l'autre ; si chacun agit pour soi ; si la propriété de l'opération surtout n'est jamais devenue commune, il faut bien admettre, au moment de la liquidation, qu'ils étaient associés pour partager les gains et les pertes, et que chaque participant est tenu envers son associé des pertes survenues, indéfiniment et non-seulement jusqu'à concurrence de sa mise.

601. Des règles contraires paraissent avoir été suivies quelquefois au moyen âge, où la participation, nous devons le répéter, n'a jamais été bien nettement distinguée de la commandite; l'on trouve expressément dit dans la Rote de Gênes : « *Participes non tenentur, nisi pro summâ quam exposuerunt in societate* (1). » Sans rechercher les difficultés d'exécution que devait rencontrer cette règle, lorsqu'un des participants avait fait des avances, nous pouvons dire que des principes contraires avaient prévalu plus tard et sont suivis aujourd'hui (2). Comme conséquence de ce principe, si parmi trois participants, par exemple, l'un devient insolvable, cette insolvabilité tombe à la charge des participants solvables; et les pertes qui en résultent pour l'opération se partagent par moitié entre les deux autres participants (3).

---

(1) Rote de Gênes, déc. 14, n. 131. *Sic,* Casaregis, disc. 39 ; Straccha, *De mercat.,* n. 23. V. Code allemand, art. 255.

(2) Aux autorités citées ci-dessus, J. Pothier, r. 63, 101 et 102. *Sic,* Troplong, n. 555 ; Bédarride, n. 453.

(3) Cass., 29 mai 1845 (S. 45. 1. 549).

Ces règles pourraient être modifiées, sans doute, par des conventions contraires explicites qui devraient être suivies, puisque les tiers sont tout à fait désintéressés dans un règlement qui ne touche que les associés eux-mêmes (1). Ils ont toute liberté pour les stipulations qui les concernent (2). Mais la Cour de Rouen, dont nous venons de citer l'arrêt, en admettant comme parfaitement licite que l'un des participants eût pu stipuler que ses capitaux mis dans la participation seraient productifs d'intérêts et devraient lui être remboursés avant tout partage de bénéfice, n'a pas permis que ce capitaliste pût prétendre avoir, à l'égard des tiers, un droit de préférence sur l'actif de son coparticipant. Les créanciers que l'un des associés s'est donnés, même pour les affaires sociales, sont sur un pied d'égalité avec ses créanciers personnels ; ils ne peuvent avoir, ni les uns ni les autres, de privilége sur la chose mise en participation qui est restée la propriété de la personne avec laquelle ils ont contracté (3).

Dans le contrat de société, l'associé qui devait apporter une somme d'argent et qui ne l'a point fait, ou qui a pris des sommes dans la caisse sociale, devient de plein droit, et sans demande, débiteur des intérêts à compter du jour où cette somme devait être payée, ou bien du jour où elle a été prise (C. civ., art. 1846) ; cette règle ne serait point applicable au participant (4), sauf, s'il y avait lieu, les dommages-intérêts dus par suite de l'inexé-

---

(1) Troplong, n. 515.
(2) Rouen, 19 janv. 1844 (S.44.2.393).
(3) Cass., 2 juin 1834 et 19 mars 1838 (S.34.1.603 et 38.1.343); Troplong, n. 82.
(4) Cass., 11 mai 1857 (S.57.1.843), et Poitiers, 15 mai 1841. *Contrà*, Rennes, 6 mai 1835; Dalloz, *Rép.*, n. 1647).

cution d'un engagement légalement contracté, mais non plus en vertu des règles du contrat de société, qui ne peuvent être invoquées.

Les participants ne doivent pas être tenus de rembourser à leur coparticipant la portion de ses avances correspondante à leur intérêt, avant le compte définitif des profits ou des pertes qu'a entraînés l'opération, s'ils ont consenti, en effet, à faire des avances ; car il faut dire que dès que les participants ne sont pas copropriétaires de la chose achetée par le gérant et maîtres de l'affaire, il est rationnel qu'ils ne soient pas tenus de contribuer au paiement des choses achetées. Mais il doit arriver fréquemment que des conventions particulières, parfaitement licites, établissent des règles différentes ; et si le juge du fond décide, en fait, que les fonds nécessaires pour l'achat des marchandises devaient être fournis par égales portions par tous les associés, et non avancés par l'un d'eux, la Cour de cassation ne peut que respecter cette décision (1).

602. Il résulte de ce que nous avons dit plus haut, qu'aucun principe ne limite la durée d'une participation et qu'elle peut être contractée pour plusieurs années et embrasser une suite d'opérations ; dans ce cas, le règlement à faire entre associés, pour les bénéfices et pour les pertes, doit-il être renvoyé après la liquidation définitive et l'expiration du terme assigné à l'association, comme dans le cas plus fréquent, où la participation est réduite à une opération unique ? La Cour de Rouen a, avec raison, décidé le contraire. En ce qui concerne les relations des participants entre eux, en effet, l'association reste soumise à toutes les prescriptions résultant

---

(1) Cass., 22 août 1865 (D.P.65.1.332).

des principes généraux du droit sur les sociétés, toutes les fois que la convention, ou un usage assez constant pour en tenir lieu, n'y a pas dérogé ; et il est de principe, comme d'usage, que dans les sociétés commerciales, les bénéfices ou les pertes se répartissent chaque année entre les associés, tels qu'ils résultent de l'inventaire, auquel il y a nécessité de procéder. La participation relative à une opération unique, momentanée, implique d'ordinaire, pour les participants, l'obligation de ne se faire compte qu'après la liquidation de l'affaire ; mais cet usage, qui se justifie par la nature du compte à demi, ne peut être invoqué lorsqu'il s'agit d'opérations répétées pendant le cours de plusieurs années. S'il est rationnel d'attendre le résultat d'une affaire pour en partager les bénéfices et les pertes, il est aussi d'une nécessité impérieuse, dans d'autres circonstances, que les associés se tiennent réciproquement compte, à des époques déterminées, soit par la convention, soit par l'usage, des résultats accomplis. Dans des opérations considérables et qui doivent embrasser plusieurs années, renvoyer le règlement à l'époque de la liquidation définitive, ce serait faire supporter souvent, à l'un des participants seulement, un découvert qui doit peser sur tous.

Au reste, il faut insister surtout sur ce point, que les règles rigoureusement appliquées de la participation amèneraient, comme conséquence, qu'à chaque opération le règlement devrait être fait ; le bénéfice ou les pertes réparties. On admettra aisément, sans doute, que ce règlement soit remis au moment d'un inventaire, dont la convention a pu fixer l'époque, ou qu'à défaut chaque participant pourra exiger une fois par an ; mais, en aucun cas, on ne pourra prétendre qu'il faut attendre l'expiration d'un temps plus long, s'il a été fixé pour la durée de la participation (1).

603. C'est dans les rapports avec les tiers surtout, qu'il y a un intérêt très-grand à distinguer la participation de la société ; dans le premier cas, en effet, il n'existe entre les coparticipants aucune solidarité ; nous savons que la solidarité est, au contraire, de l'essence des sociétés commerciales. Cette règle a cependant été controversée en ce qui concerne les participations.

L'ordonnance de 1673 ne parlait pas des associations en participation, et les laissait par suite sous l'empire du droit commun, qui ne permet de s'engager et de stipuler que pour soi-même. Le Code de commerce, sans doute pour n'être pas accusé, comme l'a été quelquefois la loi de 1673, d'avoir ignoré l'existence de pareilles associations, les a nommées, a cherché à les définir, mais a voulu seulement maintenir d'une manière explicite les règles que la jurisprudence avait établies à l'égard de ces associations, auxquelles il refuse avec intention le nom de *société*. « Il n'y avait point anciennement de solidarité, disent MM. Delamare et Lepoitvin, il n'y en a donc point davantage aujourd'hui. Non-seulement il n'y avait point de solidarité, mais le créancier n'avait même pas d'action contre le participant avec lequel il n'avait point traité. Par la même raison, il en est encore ainsi, et rien de plus juste, de plus conséquent. En effet, si l'on donnait une action au créancier contre le participant avec lequel ce créancier n'a pas contracté, il faudrait aussi en donner une à ce participant (contre le créancier pour forcer celui-ci à l'exécution d'un contrat, qu'il aurait

---

(1) Rouen, 31 juill. 1845 (J.P.46.1.329) ; Bédarride, n. 467 ; Dalloz, *Rép.*, n. 1651.

fait avec l'autre associé. Or cette double action anéantirait l'association fiduciaire que la loi autorise. Elle supposerait un contrat entre des parties qui n'ont pas contracté ; ce serait altérer l'inflexibilité d'un fait ; dans un tel système, il n'est plus de participation possible, et l'on ne s'explique pas comment des tribunaux ont pu juger que le participant étranger au contrat de son associé est, non-seulement débiteur, mais débiteur solidaire d'un créancier avec lequel il n'a eu aucune négociation » (1).

L'action dans ce cas ne procéderait ni de la convention, ni de la loi ; MM. Delamarre et Lepoitvin soutiennent contre Merlin (2) qu'elle ne résulte pas davantage de l'équité, que l'on a souvent et mal à propos invoquée dans cette occasion. Ainsi on a dit et répété : Vous ne pouvez pas vous enrichir aux dépens d'autrui. « L'objection, répondent MM. Delamarre et Lepoitvin, n'est qu'une pétition de principe dans laquelle on suppose ce qui n'existe pas ; je ne m'enrichis du bien de personne : *meum recepi*. En effet, quand vous prêtez une somme à Jacques, vous l'en faites propriétaire et devenez son créancier. Cela est des premiers éléments. Si donc quelque chose de cette somme est parvenu jusqu'à moi, je le tiens de Jacques, qui en avait le *dominium*, et non de vous, qui le lui aviez transféré. Avais-je à m'enquérir d'où provenait cet argent ?

« Il n'en est pas autrement lorsqu'en donnant du terme à Jacques, vous lui vendez de la marchandise, dont la revente tourne à mon profit. C'est comme si vous lui aviez prêté le prix de la facture (3). »

---

(1) *Contr. de comm.*, t. 2, n 246 ; 2ᵉ édit., t. 3, n. 32.
(2) *Quest. de droit*, vᵒ *Société*, § 2, n. 2.
(3) *Contr. de comm.*, t. 2. n. 252 ; 2ᵉ édit., t. 3, n. 38.

Il n'y a pas de milieu possible : ou les participants, employant une désignation mensongère, ont cherché à dissimuler une véritable société en nom collectif, et alors ils seront soumis aux conséquences qui doivent en résulter ; ou bien ils sont restés simples participants, et, dans ce cas, aucune solidarité, aucune action des créanciers contre ceux avec qui ils n'ont pas traité. Si, par suite d'une affaire traitée loyalement avec Pierre, Paul a réalisé un bénéfice, est-ce qu'il peut devoir compte à un tiers qui se trouvera victime de la confiance qu'il avait eue dans Pierre? Ce tiers peut-il dire que Paul s'est enrichi à ses dépens? Dans de pareilles conditions, aucun commerce ne serait possible. Celui qui achète des marchandises n'a jamais eu besoin, pour en devenir légitime propriétaire, de s'informer si le vendeur en doit encore le prix.

604. Plus de possibilité d'équivoquer sur une prétendue lacune, disent MM. Delamare et Lepoitvin. Le Code de commerce reconnaît *in terminis* les associations en participation, *indépendamment* des sociétés, et ne leur donne d'autres règles que les *conditions convenues entre les participants*. Il ne personnifie point la participation ; celle-ci, bien différente des sociétés, n'est point, en dehors des associés, une personne morale, un nom social, en un mot, une *raison* qui les représente tous, ou qui représente les capitaux de tous. Son existence n'est même pas révélée, parce que, comme le dit nettement Savary, *elle n'importe en façon quelconque au public*. La loi n'avait donc rien à régler : aussi n'a-t-elle rien réglé touchant l'intérêt du tiers qui se mettrait en rapport avec tel ou tel individu, membre d'une pareille association, que ce tiers ignore. C'eût été une inconséquence, un *non-sens*. Tout a été laissé, tout devait être laissé sous les règles générales des contrats. Or, une de ces règles de bon sens et d'équité, c'est que nul n'est tenu par le contrat d'un autre : *Nemo est alterius contractu obligatus* » (1).

La seule question à résoudre, en cas de contestation, est donc celle-ci : y a-t-il société en nom collectif dissimulée, ou y a-t-il simplement association en participation? Dans le premier cas, les règles sont connues; dans le second, aucune solidarité; aucune action que celle qui résulte directement du contrat entre les personnes qui y sont intervenues en leur propre et privé nom.

Ce n'est donc pas une exception aux principes que nous venons d'établir que de constater que si les participants ont agi collectivement, et ont laissé croire qu'ils étaient associés purs et simples, ils deviennent solidaires : tout autre système favoriserait par trop évidemment la fraude de personnes agissant collectivement pour inspirer le crédit, et se réfugiant dans l'allégation d'une prétendue participation, pour éviter d'accomplir les obligations contractées (2). Si les créanciers disent et prouvent qu'il y a eu véritable société, ce n'est pas parce qu'on aura évité de se conformer aux formalités et à la publicité requises, que les débiteurs se trouveront à l'abri. Des actes d'immixtion et d'exécution volontaires entraîneraient également la responsabilité des participants dans les conventions passées par l'un d'eux seulement.

En cas de difficulté, pour décider ces questions de fait, les tribunaux apprécieraient.

---

(1) *Contr. de comm.*, t. 2, n. 254 ; 2° édit., t. 3, n. 37.
(2) Cass., 23 juill. 1877 (D.P.78.4.88).

La jurisprudence paraît se fixer dans un sens conforme à ces règles (1), qui sont adoptées par presque tous les auteurs (2).

Il est bon de faire observer que dans les espèces jugées par quelques-uns des arrêts cités comme contraires à l'opinion que nous soutenons, l'obligation avait été contractée conjointement et en commun par tous les participants, et non plus seulement par l'un d'eux, et au profit et dans l'intérêt de l'association; mais les Cours ne s'appuient pas sur cette circonstance qui aurait justifié la décision rendue; les juges peuvent, en effet, s'ils reconnaissent et déclarent que l'obligation, dont l'exécution est poursuivie, a été contractée conjointement par tous les participants, prononcer contre eux la solidarité; aucun doute n'existe à cet égard (3).

Cette règle a été appliquée particulièrement lorsque l'engagement a été contracté par le représentant commun de tous les associés. Dans ce cas, il y a solidarité contre eux (4).

Les Codes étrangers les plus récents ont explicitement consacré ces règles : « Ces associations, dit le Code néerlandais, ne donnent action aux tiers que contre celui

---

(1) Paris, 9 avril 1834; Cass., 2 juin 1834, et 19 mars 1338; Paris, 17 nov. 1848; Dalloz, *Rép.*, n. 1656; Cass., 9 janv. 1821; Paris, 22 nov. 1834; Bruxelles, 18 nov. 1815; Cass., 8 janv. 1840; Bruxelles, 15 avril 1848; Cass., 3 janv. 1822; Bordeaux, 9 janv. 1826; Bordeaux, 13 avril 1848; Cass., 13 fév. 1813; Dalloz, *Rép.*, n. 1663 et 1664; Lyon, 26 janv. 1849; Bordeaux, 23 juin 1853; Agen, 23 nov. 1853 (S.54.2.399, et 54.2.23; Aix, 16 mai 1868 (D.P.70.2.48); 4 juin 1868 (D.P.69.2.242); Poitiers, 6 avril 1870 (D.P.70 2.492). — *Contrà*, Paris, 26 juin 1824; Metz, 7 fév. 1822; Bordeaux, 2 avril 1832; 31 août et 23 fév. 1836; Caen, 9 fév. 1824; Cass., 18 nov. 1829; Dalloz, *Rép.*, n. 1655 et 1660.

(2) Troplong, n. 780 à 802; Vincens, t. 1ᵉʳ, p. 378; Delangle, n. 603 et 604; Malinier, n. 597; Massé, n. 1983; Bédarride, n. 433 et s. — *Contrà*, Pardessus, 1049; Malpeyre et Jourdain, p. 264 et s.; Bravard, p. 88.

(3) Bordeaux, 19 juill. 1830 (S.31.2.75); Colmar, 29 avril 1850, et Metz, 2 nov. 1854 (S.55.3.126); Cass., 10 août 1875 (S.76.1.121).

(4) Cass., 10 août 1875 (D.P.77.1.440).

des associés avec lequel ils ont contracté (1). » Mais, momentanée ou prolongée, concernant une affaire née ou une affaire à naître, une opération simple ou des opérations successives, dès l'instant que la participation ne reste pas concentrée dans des rapports intérieurs, elle est une société collective; le nom de participation est inexact, il ne lui appartient pas (2).

Il résulte donc bien des règles que nous venons de poser que les créanciers d'une association en participation n'ont d'action que contre celui avec qui ils ont traité; mais, dans le cas où l'opération a donné des bénéfices, les créanciers de l'association ont-ils *des causes légitimes de préférence* (C. civ., art. 2093) en ce qui concerne les coparticipants, et peuvent-ils les primer? La Cour de cassation a répondu que les sommes représentant ces bénéfices étaient le *gage* du créancier, *aux termes des art.* 1864 *et* 2093, *C. civ.* (3).

Nous ne croyons pas que la participation puisse être régie par les principes des sociétés civiles auxquelles est applicable l'art. 1864, C. civ., pas plus que par les principes des sociétés commerciales, ni qu'il y ait lieu d'invoquer l'art. 2093, C. civ., pour en faire sortir un privilége. Mais, jusqu'au moment où ces bénéfices ont été distribués, celui qui avait donné les moyens de les faire naître a, pour ainsi dire, un droit de rétention qu'il peut conserver par une saisie-arrêt; il serait inique que les coparticipants s'enrichissent ici à ses dépens : c'est un principe toujours respecté. Mais si, avant toute saisie-arrêt, ces bénéfices ont été distribués, le créancier ne

---

(1) Code néerlandais, art. 58 ; Code espagnol, art. 356 et 357 ; Code allemand, art. 269.
(2) Troplong, *Sociétés*, n. 499.
(3) Cass., 17 août 1864 (**D.P.**65.1.302).

peut avoir un recours contre les participants qui n'ont reçu que le paiement d'une dette légitime.

Ajoutons que l'arrêt de cassation semble avoir considéré la participation comme formant un être moral distinct des participants. Cette règle ne saurait être admise. L'arrêt doit donc être considéré comme un arrêt d'espèce.

605. Les Cours d'appel sont souveraines pour décider les difficultés qui peuvent naître pour savoir quelle est la véritable qualification qui doit être donnée à la réunion d'individus se disant simples participants, et pour reconnaître si, sous cette forme apparente, il ne se cache pas une véritable société, ou bien si ce n'est pas l'hypothèse contraire qui s'est réalisée.

Nous avons déjà parlé de la première hypothèse (V. *suprà*, nᵒˢ 603 et s.). En ce qui concerne la seconde hypothèse, dans l'état de la législation, a dit la Cour de cassation, « la question de savoir si une association commerciale en participation constitue une pure association ou une société qui a pour objet de faire le commerce d'une manière générale, est une question de fait exclusivement dévolue à l'appréciation des juges du fait (1). »

Ainsi les Cours d'appel ont pu décider qu'une association qualifiée dans un acte public de société en commandite par ceux qui l'avaient souscrit, ne devait pas être rangée dans cette classe, à raison des stipulations contraires aux règles de cette société, comme l'obligation de supporter les pertes par moitié, et n'était pas cependant une société en nom collectif, mais bien une simple participation, « dont l'existence n'est pas incompatible

---

(1) Cass., 8 janv. 1840 (J.P.40.1.168). — *Sic,* Cass., 5 juill. 1825 ; 30 avril 1828 ; 7 déc. 1836 (S.37.1.650).

avec le but annoncé de se livrer à l'exploitation d'une branche de commerce non limitée, soit dans son extension, soit dans la durée de ses opérations (1). » Leur décision ne peut être soumise à aucune censure; mais, une fois la qualification donnée à l'acte intervenu entre les contractants, il n'appartiendrait plus évidemment aux Cours d'appel d'en modifier arbitrairement les effets.

606. En s'appuyant sur les expressions de la loi, on a soutenu qu'il n'était pas possible de trouver une association en participation dans la convention n'ayant pour but que l'*achat* en commun; l'art. 48, disait-on, établit que les associations en participation sont relatives à une ou plusieurs opérations de commerce, et l'art. 632 ne répute acte de commerce que l'*achat* de marchandises fait pour *revendre*. Ce raisonnement n'était qu'une chicane. Si la convention excluait l'idée de revente en commun, il n'en restait pas moins certain que chacun des participants avait acheté dans le but de revendre, mais en particulier et non pas en commun : « La convention d'acheter en commun, a dit la Cour de cassation, a suffi, aux termes de l'art. 48, C. comm., pour constituer une association en participation, soit que les participants eussent dû revendre aussi en commun les objets achetés, soit qu'ils eussent dû seulement les partager entre eux après leur achat (2). »

Ces sortes d'associations sont communes à la veille d'une adjudication publique; et la Cour de cassation a décidé avec raison qu'elles étaient licites et valables, si, d'ailleurs, les participants n'avaient rien fait pour

---

(1) Agen, 23 nov. 1853 (S.54.2.23).
(2) Cass., 4 déc. 1839 (J P.39.2.569). *Sic*, Delangle, n. 616 ; Bédarride, n. 450 *Contrà*, Malpeyre et Jourdain, p. 262.

écarter d'autres soumissionnaires ou enchérisseurs (1).

L'opération par laquelle les participants se partagent entre eux le bénéfice du marché, est appelée dans la pratique : *revidage*.

607. La Cour de Paris a jugé que bien que la participation ne constitue pas une personne morale, néanmoins les associés en participation peuvent nommer un liquidateur chargé de représenter leur association après qu'elle a pris fin et ayant qualité pour agir en justice, sans que les participants aient besoin d'être mis en cause (2).

Cet arrêt a été l'objet, de la part de M. Labbé, de critiques que nous croyons fondées. Après avoir rappelé que nul en France ne plaide par procureur, il ajoute que le liquidateur ne peut être à la société dissoute que ce que le gérant était à la société existante. Si la société, de son vivant, était une personne morale, elle conservera sa personnalité jusqu'à la fin de la liquidation et le liquidateur pourra ester en justice, au nom et comme représentant de la société en liquidation. Ce n'est même pas sans effort, nous le dirons tout à l'heure, que cette règle a été créée et admise par la doctrine et par l'usage ; mais si la société n'a jamais constitué un être de raison, elle ne saurait le devenir après sa dissolution ; le liquidateur d'une association en participation ne peut être que le mandataire de plusieurs personnes qui ont entre elles des intérêts communs et rien de plus ; il ne peut agir en justice, au nom d'une unité, d'un corps qui n'a jamais existé, et qu'un acte de dissolution, à coup sûr, n'a pu faire naître (3).

---

(1) Cass., 23 avril 1834 (S.34.1.746).
(2) Paris, 24 mai 1862 (S.63.2.201).
(3) *Sic*, Paris, 8 août 1870 (D.P.71.2.7); Aix, 2 mai 1871 (J.P.71.837).

Les membres d'une participation peuvent donc conférer à l'un d'eux ou à un étranger le pouvoir d'éteindre leur passif, de régler leur compte, de déterminer leurs parts; mais ce liquidateur ne peut avoir qualité pour agir en justice au nom de la participation dissoute, et n'est qu'un simple mandataire.

ARTICLE 49.

Les associations en participation peuvent être constatées par la représentation des livres, de la correspondance, ou par la preuve testimoniale, si le tribunal juge qu'elle peut être admise.

ARTICLE 50.

Les associations commerciales en participation ne sont pas sujettes aux formalités prescrites pour les autres sociétés.

SOMMAIRE.

608. La formation d'une participation n'est soumise à aucune formalité; moyens de preuve en ce qui concerne les participants et les tiers; preuve testimoniale.
609. Les mêmes règles sont applicables à la dissolution.

608. Aucun acte n'étant nécessaire pour contracter une semblable association, aucune formalité ne devait être imposée pour la constater : c'est ce que décide l'article 49 ; mais il était facile de prévoir que des difficultés pourraient s'élever pour en prouver l'existence, même entre les participants. La loi a donné toute facilité pour arriver à cette preuve et toute latitude aux juges ; l'aveu des parties suffirait (1).

_____

(1) Colmar, 21 mai 1843.

La représentation des livres est le premier moyen de preuve auquel la loi ait pensé, puisqu'ils doivent contenir la trace de toute opération faite par les commerçants ; et il faut décider, sans hésiter, que dans ce cas au moins, les livres, même irréguliers, ou les livres auxiliaires, peuvent être invoqués : aucun ne doit être exclu (1).

La loi a dû parler ensuite de la correspondance, parce que les participations se forment souvent par lettres missives.

Enfin le tribunal peut, en pareille circonstance, à plus forte raison encore que dans toute autre matière, admettre la preuve testimoniale, que la loi a expressément nommée.

On avait demandé au Conseil d'État si, pour admettre la preuve testimoniale, un commencement de preuve par écrit serait nécessaire : « Sans doute, répondit Regnaud de Saint-Jean-d'Angely, les tribunaux seront très-réservés à admettre ce genre de preuves, quand il ne sera pas appuyé d'un commencement de preuve par écrit (2). » Mais, toutefois, il faut ajouter qu'ils ont toute latitude à cet égard ; le texte ni la discussion n'ont eu pour résultat d'établir une règle absolue ; journellement, dans les foires, des associations de ce genre se forment pour un moment entre gens qui ne savent même pas écrire ; et la preuve testimoniale sera souvent la seule qui puisse être invoquée. Si, dans cette occasion, les tribunaux conservent le pouvoir de rejeter ce moyen de preuve, il est hors de doute qu'ils ont liberté entière pour l'admettre (3).

_____

(1) Aix, 1ᵉʳ mai 1848 ; Cass., 11 mai 1859 ; Dalloz, _Rép._, vº _Société_, n. 1631 ; Bédarride, n 458.

(2) Procès-verbaux, 15 janv, 1807 ; Locré, t. 17, p. 194.

(3) Cass., 9 nov. 1820, et 30 avril 1828 ; Dalloz. _Rép._, n. 1636.

Encore moins exigera-t-on, s'il y a un écrit, qu'il ait été rédigé conformément à l'art. 1325, C. civ., et en autant d'originaux qu'il y a de parties intéressées ; un arrêt contraire de la Cour de Colmar ne peut être suivi (1). Cet acte, quelle que soit son imperfection, n'en reste pas moins un moyen de preuve qui ne peut être rejeté, puisque la participation n'est soumise à aucune formalité ni à aucune condition.

Les tiers, à l'égard desquels aucune règle n'est prescrite, peuvent-ils également invoquer les trois genres de preuve énoncés par l'art. 49, et particulièrement la preuve testimoniale, même sans un commencement de preuve par écrit ?

Cette question rarement sera soulevée ; l'existence d'une participation, nous l'avons déjà dit, ne peut avoir d'intérêt pour les tiers ; ce fait, controversé au Conseil d'État, y a été établi par la discussion (2). C'est en s'appuyant sur cette circonstance, purement de fait, que M. Bédarride refuse aux tiers le droit de prouver l'existence de la participation ; et cependant il prévoit deux hypothèses, où la règle qu'il enseigne ne devrait pas être suivie (3). Il semble plus rationnel de poser en principe, ainsi que le fait M. Dalloz, que toutes les fois que les tiers auront intérêt à établir l'existence de l'association, ils pourront le faire, et alors par tous les moyens autorisés par l'art. 49 ; et cette règle, parce que les cas seront très-rares où elle devra être appliquée, n'en est pas moins certaine (4).

609. Si tous les genres de preuve sont admis pour

(1) Colmar, 28 août 1816.
(2) Procès-verbaux, 15 janv. 1807 ; Locré, t. 17, p. 195.
(3) Bédarride, n. 462.
(4) Dalloz, *Rép.*, v° *Société*, n. 1638, et Paris, 19 avril 1833. *Id.*

II.   26

établir l'existence d'une association en participation, il
en doit être et il en est de même pour établir qu'elle a
été dissoute ; alors même qu'elle aurait été formée par
un acte écrit, la preuve testimoniale, de simples présomptions, pourraient suffire pour établir qu'elle a pris
fin : « Attendu, a dit la Cour de cassation, que, si l'existence d'une société en participation peut être établie par
une preuve écrite ou testimoniale, sa dissolution peut
aussi être établie par les mêmes moyens ; qu'en jugeant
ainsi, l'arrêt attaqué n'a point violé l'article 49, C.
comm. (1). »

L'art. 50 s'applique également, tout aussi bien à la
dissolution du contrat de participation qu'à sa formation ; si néanmoins cette dissolution avait été rendue
publique avec les formalités prescrites pour les sociétés
en nom collectif, l'association par cela seul, évidemment,
ne deviendrait pas une société en nom collectif (2); mais
il faut dire que l'accomplissement des formalités exigées
spécialement pour constater l'existence ou la dissolution
des véritables sociétés commerciales, pourrait quelquefois être relevée contre les participants, si les tiers
avaient intérêt à prouver qu'ils sont associés : il faut
donc agir avec une prudence extrême.

Ce dernier article, au reste, ne fait que rappeler, en
termes exprès, ce qui résulte implicitement de la nature
des associations en participation et des développements
dans lesquels nous sommes entré. N'intéressant pas les
tiers, toutes les formalités prescrites pour les sociétés
deviennent inutiles, et il y aurait souvent même impossibilité de les remplir dans le cas de ces associations

---

(1) Cass., 10 janv. 1831 (S.32.1.207).
(2) Paris, 9 mars 1843 (S.43.2.273).

passagères, dont la durée fort courte, ne laisserait même pas le temps matériel nécessaire pour se conformer aux prescriptions imposées aux autres sociétés.

SECTION II.

Des contestations entre associés et de la manière de les décider.

ARTICLE 51 (abrogé).

Toute contestation entre associés, et pour raison de la société, sera jugée par des arbitres.

ARTICLE 52 (abrogé).

Il y aura lieu à l'appel du jugement arbitral ou au pourvoi en cassation, si la renonciation n'a pas été stipulée. L'appel sera porté devant la Cour d'appel.

ARTICLE 53 (abrogé).

La nomination des arbitres se fait : — par un acte sous signature privée, — par acte notarié, — par acte extrajudiciaire, — par un consentement donné en justice.

ARTICLE 54 (abrogé).

Le délai pour le jugement est fixé par les parties, lors de la nomination des arbitres ; et, s'ils ne sont pas d'accord sur les délais, il sera réglé par les juges.

ARTICLE 55 (abrogé).

En cas de refus de l'un ou de plusieurs des associés de nommer des arbitres, les arbitres sont nommés d'office par le tribunal de commerce.

ARTICLE 56 (abrogé).

Les parties remettent leurs pièces et mémoires aux arbitres, sans aucune formalité de justice.

ARTICLE 57 (abrogé).

L'associé en retard de remettre les pièces et mémoires est sommé de le faire dans les dix jours.

ARTICLE 58 (abrogé).

Les arbitres peuvent, suivant l'exigence des cas, proroger le délai pour la production des pièces.

ARTICLE 59 (abrogé).

S'il n'y a renouvellement de délai, ou si le nouveau délai est expiré, les arbitres jugent sur les seules pièces et mémoires remis.

ARTICLE 60 (abrogé).

En cas de partage, les arbitres nomment un sur-arbitre, s'il n'est nommé par le compromis; si les arbitres sont discordants sur le choix, le sur-arbitre est nommé par le tribunal de commerce.

ARTICLE 61 (abrogé).

Le jugement arbitral est motivé. — Il est déposé au greffe du tribunal de commerce. — Il est rendu exécutoire sans aucune modification, et transcrit sur les registres, en vertu d'une ordonnance du président du tribunal, lequel est tenu de la rendre pure et simple, et dans le délai de trois jours du dépôt au greffe.

ARTICLE 62 (abrogé).

Les dispositions ci-dessus sont communes aux veuves, héritiers ou ayants cause des associés.

ARTICLE 63 (abrogé).

Si des mineurs sont intéressés dans une contestation pour raison d'une société commerciale, le tuteur ne pourra renoncer à la faculté d'appeler du jugement arbitral.

SOMMAIRE.

610. Motifs qui avaient fait écrire les art. 51 à 63, C. comm., établissant l'arbitrage forcé en matière de société commerciale, et raisons de l'abrogation de ces dispositions.

610. La loi a voulu que toutes les contestations commerciales fussent appréciées par des commerçants, au moins en premier ressort; et l'institution des tribunaux de commerce a répondu parfaitement à ce besoin. Dans certaines circonstances, les différends avaient paru de nature à exiger pour juges, non-seulement des commerçants, mais des hommes appartenant à la profession même des parties, ayant des connaissances tout à fait techniques, initiés aux pratiques et aux nécessités du métier ou de la profession exercée par les plaideurs : l'art. 51, C. comm., avait fait, en conséquence, des contestations entre associés pour raison de société, une catégorie distincte d'affaires, et il avait chargé les parties elles-mêmes de faire un choix dans cette première spécialité comprenant tous les commerçants indistinctement, où se recrutent les tribunaux de commerce : les filateurs devaient être jugés par les filateurs, les fabricants de soieries par les fabricants de soieries, les teinturiers par les teinturiers, les épiciers par les épiciers. La loi, selon nous, avait été prévoyante et sage. Mais, il faut le dire, son esprit avait été étrangement méconnu dans la pratique, et des usages abusifs avaient justifié les critiques, dont l'arbitrage forcé a été l'objet.

En effet, les fonctions d'arbitres étaient trop souvent confiées à des hommes appartenant au barreau des tribunaux civils : devant eux, d'autres avocats venaient expliquer les détails techniques de l'affaire, après les avoir étudiés eux-mêmes pour les besoins de la cause, auprès de leurs propres clients. On se demandait alors, non sans raison, pourquoi de semblables affaires n'étaient pas renvoyées aux tribunaux ordinaires, ou tout au moins aux tribunaux de commerce. En fait, c'était donc les contestations pour lesquelles la loi avait voulu des juges tout à fait spéciaux, qui étaient enlevées à la connaissance même des tribunaux de commerce.

Ces abus trop réels ne pouvaient cependant vicier l'institution; chacun restait libre de revenir à l'esprit de la loi sans éprouver de gêne par les précédents, quelque nombreux qu'ils fussent, ou des usages vicieux. D'ailleurs, si les juges choisis par les parties ne remplissaient pas leur attente, elles ne pouvaient s'en prendre qu'à elles-mêmes.

Peut-être, cependant, était-il possible et aurait-il fallu améliorer la loi ; on a préféré l'abroger sur l'insistance particulièrement du tribunal de commerce de Paris.

Quoi qu'il en soit du remède un peu héroïque appliqué au mal très-justement signalé, nous devons nous borner à rapporter le texte de la loi du 17 juillet 1856, qui a supprimé l'arbitrage forcé; il est ainsi conçu :

« Les art. 51 à 63, C. comm., sont abrogés. »

ARTICLE 64.

Toutes actions contre les associés non liquidateurs et leurs veuves, héritiers ou ayants cause, sont prescrites cinq ans après la fin ou la dissolution de la société, si l'acte de société qui en énonce la durée, ou l'acte de dissolution, a été affiché et enregistré *conformément aux art.* 42, 43, 44 et 46 (1), et si, depuis cette formalité remplie, la prescription n'a été interrompue à leur égard par aucune poursuite judiciaire.

SOMMAIRE.

(1) Les articles du Code de commerce cités par l'art. 64 ont été abrogés et remplacés par les art. 55, 56, 57, 58, 60 et 64 de la loi du 24 juill. 1867, dont nous donnons ci-après le commentaire.

611. Les art. 42, 43, 44 et 46, C. comm., mentionnés par l'art. 64, ont été abrogés par l'art. 65 de la loi du 24 juillet 1867 et remplacés par les art. 55 à 61 de cette dernière loi, seule applicable aujourd'hui. L'article 64 doit être modifié dans ce sens.

612. Lorsqu'une société a cessé d'exister, quelle que soit la cause qui ait amené sa dissolution, il y a lieu de procéder à sa liquidation et au partage des biens qui la composent ; le Code civil a dit : « Les règles concernant « le partage des successions, la forme de ce partage et « les obligations qui en résultent entre les cohéritiers, « s'appliquent aux partages entre associés » (art. 1872). En ce qui concerne les sociétés commerciales, cet article ne trouve que peu d'application ; l'art. 64, C. comm., suppose que l'on a nommé des *liquidateurs* ; et que, suivant un usage admis, dont le sens et la portée ne donnent lieu dans le commerce à aucune difficulté, *la société ne subsiste plus que pour sa liquidation*. Mais nous renvoyons, au besoin, au commentaire que nous avons donné ci-dessus de l'art. 1872, C. civ. (*suprà*, n°s 498 et suiv.), ainsi qu'au commentaire des art. 1865 à 1871, pour connaître les règles d'après lesquelles la société doit être regardée comme dissoute (*suprà*, n°s 463 et s.)

Il est à remarquer toutefois qu'aucun texte n'a défini l'état d'une société de cette espèce *en liquidation*. L'article 64, C. comm., se borne à supposer cet état comme existant : la doctrine seule à essayé d'en préciser le caractère.

Il eût semblé naturel que la société étant dissoute, que l'être moral qui la personnifiait s'étant évanoui, il ne dût plus y avoir ni société, ni associé ; qu'il ne restât que des communistes, dont le liquidateur serait le représentant (1) ; mais on était forcé de donner à ce liquidateur, le droit de contraindre les anciens associés, dont il aurait dû être purement et simplement le mandataire, à exécuter leurs obligations envers la société dissoute, et de conserver aux tiers tous les droits qu'ils avaient acquis avant cette dissolution, sans la restreindre en aucune sorte, ni en changer la nature. On a donc enseigné que la société est censée subsister pour se liquider (2).

Cette solution n'a pas semblé à tous satisfaisante ; et M. Massé, fortement appuyé par Pâris, enseigne qu'il faut, en semblable matière, rejeter toute fiction : selon ces auteurs, l'être social continue bien à exister, quoi qu'on en ait dit, jusqu'à la liquidation et malgré l'événement du terme ou de tout autre fait entraînant la dissolution : ce principe admis devrait faire disparaître tout embarras et toute contradiction (3).

Cette conséquence ne nous apparaît pas d'une manière bien évidente.

Sans doute, nous convenons avec M. Massé que les sociétés ne sont pas établies seulement pour agir, spéculer et entreprendre ; elles sont établies aussi pour réaliser en profits ou pertes les résultats de leurs spéculations, de leurs entreprises ; mais pourquoi, si la société

---

(1) V .Malpeyre et Jourdain, p. 325, 341 et 346 ; Delangle, n. 687 ; Pardessus, n. 1070 ; Dageville, t. 1er, p. 79.
(2) Troplong, *Sociétés*, n. 1004 à 1006.
(3) Massé, n. 1006 ; Pâris, n. 937 et 941 et s. V. Frémery, p. 69, note 5.

subsiste encore, et en vertu de quelle règle ne peut-elle plus désormais que poursuivre l'un des deux buts pour lesquels elle avait été instituée ? De toutes les contradictions possibles, aucune ne nous frappe autant que celle qui consiste à dire que la société subsiste, quand il n'est douteux pour personne qu'elle a pris fin. Après avoir longuement expliqué par quelles raisons la société se trouve dissoute, a cessé d'exister, nous ne pouvons admettre qu'il n'y ait pas la moindre contradiction à ajouter, que néanmoins elle subsiste encore. Si, pour tout aplanir, on prétend qu'elle n'existe qu'*à moitié,* nous comprenons encore moins.

Pour nous, la société dissoute est bien dissoute ; mais les droits des tiers doivent nécessairement obtenir toute satisfaction légitime. La société nulle est nulle ; personne ne le conteste ; et, cependant, elle est censée exister, en ce qui concerne les droits des tiers. Pàris rapportant la décision très-sage et très-vraie de la Rote de Gênes : « *ef-* « *fectus* societatis *durat* etiam extincta societate, donec « pertinentia ad eam sint exacta, » ajoute que les commerçants, perfectionnant cette idée par leurs usages, y ont vu « la société elle-même prolongeant son existence *au delà* « *de la dissolution* et jusqu'à la fin de la liquidation » (1). C'est une erreur ; mais ce que les commerçants ont parfaitement compris, c'est que les droits actifs et passifs créés par la société ne pouvaient s'évanouir le jour où cette société était dissoute ; que ces intérêts devaient avoir un représentant poursuivant au profit des associés les droits que tous pouvaient avoir contre les tiers ; au profit de quelques-uns, ceux que quelques-uns pouvaient avoir les uns contre les autres ; et répondant, en même temps,

_____

(1) Pàris, n. 942.

aux demandes intentées contre la société par les créanciers, dont les biens sociaux formaient le gage et qui ne pouvaient être tenus de diviser leurs actions. Ce représentant, c'est la *société de liquidation*; de même qu'en cas de faillite, c'est le syndic. Non, la société n'existe plus, puisqu'elle a été dissoute et ne peut plus rien entreprendre ; mais il faut dire avec la Rote de Gênes, non qu'elle prolonge son existence au delà de sa dissolution, mais que *son effet continue* jusqu'à la consommation de tout ce qu'elle avait entrepris et la liquidation de tous les intérêts nés au moment où elle a pris fin.

613. Le système que nous combattons devrait entraîner cette conséquence, que Pâris proclame en effet et que M. Massé devrait admettre, c'est que l'associé n'a pas le droit, tant que dure la liquidation, de réclamer les apports, dont la jouissance seulement a été mise dans la société : cette jouissance ne s'éteindrait qu'au moment où finit la liquidation, puisque la société subsisterait jusque-là (1). Cette conséquence est forcée ; mais elle prouve à quel point les prémisses sont fausses. Ainsi, l'associé qui a promis d'abandonner pendant dix ans la jouissance d'un capital en retour de l'industrie que d'autres associés apportent, sera privé, pendant tout le temps que durera une liquidation difficile, de la jouissance de ce qui lui appartient et au profit d'un associé qui ne pourrait ; de son côté, continuer l'exercice de son industrie au profit de la société sans entreprendre de nouvelles affaires, mettre un obstacle perpétuel à la liquidation, et éterniser une société dont le terme fixé ne peut être dépassé ! Nous ne pensons pas que cette opinion doive être adoptée.

---

(1) Pâris, n. 957. *Contrà*, Malpeyre et Jourdain, p. 338 ; Delangle, n. 684.

Cet état de choses particulier aux sociétés commerciales a été fort bien expliqué par la Cour de cassation : « Si par l'effet de sa dissolution, a-t-elle dit, la société cesse d'exister pour l'avenir et pour les opérations en vue desquelles elle avait été constituée, elle continue néanmoins d'exister pour régler ses affaires accomplies, c'est-à-dire pour se liquider. Suivant la formule employée dans le langage commercial, elle ne subsiste plus que pour sa liquidation ; mais, à ce point de vue et pour ce but, elle conserve tous ses droits et tous ses biens. La force des choses veut qu'il en soit ainsi pour les nécessités de la liquidation. Cette liquidation deviendrait impossible, en effet, si on admettait que, par l'effet de sa dissolution, la communauté prend la place de la société dissoute, et que les droits individuels et privatifs des anciens associés, devenus de simples communistes, sont substitués ou superposés au droit exclusif de la société. Il suivrait de là que l'actif social, devenu la propriété indivise des anciens associés, ne saurait être réalisé qu'avec leur concours et suivant les formes de procédure, que pourrait rendre nécessaire l'état de quelques-uns des intéressés, parmi lesquels souvent il se trouverait des mineurs. Il est, au contraire, de jurisprudence certaine, que les liquidateurs disposent librement des biens de la société, alors même qu'il y a des mineurs au nombre des associés » (1).

Par suite, l'inscription prise sur un immeuble social par la femme de l'un des associés après la dissolution, mais avant la liquidation complète, a été déclarée par l'arrêt, dont nous venons de copier les considérants, radicalement nulle; la société « continue de subsister, a dit

---

(1) Cass., 29 mai 1865 (S.65.1.325).

encore la Cour de cassation, dans la *mesure d'existence nécessaire* à l'accomplissement des actes de sa liquidation (1). »

Pour bien définir le caractère du liquidateur et, par suite, ses pouvoirs, dire jusqu'où ils s'étendent, comment ils sont limités, il faut donc bien admettre avec l'usage commercial, qu'à la dissolution de la société, il se forme une nouvelle personne civile, distincte des associés, comme de l'ancienne société qu'ils avaient créée : c'est la société de liquidation, dont le liquidateur est le gérant, le représentant complet. Mais cette société n'a pas pour but de rien entreprendre ; elle doit seulement terminer ce qui est commencé, sous la condition de rendre compte ; et c'est ce qui la distingue de l'ancienne société dissoute, dont elle est héritière passivement et activement. En cette qualité, elle est substituée à tous ses droits comme à toutes ses obligations (2) ; elle la représente en justice, en demandant comme en défendant, et c'est contre le liquidateur que doivent être dirigés tous les actes de poursuite. Les jugements obtenus contre lui seraient opposables aux associés et exécutoires contre eux, sans qu'ils pussent les attaquer par la voie de la tierce opposition (3).

Cette fiction, qui fait regarder comme subsistante encore pour sa liquidation la société dissoute, ou qui donne à la société nouvelle les pouvoirs entiers et complets qu'avait la société ancienne ; qui lui conserve cette individualité, ce bénéfice de la personne morale complétement distincte de la personne des associés, quoiqu'elle ne résulte d'aucun texte, ne fait pas difficulté dans la pra-

(1) Cass., 27 juill. 1863 (S.63.1.457).
(2) Douai, 17 juill. 1841 (J.P.41.2.382).
(3) Rouen, 21 avril 1845 (J.P.48.1.651).V. Cass., 24 janv. 1853 (J.P.53.1.673).

tique et doit être admise avec toutes ses conséquences, à moins de tomber dans d'inextricables embarras.

614. L'art. 64 ne doit pas être interprété dans ce sens qu'un liquidateur sera nécessairement nommé à l'expiration de toute société de commerce ; aucune disposition légale n'a imposé cette obligation, et, faute d'user de cette faculté, la liquidation appartient à tous les associés : l'usage de nommer des liquidateurs paraît être de date récente, et Pothier n'en parle pas encore. Rien ne s'oppose même à ce que les associés fassent le partage en nature de ce qui compose l'actif et le passif de la société, mais un pareil moyen présenterait des inconvénients de toutes sortes. Dans les sociétés nombreuses, il y aurait également des difficultés à laisser le soin de la liquidation à tous les associés, et, d'un autre côté, il y a intérêt pour eux à se décharger d'un travail fastidieux et désormais sans profit. Il ne faut donc pas s'étonner de voir des liquidateurs nommés en toute occasion. Jusqu'au moment de la nomination, c'est le gérant ou les gérants qui continuent à représenter la société.

Quelquefois l'acte de société même a désigné d'avance les liquidateurs ; aucune difficulté ne peut s'élever dans ce cas. Si cette précaution n'a pas été prise, au moment de la dissolution de la société, il y a lieu de procéder à cette nomination : mais nous pensons qu'elle ne peut émaner que de l'unanimité des suffrages de tous les associés, dont chacun d'eux va remettre ses intérêts au liquidateur (1). Toutefois l'usage de quelques places semble donner ce droit à la majorité, mais il faudrait que cet usage fût constaté d'une manière bien irrécusable pour

---

(1) Malpeyre et Jourdain, p. 323 ; J.-B. Paris, t. 1er, n. 987 ; Troplong, n. 1025. — *Contrà*, Persil, p. 380 ; Delangle, n. 685.

être suivi comme loi et présumé de plein droit avoir été tacitement accepté par les associés.

Il peut arriver qu'une société projetée soit, en définitive, demeurée sans existence légale, par exemple, comme dans une espèce portée devant la Cour de cassation, faute d'avoir pu compléter la souscription du nombre d'actions nécessaire à sa formation. En toute circonstance, si l'objet de la société était licite, les opérations accomplies pendant cette simple existence de *fait* auront créé entre les personnes qui y ont pris part des rapports qu'elles devront respecter (V. *infrà*, n° 820). Mais cette réunion d'individus n'a jamais formé l'*être moral* que représente une société organisée ; et ils ne peuvent nommer un liquidateur dans les formes et avec les pouvoirs que nous avons à faire connaître dans le commentaire de l'art. 64. Il ne peut y avoir lieu à nommer qu'un simple mandataire dans les termes du droit commun, c'est-à-dire à l'unanimité, et si des mineurs sont intéressés, il faudra recourir, pour procéder régulièrement, aux formes déterminées à leur égard par le droit civil (1).

En dehors de cette hypothèse, si les associés ne peuvent s'entendre, ou s'il existe parmi les intéressés des incapables (2), un moyen facile s'offre à eux de sortir d'embarras ; cette situation a été considérée, par une pratique constante et qui ne rencontre aucun contradicteur, comme une contestation entre associés : par suite, les tribunaux doivent être saisis, et c'est à eux qu'il appartient de mettre fin à la contestation en nommant le liquidateur ou en le remplaçant par un autre, s'il y a

---

(1) Cass., 13 mars 1866 (D.P.67.1.222).
(2) J.-B. Paris, n, 991 ; Paris, 5 août 1858 ; Dalloz, *Rép.*, n. 1429.

lieu (1). Si tous les associés, maîtres de leurs droits, se mettaient d'accord plus tard pour désigner un autre liquidateur, le choix fait par justice, à leur défaut, ne mettrait pas obstacle à l'exercice de ce droit.

M. Troplong a soutenu une opinion contraire, que nous ne pouvons partager ; les associés, s'ils se sont mis d'accord et s'il n'existe plus, par conséquent, aucune contestation entre eux à cet égard, peuvent ne pas accepter le liquidateur nommé par justice seulement à leur défaut ; ou remplacer plus tard ce liquidateur, qui, dans tous les cas, est censé leur mandataire, s'il a perdu leur confiance et qu'ils soient d'accord sur le choix à faire (2).

615. Dans aucune hypothèse, il n'existe de liquidateur de plein droit. Un liquidateur ne peut tenir ses pouvoirs que d'un mandat exprès ; même dans le cas où, par suite de décès ou de disparition, un seul associé serait resté en possession de l'actif, il ne pourrait s'attribuer la qualité de liquidateur ; il doit appeler les héritiers ou représentants des autres associés pour procéder à la nomination d'un liquidateur (3).

Cette hypothèse ne doit pas être confondue avec celle où tous les individus ayant composé l'ancienne société dissoute procèdent eux-mêmes à la liquidation ; si un liquidateur n'a pas été nommé par eux, cette qualité appartient nécessairement à tous. Mais il faut remarquer que l'art. 1857, C. civ., qui décide que lorsque plusieurs associés sont chargés d'administrer, ils peuvent faire séparément tous les actes de cette administration, cesse

---

(1) Malpeyre et Jourdain, p. 323 ; Troplong, n. 1026 et s.; Paris, n. 990 ; Cass., 30 avril 1873 (D.P.75.1.32).

(2) J.-B. Paris, n. 1038 et s. — *Contrà*, Troplong, n. 1035.

(3) Cass., 13 juin 1831 (D.P.31.1.200) ; Troplong, n. 1033 ; Pardessus, n. 1074-1°.

de leur être applicable, puisqu'ils ne sont plus associés.
Ils sont simplement communistes, et un seul ne peut plus
agir sans le consentement de tous les autres. Il n'y a
rien de singulier à refuser à chaque ancien associé des
pouvoirs aussi étendus qu'en aurait un liquidateur, mandataire de tous et tenant de l'acte qui l'a nommé les
droits dont il use.

Si plusieurs liquidateurs étaient nommés, ils ne pourraient également agir l'un sans l'autre, à moins de pouvoirs exprès concédés par le mandat.

616. Aucune condition spéciale n'est requise des liquidateurs; on peut choisir même un homme étranger à
la société (1). Celui qui présentera les garanties les plus
rassurantes d'intégrité et d'habileté doit être préféré,
mais il semble naturel de s'adresser aux anciens associés
gérants et à celui d'entre eux dont le nom inspirera plus
de confiance. Fort souvent, quand l'exploitation de l'é-
tablissement commercial ou industriel est continué par
une société nouvelle succédant à celle qui est dissoute,
c'est la société nouvelle qui, tout naturellement, est chargée de la liquidation.

La liquidation peut être confiée à une ou à plusieurs
personnes pour la liquidation entière, ou pour un temps
limité; une indemnité peut être allouée.

L'associé nommé liquidateur par l'acte de société ne
peut être révoqué sans cause légitime, même par tous
les autres associés; son consentement est évidemment
nécessaire pour former l'unanimité, qui seule peut modifier les conditions du contrat primitif; ce n'est que par
voie de justice qu'il pourrait être révoqué (2). Si le li-

---

(1) Horson, q. 22, t. 1er, p. 95; Malpeyre et Jourdain, p. 324; Troplong,
n. 1033; Pâris, n. 984.
(2) Cass., 30 avril 1873 (J.P.74.285).

quidateur, même nommé par l'acte de société, est, au
contraire, étranger à la société, l'unanimité des associés
pourra le remplacer ; ce que tous les associés ont fait,
tous également peuvent le défaire ; c'est un simple mandat qu'ils avaient donné (1).

Le liquidateur nommé après la dissolution de la société est révocable, dans tous les cas, par ceux qui l'ont
choisi (2), et ses fonctions évidemment ne passent pas à
ses héritiers.

La Cour de cassation a eu occasion de décider que cette
circonstance que toutes les actions d'une société commerciale se trouveraient réunies dans ses mains, n'autoriserait pas cet unique propriétaire de l'actif social à révoquer le liquidateur, quand il résulte des faits de la cause
que les anciens actionnaires restent intéressés au résultat
de la liquidation (3).

617. Pardessus enseigne que l'associé désigné pour
faire la liquidation par l'acte de société ou par convention postérieure, peut-être requis par ses coassociés de
donner caution, s'il n'en a été dispensé par l'acte de sa nomination et y être condamné par jugement, si les autres
associés offrent de se charger de la liquidation en fournis-
sant ce cautionnement (4). Nous pensons avec M. Troplong que cette doctrine ne doit pas être admise et qu'on ne
peut modifier après coup une convention librement consentie, sauf s'il y avait des motifs légitimes nés ou décou-
verts depuis la nomination, qui donnassent de justes craintes, à s'adresser à l'autorité judiciaire, qui apprécierait (5).

---

(1) Troplong, n. 1037 ; Pâris, n. 1037. — *Contrà*, Malpeyre et Jourdain, p. 327.
(2) Cass., 7 janv. 1868 (J.P.68.398).
(3) Cass., 16 juin 1862 (S.62.1.820).
(4) *Droit comm.*, n. 1074-1°.
(5) Troplong, n. 1044. — V. l'observation du tribunal de commerce de Lyon
(*Observations*, t. 2, 1ʳᵉ partie. p. 536), observation qui n'eut pas de suite.

618. Par suite de la formule consacrée et acceptée par tous, quelle que soit, en pure doctrine, la raison qui peut la justifier, formule que nous avons rapportée plus haut, disant que : *la société ne subsiste plus que pour sa liquidation*, le partage à faire devient d'une extrême simplicité.

Des principes que nous avons posés, il résulte que, même dans le cas où il existe des mineurs parmi les intéressés, on n'appose pas les scellés sur les effets de la société. La liquidation deviendrait impossible et la faillite inévitable. Pour les sociétés civiles, qui sont soumises à d'autres principes, l'art. 1872, C. civ., a pu renvoyer aux règles concernant les successions pour les partages entre associés ; il ne peut en être ainsi quand on admet que la société commerciale est en état de liquidation. Le liquidateur ne doit pas recourir aux formes judiciaires, même dans le cas encore où il existerait des mineurs, ni pour la vente des immeubles. M. Bédarride seul a enseigné que les immeubles, au moins, doivent être vendus judiciairement (1) ; mais cette opinion ne peut être suivie et est repoussée par tous les auteurs, quand il s'agit des actes de la liquidation même et non du partage auquel il pourra y avoir lieu de procéder après la liquidation terminée, si certains objets ont été réservés (2) (V. ci-après n° 628) ; et si le liquidateur a les pouvoirs nécessaires (V. *infrà*, n° 619).

Il est hors de doute encore que, si le liquidateur vend un immeuble, l'acquéreur n'est point obligé de purger sur chaque associé.

Dans une espèce portée devant la Cour de Rouen, les

---

(1) Bédarride, n. 497. *Sic*, Code allemand, art. 137, § 2.
(2) Troplong, n. 1007 ; Vincens, t. 1ᵉʳ, p. 364 et s.; Pâris, n. 1060 ; Cass. 29 mai 1865 (S.65.1.325), cité plus haut, p. 582.

associés avaient décidé par une clause de l'acte social,
qu'en cas de dissolution « les terrains, bâtiments, ainsi
« que les meubles et ustensiles», seraient licités entre
eux, en un seul lot et à l'exclusion de tout étranger. Au
moment de liquider, un mineur se trouvait parmi les
intéressés ; et la Cour de Rouen a décidé que cette clause,
si éminemment restrictive, n'avait été écrite que pour le
cas où tous les associés seraient majeurs (1). Cet arrêt
laisse intacts les principes posés plus haut, comme le
droit, pour les associés, de déterminer d'avance le mode
qui devra être suivi pour la liquidation, ou au moment
même où ils nomment le liquidateur. C'est un simple
arrêt d'espèce, et peut-être contient-il un mal jugé ; le
mineur recueille la succession avec les charges dont son
auteur l'avait grevée.

La force des choses et le besoin de conserver les droits
de tous ont voulu qu'il en fût ainsi pendant l'époque
intermédiaire qui sépare le moment de la dissolution de
l'accomplissement définitif de la liquidation.

619. Les pouvoirs du liquidateur doivent être très-
étendus. Toutes les fois qu'il s'agira de régler un compte,
soit en payant, soit en recevant, le liquidateur est la
société elle-même : « Il représente la société tout entière,
dit Pardessus, pour tout ce qui tend à régler d'une manière définitive ce qu'elle doit ou ce qui lui est dû (2)» ;
et la dissolution et la liquidation étant notoires, si un
débiteur avait payé entre les mains d'un associé non liquidateur, le paiement pourrait être déclaré non libéra-
toire (3).

Quoique, à bien des égards, le liquidateur semble de-

---

(1) Rouen, 26 juin 1806 ; Dalloz, *Rép.*, vᵒ *Société*, n. 791.
(2) *Droit comm.*, n. 1074-2ᵒ.
(3) Troplong, n. 1041 ; Malpeyre et Jourdain, p. 337.

voir être considéré comme mandataire des associés, il peut cependant devenir leur adversaire, car, s'il en est quelques-uns qui n'aient pas rempli envers la société toutes leurs obligations, il a qualité pour les poursuivre, et l'associé ne pourrait refuser de payer, en offrant de compenser sa dette avec la part qui lui doit revenir (1) ; si la société, d'un autre côté, est débitrice envers eux, c'est au liquidateur que les associés s'adresseront, non comme à leur mandataire, mais comme au représentant de leur débiteur (2).

Le liquidateur, après avoir fait inventaire et mis, par suite, tous les comptes à jour, paie toutes les dettes et recouvre toutes les créances. Les objets formant l'actif social doivent être vendus et convertis en espèces ; aucune distinction ne doit être faite entre les meubles et les immeubles : ils sont tous réputés vénaux par l'état de liquidation et doivent être réalisés (3), à moins que les associés n'aient usé du droit incontestable qui leur appartient de se partager en nature les meubles comme les immeubles ou d'interdire au liquidateur le droit de les vendre, c'est-à-dire, en d'autres termes, de les liquider ; il est certain que l'on ne peut agir contre leur volonté.

Plusieurs auteurs pensent qu'à moins de pouvoirs exprès ou du moins présumés par les circonstances, le liquidateur ne pourrait vendre des créances non échues et moins encore les immeubles sociaux (4). Ces pouvoirs nous semblent, au contraire, devoir être toujours présu-

---

(1) Lyon, 2 fév. 1864 (D.P.65.3.177).
(2) Troplong, n. 1040.
(3) Troplong, n. 1047; Bédarride, n. 497.
(4) Delangle, n. 694 ; Persil, p. 367; Pâris, t. 1er, n. 1006; Malpeyre et Jourdain, p. 329.

més, si l'acte qui nomme le liquidateur ne les a restreints d'une manière explicite (1); à plus forte raison en serait-il ainsi si l'on avait conféré au liquidateur les pouvoirs les plus étendus (2). Comment liquider, si l'on ne peut vendre? Mais nous dirons tout à l'heure que les effets ne pourraient être endossés que sans garantie (*infrà*, n° 621).

Le liquidateur, dans le cercle des pouvoirs qu'il tient de sa qualité ou des termes de son mandat, oblige les associés; en dehors de ces limites, ils ne peuvent être tenus que dans la mesure du profit qu'ils en auraient retiré (3) : cette règle détermine également la responsabilité à laquelle le liquidateur s'expose. Mais s'il avait accepté le mandat de continuer les opérations jusqu'à l'entière liquidation, il serait tenu comme un véritable gérant et non plus comme un simple mandataire (4).

Les associés répondraient de la faute et du dol du liquidateur, puisqu'il est leur préposé (5).

620. M. Troplong a contesté au liquidateur le droit de transiger et de compromettre : « Le droit de compromettre, dit cet auteur, est le corollaire du droit de disposer (6) : » mais le liquidateur, qui peut vendre, ne dispose-t-il pas? Et il va de soi évidemment que le droit de transiger et de compromettre ne peut s'appliquer qu'aux choses dont il a la disposition. Sans doute le liquidateur pourrait abuser du droit de compromettre, mais au même titre que des autres pouvoirs qui lui sont conférés : on

---

(1) Troplong, n. 1047; Béderride, n. 497. V. *Code allemand*, art. 137, § 2.
(2) Cass., 24 juill. 1871 (D.P.71.1.199).
(3) Cass., 19 nov. 1835 (S.36.1.122).
(4) Paris, 26 mars 1840 et 18 avril 1841 (J.P.40.1.369 et 41.1.619).
(5) Cass., 14 juin 1847 (J.P.48.1.43).
(6) Troplong, n. 1023. — *Contrà*, Pardessus, n. 1074-2°; Vincens, t. 1er, p. 362, III.

doit le supposer digne de la confiance des anciens associés qui l'ont investi de ses fonctions.

Toute la question, il faut bien le dire, se réduit à interpréter le mandat dont est chargé le liquidateur et qui ne peut être assimilé au mandat ordinaire. Dans la pratique, nous le croyons du moins, le pouvoir de transiger et de compromettre est implicitement contenu dans la mission de liquider : car, transiger et compromettre, c'est assurément liquider. C'est l'opinion de M. Vincens (1), de M. Horson (2), de M. Pardessus. « Autrement, dit ce dernier auteur, la liquidation serait impossible dans beaucoup de circonstances. On ne peut croire qu'en prenant des mesures pour effectuer leur liquidation, les associés aient entendu ou voulu qu'elle ne pût jamais être faite par des voies amiables (3). »

Il sera prudent, cependant, dans l'acte qui nomme le liquidateur, de comprendre expressément un semblable pouvoir, qu'il nous semble d'une bonne administration de lui conférer ; c'est un sûr moyen d'éviter une contestation qui pourrait aisément s'élever, puisque la plupart des auteurs et la jurisprudence se sont prononcés dans un sens opposé à notre opinion (4). Si l'acte portait que le liquidateur est nommé *avec les pouvoirs les plus étendus*, une désignation plus complète deviendrait évidemment inutile.

621. Le liquidateur est tout à fait impuissant à créer, sous aucun prétexte et à aucun titre, une charge nouvelle aux anciens associés. Ainsi, quoiqu'il puisse ven-

---

(1) *Lég. comm.*, t. 1er, p. 302 et s.
(2) Quest. 11, p. 49.
(3) *Droit comm.*, n. 1074-2°. *Sic, Code allemand*, art. 137.
(4) Cass., 15 janv. 1812 ; Troplong, n. 1023 ; Delangle, n. 688 ; Persil, n. 364 ; Malpeyre et Jourdain, p. 332 et s.; Bédarride, n. 488 et s.; Demangeat sur Bravard, t. 1er, p. 434, note 1.

dre, il ne peut hypothéquer (1), car c'est créer une
charge : ainsi, il ne peut ni emprunter, ni obliger les
anciens associés par la souscription, ni même par l'endossement d'effets de commerce ; ils devraient être endossés sans garantie. S'il n'a pas en mains les fonds suffisants pour faire face aux engagements de la société qu'il
liquide, il doit s'adresser aux anciens associés, afin qu'ils
lui en fournissent les moyens, ou lui donnent les pouvoirs nécessaires pour se procurer les fonds qui lui manquent.

Cette question a cependant été controversée, en ce qui
concerne la négociation des effets en portefeuille (2), et
deux arrêts de la Cour de Rouen ont jugé contrairement à notre opinion (3).

Dans la première des deux espèces jugées par la Cour
de Rouen, le liquidateur avait signé par procuration de
l'ancienne société, et l'on pouvait admettre, par suite,
qu'une autorisation expresse lui avait été accordée : mais
cette circonstance ne se retrouve pas dans la seconde espèce. Sans doute, le liquidateur peut vendre les marchandises et en employer le prix à solder les dettes, ainsi
que toutes autres sommes qu'il aurait touchées à quelque titre que ce soit ; mais la négociation d'un effet peut
entraîner des conséquences plus graves ; si l'effet est
simplement impayé entre les mains du liquidateur, chaque associé supportera sa part de la perte ; s'il y a négociation, le non-paiement ou même le moindre retard

---

(1) Cass., 2 juin 1836 (D.P.36.1.381) ; Troplong, n. 1022 ; Delangle, n. 688 ;
Pardessus, n. 1074-2° ; Bédarride, n. 497.

(2) Troplong, n. 1012 ; Horson, q. 10 et 11, p. 38 et s.; Frémery, p. 70 ; Massé,
t. 5, n. 58, refusent au liquidateur le pouvoir d'engager à aucun titre la société. —
Contrà, Malpeyre et Jourdain, p. 332 ; Vincens, t. 1er, p 362, n. 2 ; Delangle,
n. 690 ; J.-B. Pâris, t. 1er, n. 1012.

(3) Rouen, 12 avril et 26 août 1845 (J.P.48.1.651).

donnerait une action solidaire contre tous les associés. Ces négociations peuvent, il est vrai, être nécessaires pour fournir au liquidateur les sommes dont il a besoin, mais, nous le répétons, les associés ne refuseront pas alors, évidemment, de donner au liquidateur un mandat spécial et suffisant; à défaut, il ne doit pas pouvoir les engager.

La jurisprudence accorde encore au liquidateur le droit de donner valablement en nantissement des marchandises appartenant à la société (1), et rien, en effet, ne semble devoir s'y opposer.

Du reste, il n'est pas douteux que les pouvoirs du liquidateur peuvent être étendus par la volonté des associés, par l'assemblée générale, s'il résulte des statuts que celle-ci avait le droit de prendre toutes les mesures utiles à la liquidation (2).

Il ne peut exister aucun doute que le paiement d'une dette à lui personnelle faite par le liquidateur d'une société commerciale avec les fonds de la société ne serait pas valable à l'égard du créancier, qui connaissait l'origine des deniers et que celui-ci serait tenu de restituer les sommes qu'il a reçues (3).

622. Dans aucune circonstance, la nomination d'un liquidateur n'enlève aux tiers l'action directe contre les associés; mais ce serait au liquidateur d'abord que l'ayant droit devrait s'adresser comme au représentant de l'ancienne société débitrice; antérieurement à la dissolution, les tiers devaient poursuivre et faire condamner préalablement la société; après la dissolution, les règles sont

---

(1) Cass., 5 mars 1850 (J.P.50, t. 2, p. 348). *Contrà*, Paris, 17 mars 1849 (J.P.49.1.611); J.-B. Pâris, n. 1008.
(2) Cass.. 16 fév. 1874 (J.P.74.536).
(3) Cass., 10 nov. 1858 (S.59.1.174).

les mêmes, mais c'est le liquidateur qui représente la société ; et c'est au domicile social que les significations
doivent être faites, à moins que, dans l'acte de dissolution, ou par quelque acte postérieur, un nouveau domicile n'ait été indiqué dans les formes légales (1).

Bien que la société à liquider ait été déclarée en faillite, les liquidateurs ne la représentent pas moins pour
l'exercice des droits et facultés qui appartiennent à tout
failli ; et ils ont conséquemment qualité pour intervenir,
en vertu de l'art. 443, C. comm., dans les instances concernant la faillite (2). Ils peuvent également agir au nom
des créanciers pour intenter, dans l'intérêt commun de
ceux-ci, une action en responsabilité contre les membres
du conseil de surveillance, si le jugement qui, en recon-
naissant l'état de faillite de la société, en a prononcé la
dissolution a conféré aux liquidateurs qu'il nommait les
pouvoirs les plus étendus pour la réalisation et la répartition de l'actif, d'abord entre les créanciers, puis entre
les actionnaires, s'il y avait lieu (3).

Mais l'arrêt de la Cour de Lyon, qui l'a ainsi décidé,
déclarait en même temps qu'il y avait cessation de paiement, et donnait aux liquidateurs nommés tous les pouvoirs de véritables syndics. Il n'en faut pas conclure d'une
manière générale qu'un liquidateur soit le représentant
des créanciers (V. *suprà*, 550 *bis*, sur cette question spéciale).

623. La qualité de liquidateur est parfaitement distincte de celle d'associé ; si ces deux qualités peuvent
être réunies dans la même personne, elles ne se confon-

---

(1) Paris, 13 fév. 1808 ; Douai, 18 juill. 1833 (J.P., t. 25, p. 702), et tous les
auteurs.
(2) Cass., 21 janv. 1874 (J.P.74.792) ; *Dict. cont. comm.*, v° *Société*, n. 623.
(3) Lyon, 11 juill. 1873 (J.P.74.345).

dent pas néanmoins. Ainsi, la condamnation prononcée contre le liquidateur ne l'affecte que comme un mandataire, ou, si l'on veut, comme un héritier bénéficiaire, et ne peut l'atteindre que jusqu'à concurrence des valeurs qu'il a entre les mains ; il n'est pas tenu sur ses biens ; il n'était pas contraignable par corps, si ce n'est, bien entendu, à raison des valeurs appartenant à la société dont il est détenteur.

A côté de lui sont les anciens associés tenus solidairement de toutes les obligations sociales, s'ils sont en nom collectif, et jusqu'à concurrence de la mise, s'ils sont commanditaires.

Si c'est un associé qui a été nommé liquidateur, il peut être poursuivi dans cette double qualité ; mais la demande doit le porter expressément et dire que l'action est formée à raison de la qualité de liquidateur et de celle d'associé (1).

« Ainsi donc, dit M. Troplong, la liquidation laisse subsister toutes les actions des tiers contre l'ancienne société ; ils peuvent exercer ces actions tant contre les ci-devant associés, leurs veuves, héritiers ou ayants cause, que contre le liquidateur, en tant que comptable des valeurs sociales ; et, si ce liquidateur est en même temps un ancien associé, ils peuvent le poursuivre, tant en son nom personnel que comme liquidateur, pour obtenir une double condamnation (2). »

624. Ces règles sont simples et ne peuvent sans doute donner lieu à aucune difficulté, mais rapprochées du texte de l'art. 64, C. comm., elles ont fait naître une discussion fort grave.

---

(1) Troplong, n. 1046.
(2) Troplong, n. 1048.

Le texte de cet article dit fort nettement que les actions contre les associés *non* liquidateurs, leurs veuves, héritiers et ayants cause, sont prescrites par cinq ans.

Il est certain également que les actions contre le liquidateur durent trente ans.

Les poursuites intentées contre lui n'ont donc pas pour effet d'interrompre la prescription contre les associés.

Mais, si le liquidateur est un ancien associé, la qualité de liquidateur se confond-elle, quant aux effets de la prescription, avec celle d'associé, de façon qu'il n'y ait prescription à son égard que par trente ans, non-seulement comme liquidateur comptable, mais également comme associé indéfiniment tenu?

Le texte n'accordant le bénéfice de la prescription quinquennale qu'à l'*associé non liquidateur*, faut-il en conclure, par une rigueur de déduction qui semble bien sévère, que l'*associé liquidateur* est exclu de cet avantage, et que, dans cette unique occasion, ces deux qualités, que nous avons vues jusqu'ici, d'un accord unanime, être toujours si soigneusement distinguées, arrivent à être complétement confondues? C'est l'opinion de Pardessus et de M. Troplong (1).

MM. Malpeyre et Jourdain et Bravard-Veyrières ont soutenu une opinion contraire (2); ils ont insisté avec force sur cette considération, qu'en permettant de poursuivre l'associé liquidateur pendant trente ans, on retirait d'une main ce que l'on semblait avoir accordé de l'autre, puisqu'il était certain, et tout le monde en con-

---

(1) Pardessus, n. 1090; Troplong, n. 1051. *Sic*, Bédarride, n. 702 et s.; Vincens, t. 1ᵉʳ, p. 372; Dalloz, *Rép.*, n. 1068.

(2) Malpeyre et Jourdain, p. 343 et s.; Bravard-Veyrières, p. 94 et s.

vient, qu'il aura son recours en garantie contre ses co-associés.

Sans doute, il y a une différence pour eux à être soumis à l'action directe et solidaire des tiers ou à n'être tenus que pour leur part et portion, que le liquidateur peut seulement leur demander; mais nous croyons que la loi a voulu faire pour eux plus encore et ne pas rendre en outre la position de l'associé liquidateur aussi mauvaise.

En effet, si l'un des associés à qui le liquidateur s'adressera pour sa part et portion est devenu insolvable, il devra donc seul supporter cette insolvabilité ?

La loi n'exige nullement que la liquidation soit confiée à un étranger ; elle a cru ce fait parfaitement indifférent ; il s'en faut de beaucoup qu'il le soit cependant. Si le liquidateur est étranger, tous les associés sont complétement libérés après cinq ans ; dans le cas contraire, non-seulement l'un d'eux est tenu directement pendant trente ans, mais tous les autres le sont indirectement pendant le même temps : où trouver la cause d'une pareille différence ; comment l'expliquer et la justifier ? Quels sont les négociants assez insensés, dans une pareille situation, pour ne pas choisir un étranger pour liquidateur ? et cependant, presque toujours, la liquidation sera mieux faite par un associé que par tout autre. Il faudrait donc soutenir que la loi a voulu que la liquidation fût confiée à un étranger, et personne ne l'a dit jusqu'ici. Une raison puissante de décider, c'est que les coassociés sont tenus indirectement.

625. « En droit commun, dit M. Troplong, la prescription est de trente ans; pour la réduire à un moindre temps, il faut une disposition particulière. Où est cette disposition ? J'en lis bien une dans l'art. 64, C.

comm., en faveur des associés non liquidateurs ; mais en ce qui touche les associés liquidateurs, cet article est muet. Je ne tirerai pas avantage de la maxime si souvent trompeuse : *qui dicit de uno negat de altero*. Je concéderai qu'il n'y a pas exclusion expresse du liquidateur, mais tout au moins il y a silence, et c'est ce silence qui le laisse sous le droit commun. Quelques phrases empruntées à la discussion du Conseil d'État ne peuvent suppléer à l'absence de cette loi toujours nécessaire pour substituer une prescription abrégée à la prescription ordinaire (1). »

Nous professons pour la lettre de la loi le plus profond respect, mais ce respect n'exige pas que nous fassions abstraction, en la lisant, des principes qui dominent chaque matière et en forment le droit proprement dit. Le principe ici, le droit, tout le monde l'a dit, c'est la séparation nette et formelle de la qualité de liquidateur et de celle d'associé. L'art. 64 y est-il contraire ? Nullement : « Toutes actions, dit-il, contre les associés non liquidateurs sont prescrites cinq ans après, etc..... » Toutes actions, au contraire, par suite, ne sont point prescrites contre l'associé liquidateur : et, en effet, toutes actions ne sont point prescrites contre lui, puisqu'il peut être poursuivi pendant trente ans comme liquidateur (2). L'art. 64 peut avoir pour but de réserver expressément ce droit. La loi a-t-elle été plus loin ; a-t-elle dit que les actions, comme associé, qui, pour tous les autres, sont prescrites par cinq ans, dureraient contre lui trente ans, contrairement à toute équité, à cette règle universellement admise, qui veut que les deux qualités restent en-

---

(1) *Sociétés*, n. 1051.
(2) *Sic*, Demolombe, t. 26, n. 416.

tièrement, complétement distinctes ? A-t-elle dit qu'après
les cinq ans écoulés, la distinction entre l'associé et le
liquidateur disparaît ; que le bénéfice qu'elle accorde aux
sociétés exige, pour être complet, que le liquidateur soit
étranger ? Non, évidemment, et le contraire a été répété au Conseil d'État ; mais la loi n'a pas voulu toutefois que le liquidateur, par cela seul qu'il avait été
associé, pût repousser par cinq ans les actions qui existent contre lui, à raison de sa qualité de liquidateur.
Quoique associé, il est traité comme un liquidateur
étranger ; mais les associés, soit qu'ils choisissent l'un
d'eux ou un étranger, ne changent pas leur position, que
la loi commerciale a voulu faire telle, parce que, dans le
commerce, les négligences ne sont pas facilement admises, et les prescriptions, en conséquence, tendent toujours à être abrégées.

Ajoutons, au reste, que ce bénéfice, si bien en rapport avec les habitudes commerciales, est entouré pour
les tiers de toutes les garanties désirables et disparaît
devant toute poursuite judiciaire.

626. La Cour de Paris a décidé que l'associé liquidateur qui a été remplacé, après s'être conformé aux
dispositions prescrites par les art. 42 et 46, C. comm.,
remplacés aujourd'hui par les art. 55, 56 et 61 de la loi
du 24 juillet 1867, avoir rendu ses comptes, s'être des-
saisi de toutes les valeurs, de tous les livres et titres de
la société, n'est plus qu'un associé non liquidateur et a
le droit d'invoquer la prescription de cinq ans à partir
du jour de sa retraite ; que les créanciers de la société,
qui n'ont exercé aucune action dans cet intervalle de
temps, seraient fondés à critiquer les comptes par lui
rendus de sa gestion, mais qu'ils ne peuvent prétendre
qu'il est personnellement responsable pour le passé des

dettes de la société, et pour l'avenir des faits de la gestion du nouveau liquidateur (1).

En ce qui concerne les faits de la gestion du nouveau liquidateur, la question ne peut être douteuse.

Le pourvoi formé contre cet arrêt a été rejeté, et la Cour de cassation admet sans difficulté que la prescription quinquennale court au profit de l'associé liquidateur, sous la seule condition qu'elle aura pour point de départ, *sinon la dissolution même de la société, du moins sa retraite de la liquidation* (2). Ainsi que le fait remarquer M. Demangeat, dans une addition faite au texte de M. Bravard, c'est un tempérament à la doctrine qu'il combat comme nous (3), et un argument de plus contre elle par conséquent : d'ailleurs, ne faut-il pas logiquement conclure que la prescription quinquennale courra en faveur de l'associé liquidateur, tout aussi bien quand il cesse ses fonctions, parce que la liquidation est terminée, que dans le cas où il a donné sa démission? La règle n'est-elle pas la même à cet égard en ce qui concerne le liquidateur non associé? Il suffira donc à l'associé liquidateur de se démettre la veille du jour où la liquidation devrait être complétement terminée pour enlever aux tiers au moins en partie une garantie que la loi voulait leur donner?

627. M. Troplong, poursuivant son raisonnement, arrive forcément à dire : « Si ces raisons sont considérées comme devant l'emporter, on sera conduit à faire un second pas et à décider que, dans les sociétés qui n'ont pas de liquidateur, la prescription quinquennale n'a pas lieu. Pourquoi? C'est qu'alors tous les associés

---

(1) Paris, 20 avril 1847 (S.47.2.299).
(2) Cass., 8 août 1849 (S.49.1.679).
(3) Demangeat sur Bravard, t. 1ᵉʳ, p. 456 et s.

sont saisis collectivement de l'actif social; c'est que la
liquidation appartient à tous et que, chaque associé étant
liquidateur, il n'y a plus d'exception pour personne » (1).
Ainsi donc la conséquence forcée de la doctrine que nous
repoussons est d'ajouter au texte de la loi, lequel exige
seulement : 1° La dissolution ; 2° la publicité; 3° un laps
de cinq ans. On s'appuie beaucoup trop, pour expliquer
l'art. 64, sur cette circonstance que les associés non
liquidateurs sont dessaisis de tous les documents qui
étaient au pouvoir de la société tant qu'elle a existé; ils
n'auraient qu'à prendre leurs précautions; et ce motif a
été si peu déterminant, que la prescription peut être interrompue par des poursuites judiciaires, et, par suite,
se prolonger beaucoup. Est-ce donc un semblable motif qui a fait abréger la prescription en matière de lettre
de change et d'assurance? Non ; mais nous ne saurions
trop le répéter, c'est que, dans le commerce, les négligences ne sont pas facilement admises; et que les prescriptions, en conséquence, tendent toujours à être abrégées : c'est l'intérêt général du commerce qui le veut
ainsi, a-t-on dit avec raison 'sur cet article au Conseil
d'État, et le texte a été rédigé en conséquence : « Il est
certain, a-t-on ajouté, qu'on fuirait les sociétés, si ceux
qui s'y engagent ne pouvaient espérer se voir libérer
qu'après trente ans. »

Il est aisé d'apercevoir que, même dans le système opposé au nôtre, les associés cependant peuvent s'assurer
le complet bénéfice de l'art. 64, en choisissant un étranger pour liquidateur. M. Bédarride, toutefois, a eu le
mérite d'inventer encore une nouvelle restriction; suivant lui, il faut que le liquidateur soit un *associé* pour

---

(1) *Sociétés*, n. 1051. *Sic*, Bédarride, n. 691.

que les autres associés soient admis à invoquer le bénéfice de la prescription quinquennale (1). En d'autres
termes, et d'après ce que nous avons dit, l'art. 64 serait purement et simplement une lettre morte ; les considérants d'un arrêt de la Cour de Rouen sont favorables à cette doctrine (2) : elle se justifierait par cette
considération, que le liquidateur choisi en dehors des associés, étant, en réalité, simple mandataire de ceux-ci,
la société est censée procéder elle-même à sa liquidation.
« Comment M. Bédarride n'a-t-il pas aperçu, dit fort
bien M. Demangeat, que, s'il était vrai de dire que le
liquidateur étranger est un simple représentant des associés, il faudrait nécessairement admettre que le liquidateur associé est un représentant des associés non liquidateurs pour tout ce qui dépasse sa part ; d'où la conséquence que les associés administrent toujours les biens
sociaux par l'entremise du liquidateur, et qu'ainsi jamais,
absolument jamais, il ne doit leur être permis d'invoquer
l'art. 64 » (3). Il faut que M. Bédarride tienne bien à
son opinion, en opposition avec le texte et l'esprit de la
loi, pour que cette considération, invoquée par M. Demangeat, ne l'ait pas fait reculer. Que décidera-t-on lorsque le liquidateur aura été remplacé avant d'avoir accompli sa tâche, et que l'un des deux liquidateurs sera
un associé et l'autre un étranger ?

628. Si, presque toujours, des liquidateurs seront
nommés, on peut prévoir le cas cependant où les associés voudront se partager entre eux, soit tous les biens
de la société dissoute, soit en partie seulement de ces biens
qui n'auront pas été vendus par le liquidateur. Dans ce

---

(1) Bédarride, n. 692.
(2) Rouen, 24 mars 1847 (S.49.2.694).
(3) Demangeat sur Bravard, t. 1ᵉʳ, p. 448, note 1.

cas, il faut revenir purement et simplement aux principes généraux que l'art. 1872, C. civ., a posés en ces
termes : « Les règles concernant le partage des successions, la forme de ce partage et les obligations qui en
résultent entre cohéritiers, s'appliquent aux partages
entre associés. » Il faut donc distinguer la *liquidation*,
dont nous venons de parler, du *partage* (1).

Les auteurs sont divisés aussi pour décider si le liquidateur tiendrait de sa qualité le pouvoir de composer
des lots pour le partage quand il y a lieu. Nous ne pensons pas que la mission dont il a été chargé, lui donne
aucun pouvoir à cet égard quand il ne s'agit plus, ainsi
que nous venons de le dire, de liquider et de vendre au
nom de l'être de raison que représente la société commerciale, mais bien seulement de faire cesser l'indivision entre communistes ; ce sont les règles du droit commun et l'art. 1872, C. civ., qui doivent être suivies. Il
faudrait un nouveau mandat spécial donné à cet effet par
tous les anciens associés devenus simples communistes,
et dans les termes de l'art. 819, C. civ., pour qu'il fût
permis de dire, avec M. Troplong, que le liquidateur de
la société *tient* la place du cohéritier chargé de faire les
lots, dont parle l'art. 834, C. civ. (2).

629. La prescription de l'art. 64 ne court que du
jour où la société finit par l'expiration du terme qui avait
été fixé, ou bien du jour où l'acte de dissolution a été
rendu public : « Attendu, a dit la Cour de cassation, que
la dissolution d'une société avant le terme fixé par l'acte
qui la constitue ne peut faire courir contre les tiers la

(1) Pâris, n. 1060. — *Contrà*; Vincens, t. 1er, p. 364; Troplong, n. 1007.
(2) Pâris, n. 1048; Pardessus, n. 1082. — *Contrà*, Troplong, n. 1020; Malpeyre et Jourdain, p. 351.

prescription quinquennale établie par l'art. 64, C. comm.,
que si les tiers ont été avertis de cette dissolution par
l'affiche et la publication de l'acte qui contient la convention ; — Attendu, en effet, qu'une prescription ne
peut courir contre qui ne peut agir, et que les tiers ne
sont pas mis légalement en demeure d'agir en vertu d'un
acte de dissolution qui n'a point été porté à leur connaissance par les moyens et dans les formes établies par
la loi (1). »

Il était plus embarrassant de décider si la prescription dont il s'agit, pourrait être invoquée par le commanditaire, qui n'aurait pas versé sa mise entière, ou
aurait retiré tout ou partie de celle qu'il avait versée
avant la liquidation de la société et le paiement du passif,
lorsque cette action est intentée par des créanciers non
payés ? La Cour de cassation s'est prononcée pour l'affirmative (2), et le texte lui en imposait l'obligation, puisqu'il embrasse évidemment toutes les sociétés commerciales, sauf le recours contre le liquidateur, s'il était
en faute. Aucune distinction ne peut être faite entre
le commanditaire et l'actionnaire d'une société anonyme (3).

Cette prescription courrait en faveur d'un associé retiré, mais à compter également du jour où sa retraite
aurait été rendue publique (4).

Elle frappe, du reste, tous les créanciers même mineurs (5) ; mais l'exception de minorité peut être invo-

---

(1) Cass., 24 nov. 1845 (J.P.45.2.673); Cass., 14 déc. 1869 (D.P.70.1.479).
(2) Cass., 21 juill. 1835 ; Dalloz, *Rép.*, n. 1439.
(3) V. Demangeat sur Bravard, t. 1ᵉʳ, p. 442, note 1.
(4) Cass., 7 juin 1830, et tous les auteurs.
(5) Pardessus, n. 1090-1°; Delangle, n. 727; Bédarride, n. 699. *Sic, Code alle-*
mand, art. 149.

quée dans la prescription de droit commun applicable au liquidateur.

Elle s'étend à toutes les actions qui peuvent être dirigées par les créanciers sociaux contre l'associé non liquidateur, et ne distingue pas entre les actions ayant pour but de le contraindre à l'exécution des obligations personnelles qu'il aurait contractées comme associé et celles tendant à la restitution par lui des sommes qu'il aurait indûment reçues sur l'actif social, sauf l'action qui pourrait, suivant les cas, appartenir au liquidateur contre l'associé qui aurait touché ce qu'il n'avait pas le droit de recevoir (1).

Elle cesse de pouvoir être invoquée quand il y a faillite.

Elle n'éteint pas les actions que les associés peuvent avoir les uns contre les autres ; les actions des associés entre eux ne se prescrivent que par trente ans (2).

630. L'art. 64 dit, en terminant, que la prescription peut être interrompue par une poursuite judiciaire ; mais l'expression ne doit pas être prise dans un sens limitatif, et, pour être sainement interprétée, la disposition dont il s'agit doit être combinée avec celle de l'art. 2248 C. civ., disposition générale, a dit avec raison la Cour de cassation, qui régit toutes les matières et qui attribue à la reconnaissance de la dette par le débiteur la même vertu et le même effet qu'aux poursuites du créancier (3).

631. Nous avons dit, quand l'occasion s'en est présentée, que la solidarité particulière aux sociétés commerciales n'existe point au profit des associés entre eux ;

---

(1) Cass., 27 janv. 1873 (J.P.73.1121).
(2) Cass., 16 janv. 1867 (*Gaz. des Trib.*), 17 janv. 1867.
(3) Cass., 19 janv. 1859 (S.60.2.565).

ce principe ne serait point modifié en faveur du liquidateur associé, qui a payé de ses propres deniers les dettes
de la société, puisqu'il y était personnellement tenu et
qu'il n'acquittait que sa propre dette ; il n'a pas d'action
solidaire contre ses coassociés, et il ne peut réclamer à
chacun d'eux que sa part et sa portion (1).

_____

(1) Cass., 8 janv. 1862 (S.62.1.477).

APPENDICE

AU

LIVRE Ier, TITRE III : *DES SOCIÉTÉS.*

LOI DU 24 JUILLET 1867

SUR LES SOCIÉTÉS PAR ACTIONS

LOI DU 30 MAI 1857

RELATIVE AUX SOCIÉTÉS ÉTRANGÈRES

COMPÉTENCE DES TRIBUNAUX FRANÇAIS

LOI SUR LES SOCIÉTÉS

DU 24 JUILLET 1867.

632. La loi sur *les sociétés,* dont nous nous proposons de donner le commentaire, si vivement désirée, si impatiemment attendue, a été l'objet des plus longues et des plus consciencieuses études. Présentée pour la première fois le 28 mars 1865, ce n'est qu'après les discussions très-animées qu'elle avait provoquées en dehors du Corps législatif ; ce n'est qu'après bien des remises, après de nouvelles enquêtes et des remaniements sans nombre, qu'elle a été adoptée, à la suite d'une discussion solennelle, et enfin sanctionnée le 24 juillet 1867. Si elle n'a pas répondu d'une manière complète aux désirs de ceux qui l'avaient appelée, ce n'est donc pas que leurs vœux n'aient pas eu l'occasion de se produire, et qu'on n'eût voulu, d'un autre côté, y donner satisfaction. Mais entre deux systèmes absolus, entre la liberté complète réclamée par les uns et la réglementation poussée aux plus extrêmes limites demandée par les autres, nulle voie

ne paraissait ouverte pour obtenir l'approbation de tous.
Le parti presque toujours suivi en semblable circonstance est d'osciller entre les extrêmes, en faisant alter-
nativement des concessions aux deux opinions opposées.
On a vu souvent dépenser ainsi beaucoup d'intelligence
et d'efforts, sans arriver à des résultats bien décisifs.
Peut-être en sera-t-il ainsi de la loi des sociétés, malgré
les persévérants travaux de la commission législative et
l'habileté de son éloquent rapporteur.

Nous croyons, quant à nous, qu'entre les deux systèmes en présence, il n'y avait lieu ni à choisir ni à concilier ; nous aurions voulu voir admise la Liberté,
comme exception ouverte à tous ; la Réglementation
comme droit commun, applicable à moins de dérogation
expressément stipulée. C'est que les hommes ne naissent
ni avec les mêmes dispositions ni avec le même caractère ; c'est que leur position dans ce monde ne peut être
identique ; tous n'apportent pas au soin de leurs affaires
et au placement de leurs capitaux la même aptitude ; tous
n'ont pas la possibilité d'y consacrer le même temps.

Les uns, timides, inexpérimentés, ou trop occupés,
ont donc besoin peut-être, ou désirent, au moins, que
la loi les protége dans la plus large mesure ; que toutes
les précautions soient prises pour les mettre, autant que
possible, à l'abri de ces faiseurs habiles qui, dans leur
périlleuse navigation, rasent les bords escarpés du Code
pénal, et vont de temps à autre faire naufrage dans le
cabinet d'un juge d'instruction. Ces actionnaires veulent
un placement moins avantageux peut-être, mais plus sûr,
exigeant moins de soins et d'études préliminaires, et ils
trouveront aisément des hommes méritant leurs sympa-
thies, pour diriger des entreprises tentées dans les conditions qui leur plaisent.

A cette classe d'actionnaires, n'ayant ni le temps de lire et d'étudier les statuts, ni l'habitude et l'intelligence des affaires nécessaires pour les comprendre, M. Emile Ollivier, dont nous voulons reproduire textuellement les paroles, répond : « Vous ne lisez pas les statuts des so-« ciétés, dites-vous ? Tant pis pour vous. Soyez respon-« sables de votre négligence. Imaginez-vous un malfai-« teur qui, devant la justice, répondrait au magistrat : « *Je ne lis jamais le Code pénal. — Tant pis pour vous*, lui « dirait le magistrat ; *je vais vous envoyer en prison, pour* « *que vous l'appreniez* » (1).

Dans ce parallèle de l'actionnaire avec le malfaiteur, fait par M. Ollivier, sans doute que des circonstances atténuantes ont été trouvées cependant en faveur du pre-mier, puisqu'il en est quitte pour perdre son argent ; mais ainsi réduite, la peine nous semble encore trop dure. Entre le malfaiteur qui a volé son prochain et l'action-naire qui a été volé, les choses sont loin d'être égales, et nous sommes tout disposé à accorder à celui-ci une protection que tout le monde refuse au malfaiteur. L'ac-tionnaire peut croire qu'un gouvernement et des lois, s'ils ne remédient pas à tout, doivent servir à quelque chose, et que si le Code pénal, les gendarmes et les juges n'empêchent pas tous les vols, ils en diminuent considé-rablement le nombre.

« Dans bien des sociétés, a dit avec raison M. le Mi-nistre du commerce, le capital social est divisé en un grand nombre de petites coupures, et par conséquent les actionnaires, tout en faisant par le nombre et par la masse un capital considérable, n'ont cependant, pris iso-lément, que des intérêts secondaires.

---

(1) Corps législatif, 27 mai 1867.

« Voilà la situation des actionnaires. Leur vigilance est-elle bien éveillée ? Leur surveillance est-elle possible ? Peut-on demander aux possesseurs d'une ou de quelques actions de 100 francs ou même de 500 francs, d'exercer une surveillance rigoureuse sur les affaires d'une société et de suppléer à la vigilance du législateur ? Non, messieurs, cela n'est pas possible ; c'est contraire à la réalité des faits, et il est impossible de méconnaître que, dans une société par actions au porteur, la surveillance individuelle est insuffisante par la force des choses, et que par conséquent la protection légale devient nécessaire » (1).

Des hommes plus hardis, cependant, plus éclairés ou plus ambitieux, comptant sur leur pénétration pour déjouer la fraude, ayant tout le loisir d'étudier attentivement les statuts, se plaignent, avec raison aussi, qu'on leur impose une tutelle dont ils peuvent se passer sans le moindre danger ; que cette protection intempestive gêne l'essor d'idées utiles, qui ont besoin de liberté pour éclore. Pourquoi leur offrir, en effet, au nom de leur intérêt, qu'ils ont la prétention fort légitime de connaître mieux que personne, un appui qu'ils repoussent ? Comment nier que, quelquefois au moins, on n'entrave ainsi le développement de projets dignes d'intérêt ; que l'on ne gêne une activité qui peut enfanter de bonnes choses ; que la satisfaction de besoins qui ne s'étaient pas révélés et demandent des formes nouvelles ne puisse être comprimée ?

En essayant de concilier deux systèmes absolument incompatibles, n'est-il pas arrivé que les uns ont été privés des garanties auxquelles ils avaient droit ; que les autres ont rencontré à chaque pas des entraves dont on devrait les affranchir ?

De la loi telle que nous l'aurions désirée, M. Emile

---

(1) Corps législatif, 28 mai 1867 ; *Moniteur*, 29 mai 1867, p. 643.

Ollivier avait écrit le premier chapitre, qu'il a développé avec un remarquable talent ; trois articles du contre-projet présentés par lui étaient ainsi conçus :

« 1° La loi ne régit les sociétés de commerce qu'à dé-
« faut de conventions spéciales. Toutes conventions
« sont valables entre les parties, à la seule condition de
« n'être pas contraire à l'ordre public et aux bonnes
« mœurs. Pour être opposables aux tiers, elles doivent
« être rendues publiques.

« 2° Tout acte constitutif d'une société commerciale
« doit être transcrit sur un registre à la mairie de la
« commune où est établi le siége social.

« 3° La société qui n'a pas été rendue publique con-
« formément à l'article précédent, n'existe pas à l'égard
« des tiers ; elle peut seulement valoir entre les parties
« comme association en participation. Si quelque clause
« de l'acte de société a été omise dans la transcription,
« cette clause ne peut jamais être invoquée par les asso-
« ciés contre les tiers. »

Sous la réserve, que nous allons expliquer tout à l'heure, nous approuvons complétement ces règles ; nous aurions voulu seulement qu'une dernière disposition, empruntée à la loi du 23 mai 1863, et que s'est appro-priée l'art. 64 de la loi nouvelle, ajoutât :

« Toute société qui, usant de la liberté donnée par
« l'art. 1er ci-dessus, a voulu s'affranchir des règles ou
« de quelques-unes des règles qui vont être données
« dans le second chapitre de cette loi, devra dans tous
« actes, factures, annonces, publications et autres docu-
« ments émanés d'elle, faire précéder la dénomination
« sociale, qu'elle aura choisie de ces mots écrits lisi-
« blement, en toutes lettres : Société libre » (1).

_____

(1) V. la loi du 23 mai 1863, art. 11.

Mais à côté du système de liberté, qui ne demandait, en effet, que bien peu de développements, il eût fallu tracer les règles, à coup sûr beaucoup plus compliquées, du système opposé. Nul n'aurait pu se plaindre de la rigueur de ces dispositions, puisqu'il pouvait s'en affranchir à la seule condition d'arborer son drapeau et de proclamer bien haut : *Je suis une société libre, et je n'ai d'autre loi que mes statuts.* La société à responsabilité limitée, elle aussi, a été un progrès ; a-t-on cru, en 1863, quand elle a été créée, qu'elle ne pût vivre côte à côte avec les sociétés, ses aînées, dont les prescriptions sont plus rigoureuses, les obligations plus étroites?

C'est ce second chapitre de la loi que M. Ollivier n'a pas voulu faire, et qui, selon nous, manquait à son contre-projet, ne donnant qu'une satisfaction évidemment insuffisante aux partisans de l'opinion opposée à la sienne (1).

633. Nous tenons à bien préciser ici le point fondamental sur lequel nous différons d'avis avec M. Ollivier.

---

(1) Nous donnons ici les articles omis plus haut du projet de M. Emile Ollivier, dont nous aurons ainsi transcrit le texte entier :

« 2. Les parties peuvent se borner à déclarer qu'elles entendent former une « société en nom collectif ou une société en commandite ou une société anonyme. « Elles sont considérées comme se soumettant par là même aux articles suivants:

« 3. Dans la société en nom collectif, chacun des associés a pouvoir d'adminis- « trer et d'engager la société ; les différents associés sont tenus solidairement de « tous les engagements de la société.

« 4. La société en commandite suppose qu'il existe : 1° un ou plusieurs associés « tenus personnellement et solidairement des dettes de la société ; 2° un ou plu- « sieurs associés, simples bailleurs de fonds, passibles des pertes seulement jusqu'à « concurrence de leurs mises. Sauf conventions contraires, l'administration appar- « tient à tous les associés en nom. Le droit des simples commanditaires peut exister « sous forme d'action.

« 5. Dans la société anonyme, les différents associés ne sont passibles des pertes « que jusqu'à concurrence de leurs mises. Le droit de chacun est représenté par « une ou plusieurs actions. L'acte constitutif indique comment la société sera admi- « nistrée.

« 6. Si les parties avaient simplement déclaré se mettre en société, elles seraient « censées avoir formé une société en nom collectif. »

Avec le système de l'honorable député, la loi étant muette ou à peu près, et ses prescriptions n'étant jamais obligatoires, c'est dans toute circonstance, et quelle que soit la société avec laquelle on entre en rapports, qu'il y a nécessité de lire et d'étudier les statuts ; et nul ne peut d'avance deviner et prévoir quelles en seront les dispositions.

Avec le système que nous aurions soutenu, les sociétés commerciales, au contraire, auraient formé deux grandes classes parfaitement distinctes : 1° les sociétés réglementées par la loi ; 2° les sociétés libres.

Pour les premières, aucune étude préliminaire, en ce qui concernait leur organisation, n'eût été nécessaire : la loi avait dit d'avance, et à tous, quels principes les régissaient ; et elle avait fait, pour les actionnaires comme pour les tiers, tout ce qu'une loi peut faire.

Pour les secondes, pour les sociétés libres, pour celles que, en empruntant la langue du blason, on pouvait appeler les sociétés *à s'enquérir*, pour celles-là seules, il y eût eu nécessité de se soumettre à cette obligation, que M. Ollivier veut imposer à tous et que beaucoup observent si mal ; à l'obligation de lire les statuts, et, sans doute, de les bien comprendre.

Les pouvoirs de la loi, en ce qui concerne le droit de réglementation, ne pouvaient être contestés. Il n'en est pas, en effet, d'une société comme d'un individu, et M. le Ministre du commerce a repoussé avec raison une assimilation qui ne saurait être admise. Il a rappelé que la société n'est qu'une fiction légale, une personnalité instituée par la loi, un être moral, qui n'est pas nécessairement de la nature et par la force des choses. « Comment ! a-t-il ajouté, la loi créerait ainsi une personnalité juridique, créerait un être moral qui échappe à

« toute responsabilité personnelle ; et à cet enfant, qu'elle
« a créé, elle n'imposerait pas des conditions d'exis-
« tence ? Cela est impossible. »

Au moins faut-il dire que l'on ne peut refuser à la loi
un pouvoir aussi légitime ; mais elle n'en usera que si
l'intérêt public le demande.

Quand cet être de raison, appelé société, ne réclame
aucun privilége et se soumet aux obligations ·de droit
commun qui pèsent sur tous les citoyens ; quand la société, en d'autres termes, est formée *en nom collectif*, la
discussion ne s'est jamais élevée : tout le monde a été
d'accord pour lui donner la capacité juridique la plus
étendue. Mais lorsqu'il s'agit d'une société par actions ;
lorsque quelques individus, par cela seul qu'ils ont été
s'absorber dans une raison social, ne veulent plus répondre désormais de leurs actes ; qu'ils prétendent à n'ê-
tre pas tenus de remplir leurs engagements ni les uns
envers les autres, ou envers le gérant, ni envers les tiers ;
que les actions seront négociées avant d'avoir été libérées
et sans que le souscripteur reste obligé ; que chacun limitera le chiffre de sa responsabilité et pourra reprendre,
sous la forme d'intérêts et de dividendes, avant qu'aucun
bénéfice ait été réalisé, le peu qu'il avait paru donner ;
lorsque des choses plus exorbitantes encore seront peut-
être demandées, il est permis, sans doute, d'examiner à
quel titre on revendique et s'il y a nécessité de concéder
de pareils priviléges ? Si la question est posée dans ces
termes, et c'est bien ainsi qu'elle doit être posée, on peut
hésiter à accorder à l'être de raison ce que la loi commune refuse à tous les justiciables, et l'on comprend que
la loi intervienne pour imposer des règles ou formuler
des prohibitions.

Toutefois, il faut bien admettre que le progrès est de

ce monde, et tout essayer pour le favoriser. Quand le
développement des intérêts et des relations, quand la
marche de l'industrie, quand des faits inattendus amènent des combinaisons qui n'avaient point été jusque-là
usitées, l'initiative individuelle doit pouvoir se produire : et si ces combinaisons sont utiles à un moment
donné, et après avoir existé à l'état de coutume et s'être
propagées, elles seront sanctionnées par la toute-puis-
sance de la loi ; mais il faut leur donner, au moins, la
liberté de naître.

« A quoi bon, a dit M. Ollivier, s'acharner à combattre
« la coutume commerciale que crée le libre jeu des con-
« ventions ? C'est tenter l'impossible. Tous ceux qui
« l'ont essayé y ont échoué. » Nous ne croyons pas au
parti pris de contrarier la coutume commerciale, pas plus
chez les auteurs de l'ordonnance de 1673 que chez les
rédacteurs du Code de 1807, quoique M. Ollivier les en
ait accusés ; à quelle idée répondrait donc une telle manière de procéder ? Dans les conventions privées qui doivent régler l'accord intervenu dans une circonstance
spéciale entre deux personnes, les parties font elle-
mêmes la loi à laquelle elles obéiront ; mais quand il faudra consacrer une coutume commerciale reconnue bonne
et utile et à laquelle on sera soumis de plein droit,
à moins de stipulation contraire très-expresse, le législateur devra intervenir pour faire cesser des controverses et des procès incessamment renouvelés et auquel lui
seul peut mettre un terme. Il s'inspirera, après s'en être
enquis, des mœurs, des usages, des besoins et des désirs de ceux à qui les lois faites par lui sont destinées,
et, s'il se trompe, le but qu'il voulait atteindre n'en est
pas moins certain.

C'est ainsi que s'accomplit le progrès dans la loi

comme il s'est accompli en dehors d'elle ; c'est ainsi que, après la société en nom collectif, est venue la société en commandite ; puis la commandite en actions ; puis la société anonyme ; enfin la société à responsabilité limitée; et les types, une fois trouvés, pourront être améliorés et élargis : chacun a sa tâche, et l'initiative individuelle, comme le législateur, concourront à satisfaire tous les besoins (1).

634. C'est donc pour nous un regret que le contre-projet de M. Ollivier n'ait pas été adopté comme établissant l'*exception,* nous le répétons, que chacun aurait pu suivre , mais, nous insistons beaucoup sur ce point, à côté de la société réglementée formant *le droit commun,* auquel on restait nécessairement soumis, à moins de déclaration contraire. Sous la réserve de ne blesser ni l'ordre public, ni les bonnes mœurs, sous la réserve d'une large publicité, nous aurions voulu donner, aux sociétés qui l'auraient réclamée, la liberté la plus entière. De même que des brevets d'invention sont accordés à tous ceux qui les demandent, de même le droit de cité eût appartenu à toutes les sociétés ; mais , aux inventeurs comme à elles, *sans garantie du Gouvernement ;* et nul n'aurait pu s'affilier à une société *libre,* ni traiter avec elle, qu'il n'eût été bien et dûment averti qu'il agissait à ses risques et périls.

A ce prix, on aurait pu, sans inconvénient alors, donner satisfaction complète à d'autres adversaires qu'a rencontrés la loi, et qui ont demandé à bien des reprises le maintien de garanties aujourd'hui disparues. Il ne pouvait en être autrement quand on voulait faire leur part

---

(1) « Il n'entre pas dans ma pensée, proclamait M. Rouher dans la discussion de cette loi, de dire que le temps ne pourra pas éclairer les opinions, simplifier les doctrines en matière de contrat. La législation est une œuvre qui se perfectionne comme toutes les institutions humaines. »

au même foyer, d'un côté aux libertés que l'on ne pouvait refuser ; de l'autre, aux garanties que l'on essayait de conserver.

L'épreuve eût été faite alors d'une façon décisive, de tant de formes diverses, de tant de clauses qui ont été préconisées ; et l'on aurait vu si la confiance, si la faveur publique se portaient de préférence vers les sociétés libres ou les sociétés réglementées.

D'un autre côté, on ne risquait pas, nous l'avons dit, d'entraver des créations utiles ; même encore aujourd'hui, on peut trouver dans les départements du Jura et du Doubs des associations rurales, principalement formées pour la fabrication et la vente des fromages, et qui sont en dehors de la loi nouvelle comme elles l'étaient de la loi ancienne. Ces associations peuvent se propager et se généraliser, et aucunes ne méritent autant d'être encouragées. Celles qui existent ont déjà donné à la Cour de Besançon bien des soucis, parce qu'elles ont trouvé des magistrats pleins de bienveillance, cherchant les moyens de concilier leurs légitimes exigences avec des textes qui n'ont pas été écrits pour elles ; celles dont nous désirons la formation peuvent augmenter ces embarras, que notre système eût prévenus de la manière la plus complète.

635. Quoi qu'il en soit, il nous reste à étudier et à commenter la loi telle qu'elle a été faite.

Il est avant tout nécessaire d'en bien comprendre le mécanisme. La loi du 24 juillet 1867 est divisée en plusieurs titres, et chacun de ces titres aurait pu former une loi particulière. Il n'existe donc point de disposition ayant un caractère général et formant un droit commun, auquel seraient soumises les diverses sociétés nommées dans la loi : il n'y a pas de règles générales applicables

à toutes ces sociétés et de règles spéciales à chacune
d'elles : quand une disposition écrite pour les sociétés en
commandite par actions, par exemple, a été étendue aux
sociétés anonymes, il a fallu un texte précis et formel
qui l'ait dit expressément.

Quelques doutes s'étant élevés à cet égard au début de
la discussion au Corps législatif, et à propos de l'art. 1ᵉʳ,
M. le président Schneider est entré dans des explications
qui ont dû les dissiper : « Nous avons, a-t-il dit, à délibérer dans ce moment sur un seul rapport, il est vrai,
sur un seul projet ; mais, en réalité, nous avons devant
nous trois projets de loi distincts, c'est-à-dire que nous
sommes aujourd'hui dans une situation analogue à celle
dans laquelle nous nous sommes déjà trouvés, lorsqu'on
nous a présenté un projet de loi relatif à la fois aux conseils généraux et aux conseils municipaux : nous avions
alors deux lois dans une, et par le fait on en a fait deux ;
de même aujourd'hui nous sommes en présence de trois
lois. (Marques d'assentiment.)

« Eh bien, quant à présent, saisis de trois projets dans
un seul, nous discutons le premier, c'est-à-dire la loi
sur les sociétés en commandite par actions ; nous fixons
leur régime et toutes les dispositions qui leur sont applicables.

« Quand viendront, ultérieurement, sous le titre III,
les règles spéciales relatives aux sociétés à capital variable, si quelques membres pensent que certaines dispositions de ce titre ne peuvent pas être appliquées telles
qu'elles sont à ces sociétés, s'ils pensent que ces sociétés
doivent avoir un régime particulier, leur droit sera entier : ils auront recours à une demande de renvoi à la
commission qui, si elle est acceptée, donnera satisfaction
à leur manière de voir.

« Il est donc bien entendu que l'art. 1ᵉʳ ne lie en aucune façon le droit de la Chambre et ne préjuge en rien les dispositions qui pourront exister à l'égard du titre III. » (Oui! oui!) (1).

M. Vuitry, président du Conseil d'État, a complété ces explications :

« L'art. 1ᵉʳ, a-t-il dit, est le premier du titre concernant les sociétés en commandite; il institue certaines dispositions applicables à ces sociétés.

« Je comprends à merveille qu'on discute en ce moment le mérite de ces dispositions, qu'on les critique ou qu'on les approuve. Mais l'article, je le répète, ne s'applique qu'aux sociétés en commandite.

« *M. Jules Favre.* Par actions!

« *M. le Ministre.* Par actions.

« Puis ensuite la Chambre rencontrera le titre II, relatif aux sociétés anonymes. Dans ce titre II se trouve un article portant, je crois, le nº 24, et qui déclare l'article 1ᵉʳ applicable aux sociétés anonymes.

« La Chambre aura alors à se demander si les dispositions édictées pour les sociétés en commandite conviennent également aux sociétés anonymes; ou si, pour les sociétés anonymes, des dispositions particulières sont nécessaires; en un mot, s'il y a lieu de renvoyer, purement et simplement, pour les sociétés anonymes, à l'article 1ᵉʳ qui concerne les sociétés en commandite, ou s'il ne faut pas accompagner ce renvoi de telle restriction qui semblerait convenable à la sagesse de la Chambre.

« Puis viendra le titre concernant les sociétés à capital et personnel variables.

« Le caractère de ces sociétés, c'est de pouvoir être

_____

(1) *Moniteur* du 29 mai 1867.

tout à la fois des sociétés en commandite ou des sociétés anonymes. Toutefois, la Chambre pourra alors se demander si, à raison de la nature spéciale de ces sociétés, les dispositions de l'art. 1er doivent être appliquées ou modifiées; je ne vois là aucun embarras de discussion. »

Il ne peut donc y avoir aucune hésitation pour restreindre l'application de chacun des articles que nous allons passer en revue, à la seule espèce de société réglée par le titre dans lequel cet article est compris.

TITRE Ier.

DES SOCIÉTÉS EN COMMANDITE PAR ACTIONS.

ARTICLE 1er.

Les sociétés en commandite ne peuvent diviser leur capital en actions ou coupons d'actions de moins de cent francs, lorsque ce capital n'excède pas deux cent mille francs, et de moins de cinq cents francs, lorsqu'il est supérieur.

Elles ne peuvent être définitivement constituées qu'après la souscription de la totalité du capital social et le versement, par chaque actionnaire, du quart au moins du montant des actions par lui souscrites.

Cette souscription et ces versements sont constatés par une déclaration du gérant dans un acte notarié.

A cette déclaration sont annexés la liste des souscripteurs, l'état des versements effectués, l'un des doubles de l'acte de société, s'il est sous seing privé, et une expédition, s'il est notarié et s'il a été passé devant un notaire autre que celui qui a reçu la déclaration.

L'acte sous seing privé, quel que soit le nombre des associés, sera fait en double original, dont l'un sera annexé, comme il est dit au paragraphe qui précède, à la déclaration de souscription du capital et de versement du quart, et l'autre restera déposé au siége social.

SOMMAIRE.

638. Division du capital en actions; taux des actions, au-dessus duquel elles ne peuvent être créées; la règle est générale; l'art. 1er ne s'applique plus aux actions remboursées et devenues simples actions de *jouissance*; il en est autrement des actions *industrielles* ou de *fondation*; actions fractionnées en parts non **séparables**; actions échues à plusieurs cohéritiers; la loi ne s'applique pas au taux des *obligations*.

639. Constitution définitive de la société; souscription du capital et versement du quart de chaque action; actions de *prime*; les versements doivent être réalisés en numéraire et non en autres valeurs; actions consistant en valeurs autres que du numéraire.

640. Fractionnement du capital social en séries à émettre successivement; augmentation du capital primitif; diminution du capital fixé par les statuts.

641. Les souscripteurs doivent être sérieux; gérant souscrivant des actions de la société; les souscriptions ne peuvent être conditionnelles; tierce personne n'ayant pas traité avec la société : récépissés provisoires.

642. Les gérants ne peuvent employer le capital social à l'achat des actions émises.

643. Déclaration à faire par le gérant; pièces devant être annexées à la déclaration; l'acte sous seing privé ne sera fait qu'en deux originaux.

636. En donnant le commentaire de l'art. 38, Code comm., nous avons fait connaître l'origine et les progrès de la société en commandite par actions, réglementée d'abord par la loi du 17 juillet 1856, et régie aujourd'hui par le titre 1er de la loi que nous allons examiner.

637. Les trois premiers paragraphes de l'article 1er sont la reproduction textuelle de l'art. 1er de la loi du 17 juillet 1856; le quatrième paragraphe a modifié la rédaction de l'ancienne loi, et le cinquième paragraphe est nouveau.

L'art. 1er de la loi nouvelle ne peut avoir, bien entendu, d'effet rétroactif, pas plus que la disposition correspondante de la loi de 1856 (1); mais il faut décider que l'on pourrait considérer comme société nouvelle la fusion opérée entre plusieurs sociétés exploitant une in-

----

(1) Cass., 29 mars 1864 (D.P.65.1.59)

dustrie semblable. Cette fusion, selon les circonstances, ne constituera pas une simple modification aux statuts des sociétés fusionnées; mais bien une société nouvelle soumise à la loi existante au moment où elle s'accomplit, si les juges du fond reconnaissent qu'il y a eu changement profond dans les choses comme dans les hommes (1) ; ou la même compagnie continuera de subsister et il n'y aura pas eu naissance d'une société nouvelle, si les juges du fond reconnaissent, au contraire, que les modifications apportées aux statuts sont légères et sans importance et que la raison sociale, l'objet de la société, sa durée, son capital sont restés les mêmes (2).

Le même embarras peut exister, quand il s'agit de modifications apportées à l'acte primitif; ainsi un jugement du tribunal de commerce de la Seine, confirmé par la Cour, a déclaré nulle et de nul effet, une société primitivement dénommée *Comptoir commercial*, qui avait pris ensuite le titre de *Société internationale* et dont le capital avait été porté de 80,000 à 2,500,000 et puis à 3,800,000 fr. : les juges n'ont vu dans cette modification qu'une manœuvre employée pour soustraire une société nouvelle aux prescriptions de la législation en vigueur (3).

On ne peut donner à cet égard de règle bien précise : l'appréciation sera faite par les juges (4).

L'acte de société pourrait être préparé par le gérant seul, même sans le concours d'un seul des commanditaires ou actionnaires, dont il devra solliciter la sous-

---

(1) Paris, 24 mars, 1859 (D.P.59, p. 635).
(2) Paris, 21 août 1860, sous Cass., 8 fév. 1861 (J.P.62, p. 346).
(3) Trib. comm. Paris, 3 fév. 1864, et C. imp. de Paris, 20 avril 1865 (*Gaz. des Trib.*, 13 avril 1864 et 15 et 16 mai 1865).
(4) V. Paris, 28 mai 1869 (D.P.69.2.145) ; Cass., 24 mai 1869 (J.P.70, p. 288) ; Cass., 14 déc. 1869 (D.P.70.1.479).

cription ; il constitue une offre, et lorsqu'elle aura été acceptée, le contrat sera conclu. On suit à cet égard les principes généraux qui régissent tous les contrats.

Si l'acte est sous signature privée, les souscripteurs doivent prendre les précautions nécessaires pour éviter qu'il ne puisse être modifié à leur préjudice par le gérant, qui en serait le seul dépositaire (1). Mais, il faut le dire, ou l'acte aura été dressé d'accord avec la plupart d'entre eux, au moins, et portera leurs signatures, en même temps que celle du gérant ; ou, dans le cas contraire, il sera, en général, rendu assez public, afin d'attirer les souscriptions, pour que toute altération fût facilement découverte et prouvée.

Les souscriptions d'actions constituent de simples adhésions à l'acte qui a constitué la société ; et, par suite, ne sont pas soumises, comme cet acte lui-même, à toutes les formalités qui avaient été exigées pour le rendre valable ; par suite encore, il n'est pas nécessaire que ces souscriptions, données dans l'usage par signatures au bas d'un simple bulletin, par lettres ou par tout autre moyen analogue, portent, en même temps que la signature du souscripteur, la signature du gérant qui a signé l'acte de société ; la date laissée en blanc peut également être remplie plus tard et par le gérant (2).

638. La loi nouvelle maintient l'ancienne disposition qui fixe le minimum au-dessous duquel, et selon le capital appartenant à la société, ne peut descendre le taux d'émission de chaque action ou *coupon d'action*. Ainsi, si l'action peut être fractionnée , c'est évidemment à la condition expresse que chaque coupure sera, au moins,

---

(1) V. Vavasseur, n. 27 ; 2e édit., p. 358 et s.
(2) Aix, 15 juin 1855 (S.57.2.94).

de la somme qui forme le minimum, que la loi a déterminé. Toute autre interprétation rendait la disposition législative complétement illusoire.

Lorsque le capital de la société ne se compose pas entièrement de numéraire, la règle n'en doit pas moins être observée ; l'apport, quel qu'il soit, sera évalué, et sauf l'application de l'art. 4 ci-après.

En aucun cas, les prescriptions de la loi ne peuvent être éludées, quelle que fût la dénomination donnée à l'intérêt que le mot *action* représente communément : il est donc toujours nécessaire que l'associé soit tenu de verser au moins à la caisse sociale une somme de cent ou de cinq cents francs, ou une valeur déclarée l'équivalent de cette somme.

Dans le commentaire de l'art. 34, C. comm., nous avons donné quelques notions générales sur les sociétés dont le capital se divise en *actions* et sur les diverses natures de ces sortes de titres (*suprà*, nᵒˢ 580 et s.); nous n'y reviendrons pas. Nous avons mentionné les actions de jouissance particulièrement, et l'on peut demander ce que la loi nouvelle a statué à leur égard.

L'action, jusqu'au moment où elle sera libérée, représente l'obligation pour l'actionnaire de verser la somme portée sur le titre : créance de la société et dette de l'actionnaire : c'est cette somme qui constitue le *taux* auquel elle a été émise et qu'a eu en vue particulièrement l'art. 1ᵉʳ que nous examinons. Quant à la valeur que ce titre conservera ou atteindra, ou bien à laquelle il descendra, elle dépend évidemment de la situation de l'entreprise ; de l'offre ou de la demande dont ces titres seront l'objet et que des circonstances multiples peuvent faire varier à l'infini ; la loi n'avait point à s'en occuper.

Lorsque la dette de l'actionnaire envers la société a

été acquittée, et que l'action, suivant l'expression consacrée, a été *libérée*, elle n'est plus alors qu'un titre à une part indivise, soit dans la propriété du capital appartenant à la société qui l'a émise, soit dans les bénéfices réalisés, qui viennent augmenter le capital primitif.

Mais les statuts de certaines sociétés autorisent, au moyen de prélèvements faits sur les bénéfices, le remboursement du capital même que l'actionnaire a versé : l'action de *capital* se convertit en action de *jouissance* et continue à donner encore le droit de réclamer dans les bénéfices la part proportionnelle afférente aux taux de capital, auquel elle avait été émise, sous la déduction évidemment de la rémunération qui était attribuée au capital, dont la disposition désormais a été rendue à l'actionnaire, qui en profite seul et à l'exclusion de la société.

Ce titre, devenu ainsi une simple action de *jouissance*, peut-il être divisé en fractions inférieures au taux fixé par l'art. 1er? (Beslay, Duvergier).

MM. Mathieu, Bourguignat et Beslay répondent négativement (1); MM. Rivière, Ameline et Duvergier soutiennent une opinion contraire (2).

L'art. 1er parle de la division du *capital*, et ce texte appuie l'interprétation adoptée par MM. Rivière et Ameline, que nous croyons, en effet, préférable. Les abus dans ces conditions nous semblent peu à redouter ; et si le législateur s'en est préoccupé, il a eu le tort de n'en rien laisser paraître. En cas de doute, il faut se décider pour la liberté. L'action remboursée n'aurait plus la valeur, en aucun cas, de l'action émise au taux le plus bas autorisé par la loi.

---

(1) Mathieu et Bourguignat, n. 9, et n. 182, note 2; Beslay, t. 5, n. 89 et s.
(2) Rivière, n. 43 ; Ameline, n. 3 ; Duvergier, 1856, p. 336.

En fait, la pratique offrira sans doute bien peu d'occasions d'appliquer une semblable règle. Quel avantage pourrait en retirer la société ?

M. Beslay a prévu le cas ou des actions de jouissance auraient été créées au début de la société, non pour être données à titre gratuit et représenter une prime, mais comme rémunération d'un apport réel sur la valeur duquel il serait difficile de se fixer ; dans ce cas, il s'agit plutôt sans doute d'actions *industrielles* ou de *fondation* plutôt que d'actions de *jouissance* proprement dites, et l'on suivrait les règles posées par la loi pour ces sortes d'actions (1).

On a essayé quelquefois de fonder une société n'ayant d'autres capitaux que les fonds empruntés et représentés par des obligations, elles n'auraient alors que des actions de jouissances. Ces sociétés seraient nulles et contraires à la loi.

Les actions qui représentent un apport en objets matériels autres que du numéraire, ou l'industrie de l'associé, et qui portent quelquefois le nom d'actions *de fondation* ou d'actions *industrielles* doivent être assimilées aux actions de capital, et sauf l'application de l'art. 4 ci-après.

Le cas s'est présenté où des actions, originairement de 500 fr., avaient été divisées en cinq parts d'intérêt avec cette clause que ces titres nouveaux ne pourraient être émis que par groupe de cinq parts, formant un tout indivisible ; qu'à l'égard de la compagnie, la division serait comme non avenue ; on arrivait ainsi à une combinaison assez bizarre, mais qui maintenait le principe posé par la loi (2).

---

(1) Beslay, t. 5, n. 89.
(2) Cass., 29 mars 1864 (D.P.64.4.59). *Sic*, Beslay, t. 5, n. 96 et s.

Si l'action ou le coupon, émis au taux minimum, échoit à plusieurs cohéritiers, elle reste indivise ou doit être licitée; aucun doute n'existe à cet égard.

Il a été reconnu dans la discussion au Corps législatif, que la limitation posée par l'art. 1er ne s'appliquait pas au taux des obligations que les sociétés émettent quelquefois et qui est entièrement abandonné à la liberté des conventions (1).

639. Il avait été jugé avec raison qu'une société en commandite par actions n'a d'existence que du moment où il a été émis une ou plusieurs actions; par suite, l'hypothèque consentie à un tiers par le fondateur sur un immeuble, dont il déclarait vouloir transférer la propriété à la société, était valable contre les actionnaires, si elle avait été réalisée avant qu'aucune action eût été émise (2). Une difficulté analogue ne peut plus se produire aujourd'hui; la loi fixe d'une manière certaine, par le deuxième paragraphe de notre article, le moment où la société est définitivement constituée; jusque-là le gérant n'a pu agir qu'en son nom personnel, et la société ne peut profiter ni souffrir de ses actes.

La totalité du capital social doit être souscrit et le versement du quart doit être fait par chaque souscripteur sur le montant de chaque action; le texte ne laisse aucun doute à cet égard; il ne suffirait pas que le quart du capital entier eût été versé de toute autre manière et par portions inégales par les actionnaires, dont quelques-uns auraient versé la moitié, les autres les trois quarts ou même la totalité. Tous les auteurs sont d'accord.

Nous ne pensons pas que la loi ait exigé le versement

---

(1) Séance du 28 mai 1867.
(2) Douai, 27 nov. 1839 (S.40.2.206). V. également Caen, 17 juin 1852, et Cass., 6 avril 1853 (S.53.2.138 et 1618).

au moment même de la souscription (1) ; et nous n'en voyons pas la nécessité ; il suffit qu'il soit réalisé au moment où la déclaration en est faite par le gérant.

Les versements ne peuvent être faits qu'en numéraire, sauf l'application de l'art. 4 ci-après ; et il nous paraît certain par suite que la loi prohibe toute création d'actions de *prime* purement gratuites (2).

La Cour d'Agen a jugé, dans une espèce où les versements consistaient en valeurs et non en numéraire, que la société avait pu cependant être légalement constituée, parce qu'il s'agissait de valeurs de portefeuille, de primes dues ou de coupons de rente, qui ne peuvent être confondues avec les apports dont s'occupait l'art. 4 de la loi du 17 juillet 1856, lesquels, à cause de leur valeur incertaine et variable, doivent être préalablement soumis à la vérification et à l'appréciation des actionnaires (3).

Cette doctrine n'a point été admise par la Cour de cassation : « Le mot *versement,* a-t-elle dit, qui, dans le langage usuel et dans son acception grammaticale, se doit entendre d'un paiement effectif, présente manifestement cette signification dans l'art. 1er de la loi du 17 juillet 1856, dont l'objet a été de faire cesser l'un des plus graves abus des sociétés en commandite, celui du paiement fictif des actions, et d'assurer aux associations créées sous cette forme un fonds de roulement suffisant pour leur mise en activité à compter du jour de leur constitution. Il serait donc contraire à la pensée qui a dicté l'article précité, d'admettre comme équivalent du versement plus

---

(1) Vavasseur, n. 34 ; 2° édit., n. 394 ; Ameline, n 10 ; Beslay, t. 5, n. 134. *Contrà,* Bédarride, *Appendice,* n. 38.

(2) *Contrà,* Rivière, n. 18, et Dalloz, *Rép.,* v° *Soc'été,* n. 4182. V. Ameline, n. 8,

(3) Agen, 6 déc. 1860 (S.64.2.299). *Sic,* Demangeat sur Bravard, t. 1er, p. 283, note 4.

qu'il prescrit, la remise au gérant de la société, par les souscripteurs d'actions, de valeurs de portefeuille d'un recouvrement plus ou moins certain, ou d'autres titres ne pouvant pas être réputés de l'argent comptant; et à cet égard, s'agissant d'une matière qui intéresse l'ordre public, il y a lieu, conformément à l'art. 6, C. civ., de considérer comme non avenue toute clause du projet de constitution d'une société en commandite, qui dérogerait à la volonté formelle du législateur (1). »

Cette interprétation est la seule qui doive être suivie; la loi exige, si ce n'est absolument du numéraire, tout au moins des titres qui puissent être assimilés complétement à de l'argent comptant, et le nombre, à coup sûr, en est fort limité (2).

Par suite, le même arrêt décide que le fait d'avoir accepté et regardé comme réguliers, des versements faits dans d'autres conditions, engagerait la responsabilité soit des membres du conseil de surveillance, soit des fondateurs et administrateurs (3).

Nous avons dit tout à l'heure que les actions représentant un apport en objets matériels autres que du numéraire ou de l'industrie de l'associé; ou, en d'autres termes, les actions de fondation et les actions industrielles devaient être assimilées aux actions du capital en ce qui concerne le taux d'émission (*suprà*, nᵒ 638). La loi n'a pas distingué. La disposition du second paragraphe de l'art. 1ᵉʳ est conçue en termes non moins généraux, en ce qui concerne l'obligation de verser le quart

---

(1) Cass., 11 mai 1863 (S.63.1.284), et Bordeaux, 20 juin 1865 (S.65.2.296) — V. Aix, 16 mai 1860 (S.60.2.439). — *Sic*, Mathieu et Bourguignat, n. 15; Vavasseur, n. 54; 2ᵉ édit., n. 393; Rivière, n. 22; Ameline, n. 11.

(2) Paris, 28 mai 1869 (D.P.69.2.145); Cass., 27 janv. 1873 (D.P.73.1.331); Cass., 13 mars 1876 (D.P.77.1.49).

(3) *Sic*, Paris, 5 août 1869 (J.P.70.202).

au moins du montant des actions souscrites ; le texte ne porte pas : le quart au moins *de la partie du capital social consistant en numéraire*. Aucune exception ne peut donc être faite en ce qui concerne les actions représentées par des valeurs autres que du numéraire, mobilières ou immobilières. En fait, ces valeurs sont presque toujours réalisées par un apport immédiat, et qui souvent même ne pourrait être scindé (1).

En ce qui concerne les actions industrielles, la même règle sera suivie dans la limite du possible ; mais, dans certaines circonstances, l'exécution littérale de la loi rencontrerait évidemment une difficulté d'exécution insurmontable devant laquelle il faut bien reculer (2).

640. « On stipule quelquefois, dans les actes de société, disait le rapporteur de la loi du 17 juillet 1856, qu'une portion seulement du capital social sera émise provisoirement, et on abandonne au gérant, soit seul, soit avec l'autorisation du conseil de surveillance, la faculté de faire émission d'une nouvelle série d'actions. De là peuvent naître des abus de toutes sortes, et nous avions proposé qu'on subordonnât cette émission à la double condition que le capital primitif fût recouvré en totalité et que l'assemblée générale des actionnaires ait donné une autorisation. Le Conseil d'État a rejeté cet amendement. »

Il semblait naturel de conclure de ce rejet, que le meilleur moyen de parer aux abus que l'on redoutait avait paru au Conseil d'État de n'admettre aucune exception à la règle posée par la loi.

La question a été posée en termes très-explicites au

---

(1) Rivière, n. 20. *Contrà*, Mathieu et Bourguignat, n. 16.
(2) Rivière, n. 21.

Corps législatif, en ce qui concerne les sociétés à responsabilité limitée ; et le commissaire du Gouvernement, répondant à M. Javal, a dit que dans tous les cas et quels que fussent les motifs qui pourraient justifier la mise en réserve d'une partie du capital, les titres resteraient nominatifs jusqu'à ce que la totalité du capital eût été versée.

Il faut donc tenir pour certain que le législateur n'admet aucune exception aux règles posées par lui : en toutes circonstances, il faudra, pour que la société soit définitivement constituée, que la totalité du capital social comprenant la réunion des diverses séries soit souscrite, et le quart au moins de ce capital versé ; en toutes circonstances aussi, les titres resteront nominatifs, jusqu'à ce qu'ils soient entièrement libérés ; et la division des actions en séries doit être regardée comme ayant été absolument défendue par la législation nouvelle (1), lorsqu'elle serait pratiquée particulièrement pour arriver à émettre des actions inférieures à 500 francs, en fractionnant le capital en plusieurs séries distinctes n'excédant pas chacune 200,000 francs.

Mais il ne faut pas confondre avec l'hypothèse soumise au Corps législatif la clause qui permettrait, suivant les occasions, d'augmenter plus tard le capital en créant des actions nouvelles, soit avec le consentement de tous les associés, soit dans les conditions particulières qu'auraient prévues les statuts, et en se soumettant du reste, pour ces actions nouvelles, à toutes les exigences de la loi. Nous ne voyons même pas comment il serait possible d'interdire aux associés d'augmenter le capital social,

---

(1) Romiguières, n. 13 et 14, sur la loi de 1856 ; Vavasseur, n. 37 ; Mathieu et Bourguignat, n. 12 ; Rivière, n. 14 ; Amelino, n. 4 ; Beslay, t. 5, n. 159 et s.

lorsque les nécessités de l'entreprise l'exigeraient, et sous cette réserve très-expresse, nous le répétons, de se conformer à toutes les conditions de la loi.

M. Vavasseur, cependant, croit que cette augmentation du capital social régulièrement votée ne serait plus soumise qu'aux règles du droit commun et qu'il n'y aurait plus nécessité que la totalité du nouveau capital fût souscrite, ni le versement du quart des nouvelles actions effectué; elles pourraient sans doute aussi, en adoptant ce système, être au porteur dès l'origine et à toute espèce de taux. Nous ne pouvons admettre une semblable opinion, que M. Dalloz repousse également (1). On peut, sans doute, dire avec M. Vavasseur, que les lois nouvelles *ont enlevé à l'industrie un procédé qui a rendu et qui pouvait rendre encore d'utiles services* (2); c'est une suite de la réglementation qui, à côté de ses avantages, a nécessairement ses inconvénients.

La loi a déterminé la valeur que devait atteindre chaque action; mais non, à coup sûr, celle à laquelle devait monter le capital social : on a demandé, par suite, si le capital fixé par les statuts pouvait être diminué, lorsque, n'ayant pas été intégralement souscrit, cette circonstance devait empêcher la constitution de la société? L'unanimité des souscripteurs, d'accord avec les fondateurs, pourrait seule modifier les statuts primitifs (3); mais il nous semble inutile de faire un nouvel acte : la déclaration qui modifie ainsi l'une des clauses primitives suffirait si elle était annexée à la déclaration notariée, qui doit être faite par le gérant.

---

(1) Dalloz, *Rép.*, vᵒ *Société*, n. 1183, et Beslay, t. 5, n. 162. *Contrà*, Vavasseur, n. 40. V. Cass., 8 mars 1876 (S.76.1.409).
(2) Vavasseur, n. 37 ; 2ᵉ édit., 376.
(3) Paris, 24 mars 1859 (D.P.59.2.46).

M. Vavasseur à examiné s'il serait licite de prévoir une semblable hypothèse, et de décider que la majorité des souscripteurs aurait le pouvoir de réduire le capital? Elle agirait alors, non en vertu des principes généraux qui lui refusent ce droit, mais en vertu de la convention consentie, qui aurait formellement accordé à un nombre déterminé de souscripteurs le pouvoir de stipuler pour les autres dans cette limite. Nous pensons, comme cet auteur, qu'aucun texte ni aucun principe n'y forment obstacle (1).

641. Les souscripteurs, dont parle la loi, doivent être sérieux (2); aucun doute n'existe à cet égard : pourrait-on, à ce point de vue, considérer comme légitime et régulière la souscription faite par le gérant devenant ainsi son propre commanditaire? Nous n'hésitons pas à répondre négativement. Le capital de la commandite tout entier doit être offert aux tiers, en outre de la fortune personnelle du gérant. La publicité, quelque grande qu'elle soit, à elle seule, ne peut avoir cet effet, de rendre régulière une clause contraire aux principes les plus essentiels de la commandite et radicalement nulle. Libre au gérant, sans doute, de déclarer qu'il s'engage à verser dans la caisse sociale une somme déterminée; mais la commandite, évidemment, ne peut se composer et résulter que des valeurs fournies par d'autres que par lui (3).

Les souscripteurs doivent prendre un engagement formel et définitif; mais il ne faut pas étendre, du reste, la signification du mot de souscripteur, qui impose des

---

(1) Vavasseur, n. 54 ; 2e édit., n. 390. *Sic*, Beslay, t. 5, n. 109.
(2) Aix, 16 mai 1860 (S.60.2.439).
(3) Molinier, n. 254. *Contrà*, Frémery, p. 54 et s.; Delangle, n. 505; Dalloz, *Rép.*, vo *Société*, n. 1162. **V.** Vavasseur, n. 44 ; 2e édit., n. 379.

charges très-sérieuses. Ainsi ne doit pas être considéré comme souscripteur celui qui a traité, non directement avec la société, mais avec un tiers souscripteur lui-même. Par suite, l'engagement contracté envers celui-ci, de reprendre tout ou partie des actions qui lui appartiennent, peut être conditionnel et subordonné à toutes les clauses qu'il aura plu aux parties de stipuler, à la différence des engagements pris envers la société, qui seront nécessairement définitifs et irrévocables, ou devraient être considérés comme non avenus (1).

On ne pourrait, du reste, confondre avec des actions ou coupons d'actions des récépissés provisoires délivrés aux souscripteurs répondant à un appel fait au public, lesquels n'ont d'autre but que de constater le nombre d'actions par eux souscrites, le montant des sommes versées, et mentionnant que la répartition des actions attribuées aux souscripteurs sera faite plus tard (2).

642. Dans la discussion de l'art. 15 ci-après, M. Fabre, député, avait proposé d'ériger en délit, le fait par les gérants « d'employer une partie quelconque du capital « social à l'achat des actions émises (3). » Une discussion très-vive et un peu confuse s'est engagée sur cet amendement. Il est possible que le fait prévu ne puisse, en général, être classé au rang des délits, et que dans le cas où il est accompagné de fraude, le droit commun suffise à le réprimer. Il est possible encore que dans certaines circonstances, la société, en agissant ainsi, ait accompli une spéculation fort heureuse. Nous n'avons pas à examiner ces deux points, qui ont été très-longuement et très-vivement débattus. Mais, ce qui ne peut être dou-

---

(1) Cass., 19 août 1863 (S.63.1.461) ; Ameline, n. 24.
(2) Cass., 8 fév. 1864 (J.P.62, p. 346).
(3) Séance du 3 juin 1867

teux pour personne, c'est que l'achat, par une compagnie, de ses propres actions émises est complétement illicite, dans tous les cas, en droit civil.

« Lorsque le gérant d'une société en commandite, a dit M. Fabre, consacre une partie quelconque du capital de la société au rachat des actions souscrites et émises par elle, il viole le contrat primitif.

« Cette première proposition n'a pas besoin d'être démontrée. La société se crée par l'émission des actions. Dans l'article premier de la loi, vous déclarez qu'une société en commandite ne peut être constituée qu'après la souscription de la totalité du capital social, et vous avez eu raison de mettre cet article en tête de la loi, car le capital c'est la société même, son essence et aussi son instrument ; la véritable garantie pour ceux qui vont entrer en rapports avec elle. Or, que fait le gérant, si, lorsque la société est constituée, il s'empare d'une partie du capital social pour acheter des actions ? Il résilie, de sa propre autorité, le contrat social ; il anéantit la commandite ; il ne viole pas seulement votre article premier, il viole aussi l'art. 26, C. comm., qui veut que le commanditaire soit passible des pertes de la société, à concurrence du montant de sa commandite.

« Donc, le jour où, entre le gérant et un actionnaire, intervient ce contrat par lequel l'actionnaire se trouve remboursé et où le titre émis rentre dans la caisse, il y a, en réalité, anéantissement du contrat, violation des dispositions formelles de l'article premier de votre loi et des prescriptions du Code de commerce.

« Ce n'est pas tout. Aux termes de l'art. 43, même Code, un extrait de l'acte de société doit être publié et faire connaître à tous le chiffre du capital social. Une autre disposition de loi veut que les actionnaires souscripteurs soient nominativement désignés. C'est une prescription imposée à peine de nullité; pourquoi? Afin que les tiers sachent quelle est la situation de la société en face de laquelle ils se trouvent.

« Or, que fait alors le gérant?

« Après avoir affiché, conformément à la loi, quel est son capital, il le détruit; la société n'est plus qu'un men- songe. Le doute est-il possible, et ces faits ne sont-ils pas fréquents?

« Le rapport constate, en les indiquant, que nos re- cueils d'arrêts sont pleins de décisions émanées des Cours impériales, émanées de la Cour de cassation, con- firmant la vérité des principes sur lesquels je m'appuie, et prouvant, par leur nombre même, la nécessité de ré- primer un abus dont les conséquences ont, en certains cas, la plus haute gravité. »

Un pareil achat est donc complétement illégitime, et la Cour de cassation a eu l'occasion de le proclamer (1); si les statuts l'autorisaient, la clause devrait être réputée non écrite, comme violant l'ordre public (2); le gérant serait responsable civilement, au moins envers les tiers, et en réservant l'action publique, s'il y avait eu délit; il faut en dire autant du conseil de surveillance ou de toute personne ayant participé à une semblable opération, à moins qu'elle n'ait été accomplie de l'assentiment una- nime des actionnaires, et rendue publique dans la forme qui est exigée pour faire connaître aux tiers que le capi- tal de la commandite a été diminué (3). Il est de toute

---

(1) Cass., 18 fév. 1868; *Gaz. des Trib.*, 19 fév. 1868 (S.68.1.241); Cass., 14 déc. 1869 (D.P.70.1.479); Riom, 22 fév. 1870 (J.P.70.889); Bourges, 26 déc. 1870 (J.P.70.1.476).

(2) Cass., 22 nov. 1869 (D.P.70.1.23).

(3) Vavasseur, n. 45 et s.; 2° édit., n. 383 et s.; Cass., 9 août 1869 (P.70.41).

évidence que si les fonds improductifs ou disponibles de
la société ont été employés en achats de tout autres
valeurs, le capital de la commandite n'en est pas diminué.

Il a été admis par tous, à la Chambre des députés, que
la prohibition ne s'étendait pas aux capitaux formant le
fonds de réserve. Ces capitaux ne font pas partie de la
commandite annoncée au public. Moins rigoureux que
M. Vavasseur, nous croyons, nous aussi, que si les statuts n'ont pas déterminé un autre emploi de ces fonds,
celui-là pourra leur être donné sans que les associés
eux-mêmes puissent se plaindre.

643. Le troisième § de l'art. 1er veut que cette souscription et ces versements soient constatés par une déclaration du gérant, laquelle devra être faite, dans tous les
cas, par acte notarié, sans que la loi ait voulu exiger,
toutefois, que l'acte notarié constatât la réalité des souscriptions et des versements : « La disposition, dit le
rapport fait à la Chambre des députés sur la loi de 1856,
qui imposait à l'officier public des recherches souvent
difficiles dans la pratique, et dont sa responsabilité aurait pu s'inquiéter, nous a paru être remplacée utilement
par une nouvelle rédaction. Nous avons proposé que le
versement préalable du quart et la souscription fussent
l'objet d'une déclaration notariée par le gérant, qui serait tenu d'y joindre la liste des souscripteurs et l'é-
tat des versements. C'est à la fois une preuve à l'appui
de la déclaration et un document important en cas de
poursuite des premiers souscripteurs pour défaut de
paiement des actions. » La déclaration n'est donc faite
que sous la responsabilité du gérant, et le notaire ne
constate que la réalité et les termes de la déclaration,
non l'exactitude des faits auxquels elle s'applique.

A cette déclaration du gérant doivent être annexées diverses pièces :

1° La liste des souscripteurs et l'état des versements effectués ; et la loi doit être entendue dans ce sens, qu'une pièce unique peut contenir les éléments des deux documents exigés (1) ; aucun intérêt ne peut demander deux actes séparés ;

2° L'un des doubles de l'acte de société, s'il est sous seing privé, ou une expédition, s'il est passé devant un notaire autre que celui qui reçoit la déclaration.

Ces diverses pièces restent attachées à la déclaration notariée et ne peuvent plus en être séparées.

La loi permet que l'acte de société soit fait devant notaire ou sous seing privé. Nous avons examiné, sous l'article 39, C. comm. (*suprà*, n° 594), s'il suffit, en présence de l'art. 1325, C. civ., que l'acte sous seing privé soit fait en double original pour être valable, quel que soit le nombre des associés. Cette question est décidée dans le sens de l'affirmative, de la manière la plus positive, par le dernier paragraphe de notre article pour les commandites par actions. Aucune controverse n'est possible. En présence des termes si formels de la loi, nous ne pouvons mettre en doute que la disposition est applicable aux sociétés qui ont plusieurs gérants (2), quelles que soient les raisons à alléguer qui auraient expliqué une règle spéciale pour ce cas particulier. Mais le troisième paragraphe exige, dans tous les cas, que la déclaration du gérant, en ce qui concerne la souscription et les versements exigés pour que la société soit constituée, soit faite dans un acte notarié. C'était également une disposition formelle de la loi de 1856.

---

(1) Mathieu et Bourguignat, n. 49.
(2) *Contrà*, Beslay, t. 5, n. 487.

Le dernier paragraphe déclare que l'un des originaux de l'acte sous seing privé doit rester déposé au siége social.

ARTICLE 2.

Les actions ou coupons d'actions sont négociables après le versement du quart.

SOMMAIRE.

644. Les actions, quoique non négociables, ne sont pas frappées d'une indisponibilité absolue ; mais la négociation n'est permise que lorsque le versement a été opéré sur toutes les actions, et après que la société est définitivement constituée.

644. La loi de 1856 portait (art. 3) que les actions n'étaient négociables qu'après le versement des 2/5, la loi nouvelle n'a rien changé quant aux principes ; mais elle abaisse le versement nécessaire pour rendre l'action négociable à 1/4.

Ces articles reproduisent des dispositions analogues qui sont écrites dans les lois du 15 juillet 1845 et du 10 juin 1853, spéciales aux chemins de fer, et les étendent aux sociétés en commandite, quel que soit leur objet. Ces actions ne sont pas frappées par le législateur, toutefois, d'une indisponibilité absolue. Il a été expliqué et reconnu de la manière la plus formelle soit par la jurisprudence, en ce qui concerne les actions des chemins de fer, soit par les exposés des motifs et les rapports faits à la Chambre des députés, qu'une cession régulière par acte, soit notarié, soit sous signatures privées ; qu'une donation dans les formes légales ; que tous les autres modes autorisés par le droit civil pourraient être mis en usage pour la transmission des titres, même non négociables. Ce que les lois des 15 juillet 1845 et 10 juin 1853 ont interdit pour les actions des chemins de fer, ce que les lois nouvelles interdisent également pour les actions de toute société en commandite qui sera créée à l'avenir, c'est la négociation ; c'est la transmission par la voie commerciale ; c'est l'agiotage que l'on a voulu réprimer, et la négociation proprement dite peut seule s'y prêter.

On avait demandé, sous la loi de 1856, si la disposition que nous examinons devait être interprétée dans ce sens que chaque action serait négociable après le versement exigé ; ou bien, si la négociation d'aucune d'elles ne pouvait être faite qu'après le versement opéré sur toutes les actions ; la même question a été posée par M. Millet dans la discussion de la loi nouvelle, et il avait proposé un amendement ainsi conçu : « La négociation *est interdite avant la constitution définitive de la société.* » Cette rédaction levait toute incertitude. L'amendement a été rejeté comme inutile ; mais M. Mathieu, rapporteur, a dit de la manière la plus formelle que c'est dans ce sens que la loi devait être interprétée (1), et la négociation est seulement permise, par conséquent, après l'accomplissement des prescriptions, non-seulement de l'art. 1ᵉʳ, mais de l'art. 4, et lorsque la société est définitivement constituée (2).

C'est dans ce sens également que se prononce M. Vavasseur ; c'est par erreur que cet auteur, dans sa première édition, renouvelant l'ancienne controverse, enseigne que « pour que la négociation soit possible, il n'est pas « nécessaire que toutes les actions émises par la société « soient libérées du quart, » (3) puisque ce n'est qu'à cette condition expresse que la société est constituée.

---

(1) V. la séance du Corps législatif du 12 juin 1867.
(2) Mathieu et Bourguignat, n. 28 ; Beslay, t. 5, n. 257.
(3) V. Vavasseur, n. 94 et 95.

L'art. 2 se réfère purement et simplement au second paragraphe de l'art. 1er et doit être interprété de la même manière (1).

Jusqu'au moment où les actions auront cessé d'être nominatives, elles se transmettront conformément à l'article 36, C. comm., ci-dessus; et, si elles étaient à ordre, au moyen d'un simple endossement. La loi n'a pas prévu cette dernière hypothèse : mais on appliquerait le droit commun, et il permet, en toute circonstance, de créer une obligation, même civile, à ordre. M. Vavasseur pense cependant qu'il serait *prudent* de faire l'inscription prescrite par l'art. 36 (2); ce qui nous paraît certain, au moins, c'est que le défaut de cette inscription ne pourrait jamais être reproché. Il ne faut pas perdre de vue que l'action, parce qu'elle devient négociable, n'en reste pas moins nominative. L'art. 3 ci-après dit quelles sont les conditions imposées pour que l'action puisse être stipulée au porteur.

ARTICLE 3.

Il peut être stipulé, mais seulement par les statuts constitutifs de la société, que les actions ou coupons d'actions pourront, après avoir été libérés de moitié, être convertis en actions au porteur par délibération de l'assemblée générale.

Soit que les actions restent nominatives après cette délibération, soit qu'elles aient été converties en actions au porteur, les souscripteurs primitifs qui ont aliéné les actions et ceux auxquels ils les ont cédées avant le versement de moitié restent tenus au paiement du montant de leurs actions pendant un délai de deux ans, à partir de la délibération de l'assemblée générale.

SOMMAIRE.

645. Trois systèmes ont été posées devant le Corps législatif, quant aux obli-

---

(1) Vavasseur, 2e édit., n. 478.
(2) Vavasseur, n. 96.

gations qui devaient peser sur les souscripteurs d'actions ; l'article adopté a consacré un quatrième système ; explication et commentaire de cet article donné par M. Mathien au nom de la commission.

646. En principe, le souscripteur et ses cessionnaires successifs sont tenus au paiement de la valeur intégrale de l'action ; sous quelles conditions cette obligation peut être restreinte ; la loi n'a point posé explicitement, mais a maintenu cependant la règle de droit commun écrite dans la loi de 1856 et les conséquences qui en dérivent.

647. Sociétés restreignant les obligations de droit commun ; souscripteurs primitifs ; cession antérieure ou postérieure au paiement de la moitié ; cession antérieure ou postérieure au délai de deux ans fixé par la loi.

648. Cessionnaires ; on ne peut faire de distinction entre les uns et les autres ; système général de la loi et droits de la société sur le titre même délaissé par l'actionnaire.

645. L'art. 3 de la loi est un de ceux qui ont donné lieu à la discussion la plus animée.

Trois systèmes étaient en présence :

Divers amendements, très-vivement soutenus et repoussés par la commission et le Gouvernement, proposaient de maintenir la règle écrite dans la loi de 1856, d'après laquelle les souscripteurs dans les sociétés en commandite sont, nonobstant toutes stipulations contraires, tenus au paiement du montant total des actions par eux souscrites, même après qu'ils les auraient cédées.

Le Gouvernement tout en adoptant le principe de ces amendements, voulait cependant qu'il pût être stipulé dans les statuts constitutifs de la société, que ceux des actionnaires qui auraient aliéné leurs actions ne seraient responsables des sommes dues par les cessionnaires, que jusqu'à concurrence de la moitié du montant de chaque action : pour le surplus, le cessionnaire seul était tenu.

La commission enfin demandait que, sous certaines conditions posées par elle, en tout temps et même sans qu'il y ait eu cession et un nouveau débiteur substitué au souscripteur primitif, celui-ci ne fût tenu que du paiement de la moitié de son action.

Cependant quelques-uns des partisans du premier de ces systèmes convenaient volontiers que le souscripteur primitif, qui avait aliéné son action, ne devait pas rester débiteur pendant un temps indéfini sans pouvoir se libérer, ni lui ni ses héritiers, et qu'il y avait lieu de fixer à cette obligation, qui pesait sur lui, une limite dont le terme était à déterminer : mais d'autres repoussaient même ce tempérament apporté au droit strict, et en signalaient, dans certain cas, les inconvénients, quand il s'agit, par exemple, de sociétés de crédit ou d'assurances, où les fonds souscrits ne sont jamais versés et forment pour toute la durée de la société un capital de garantie.

Le Corps législatif, par divers votes qui témoignent de l'incertitude où il était sur le meilleur parti à prendre, rejeta et le projet et les amendements : la commission et le Gouvernement, mis en demeure de se concerter pour arriver à une rédaction nouvelle, proposèrent l'article qui a été adopté.

Lorsque la discussion s'est ouverte sur cette nouvelle rédaction de la loi, le 12 juin 1867, la résolution à laquelle s'était arrêtée la commission sur le fond même du droit, a été de nouveau attaquée : des critiques, en outre, ont été faites, qui ne s'adressaient qu'à la rédaction ; elle ne paraissait pas à tous suffisamment claire ; quoi qu'il en soit, il ne reste plus aujourd'hui qu'à préciser d'une manière certaine le but que la loi a voulu atteindre.

M. Mathieu, rapporteur, s'exprimait ainsi devant le Corps législatif :

« La commission a pensé, a-t-il dit, qu'entre des idées opposées qui avaient trouvé place dans la discussion à la suite de laquelle elle avait été saisie de nouveau

de l'examen de l'art. 2 et de l'art. 3, il y avait une sorte
de transaction à faire ; cette transaction, elle l'a tentée...,
elle a pensé que le sentiment de la Chambre était de ne
pas libérer d'une manière absolue, après le versement
de la moitié de l'action, soit les souscripteurs primitifs,
soit les cessionnaires qu'ils se seraient donnés jusque-là.
La Chambre a pensé qu'il n'y avait pas pour les tiers,
pour la société elle-même, une suffisante garantie ; elle a
redouté surtout, et cela a été la considération principale qui s'est fait jour dans la discussion, les cessions
faites à contre-temps, les cessions frauduleuses

« Il y avait contre elles, sans doute, le remède de l'action judiciaire ouverte contre la fraude, recours difficile,
remède souvent inefficace ; la commission l'a compris
comme la Chambre elle-même. Elle n'a pas voulu qu'un
souscripteur, ou un cessionnaire placé au sein de la société, assistant à ses délibérations, aux actes de sa vie
quotidienne, entrevoyant, dans un avenir prochain, la
catastrophe, la ruine que le public n'aperçoit pas encore, pût, par une cession, se dégager d'une manière
complète, en se substituant un cessionnaire sans solvabilité.

« Qu'a-t-elle fait alors ? Elle a cru possible de prévenir ces cessions anticipées et frauduleuses, et de créer à
la société et aux tiers, en même temps, les sûretés qu'il
était dans la pensée générale de la Chambre de leur donner. Dans ce but, la commission a introduit dans la rédaction nouvelle la double garantie que voici :

« Il ne faut pas l'oublier d'abord ; c'est une faculté
que la loi donne aux sociétés, ce n'est pas une obligation qu'elle impose. Les statuts en useront ou non ; les
associés sont libres à cet égard. Mais là où les statuts auront prévu la libération possible du souscripteur par le

versement de la moitié, l'assemblée générale interviendra, elle vérifiera si la moitié du montant de l'action a été versée ; puis, examinant la situation présente et même future de la société, elle dira, en pleine et parfaite connaissance de cause, s'il est possible de libérer le souscripteur ou son cessionnaire. De les libérer purement et simplement? Non, mais sous une condition que je vais dire.

« Il n'est pas possible de croire que l'assemblée générale des actionnaires, par une sorte de suicide, par un acte de véritable démence, si la société n'est pas excellente, si elle a besoin, dans un avenir prochain, de faire un appel aux ressources des souscripteurs, à leur garantie personnelle, les libère en autorisant la transformation des actions nominatives en actions au porteur. Il y a là une première garantie.

« La seconde est celle-ci : dans tous les cas, quelle que soit la délibération de l'assemblée générale, qu'elle transforme les actions nominatives en actions au porteur ou que ces actions demeurent nominatives, les souscripteurs et les cessionnaires demeureront responsables, à partir de la délibération elle-même, pendant une durée de deux années encore.

« Il n'est pas possible, messieurs, d'imaginer la prévision, à une aussi longue échéance, des catastrophes et des ruines qui pourraient inciter les souscripteurs ou leurs cessionnaires à se débarrasser de leurs actions, pour échapper à la responsabilité. La commission a cru par là entrer dans le sentiment de la Chambre et réaliser la transaction à laquelle le renvoi dont elle avait été saisie l'avait provoquée (1). »

_____

(1) Séance du 12 juin 1867.

646. Ainsi donc, en principe au moins, le souscripteur est encore tenu de plein droit, à moins de stipulations contraires et de conditions particulières que nous allons faire connaître, au paiement intégral de l'action dont il est propriétaire, et sans qu'il puisse invoquer, après deux ans, cette espèce d'exception dont il est parlé dans notre article et qui s'applique à un cas où il ne se trouve pas (1).

Toutefois, l'obligation du souscripteur pourra être réduite au paiement de la moitié de la valeur nominale de chaque action sous les conditions suivantes :

1° Que les statuts constitutifs de la société, ceux sous l'empire desquels elle s'est formée, aient décidé, en principe, par une clause formelle, que les actions ou coupons d'action, pourraient, par la suite, après avoir été libérés de moitié, être convertis en actions au porteur par une délibération de l'assemblée générale. Il faut donc, avant tout, se reporter aux statuts et vérifier si une semblable clause y a été insérée : elle est, en effet, purement facultative ; et c'est aux fondateurs de chaque société à décider s'ils jugent à propos d'user de la tolérance que la loi leur accorde ;

2° Il faut, dans le cas où cette clause existe, que l'assemblée générale, saisie d'une proposition à cet égard, après que le montant des actions aura été acquitté jusqu'à concurrence de moitié, décide que ce paiement suffit pour libérer de toute obligation ultérieure le souscripteur primitif et qui aura *aliéné les actions* souscrites par lui, ou celui auquel il avait cédé son action avant que le versement de la moitié eût été effectué, soit que l'action fût restée nominative, soit qu'elle ait été convertie en

---

(1 *Contrà*, Rivière, n. 35,

action au porteur, ainsi que la loi le permet désormais ;

3° Il faut enfin que deux années se soient écoulées depuis la délibération de l'assemblée générale dont nous venons de parler. Ce délai constitue une exception qui met l'ancien propriétaire à l'abri de toute poursuite ; mais jusqu'à ce que ce délai soit accompli, le souscripteur et son cessionnaire restent tenus nécessairement du montant intégral de l'action.

Ces trois conditions, que nous venons d'énumérer, doivent, toutes les trois, être remplies ; il faut que la libération des porteurs d'actions soit tout à la fois stipulée par les statuts et votée par l'assemblée générale ; il faut encore qu'un délai de deux ans se soit écoulé depuis cette délibération.

L'art. 3 présente cette particularité qu'il ne pose pas le principe général, et prévoit seulement l'exception qui peut y être apportée ; même en ce qui concerne l'exception, le texte manque de clarté peut-être ; mais le Corps législatif s'est montré dans la rédaction de cette loi fidèle à un système qu'il paraît avoir voulu s'imposer : c'est de repousser tout amendement ayant pour but de substituer un texte clair et précis à une rédaction ne présentant qu'à un degré souvent beaucoup moindre, ces avantages. Il paraît possible cependant, avec un peu d'étude, de poser les règles à suivre.

En ce qui concerne le principe général, qui domine toute la loi, quoiqu'il n'y soit point écrit, il ressort manifestement des diverses rédactions du Gouvernement et de la commission, des divers amendements qui ont été présentés et des discussions fort animées et très-étendues auxquelles l'art. 3 a donné lieu, que l'on n'a voulu rien innover, et que le droit commun c'est que : « Les sous-

« cripteurs d'actions dans les sociétés en commandite
« sont responsables du paiement du montant total des
« actions souscrites, » ainsi que cela était dit dans l'art. 3
de la loi de 1856 ; mais ce texte ajoutait : *nonobstant toute
stipulation contraire* ; et cette partie de l'article seulement
a été modifiée par la loi nouvelle, sous les conditions extrêmement restreintes que nous venons de faire connaître, et en dehors desquelles *toute stipulation contraire*
serait encore comme non avenue.

L'obligation à laquelle restent soumis les souscripteurs
n'est que la conséquence des principes généraux en matière d'obligations conventionnelles ; mais la règle avait
été contestée, et la loi de 1856 avait cru utile de l'établir
en termes formels (1). (V. *suprà*, sous l'art. 34, C. comm.,
n° 582.)

Par suite, il est certain, aujourd'hui encore comme
sous la loi de 1856, et en dehors du cas prévu limitati-
vement par notre article, que toute disposition insérée
dans les statuts, ayant pour but de dispenser un ou plusieurs souscripteurs de verser tout ou partie du montant
des actions souscrites par eux, serait sans effet et réputée
non écrite (2).

On peut se reporter, pour connaître les obligations
des commanditaires, au commentaire de l'art. 26, C.
comm. (V. *suprà*, nᵒˢ 543 et s.)

D'un autre côté, il faudrait décider, encore aujour-
d'hui, que la règle obligeant le souscripteur au montant
total des actions souscrites n'est pas applicable à ceux
qui, après la constitution de la société, se sont obligés
envers un tiers à prendre un certain nombre d'actions

---

(1) Vavasseur, n. 109 et 113 ; Mathieu et Bourguignat, n. 30 ; Ameline, n. 22.
(2) Rivière . 36 et 37.

souscrites par lui : l'exécution d'une semblable obligation peut être subordonnée aux conditions arrêtées entre les parties (1).

Les cessionnaires successifs du souscripteur primitif seront également tenus, sans qu'il y ait lieu de distinguer entre celui qui en est détenteur, au moment où l'appel des fonds est fait, et ceux entre les mains desquels le titre a antérieurement passé (2) : leur obligation résulte des principes du droit commun, et, par conséquent, nous ne saurions admettre que les statuts pussent dégager les cessionnaires intermédiaires plus que les souscripteurs primitifs (3).

La personne poursuivie aurait une action en recours contre son cédant, s'il y avait lieu, et dans les termes du droit commun et des conventions intervenues entre eux.

Les poursuites seront intentées quelquefois par les créanciers de la société. Nous avons dit plus haut qu'ils peuvent intenter leur action directement contre les commanditaires. (V. le commentaire de l'art. 26, C. comm., n°ˢ 547 et s.).

Sous l'empire de la loi nouvelle, il existera donc désormais deux catégories de sociétés en commandite par actions : les unes, qui n'auront pas profité de la faculté donnée par l'art. 3 et resteront soumises, ainsi que nous venons de le dire, aux principes généraux et aux règles du droit commun qu'avait rappelés la loi de 1856 ; il n'a rien été innové à leur égard ; les autres, qui se seront mises sous l'empire des règles exceptionnelles que cet

---

(1) Cass., 19 août 1863 (S.63.1.461).

(2) Mathieu et Bourguignat, n. 34 ; Vavasseur. n. 125 ; 2ᵉ édit., n. 517. V. notre comment. de l'art. 34, C. comm., n. 350. *Sic,* sur la loi de 1856, Bédarride, *Appendice,* n. 50.

(3) *Contrà,* Vavasseur, n. 126 ; 2ᵉ édit., n. 518.

art. 3, tel que nous l'avons expliqué, leur permettait d'a-
dopter. Nous avons parlé des premières, nous arrivons
maintenant aux secondes.

647. Si ce n'est des termes explicites d'un texte dont
la rédaction est un peu embarrassée, au moins de tous
les documents à consulter pour en bien comprendre l'esprit et la portée, il résulte que l'exception posée aux
principes généraux n'a pas eu d'autre but, ne doit pas
avoir d'autre résultat que de dégager de toute obligation
et de toute préoccupation pour l'avenir le propriétaire
d'action qui, après l'avoir libérée jusqu'à concurrence de
moitié, l'aura aliénée. On a voulu que, dans certains cas
et sous certaines conditions, il pût être désormais entièrement dégagé.

Ces conditions, c'est l'art. 3 qui les a réglées; mais
elles n'ont jamais dû être appliquées, dans aucun cas,
aux souscripteurs primitifs, s'ils restent dans la société;
elles ne sont pas écrites pour eux; ils ne peuvent jamais
être admis à les invoquer.

La position des souscripteurs primitifs reste donc la
même, que la société se soit formée en dehors des termes de l'art. 3, ou qu'elle se soit formée dans les termes
de cet article, et sans qu'ils puissent se prévaloir, dans
la seconde hypothèse, de cette circonstance que les actions nominatives ont été converties en actions au porteur, ainsi que l'art. 3 le permet, *s'ils n'ont pas cédé leurs
actions.*

Si les souscripteurs primitifs, au contraire, ont cédé
leurs actions, qui ont été libérées de moitié, soit par
eux-mêmes, soit par leurs cessionnaires, et que les trois
conditions prévues par l'art. 3 soient toutes accomplies,
ils sont dégagés de toute obligation envers la société.

En rapprochant les deux paragraphes de l'art. 3,

M. Bourlet de la Vallée a conclu que l'exonération s'appliquait seulement au souscripteur qui a cédé son action *après* le versement de moitié, à l'exclusion de celui qui a cédé la sienne *avant* ce versement, et lorsque le premier quart seulement, par exemple, a été payé (1). Cette distinction ne peut être admise ; mais celui-ci reste évidemment responsable de son cessionnaire jusqu'à concurrence de la moitié, dont une partie seulement avait été versée par lui : là s'arrête sa responsabilité, M. Rivière, cependant, enseigne qu'il est tenu pour la totalité, mais sera libéré, ainsi que son cessionnaire, par le délai de deux ans (2).

S'il a cédé après le versement d'une somme plus forte que la moitié, il est également évident que son obligation cesse également pour le surplus.

A un autre point de vue, M. Vavasseur a trouvé dans le texte une difficulté.

Le délai de deux ans, fixé par la loi, est considéré par lui comme constituant une prescription : s'il s'agit réellement d'une prescription, elle n'a pu courir, évidemment, en faveur du souscripteur tenu comme débiteur, qu'à partir du jour où il a aliéné son action ; mais, comme cette prescription ne court pas à partir de l'aliénation, mais bien *à partir de la délibération*, le bénéfice en serait bien acquis, quand la cession a été antérieure à la délibération ; pourrait encore être invoquée peut-être, si elle a eu lieu dans le cours des deux années qui l'ont suivie ; mais aurait cessé d'exister pour le souscripteur, si la cession est postérieure à ces deux ans, puisque le point de départ légal fait matériellement défaut, à moins

---

(1) *Commentaire*, p. 71.
(2) Rivière, n. 35.

d'admettre que la prescription a couru, même avant l'aliénation, ou qu'elle opère instantanément *ipso facto*, au moment même de la cession. Une pareille doctrine, en droit, dit cet auteur, ne serait pas admissible (1).

Nous croyons que le raisonnement de M. Vavasseur pèche par sa base même ; le délai dont il s'agit ne constitue pas, selon nous, une prescription, mais bien une simple condition ; quand elle est accomplie, elle l'est pour tous, et rien ne la distingue des deux autres exigées par l'art. 3, pour que l'exonération puisse être invoquée. Au moment donc où elle est accomplie en même temps que les deux autres, le bénéfice de la loi est acquis, sans qu'il y ait lieu de distinguer à quelle époque l'aliénation s'est accomplie.

648. En ce qui concerne les cessionnaires, M. Bourlet de la Vallée rappelle que la loi n'a parlé que des souscripteurs primitifs d'actions et de *ceux auxquels ils les ont cédées* ; mais qu'elle n'a pas nommé les cessionnaires ultérieurs : il en conclut que la responsabilité s'arrête au souscripteur et au *premier* cessionnaire (2). Le texte ne peut être interprété ainsi ; et tous ceux entre les mains desquels passera l'action seront tenus, comme le souscripteur primitif, ou du paiement intégral, si les conditions prévues par l'art. 3 n'ont pas été accomplies, ou, dans le cas contraire, jusqu'à concurrence de moitié (3).

La loi les met tous sur la même ligne ; et le cessionnaire, pour être exonéré, n'est pas astreint, comme le souscripteur, à aliéner l'action dont il est propriétaire ; elle est parvenue entre ses mains avec cet avantage tout acquis, et la société, dès que le titre est sorti des mains

---

(1) Vavasseur, n. 118 et 120 ; 2ᵉ édit., n. 510 c. s.
(2) *Commentaire*, p. 74.
(3) Vavasseur, n. 122 ; 2ᵉ édit., n. 514.

du souscripteur , n'a plus en face d'elle que l'action même, seule débitrice de la seconde moitié (1). Aucun doute, pour nous, n'a existé à cet égard.

La loi a donc voulu, selon nous, que toutes les actions dans les mains des souscripteurs primitifs imposassent l'obligation à leurs propriétaires d'en verser le montant intégral. Elle a voulu également que, dans le cas prévu par l'art. 3, toutes les actions aliénées, lorsque deux ans se seront écoulés *à partir* de la délibération, pussent être délaissées à la société par le porteur, si la moitié a été payée et sans que la société eût aucun recours à exercer contre qui que ce soit. Ce système est simple, logique et conforme au texte.

En disant que l'action seule reste débitrice, nous voulons faire comprendre que le possesseur ne pourrait avoir la singulière prétention de refuser les versements qui lui seraient demandés et de continuer à rester associé, en participant aux dividendes : il doit, ou abandonner son action à la société avec tous les droits qui y étaient attachés ; ou répondre à l'appel de fonds qui lui est fait, jusqu'à concurrence du taux entier fixé par les statuts à l'époque de l'émission.

Nous avons parlé, dans le Commentaire de l'art. 34, C. comm., des clauses que l'on trouve dans les statuts de toute société pour régler la forme de procéder contre les débiteurs d'action en retard de payer, et elles seraient suivies, même dans le cas où le débiteur, mis en demeure, peut, en abandonnant l'action, se mettre à l'abri de toute poursuite. (V. *suprà*, n° 584). Ces clauses, d'une incontestable utilité, ne doivent jamais être omises et évitent les embarras d'une procédure à suivre dans les termes du

---

(1) *Contrà*, Rivière, n. 38.

droit commun, et à laquelle il y aurait nécessité de se soumettre.

ARTICLE 4.

Lorsqu'un associé fait un apport qui ne consiste pas en numéraire ou stipule à son profit des avantages particuliers, la première assemblée générale fait apprécier la valeur de l'apport ou la cause des avantages stipulés.

La société n'est définitivement constituée qu'après l'approbation de l'apport ou des avantages, donnée par une autre assemblée générale, après une nouvelle convocation.

La seconde assemblée générale ne pourra statuer sur l'approbation de l'apport ou des avantages qu'après un rapport qui sera imprimé et tenu à la disposition des actionnaires, cinq jours au moins avant la réunion de cette assemblée.

Les délibérations sont prises par la majorité des actionnaires présents. Cette majorité doit comprendre le quart des actionnaires et représenter le quart du capital social en numéraire.

Les associés qui ont fait l'apport ou stipulé des avantages particuliers soumis à l'appréciation de l'assemblée n'ont pas voix délibérative.

A défaut d'approbation, la société reste sans effet à l'égard de toutes les parties.

L'approbation ne fait pas obstacle à l'exercice ultérieur de l'action qui peut être intentée pour cause de dol ou de fraude.

Les dispositions du présent article relatives à la vérification de l'apport qui ne consiste pas en numéraire, ne sont pas applicables au cas où la société à laquelle est fait ledit apport est formée entre ceux seulement qui en étaient propriétaires par indivis.

SOMMAIRE.

649. Précautions prises par la loi contre les abus pouvant résulter des apports ne consistant pas en numéraire ou de certaines stipulations; traitement accordé au gérant, en outre de sa part dans les bénéfices.

650. Réunion de deux assemblées; conditions auxquelles est soumis le vote qu'elles doivent émettre; convocation de tous les actionnaires et votation; majorité exigée; mandataires; mode de convocation.

651. Dispositions relatives aux associés qui ont fait un apport en nature.

652. Approbation donnée; approbation refusée, et hypothèse où les intéressés, dans ce cas, consentiraient à subir une réduction; distinction à faire; fraude ou dol.

653. Si l'assemblée ne peut se compléter, une nouvelle convocation aura lieu; résultat du défaut d'approbation.
654. Société formée exclusivement entre les propriétaires par indivis de l'apport ne consistant pas en numéraire.
655. Autres assemblées générales.

649. Cet article reproduit presque textuellement la disposition qui existait déjà dans la loi de 1856, et que la loi de 1863 lui avait empruntée ; les développements nouveaux dans lesquels le texte est entré n'ont pas eu d'autre but que de mieux préciser la pensée qui avait présidé à la rédaction, et d'éviter toute controverse sur la manière dont elle est comprise.

Nous avons dit plus haut combien le Code civil laissait de liberté aux parties, en ce qui concerne la mise sociale que chacun doit apporter. Notre article prévoit le cas où l'apport de quelques associés, conformément à ces principes, ne consiste pas en numéraire ; dans cette hypothèse, on a pu craindre que la valeur ne fût exagérée par l'estimation qui en serait faite par les *apporteurs*, suivant une expression consacrée par les débats législatifs.

La loi met sur la même ligne les avantages particuliers que tout associé, soit gérant, soit commanditaire, soit fondateur, aurait stipulés à son profit. Des abus peuvent également être à redouter.

La loi a donc voulu, dans l'un et l'autre cas, que l'approbation de l'apport ou des avantages fût donnée par l'assemblée générale des actionnaires.

Le mot *associé*, que la loi a employé, ne s'applique pas exclusivement aux commanditaires, et désigne surtout le gérant. Les avantages stipulés au profit de celui-ci doivent donc à plus forte raison, si c'est possible, que ceux auxquels auraient droit de simples commanditaires, être soumis à l'approbation de l'assemblée, dont il est parlé à l'art. 4 (1).

Toutefois, en outre des avantages attribués au gérant comme associé, il peut arriver que les statuts lui accordent un traitement, ajouté à sa part dans les bénéfices. Cette distinction, quoique réelle, pourrait servir à masquer un abus, et la loi ne l'ayant pas admise, nous pensons que cette clause de l'acte social devrait, dans tous les cas, être soumise à l'assemblée générale.

Dans une espèce, où cette marche n'avait pas été suivie et où la nullité de la société était poursuivie pour violation de l'art. 4, le gérant se défendait en alléguant que les avantages particuliers, que l'on prétendait lui avoir été attribués, n'étaient en réalité qu'un traitement dont l'établissement ne demandait pas l'intervention de l'assemblée générale. La Cour de cassation a décidé que c'était là une question contentieuse de la compétence des tribunaux, sur laquelle il devait être prononcé préjudiciellement par eux, avant que la nullité de la société pût être déclarée pour violation de la loi (2).

650. La loi ancienne, comme la loi nouvelle, exigeait deux réunions de l'assemblée, dont nous venons de parler, afin qu'une vérification sérieuse pût être faite ; mais la loi de 1856 n'avait pas fixé, du reste, le délai qui devait s'écouler entre ces deux assemblées, et l'on avait dû juger par suite que rien ne s'opposait à ce qu'elles eussent lieu le même jour (3). La loi de 1867 s'est montrée plus méfiante, et rend obligatoire un intervalle de plusieurs jours entre les deux assemblées ; elle ne permet, en effet, l'approbation que dans une seconde

---

(1) Bordeaux, 20 nov. 1865 (S.66.2.419). *Sic*, Beslay, t. 5, n. 404 et s.
(2) Cass., 18 déc. 1867 (S.68.2.445). *Sic*, Beslay, t. 5, n. 414.
(3) Douai, 22 mars 1865 (J.P.66, p. 86).

assemblée, réunie après une nouvelle convocation, et qui ne pourra statuer, en outre, qu'après un rapport qui sera imprimé et tenu à la disposition des actionnaires cinq jours au moins avant la réunion, et déposé, à cet effet, au siége social, afin que les intéressés puissent en prendre connaissance (1).

Il faut donc deux assemblées successives et séparées par un intervalle de plusieurs jours.

Le Corps législatif a rejeté un amendement qui voulait déterminer par quelles personnes et dans quelle forme ce rapport serait fait : l'assemblée générale a toute liberté pour désigner, comme elle jugera convenable, les personnes ou la personne unique auxquelles elle déléguera la mission dont il s'agit ; la loi s'en est rapportée aux actionnaires eux-mêmes.

Dans le cas spécial prévu par l'art. 4, et dans les assemblées, dont il détermine la réunion, tous les actionnaires doivent être convoqués et seront admis de plein droit, quelque peu considérable que soit le nombre des actions par eux souscrites et quelles que soient les clauses des statuts relatives aux assemblées générales ordinaires (2) ; en ce qui concerne ces dernières, nous verrons plus tard que la loi n'a voulu porter aucune atteinte à la liberté des conventions.

Le vote a lieu par tête ; tout souscripteur, n'eût-il qu'une action, a le droit de voter ; et aucun, quelque considérable que soit le nombre des actions souscrites par lui, n'a plus d'une voix.

Les délibérations sont prises par la majorité des actionnaires présents à l'assemblée, et cette majorité doit

---

(1) Mathieu et Bourguignat, n. 44.
(2) *Sic*, Beslay, t. 5, n. 414.

réunir les voix du quart de tous les actionnaires figurant au tableau qui, aux termes de l'art. 1er, doit être annexé à l'acte de société, et doit représenter, en outre, au mininum, un quart du capital social *en numéraire*, et, par conséquent, sans tenir compte de la valeur des apports faits de toute autre manière.

Le mode de procéder que la loi a prescrit a paru devoir être préféré, et il doit être rigoureusement suivi.

Quelle que soit l'expression employée par la loi, elle n'a pas voulu évidemment enlever à chaque actionnaire le pouvoir de se faire représenter par un mandataire; c'est le droit commun; la procuration devrait être notariée et rester annexée au procès-verbal.

La loi étant muette quant à la forme employée pour les convocations, les statuts doivent la régler, non-seulement en ce qui concerne les assemblées générales ordinaires, dont nous n'avons point parlé encore, mais aussi en ce qui concerne les assemblées spéciales dont s'occupe l'article 4. Tous les titres étant encore nominatifs, il semble naturel que la convocation soit faite par lettres adressées à tous les souscripteurs. Toutefois, la convocation par la voie des journaux ou toute autre atteignant le but de la loi, pourrait être également admise, si elle est employée de bonne foi et présente une publicité suffisante (1). Mais cette manière de procéder pourrait dans tous les cas, on ne peut se le dissimuler, donner lieu à des réclamations et créer des difficultés.

651. Les associés qui ont fait l'apport sont admis dans l'assemblée et peuvent prendre part à la discussion; la loi leur refuse seulement voix délibérative.

---

(1) Dalloz, n. 1202; Vavasseur, n. 82; Mathieu et Bourguignat, n. 43; Ameline, n. 39. *Contrà*, Foureix, n. 143.

La disposition du cinquième paragraphe, qui refuse voix délibérative aux associés qui ont fait l'apport ou stipulé des avantages particuliers, s'applique même dans le cas où ces associés auraient, en outre, souscrit des actions en numéraire ; la loi est formelle pour exclure la personne même des associés désignés par elle, et elle ne peut autoriser un moyen aussi facile d'éluder ses dispositions. Il faut donc décider que la délibération serait nulle, si la voix de l'associé avantagé ayant indûment voté avait été comptée pour constituer la majorité exigée (1).

En présence d'un texte qu'il n'est pas permis de compléter ou d'amplifier, il faudrait décider que l'associé exclu de l'assemblée, où se discutent ses apports et ses avantages propres, peut prendre part aux assemblées où se discutent les apports ou les avantages d'autres associés (2).

652. L'objet de la seconde assemblée prescrite par l'art. 4 est de se prononcer sur l'approbation qui lui est demandée en ce qui concerne la valeur des apports ou le chiffre des avantages stipulés dans les statuts. Le rapport qui a été fait et tenu, ainsi que nous l'avons dit, à la disposition des actionnaires, a pour but d'éclairer le vote que l'assemblée doit émettre, et qui peut évidemment n'être pas conforme aux conclusions de ce rapport : l'assemblée est souveraine.

Si l'approbation est donnée, la société est définitivement constituée.

A défaut d'approbation, dit la loi, la société reste sans effet à l'égard de toutes les parties.

Mais on a prévu, dans la discussion au Corps législatif, le cas où la proposition serait faite à l'assemblée d'ap-

---

(1) Paris, 31 janv. 1866 (*Gaz. des Trib.*, 15 fév. 1866).
(2) Cass., 14 nov. 1866 (*Gaz. des Trib.*, 15 nov. 1866).

prouver l'évaluation ou les avantages, dans le cas seulement où les intéressés consentiraient à subir une réduction et qu'elle serait, en effet, acceptée par eux.

En ce qui concerne les avantages, nous ne voyons
pas comment on pourrait soutenir que la réduction consentie a pour effet de rompre le contrat, et comment nul
pourrait se plaindre du résultat auquel on est arrivé.

En ce qui concerne les apports, la question peut être
plus douteuse.

M. Mathieu, rapporteur, a soutenu que les souscripteurs étaient tenus, même avant l'accomplissement des
formalités exigées par l'art. 4, comme engagés purement
et simplement. C'était, en effet, le droit commun avant
la loi de 1856. L'art. 4, selon lui, n'avait eu d'autre but
que d'organiser un tribunal que la loi aurait investi du
droit de rompre, cependant, cet engagement, s'il le ju-
geait à propos, dans le cas où il reconnaîtrait quelque
inexactitude ou quelque exagération, mais qui pouvait,
dans tous les cas, le rendre définitif, si les prétentions
des *apporteurs*, ayant été trouvées exagérées, ils avaient
consenti une réduction adoptée par la majorité des actionnaires présents à l'assemblée.

Ce système est ingénieux, mais il ne résulte nullement
des termes de la loi : on cherche en vain par quel acte
les souscripteurs absents ont donné aux autres le pouvoir
de les engager en dehors des termes du contrat souscrit
par eux.

M. Fabre répondait à l'organe de la commission que
l'engagement des souscripteurs était, au contraire, conditionnel et qu'il était résolu de plein droit, s'il résultait
de la vérification ordonnée impérieusement par la loi
pour que la société pût être constituée, que la valeur
attribuée aux apports avait été exagérée, ou que ces ap-

ports étaient autres que ceux qui avaient été promis (1).

Cette doctrine nous semble la seule qui puisse être adoptée, en principe au moins, et M. Mathieu lui-même, que la chaleur de l'improvisation avait un peu entraîné peut-être dans l'ouvrage publié par lui de concert avec M. Bourguignat, a dit plus tard : « Jusqu'à cette approbation, en effet, il y avait bien contrat, engagement réciproque des souscripteurs et des apporteurs ; mais engagement *conditionnel* soumis au résultat de la vérification (2). »

C'est donc aux règles du droit commun qu'il faudra recourir ; et il ne se prête pas à un système absolu, tel qu'ont voulu l'établir devant le Corps législatif les orateurs qui ont pris la parole et tel qu'il s'est continué dans la doctrine des auteurs (3).

Si, ainsi que l'a supposé M. Mathieu, parlant au Corps législatif, l'estimation *a été inférieure d'une quantité infinitésimale* ; et même, sans aller jusque-là, toutes les fois qu'il est évident que le consentement aurait été donné, à plus forte raison, par les actionnaires absents dans les conditions nouvelles proposées, nous ne pensons pas que le contrat puisse être rompu ; pour avoir été conditionnel, le consentement n'en est pas moins sérieux : les conventions légalement formées doivent être exécutées de bonne foi (C. civ., art. 1134) ; et l'on doit, dans les conventions, rechercher quelle a été la commune intention des parties contractantes plutôt que de s'arrêter au sens littéral des termes (C. civ., art. 1156).

Si, au contraire, ainsi que l'a supposé M. Fabre, « les

---

(1) Voir séance du 31 mai 1867.
(2) N. 47.
(3) V. séance du 31 mai 1867, et Vavasseur, n. 68 ; Mathieu et Bourguignat, n. 48 ; Rivière, n. 49 ; Beslay, t. 5, n. 467 et s.

« apports, une fois examinés par les experts chargés de
« ce soin, se trouvaient ne ressembler en rien à ce qui
« avait été annoncé, et qu'une seconde assemblée géné-
« rale, après avoir entendu le rapport des experts et
« constaté avec eux que ce qui est apporté n'est réelle-
« ment pas ce qui avait été promis, » donne néanmoins
son approbation, il est impossible de refuser aux actionnaires dissidents le droit de se dégager. Une nouvelle
affaire, sur de nouvelles bases, pourra s'organiser sans
doute ; mais l'obligation résultant de la souscription première est anéantie. On a répondu, il est vrai, que dans
une semblable hypothèse aucune assemblée ne donnerait
son approbation. Il nous paraît nécessaire, toutefois, de
réserver les principes.

Ces difficultés seraient évitées si les statuts, auxquels
ont adhéré les souscripteurs, contenaient une clause expresse ayant prévu l'hypothèse et déterminant les pouvoirs de l'assemblée (1). Dans ce cas, resterait seulement
ouverte l'action pour dol ou pour fraude, que l'art. 4 a
réservée expressément dans tous les cas, sans que l'approbation donnée puisse y faire obstacle.

L'approbation, dit expressément la loi, ne fait pas
obstacle à l'action qui serait intentée pour dol ou fraude.

Le défaut d'approbation a pour effet de rendre l'engagement qui avait été pris sans effet à l'égard de toutes
les parties.

653. On avait prévu, sous la loi de 1856, et l'on
peut prévoir encore que ; par la négligence ou l'abstention des souscripteurs, l'assemblée ne puisse se compléter. Devrait-on assimiler cette hypothèse peu probable à un *défaut d'approbation?*

---

(1) Vavasseur, n. 69.

Nous ne pensons pas, ni que la réponse puisse être affirmative, ni que la loi s'oppose, d'un autre côté, à ce que de nouvelles convocations soient essayées (1); mais ces assemblées nouvelles doivent remplir les conditions imposées par notre article; on n'a rien fait pour les sociétés en commandite d'analogue à ce que l'art. 30 ci-après a fait pour les sociétés anonymes. Si ces tentatives nouvelles restaient infructueuses, le contrat devrait être considéré comme rompu; et les fondateurs, comme les souscripteurs, déliés. En cas de contestation sur le moment où chacun doit se croire dégagé, il faudrait bien remettre aux tribunaux la décision.

Si la société ne peut être constituée, le montant des souscriptions doit être rendu intact aux souscripteurs, sans qu'il puisse être mis à leur charge aucune partie des frais qui ont pu être faits par les fondateurs, dont l'offre se trouve ainsi n'avoir pas été agréée. Tous les auteurs sont d'accord (2). Mais nous pensons avec M. Vavasseur qu'il devrait en être autrement pour le cas où la société n'a pu se constituer par suite de l'abstention des souscripteurs: ceux-ci doivent alors supporter les dépenses que leur négligence seule a rendu inutiles.

654. Le dernier § de l'art. 4 prévoit le cas où la société est formée exclusivement entre personnes propriétaires de l'apport en nature. Il est impossible de nier que, dans cette hypothèse, les abus que la législation a voulu prévenir, ne puissent aisément se produire (3); mais ces abus ne naîtront pas de la disposition que la loi nouvelle a ajoutée à la loi de 1856, mais bien de la force des

---

(1) *Contrà*, Mathieu et Bourguignat, n. 46.
(2) V. cependant Beslay, t. 5, n. 476.
(3) Mathieu et Bourguignat, n. 54; Vavasseur, n. 74.

choses. Si ces circonstances s'étaient présentées, la doctrine eût été contrainte de déclarer la loi inapplicable à cette hypothèse ; et il vaut mieux qu'une disposition expresse prévienne le procès.

« Une question délicate s'est élevée à l'occasion de l'art. 4, a dit M. Mathieu, rapporteur ; fallait-il faire des précautions qu'il impose une règle absolue ; n'y avait-il pas des exceptions possibles et nécessaires ? Un membre de la commission nous a soumis les hypothèses que voici : une société en commandite *sans actions,* ou une société en nom collectif, par des motifs d'ordre purement intérieur, veulent se transformer *en société en commandite par actions ;* elles n'ont pas besoin de faire appel à des capitaux étrangers ; c'est entre les associés ou propriétaires de l'actif social que les actions devront exclusivement se répartir.

« Un manufacturier, un chef d'industrie, que l'âge ou les circonstances mettront dans la nécessité d'alléger le fardeau qui pèse sur lui, voudra loyalement faire de son usine, de son industrie la matière d'une société par actions.

« Dans tous ces cas, et alors même qu'un ou deux capitalistes étrangers viendraient souscrire des actions représentatives d'un capital en numéraire, ajouté aux apports, la création d'une société en commandite par actions sera impossible. Comment, en effet, constituer les assemblées chargées de faire vérifier et d'approuver ensuite les apports et la cause des avantages stipulés, puisque les associés qui font des apports ou stipulent des avantages sont écartés de ces assemblées où, à juste titre, on leur refuse voix délibérative ? C'est placer ceux auxquels leur intérêt légitime conseille la société en commandite par actions, entre l'impuissance et une simulation toujours regrettable, même quand elle ne poursuit pas un but mauvais.

« Il a semblé à votre commission qu'il y avait là une exception commandée par la force des choses, et à laquelle on pouvait donner place dans la loi, si aucun intérêt n'en devait souffrir ; et elle a cru que ce but serait atteint par un paragraphe additionnel, ainsi conçu : « *Les dispositions qui précèdent ne seront pas applicables au cas où les associés qui font les apports ci-dessus énoncés sont propriétaires indivis de tout le fonds social, et ne font pas appel à une souscription publique.* »

« Il n'y a pas là d'actionnaires appelés et qui, trompés par de fausses apparences, acceptent en aveugles des apports ou des stipulations qu'ils n'ont ni connus ni contrôlés. L'absence d'approbation tient uniquement à l'absence même de l'élément intéressé à exercer le contrôle. Mais il ne fallait pas que cette combinaison fût un moyen d'échapper à toute vérification, et de jeter, sans entraves, le lendemain de la constitution de la société, des actions sur le marché public. Comment prévenir cet usage frauduleux de la faculté concédée par la loi? La commission voulait y parvenir *en interdisant l'appel à une souscription publique*. Mais le Conseil d'État a repoussé cette partie de l'amendement, comme empreinte d'un sentiment exagéré de précaution. Il y a vu une restriction dont les limites précises étaient difficiles à déterminer. Si l'appel au public par voie de prospectus de la part des fondateurs, est suspect au lendemain de la société, en sera-t-il de même, six mois, un an plus tard ; que faudra-t-il entendre par souscription publique? La fraude, si elle existe, pourra être poursuivie ; mais, il ne faut pas l'oublier, la fraude ne se présume pas, et il est impossible, sous prétexte qu'elle pourra se servir de l'exception pour tourner les prohibitions de la loi, de condamner des intérêts loyaux et respectables à ne point user des facultés du droit commun. Votre commission s'est rendue à ces raisons, et elle accepte la rédaction proposée par le Gouvernement. »

Ainsi, dans le cas où la totalité du capital social est représentée par des apports indivis entre les actionnaires, il n'y a pas lieu à la vérification et à l'approbation de ces apports. Si cependant les créanciers contestent le chiffre pour lequel les apports indivis figurent aux statuts de la société, il sera nécessaire de recourir à la justice, qui ordonnera une expertise à l'effet de vérifier si les apports des actionnaires sont d'une valeur égale au montant de leurs souscriptions (1).

655. Nous aurons occasion de parler des assemblées générales autres que celles dont s'occupe l'art. 4, et de dire que leur composition et les conditions dans lesquelles elles peuvent délibérer, doivent, dans le silence de la loi, être réglées par les statuts. Ces assemblées générales, régulièrement constituées, représentent la majorité des actionnaires ; elles sont convoquées aux époques fixées par les statuts. Il peut y avoir en outre des assemblées extraordinaires dont les délibérations portent alors exclusivement sur les objets pour lesquels la convocation a eu lieu. Les statuts déterminent le mode de convocation, les pouvoirs de l'assemblée ; ils disent à quelle majorité les délibérations doivent être prises ; à défaut, le droit commun est la majorité absolue des membres présents. Ces délibérations, si elles sont conformes aux statuts, obligent la société, mais elles ne peuvent évidemment changer les conditions du pacte social, qui ne peut être modifié dans

(1) Cass., 10 mai 1869 (J.P.70.1016).

ses conditions fondamentale d'existence que par l'unanimité des actionnaires. Nous reviendrons, et avec plus de détail, sur ces questions que nous ne faisons ici qu'indiquer, et pour éviter toute confusion avec les assemblées dont il est parlé dans notre art. 4 (1).

ARTICLE 5.

Un conseil de surveillance, composé de trois actionnaires au moins, est établi dans chaque société en commandite par actions.

Ce conseil est nommé par l'assemblée générale des actionnaires immédiatement après la constitution définitive de la société et avant toute opération sociale.

Il est soumis à la réélection aux époques et suivant les conditions déterminées par les statuts.

Toutefois, le premier conseil n'est nommé que pour une année.

SOMMAIRE.

656. Nomination et composition des conseils de surveillance ; assemblée qui doit procéder à l'élection ; responsabilité du gérant.

657. Conditions d'éligibilité ; décès ; démissions ; le conseil peut être composé de plus de trois membres.

658. Si les commanditaires ne sont pas trois au moins, la loi spéciale n'est pas applicable, et la société n'en est pas moins régulière ; cas où le nombre des commanditaires s'accroît après la constitution de la société.

659. Les membres des conseils de surveillance ne peuvent se faire remplacer.

660. Durée des fonctions des membres des conseils de surveillance ; rééligibilité ; révocation ; pouvoirs et obligations du gérant.

656. Cet article reproduit l'art. 5 de la loi de 1856, en y introduisant toutefois ces deux modifications : 1° que le nombre minimum des membres du conseil de surveillance est abaissé de cinq à trois ; 2° que la durée de leurs fonctions n'est plus limitée, si ce n'est en ce qui concerne le premier conseil.

---

(1) Dijon, 10 avril 1867 (J.P.68.1246) ; Rouen, 8 août 1868 (D.P.69.2.244), Paris, 20 mai 1869 (D.P.70.2.12).

Même après la constitution définitive de la société, les opérations ne peuvent commencer que lorsque le conseil de surveillance a été nommé ; et c'est à l'assemblée générale des actionnaires que cette mission est exclusivement confiée.

Tous les auteurs, sous l'ancienne loi, de même que les commentateurs de la loi nouvelle, enseignent que l'assemblée générale, dont parle l'art. 5, n'est pas l'assemblée exceptionnelle dont la composition a été réglée par l'art. 4 ; mais bien l'assemblée ordinaire, que les statuts ont prévue.

Lorsqu'il y aura lieu à réélection, en effet, les actions auront pu être négociées et cesser d'être nominatives ; il n'y aura plus d'autres assemblées générales que celles qui ont été réglées par les statuts ; il semble donc naturel que la première élection elle-même soit faite de la même manière que le seront de toute nécessité les réélections postérieures. D'ailleurs, ainsi que l'ont fait remarquer MM. Mathieu et Bourguignat, même pour le premier conseil, le cas prévu par l'art. 4 est exceptionnel ; et la règle générale n'est pas que, dans les commandites, il y ait des apports en nature, ou la stipulation d'avantages particuliers.

Toutefois, s'il avait été procédé à la nomination dans cette assemblée extraordinaire, la nomination ne pourrait, à coup sûr, être attaquée, et elle serait valable, quoiqu'elle n'eût été faite que par la majorité, telle que les statuts l'ont déterminée pour les assemblées ordinaires (1). Il ne serait donc pas nécessaire de réunir une troisième assemblée, si, dans les convocations faites, il

_____

(1) Mathieu et Bourguignat, n. 57 ; Vavasseur, n. 438 ; 2ᵉ édit., n 569 ; Rivière, n. 56.

avait été donné avis qu'il serait procédé à cette nomination.

La loi ne fixe aucun délai pour exécuter cette prescription ; elle se contente de dire que la nomination précédera toute opération sociale, et nous verrons dans les articles suivants qu'elle frappe le gérant qui aurait commencé aucune opération avant que le conseil eût été nommé (V. ci-après, art. 13). En cas de négligence, il s'expose à des dommages-intérêts et à sa destitution provoquée par les actionnaires, sans préjudice de poursuivre la dissolution de la société ; mais la loi est muette pour accorder à tout autre qu'au gérant le droit de convoquer une assemblée pour procéder à cette nomination (1).

657. La seule condition imposée par la loi aux membres du conseil c'est d'être actionnaires, et elle ne détermine nullement le nombre d'actions qu'ils doivent posséder. Les statuts peuvent sans doute ajouter à la loi, et la clause qu'ils contiendraient sur ce point deviendrait obligatoire comme toute autre.

Il n'est pas nécessaire que les actions possédées par les membres du conseil aient été souscrites par eux à l'origine de la société : peu importe à quel titre et de quelle manière elles sont parvenues entre leurs mains (2).

Si les membres nommés cessent d'être actionnaires, ils doivent être de plein droit réputés démissionnaires et pourront être remplacés ; mais il est impossible que la nullité soit jamais prononcée pour ce fait, à moins qu'il ne soit entouré de manœuvres dolosives (3).

---

(1) *Sic*, Beslay, t. 5, n. 558. *Contrà*, Rivière, n. 57.

(2) Paris, 16 avril 1861, et 26 juill. 1861 (S.61.2.414 ; 62.2.35. — *Sic*, Vavasseur, n. 142 ; Ameline, n. 45.

(3) Dalloz, *Rép.*, v° *Société*, n. 1206 ; Mathieu et Bourguignat, n. 59 ; Vavasseur, n. 144 ; 2° édit., n. 377.

Par suite de décès ou de démissions formelles, le conseil peut encore se trouver réduit à un nombre inférieur à celui que la loi exige. Quelle que soit la cause qui a amené cette vacance, il doit y être pourvu dans le plus bref délai possible, sous les peines portées dans les articles que nous verrons tout à l'heure ; mais quelque célérité qui soit apportée, un espace de temps devra nécessairement s'écouler ; en attendant, la société devrait continuer de fonctionner et les actes accomplis seraient réguliers (1). Dans ce cas, ce n'est pas seulement au gérant, mais aussi aux membres du conseil, sous peine d'engager leur responsabilité, qu'est imposé le devoir de convoquer l'assemblée des actionnaires.

La loi, en voulant que le conseil soit composé de trois membres au moins, a laissé toute liberté d'en nommer un plus grand nombre ; en usant de cette faculté, on évitera tout embarras et la nécessité de recourir à une convocation imprévue de l'assemblée générale pour une circonstance fortuite (2) ayant abaissé le nombre des membres du conseil au-dessous de trois.

Dans tous les cas, les membres du conseil de surveillance, bien que nommés pour un temps déterminé, ne peuvent cesser leurs fonctions qu'après qu'il a été pourvu à leur remplacement, soit sur la demande des gérants, soit sur leur provocation personnelle, et jusque-là ils continuent à être responsables des opérations de la gérance (3).

658. La Cour d'Aix a eu à décider que lorsqu'il n'y a qu'un commanditaire, il n'a pas besoin d'être repré-

---

(1) Vavasseur, n. 139 ; Rivière, n. 59 ; Beslay, t. 5, n. 544.
(2) Mathieu et Bourguignat, n. 60 ; Vavasseur, n. 139 ; Rivière, n. 59 ; Ameline, n. 46.
(3) Cass., 22 janv. 1872 (S.72.1.44).

senté par un conseil de surveillance ; il peut exercer lui-
même et directement la surveillance à laquelle il est intéressé ; et les dispositions de la loi recevraient une fausse
application, si on leur faisait régir un cas pour lequel
elles n'ont pas été faites (1) ; la société n'en aurait pas
moins une existence légale.

S'il n'y a que deux ou trois commanditaires, ils feront tous partie du conseil de surveillance.

Nous ne pouvons admettre que la loi doive être sup-
posée de plein droit avoir établi pour les commanditaires
une règle analogue à celle qui résulte, pour les sociétés
à responsabilité limitée et pour les sociétés anonymes,
d'un texte formel et positif, que l'on a cru nécessaire
d'écrire ; et la société, pour nous comme pour les autorités que nous avons citées, sera parfaitement régulière,
quoiqu'il y ait moins de trois commanditaires (2).

Mais la société, une fois constituée, les actionnaires
primitifs peuvent vendre ou céder une partie des titres
dont ils étaient propriétaires. Il n'est pas douteux, quoique la loi n'ait pas été violée, qu'en cas de fraude, toute
personne lésée serait admise à réclamer. Il est hors de
doute également qu'au moment où, par la négociation
d'actions à diverses personnes, le nombre des associés
s'est accru de manière que la loi puisse être exécutée,
les dispositions en deviennent obligatoires.

659. L'opinion générale refusait, sous l'empire de la
loi de 1856, à un membre du conseil de surveillance le
droit de se faire remplacer par un fondé de pouvoirs ;
sous la loi nouvelle, nous verrons qu'une règle contraire
a été établie en ce qui concerne les administrateurs des

---

(1) Aix, 18 nov. 1857 (S.58.2.473). — *Sic*, Vavasseur, n. 439 ; Rivière, n. 55 ;
Ameline, n. 48 ; Beslay, t. 5, n. 529.
(2) *Contrà*, Mathieu et Bourguignat, n. 65.

sociétés anonymes, mais avec des difficultés extrêmes (V. *infrà*, nº 732) : ce serait, au besoin, un argument nouveau à l'appui de la doctrine qui a toujours été admise (1).

660. La loi nouvelle veut que le premier conseil ne soit nommé que pour une année ; quant aux autres, contrairement à ce que prescrivait la loi de 1856, toute liberté est laissée aux statuts pour déterminer la durée des fonctions, décider que les réélections sont partielles, ou établir toute condition qui n'aurait point pour effet de diminuer les garanties que la loi a voulu donner aux actionnaires.

Les mêmes membres peuvent être indéfiniment réélus ; il en était ainsi sous la loi de 1856, et cette doctrine a été affirmée dans la discussion de la loi nouvelle par le rejet d'un amendement qui restreignait cette faculté (2) ; mais nous croyons qu'il serait licite d'insérer dans les statuts une clause restrictive que la loi n'a pas voulu imposer, mais qu'aucune de ses dispositions, à coup sûr, n'a prohibée (3).

Les statuts pourraient-ils, au contraire, décider que les membres nommés conserveront leurs fonctions pendant toute la durée de la société ? La réponse doit être négative ; le texte est formel pour les soumettre à la réélection (4) ; toutefois, l'abus serait encore possible, et, si le temps assigné à la durée des fonctions égale presque la durée de la société, si l'intention d'éluder la loi était manifeste, les tribunaux pourraient déclarer la clause

---

(1) V. Ameline, n. 50.

(2) 1ᵉʳ rapport supplémentaire, nº xv.

(3) Bédarride, n. 84 ; Fourcix, n. 471 ; Vavasseur, n. 140. *Contrà*, Mathieu et Bourguignat, n. 62.

(4) Beslay, t. 5, n. 547 et s.

illégale. Nous n'admettons pas non plus qu'on pourrait,
à côté et en outre de trois membres ou un plus grand
nombre nommés à temps, nommer des membres permanents ou des membres étrangers à la compagnie (1).

Les membres du conseil de surveillance sont des mandataires dont la loi, il est vrai, a pris soin de déterminer la mission et de tracer les devoirs ; peuvent-ils,
après avoir été élus conformément aux statuts, être révoqués *ad nutum*, au gré et suivant le caprice des actionnaires qui les ont nommés ? MM. Mathieu et Bourguignat
pensent qu'une assemblée générale ne pourrait briser
leur mandat, avant le terme voulu, qu'en motivant sa résolution sur une infraction à la loi, un manquement grave
à leurs devoirs ou toute autre cause légitime ; et s'ils refusaient de se soumettre, les tribunaux seuls pourraient juger
entre la société et eux (2). Ce serait une dérogation aux
principes généraux en matière de mandat que nous ne
saurions admettre, puisque la loi spéciale est restée
muette (3).

Cet article, en exigeant que dans toute société en commandite par actions il y ait un conseil de surveillance
dont la loi a réglé le mode de nomination et déterminé
les droits et la responsabilité, ne porte aucune atteinte
aux principes posés par le Code de commerce sur les pouvoirs et les obligations du gérant ; tout ce que nous avons
dit, à cet égard, ne cesse pas d'être applicable quand il
s'agit d'une commandite par action, et nous n'avons rien
à y ajouter. (V. *suprà*, n°˙ 540 et 531.)

(1) *Contrà*, Beslay, t. 5, n. 534 et 548.
(2) Mathieu et Bourguignat, n. 64.
(3) *Sic*, Beslay, t. 5, n. 550 et s.

ARTICLE 6.

Le premier conseil doit, immédiatement après sa nomination, vérifier si toutes les dispositions contenues dans les articles qui précèdent, ont été observées.

SOMMAIRE.

661. Obligations imposées au premier conseil ; comment elles doivent être accomplies.
662. Manière de procéder si le conseil reconnaît que les dispositions de la loi n'ont pas été observées.

661. L'art. 6 ne fait que rappeler une obligation existant déjà virtuellement sous la loi de 1856. Le conseil encourrait donc une grave responsabilité en ne vérifiant pas avec soin, immédiatement après sa nomination, si toutes les dispositions contenues dans les articles qui précèdent ont été observées. Toutefois, la responsabilité n'est pas la conséquence nécessaire du fonctionnement de toute commandite irrégulièrement constituée ; dans ce cas même, il est facultatif au juge de la prononcer (1) ; mais ce devoir n'est imposé qu'au *premier* conseil ; c'est la loi qui le dit : les conseils qui viendront après lui doivent supposer, par cela seul que la société vit et fonctionne, qu'elle est régulièrement constituée.

Il faut se reporter au texte des articles qui précèdent, pour connaître sur quels objets doit porter la vérification ordonnée par l'art. 6.

662. Le résultat de la vérification, à laquelle il aura été procédé, peut être de fournir la preuve d'une contravention à la loi ; on peut hésiter pour savoir ce que le conseil de surveillance doit faire dans ce cas ; s'il doit se retirer purement et simplement ; s'il peut pourvoir à

---

(1) Cass , 8 mars 1876 (76.1.409).

l'accomplissement des formalités, dont l'observation régulière serait encore possible et utile ? Nous croyons, avec MM. Mathieu et Bourguignat, que cette dernière opinion est préférable (1).

Toute nullité résultant des clauses mêmes de l'acte social et ayant précédé l'engagement même des souscripteurs, est irréparable et entraîne forcément la nullité de la société : s'il s'agit, au contraire, d'une simple omission, ou de l'accomplissement irrégulier d'une formalité pour laquelle la loi n'impose aucun délai, le conseil pourra réparer les irrégularités qui n'ont pas besoin du concours d'autrui, ou provoquer auprès, soit du gérant, soit de l'assemblée générale, les mesures nécessaires.

Il suffira que, jusqu'au moment où les conditions exigées par la loi auront été remplies, la société s'abstienne de toute opération.

ARTICLE 7.

Est nulle et de nul effet à l'égard des intéressés toute société en commandite par actions constituée contrairement aux prescriptions des art. 1er, 2, 3, 4 et 5 de la présente loi.

Cette nullité ne peut être opposée aux tiers par les associés.

SOMMAIRE.

663. Sanction attachée à l'inobservation des formalités exigées; la nullité doit être prononcée dans tous les cas; les exceptions proposées ne peuvent être admises.
664. Opérations faites par le gérant avant la constitution de la société; simulation au moyen de prête-noms.
665. La nullité peut-elle être prescrite ?
666. La nullité est d'ordre public et peut être opposée par tout intéressé; étendue et conséquences qu'elle produit; sens du mot intéressé; renvoi à l'art. 56.

(1) Mathieu et Bourguignat, n. 75.

667. La nullité ne peut être opposée aux tiers par les associés, si la société a fonctionné du consentement de ces derniers.

663. L'art. 7 est la reproduction presque textuelle de l'art. 6 de la loi de 1856.

La loi, dans cet article, a employé une formule qui semble impérative ; et si une seule des formalités exigées par les art. 1 à 5 a été omise, et que l'omission n'ait pu être réparée, les tribunaux doivent prononcer la nullité. Sous la loi de 1856, cependant, et quoique les mêmes termes s'y retrouvent, on avait demandé si la disposition, quelque générale qu'elle fût, s'appliquait au cas où les statuts de la société dispenseraient les actionnaires :

1° De l'obligation de verser le montant intégral de leurs souscriptions ;

2° Ou lèverait la défense de négocier les actions avant le versement exigé par la loi.

Le texte de la loi de 1856 déclarait expressément les souscripteurs responsables, *nonobstant toute stipulation contraire* : le législateur, disait-on, semblait donc avoir prévu qu'une stipulation semblable pourrait être insérée dans l'acte social ; et, loin de prononcer la nullité de cet acte, il disait que les souscripteurs n'en seraient pas moins tenus *du montant total des actions par eux souscrites.* La société continuait donc de subsister ; la clause seule était nulle,

Si la loi nouvelle n'a pas reproduit les expressions de la loi de 1856, elle en a maintenu les principes (V. *suprà,* nº 646) ; la décision à prendre devrait donc être la même.

La société, dans aucun des cas prévus par la loi, n'est nulle de plein droit ; cette nullité doit être demandée. Dans aucun cas encore, la nullité ne peut être opposée aux tiers. Il faut donc dire que dans toute hypothèse, les actionnaires n'auraient pu, sous la loi de 1856, et ne pourraient aujourd'hui, en dehors du cas spécialement prévu et réglé par le second paragraphe de l'art. 3, se prévaloir d'aucune stipulation, quelque formelle qu'elle fût, mais sans préjudice de l'action en nullité ouverte aux intéressés (1).

Sur la seconde question, les auteurs, sous l'ancienne loi, n'étaient pas très-explicites, si l'on excepte M. Dalloz, et étaient loin d'être d'accord (2); fallait-il s'en référer, pour toute sanction, aux lois spéciales, auxquelles le législateur de 1856 avait emprunté cette disposition?

Il faut admettre aujourd'hui que ces prohibitions sont considérées comme étant d'ordre public : de semblables clauses écrites dans l'acte social ont pu, d'ailleurs, amener des erreurs préjudiciables (3). La clause entraîne donc la nullité de la société. En dehors de ce cas, lors même qu'une ou plusieurs actions auraient été négociées et que cette négociation même aurait été inscrite sur les registres de la société, ce fait ne peut créer une cause de nullité : la loi parle d'une infraction portant sur la *constitution* même de la société.

664. La loi de 1856, comme la loi nouvelle, s'opposait à ce qu'aucune opération fût faite par le gérant, avant que le conseil de surveillance ait été nommé; si cette prescription de la loi a été violée, la société doit-elle être nécessairement frappée de nullité? Il faut répondre affirmativement, si cette nullité est demandée par une personne intéressée; l'assemblée générale ne peut point, par aucune délibération, couvrir cette irrégularité

---

(1) Rivière, n. 65; Cass., 22 nov. 1869 (D.P.70.1.23).

(2) Dalloz, *Rép.*, v° *Société*, n. 1255; Bravard, p. 42; Vavasseur, n. 160; Rivière, n. 73; Bédarride, *Append.*, n. 86.

(3) Rivière, n. 64; Beslay, t. 5. n. 590.

pas plus que les autres (1). Mais si nul n'élève la voix
avant le moment où ces opérations irrégulières auront été
complétement liquidées, il faudrait, pour autoriser une
demande en justice, justifier d'un intérêt qui serait, la
plupart du temps, difficilement établi. Le conseil de
surveillance n'en est pas moins tenu, sous sa responsabilité, à dénoncer ce fait.

On devrait, sans hésiter, considérer comme nulle la
société formée au moyen de prête-noms complaisants,
auxquels ont été plus tard substitués des souscripteurs
sérieux ; ou au moyen de versements purement fictifs (2).

665. La nullité dont est frappée la société formée en
contravention aux dispositions de la loi est-elle de nature
à être prescrite? Nous ne comprenons pas la prescription appliquée en semblable circonstance. Sans doute,
chacun des actes de cette société illégale sera soumis aux
règles du droit commun en ce qui concerne la prescription ; mais comment le bénéfice pourrait-il en être reven-
diqué par la société elle-même, quand elle est en état
de violation perpétuelle et flagrante de la loi? Est-ce
qu'un mariage incestueux pourrait être prescrit par trente
années écoulées depuis qu'il a été contracté? Nous le répétons, nous ne comprenons pas la prescription appliquée en semblable circonstance, puisqu'elle n'est qu'un
moyen d'acquérir ou de se libérer, et non de faire que
des personnes non associées le deviennent tout à coup
par un certain laps de temps écoulé (3).

666. Tous les auteurs sont d'accord pour enseigner

---

(1) Rivière. n. 76. *Contrà*, Bédarride, n. 404; Dalloz, n. 4244.
(2) Aix, 46 août 1860 (S.60.2.439).
(3) *Sic*, Dalloz, *Rép.*, vᵒ *Société*. n. 1263. *Contrà*, Rivière, n. 74, et Bédarride, n. 89 et s.; Beslay, t. 5, n. 643.

que la nullité prononcée par l'art. 7 est d'ordre public et peut être demandée par toute personne, et la jurisprudence a considéré comme intéressés et pouvant, à ce titre, la demander, le syndic de la société tombée en faillite et le gérant contre son co-gérant, même après que la dissolution avait été régulièrement prononcée par les associés (1), la dissolution et l'annulation devant entraîner des conséquences très-différentes.

Nous renvoyons au commentaire des articles 55 et 56 pour de plus amples explications sur le sens du mot intéressé.

Nous y renvoyons également pour déterminer l'étendue et les conséquences de la nullité que l'art. 7 a édictée. Mais nous devons faire connaître, sur ce dernier point, qu'en s'appuyant sur les termes dont s'est servi le législateur dans l'art. 42, C. comm., où il dit : *à peine de nullité*; et ceux qu'il a employés dans notre article, copié sur l'art. 6 de la loi de 1856, où il dit : *est nulle et de nul effet*, on avait voulu, sous l'ancienne loi, établir des distinctions fondamentales entre les conséquences que doit amener la violation soit de la loi spéciale, soit du Code de commerce.

Quant à nous, ces distinctions nous semblent beaucoup trop subtiles.

Lorsque la loi prescrit une chose à peine de nullité, ou qu'elle déclare, en employant un pléonasme, l'acte nul et de nul effet, faute de s'être conformé à ce qu'elle a prescrit, elle dit pour nous, de deux manières différentes, exactement la même chose, si, dans l'un et l'autre cas, la nullité ne peut être opposée par les associés aux

_____

(1) Lyon, 29 mars 1860; Cass., 3 juin 1862 (J.P.64, p. 181 et 62, p. 1146; 16 mars 1870 (J.P.70.524).

tiers et si, dans l'un et l'autre cas, elle est d'ordre public et ne peut être couverte.

Nous n'admettons pas que pour les faits accomplis et lorsqu'il s'agit de liquider entre associés, on doive, dans une espèce, se régler par les clauses de l'acte ; et, dans l'autre, n'en tenir aucun compte. La jurisprudence et la doctrine avaient interprété l'art. 42 avec une rigueur telle qu'il ne nous semble pas possible que la loi de 1856 ait voulu aller plus loin. Cependant, les auteurs paraissaient, en général, adopter l'interprétation contraire (1), et elle a été soutenue sous la loi nouvelle par M. Rivière (2).

667. La nullité prononcée par l'art. 7 ne peut être opposée aux tiers par les associés ou actionnaires dans aucune circonstance ; et sans qu'il y ait lieu de distinguer si ceux-ci ont su ou ont ignoré la cause qui doit la faire prononcer ; ils pouvaient être renseignés ou ils ont été trompés par leurs propres mandataires dont ils doivent répondre (3). Toutefois, la loi suppose nécessairement que la société a fonctionné quoique d'une manière illégale, que cette circonstance leur fût connue ou non, du consentement des associés. Mais si c'est le futur gérant qui, induisant les tiers en erreur et à l'insu des associés, constitue la société de son chef et en ouvre les opérations au mépris des statuts, il n'y a plus là qu'un fait de fraude qui se couvre indûment du nom de la société et qui n'oblige que son auteur. Il est clair que l'engagement souscrit par les adhérents aux statuts est conditionnel et subordonné à l'exécution des prescriptions

---

(1) V. Duvergier, p. 343 ; Dalloz, *Rép.*, n. 1264 et s.; Bédarride, *Appendice*, n. 86 et s.; Romiguière, n. 65 et s.; Bravard, p. 40 et s.
(2) Rivière. n. 68.
(3) Rivière, n. 70. *Contrà*, Bravard, p. 156 et s.

de la loi ou à leur consentement à ce qu'il y soit dérogé. La condition n'étant pas remplie, l'engagement est comme non avenu et ne peut être opposé. Il n'y a ni société de droit, ni société de fait, laquelle ne peut, pas plus que la société de droit, exister sans le consentement des parties (1). Sous cette réserve, et même dans les circonstances prévues par l'art. 7, il est certain que chaque souscripteur reste engagé dans les termes du contrat envers les tiers : pour ceux-ci, il a conservé toute sa valeur.

ARTICLE 8.

Lorsque la société est annulée, aux termes de l'article précédent, les membres du premier conseil de surveillance peuvent être déclarés responsables, avec le gérant, du dommage résultant, pour la société ou pour les tiers, de l'annulation de la société.

La même responsabilité peut être prononcée contre ceux des associés dont les apports ou les avantages n'auraient pas été vérifiés et approuvés conformément à l'article 4 ci-dessus.

SOMMAIRE.

668. Étendue de la responsabilité dont il est question dans cet article et personnes auxquelles elle s'applique.
669. L'art. 8 rappelle et ne fait qu'appliquer les principes du droit commun en matière de responsabilité ; diverses espèces.
670. La société doit avoir été préalablement annulée ; et cette annulation peut toujours être demandée.
671. Pouvoirs des tribunaux et limites de la responsabilité du gérant et des membres du conseil envers les tiers et les actionnaires.
672. Responsabilité des associés ayant fait des apports en nature ou ayant stipulé des avantages particuliers.

668. L'art. 8, auquel nous sommes arrivé, est spécial au *premier* conseil de surveillance et ne sanctionne que le devoir qui lui est imposé par l'art. 6 ci-dessus,

(1) Paris, 11 mai 1865 (*Gaz. des Trib.*, 22 mai 1865).

en ce qui concerne la vérification des formalités à accomplir avant son entrée en fonctions. Ce devoir accompli, la responsabilité des membres du conseil, sans doute, ne sera pas dégagée désormais ; elle subsistera et durera aussi longtemps qu'ils resteront en exercice, en raison des actes de la gestion qui viendront s'accomplir ; mais rien ne les distingue plus sous ce rapport des membres des conseils à venir qui viendront les remplacer, et cette hypothèse est réglée par l'art. 9 ci-après, dont nous parlerons tout à l'heure : nous ne nous occupons, quant à présent, que de l'art. 8 et des faits spéciaux qui y sont prévus.

L'art. 8 reproduit, avec quelques différences de rédaction, l'art. 7 de la loi de 1856.

« L'art. 6 de la loi de 1856, dit l'exposé des motifs, dû à M. Duvergier, proclamait la nullité de toute société en commandite par actions, constituée contrairement aux prescriptions énoncées dans les articles qui le précèdent.

« Le premier paragraphe de l'art. 7 ajoutait que lorsque la société est annulée aux termes de l'art. 6, les membres du conseil de surveillance peuvent être déclarés solidairement responsables de toutes les opérations faites postérieurement à leur nomination.

« Cette disposition a été l'objet de plusieurs observations. On a dit que, par la généralité de ses termes, elle permettrait d'atteindre les membres d'un conseil de surveillance qui seraient en exercice longtemps après la constitution de la société, à une époque fort éloignée de celle où aurait été commise l'infraction, dont les membres du conseil ne seraient pas coupables ; dont ils n'auraient même aucune connaissance.

« On a ajouté que faire ainsi indéfiniment de la nul-

lité de la société une cause de responsabilité pour tous
les membres des conseils de surveillance à venir, c'était
obliger les membres successifs de tous les conseils, pendant toute la durée de la société, quelque longue qu'elle
fût, à un examen rétrospectif qui serait toujours difficile,
quelquefois même impossible ; qu'enfin, et dans tous les
cas, il convenait de laisser aux magistrats le soin d'apprécier la quotité des dommages qu'aurait causés la nullité.

« Les art. 6 et 8 du projet donnent satisfaction à ce
qu'il y a de vrai et de juste dans ces observations.

« L'art. 6 indique que c'est au *premier conseil* qu'est
imposée l'obligation de vérifier si les formes et les conditions prescrites pour la validité de la société ont été fidèlement observées.

« L'art. 8 contient la sanction de cette disposition,
en déclarant que les membres du *premier conseil* sont
responsables de la nullité qui prend sa source dans l'inobservation de quelque formalité essentielle.

« Ainsi, la responsabilité est restreinte comme elle
doit l'être ; elle ne s'étend pas à toute la durée de la société, elle n'est appliquée qu'à ceux qui ont assisté et
concouru à sa formation, et auxquels il est juste de reprocher les vices qui, plus tard, amènent sa ruine.

« Enfin, les tribunaux sont investis d'un pouvoir discrétionnaire pour proportionner la réparation à la gravité de la faute et à l'importance du préjudice. »

Cette responsabilité ainsi définie a semblé trop rigoureuse encore à M. Marie et a obligé M. Mathieu,
rapporteur, à dire devant le Corps législatif : « Quelle est
la situation du conseil de surveillance ? Il est nommé, il
entre en fonctions et la loi, dans une de ses dispositions,
lui impose l'obligation, le devoir de vérifier si les condi-

tions déterminées par les art. 1, 2, 3, 4 et 5 ont été ou
n'ont point été accomplies. La société ne peut pas commencer à marcher avant que cette vérification et cette
constatation n'aient été faites par le conseil de surveillance ; c'est là son devoir. Tout devoir implique une responsabilité, et voilà ce qui justifie, selon moi, la responsabilité que nous faisons peser par l'art. 8, le cas
échéant, sur les membres du conseil de surveillance.

« *M. Marie.* Le conseil n'a pas participé aux faits
dont vous le rendez responsable !

« *M. le Rapporteur.* Il ne participe pas aux faits, mais
il doit, par la loi de sa mission, examiner, au moment où
il entre en fonctions, et avant que la société soit constituée, si toutes les conditions constitutives de son existence et que la loi a prescrites ont été ou non accomplies.

« Ce devoir, il faut bien qu'il soit rempli ; ce devoir a
besoin d'une sanction, et cette sanction, c'est la responsabilité du conseil de surveillance. Lorsque ce conseil
aura rempli ce devoir, il aura dégagé sa responsabilité ;
s'il ne l'a pas rempli, sa responsabilité sera engagée (1). »

Sous le bénéfice de ces observations, répondant à des
craintes exagérées et que la loi de 1856, pendant qu'elle
a été en vigueur, n'avait pas même justifiées, les décisions rendues sous l'empire de cette loi peuvent être consultées avec fruit sous la loi nouvelle ; mais, s'il y avait
lieu, il ne faudrait pas oublier que, dorénavant, le texte
a cessé de mettre sur la même ligne et de frapper comme
responsables solidairement le gérant, dont la faute doit être
entachée de fraude, et les membres du conseil dont la
faute, au contraire, peut être et sera souvent indépen-

---

(1) Séance du 31 mai 1867.

dante de celle du gérant et constituant une simple négligence (1).

669. Le fondement de la responsabilité imposée par la loi spéciale au gérant et aux membres du conseil de surveillance, résultait déjà des principes du droit commun ; et, soit comme mandataires, soit comme associés, soit en vertu du principe qui oblige chacun à réparer le dommage qu'il a causé, les art. 1383, 1850 et 1992, C. civ., pouvaient être invoqués contre eux : les lois spéciales sur les sociétés en commandite n'ont fait autre chose que rappeler et préciser des règles, dont l'application aurait pu, en tout état de cause, être demandée.

Ces principes avaient été quelquefois contestés (2) ; nous verrons que la jurisprudence cependant les avait admis ; ils ne peuvent plus être discutés aujourd'hui, après les débats auxquels a donné lieu la loi nouvelle ; l'exposé des motifs a dit, en parlant même de la loi de 1856 : « Cette loi part de l'idée que les membres du conseil de surveillance sont des mandataires, et elle les soumet à la responsabilité que le droit commun impose à tous ceux qui sont revêtus de cette qualité ; » et plus loin, en parlant de la loi nouvelle, il ajoute qu'elle *maintient les principes de la loi de* 1856 ; il ne nous reste donc plus, ce point admis, qu'à parler des conséquences qui ont été tirées par la jurisprudence de ces prémisses ; et les décisions rendues par application de la loi de 1856, seront de plein droit applicables encore aujourd'hui.

« Aux six premiers articles de la loi, disait M. Duvergier, commissaire du Gouvernement, au moment où se discutait la loi de 1856, il faut une sanction ; or, cette

---

(1) Mathieu et Bourguignat, n. 77.
(2) V. Lyon, 15 avril, et Poitiers, 20 août 1859 (J.P.57, p. 959 et 1204).

sanction se trouve précisément dans l'art. 7. Les dispositions de cet article sont tellement claires, qu'aucun
membre du conseil de surveillance, pour peu qu'il veuille
être attentif, ne peut se faire illusion. Il y aura, d'ailleurs,
pour les membres d'un conseil de surveillance, un moyen
facile d'échapper à cette responsabilité ; il suffira qu'ils
lisent les statuts de la société et les six premiers articles
de la loi, où sont indiquées les conditions qu'elle exige
pour la formation des sociétés en commandite. Toutefois,
les tribunaux apprécieraient et pourraient rechercher si
la négligence est excusable ; la forme même de l'article
n'est pas impérative et se borne à déclarer qu'ils peuvent
être déclarés responsables. »

Ces principes sont restés les mêmes sous la loi nouvelle.

La Cour de cassation, en conséquence, a proclamé qu'il
appartient aux tribunaux de décider, d'après les circonstances, quand la disposition pénale doit être appliquée,
et elle a reconnu au juge du fond, le droit de décharger
le conseil de surveillance de toute responsabilité dans
une espèce où il était constaté, en fait, que l'insuffisance
des souscriptions et le non-versement du quart des actions souscrites n'avaient été pour rien dans la ruine de
la société et qu'elle avait péri par suite des dilapidations
de ses gérants (1). Il a suffi pour protéger les membres
du conseil de surveillance, qu'il fût proclamé que leur
négligence n'avait pas été la cause du préjudice, dont la
réparation était poursuivie. A plus forte raison, en serait-
il ainsi sous la loi nouvelle, qui les affranchit de toute
solidarité avec les gérants.

Mais si le préjudice a été la suite, au contraire, de

(1) Cass., 23 août 1864 (D.P.64.1.267).

négligences graves, nombreuses, inexcusables; si les membres du conseil de surveillance n'ont rien vu, rien dénoncé, rien empêché, disait la Cour d'Aix, il y a nécessité de leur faire application, aussi bien des principes du Code civil sur la responsabilité des fautes, que des règles posées par les lois spéciales (1).

Ainsi, la Cour d'Agen nous semble avoir été trop indulgente, quand elle a déclaré, en principe, que les membres du conseil de surveillance ne devaient encourir aucune responsabilité en raison de l'inexactitude de la déclaration du gérant, constatant la souscription intégrale des actions et le versement préalable du quart du capital souscrit (2). C'est limiter outre mesure le cercle des vérifications imposées au conseil de surveillance : la première et la plus importante des vérifications est celle de la caisse et de l'existence du capital, qui est la principale de toutes les garanties pour les tiers (3).

670. Il faut, pour qu'il y ait lieu à l'application de l'art. 8, que la nullité de la société ait été préalablement prononcée, sans que les tribunaux puissent agir d'office ; mais cette nullité pourra être demandée même dans le cas où la société aurait pris fin légalement. La nullité et la dissolution sont choses différentes et n'entraînent pas les mêmes conséquences (4). Il en serait de même, et l'action en responsabilité resterait ouverte si la nullité de la société avait été déjà prononcée pour inobservation des formalités de publicité imposées à toute société com-

---

(1) Aix. 8 mai 1860. — *Sic*, Cass., 24 avril 1861 (S.60.2.439 et 62.1.182).
(2) Agen, 6 déc. 1860 (S.61.2.299).
(3) Paris, 25 mars 1867 (*Gaz. des Trib.*, 4 mai 1867). — *Sic*, Rivière, n. 80 ; Mathieu et Bourguignat, n. 76 ; Ameline, n. 60.
(4) Cass., 9 juill. 1861. — *Contrà*, Lyon, 29 mars 1860 (S.61.1.705 et 60.2. 365). *Sic*, Beslay, t. 5, n. 657.

merciale (1). S'il est vrai, a dit la Cour de cassation, qu'il n'appartient pas aux tribunaux de prononcer d'office la nullité des sociétés constituées en contravention à l'art. 1er de la loi du 17 juillet 1856 ; s'il est vrai qu'ils ne puissent prononcer une seconde fois la nullité de la société déjà judiciairement annulée pour une autre cause, il ne s'ensuit pas que les gérants et les membres du conseil de surveillance soient nécessairement affranchis de l'obligation de réparer le dommage que leur dol ou leur négligence a pu causer. Tant que la société fonctionne et que la nullité n'a été ni demandée ni prononcée, les membres du conseil de surveillance sont donc à l'abri de toute responsabilité ; mais il en est autrement lorsque la société, ayant déjà été annulée pour vice de forme, par exemple, les tribunaux constatent que la nullité devrait être prononcée aux termes de la loi spéciale.

En outre, les règles du droit commun, nous devons le répéter, conservent tout leur empire et doivent être appliquées aux faits constituant l'incurie, la négligence et la faute, auxquels n'auraient pas pu être étendues les dispositions de la loi spéciale du 17 juillet 1856 (2) ; mais ce moyen ne pourrait être invoqué pour la première fois devant la Cour de cassation (3). Il n'est pas douteux que ces principes n'ont été en rien modifiés par la loi nouvelle.

671. Ainsi que nous aurons l'occasion de le répéter sous l'art. 9, les tribunaux apprécieront dans tous les cas, non-seulement s'il y a faute imputable et ouverture à responsabilité ; mais ils fixeront les dommages-intérêts,

---

(1) Cass., 12 avril 1864 (D.P.64.1.377).

(2) Cass., 12 avril 1864 (D.P.64.1.377); Caen, 16 août, et Lyon, 8 juin 1864 (D.P. 65.2.192 et 197) ; Cass., 14 mars 1866 (*Gaz. des Trib.*, 15 mars 1866) ; Cass., 18 août 1868 (J.P.69.454).

(3) Cass., 24 déc. 1863 (D.P.64.1.456).

pourront en modifier l'étendue selon les circonstances, les répartir inégalement, s'il y a lieu, entre les divers membres du conseil, ou les affranchir de toute solidarité (1). Ce droit leur serait acquis sous l'empire de la loi de 1856; il ne saurait être contesté sous la loi nouvelle, qui a voulu être plus bienveillante pour les membres du conseil de surveillance. Toutefois si, sous la loi actuelle, la solidarité avec le gérant n'est plus prévue, elle peut encore être prononcée entre tous les membres du conseil comme une conséquence logique du devoir collectif qui leur est imposé par l'art. 6 ci-dessus (2).

Sous ces réserves, il reste encore à décider quelle est la limite que peut atteindre cette responsabilité, soit envers les tiers, soit envers les actionnaires; sous la loi de 1856, les auteurs étaient loin d'être d'accord.

En ce qui concerne les tiers, et dans la mesure du préjudice qu'ils ont souffert, les membres du conseil de surveillance devraient être solidairement responsables de toutes les opérations entreprises par le gérant, mais sauf leur recours contre lui. Le gérant, en effet, non-seulement ne peut avoir aucune action contre les membres du conseil de surveillance ; mais il ne pourrait se soustraire à l'obligation de les indemniser des condamnations prononcées contre eux. Sur ce point particulier, et en ce qui concerne les tiers, les règles posées par les art. 27 et 28, C. comm., serviraient de commentaire à la loi nouvelle.

Il y a plus de difficulté en ce qui concerne les actionnaires.

M. Bravard considérait les membres du conseil de surveillance comme simples cautions du gérant et pensait que

---

(1) Caen, 16 août 1864, et Lyon, 8 juin 1864 (D.P.65.2.192 et 197) ; Cass., 14 mars 1866 (*Gaz. des Trib.*, 15 mars 1866).
(2) Mathieu et Bourguignat, n. 79 ; Vavasseur, n. 229 ; 2ᵉ édit., n. 677.

la responsabilité de celui-ci ne peut être engagée que par ses fautes. MM. Bédarride et Dalloz étaient plus sévères, et déclaraient que le gérant et le conseil doivent indemniser les actionnaires de toutes les pertes survenues par suite des opérations entreprises avant que la société fût légalement constituée, sans avoir à rechercher si le gérant a bien ou mal administré et si aucune faute peut lui être reprochée (1).

Le texte de l'art. 7 de la loi de 1856, comme l'esprit qui a présidé à sa rédaction, nous paraissent se prêter mal à un système aussi absolu et aussi rigoureux. Ce que la loi a voulu, c'est faire disparaître des abus qui révoltaient la conscience publique ; nous ne pensons pas être contredit si nous affirmons que dans le cas où les sociétés en commandite par actions eussent été gérées avec intelligence et loyauté, nul n'eût songé à ce luxe de précautions que nous avons exposées : ce résultat obtenu, son but est donc atteint ; elle ne peut vouloir rien de plus. D'un autre côté, la loi, en s'abstenant de définir l'étendue de la responsabilité encourue, dont elle se contentait de poser le principe, n'a pas laissé, sans doute, aux commentateurs, la tâche qu'elle seule pouvait remplir ; en se taisant, elle a dû s'en référer au droit commun ; et il est superflu d'insister pour démontrer que les membres du conseil de surveillance ne peuvent être tenus plus sévèrement que le gérant. Celui-ci répondra, conformément aux règles du droit commun, de sa négligence, de sa faute, à plus forte raison de son dol ; et, dans l'appréciation à faire par les tribunaux, il y a présomption défavorable contre lui, par cela seul qu'il ne s'est pas soumis à loi. Après lui, les membres du conseil de surveillance pourront être déclarés également responsables ; mais en appréciant les circonstances en ce qui les concerne, ainsi que nous l'avons dit tout à l'heure, et seulement jusqu'à concurrence du tort causé par les actes dommageables du gérant, contre lequel ils conservent leurs recours (1).

Aujourd'hui que la loi a modifié les expressions de celle qui l'a précédée et qu'elle déclare que la responsabilité est restreinte *au dommage résultant de l'annulation de la société,* aucune controverse n'est possible. C'est ce dommage qu'il faut établir et dont l'importance déterminera la limite de la responsabilité (2).

Il a été jugé, avec raison, que les souscripteurs d'actions, tenus envers les créanciers de la société à effectuer le versement de leur mise, ne sont pas fondés à exiger que les membres du conseil de surveillance condamnés de leur côté comme responsables, à raison du défaut de versement du quart de chaque souscription, supportent la moitié ou toute autre partie de leur dette ; les souscripteurs sont obligés comme débiteurs principaux ; et les membres du conseil de surveillance comme leurs cautions seulement (3).

En toute circonstance, au reste, la loi a abandonné, ainsi que nous avons eu l'occasion de le dire, au pouvoir discrétionnaire des juges du fond, le droit de décider s'il y a lieu à responsabilité (4) ; elle est, dans ce sens, purement facultative (5).

---

(1) Vavasseur, n. 228 et 230 ; 2ᵉ édit., n. 678 ; Rivière, n. 85.

(2) Paris, 25 mars 1867 (*Gaz. des Trib.*, 4 mai 1867) ; Beslay, t. 5, n. 672 et s.

(3) Aix, 14 nov. 1860, et Cass., 6 août 1862 (S.61.2.296 et 62.1.783).

(4) Cass., 24 juin 1861 (S.62.1.485) ; Cass., 11 mai 1870 (D.P.70.1.401).

(5) Mathieu et Bourguignat, n. 81 ; Rivière, n. 77 ; Beslay, t. 5, n. 656 ; Cass., 8 mars 1876 (D.P.77.1.168). — *Contrà*, sous la loi de 1856, Romiguière, n. 103 et s.; mais tous les auteurs enseignent une doctrine opposée, et conforme, par conséquent, à l'opinion que nous émettons.

672. L'art. 7 de la loi de 1856 contenait une disposition analogue à celle qui forme le second paragraphe de l'art. 8 ; l'ancienne loi décidait que *la* MÊME *responsabilité* qui frappait les membres du conseil de surveillance pouvait être prononcée contre ceux des *fondateurs* qui avaient fait des apports en nature ou au profit desquels des avantages particuliers avaient été stipulés.

La loi nouvelle a fait disparaître le mot *fondateur*, dont le sens pouvait être difficile à déterminer (1) ; et d'ailleurs, des apporteurs peuvent n'être pas fondateurs. Aucun doute ne peut plus subsister sur les personnes que la disposition de la loi peut atteindre : et, à défaut du gérant et du conseil de surveillance, c'est à elles à demander que l'art. 4 ci-dessus soit exécuté en ce qui les concerne ; et si la société est annulée parce qu'ils n'ont pas accompli l'obligation qui leur est imposée, ils sont responsables comme le conseil de surveillance.

La loi nouvelle, comme la loi ancienne, dit que la MÊME *responsabilité* peut leur être appliquée et sans faire aucune distinction ; on avait demandé, par suite, sous l'ancienne loi, et l'on peut demander encore aujourd'hui, si la responsabilité des apporteurs sera encourue dans le cas où la formalité de l'approbation ayant été régulièrement accomplie, la société est annulée, mais pour inobservation d'autres conditions également exigées à peine de nullité et tout à fait étrangères aux apporteurs.

M. Duvergier a dit, sous l'ancienne loi : « La circonstance de l'apport en nature, la stipulation d'avantages particuliers ont déterminé à prescrire certaines précautions. Ces précautions prises, ceux qui ont fait l'apport, ceux qui ont stipulé des avantages rentrent dans la caté-

---

(1) V. Aix, 13 août 1860, et Cass., 24 juin 1861 (D.P.60.2.223 et 61.1.435)

gorie de tous les autres associés. On ne saurait admettre que la responsabilité les suit et peut les atteindre, lorsque tout ce qui était exigé d'eux ou à cause d'eux, a été fait. On ne conçoit pas une peine appliquée à celui qui a fait tout ce que la loi lui prescrivait... A la vérité, après avoir déclaré, dans le premier paragraphe, les membres du conseil de surveillance responsables, l'article dit, dans le second, que la *même* responsabilité solidaire peut être prononcée contre les fondateurs, etc.; mais cette forme de langage signifie que les fondateurs peuvent être déclarés responsables comme les membres du conseil de surveillance ; elle ne décide pas expressément que les uns et les autres doivent l'être en raison des mêmes infractions » (1).

Ces raisons n'ont rien perdu de leur force et doivent être acceptées comme le commentaire de la disposition que nous examinons (2). Sous le bénéfice de ces observations, il a été jugé que les souscripteurs d'actions qui auraient stipulé pour eux la faculté de faire leurs apports en nature, sans que l'assemblée générale eût été appelée à vérifier et à apprécier ces apports, peuvent être tenus, comme s'étant rendus complices de la négligence du gérant à cet égard, d'opérer en espèces le montant de leur souscription (3).

ARTICLE 9.

Les membres du conseil de surveillance n'encourent aucune responsabilité en raison des actes de la gestion et de leurs résultats.

Chaque membre du conseil de surveillance est responsable de ses fautes personnelles, dans l'exécution de son mandat, conformément aux règles du droit commun.

(1) *Coll. des lois*, 1856, p. 435, note 1re.
(2) Mathieu et Bourguignat, n. 82 ; Rivière, n. 87 ; Ameline, n. 62.
(3) Aix, 13 août 1860 ; Cass., 24 juin 1861 (S.61.2.447 et 62.1.185).

673. Les art. 8 et 9, tous deux relatifs à la responsabilité des membres du conseil de surveillance, prévoient deux ordres de faits différents : en outre, ainsi que nous l'avons dit, l'article 8 est spécial et restreint aux membres du *premier* conseil.

L'art. 8 prévoit des faits spéciaux à l'origine du contrat qui ont dû précéder la constitution de la société; et la responsabilité n'est encourue que par suite de son annulation et sous la condition que cette annulation sera prononcée.

L'art. 9, qui a remplacé l'art. 10 de la loi de 1856, a une portée bien plus générale; il s'applique à tous les faits qui pourront se produire pendant le cours de la société; il s'applique également aux membres des divers conseils qui se succéderont pendant la durée de la société; il sanctionne les devoirs qui leur sont imposés et qui survivent à la constitution régulière de la société.

Pour bien faire comprendre le sens de notre art. 9, il est nécessaire de rapporter d'abord l'art. 10 de la loi de 1856 et de faire connaître comment il avait été interprété et appliqué.

Cet article était ainsi conçu : « Tout membre d'un « conseil de surveillance est responsable avec les gé- « rants solidairement et par corps :

« 1º Lorsque sciemment il a laissé commettre dans
« les inventaires des inexactitudes graves préjudiciables
« à la société ou aux tiers;

« 2º Lorsqu'il a, en connaissance de cause, consenti
« à la distribution de dividendes non justifiés par des
« inventaires sincères et réguliers. »

« Votre commission, disait le rapport présenté sur ce
texte à la Chambre des députés, constate d'abord que la
loi n'apporte aucun changement ni aux attributions ni
aux devoirs des conseils de surveillance. La loi ne crée
pas : elle déclare, elle rappelle des obligations trop oubliées et trop méconnues. Les commanditaires ont toujours eu le droit de surveiller la gestion et de déléguer ce
droit à ceux des associés qui jouissaient de leur confiance. La surveillance est un mandat qui impose des devoirs. Les attributions existaient, mais elles n'étaient définies ni précisées; on ne les exerçait qu'avec inquiétude;
on redoutait de s'immiscer dans la gestion. La loi est
claire et, sous ce premier rapport, elle est bien plus
propre à donner la confiance et la sécurité qu'à inspirer
la crainte.

« L'esprit de la loi n'est pas davantage un esprit hos-
tile à l'autorité du gérant. La loi n'admet pas que le conseil de surveillance puisse participer aux actes de gestion
intérieurs et patents; là serait cette confusion qui amène
la pénalité prononcée contre tout associé qui s'immisce
dans l'administration. La loi n'admet pas même une intervention, pour ainsi dire domestique, dans la direction
pratique et journalière des affaires. Un gérant n'est pas
libre quand un conseil d'intéressé lui trace la marche à
suivre; prend part à chaque instant à ses opérations; indique celles qui sont à faire; lui demande compte de ses
projets, de ses relations, de ses secrets de fabrication. Le

conseil de surveillance a le contrôle, le conseil ; il n'a pas la conduite. »

Il faut donc bien se pénétrer de cette idée, que la loi de 1856 n'avait apporté aucune modification dans la position du gérant à l'égard des tiers, ni dans ses rapports avec les commanditaires ; elle n'ajoutait rien également aux droits et aux prérogatives de ceux-ci, qui, dans les sociétés en commandite par actions, exerçaient les fonctions de membres du conseil de surveillance. Mais la loi a fait, de ce qui n'était qu'une faculté, une obligation à laquelle ne peuvent se soustraire ceux qui acceptent le mandat de représenter tous les actionnaires ; le droit, pour eux, s'est changé en devoir.

674. La loi ne punissait pas encore, cependant, la simple négligence, elle ne punissait que le dol ; le rapport le constatait expressément ; une nouvelle déclaration, à cet égard, avait été faite par le rapporteur à la Chambre des députés : « De deux choses l'une, disait-il : ou le membre du conseil de surveillance saura que l'inventaire est inexact et qu'il s'agit d'un dividende fictif, ou il ne le saura pas ; dans ce dernier cas, si, par exemple, le gérant a trompé le conseil par des pièces fausses, les membres qui le composent n'encourent aucune responsabilité ; mais, si le conseil de surveillance a connu les faits, si, dans son rapport, il a dit que l'inventaire était exact, sachant qu'il ne l'était pas ; s'il a constaté l'existence de bénéfices qu'il savait ne pas exister ; n'est-il pas complice du gérant et ne doit-il pas être puni comme ce dernier ? Cette disposition n'est pas non plus une nouveauté ; aujourd'hui même, un membre du conseil de surveillance qui aurait évidemment trompé les actionnaires dans son rapport serait considéré comme complice du gérant (1). »

(1) *Moniteur* du 2 juillet 1856.

La jurisprudence s'était montrée moins indulgente (1), mais elle a été accusée d'aller plus loin que la loi.

En premier lieu, la jurisprudence avait admis en principe, conformément au droit commun, que la faute lourde, que la négligence sans aucune excuse, devait être assimilée au dol ; et les membres du conseil devaient craindre que les tribunaux ne leur fissent l'application de ces règles, quoiqu'elles n'aient pas été rappelées dans la discussion (2). S'il n'était donc pas nécessaire qu'ils eussent agi par fraude et de mauvaise foi, il suffisait que ce fût en pleine connaissance de cause qu'ils eussent laissé distribuer des dividendes fictifs ou laissé commettre dans les inventaires des inexactitudes graves, pour être responsables, parce que ces faits constitueraient, à coup sûr, la faute très-lourde. Du reste, il appartenait aux juges de déterminer l'étendue de cette responsabilité d'après les règles du droit commun et suivant les circonstances (3).

Le paiement d'intérêts aux actionnaires doit être assimilé à une distribution de dividendes fictifs, quand l'acte de société n'en permettait le prélèvement que sur les bénéfices, bénéfices qui n'avaient point été réalisés (4).

La responsabilité dont il s'agit s'appliquait, comme responsabilité civile, même au cas où les faits ont le caractère de délit à l'égard du gérant ; et en cas de poursuites correctionnelles dirigées contre celui-ci, les membres du conseil de surveillance pouvaient être eux-mêmes cités comme civilement responsables devant le tribunal

(1) Cass., 28 nov. 1860 ; 9 juill. 1861 et 5 août 1862 (S.61.1.967 et 705 ; 63.1.141) ; Cass., 21 déc. 1863 (D.P.64.1.156), et 17 fév. 1868, B. 36.
(2) Grenoble, 8 août 1860 ; Orléans, 20 déc. 1860 ; Douai, 21 fév. 1861 (S.61.2.289).
(3) Cass., 15 janv. 1862 (S.62.1.133), et 12 avril 1864 (D.P.64.1.377).
(4) Douai, 21 fév. 1861, et Cass., 15 janv. 1862 (S.61.2.289 et 62.1.133).

correctionnel (1). La loi nouvelle, dans l'art. 15 ci-après, a établi, en termes explicites, une règle contraire.

Dans tous les cas, les tribunaux appréciaient, non-seulement s'il y avait faute imputable et ouverture à responsabilité ; mais ils fixaient les dommages-intérêts ; pouvaient en modifier l'étendue selon les circonstances ; les répartir inégalement, s'il y avait lieu, entre les divers membres du conseil, selon la durée des fonctions de chacun d'eux, et les affranchir de toute solidarité ; en réduire le chiffre en tenant compte de l'imprudence de ceux qui les réclamaient et qui devaient s'imputer, dans une certaine mesure, le préjudice qu'ils avaient éprouvé (2).

Ces décisions reposent sur une appréciation de faits qui échappaient à la censure de la Cour de cassation (3).

Lorsqu'avaient été maintenues dans les inventaires, comme éléments d'actif, des créances irrecouvrables, on décidait que ce fait constituait une inexactitude grave ; et les membres du conseil de surveillance étaient responsables, dans le cas où ce fait eût été connu d'eux : ils ne pourraient alléguer pour leur décharge une clause des statuts qui semblait autoriser une semblable irrégularité, parce qu'elle ne saurait, en aucun cas, être interprétée dans ce sens, que des créances reconnues mauvaises devraient être maintenues comme bonnes dans un inventaire ; ou la clause devrait être déclarée nulle comme contraire aux bonnes mœurs et à l'ordre public (4).

---

(1) Cass., 2 avril 1859 ; Rouen, 13 janv. 1860 ; Paris, 29 août 1861 ; Douai, 28 déc. 1861 (S.59.1.353 ; 61.2.289 et 62.1.125).

(2) Caen, 16 août 1861 ; Lyon, 8 juin 1864, et Angers, 11 janv. 1867 (D.P.65. 2.192 et 197, et 67.2.19) ; Cass., 17 fév. 1868, B. 36.

(3) Cass., 14 mars 1866 (Gaz. des Trib., 15 mars 1866).

(4) Angers, 11 janv. 1867 (D.P.67.2.49). — V. également Lyon, 8 juin 1864 (D.P.65.2.197).

675. Ce n'était qu'avec peine, toutefois, que la jurisprudence avait établi les règles que nous venons de faire
connaître, et l'on soutenait, nous l'avons dit, qu'elles
étaient trop sévères : on pouvait s'étonner, d'un autre côté,
qu'après avoir posé en principe que les membres du
conseil de surveillance étaient les mandataires de ceux
qui les avaient nommés, la simple négligence n'imposât
aucune responsabilité ; et, que pour qu'elle fût encourue,
il fallût prouver le dol et la fraude ou la faute lourde qui
y est assimilée : la loi exigeait, en effet, il ne faut pas
l'oublier, que les membres du conseil eussent agi *sciemment* et *en connaissance de cause* : il leur suffisait donc de
ne remplir aucun des devoirs qui leur étaient imposés ;
de rester systématiquement étrangers à tout ce qui se
passait, pour avoir le droit de dire que ce n'était pas
sciemment et *en connaissance de cause* qu'ils avaient laissé
accomplir les irrégularités.

La loi nouvelle a fait disparaître ces incertitudes et
ces contradictions, que la jurisprudence avait avec peine
cherché à concilier.

Le premier § de l'art. 9 rappelle d'abord, et surabondamment sans doute, que les membres du conseil n'encourent aucune responsabilité en raison des actes de la
gestion et de leurs résultats : cette déclaration de principes est renouvelée dans l'art. 15 ci-après. Les règles
particulières à la société en commandite ne permettent
pas à de simples commanditaires de s'immiscer dans la
gestion : nous ne pouvons que renvoyer sur ce point au
commentaire des art. 27 et 28, C. comm.; la loi du
24 juillet 1867 n'a rien innové à cet égard, et laisse sur
la même ligne les simples commanditaires et les membres du conseil ; en ce qui concerne la gestion, ils n'ont
aucun pouvoir, et, par suite, aucune responsabilité.

676. Le second § de l'art. 9 ne rappelle également qu'un principe de droit commun ; mais il y avait nécessité de le faire en présence des difficultés qu'avait soulevées la rédaction malheureuse de l'art. 10 de la loi de 1856, et quoique le texte nouveau n'en reproduise aucunement les termes. Il n'est plus possible d'équivoquer désormais : il est certain que chaque membre du conseil n'est responsable que de ses fautes personnelles ; mais il en répondra comme tout mandataire et parce que telle est sa qualité, conformément, ainsi que le dit la loi, aux règles du droit commun : il n'est donc plus nécessaire de prouver contre lui le dol et presque la fraude ; sa négligence, si elle n'est pas excusable, entraînera contre lui une responsabilité comme contre tout mandataire (1). Si les membres du conseil avaient participé aux faits reprochés au gérant ; s'ils étaient ses complices, ou si même leur négligence seule avait permis au fait dommageable de s'accomplir, le premier § de l'art. 9 ne s'opposerait pas, bien entendu, à ce qu'ils fussent, dans ce cas, poursuivis avec le gérant et condamnés solidairement : ils subiraient légitimement les conséquences de leur faute personnelle ou de leur complicité, et ne répondraient pas, dans ce cas, de la faute d'autrui (2).

Entre les membres du même conseil, la solidarité pourrait également être prononcée, non en s'appuyant sur la loi spéciale, qui est muette à cet égard ; mais, en vertu des principes généraux, si la faute imputée à chacun d'eux était commune à tous et constituait un fait indivisible auquel ils auraient tous participé au même ti-

---

(1) Lyon, 24 juin 1874 (S.72.2.94); Angers, 10 mars 1875 (D.P.76.2.14); Angers, 5 juill. 1876 (D.P.77.2.30).
(2) Mathieu et Bourguignat, n. 402.

tre (1). Mais on peut dire, en général, que la responsabilité de chaque membre doit être envisagée eu égard à la durée de son mandat, à l'époque où il a été appelé à le remplir, à sa participation plus ou moins active, à la nature et à la spécialité de ses connaissances (2). Quoi qu'il en soit, il ne peut plus être douteux aujourd'hui que, pour échapper à la responsabilité qui le menace, un membre du conseil de surveillance ne serait pas admis à alléguer qu'il s'est abstenu et qu'il n'a pris aucune part aux actes de surveillance qui lui sont imposés; à moins que son absence ne fût justifiée par des motifs légitimes, qui devraient être prouvés par lui : même sous la loi de 1856, cette règle aurait pu être suivie (3) : il y a négligence, et, par suite, faute imputable.

677. Nous aurons occasion, par la suite, de faire connaître avec détails les règles du contrat de mandat. Dès à présent, nous pouvons dire que l'art. 1992, C. civ., après avoir établi que le mandataire répond non-seulement du dol, mais encore des fautes qu'il commet dans sa gestion, ajoute que la responsabilité relative aux fautes est appréciée moins rigoureusement contre celui dont le mandat est gratuit que contre celui qui reçoit un salaire; et la Cour de Douai a eu occasion de faire application de cet article à un membre du conseil de surveillance, qui ne recevait d'émolument d'aucune sorte (4). Mais il ne faudrait pas considérer comme gratuit le mandat d'un membre du conseil, à qui sont alloués, conformément à un usage très-ré-

---

(1) Mathieu et Bourguignat, n. 103; Cass., 17 fév. 1868, B. 36; Lyon, 24 juin 1871 (S.72.2.94).
(2) Lyon, 11 juill. 1873 (J.P.74.345); 21 déc. 1875 (D.P.77.1.17).
(3) Lyon, 8 juin 1864 (S.65.2.33); 21 déc. 1875 (D.P.77.1.17).
(4) Douai, 26 mai 1865 (S.66.2.157). — V. également Caen, 16 août 1864

pandu, des *jetons de présence*, s'ils représentent, en définitive, une allocation assez forte pour être assimilée à un
véritable salaire (1). Il en serait autrement, si la somme
qui peut être perçue est de très-faible importance.

678. Ces principes posés, c'est aux tribunaux à les
appliquer, en tenant compte des circonstances dans chaque espèce ; une règle générale ne saurait être formulée :
« Si en cette matière, a dit la Cour de Lyon, dans un arrêt que nous avons déjà cité, la mission des conseils de
surveillance ne doit pas être étendue hors de ses limites
et elle doit même être sagement circonscrite par la prudence des tribunaux ; il faut, néanmoins, qu'elle soit sérieuse, raisonnablement entendue, et qu'elle ne puisse
mettre à la place d'une garantie voulue par la loi une
sorte de sinécure d'autant plus propre à tromper le public, qu'elle serait couverte des noms les plus honorables. » Mais, en cette matière, l'appréciation des tribunaux est souveraine et elle échappe à la censure de la
Cour de cassation (2).

Le Corps législatif a fait disparaître du projet de loi
l'énumération empruntée à l'art. 10 de la loi de 1856,
dont l'interprétation, ainsi que nous venons de le dire,
avait été si laborieuse et avait donné lieu à des difficultés
inextricables : mais, en se contentant de renvoyer au
droit commun pour reconnaître les cas de responsabilité,
elle maintient donc implicitement comme fautes imputables, d'avoir laissé commettre des inexactitudes graves
dans les inventaires ou d'avoir permis la distribution de
dividendes non justifiés, alors même qu'il ne serait allé-

---

(1) Mathieu et Bourgnignat, n. 105.
(2) Cass., 14 déc. 1869 (D.P.70.1.479) ; 15 avril 1873 (D.P.75.1.34).; Cass.,
8 mars 1876 (S.76.1.409) ; Cass., 17 mai 1876 (S.76.1.445) ; Cass., 17 juill. 1876
(S.76.1.407).

gué ni le dol ni la fraude, mais une simple négligence, si elle 'n'est point excusable. Il faut même admettre que sous la loi nouvelle la présomption, quand le fait existe, est contre les membres du conseil de surveillance, sauf à se disculper de la faute qui leur est imputée (1).

La responsabilité des membres du conseil ne peut être engagée que dans le cas où il y a préjudice et dans la mesure de ce préjudice ; et l'action ne pourra être intentée que par ceux qui l'ont souffert (V. *suprà*, sous l'article 8, n° 671). En ce qui concerne les gérants, il semble difficile que les dommages-intérêts ne soient pas de tout le dommage souffert ; et sous la loi de 1856, on pouvait induire des expressions de l'art. 10, que les membres du conseil seraient tenus comme le gérant, avec lequel ils étaient solidaires. Cette doctrine rigoureuse n'avait pas toujours été suivie. Elle devrait être repoussée aujourd'hui et les tribunaux apprécieraient, et avec bien plus de liberté évidemment (2).

L'action en responsabilité appartient incontestablement aux créanciers sociaux ; si, en effet, les membres du conseil de surveillance ne tiennent leur mandat que des actionnaires, ils n'en sont pas moins responsables de leur quasi-délit envers les créanciers auxquels ils ont causé préjudice par leur négligence (3).

Cette même action en responsabilité appartient aussi aux associés eux-mêmes, s'ils ont éprouvé un préjudice ; et l'on peut aisément supposer le cas où la distribution de dividendes non justifiés a eu pour effet de produire une hausse dans le cours des actions et de faire subir, plus tard, un préjudice à ceux qui s'en sont rendus ac-

---

(1) Vavasseur, n. 245 et s.; 2ᵉ édit., n. 693.
(2) Vavasseur, n. 253 ; 2ᵉ édit., n. 704.
(3) Cass., 23 fév. 1870 (D.P.74.1.229).

quéreur à ce taux exagéré (1), et sauf le recours contre
le gérant, auteur principal de la faute. Les actionnaires,
dans ce cas, si l'action sociale dérivant du mandat conféré aux membres du conseil vient à leur manquer,
trouvent une autre protection dans les termes des articles 1382 et 1383, C. civ., qu'ils ont le droit d'invoquer
comme tiers lésés (2).

Il faut ajouter que, même sous la loi nouvelle comme
sous la loi ancienne, les membres du conseil de surveillance d'une société en commandite par actions peuvent
être déclarés solidairement responsables envers les actionnaires à raison des fautes qu'ils ont commises collectivement, sans qu'il soit possible de déterminer la part
de responsabilité de chacun d'eux, et qui présentent
d'ailleurs les caractères de quasi-délit (3).

Nous allons parler maintenant des devoirs spéciaux
que l'art. 10 ci-après a imposés aux membres des conseils de surveillance et qui forment, à proprement
parler, leurs attributions. Notre art. 9, au contraire, ne
fait que rappeler des principes de droit commun applicables à tout mandataire.

ARTICLE 10.

Les membres du conseil de surveillance vérifient les livres, la caisse,
le portefeuille et les valeurs de la société.

Ils font chaque année, à l'assemblée générale, un rapport dans lequel
ils doivent signaler les irrégularités et inexactitudes qu'ils ont reconnues dans les inventaires et constater, s'il y a lieu, les motifs qui s'opposent aux distributions des dividendes proposés par le gérant.

Aucune répétition de dividendes ne peut être exercé contre les actionnaires, si ce n'est dans le cas où la distribution en aura été faite en

---

(1) Vavasseur, n. 254 ; 2ᵉ édit., n. 699.
(2) Cass., 18 août 1868 (J.P.69.454).
(3) Cass., 17 juill. 1876 (D.P.77.1.435).

l'absence de tout inventaire ou en dehors des résultats constatés par l'inventaire.

L'action en répétition, dans le cas où elle est ouverte, se prescrit par cinq ans, à partir du jour fixé pour la distribution des dividendes.

Les prescriptions commencées à l'époque de la promulgation de la présente loi, et pour lesquelles il faudrait encore, suivant les lois anciennes, plus de cinq ans, à partir de la même époque, seront accomplies par ce laps de temps.

SOMMAIRE.

679. Les deux premiers paragraphes de cet article sont la reproduction, sauf quelques différences de pure rédaction, de l'art. 8 de la loi de 1867 et sont spéciaux aux conseils de surveillance.

Les trois derniers paragraphes sont nouveaux et exigeront de notre part d'assez longs développements : ils n'ont, du reste, aucun rapport avec les attributions des conseils, dont l'art. 10 a commencé l'énumération et que complétera l'article suivant.

680. Les pouvoirs accordés par l'art. 8 de la loi de 1856, et l'art. 10 de la loi nouvelle aux membres du conseil de surveillance ont toujours appartenu aux commanditaires ; mais quand le capital de la société souvent considérable était divisé en actions, dont le chiffre est descendu quelquefois jusqu'à 5 francs et même plus bas, il n'était pas possible que l'exercice de ce droit pût être accordé à chaque actionnaire, et presque toujours il était délégué à un conseil de surveillance. La loi nouvelle a fait de cet usage une disposition légale, en même temps qu'elle faisait disparaître un doute, s'il avait pu exister encore, sur la légitimité du droit accordé par la doctrine aux commanditaires. Ce qui n'avait été jusqu'ici qu'une faculté, la loi l'impose comme un devoir aux membres du conseil de surveillance, et ils sont tenus sous leur responsabilité personnelle, envers tous les actionnaires, de le remplir avec soin et avec exactitude. Ils doivent, en outre, faire chaque année un rapport sur les inventaires et sur les propositions de dividendes.

Cet article ne fait nul obstacle à ce que les dispositions du Code de commerce, relatives à l'immixtion de
tout commanditaire dans la gérance, soient appliquées au
membres du conseil de surveillance, qui ne se serait pas
renfermé dans le rôle qui lui est assigné par sa qualité
de commanditaire. Nous le répétons, la loi nouvelle a
défini les obligations auxquelles les commanditaires sont
astreints, mais elle n'a rien innové, ni quant aux pouvoirs qui leur appartiennent, ni quant à la responsabilité qui pèse sur eux, s'ils violent les prescriptions des articles 27 et 28, C. comm.

681. Notre article suppose évidemment que l'obligation imposée aux membres du *premier* conseil par l'article 6 a été accomplie; mais là, ainsi que nous devons
le répéter, ne se borne pas leur mission, et ils ont d'autres devoirs à remplir qui leur seront désormais communs avec tous ceux qui, pendant le cours de la société,
leur succéderont.

Il est évident que si les membres du conseil ne véri-
fiaient pas les livres, la caisse, le portefeuille et les valeurs de la société, ils ne pourraient, dans le rapport
annuel qu'il sont tenus de faire à l'assemblée générale,
signaler ni irrégularité, ni exactitude, ni émettre une
opinion sur la légitimité des dividendes, dont la distribution est proposée par le gérant. C'est donc pour eux
un devoir impérieux de se livrer aux vérifications qui
leur sont imposées par la loi et de le faire d'une manière
sérieuse. Sous l'empire de la loi de 1856, des membres
du conseil de surveillance ont été, à juste titre, déclarés en
faute pour n'avoir pas fait les vérifications auxquelles ils
sont tenus ou les avoir accomplies avec négligence (1).

---

(1) Cass.. 16 août 1864; Lyon, 8 juin 1864 (S.65.2.33 et 38).

Dans l'espèce jugée par la Cour de Lyon particulièrement, le conseil de surveillance s'était borné à choisir
dans son sein, pour la vérification des livres et de la
comptabilité, une sous-commission ; et celle-ci, au lieu
de procéder à un examen effectif, s'était contentée de se
faire remettre des bulletins de situation qu'elle n'avait
pas même contrôlés, accordant ainsi une *confiance aveu-
gle* et sans réserve au gérant. Cette négligence avait eu
des résultats déplorables. Il s'était, chaque année, glissé
dans les inventaires de graves inexactitudes et l'état véritable des affaires sociales était resté caché. La société
avait fini par succomber d'une manière imprévue, entraînant dans sa chute d'autres ruines. « Si le conseil
de surveillance, est-il dit dans l'arrêt, avait rempli
comme il le devait sa mission, la véritable situation de
la société aurait apparu ; la conduite inhabile ou coupable
du gérant aurait été démasquée ; la nécessité de dissoudre
la société aurait été plus tôt reconnue. » Ces principes
sont restés applicables sous la loi nouvelle, mais doivent
être restreints dans une juste mesure, ainsi que nous
allons le dire.

La deuxième obligation expressément imposée par
l'art. 10 aux membres du conseil de surveillance consiste
dans le rapport annuel qu'ils sont tenus de faire à l'assemblée générale.

Ce rapport sera basé sur les résultats de la vérification
à laquelle il aura été procédé, et qui ne saurait entraîner
toutefois, nous l'avons dit, à aucun acte d'immixtion dans
les fonctions de la gérance ; les conclusions du rapport
ne peuvent être qu'un simple contrôle et une appréciation que les membres du conseil soumettent à l'assemblée
générale, et c'est elle qui décidera dans la limite de ses
pouvoirs.

On comprend donc aisément que la fraude du gérant pourrait avoir pour résultat de voiler quelquefois les irrégularités ou les inexactitudes de l'inventaire ; et l'on ne peut obliger les membres du conseil à des vérifications autres et plus étendues que celles que le premier paragraphe de notre article a énumérées, si elles ont été sérieuses et aussi complètes qu'elles peuvent l'être, sans reprendre à nouveau tout le travail auquel a dû se livrer le gérant pour établir les bases mêmes de l'inventaire (1).

La loi veut que le rapport dont il s'agit soit l'œuvre collective de tous les membres du conseil ; l'un d'eux ne peut donc s'abstenir, sans justifier par un motif légitime son absence, ainsi que nous l'avons dit déjà. Si l'un ou quelques-uns d'entre eux diffèrent d'avis avec la majorité, il y a nécessité que l'opinion dissidente et les noms de ceux qui la soutiennent, soient consignés au rapport. L'assemblée générale appréciera. Si ces précautions n'étaient pas prises, le membre absent ou dissident aurait sa responsabilité engagée (2) ; mais, sous cette sanction, les opérations pourront être divisées et certains membres pourront s'en rapporter, à leurs risques et périls, à leurs collègues (3).

Sans recourir à l'art. 11 ci-après, qui prévoit un cas exceptionnel, le conseil aura le droit de convoquer l'assemblée générale pour lui faire le rapport qui lui est imposé, si les statuts, par impossible, n'y avaient pas pourvu et malgré l'opposition qu'y pourrait faire le gérant.

---

(1) C'est dans ce sens, sans doute, que doivent être entendus MM. Rivière (n. 92) et Ameline (n. 80).

(2) Dalloz, *Rép.*, n. 1430 ; Mathieu et Bourguignat, n. 87 ; Rivière, n. 95 ; Ameline, n. 79.

(3) Rivière, n. 94.

682. Nous arrivons maintenant au troisième para-graphe de l'art. 10, qui s'occupe des actionnaires eux-mêmes, quand ils ont reçu des dividendes non légitime-ment dus.

La question posée dans le troisième paragraphe n'est pas nouvelle, et la jurisprudence comme les auteurs ont eu souvent à l'examiner : il est essentiel de rapporter ces précédents avant d'apprécier la portée du texte, dont nous devons donner le commentaire. La question mérite d'être approfondie et traitée de la manière la plus com-plète, et nous remonterons jusqu'à la discussion du Code de commerce, au sein du Conseil d'État. C'est là que cette question s'est produite pour la première fois, mais dans des termes tout différents ; et la solution, qui faisait difficulté à cette époque, est aujourd'hui tout à fait aplanie. Ce que l'on a discuté au Conseil d'État, c'est de savoir si l'associé commanditaire pourrait prélever annuellement la part, que l'acte de société lui donne dans les béné-fices, sans être tenu à les restituer plus tard, quand une année calamiteuse succède à une année prospère, ques-tion qui, dans l'ancien droit, avait fait difficulté (V. *suprà*, n° 425).

Il faut, tout d'abord, distinguer les dividendes pro-prement dits, représentant un véritable bénéfice ; et les intérêts quelquefois stipulés des sommes apportées en commandite, et qui devront, aux termes des statuts, être annuellement prélevés, indépendamment même de toute réalisation de bénéfice, pris par conséquent sur le fonds social même et à titre de charge sociale.

En ce qui concerne les dividendes mêmes, pour savoir s'ils ont bien été prélevés, en effet, sur les bénéfices, faudra-t-il s'attacher au résultat définitif des opérations sociales et attendre la liquidation ; ou bien s'attacher seu-

lement au résultat annuel donné par chaque inventaire
régulièrement dressé ; et quand cet inventaire devra-t-il
être considéré comme régulier? (V. *suprà*, n° 425).

Ces diverses questions ont été agitées, nous le répétons, bien avant la loi de 1867, et nous les examinons en
ce moment, abstraction complétement faite de cette
loi.

683. Nous parlerons d'abord des dividendes ou bénéfices.

On a cherché à établir en principe, quelquefois, que
la société ne peut être réputée en bénéfice qu'à l'expiration du terme fixé pour sa durée et par le résultat de sa
liquidation définitive ; tout partage fait avant cette époque
ne devrait être considéré, disait-on, que comme provisoire et sujet à rapport, au moins à l'égard des créanciers ; nous ne sachions pas qu'on ait tenté d'étendre la
règle aux rapports des commanditaires envers les associés commandités, quoique aucune raison solide n'existe
à l'appui de cette distinction. Cette question avait été débattue sous l'ancien droit. Ce système fut combattu au
Conseil d'État, et M. Bérenger retira la proposition qu'il
avait formulée pour le faire consacrer par la loi (1). L'expérience a démontré qu'une semblable rigueur était inutile pour assurer le crédit des sociétés en commandite.
Cependant, la controverse a continué.

« Le commanditaire, a dit M. Frémery, n'est associé
que dans la limite de sa mise : cette quantité représente
donc sa personne ; c'est cette part qui doit les dettes, ce
n'est pas lui. Hors cette mise, il n'est plus associé : donc,
tout ce qui, dans la société, n'est pas sa mise et cependant lui appartient, est une dette de la société envers lui.

_____

(1) Procès-verbaux, 14 fév. 1807 ; Locré, t. 17, p. 259 et 260.

Conséquemment, quand les bénéfices réalisés excèdent sa mise, il est créancier de cet excédant : non-seulement il peut le retirer, mais, s'il le laisse dans la société, c'est un prêt qu'il lui fait et pour lequel il peut stipuler des intérêts (1). »

Ce raisonnement est sans réplique, sans doute, mais à la condition qu'il sera bien admis que les bénéfices faits par une société peuvent être régulièrement fixés avant l'époque de sa liquidation définitive ; c'est précisément ce qui était contesté au Conseil d'État et peut, en effet, être mis en question. Cependant, les usages du commerce n'admettent pas une semblable rigueur de principes ; à chaque inventaire, ils permettent de déterminer les bénéfices qui ont été réalisés, et la discussion élevée au Conseil d'État prouve que le législateur n'a pas voulu y déroger. Nous pensons, en conséquence, que les prélèvements de ces sommes faits de bonne foi ne devraient, en aucun cas, être restitués (2) ; le contraire a cependant été jugé par la Cour de Paris, bien qu'une clause de l'acte de société autorisât expressément ce prélèvement (3) ; mais cet arrêt fort ancien ne peut faire autorité.

Nous n'établissons cette règle, toutefois, qu'en supposant la bonne foi la plus entière du gérant et des associés : il y a donc lieu par les tribunaux de s'enquérir des circonstances, des clauses rendues publiques et de la sincérité des opérations (4). En effet, des abus très-graves pourraient s'introduire : en élevant outre mesure, au moment des inventaires, la valeur des marchandises ; en

---

(1) Frémery, p. 54.

(2) Cass., 14 fév. 1840 ; Rouen, 26 janv. 1841 (J.P.41. t. 1er, p. 473); Cass., 17 mai 1847 et 25 nov. 1861 (S.47.1.585 et 62.1.189); *Code allemand*, art. 161.

(3) Paris, 11 fév. 1811.

(4) Pardessus, n. 1035. V. Rouen, 30 mars 1831 ; Dalloz, *Rép.*, v° *Société*, n. 1396.

y comprenant comme bonnes des créances douteuses ; en usant, enfin, de tous les moyens suggérés par la mauvaise foi, s'il y avait collusion entre le gérant et les commanditaires, ceux-ci pourraient arriver à retirer leur mise entière et à ne plus conserver que des chances de gain ; mais, sauf les cas de fraude ou de dol, nous ne pensons pas que les commanditaires puissent être tenus, nous le répétons, de restituer les bénéfices qu'ils ont dû croire, d'après le résultat de chaque inventaire annuel, légitimement acquis (1). Même si le dol existait de la part du gérant seul, qui aurait donné des inventaires inexacts et mensongers, les commanditaires, quoique de bonne foi, devraient répondre envers les tiers de la faute de leur mandataire.

684. Les règles à suivre peuvent donc se résumer ainsi :

Toutes les fois que les dividendes distribués ont été pris sur des bénéfices réalisés et constatés par un inventaire régulier, les actionnaires ne sont tenus à aucune restitution, quelles que soient les vicissitudes de la société(2).

Mais, d'un autre côté, il n'est pas douteux que s'il a été distribué des dividendes en l'absence de bénéfices, les actionnaires sont tenus à restitution, quoiqu'ils aient été de bonne foi et quelles que soient les clauses de l'acte de société (3).

---

(1) Voir sur la question, Troplong, *Société*, n. 846 ; Malpeyre et Jourdain, p. 157 et s.; Delangle, n. 345 et s.; Delvincourt, t. 2, p. 48, note 1 ; Bédarride, n. 226 et s.; Demangeat sur Bravard, t. 1ᵉʳ, p. 358, note 1, et 359, note 1.

(2) *Code allemand*, art. 161 ; Cass., 14 fév. 1810 ; Rouen, 26 janv. 1841 (J.P 41.1.473) ; Cass., 17 mai 1847 et 25 nov. 1861 (S.47.1.585 et 62.1.489), et tous les auteurs.

(3) Cass., 25 nov. 1861, et 3 mars 1863 (D.P.62.1.166 et 63.1.125) ; Rouen, 25 nov. 1864 ; Angers, 18 janv. 1865 ; Caen, 16 août 1864 (D.P.62.2.106 et 65.2. 67 et 192) ; Cass., 8 mai 1867 (*Gaz. des Trib.*, 9 mai 1867). *Contrà*, Aix, 22 juill. 1862 (D.P.62.2.148).

Pour apprécier s'il y a bénéfice, on ne doit. ni dans l'un ni dans l'autre cas, s'attacher aux résultats définitifs de la société, tels qu'ils résulteront de sa liquidation. Les actionnaires ne peuvent demander qu'il soit sursis à la restitution demandée jusqu'à ce moment ; et d'un autre côté, ils restent paisibles possesseurs des sommes antérieurement distribuées dans les conditions déterminées tout à l'heure (1).

Des espérances de résultats avantageux ne peuvent être prises en considération pour autoriser les distributions de dividendes ; ces distributions ne peuvent être opérées que lorsque les bénéfices sont réellement acquis et actuels, et non quand ils dépendent d'entreprises hasardeuses, dont le succès est incertain ou doit se faire attendre de longues années.

685. D'autres principes doivent-ils être suivis, quand il s'agit des intérêts stipulés quelquefois pour le montant de la commandite, en outre des bénéfices? La distinction n'a point été faite au Conseil d'État. Cette question a été tranchée par le Code hongrois : « Les associés, dit-il, sont astreints à payer les intérêts à leurs commanditaires, lors même qu'ils ne feraient aucun bénéfice, ou qu'ils éprouveraient des pertes » (2). La loi française est restée muette.

Il n'est point douteux que la stipulation, en elle-même, est parfaitement licite, si elle doit être entendue dans ce sens, qu'avant tout partage de bénéfices, s'il y a lieu, entre le gérant et le commanditaire, il sera prélevé l'intérêt des sommes formant le montant de la comman-

---

(1) Mêmes autorités qu'à la note 1. *Contrà*, Persil, p. 107 et s., et Paris, 11 fév. 1844.

(2) *Code hongrois*, art. 30. V. *Code allemand*, art. 106 à 108 et 161.

dite; c'est un avantage contre le gérant; et il n'y a doute que pour savoir si les tiers peuvent en souffrir.

En ce qui concerne les tiers, il n'est pas contestable évidemment que, dans le cas où la distribution de dividendes est licite, la distribution d'intérêts ne saurait, à plus forte raison, être attaquée.

Si, au contraire, ces intérêts ont été payés en l'absence de tout bénéfice ; et, par suite, nécessairement pris sur le fonds social et le capital de la commandite, qu'ils ont ainsi diminué, seront-ils sujets à restitution, alors que le paiement en a été fait en vertu de clauses des statuts, qui ont été publiées conformément aux art. 42 et s., C. comm.; et portées ainsi à la connaissance de tous? Cette question est controversée.

Il est arrivé quelquefois que, dans les entreprises de chemins de fer, par exemple, et lorsque des travaux considérables doivent retarder de plusieurs années le commencement de l'exploitation, des intérêts ont été stipulés payables à partir de chaque versement ; et nécessairement, par suite, pris sur le capital. Après quelque hésitation, le Conseil d'État a pu autoriser de semblables conventions pour les sociétés anonymes dans l'intérêt des petits capitalistes, et parce que son examen préalable était une garantie que l'abus serait évité; mais, dans la commandite ordinaire, l'exploitation commence immédiatement ; il n'existe aucune garantie contre les abus ; l'exemple n'est donc pas concluant; et si cette clause est sans effet dans la commandite ordinaire, elle ne peut devenir licite dans la commandite par actions.

Pour soutenir la validité de cette stipulation, on a dit que l'insérer dans les statuts, c'est-à-dire, en d'autres termes, annoncer que le capital nominal n'est pas le capital effectif, et que la mise consiste, non dans ce qui a été versé, mais dans ce qui restera après les intérêts payés jusqu'au moment où l'exploitation commencera, c'est prévenir suffisamment les tiers, par la publicité donnée à cette clause (1).

Ce que la loi a voulu, et avec raison, c'est que le capital effectif fût toujours connu ; elle n'admet pas que l'on puisse prévenir les tiers que la société a jugé à propos de ne pas obéir à cette règle, et qu'ils doivent se tenir pour avertis. Dans tous les cas, au moins, faudrait-il faire la distinction entre l'époque qui précède et le temps qui suit la mise en exploitation. Mais le législateur, par la loi du 17 juillet 1856, avait tranché la question ; et, d'une manière implicite, mais très-formelle, il avait prohibé une semblable stipulation ; comme le Conseil d'État, à l'époque où fut discuté le Code de commerce, il n'avait fait aucune distinction entre les bénéfices et les intérêts ; il n'avait pas cru que le commanditaire pût être assimilé à un prêteur, ou qu'il pût retirer, au préjudice des tiers, une partie de sa mise.

Existe-t-il, en effet, quelque chose de plus contraire à tous les principes du droit, que de confondre un associé avec un prêteur et les rapports de la société et de l'un de ses membres avec les rapports d'un emprunteur avec un prêteur ! Ce n'est pas tout. Si, ainsi que l'enseigne M. Troplong, les intérêts payés doivent être considérés comme une simple diminution du capital nominal, non-seulement ce capital pourra arriver à être complétement anéanti, mais comment admettre que l'intérêt à payer ne diminuera pas, tout au moins, dans la même proportion que diminue la mise primitive ? Ainsi donc, a dit avec beaucoup de raison M. Demangeat, « même avec le

_____

(1) Troplong, n. 194 ; Molinier, n. 557 ; Dalloz, v^e *Société*, n. 1398.

point de vue de M. Troplong, la clause a quelque chose de contraire à la loi » (1).

Il est nécessaire de rappeler, sur une question d'intérêt très-pratique, les monuments de la jurisprudence.

686. Lorsque la clause existe et a été rendue publique, il suffit, pour mettre le commanditaire à couvert contre toute demande en rapport intentée par les tiers, qu'il ait ignoré que la société se trouvait en perte. En principe, la règle serait la même que pour les bénéfices ; mais, en fait, la question de bonne foi ne serait pas soumise à des règles aussi sévères : jusqu'à preuve contraire, le commanditaire est présumé de bonne foi et avoir ignoré que la société était en perte (2); il ne répond plus du dol du gérant, s'il n'en est complice, et il n'est pas nécessaire que le paiement de ces intérêts soit précédé d'un inventaire, dans le cas où le paiement doit être fait, par exemple, tous les trois mois ou tous les six mois, tandis que les inventaires ne sont faits qu'une fois par an. Mais, une fois la faillite survenue, ces intérêts ne pourraient évidemment être réclamés au préjudice des créanciers (3), et, dans tous les cas, doivent être restitués s'ils ont été perçus de mauvaise foi (4).

D'autres arrêts ont été plus loin, et ils ont décidé que la restitution des intérêts ne peut jamais être due (5); et même dans le cas où le gérant justifierait par ses livres qu'il n'existe aucun bénéfice, il n'en est pas moins tenu envers les commanditaires, aux époques déterminées par

---

(1) Demangeat sur Bravard, t. 1er, p. 362, en note.
(2) Cass., 14 fév. 1810; Cass., 17 mai 1847 (S.47.1.585). *Sic*, Bédarride, n. 225.
(3) Paris, 14 août 1868 (S.69.2.248).
(4) Cass., 6 mai 1868 (S.68.1.243).
(5) Rouen, 30 mars 1831 ; Dalloz, v° *Société*, n. 1396, et Caen, 16 août 1864 (D.P.65.2.192).

le contrat, d'exécuter les paiements stipulés (1). Plusieurs auteurs se sont élevés contre les conséquences de la doctrine qu'ils avaient soutenue, quand elles sont poussées jusqu'à ce point (2); mais ce scrupule ne nous semble pas logique. Du moment qu'il est admis que les tiers, suffisamment avertis par la publication de l'acte, ne peuvent se plaindre de la diminution du capital social et ne doivent compter que sur la commandite grevée éventuellement du paiement des intérêts, nous croyons que les arrêts que nous avons rapportés tout à l'heure n'ont tiré de semblables prémisses qu'une conséquence très-juste. Mais ce que nous contestons, quant à nous, ce sont les prémisses.

Il avait paru certain pour tous, au moins, qu'à défaut de publication, la clause ne pourrait être opposée aux tiers, et qu'aucune distinction ne saurait être faite dans ce cas entre les bénéfices et les intérêts (3) ; un arrêt de la Cour de cassation, rendu sous la présidence de M. le premier président Troplong, a embrassé une opinion contraire ; et a été jusqu'à décider que les intérêts touchés par les commanditaires ne devaient pas être restitués, quoique la clause de l'acte social, en vertu de laquelle ils ont été payés, n'eût pas été rendue publique (4). Nous ne pouvons évidemment approuver une semblable doctrine et croire que la Cour y persistera.

687. C'est dans ces termes que la question s'est présentée devant le Corps législatif, à propos de l'art. 10 ;

---

(1) Rouen, 26 janv. 1844 et 30 mars 1844 (J.P.44.1.473); Paris, 2 août 1855; Caen, 16 août 1864, et Angers, 18 janv. 1865 (D.P.56.2.34 et 65.2.192 et 67).
(2) Delangle, n. 365 ; Bédarride, n. 225; Dalloz, v° *Société*, n. 1393.
(3) Lyon, 8 juin 1864 (D.P.65.2.197); Paris, 26 janv. 1866 (*Gaz. des Trib.*, 3 avril 1866).
(4) Cass., 8 mai 1867 (D.P.67.1.193).

et le texte définitivement adopté n'a apporté aucune modification bien réelle, selon nous, à cet état de choses;
mais il a été l'objet d'une discussion si longue et si confuse, au sein d'une assemblée où les jurisconsultes sont
en si petit nombre, que, pour arriver à une explication
satisfaisante, nous serons contraint d'entrer dans des développements que nous aurions voulu pouvoir abréger.

La loi nouvelle, pas plus que l'ancienne, ne distingue
les dividendes des intérêts, qu'elle ne nomme même pas,
quoique le Corps législatif, à la différence du Conseil
d'État de 1807, eût son attention appelée par les faits
sur cette difficulté. C'est en parfaite connaissance de cause
qu'il a refusé d'écrire une disposition analogue à celle
existant dans le Code hongrois, et que nous avons rapportée. Il s'est bien gardé de consacrer cette déplorable
confusion de l'associé et du prêteur, si contraire à tous
les principes du droit; et là où il n'y a pas lieu à distribution de dividendes, on ne peut donner d'intérêts. C'est
donc avec étonnement que nous voyons cette thèse encore discutée; il y a là, quant à nous, chose jugée, et
souverainement décidée par le législateur.

688. Ce point mis hors de toute controverse, la loi
nouvelle a pris le soin, sans doute assez inutile, de dire
que si une distribution a été faite en l'absence de tout
inventaire ou en dehors des résultats constatés par l'inventaire, il y aura présomption que les actionnaires ont
été de mauvaise foi, et sans qu'ils puissent être admis à
la preuve contraire, puisqu'il est établi matériellement
qu'ils sont, tout au moins, coupables de cette faute lourde
que rien, dans ses effets civils, ne distingue du dol. Et
cependant il faut ajouter que quels que soient les termes
de la loi, il n'y aurait pas lieu à répétition, si, même en
l'absence d'inventaires, les dividendes distribués étaient

bien réellement acquis (1). Ce que la loi défend, c'est la distribution de dividendes *fictifs*. Il ne faut donc pas prendre le texte trop au pied de la lettre.

La disposition qui forme les trois derniers paragraphes de l'art. 10 ne figurait pas dans le projet de loi ; ces paragraphes y ont été intercalés par un amendement émané de la commission législative, et ont donné lieu à des débats très-animés, ainsi que nous l'avons rappelé, dans les séances du Corps législatif du 31 mai et du 12 juin 1867. Le moindre défaut qui puisse leur être reproché, ainsi que l'a très-bien dit M. Duvergier, commissaire du Gouvernement, c'est d'être mal placés dans une loi qui n'était nullement faite pour résoudre toutes les questions qui se sont présentées ou qui ont pu se présenter dans l'application de la législation commerciale sur les sociétés ; encore moins avait-elle pour objet de choisir, entre toutes, une de ces difficultés de préférence à toute autre, et de soumettre celle-là seule à une solution législative.

Quant à la liaison qui peut exister entre le commencement et la fin de l'art. 10, il est tout à fait inutile de la rechercher.

C'est donc à un autre point de vue qu'il faut examiner la disposition dont il s'agit.

689. L'honorable M. Mathieu soutenant, ainsi qu'il devait le faire, l'œuvre de la commission dont il était le rapporteur, a insisté d'une manière particulière, dans les deux séances du 31 mai et du 12 juin, sur la solution qui aurait été donnée à la question par le Conseil d'État de 1807. Il est tombé, en citant ces précédents, dans une évidente confusion. En 1807, les dividendes *fictifs* n'é-

---

(1) Rivière, n. 97.

taient point inventés ; les commandites par actions étaient
à peu près inconnues, et nul, quelque sagace et pré-
voyant qu'il fût, ne pouvait soupçonner même ces abus,
qui ont rendu nécessaires et la loi de 1856 et celle de
1867 que nous examinons.

Ce que l'on a discuté au Conseil d'État de 1807, ainsi
que nous l'avons dit plus haut, c'était de savoir si l'associé commanditaire pouvait prélever annuellement la
part que l'acte de société lui donne dans les bénéfices,
sans être astreint à les restituer plus tard, quand une
année calamiteuse succédait à une année prospère; mais
qui donc eût osé demander aux conseillers d'État de
1807, si le commanditaire, retirant une partie de sa commandite après un inventaire irrégulier qui accusait un
bénéfice là où, en réalité, il y avait perte; si ce commanditaire, disons-nous, était tenu, non pas même envers le
gérant, mais envers les tiers qu'il avait dépouillés de la
meilleure foi du monde, nous le voulons bien, à rendre
ce qu'il avait si indûment reçu, ce qui ne lui appartenait
à aucun titre, ce qu'une convention formelle l'obligeait à
abandonner aux créanciers de la société? D'ailleurs, pou-
vait-on même imaginer que cette hypothèse se présentât,
puisque le gérant avait tout intérêt à diminuer et non à
augmenter les bénéfices résultant de l'inventaire. Les
combinaisons si ingénieuses et si peu loyales de nos modernes financiers, devenant trop souvent les clients de la
police correctionnelle, étaient à cette époque, nous le
répétons, tout à fait inconnues.

Aussi, à un moment où les souvenirs étaient encore
récents, la Cour de cassation disait : « Qu'il résulte de
cet esprit bien connu du législateur, qu'un commanditaire qui a reçu de bonne foi des *bénéfices* ACQUIS, ne doit
pas être soumis à en faire le rapport; que la seule res-

source des créanciers qui prétendraient à ce rapport serait de prouver *qu'il n'existait point de bénéfices* à l'époque où on en aurait *supposé* pour en faire le partage (1). »

690. En dehors des souvenirs historiques, la commission apportait, à l'appui de sa proposition et comme raisons de doctrine, les art. 549 et 550, C. civ., lesquels, prenant en considération un cas tout à fait exceptionnel et où l'erreur du possesseur a été vraiment invincible, ont décidé, non qu'aucune parcelle de ce domaine, injustement possédé, serait enlevée au légitime propriétaire, mais qu'il perdrait les fruits. Qu'y a-t-il de commun entre cette hypothèse et celle où le commanditaire enlève aux créanciers une partie du capital qui est devenu leur gage ?

L'art. 1378, C, civ., ne prête pas au commanditaire, pour ce cas un secours plus utile.

Nous insistons beaucoup sur ce point; c'est que la différence capitale entre les deux positions n'est pas que dans l'une, l'erreur était invincible ; que, dans l'autre, elle était plus ou moins excusable ; la différence capitale, c'est que, dans une hypothèse, le possesseur de bonne foi n'acquiert aucune parcelle de la propriété même ; qu'il en est autrement dans l'autre.

Enfin, dans tout le cours de la discussion, on a beaucoup parlé de la *responsabilité* de l'actionnaire, à propos de l'obligation où il se trouverait de rendre ce qu'il a reçu indûment. Le mot *responsabilité,* employé en pareille circonstance, n'a pas de sens pour nous. On répond de ses actes et des suites qu'ils peuvent amener ; quelquefois même des actes des autres. On peut être responsable encore en se rendant la caution d'un tiers ; mais nous ne

(1) Cass., 14 fév. 1840.

comprenons pas qu'on soit responsable de sa propre
dette ; on en est débiteur et non responsable ; et à moins
de vouloir apporter dans les matières de droit une regrettable confusion , il faut bien laisser subsister la différence que la force des choses a toujours mise entre
celui qui devient débiteur par suite d'une responsabilité
qu'il a encourue, et celui qui devient débiteur par suite
de la remise qui lui a été faite de fonds ou de tout autre
objet, que la convention même ou la loi l'oblige à restituer.

691. Ces points éclaircis, il nous reste à expliquer le
texte même.

La première rédaction, à laquelle la commission s'était
arrêtée et sur laquelle le Corps législatif a eu à délibérer,
était ainsi conçue : « Aucune répétition de dividendes ne
« pourra être exercée contre les actionnaires, si ce n'est
« dans le cas où la distribution en aura été faite *sans inven-*
« *taire* RÉGULIER, ou en l'absence de tout inventaire. »

Cette rédaction, sans doute, n'était ni bien claire, ni
bien précise; mais la commission, qui en était l'auteur,
avait toute autorité pour en expliquer le sens et la portée :
par l'organe de l'honorable M. Mathieu, son rapporteur,
elle fit connaître que son intention avait été d'établir, en
principe à peu près absolu, et sauf des cas tout à fait
exceptionnels, l'irrévocabilité du dividende reçu par l'actionnaire ; elle proclamait hautement qu'elle avait voulu
renverser la règle adoptée par la jurisprudence, et qu'elle
la croyait funeste.

Il est toujours bien hasardeux de se mettre en opposition complète avec les décisions que les Cours d'appel de
France et la Cour de cassation ont cru conformes au droit
et à l'équité : on ne peut mettre en doute cependant que
c'est le droit du législateur.

Le Conseil d'État, auquel cette rédaction avait été soumise, ainsi que l'interprétation qui lui était donnée par la commission, l'avait repoussée ; et le savant M. Duvergier l'a combattue, à la séance du 31 mai, avec une grande force et une hauteur de talent auquel tout le monde a rendu hommage.

Le Corps législatif était appelé à se prononcer ; et s'il avait approuvé la doctrine de la commission en adoptant l'amendement qu'elle lui avait soumis, cette décision, on ne peut le nier, aurait été d'un très-grand poids auprès des tribunaux appelés à appliquer la loi. Sans doute, il est désormais hors de toute contestation que c'est le texte seul de la loi qui est obligatoire ; et il était loin d'établir d'une manière précise le principe soutenu par la commission ; les tribunaux ne sont pas tenus de se conformer aux explications qui ont pu être échangées, ni aux paroles mêmes d'un rapporteur : dans le cas qui nous occupe, toutefois, l'intention du législateur eût été bien clairement exprimée, et il eût semblé difficile de n'en tenir aucun compte. Mais hâtons-nous d'ajouter que cette hypothèse ne s'est nullement réalisée ; que le Corps législatif, au contraire, a repoussé d'une manière formelle la doctrine soutenue par la commission ; et qu'elle ne peut plus, évidemment, être admise comme l'interprétation à donner à la loi.

D'un autre côté, le quatrième paragraphe de l'art. 10, dont nous parlerons tout à l'heure, était bien accueilli ; et le Corps législatif prit le seul parti qui lui était ouvert pour manifester son opinion ; ce fut de renvoyer l'article tout entier à la commission, afin qu'elle en modifiât la rédaction.

Ce vote fait donc suffisamment connaître dans quel esprit doit être expliqué l'article définitivement adopté. Il

est manifeste et hors de toute contestation, nous le croyons
du moins, que dans le cas où le Corps législatif eût voulu
sanctionner la doctrine beaucoup trop favorable aux
actionnaires, selon nous, que M. Mathieu soutenait au
nom de la commission, la seule chose à faire était d'a-
dopter purement et simplement l'article ; il est non moins
manifeste qu'en procédant autrement, le Corps législatif
a dû se montrer nécessairement opposé à la doctrine soutenue devant lui et qu'il repoussait ainsi de la manière
la moins équivoque.

A la séance du 12 juin, M. Mathieu apporta, au nom
de la commission, l'article qui a été définitivement adopté,
et dont il reste à déterminer le sens, en tenant compte
des précédents que nous venons de rappeler. Si le Gouvernement et le Corps législatif avaient repoussé la première rédaction, si le Gouvernement et le Corps législatif
se sont ralliés à la seconde, c'est que celle-ci, pour l'un
et pour l'autre, ne devait pas recevoir l'interprétation
trop bienveillante que la commission avait donnée à celle-
là, puisque, nous ne saurions trop le répéter, si le Corps
législatif avait voulu suivre la commission sur le terrain
où elle voulait l'entraîner, il n'avait pas autre chose à
faire et ne pouvait pas faire autre chose que d'adopter
purement et simplement l'art. 10 et l'amendement. Mais,
au 12 juin, il y avait de longs jours que l'assemblée
s'occupait d'une loi d'affaires, dont la discussion ne pouvait qu'être fastidieuse pour des hommes peu habitués à
étudier de semblables matières ; et quelque dévouement
qu'ils fussent décidés à apporter dans l'accomplissement
de leur mandat, ils devaient reculer devant un nouveau
renvoi à la commission : le Corps législatif se contenta
d'une rédaction qu'il a laissée aux commentateurs le soin
d'expliquer dans le sens du premier vote qu'il avait émis.

692. La rédaction définitivement adoptée dit, de la
manière la plus explicite et la plus claire, que dans les
deux cas spécifiés par la loi, les actionnaires seront tenus de restituer les dividendes distribués : la présomption qui pèse sur eux est celle qu'on appelle en droit
juris et de jure, et elle ne peut être combattue.

Sur ce point, aucune difficulté.

Trouve-t-on également dans le texte des expressions
assez explicites et assez formelles pour qu'on en puisse
induire que la loi nouvelle a voulu abroger, en ce qui
concerne les actionnaires, l'art. 1376, C. civ., rappelant
ce principe d'éternelle justice : « Que celui qui reçoit
« par erreur ou sciemment ce qui ne lui est pas dû,
« s'oblige à le restituer à celui de qui il l'a indûment
« reçu » ? Qu'elle a voulu renverser une règle que les
juges de tous les temps et de tous les pays auraient appliquée sans hésiter, alors même que le législateur n'eût
pas pris le soin de l'écrire?

Nous déclarons, quant à nous, n'apercevoir rien de
semblable dans l'art. 10. Cependant d'autres commentateurs refuseront, peut-être avec raison, d'admettre qu'il
ne soit rien sorti des travaux et des efforts persévérants
de la commission, quoique ses doctrines, nous le disons
une fois encore, aient été repoussées par le Corps législatif. Plaçons-nous à ce point de vue.

Le cas de fraude ou de mauvaise foi forme une exception
tacite et perpétuelle à toutes les règles. Il est toujours et
de plein droit réservé, et il eût été sans doute aussi inutile
de l'écrire dans la loi, qu'il eût été impossible de proposer une disposition contraire. L'honorable rapporteur
de la commission, nous n'avons pas besoin de le dire,
s'est empressé, dans les débats soulevés au Corps législatif, de rendre hommage à ce principe, quand il a été

interpellé sur ce point. « La fraude, a-t-il répondu à ses adversaires, dans la séance du 12 juin, j'ai eu bien des fois occasion de le dire dans le cours de cette discussion, fait évidemment exception à toutes les règles. » Il n'y a donc difficulté qu'à préciser dans quelles circonstances on pourra reprocher avec justice à l'actionnaire de n'avoir pas reçu de bonne foi ; dans quelles circonstances on pourra dire qu'il existe de ces présomptions, dont l'appréciation est abandonnée aux lumières et à la prudence du magistrat (C. civ., art. 1349 et 1353).

Il nous paraît hors de doute que ces présomptions existeront contre les actionnaires, par cela seul qu'il sera démontré que l'inventaire, en vertu duquel les dividendes ont été distribués, était *irrégulier* : c'est l'expression même employée dans la première rédaction soumise au Corps législatif ; et la Cour de cassation n'a pu hésiter à décider qu'un inventaire devait, non-seulement constater l'existence matérielle des effets appartenant à la société, mais encore leur valeur vénale (1). Nul n'a voulu établir, en principe, que par cela seul qu'il y a un inventaire et qu'il constate un bénéfice, toute plainte est interdite ; mais les tiers intéressés doivent prouver, dans ce cas, contre les actionnaires, que l'inventaire est *irrégulier* et qu'ils ne sont pas de bonne foi.

Conformément aux notions les plus élémentaires de toute comptabilité, rappelées par l'arrêt de la Cour de cassation que nous venons de mentionner, l'inventaire n'est pas *régulier* lorsque, toutes les formes extérieures ayant été scrupuleusement accomplies, il contient des inexactitudes ou des erreurs, si elles sont d'une importance telle, qu'elles ont dû faire impression sur les juges

---

(1) Cass., ch. crim., 25 août 1853 (S. 55.4.149).

auxquels elles sont signalées. Nous négligeons, bien entendu, les différences infinitésimales, que les juges excuseront sans difficulté.

693. « Dans toute espèce de comptabilité commerciale, a dit M. Pouyer-Quertier devant le Corps législatif, de très-profondes erreurs peuvent avoir lieu en ce qui touche l'appréciation des valeurs et du portefeuille.

« Bien que la comptabilité soit parfaitement tenue, qu'elle paraisse parfaitement régulière, que tous les comptes se balancent de la manière la plus exacte, qu'il n'y ait pas dans les écritures une différence d'un seul centime, ces appréciations peuvent présenter des erreurs colossales et qui compromettent, qui changent radicalement la situation qui semble résulter d'un inventaire présenté à la société.

« Il est évident, par exemple, que si un inventaire se fait au 31 décembre, et que l'on évalue les valeurs de portefeuille suivant un cours antérieur de 3, 4 ou 5 mois, la situation au 31 décembre peut être parfaitement changée, parfaitement modifiée. Il se peut faire qu'il y ait des valeurs immobilières dans l'association, que l'estimation de ces valeurs immobilières ait été faite entre les membres du conseil d'administration, et que cependant ces valeurs-là soient réellement bien au-dessous de celles qui ont été portées dans l'inventaire ; de ces différences, il résultera évidemment un déficit dans l'actif social.

« Or, admettez, par exemple, que les évaluations aient été forcées, qu'elles aient été exagérées, qu'en résultera-t-il ? C'est que, sous la forme de dividendes, vous vous serez distribué, remboursé à vous-mêmes, actionnaires, une partie de votre capital, et que, si vous avez continué cette opération sur ce pied pendant plusieurs années,

vous aurez fini peut-être, vous, actionnaires, membres
du conseil de surveillance et gérant, par rentrer dans la
totalité du capital, de sorte qu'alors que l'affaire devra
disparaître par suite de mauvaises opérations, par suite
d'une situation embarrassée qui sera peut-être produite,
en grande partie, par l'exagération même des dividendes,
il arrivera que les tiers se trouveront en présence d'un
capital que le conseil de surveillance et le gérant auront
fait rentrer dans leurs mains, en se distribuant des dividendes vraiment fictifs, et il ne restera plus qu'un fan-
tôme et qu'une fiction à partager entre les créanciers?
Est-ce bien possible? »

Quand la preuve aura été faite de semblables inexactitudes; qu'il aura été démontré que l'inventaire est irrégulier, la présomption qui protége, si l'on veut, les actionnaires, aura donc cessé d'exister, et la preuve sera
complète qu'ils n'ont pas reçu de bonne foi, parce qu'en
droit civil, *avoir su* ou *avoir pu savoir*, c'est tout un, et
les précautions ont été accumulées dans la loi, pour que
les actionnaires *puissent savoir*, tandis que les tiers, qui
viennent revendiquer leur gage, au contraire, n'ont pu
rien connaître. On ne saurait admettre, à coup sûr, que
ces précautions minutieuses soient utiles aux actionnaires pour surveiller le gérant et le conseil de surveillance dans leur intérêt, et qu'ils puissent alléguer qu'elles
n'ont plus aucune efficacité et aucune valeur quand il
s'agira des justes demandes des créanciers. Les créanciers, on l'a dit avec beaucoup de raison, n'ont pas traité
avec le gérant, ou avec le gérant et le conseil de surveillance; ils ont traité avec le gérant, le conseil de surveillance et les actionnaires (1).

_____

(1) M. Perras, séance du Corps législatif, 12 juin 1867.

Disons donc que les dividendes *réels* une fois touchés ne sont plus sujets à rapport. Quand aux dividendes *fictifs*, la loi a prévu deux cas où il y a présomption *juris et de jure* contre les actionnaires. En dehors de ces deux hypothèses, les actionnaires seront présumés, si l'on veut, de bonne foi, mais sauf la preuve contraire; et cette preuve sera acquise, si l'inventaire, en vertu duquel les dividendes ont été distribués, n'était pas *régulier*. Nous avons dit, après la Cour de cassation et après M. Pouyer-Quertier, à quelles conditions un inventaire peut être appelé régulier : c'est lorsqu'il n'a pas exagéré d'une manière sensible les valeurs appartenant à la société.

694. Dans ces conditions, quelle est donc la différence entre la loi nouvelle et l'ancienne? Si elle existe, elle est surtout dans les mots ; car il fallait bien, jusqu'à présent, établir cette preuve dé l'irrégularité de l'inventaire pour avoir le droit de dire que les actionnaires avaient reçu ce qui ne leur était pas dû ; mais les juges, pour éviter toute difficulté, agiront prudemment en ajoutant aujourd'hui que les actionnaires ne peuvent pas être présumés de bonne foi quand une semblable preuve a été faite (1).

Faut-il dire, cependant, avec un bonheur d'expression qui a provoqué le sourire de tous les auditeurs : « Qui est-ce qui pourra désormais accepter un dividende ? (2) »

Au moins faudrait-il se borner à demander : « Qui est-ce qui pourra désormais, avant l'expiration de cinq années, consommer un dividende? » Après ce temps écoulé, en effet, le dividende le plus illégitime, le moins

---

(1) M. Rivière (n. 100) et Ameline (n. 94) nous semblent se rallier à notre opinion. V. MM. Mathieu et Bourguignat (n. 107 et s.), et Vavasseur (n. 178 et s.), 2e édit., n. 693, qui s'en séparent sur quelques points.

(2) M. Achille Jubinal, Corps législatif, séance du 31 mai 1867.

justifié, reçu avec la mauvaise foi la mieux démontrée, appartient à l'actionnaire ; et cette courte prescription le met absolument à l'abri de tout recours, ainsi que nous allons le dire en expliquant le quatrième paragraphe de l'art. 10. Nous pouvons ajouter que, jusqu'à présent, on n'a pas encore vu d'actionnaire refuser les dividendes qui lui étaient offerts. Nous n'apercevons donc pas ce que sa position a de si fâcheux.

Mais nous ajouterons que l'actionnaire, devenu membre d'une société sérieuse, honnêtement conduite, s'occupant loyalement de spéculations licites, peut recevoir et consommer en paix les dividendes qui lui seront distribués, puisqu'il est certain aujourd'hui que les années mauvaises, succédant à des années prospères, ne donnent pas aux tiers le droit de revendiquer ce qui a été distribué, conformément aux résultats constatés par un inventaire régulier.

Toutefois, il ne faut pas l'oublier, le commerce le plus honorablement entrepris, le plus habilement conduit, n'est pas à l'abri des revers : l'industrie n'est point une mer sans orages, et celui qui met dans le commerce sa fortune entière, et compte recevoir ainsi un revenu plus élevé, mais qui lui sera néanmoins aussi régulièrement payé que des arrérages de rente, se méprend étrangement sur les conditions dans lesquelles se fait le commerce. Par suite, nous ne pouvons nous associer aux doléances qu'ont excitées les malheureux actionnaires, qui verront les dividendes, rêvés par eux, ne pas arriver entre leurs mains avec une ponctualité que l'on ne saurait leur garantir.

Aux conditions demandées pour eux, tout le monde voudrait être actionnaire ; mais la force des choses s'oppose invinciblement à ce que ces songes dorés puissent se réaliser. Apprécions humainement les choses humaines. Dans le commerce et l'industrie, si des bénéfices, quelquefois considérables, peuvent être réalisés, c'est qu'il y a des compensation à redouter. Parler autrement, c'est provoquer des mécomptes, le découragement, qui en est la suite, et faire tort à la cause que l'on veut servir.

Quant à ces sociétés, qui n'ont d'autre but que l'agiotage, et dont les scandales ont parfois occupé les tribunaux, nous avons à dire qu'elles n'inspirent à personne aucun intérêt; mais nous insistons fortement sur ce fait, qu'elles sont en bien petit nombre en France et n'y forment qu'une imperceptible minorité. C'est contre celles-là cependant, si peu nombreuses qu'elles soient, que la loi a été faite. Reprenant une comparaison dont nous nous sommes déjà servi, nous dirons que c'est à bien peu de personnes, Dieu merci! que peuvent s'appliquer les rigueurs du Code pénal; c'est pour ce petit groupe d'individus toutefois qu'il a été écrit; et il n'en est pas moins d'une indispensable nécessité. Les lois sont préventives bien plus encore que répressives; et les honnêtes gens n'éprouvent aucune contrariété des précautions prises contre ceux qui ne leur ressemblent pas.

Au surplus, la question, si quelque doute existait encore, est tranchée par l'avant-dernier paragraphe de notre article, que nous allons examiner tout à l'heure et qui aurait bien inutilement couvert, par une courte prescription, les dividendes indûment reçus s'ils n'avaient jamais pu être réclamés.

695. Lorsque l'action en restitution des dividendes indûment reçus par les actionnaires, est ouverte conformément aux règles que nous venons d'établir, elle peut être exercée, soit lorsque la société est encore existante et dans le plein exercice de ses droits ou *in bonis*, suivant l'expression consacrée ; soit lorsque la société est tombée en faillite.

Dans le premier cas, l'action doit être exercée par le gérant, au nom de la société, qui conserve le droit de poursuivre les commanditaires en restitution des sommes reçues, si elles sont prises sur le capital qu'ils se sont engagés à verser dans la caisse sociale ; ce droit lui appartient dans toutes les sociétés en commandite quelle qu'en soit la forme. Elle peut aussi, en cas d'inaction du gérant, être exercée directement par les créanciers ou par leurs mandataires *ad lites* dans les termes de l'art. 17 ci-après ; mais, dans ce cas, l'action sera dirigée d'abord contre le gérant et les membres du conseil de surveillance, que la loi déclare responsables de ces distributions irrégulières ; et subsidiairement contre les actionnaires eux-mêmes, si les créanciers n'ont pas reçu satisfaction complète (1).

Si le gérant et les membres du conseil de surveillance ont désintéressé les créanciers, ils pourront invoquer à leur tour les principes du droit commun pour exercer leur recours contre les actionnaires.

Si la société est tombée en faillite ou dissoute, toutes les actions des créanciers appartiennent aux syndics ou aux liquidateurs.

La loi ne pouvait établir aucune distinction entre les propriétaires d'actions nominatives et ceux d'actions au porteur : en fait, l'exercice de cet action en restitution sera plus difficile souvent à exercer contre ceux-ci : « Ce sera, disait M. Pouyer-Quertier au Corps législatif, une question de comptabilité, » et les statuts peuvent impo-

---

(1) Mathieu et Bourgnignat, n. 414 ; Ameline, n. 96.

ser l'obligation d'une quittance portant l'indication de la partie prenante.

Il est hors de doute que la personne tenue à restitution, quand il y a lieu, est exclusivement celle qui a reçu, qu'elle soit encore ou ait cessé d'être propriétaire du titre (1).

MM. Rivière et Ameline enseignent que l'action devra être portée devant la juridiction commerciale (2) : nous renvoyons, sur ce point, à ce que nous avons dit plus haut, quand nous avons examiné si l'engagement pris par un commanditaire est de sa nature commercial (V. *suprà*, n° 538); la règle sera la même pour l'action en paiement de la commandite promise et l'action en restitution de la partie, qui en a été retirée.

696. Le quatrième paragraphe de l'art. 10, dû à l'initiative de la commission de la Chambre des députés, établit une différence très-considérable entre l'ancienne et la nouvelle loi; désormais la prescription pour toute somme reçue à titre de dividende est acquise après cinq ans, *à partir du jour* FIXÉ *pour la distribution,* et quel que soit, du reste, le moment où le paiement aura été réellement effectué, soit par la faute de la société, soit par la faute de l'actionnaire (3).

697. Enfin le dernier paragraphe, dû également à l'initiative de la commission, applique cette prescription de cinq ans à toute action ouverte en vertu de la législation ancienne, en faisant courir ce délai à partir de la promulgation de la loi.

Il est peut-être utile de faire remarquer qu'en ce qui concerne les actions en répétition de dividendes, ouvertes

---

(1) Mathieu et Bourguignat, n. 445; Ameline, n. 96; Rivière, n. 402 et 403.
(2) Rivière, n. 405; Ameline, n. 97.
(3) Mathieu et Bourguignat, n. 447; Rivière, n. 406; Ameline, n. 98.

antérieurement à la présente loi, l'art. 10 n'est applicable que, quant à l'espace de temps nécessaire, pour accomplir la prescription, et nullement, quant à la cause qui les a fait naître et qui devrait être appréciée, dans tous les cas, au point de vue des anciens principes, si l'on admettait que la loi nouvelle les a modifiés (1),

Nous répéterons ici ce que nous avions dit tout à l'heure que les dispositions de notre article relatives à la prescription sont décisives pour prouver que les dividendes perçus indûment doivent être restitués si l'action en répétition est exercée avant l'expiration de cinq années. S'il n'en était pas ainsi, à quoi servirait le bénéfice de cette courte prescription.

Le Code italien, qui n'a point adopté le principe de cette courte prescription, dit formellement que les commanditaires ne peuvent être tenus, en aucun cas, de restituer les sommes qui leur ont été payées à titre d'intérêt, *s'il résultait des inventaires annuels, faits de bonne foi, que les bénéfices réalisés étaient suffisants pour autoriser ce paiement.* Et il ajoute, en outre : « Toutefois, le cas échéant « où le capital social aurait été entamé, aucune distri- « bution d'intérêt ne pourrait être faite ultérieurement « avant que le capital social n'eût été rétabli en entier. » Cette dernière règle devrait être suivie en France.

698. M. Vavasseur a examiné une question de nature à s'élever fréquemment dans les sociétés à capital variable, dont s'occupe le titre III de notre loi, ou sociétés *coopératives.* Dans les sociétés de production, les ouvriers qui les composent, et qui le plus souvent auront vécu jusque-là sur les salaires quotidiens qu'ils recevaient, ne pourraient attendre les inventaires sociaux si rapprochés

---

(1) Mathieu et Bourguignat, n. 419.

qu'ils fussent, pour recevoir leur part de bénéfices. La paie hebdomadaire ou mensuelle continue donc d'être pratiquée dans le sein des associations coopératives ; et elle est généralement équivalente au salaire touché par les ouvriers de la même industrie chez les patrons. Si l'inventaire accuse plus tard des pertes, les prélèvements faits dans ces conditions par les ouvriers commanditaires seront–ils soumis à rapport?

Nous répondrons négativement sans hésiter, s'il s'agit d'une société à capital variable, où, d'ailleurs, ainsi que nous le verrons, le fonds social peut être diminué.

Nous, qui sommes bien loin de professer, pour les salaires et les salariés cette sainte horreur (V. *suprà*, n° 363) qu'ils paraissent inspirer à M. Vavasseur et qu'il croit de son devoir de manifester en toute occasion, nous voyons dans ces prélèvements le prix d'un louage d'ouvrage, qui ne peut être sujet à répétition. Dans tous les cas, nous ne trouvons aucune difficulté à admettre avec notre auteur, que : « ce prix sera porté au compte des « frais généraux, au même titre que dans les grandes so- « ciétés en commandite, le *traitement* du gérant ». Nous ferons seulement observer à M. Vavasseur que le *traitement* du gérant est purement et simplement un salaire; et nous écarterons, d'un autre côté, l'assimilation avec les *intérêts* des capitaux versés par les commanditaires, puisque nous avons dit (V. *suprà,* n° 693) que ces intérêts seraient sujets à restitution s'ils n'étaient prélevés sur des bénéfices *réels* (1).

ARTICLE 11.

Le conseil de surveillance peut convoquer l'assemblée générale, et, conformément à son avis, provoquer la dissolution de la société.

---

(1) V. Vavasseur, n. 425; 2ᵉ édit., n. 1008.

699. L'art. 11 rappelle l'art. 9 de la loi de 1856 qui était ainsi conçu : « Le conseil de surveillance peut con-« voquer l'assemblée générale. Il peut aussi provoquer « la dissolution de la société. » Ce texte, dans le projet soumis au Corps législatif, n'avait subi aucune modification ; mais la rédaction définitive, après un renvoi à la commission, a ajouté, en termes exprès, que la dissolution ne peut être provoquée que *conformément* à l'avis de l'assemblée générale. Aujourd'hui, il est hors de doute que l'interprétation donnée par la doctrine à l'ancienne loi est donc la seule que le texte nouveau consacre, et aucune stipulation des statuts ne pourrait modifier la disposition de l'art. 11, qui est d'ordre public (1).

Le conseil a deux attributions spéciales ; il peut : 1° convoquer l'assemblée générale extraordinairement et en dehors, bien entendu, des cas spécialement prévus par les statuts, malgré l'opposition du gérant ; 2° il peut provoquer, devant cette assemblée, la dissolution de la société.

Nul autre que le gérant ou le conseil ne peut convoquer l'assemblée générale ; un amendement proposé pour

---

(1) Vavasseur, n. 148 ; 2ᵉ édit., n. 581 ; Dalloz, n. 1234 ; Rivière, n. 111 ; Ameline, n. 99.

donner ce droit à un certain nombre d'actionnaires a été rejeté.

L'assemblée délibère, suivant les règles établies par les statuts, sur les propositions dont elle peut être saisie par les membres du conseil de surveillance qui l'ont convoquée.

En ce qui concerne spécialement la dissolution de la société, le conseil, même tout entier, ne pourrait, en tant que conseil et en cette qualité, introduire en son nom, avant la délibération de l'assemblée générale, une demande en justice pour arriver à la dissolution : son rôle est de surveiller et d'éclairer, mais non d'agir. A l'assemblée générale seule il appartient de donner suite à la proposition dont le conseil aura pris l'initiative devant elle.

700. Cependant, après le vote de l'assemblée décidant que la dissolution doit être poursuivie, l'action, conformément à cet avis, sera-t-elle intentée par des commissaires *ad lites* nommés par cette assemblée, ou par le conseil d'administration lui-même?

Cette question était vivement débattue sous l'ancienne loi et résolue en sens divers; le texte nouveau, et surtout les discussions dont il a été l'occasion, semblent l'avoir tranchée; et il n'est plus douteux que, dans la pensée des rédacteurs de la loi de 1867, le conseil de surveillance, sortant du rôle qui lui appartient plus naturellement, doit avoir l'exercice de l'action en dissolution (1). Il mettra donc à exécution lui-même la mesure qu'il a provoquée, si elle a été approuvée par l'assemblée générale. Toutefois, si l'assemblée générale décide qu'elle nommera, à cet effet, des commissaires spéciaux, nous ne voyons rien dans la loi qui s'oppose à ce que cette

---

(1) Rivière, n. 112.

marche soit suivie. Le conseil n'agira et ne se trouvera de plein droit autorisé à agir, qu'à défaut de toute autre désignation spéciale.

701. Un amendement avait été proposé pour restreindre le droit des conseils de provoquer la dissolution, aux seuls cas prévus par les statuts, comme pouvant autoriser cette dissolution de la société ; cet amendement, combattu par M. le Ministre de l'agriculture et du commerce, n'a pas été adopté :

« L'honorable M. de Saint-Paul, disait-il, voudrait que le conseil de surveillance ne pût pas avoir une pareille faculté en dehors des cas prévus par les statuts ; les statuts, dit-il, prévoient les cas de dissolution ; si on se trouve dans l'un de ces cas, le conseil de surveillance peut agir ; si l'on ne s'y trouve pas, il ne le peut pas ; le gérant a des droits qu'il faut respecter ; il est responsable dans sa fortune et dans son honneur ; il ne peut pas être révoqué ; la société ne peut être dissoute hors les cas prévus par les statuts. Voilà l'objection de M. de Saint-Paul. Mais il oublie qu'il est possible que les statuts n'aient rien prévu. Nous sommes toujours, en effet, Messieurs, en présence de cette situation qui s'est posée au début de la discussion, c'est-à-dire de la liberté des conventions ; il est possible aussi que les statuts soient insuffisants, qu'ils n'aient pas tout prévu.

« Le gérant se trouve en présence de 1,500 actionnaires peut-être, ou tout au moins de 200 ou de 300 ; il ne peut pas discuter avec chacun d'eux ; lorsque des statuts ont été rédigés devant un notaire, tous les actionnaires ne peuvent pas venir les discuter. On sait que souvent les statuts d'une société en commandite sont acceptés sans qu'on en examine tous les détails. Donc, les cas de dissolution d'une société peuvent n'avoir pas été prévus ;

les statuts peuvent contenir des oublis, des insuffisances, des erreurs, et il est juste qu'après que la société est constituée, le conseil de surveillance ait au moins la faculté de saisir les tribunaux de la question ; les tribunaux apprécieront, et je crois que la Chambre est convaincue qu'ils offrent toute garantie, que leur décision sera prise en tenant compte des droits et des intérêts du gérant, des droits et des intérêts des actionnaires (1). »

Ces explications rencontrèrent l'approbation générale ; et l'on doit admettre que le conseil de surveillance peut, dans tous les cas, provoquer la dissolution de la société, que ces cas aient été prévus ou non par l'acte constitutif (2).

Les clauses insérées dans les statuts auront, au contraire, une importance tout à fait décisive pour décider une autre question soulevée également devant le Corps législatif et qui y a été vivement discutée sans y être résolue, c'est de savoir si l'assemblée générale, saisie par le conseil de surveillance, aurait le droit de prononcer *de plano* la dissolution de la société, au lieu de se borner à autoriser une action devant les tribunaux pour arriver à ce résultat (3).

Si les statuts ont spécialement prévu certaines circonstances déterminées et autorisé, dans le cas où elles se réaliseront, l'assemblée générale à prononcer la dissolution, nous ne pouvons voir aucune difficulté à reconnaître la parfaite légitimité de semblables clauses et de l'usage qui en est fait.

Si le cas de dissolution, dont l'assemblée générale est saisie par le conseil, n'a pas été prévu par les statuts ; qu'elle n'ait pas été spécialement autorisée à prononcer

---

(1) Séance du 1ᵉʳ juin 1867.
(2) Mathieu et Bourguignat, n. 96.
(3) Séance du 1ᵉʳ juin 1867.

elle-même la dissolution, elle ne pourra qu'autoriser le conseil à la poursuivre devant les tribunaux (1).

Les conseils de surveillance, comme les assemblées, délibéreront conformément aux clauses des statuts et prendront leurs résolutions à la majorité qu'ils auront fixée ; à défaut le droit commun est la majorité absolue des membres présents.

702. M. Dalloz avait pensé sous l'ancienne loi, que les règles générales écrites au Code civil et aux termes desquels un associé peut demander en justice la dissolution de la société pour de justes motifs, que l'art. 1871 de ce Code n'a pas limités (V. *suprà*, n°ˢ 492 et s.), se trouvaient implicitement abrogées par les dispositions spéciales que notre loi de 1867 a maintenues (2) ; cette opinion n'était pas généralement suivie et doit, selon nous, être rejetée. Le législateur moderne a voulu ajouter aux garanties que l'art. 1871, C. civ., donnait aux associés, et non les priver du secours qu'ils pouvaient y trouver. Nous ne pensons même pas que les statuts puissent déroger à l'art. 1871 (3).

Cette doctrine aura pour résultat nécessaire de permettre à tout associé, et sans en exclure les membres du conseil de surveillance, de saisir les tribunaux, s'il croit avoir de justes motifs à alléguer, d'une demande en dissolution : c'est le droit commun, et sauf les dommages-intérêts, auxquels il s'expose, s'il agit avec imprudence ou méchamment (4).

---

(1) Mathieu et Bourguignat, n. 97 ; Vavasseur, n. 150 ; Paris, 20 mai 1869 (D.P. 70.2.12).

(2) Dalloz, *Rép.*, v° *Société*, n. 1234. *Contrà*, Bédarride, *Append.*, n. 117.

(3) *Contrà*, Vavasseur, n. 155. Cet auteur paraît enseigner une doctrine contraire dans sa 2ᵉ édition (n. 591).

(4) Vavasseur, n. 152 et s.; 2ᵉ édit., n. 588 ; Ameline, n. 102 et 103. *Contrà*, Rivière, n. 113 et 114.

ARTICLE 12.

Quinze jours au moins avant la réunion de l'assemblée générale, tout actionnaire peut prendre par lui ou par un fondé de pouvoir, au siége social, communication du bilan, des inventaires et du rapport du conseil de surveillance.

SOMMAIRE.

703. Explication de cet article, dont la disposition est nouvelle.

703. L'art. 12 est nouveau et constitue une amélioration à laquelle il faut applaudir : M. Mathieu, rapporteur de la loi, en a expliqué la portée : « La commission s'est demandé, dit-il, s'il n'y avait pas quelque chose à faire pour que le rapport annuel du conseil de surveillance rencontrât une assemblée générale éclairée et aboutît à une délibération sérieuse.

« Quelle garantie présentent la publication d'un simple ordre du jour et la lecture d'un rapport que n'a précédés aucune vérification des écritures sociales ? Cette vérification est-elle possible ? Les actionnaires peuvent-ils la faire, représentés qu'ils sont par le conseil de surveillance, dont c'est le droit et le devoir ? N'était-il pas nécessaire, en tous cas, de la faciliter et de l'organiser ?

« La commission trouvait, dans le projet du Gouvernement, une réponse à sa préoccupation. L'art. 35, en effet, relatif aux sociétés anonymes, donne à chaque actionnaire le droit de prendre au siége social communication, quinze jours avant l'assemblée générale, des documents qui doivent lui être soumis. La commission a pensé qu'une disposition analogue serait utilement appliquée aux sociétés en commandite. L'unité de la loi et la moralité des assemblées générales devaient également y trouver leur compte.

« Elle a proposé, en conséquence, d'ajouter à l'art. 10 le paragraphe suivant :

« *Quinze jours au moins avant la réunion de l'assemblée générale, tout actionnaire peut prendre, au siége social, communication du bilan et des inventaires.*

« Le Gouvernement a adopté l'amendement dans son principe et sa rédaction ; seulement il a décidé que ce paragraphe additionnel formerait un article spécial sous le n° 12. La commission a accepté cette modification. »

La loi n'impose l'obligation de communiquer que le bilan, les inventaires et le rapport du conseil de surveillance ; un amendement ayant pour but de rendre également obligatoire la communication du rapport du gérant a été rejeté : les statuts peuvent compléter la loi à cet égard ; une semblable clause insérée dans les statuts serait parfaitement licite et devrait être observée.

La Cour de cassation a jugé que si l'art. 12 se borne à prescrire la communication aux actionnaires des sociétés en commandite, des bilans, des inventaires et des rapports du conseil de surveillance, il n'en résulte nullement que les actionnaires ne soient pas fondés à réclamer en justice que la comptabilité, le portefeuille, la caisse et les divers documents sociaux soient mis à leur disposition au siége de la société, en dehors du cas spécial prévu par l'art. 12, lorsqu'ils justifient qu'ils ont un intérêt sérieux à en prendre connaissance dans des circonstances exceptionnelles dont l'appréciation appartient aux tribunaux. L'art. 17 ci-après, en effet, réserve expressément à chaque actionnaire la faculté d'intenter, en son nom personnel, une action en responsabilité, soit contre le gérant, soit contre les membres du conseil de surveillance, et cette faculté implique le droit pour lui de vérifier préalablement les documents sur lesquels il peut fonder son action, quand même la dissolution de la société aurait été prononcée par l'assemblée générale des actionnaires (1).

La communication est faite au *siége social*, et par suite, sans déplacement : les pièces peuvent n'être que manuscrites ; la loi n'a pas voulu imposer aux sociétés la dépense qu'entraîne l'impression ; c'est aux statuts encore à prescrire l'impression, si elle est jugée utile, et la distribution aux actionnaires : dans tous les cas, chacun peut, à ses frais, en prendre copie ou des extraits (2).

Tout actionnaire peut se faire représenter par un mandataire ; et à moins qu'il n'y ait quelque raison particulière pour se montrer rigoureux, on devrait accepter sans difficulté une procuration sous seing privé, même non légalisée : c'est l'esprit de la loi (3).

Les actionnaires ont donc tous les moyens d'être complétement éclairés sur la situation de la société.

ARTICLE 13.

L'émission d'actions ou de coupons d'action d'une société constituée contrairement aux prescriptions des art. 1ᵉʳ, 2 et 3 de la présente loi, est punie d'une amende de cinq cents à dix mille francs.

Sont punis de la même peine : le gérant qui commence les opérations sociales avant l'entrée en fonctions du conseil de surveillance ;

Ceux qui, en se présentant comme propriétaires d'actions ou de coupons d'action qui ne leur appartiennent pas, ont créé frauduleusement une majorité factice dans une assemblée générale, sans préjudice de tous dommages-intérêts, s'il y a lieu, envers la société ou envers les tiers ;

Ceux qui ont remis les actions pour en faire l'usage frauduleux.

Dans les cas prévus par les deux paragraphes précédents, la peine de l'emprisonnement de quinze jours à six mois peut, en outre, être prononcée.

(1) Cass., 3 déc. 1872 (D.P.73.1.491).
(2) Ameline, n. 107.
(3) Mathieu et Bourguignat. n. 112.

704. L'art. 13 est le premier des articles consacrés aux répressions pénales édictées par la loi du 24 juillet 1867, et qui sont indépendantes des responsabilités purement civiles, dont nous nous sommes occupé jusqu'ici.

Les faits énoncés dans les deux premiers paragraphes, l'émission prématurée et les opérations commencées, étaient prévus par l'art. 11 de la loi de 1856 ; mais, en outre de l'amende, un emprisonnement de huit jours à six mois pouvait être prononcé. La loi nouvelle est plus douce et ne permet que l'application d'une amende de 500 à 10,000 fr.

L'émission ne peut être autre chose que la remise prématurée, à chaque souscripteur, d'un titre ayant la forme qu'il ne devra revêtir qu'après que, les formalités exigées ayant été remplies, la société sera constituée ; et cette émission n'est permise que dans les conditions posées par les art. 1, 2 et 3 ci-dessus, sur lesquels nous croyons inutile de revenir.

En se reportant également à l'art. 4, relatif aux apports en nature devant être vérifiés par l'assemblée générale, on voit que dans les cas qu'il a prévus, la société ne peut être constituée qu'après l'accomplissement de certaines formalités ajoutées à toutes celles que les trois premiers articles ont réglées et énumérées. On doit donc s'étonner que l'article 13 n'ait pas visé cet article 4, et semble permettre ainsi l'émission d'actions, quelquefois au moins, avant que la société ne soit définitivement constituée. Le cas prévu par l'art. 4 est exceptionnel, sans doute, mais quand il se réalisera, on ne peut comprendre que la loi ne l'ait pas sanctionné ; et d'un autre côté, en matière pénale, il est bien difficile de permettre aux juges de rien ajouter au texte qu'ils appliquent.

Le législateur s'étant abstenu, et quel que soit le motif de cette inexplicable omission, aucune peine ne pourrait être prononcée, et il n'y aurait ouverture, s'il y avait lieu, qu'à une action en responsabilité civile (1).

Le simple fait d'ouverture d'une souscription publique d'actions et de remise aux souscripteurs d'un récépissé provisoire de versement, n'a pas le caractère d'émission d'actions d'une société en commandite non définitivement constituée par la souscription de la totalité du capital social. Par suite, ces récépissés peuvent être au porteur et non nominatifs, quoique l'action souscrite ne soit pas entièrement libérée (2). Nous répétons ici encore qu'on ne peut ajouter à la loi.

La loi n'a pas dit sur qui doit retomber la responsabilité pour émission d'actions ; elle devra, en premier lieu, être imputée au gérant ; mais, s'il y a lieu, les juges apprécieront.

La disposition de loi dont nous nous occupons, comme toute loi pénale, doit être considérée comme étant d'ordre public et oblige tous ceux qui habitent le territoire ; elle régirait donc l'émission d'actions appartenant à des

---

(1) Vavasseur, n. 208 ; 2ᵉ édit., n. 745 ; Mathieu et Bourguignat, n. 123.
(2) Cass., 8 fév. 1861 (S.61.1.667).

sociétés étrangères, où toutes les précautions prises par la loi deviendraient complétement illusoires (1). Dans ce cas, si le gérant ne pouvait être atteint, il aurait nécessairement des complices en France.

Un arrêt de la Cour de Paris a appliqué une règle contraire ; mais, évidemment, cette doctrine ne pourrait être suivie, ainsi que nous aurons occasion de le dire de nouveau plus tard (2).

705. Le second cas prévu par l'art. 13 est l'acte du gérant qui commence les opérations sociales *avant l'entrée en fonctions du conseil de surveillance,* dit notre article : l'art. 5 ci-dessus dit : « que *le conseil est nommé... avant toute opération sociale;* c'est la même idée exprimée de deux manières différentes, puisque l'entrée en fonctions suit immédiatement la nomination, à moins de refus, qui doit être formulé sans délai pour éviter toute responsabilité (3). Ce que veut la loi, c'est de prohiber tout acte engageant la société, toute opération sociale avant la constitution définitive de la société.

706. Le troisième et le quatrième paragraphe s'appliquent à un ordre d'idées différent et peuvent entraîner la peine de l'emprisonnement ; les dispositions qu'ils renferment ont été empruntées à l'art. 29 de la loi du 23 mai 1863, spéciale aux sociétés à responsabilité limitée et étendue ainsi aux sociétés en commandite par actions.

Il est peu utile de rappeler et d'analyser ici les discussions très-longues et très-animées auxquelles ces paragraphes ont donné lieu au sein du Corps législatif ; nous n'avons qu'à en expliquer le texte définitivement adopté après un renvoi à la commission.

---

(1) Mathieu et Bourguignat, n. 128 ; Ameline, n. 120.
(2) V. Paris, 13 juin 1872 (S.72.2.96).
(3) Mathieu et Bourguignat, n. 130 ; Vavasseur, n. 269 ; 2° édit., n. 716.

Les personnes frappées ou se sont présentées : «comme « propriétaires d'actions ou de coupons d'action qui ne « leur appartiennent pas » ; ou bien, « ont remis à des « tiers les actions pour en faire l'usage frauduleux, » que le paragraphe précédent a prévu. Le fait même de se présenter à l'assemblée et d'y émettre des votes qu'on n'avait pas le droit d'émettre ne constitue pas le délit ; il faut, en outre, que ces votes aient eu pour résultat de créer « frauduleusement une majorité factice ».

Ainsi, dans les statuts de quelques sociétés, il est stipulé que les titres d'actions pourront être déposés à la caisse sociale et qu'un récépissé délivré à l'associé suffira pour qu'il soit admis aux assemblées générales. On a cité dans la discussion, comme s'étant réalisé, le cas où ces titres d'actions tirées de la caisse sociale avait été distribués à des affidés, frauduleusement transformés en actionnaires ; ceux-ci ont pris part à un vote sans y avoir aucun droit ; c'est la première hypothèse prévue par la loi.

Dans les sociétés nombreuses, le droit de voter n'est accordé en général qu'au propriétaire d'un nombre d'actions déterminé ; plusieurs actionnaires ayant chacun un nombre d'actions inférieur au chiffre fixé par les statuts ne peuvent réunir leurs actions sur la tête d'un individu qui se présentera comme propriétaire de toutes ces actions, dont quelques-unes seulement lui appartiendraient. D'un autre côté, les statuts peuvent donner une voix au propriétaire de dix actions par exemple ; deux voix, s'il en a vingt ; trois voix s'il en a trente, et ainsi de suite ; mais avec cette limite qu'il ne pourra jamais avoir plus de cinq voix, quel que soit le nombre de ses actions : si un associé a plus de cinquante actions et qu'il remette celles qui excéderont ce chiffre à des tiers, afin que ceux-ci soient admis dans l'assemblée générale, le second fait prévu par la loi sera encore réalisé.

Il est certain, au contraire, que tout associé peut se faire représenter et déléguer à quelqu'un de son choix, mandataire exprès ou tacite, le vote qu'il pourrait émettre lui-même et l'exercice du droit qui lui appartient : si le délégué ne fait autre chose que ce que le déléguant aurait pu faire lui-même, aucune irrégularité ne s'est produite. Si, par le nombre de ses actions, un associé a droit à plusieurs voix, il peut les distribuer à autant de votants, sous l'expresse condition qu'il n'excédera point, par lui et ses mandataires, le nombre de voix qui lui était attribué. Aucune majorité *factice* ne peut être créée *frauduleusement* par ce moyen (1).

Dans les cas prévus par l'art. 4, il y aurait fraude évidemment si les associés, dont les apports ou les avantages doivent être discutés et à qui la loi refuse toute voix délibérative, pouvaient faire voter des étrangers, en mettant sous leur nom des actions dont ils seraient les véritables propriétaires. En semblable circonstance, le fait prévu par l'art. 13 pourra plus difficilement se réaliser, puisque les actions sont encore nominatives; et la loi a dû avoir particulièrement en vue les assemblées générales tenues pendant le cours de la société : toutefois les termes de l'article, qui ne fait aucune distinction, et bien plus encore son esprit, ne permettent pas le doute et il devrait être appliqué s'il y avait lieu (2).

707. Les faits prévus par le troisième et le quatrième paragraphe de l'art. 13, que nous examinons en ce moment, constituent des délits et sont soumis aux principes

---

(1) Mathieu et Bourguignat, n. 132 et s.
(2) Vavasseur, n. 274 ; 2ᵉ édit., n. 721 ; Mathieu et Bourguignat, n. 133.

généraux du droit pénal : le délit n'existe donc qu'à deux conditions, c'est qu'il y ait eu intention frauduleuse et qu'elle se soit traduite en un fait matériel ; le fait et l'intention sont les deux éléments nécessaires d'un délit. Ces principes ne sont point particuliers au crime de faux, auquel on a voulu assimiler, dans la discussion au Corps législatif, les actes dont nous nous occupons ; ils dominent tout le droit pénal.

Le texte de l'art. 13 s'y est conformé.

Il exige l'intention frauduleuse, ainsi que nous venons de le dire ; et, en outre, le fait d'être arrivé à créer *une majorité* FACTICE.

C'est ce que les juges correctionnels auront à rechercher et à constater.

Il ne faut pas oublier que si l'art. 2, C. pén., assimile la tentative de crime au crime lui-même sous les deux conditions qu'il a posées, l'art. 3 établit une règle opposée, en ce qui concerne les tentatives de délits, sauf dans les cas déterminés par une disposition spéciale de la loi, qui n'existe nullement dans l'espèce qui nous occupe : par suite, l'intention manifestée par un commencement d'exécution qui n'a manqué son effet que par des circonstances indépendantes de la volonté de son auteur, quelque immorale qu'elle puisse être, ne relève que de la conscience ; et la loi, à défaut d'une disposition spéciale, ne pourra l'atteindre. Les manœuvres frauduleuses qui auraient eu seulement pour résultat, non de CRÉER *une majorité factice*, mais simplement de l'influencer ou d'en augmenter le chiffre, pourraient être relevées dans le but de faire prononcer la nullité de la délibération par les juges civils, mais ne pourraient être portées devant les juges criminels (1) ; c'est la loi.

---

(1) Mathieu et Bourguignat, n. 134.

ARTICLE 14.

La négociation d'actions ou de coupons d'action dont la valeur ou la forme serait contraire aux dispositions des art. 1er, 2 et 3 de la présente loi, ou pour lesquels le versement du quart n'aurait pas été effectué conformément à l'art. 2 ci-dessus, est punie d'une amende de cinq cents à dix mille francs.

Sont punies de la même peine toute participation à ces négociations et toute publication de la valeur desdites actions.

SOMMAIRE.

708. L'art. 14 est plus restreint que l'art. 13, qui le précède, et laisse en dehors de ses prévisions certains faits que l'art. 13 punit.
709. Les infractions énumérées par l'art. 14 constituent non des délits, mais des contraventions ; conséquences ; sociétés étrangères.

708. Cet article est la reproduction textuelle de l'article 12 de la loi de 1856.

Nous avons suffisamment expliqué (*suprà*, n° 644) ce qu'on devait entendre par la *négociation* prévue et punie par la loi ; nous n'avons pas besoin de revenir sur ce point pour éviter qu'on ne confonde la négociation coupable avec la transmission licite opérée par les voies qu'autorisent les lois civiles.

L'émission, la négociation et la publication seront souvent le fait commun de plusieurs personnes ; les principes généraux sur la complicité détermineront celles qui seront punissables.

Les conditions posées par l'art. 14 ne sont pas toutes celles que l'art. 13 exige ; notre article renvoie bien, comme celui qui le précède, aux art. 1, 2 et 3 ; mais, il faut le remarquer, seulement en ce qui concerne la valeur ou le taux des actions, qui doit être, soit de 100 fr., soit de 500 fr., selon le cas ; la forme, qui doit être nominative jusqu'à l'entière libération, sauf le cas exceptionnel prévu à l'art. 3 ; enfin le versement du quart, que l'art. 2 exige pour que la négociation puisse être faite.

L'art. 14 n'a pas voulu exiger, en outre, des propriétaires d'actions pour la négociation, ce qu'elle exige du gérant par l'art. 13 pour l'émission, que la totalité du capital ait été souscrite et que la déclaration en ait été faite (V. l'art. 1er). Si les actions ont été émises, sans que ces deux conditions aient été remplies, il y a lieu d'appliquer l'art. 13; mais la négociation a pu être faite (1).

Sous le bénéfice de ces observations, le second paragraphe punit de la même peine toute participation à ces négociations et toute publication de la valeur desdites actions.

709. « L'art. 14, dit le rapport fait au Corps législatif, punit d'une amende de 500 à 10,000 fr. la négociation d'actions ou de coupons d'action dont la valeur ou la forme serait contraire aux dispositions de la loi, et pour lesquels le versement du quart n'aurait pas été effectué. Il punit de la même peine toute participation à ces négociations et toute publication de la valeur desdites actions.

« Tel était le texte du projet du Gouvernement. Il créait, comme on le voit, une présomption légale de fraude et de complicité contre ceux qui, dans la négociation, n'auraient été que de simples intermédiaires. Leur bonne ou mauvaise foi, l'ignorance ou la connaissance de l'infraction était indifférente ; le fait était punissable par cela seul que les titres négociés n'étaient pas conformes aux exigences de la loi. Qu'il en fût ainsi à l'égard des fondateurs, gérants ou administrateurs de sociétés, on le comprend. Leur ignorance n'est pas présumable ; ils ont dû consulter la loi ; ils l'ont violée en

---

(1) Mathieu et Bourguignat, n. 138.

connaissance de cause par l'émission des titres, et la négociation n'est que la conséquence d'une première faute, et le moyen d'en tirer profit! Mais des tiers, des intermédiaires sont placés dans une condition différente; leur bonne foi doit se présumer, et la commission a pensé qu'ils ne devaient être atteints que *s'ils avaient agi en connaissance de cause.* Le Gouvernement n'a pas consenti à modifier le projet en ce sens, mais il n'a pas méconnu la vérité de nos observations, et sans leur donner satisfaction, en la forme, il a substitué aux amendements de la commission une disposition nouvelle, qui déclare *l'article 463 du Code pénal applicable aux faits prévus par les trois articles qui précèdent.* De cette façon, les magistrats pourront faire à la bonne foi sa part et n'atteindre que la fraude. Votre commission a accepté cette transaction, qui, par une voie différente, conduisait au but qu'elle s'était proposé. »

MM. Mathieu et Bourguignat ont embrassé naturellement ces observations du rapport (1); mais elles ont besoin d'être sainement entendues. Sous l'empire de la loi de 1856, dont l'art. 14 a copié textuellement les termes, la Cour de cassation a décidé que l'infraction punie par ces dispositions, constitue une contravention exclusive de l'excuse tirée de la bonne foi du prévenu (2). Cette décision est peut-être bien sévère (3); mais ce n'est certes point parce que l'art. 16 ci-après autorise l'application à ces faits, de l'art. 463, C. pén., que l'on en doit nécessairement conclure qu'ils ont été considérés comme délits par le Conseil d'État, repoussant l'amendement qui

(1) Mathieu et Bourguignat, n. 141 et s.
(2) Cass., 11 août 1859 (S.59.1.974).
(3) V. la discussion de l'art. 12 de la loi du 17 juill. 1856; *Moniteur* du 2 juill. 1856.

lui avait été soumis. Nous ne pouvons donc que dire avec
M. Vavasseur : « Que toute personne qui, sans le savoir,
et le plus innocemment du monde, aurait concouru d'une
manière quelconque à la négociation d'actions irrégulières, devrait comparaître en police correctionnelle, où
elle serait inévitablement condamnée (1). » En présence
de la jurisprudence de la Cour de cassation, une disposition expresse du texte eût été nécessaire pour adopter
une autre doctrine ; mais sauf l'application, toutefois, de
l'art. 463, C. pénal.

Nous devons répéter ici ce que nous avons dit sous
l'article précédent, c'est que les dispositions pénales de
la loi s'appliquent aux titres des sociétés étrangères (2).

ARTICLE 15.

Sont punis des peines portées par l'art. 405 du Code pénal, sans
préjudice de l'application de cet article à tous les faits constitutifs du
délit d'escroquerie :

1° Ceux qui, par simulation de souscriptions ou de versements ou
par publication, faite de mauvaise foi, de souscriptions ou de versements qui n'existent pas, ou de tous autres faits faux, ont obtenu ou
tenté d'obtenir des souscriptions ou des versements ;

2° Ceux qui, pour provoquer des souscriptions ou des versements,
ont, de mauvaise foi, publié les noms de personnes désignées, contrairement à la vérité, comme étant ou devant être attachées à la société à
un titre quelconque ;

3° Les gérants qui, en l'absence d'inventaires ou au moyen d'inventaires frauduleux, ont opéré entre les actionnaires la répartition de
dividendes fictifs.

Les membres du conseil de surveillance ne sont pas civilement responsables des délits commis par le gérant

SOMMAIRE.

710. Objet de l'art. 15 ; explication des nᵒˢ 1 et 2 ; simulation ; publication ;
la loi assimile la tentative au délit même.

---

(1) Vavasseur, n. 280 ; 2ᵉ édit., n. 727 ; Ameline, n. 449 ; Rivière, n. 449.
(2) Mathieu et Bourguignat, n. 446 ; Ameline, n. 420.

711. Explication du n° 3 ; il prévoit un délit spécial aux gérants, et le définit ; le droit commun est, du reste, réservé ; dividendes fictifs.

712. Le dernier paragraphe change l'ancien état de choses et ne permet plus de porter devant les tribunaux correctionnels la demande en responsabilité civile contre les membres du conseil.

713. L'art. 15 s'applique aux sociétés étrangères.

710. Les trois numéros que renferme l'art. 15 reproduisent, sans y rien changer, les dispositions écrites dans les art. 13 de la loi de 1856 et 31 de la loi de 1863 : le dernier paragraphe est nouveau. Les faits prévus par cet article sont, en ce qui concerne la peine à appliquer, assimilés à l'escroquerie, dont ils ne présentent pas tous les caractères et sans préjudice, dit le texte, de l'application, quand il y aura lieu, à l'escroquerie proprement dite, des peines dont elle est frappée.

Le premier numéro prévoit la simulation et la publication faite de mauvaise foi, de souscriptions ou de versements ; ou la publication de *tous autres faits faux* ; cependant le deuxième numéro croit devoir spécifier le fait d'avoir publié les noms de personnes désignées, contrairement à la vérité, comme étant ou devant être attachées à la société à un titre quelconque. Ce cas rentre évidemment dans l'expression générale de *tous autres faits faux* contenue au premier numéro et n'a nullement pour effet de la limiter ; nous ne voyons pas pourquoi dans la première hypothèse, il s'agirait uniquement de manœuvres frauduleuses dirigées contre des personnes déterminées ; et dans le second cas, de manœuvres qui s'adressent au public en général (1). La loi ne distingue pas ; il suffit qu'il y ait fraude et qu'elle ait nui ou pu nuire à quelqu'un.

Il ne peut exister de difficulté pour reconnaître ce qui

_____

(1) V. Mathieu et Bourguignat, n. 149.

constitue *la publication* : quel que soit le mode qui aura
été employé, le délit existera.

Il est moins facile de définir *la simulation* dont parle la
loi, et qu'elle punit : une simple assertion mensongère,
si elle n'est accompagnée de manœuvres propres à lui
donner crédit, ne nous semble pas pouvoir tomber sous
le coup de l'art. 15; s'il y a eu *publication*, nous venons
de voir que la peine est encourue. A défaut de cette circonstance, qui forme un chef spécial et détermine l'in-
crimination, les juges apprécieront quand la simulation
aura été accompagnée de circonstances propres à constituer une fraude criminelle et punissable (1).

Une remarque très-importante à faire sur cet article,
c'est que la disposition expresse de la loi, qui a ainsi
créé ces délits particuliers, assimile de la manière la plus
complète la simple tentative au délit même. Si l'agent a
tenté d'obtenir des souscriptions ou des versements par
les moyens indiqués, il n'importe en rien, pour l'application de la peine, que la manœuvre ait réussi, ou qu'il
n'en soit résulté la réalisation d'aucune souscription, ni
d'aucun versement (2).

Les faits prévus par ces deux paragraphes peuvent
avoir été accomplis par tout autre que le gérant; quel
que soit l'agent, il tombe sous le coup de la loi, qui ne
fait de distinction d'aucune sorte.

711. Le troisième numéro de notre article s'applique
aux seuls gérants; et en laissant intacts, nous ne saurions trop le dire, les principes relatifs à la responsabilité
civile contre les gérants ou les membres du conseil de
surveillance, il veut, pour qu'il y ait lieu d'appliquer la

---

(1) Mathieu et Bourguignat, n. 148.
(2) Mathieu et Bourguignat, n. 149.

peine, que l'une au moins des deux conditions posées par la loi soit établie ; il ne serait point permis d'en étendre les termes.

L'absence d'inventaire constitue à la charge du gérant une évidente présomption de fraude, puisqu'elle établit contre lui la preuve qu'il a manqué aux devoirs imposés à tout commerçant. Si l'inventaire a été fait, il n'existe aucune raison évidemment pour présumer la fraude, et elle devra être établie contre le gérant. Les juges apprécieront.

Un amendement proposé au Corps législatif, dans le but d'étendre les dispositions de l'art. 15 aux « gérants, « qui ont employé une partie quelconque du capital so- « cial à l'achat des actions émises, » a été rejeté. Nous n'avons donc pas à nous en occuper. Nous avons dit plus haut qu'une semblable opération était à nos yeux complétement irrégulière (V. *suprà*, n° 641) ; mais ce n'est pas une raison pour qu'elle constitue de plein droit, et dans tous les cas, un délit. Si elle est accompagnée de manœuvres qui soient prévues et réprimées par le droit commun, il était superflu de réserver l'application du Code pénal.

La peine ne sera encourue par le gérant, dans l'un ou l'autre cas prévu par l'article 15, que s'il s'agit de dividendes *fictifs*; c'est ce qui constitue le délit.

La Cour de cassation a jugé qu'un dividende n'est réellement acquis dans le sens de la loi, qu'autant qu'il est le résultat d'une opération accomplie et qu'il est complétement réalisé ; il ne suffit pas que le bénéfice se fonde sur une convention qui l'assure : doctrine qui nous paraît un peu sévère. Il n'importe que l'inventaire dans lequel le gérant a fait figurer par anticipation ce bénéfice, ait été approuvé et ratifié par l'assemblée générale des actionnaires, même avec connaissance de l'inexactitude commise (1). Ce dernier point, au moins, ne semblait pas pouvoir faire difficulté : les actionnaires seront toujours disposés à recevoir un dividende : il faut seulement ajouter que si l'erreur n'était pas excusable, ils pourraient être forcés à le restituer (V. *suprà*, n° 683).

712. Le dernier paragraphe de l'art. 15 déclare que les membres du conseil de surveillance ne sont pas civilement responsables des délits commis par le gérant. C'est l'application du principe posé par l'art. 9 ci-dessus.

On avait jugé sous l'ancienne loi que les membres des conseils de surveillance, en cas de poursuites correctionnelles exercées contre le gérant, pouvaient être traduits devant la justice répressive comme civilement responsables, en même temps que le gérant en raison de son délit, et encore bien qu'il n'y eût pas de partie civile en cause (2). La loi nouvelle a formulé sur ce point, on le voit, et de la manière la plus formelle, une règle opposée; mais elle doit être bien comprise.

Le texte ne porte aucune atteinte au principe de la responsabilité de droit commun qui pèse, pour toutes ses fautes personnelles, sur chaque membre du conseil de surveillance ; il a voulu seulement éloigner de lui, ainsi que l'a dit M. Mathieu, rapporteur, la perspective du tribunal correctionnel.

D'un autre côté, il ne peut être douteux que les membres des conseils de surveillance ne sont exonérés des suites de ces délits qu'à la condition expresse qu'ils y resteront complétement étrangers et qu'ils n'auraient été appelés en cause que par application des règles de la

---

(1) Cass., 28 juin 1862 (J.P.62, p. 785) ; Angers, 18 janv. 1865, et Caen, 16 août 1864 (D.P.65.2.67 et 192). *Sic*, Delangle, n. 354.

(2) Cass., 2 avril 1859 et 28 juin 1862 (J.P.59, p. 973, et 62, p. 785).

responsabilité civile, que l'art. 1384, C. civ., a établies et par analogie avec les cas spécifiés dans ce texte. Mais si les membres des conseils de surveillance, au contraire, ont participé aux délits reprochés au gérant; s'ils sont accusés d'en avoir été les complices; si l'on demande contre eux l'application, non d'une simple responsabilité civile, mais bien de la responsabilité pénale, il n'est entré dans l'esprit de personne de les affranchir de la poursuite : « Le conseil de surveillance, a dit M. Mathieu, rapporteur, est en face d'une responsabilité civile qui peut, *s'il y a complicité,* devenir une responsabilité pénale » (1).

713. La Cour de Paris a jugé que la loi du 24 juill. 1867 s'applique, non aux sociétés étrangères, mais aux sociétés françaises. Il en résulterait que les pénalités édictées par l'art. 15 ne peuvent atteindre une société étrangère (2).

Nous ne saurions admettre une semblable doctrine. Nous avons déjà dit que les faits prévus et punis par la loi de 1867 sont des délits. Nous nous associons complétement aux observations dont le recueil de Sirey a accompagné cet arrêt. Il est de principe, en effet, dit l'arrêtiste « que les lois criminelles atteignent les faits « commis en France par des étrangers. Or, non-seule-« ment on ne trouve dans la loi de 1867 aucune excep-« tion à ce principe, en ce qui touche le nouveau délit ca-« ractérisé dans l'art. 15; mais on ne voit pas les motifs « qui auraient pu faire établir une exception de cette « nature en faveur des sociétés étrangères. La crimina-« lité du fait ne saurait dépendre d'une question de na-« tionalité. Les dangers, soit au point de vue de la

---

(1) Séance du 12 juin 1867.
(2) Paris, 13 juin 1872 (S.72.2.96). V. également (D.P.72.2.464).

« morale publique, soit au point de vue des interêts pri-
« vés, sont exactement les mêmes, que la société ait été
« créée en France ou dans un autre pays. »

ARTICLE 16.

L'art. 463 du Code pénal est applicable aux faits prévus par les trois
articles qui précèdent.

SOMMAIRE.

714. Les [faits prévus doivent être classés tantôt parmi les contraventions,
tantôt parmi les délits.

714. L'art. 16 a fait une disposition spéciale du dernier paragraphe de l'art. 13 de la loi de 1856, et en a
étendu l'application à tous les faits prévus par les trois
articles qui précèdent. On ne peut qu'applaudir au principe qu'il consacre.

« Cette disposition, disent MM. Mathieu et Bourguignat, qui doit son origine, nous l'avons vu, à l'initiative
de la commission, a une conséquence des plus importantes. Elle permet de déterminer à coup sûr le caractère
véritable des faits qu'elle concerne ; elle rend manifeste
que chacun d'eux a pour élément essentiel l'intention
frauduleuse ; que, sans exception dès lors, ils constituent
des délits, non de simples contraventions » (1).

Il est difficile d'accepter la conséquence tirée par ces
honorables auteurs comme étant à l'abri de toute discussion. Le second alinéa de l'art. 483, C. pén., ajouté par
la loi du 28 avril 1832, porte : « L'art. 463 du présent
« Code sera applicable à toutes les contraventions ci-
« dessus indiquées. » Aucun doute n'existe donc que
l'art. 463 s'applique aux contraventions aussi bien qu'aux

---

(1) Mathieu et Bourguignat, n. 454.

délits, si elles sont indiquées au Code pénal ou dans toute loi spéciale, quand elle contient à cet égard une mention expresse.

Il faut donc faire abstraction de l'art. 16 pour reconnaître si les faits prévus par les trois articles qui précèdent constituent des délits ou des contraventions. La loi aurait pu, d'ailleurs, s'expliquer catégoriquement à cet égard ; mais elle ne l'a pas fait.

M. Vavasseur, essayant de compléter la loi sur ce point, range parmi les contraventions, les faits punis par une simple amende ; et parmi les délits, ceux qui peuvent entraîner la peine de l'emprisonnement (1).

Cette classification peut être acceptée ; mais il n'est pas douteux, au moins, que la distinction existe, et elle a été proclamée et par l'exposé des motifs et par le rapport. « On reconnaît, dit le premier de ces documents, que des peines pécuniaires doivent suffire pour prévenir et réprimer au besoin *des contraventions* qui consistent dans l'émission ou la négociation d'actions d'une société irrégulièrement constituée ; dans la publication de leur valeur ; et enfin dans le fait du gérant, qui commence les opérations sociales avant l'entrée en fonction du conseil de surveillance. »

Le rapport de la commission législative dit également : « Le fait d'émettre des actions en coupons d'action d'une société constituée, sans que les conditions prescrites par les art. 1, 2 et 3 de la loi aient été toutes et strictement observées, alors qu'aucune circonstance n'en vient aggraver le caractère, ressemble plus à une *contravention* qu'à un *délit ;* l'intention coupable peut y être complétement étrangère. Il en est de même du fait du gérant qui

---

(1) Vavasseur, n. 284 ; 2ᵉ édit., n. 728.

commence les opérations sociales avant l'entrée en fonctions du conseil de surveillance. Est-ce à dire qu'on
doive amnistier complétement l'infraction et laisser à
l'intérêt privé, s'il en souffre, le soin de la réprimer?
Non. Car, d'une part, il s'agit de *contraventions* graves.
puisqu'elles portent sur des dispositions protectrices de
l'intérêt des tiers et des actionnaires. D'autre part, l'intérêt privé, quand il se fractionne entre des milliers de
personnes, est timide, même quand il est éclairé. S'en
rapporter à lui seul, ce serait s'exposer à voir la loi violée impunément. Mais punir une *simple contravention* de
l'emprisonnement, c'était dépasser la mesure ; l'amende
de 500 à 10,000 fr. répond à la nature et à la gravité du
fait. »

Il faut donc bien reconnaître que la loi a admis que,
parmi les faits punissables, les uns constitueraient des
contraventions, les autres des délits : il ne pourrait y
avoir difficulté que pour faire le classement : l'application possible dans tous les cas de l'art. 463, C. pén., ôte
presque tout intérêt à cette question.

ARTICLE 17.

Des actionnaires représentant le vingtième au moins du capital social
peuvent, dans un intérêt commun, charger à leurs frais un ou plusieurs
mandataires de soutenir, tant en demandant qu'en défendant, une action
contre les gérants ou contre les membres du conseil de surveillance,
et de les représenter, en ce cas, en justice, sans préjudice de l'action
que chaque actionnaire peut intenter individuellement en son nom
personnel.

SOMMAIRE.

715. Cet article reproduit, sous une forme différente et plus concise, l'art. 14 de la loi de 1856 et l'art. 22 de la loi de 1863 : « l'art. 17, dit le rapport, est la reproduction, sous une forme différente, de l'art. 14 de la loi du 17 juillet 1856. Il organise, au profit des minorités d'actionnaires, agissant dans un intérêt commun, un mode d'action en justice qui en facilite l'accès par la simplification et l'économie. » Contrairement à la maxime bien connue : « *Nul en France ne plaide par procureur,* » il permet à ces minorités de se choisir un ou plusieurs mandataires. Seulement, l'art. 14 de la loi de 1856, que le projet du Gouvernement laissait subsister, accorde indistinctement cette faveur à des fractions d'actionnaires, quel que soit leur nombre, tandis que l'art. 35 du projet lui-même (titre : *des sociétés anonymes*) le limite aux groupes d'associés représentant le vingtième au moins du capial social.

« Il a semblé nécessaire à votre commission de ramener à l'unité ces dispositions divergentes, et elle vous propose, d'accord avec le Gouvernement, de placer sous l'empire de la même règle les sociétés en commandite et les sociétés anonymes. Plaider par des mandataires, c'est une exception au droit commun qu'il importe de restreindre au lieu de l'étendre. En faire bénéficier les minorités, sans se préoccuper de la part qu'elles représentent dans le capital social, c'est exposer la société à des attaques indiscrètes, encourager l'esprit processif en abaissant l'obstacle qui seul l'arrête, la responsabilité des frais engagés dans la contestation. Cette restriction apportée au droit des minorités ne gêne en rien l'action individuelle, et chaque actionnaire peut, isolément et à ses risques et périls, intenter une action en son nom personnel. »

L'exposé des motifs de la loi de 1856 expliquait très-bien l'utilité d'une semblable mesure, qu'il est, du reste, facile d'apprécier.

716. L'art. 17 diffère non-seulement pour la forme, mais en certains points pour le fond, de l'art. 14 de la loi de 1856.

Cette dernière loi était impérative, et toutes les fois qu'un groupe d'actionnaires, quel qu'en fût le nombre, et quelle que fût la portion de capital représentée par eux, avaient à soutenir une action dans un intérêt commun, il y avait nécessité pour eux de procéder par commissaires ; et le texte était écrit en conséquence. Ainsi la loi de 1856 disait que les mandataires dont il s'agit seraient *nommés en assemblée générale ;* que, dans le cas où *quelques actionnaires seulement seraient* engagés, ils seraient *nommés dans une assemblée spéciale, composée des actionnaires parties au procès ;* enfin que, si un obstacle empêchait la nomination par l'assemblée générale ou l'assemblée spéciale, *il y serait pourvu par le tribunal de commerce, sur la requête de la partie la plus diligente.*

La loi nouvelle donne seulement aux actionnaires une faculté, dont ils sont libres de ne pas user ; et, dans le cas où ils y recourent, ils doivent justifier qu'ils représentent le vingtième au moins du capital ; mais sous cette condition le nombre des actionnaires n'est pas déterminé. Il est évident qu'un seul, même représentant le vingtième du capital, ne pourrait user de la loi qui parle de plusieurs actionnaires (1). Par suite de cette modification à l'ancien principe, en cas de difficulté pour la nomination des mandataires, il n'est pas possible de se reporter aux dispositions que nous avons rappelées de la loi de 1856 : dans le silence absolu que la loi nouvelle a gardé, le droit commun seul est applicable ; les actionnaires se réuniront ainsi qu'ils le jugeront à propos, agiront comme ils l'entendront, et les mandataires ne représenteront que les actionnaires mêmes qui les auront nommés ; la majorité ne peut sur ce point engager en rien la minorité (2) : la seule dérogation apportée au droit commun en matière de mandat par la loi spéciale, c'est le privilége pour les actionnaires mandants de plaider par procureur.

717. Sous la loi de 1856 obligeant les actionnaires, ainsi que nous l'avons dit, à agir collectivement, la minorité était contrainte d'accepter le mandataire qu'avait choisi la majorité ou qu'avait nommé le tribunal : il était juste, par suite, que chaque actionnaire dont le *commissaire*, suivant l'expression de la loi, pouvait n'avoir pas la confiance, conservât le droit d'intervenir personnellement. Il n'en est plus de même aujourd'hui ; et si la question pouvait anciennement être controversée, nous pensons qu'elle est tranchée par la loi nouvelle, et que l'on ne saurait admettre que le même individu puisse plaider en même temps et par lui-même et par procureur (3).

En dehors de cette hypothèse, la loi réserve formellement le droit incontestable de chaque actionnaire d'in-

---

(1) Rivière, n. 130.
(2) Vavasseur, n. 288 ; 2ᵉ édit., n. 745 ; Rivière, n. 127.
(3) Rivière, n. 448.

tenter individuellement une action en son nom personnel (1).

Il a été jugé, en outre, que les actionnaires d'une société peuvent former entre eux une société civile pour poursuivre, à frais communs et sous une direction spéciale, les actions individuelles en responsabilité qui appartiennent à chacun de ses membres, qui procèdent contre les mêmes personnes et qui sont fondées sur les mêmes causes (2).

718. Les frais occasionnés par suite de la résolution à laquelle se sont arrêtés les actionnaires dissidents, seront mis à leur charge exclusive et ne peuvent être employés en frais de gestion ou d'administration. En outre, le texte est limitatif et dit expressément qu'il ne s'applique qu'aux procès soutenus dans un intérêt commun ou contre les gérants ou contre les conseils de surveillance. Les statuts eux-mêmes ne peuvent étendre les termes de la loi et la rendre applicable, par exemple, à un procès entre associés (3).

719. Ces mandataires représentent un intérêt collectif, ainsi que le gérant agissant, quand il y a lieu, au nom de la société; par suite, les jugements intervenus contre ces mandataires sont en premier ressort seulement, même à l'égard des actionnaires qui n'ont dans le procès qu'un intérêt inférieur à 1,500 fr. (4).

720. La loi dit expressément que les actionnaires peuvent choisir un ou plusieurs mandataires. En les

---

(1) Lyon, 23 mars 1863 (S.63.2.235) ; Paris, 19 avril 1875 (D.P.75.2.161).

(2) Paris, 16 avril 1870 (J.P.71.552).

(3) Rivière, n. 129 et 131 ; Dalloz, *Rép.*, v° *Sociétés*, n. 1409. *Contrà*, Mathieu et Bourguignat, n. 160 ; Bravard-Veyrières, sur l'art. 14, p. 174 ; et Romiguières, p. 155, sous l'ancienne loi.

(4) Augers, 18 janv. 1865 (D.P.65.2.67); Pau, 13 déc. 1865 (J.P.66, p. 708); Rivière, n. 150.

nommant, il y a nécessité de définir les pouvoirs qui leur sont donnés, et nous ne pouvons, sous l'empire de la loi nouvelle surtout, leur en reconnaître d'autres que ceux qu'ils tiennent de l'acte de nomination. C'est l'opinion qu'avait soutenue M. Bravard sous la loi de 1856 (1); et si elle a été et pouvait en effet être contestée, quand l'entremise de ces mandataires était obligatoire et qu'ils étaient investis d'une mission qu'ils tenaient de la loi même, il nous paraît que c'est la seule doctrine qui doive être suivie aujourd'hui. Cependant M. Rivière a embrassé une opinion contraire, et il énumère certains actes que ces mandataires seraient autorisés à faire de plein droit (2) : nous croyons que cette règle ne peut être suivie.

L'élection doit être spéciale et avoir lieu à chaque procès ; il ne peut exister, dans l'esprit de la loi, des mandataires permanents ; il ne serait point permis, d'un autre côté, de déroger à l'art. 17 par une clause spéciale des statuts.

Les actionnaires d'une société en commandite ne peuvent valablement conférer à des commissaires l'exercice d'une action sociale contre les anciens gérants et membres du conseil de surveillance, une telle action ne pouvant être exercée que contre le gérant en fonctions, qui est le représentant légal de la société (3).

ARTICLE 18.

Les sociétés antérieures à la loi du 17 juill. 1856, et qui ne se seraient pas conformées à l'art. 15 de cette loi, seront tenues, dans un délai de

------

(1) Bravard, p. 60.
(2) Rivière, n. 136 et s.
(3) Paris, 21 fév. 1874 (J.P.74.613).

six mois, de constituer un conseil de surveillance, conformément aux dispositions qui précèdent.

A défaut de constitution du conseil de surveillance dans le délai ci-dessus fixé, chaque actionnaire a le droit de faire prononcer la dissolution de la société.

SOMMAIRE.

721. Dispositions de la loi de 1856 auxquelles se réfère l'art. 18 ; objet de la loi nouvelle.

721. Cet article, purement transitoire, trouve de moins en moins l'occasion d'être appliqué à mesure que les années s'écoulent depuis la promulgation de la loi de 1867. Nous croyons utile encore cependant de reproduire les observations que contenait notre seconde édition.

Puisque cet article se réfère à l'art. 15 de la loi du 17 juillet 1856, et ne peut avoir aucune application en ce qui concerne les sociétés qui seront formées désormais, il est nécessaire de rappeler d'abord le texte de la loi de 1856 ; il est ainsi conçu :

« Les sociétés en commandite par actions actuelle-
« ment existantes, et qui n'ont pas de conseils de sur-
« veillance, sont tenues, dans le délai de six mois à
« partir de la promulgation de la présente loi, de consti-
« tuer un conseil de surveillance.

« Ce conseil est nommé conformément aux disposi-
« tions de l'art. 5.

« Les conseils déjà existants et ceux qui seront nommés
« en exécution du présent article exercent les droits et
« remplissent les obligations déterminées par les art. 8
« et 9 ; ils sont soumis à la responsabilité prévue par
« l'art. 10.

« A défaut de constitution du conseil de surveillance
« dans le délai ci-dessus fixé, chaque actionnaire a le

« droit de faire prononcer la dissolution de la société.
« Néanmoins, un nouveau délai peut être accordé par
« les tribunaux, à raison des circonstances.

« L'art. 14 est également applicable aux sociétés ac-
« tuellement existantes. »

La loi n'exigeait donc point la réorganisation de tous
les conseils de surveillance en exercice alors, sauf le
droit pour chaque membre, bien entendu, de donner sa
démission et de se retirer volontairement ; mais ces conseils tombaient de plein droit sous l'empire de la loi nouvelle, en ce qui concerne et leurs attributions et leur
responsabilité.

Toute société existante, qui n'était pas pourvue d'un
conseil de surveillance, était tenue d'en constituer un
dans le délai de six mois, en se conformant à l'art. 5. Le
tribunal pouvait toutefois accorder un délai selon les circonstances.

Il est hors de doute que si le conseil de surveillance
existait déjà, non-seulement avec les pouvoirs que la loi
nouvelle lui donnait, mais avec des pouvoirs même plus
étendus, le vœu de la loi était parfaitement rempli (1),
si toutefois ces pouvoirs n'étaient pas en dehors de ceux
que la loi permet d'attribuer à des commanditaires ; ainsi
s'il existait, sous le nom de conseil de surveillance, un
véritable comité de direction qui participait à la gestion
et s'immisçait dans les opérations sociales, une semblable institution ne pouvait satisfaire au vœu de la
loi (2).

C'est dans ces circonstances qu'a été écrit notre article.
« L'art. 18, dit le rapport au Corps législatif, de même

---

(1) Paris, 28 mars 1859 (J.P.59, p. 354).
(2) Cass., 31 déc. 1860 (S.61.1.286), et Rouen. 25 juill. 1861 (S.62.2.118).

que le principe de l'article précédent, est emprunté à la
loi de 1856. C'est une disposition transitoire qui impose
aux sociétés en commandite par actions actuellement
existantes, et qui n'ont pas de conseil de surveillance,
l'obligation d'en constituer un dans les six mois de la
promulgation de la loi, et autorise, à défaut de cette constitution, chaque actionnaire à faire prononcer la dissolution de la société.

« Cette disposition était indispensable en 1856. En
effet, avant la loi du 17 juillet, les conseils de surveillance n'étaient pas obligatoires. Tout était livré à la
liberté des conventions. Les droits et les devoirs mal définis étaient l'objet d'appréciations nécessairement contradictoires et incertaines. La loi, en faisant de ces conseils un rouage nécessaire de la société en commandite,
avait dû l'imposer même aux sociétés constituées sous
l'empire de la législation précédente.

« On peut croire que pendant un intervalle de dix années le but a été atteint, et que nulle société aujourd'hui
n'étant privée d'un conseil de surveillance, il est inutile de
reproduire l'art. 15 de la loi de 1856. La réalité pourrait
n'être pas d'accord avec la supposition. L'art. 5 de la loi
de 1856 veut que le conseil de surveillance soit composé
de cinq actionnaires au moins. Or, il s'est rencontré des
sociétés dont le personnel était limité à ce point qu'il leur
était impossible de satisfaire aux exigences de la loi. C'est
pour cela, sans doute, que le projet qui vous est soumis
limite à trois au lieu de cinq le minimum des actionnaires composant le conseil de surveillance.

« Votre commission a pensé que le principe de l'article 15 de la loi de 1856 pouvait trouver encore aujour-
d'hui son application, et qu'il était nécessaire d'imposer
la nécessité d'un conseil de surveillance, avec les droits

et les devoirs que le projet lui donne, aux sociétés qui,
par impuissance ou par oubli de la loi, en seraient encore privées. Le Gouvernement a accepté sa proposition. »

S'il existe, en effet, encore aujourd'hui des sociétés
en commandite par actions qui ne se soient pas conformées aux prescriptions de la loi de 1856, il faudrait
admettre que notre article les relève de la déchéance
qu'elles avaient encourue, et que la dissolution n'aurait
pu être demandée qu'après un délai de six mois à partir
de la promulgation de la loi du 24 juillet 1867. Cette
conséquence est évidente ; mais le tribunal ne pourrait
proroger le délai ; la nullité est encourue.

Si une société, formée antérieurement à la loi de 1867,
était prorogée, elle devrait être considérée comme société
nouvelle à partir de sa prorogation et soumise à la législation aujourd'hui en vigueur (1).

Le conseil nouveau est nommé conformément à la loi
de 1867, et organisé ainsi qu'elle l'exige ; il sera composé de trois actionnaires au moins, nommés la première
fois pour une année ; soumis ensuite à la réélection et
se conformera enfin aux *dispositions qui précèdent,* ainsi
que le dit l'art. 18 ; mais l'assemblée qui procédera à
cette élection sera toutefois dans l'impossibilité d'être
convoquée et d'agir ainsi que le veut l'art. 4 ci-dessus,
les actions ayant cessé d'être nominatives et la société
étant, du reste, depuis longtemps constituée. Il s'agit ici
seulement d'une assemblée générale ordinaire et la nomination se fera à la majorité des votants.

L'art. 15 de la loi de 1856 disait expressément que les
conseils existants, comme ceux qui seraient nommés par

---

(1) Amoline, n. 43n.

la suite, exerceraient les mêmes droits, rempliraient les
mêmes obligations et seraient soumis à la même responsabilité : la loi nouvelle ne peut que maintenir ce principe sans qu'elle l'ait énoncé; mais la loi à invoquer,
c'est évidemment celle de 1867 pour les faits qui s'ac-
compliront désormais; la loi ancienne reste applicable
aux autres faits.

ARTICLE 19.

Les sociétés en commandite par actions antérieures à la présente loi,
dont les statuts permettent la transformation en société anonyme autorisée par le Gouvernement, pourront se convertir en société anonyme dans les termes déterminés par le titre II de la présente loi, en
se conformant aux conditions stipulées dans les statuts pour la transformation.

SOMMAIRE.

722. Conditions dans lesquelles les sociétés en commandite par actions peuvent se transformer en sociétés anonymes ; sociétés civiles; renvoi.

722. L'art. 19, comme celui qui le précède, statue
uniquement pour les sociétés en commandite par actions
antérieures à la loi nouvelle. Nous allons dire quelle en
est l'utilité.

A la différence des principes établis par le Code de
commerce, nous verrons bientôt que la loi nouvelle ne
soumet plus la constitution des sociétés anonymes à
l'autorisation du Gouvernement ; le consentement seul
des parties suffit ; par suite, les membres composant une
société en commandite pourront désormais, si telle est
leur volonté, se constituer en société anonyme : les principes généraux seront seuls applicables.

En ce qui concerne les sociétés en commandite antérieures à la présente loi, les unes, dans leurs statuts,
n'ont rien prévu en ce qui touche la conversion de la

société en commandite en société anonyme. Celles-là resteront soumises encore au droit commun ; et le consentement de tous les associés serait nécessaire pour apporter une modification au contrat par lequel ils se sont engagés : aucune difficulté n'est encore possible dans cette hypothèse (1).

Quelques-unes de ces sociétés, au contraire, ont des statuts ayant prévu et permis la transformation en société anonyme, en ajoutant quelquefois surabondamment une clause qui était à cette époque sous-entendue de plein droit, c'est que cette transformation serait autorisée par le Gouvernement. Que fallait-il décider à l'avenir, soit pour celles dont les statuts portaient cette mention, soit pour celles qui préyoyaient et autorisaient cette transformation sans avoir rappelé les principes de la législation alors existante, car les unes et les autres ne pouvaient être mises que sur la même ligne?

A défaut d'une disposition expresse de la loi, il aurait fallu décider que le consentement des associés avait été subordonné à une condition qui, ne pouvant se réaliser, rendait le consentement comme non avenu; il y aurait eu, tout au moins, un motif d'hésiter, et, sans doute, des appels fâcheux aux tribunaux pour décider la question. L'art. 19 l'a tranchée; il permet en termes exprès la transformation en société anonyme *dans les termes déterminés par le titre II de la présente loi*, de toute société en commandite et sans tenir compte de cette mention qu'il faudrait recourir à l'autorisation du Gouvernement; mais la loi ajoute qu'il faudra se conformer, du reste, *aux conditions stipulées dans les statuts pour la transformation* auxquels il n'est en rien dérogé.

---

(1) Aix, 30 janv. 1868 (S.68.2.343) ; Mathieu et Bourguignat, n. 162. V. Lyon, 6 fév. 1868 (S.68.2.465).

Il paraît à peu près inutile de supposer que les statuts auront établi, en principe, la faculté de conversion, et auront gardé le silence le plus complet sur les conditions dans lesquelles elle devait être opérée. S'il en était ainsi cependant, nous ne pensons pas que le vote d'une simple majorité dût suffire pour l'application de l'art. 19 : nous croyons que l'unanimité deviendrait nécessaire, ou, en d'autres termes, que ce cas tout à fait singulier devrait être assimilé au cas où les statuts ne contiendraient aucune clause à cet égard (1).

Dans tous les cas, il y aurait lieu de convoquer tous les actionnaires, quel que fût le nombre de leurs actions, pour obéir au prescriptions des art. 25 et 27, deuxième alinéa, relatifs à la nomination des administrateurs et à la constitution de la nouvelle société (2).

Les termes de l'art. 19 sont clairs, et il faut décider, sans nul doute, que la conversion d'une société en commandite par actions en société anonyme est soumise à toutes les formalités et dispositions prévues par le titre II, sans qu'il y ait à distinguer entre celles de ces dispositions qui sont relatives à la forme et à l'administration de la société et celles qui concernent sa constitution même et les conditions de son existence (3). L'intérêt des tiers exige évidemment qu'une société anonyme, quels que soient son origine et les motifs de sa transformation, soit soumise aux prescriptions légales qui sont la sauvegarde de tous.

A propos d'un amendement proposé sur cet article, la question a été élevée de savoir si les sociétés civiles pou-

---

(1) *Contrà*, Vavasseur n. 304 ; 2° édit., n. 762.
(2) Lyon, 6 fév. 1868 (J.P.68.698).
(3) Lyon, 6 fév. 1868 (J.P.68.698). *Contrà*, Besançon, 15 juin 1869 (D.P.70. 2.13).

vaient se constituer en sociétés anonymes. Nous avons traité cette question à un point de vue général dans le commentaire de l'art. 19, C. comm. Nous ne pouvons qu'y renvoyer (V. *suprà*, n°s 510 et suiv.).

ARTICLE 20.

Est abrogée la loi du 17 juillet 1856.

SOMMAIRE.

723. La loi nouvelle n'a pas d'effet rétroactif.

723. Cet article ne permet aucune explication. Il est sans difficulté, conformément aux principes toujours suivis, que la loi ne statue que pour l'avenir ; et la loi du 17 juillet 1856 continuera à régir les sociétés qui se sont formées sous l'empire de ses dispositions.

TITRE II.

DES SOCIÉTÉS ANONYMES.

ARTICLE 21.

A l'avenir, les sociétés anonymes pourront se former sans l'autorisation du Gouvernement.

Elles pourront, quel que soit le nombre des associés, être formées par un acte sous seing privé fait en double original.

Elles seront soumises aux dispositions des art. 29, 30, 32, 33, 34 et 36 du Code de commerce, et aux dispositions contenues dans le présent titre.

SOMMAIRE.

724. Législation antérieure à la loi du 24 juillet 1867 : caractères de l'autorisation donnée par le Gouvernement.
725. Nature des décrets d'autorisation ; droit du Gouvernement de modifier les statuts et de retirer l'autorisation accordée.

726. Les actes des sociétés anonymes devaient être passés devant notaires ; position des associés pendant les délais nécessaires pour obtenir l'autorisation du Gouvernement.
727. Promesses d'actions avant l'autorisation du Gouvernement ; précautions prises pour prévenir les abus résultant de leur négociation.
728. Législation nouvelle : objet de l'art. 21 ; art. 34, C. comm.; division du capital en *actions* et en *parts d'intérêts*.
729. Les actions peuvent être stipulées *incessibles* dans une société anonyme, dont la durée n'est pas illimitée.
730. Les fractions du capital social peuvent n'être pas divisées en parts égales entre elles ; la loi reste applicable, soit lorsque les actions sont déclarées incessibles ; soit lorsqu'elles ne sont pas d'une valeur égale ; renvoi au commentaire de l'art. 48 ci-après.

724. Le commerce a été depuis longtemps rendu libre et complétement indépendant ; la disposition contenue dans l'art. 37, C. comm., paraissait être une grave dérogation à ce grand principe, et aussi rencontra-t-elle quelque opposition au sein du Conseil d'État, mais il fut passé outre sur les observations de Cambacérès (1) ; et cet état de choses s'était maintenu jusqu'à la loi du 24 juillet 1867, qui l'a fait disparaître.

La société anonyme est la seule où il n'existe aucune garantie personnelle ; l'autorisation du Gouvernement, accordée en connaissance de cause, devait en tenir lieu et rassurer les capitaux hésitant à s'engager dans une semblable entreprise. La liberté du commerce n'en était pas moins respectée, puisque la forme de la société anonyme n'était imposée en aucun cas ; libre à ceux qui ne voulaient pas s'y soumettre de s'en affranchir, mais en engageant alors leur responsabilité personnelle : libre également aux capitalistes de choisir entre les diverses entreprises, selon que les garanties que chacune d'elles présente leur semblaient préférables et appelaient plus particulièrement leur confiance.

(1) Procès-verbal, 15 janv. 1807 ; Locré, t. 17, p. 191 et 192.

Le projet du Code de commerce avait cherché à déterminer les cas où le Gouvernement accorderait, refuserait ou révoquerait l'autorisation indispensable à la formation de toute société anonyme ; mais on comprit qu'il était préférable de laisser à cet égard au Gouvernement une liberté entière (1).

Le Gouvernement, bien entendu, ne garantissait pas le succès de l'opération. Quant aux chances de succès que présentait la spéculation qui allait être tentée, c'était à chacun à les apprécier.

L'autorisation devait être donnée dans la forme des règlements d'administration publique, c'est-à-dire après avoir pris l'avis du Conseil d'État. Des instructions émanées du ministre de l'intérieur, à la date du 16 janv. 1808 et du 22 oct. 1817, avaient déterminé les formalités préliminaires auxquelles les demandes d'autorisation devaient être soumises ; mais le Gouvernement ne pouvait être tenu, évidemment, de soumettre à l'examen du Conseil d'État une demande en autorisation de former une société anonyme, lorsqu'il ne croyait pas devoir donner suite à cette demande (2), pas plus qu'il n'était obligé de suivre l'avis qu'il avait demandé.

Le Gouvernement pouvait, dans l'autorisation particulière qu'il accordait à chaque société, créer les garanties qui lui semblaient nécessaires dans l'intérêt des tiers et des actionnaires et pour lesquelles la loi s'en était remis à sa prudence, et modifier, par suite, d'une manière plus ou moins profonde, les conventions premières, auxquelles avaient consenti les souscripteurs ; si ceux-ci en prenaient texte pour retirer leur adhésion, les tribunaux

---

(1) Procès-verbal, 15 janv. 1807; Locré, t. 17, p. 193.
(2) Cons. d'Etat, 6 août 1861 (S.62.2.352).

auraient eu à examiner et décider, si cette prétention était justifiée (1). Quelquefois, en outre, il plaçait auprès de la société un agent nommé par lui, sous le nom de commissaire, pour suivre toutes les opérations de la société et rendre compte, à qui de droit, de toutes les infractions qui seraient commises aux statuts ou à la loi ; le décret fixait les conditions auxquelles l'autorisation était accordée, et qui devenaient obligatoires pour la société.

725. Les décrets d'autorisation étaient insérés au *Bulletin des lois;* mais la solennité de cette publication, pas plus que l'intervention du Gouvernement, ne changeait la nature des statuts destinés à régir des conventions particulières et qui ne pouvaient être considérés d'une manière générale comme ayant force de loi (2). Ces statuts ne devenaient pas même matière administrative ; et, en cas de difficultés entre la société et les tiers, les tribunaux civils étaient seuls compétents pour les interpréter : c'étaient des conventions privées, dont la base était dans la volonté des parties et dont les clauses douteuses devaient être soumises aux juges ordinaires (3).

Les précautions prises par la loi auraient été tout à fait illusoires, si elles n'avaient été sanctionnées par le pouvoir que se réservait toujours le Gouvernement de révoquer l'autorisation qu'il avait accordée, en cas d'inexécution ou de violation des statuts, ou dans quelques autres occasions, peut-être tout à fait exceptionnelles, et où cette mesure paraissait exigée par un intérêt public (4). A lui seul appartenait le pouvoir de dissoudre la société ; les

---

(1) Pardessus, n. 1040 ; Molinier, n. 458.
(2) Cass., 15 fév. 1826 ; *Id* , 25 août 1842 ; 13 déc. 1852 et 7 avril 1862 (S.42. 1.981 ; 53.1.96 ; 62.1.984), et tous les auteurs.
(3) Troplong, n. 474 ; Delangle, n. 489 ; Bédarride, n. 326.
(4) Troplong, n. 474 ; Delangle, n. 475.

tribunaux ne pouvaient prétendre à un pareil droit. Mais, conformément à ce que nous venons de dire, ils ne pouvaient être arrêtés par cette considération pour prononcer des condamnations personnelles contre les administrateurs qui avaient violé les statuts, et pour dégager les actionnaires de leurs obligations, s'ils alléguaient un dol pratiqué à leur égard ou toute autre cause légitime. Ces décisions n'attaquaient pas évidemment l'existence même de la société ; et le pouvoir que se réservait le Gouvernement ne pouvait faire obstacle à ce que toute personne intéressée poursuivît devant la justice civile la réparation du préjudice dont elle aurait souffert, par suite d'inexécution ou de violation des statuts (1).

Les instructions émanées du ministère de l'intérieur, les 16 janvier 1808 et 22 octobre 1817, réglaient la procédure préparatoire des demandes d'autorisation pour les sociétés anonymes.

726. Une société anonyme devait, avant la loi du 24 juill. 1867, et à la différence des sociétés en nom collectif ou en commandite, avant toute demande en autorisation, être constatée par un acte public.

Acte public veut dire ici acte notarié, dont il reste minute.

Les statuts de la société étaient quelquefois joints à l'acte social et quelquefois en étaient séparés : dans ce cas, ils devaient aussi, avant la mise en activité de la société, être rédigés par acte public.

Les actes des sociétés anonymes recevaient, par l'insertion au *Bulletin des lois*, une publicité particulière.

Si l'approbation était refusée, les associés étaient dégagés et entièrement libres les uns envers les autres ; ce qui

(1) Paris, 6 fév. 1833 (S.33.2.136) ; Delangle, n. 476 et 477.

ne veut pas dire qu'avant le moment où le Gouvernement se prononçait, soit pour l'autorisation, soit pour le refus d'autorisation, il n'existât aucun lien entre ceux qui avaient formé l'acte social ou qui y avaient adhéré en soumissionnant des actions.

Il faut dire que jusqu'au moment où l'autorisation était accordée, l'association ne pouvait être appelée ni société en nom collectif, ni en commandite, ni anonyme, ni en participation ; elle n'était régie par aucune loi ; et cependant elle existait. Le Gouvernement reconnaissait son existence, puisqu'il l'admettait à discuter devant lui les conditions de sa constitution définitive, et il fallait bien la reconnaître comme une société de fait.

Aucun délai n'était fixé, au reste, pour obtenir l'autorisation du Gouvernement ; si cette condition était accomplie avant toute demande en nullité de la société, aucun doute que son existence ne pût plus désormais être attaquée (1) ; et, à moins de négligence prouvée, les souscripteurs ne pouvaient se plaindre des retards qu'ils éprouvaient pour obtenir une décision.

727. Le décret d'autorisation pouvait seul donner aux actionnaires des droits positifs ; quoique purement éventuels jusque-là, quelquefois, sous le nom de promesses d'actions, ils étaient vendus : dans le cas où l'autorisation était refusée, les circonstances seules déterminaient si la vente avait été faite sous condition résolutoire ou à forfait.

Des abus faciles à apprécier naissaient de cet état de choses, et diverses lois de concession pour des lignes de chemin de fer y avaient remédié pour cette espèce d'actions (L. 15 juill. 1845, chemins de fer du Nord, art. 8,

---

(1) Douai, 12 fév. 1848 (S.49.2.670).

10 et 13; L. 10 juin 1853, chemins de fer de Lempdes, de Périgueux, de Montauban et de Sceaux à Orsay. V. *suprà*, n° 644).

Ainsi le principe fondamental des sociétés anonymes a été, jusqu'à la loi du 24 juillet 1867, la nécessité d'une autorisation gouvernementale ; toutes les conditions et les formalités que cette dernière loi a longuement énumérées n'ont été que la conséquence de l'abrogation des art. 37 et 40, et cette abrogation seule les a rendues nécessaires.

L'exposé qui précède était donc utile pour faire mieux comprendre les explications que nous allons donner sur le titre II de la loi de 1867. Nous renvoyons, au surplus, pour l'historique et le caractère des sociétés anonymes, à notre commentaire des art. 29 et 30, C. comm., *suprà*, n°s 563 à 565.

728. L'art. 21 est un des plus considérables de la loi ; il consacre et généralise ce que la loi du 23 mai 1863 avait essayé, et décide que désormais les sociétés anonymes non-seulement *pourront* se former, mais se formeront nécessairement sans autorisation du Gouvernement.

Contrairement encore à l'art. 40, C. comm., la loi décide que ces sociétés pourront être formées par acte sous seing privé fait en double original.

Enfin, l'article rappelle les dispositions du Code de commerce, auxquelles resteront soumises encore les sociétés anonymes (V. *suprà*, n°s 563 et suiv.).

L'art. 34, C. comm., qui est au nombre de ceux que la loi nouvelle a conservés, a donné lieu, au sein du Corps législatif, à une discussion fort animée (1).

_____

(1) Voir la séance du Corps législatif du 4 juin 1867.

On a demandé que le texte en fût modifié sur deux points : 1° que le capital de la société anonyme pût être divisé non-seulement en *actions ;* mais en *parts d'intérêts* et qu'il y eût, a dit M. Émile Ollivier, *la société anonyme par intérêts à côté de la société anonyme par actions ;* 2° que ces fractions du capital social pussent n'être pas d'une valeur égale entre elles.

Sur la première question, M. Émile Ollivier a dit encore : « D'après la jurisprudence et les jurisconsultes, la « différence entre ce qu'on appelle l'intérêt proprement « dit et l'action, soit nominative, soit au porteur, c'est « précisément en ceci que l'action est cessible et négo- « ciable et que l'intérêt ne l'est pas. »

Nous ne pensons pas que, jusqu'à ce moment, la question ait été aussi nettement posée ; et nous croyons encore moins, quant à nous, qu'une solution aussi positive et aussi tranchée y ait été donnée et fût dans l'esprit des auteurs, qui ont procédé dans les développements de leurs doctrines, selon nous du moins, par simple formule énonciative (1).

Dans tous les cas, cette jurisprudence comme cette doctrine, si en effet elles existaient, ne s'appuyant sur aucun texte, devraient être abandonnées.

Il n'est pas douteux pour nous que la société anonyme ne puisse également fractionner son capital en actions ou en parts d'intérêt. Nous rappelons, à l'appui de notre opinion la discussion de l'art. 3 de la loi du 23 mai 1863 sur les sociétés à *responsabilité limitée :* en décidant que

(1) V. M Beslay, t. 5, n. 24 et s., qui enseigne également que la distinction n'a pas été faite par la loi : toutefois, dans le langage usuel, l'*action* se comprend plutôt de la part dans une société de capitaux ; l'*intérêt* de la part dans une société de personnes. Cette doctrine est consacrée également, quoique à un seul point de vue particulier, par la Cour de cassation (Cass., 3 mai 1864 (S.64.1.293).

le bénéfice de la loi pourrait être réclamé par toute réunion de sept personnes qui se soumettraient aux dispositions qu'elle avait établies, quelque faible que fût le capital qu'elles auraient réuni, il a été bien entendu que la règle était la même et la loi parfaitement applicable, soit que les fractions du capital prissent le nom d'*actions*, *de part d'intérêt* ou tout autre, laissant intact le principe de la loi : il y a donc sur ce point une interprétation législative (1), qui n'a pas été rappelée dans le nouveau débat, sans doute parce qu'il a surgi, pour le Gouvernement au moins, un peu à l'improviste; et ce précédent ne laisse aucun doute que le capital d'une société anonyme peut être divisé aussi bien en parts d'intérêts qu'en actions, si, en effet, il existe en droit une [différence entre les unes et les autres.

Mais, dans tous les cas, il serait imprudent, nous le répétons, de regarder comme loi écrite, ou comme principe indiscutable, les conséquences que M. Émile Ollivier attribue à une simple dénomination ; et nous croyons qu'il y aura prudence à dire d'une manière expresse si les diverses fractions du capital, quelle que soit la dénomination qui leur aura été donnée, doivent être cessibles, et sous quelles conditions; ou doivent être incessibles.

729. M. Émile Ollivier, il est vrai, a mis en doute que la stipulation d'incessibilité pût être écrite, quand il s'agit d'actions; si, en effet, ainsi que le croit l'honorable député, cette stipulation devient licite quand il s'agit de parts d'intérêt, pour ne rien hasarder, les fondateurs agiront sagement en adoptant cette forme ou

---

(1) Corps législatif, séance du 4 mai 1863 (*Moniteur* du 5 mai, p. 709) : « On « pourra, a dit M. du Miral, rapporteur, *au lieu d'actions, diviser le capital en* « *parts d'intérêts* » (5e colonne).

plutôt cette dénomination ; mais il est entendu, ainsi que
cela a déjà été dit également dans la discussion de la loi
de 1863 par le commissaire du Gouvernement, que la
société fonctionnera, du reste, *dans les conditions déterminées par la loi.* Nous reviendrons tout à l'heure sur ce
point. Nous n'admettons pas toutefois la doctrine de
M. Ollivier.

« A mes yeux, a dit M. Rouher au Corps législatif,
aucun principe de droit, aucun texte n'interdirait dans
les statuts, la faculté de stipuler l'incessibilité de l'action ;
je ne dis pas l'insaisissabilité. — Il faut bien se tenir
dans les termes rigoureux en pareille matière. — L'insaisissabilité ne peut jamais être stipulée.

« Les dispositions de l'art. 2093, C. civ., s'y opposent d'une manière positive. La fortune du citoyen est
la garantie absolue de ses engagements. Il ne peut pas
se donner à lui-même l'avantage de rendre ses valeurs
mobilières ou immobilières insaisissables ; mais il peut
s'interdire de faire un acte du droit ordinaire, il peut
s'interdire le droit de céder.

« Par conséquent, je maintiens que dans une société
anonyme, — à mes yeux du moins, car je reconnais que
ces questions nous prennent à l'improviste, et que les
travaux de jurisconsultes n'étant pas à l'état normal, notre
occupation de tous les jours, nous pouvons facilement
commettre une erreur, — je maintiens, dis-je, qu'on
peut parfaitement stipuler dans les statuts que les actions
seront nominatives et incessibles, et il faut avouer que
lorsqu'on reconnaît qu'elles ne seront cessibles que du
consentement de la société, on est déjà bien sur la trace
de l'incessibilité, puisque la volonté d'un tiers suffit pour
rendre la cession impossible ; mais je répète qu'en droit
on peut déclarer les actions nominatives et incessibles. »

Nous avons donné plus haut le commentaire de l'article 1861, C. civ. (*suprà*, n° 446); il forme le droit commun et dit, en termes exprès, qu'un associé ne peut associer une tierce personne à la société dont il fait partie, si ce n'est toutefois, bien entendu, avec le consentement de ses associés; on ne peut enlever à tous les associés le droit de modifier les clauses du pacte social, qui est leur ouvrage; mais il est permis de déroger à cette règle.

Dans les sociétés par actions, cette dérogation est présumée de plein droit; mais il serait singulier que les associés ne pussent pas déclarer, même par une stipulation expresse, qu'ils ne veulent pas déroger à la règle posée par la loi; et qu'il leur fût interdit, si telle est leur volonté, de rester dans le droit commun : si une stipulation expresse est nécessaire, au moins faut-il admettre qu'elle est licite et serait obligatoire.

L'art. 1861 ajoute, il est vrai, que chaque associé peut s'associer une tierce personne; ce contrat particulier ne modifie en rien la position de l'associé cédant qui use de sa chose; ses droits et ses devoirs envers la société, les droits et les devoirs de la société envers lui restent les mêmes : si ce n'est entre les deux contractants et exclusivement dans leurs rapports mutuels, le contrat, de pur droit naturel, est comme non avenu. Il est évident qu'il ne peut jamais y avoir intérêt à modifier la loi sur ce point; la discussion à cet égard n'est pas possible.

La doctrine et la jurisprudence, contrairement à l'assertion de M. Émile Ollivier, nous paraissent s'être montrées favorables à cette opinion, au moins d'une manière implicite, parce que, nous le répétons, la question n'avait jamais été assez nettement posée; nous avons eu occasion, en effet, de dire déjà dans notre commentaire, qu'une difficulté ayant été élevée pour savoir si le nº 5 de l'art. 1865, C. civ., qui permet à un seul associé de rompre le contrat dans certains cas déterminés, était applicable aux sociétés anonymes, la Cour de cassation, pour décider la question, a distingué avec soin les sociétés où les propriétaires d'actions sont soumis à certaines entraves pour quitter la société, et ne sont pas entièrement libres de se séparer de leurs coactionnaires; et les sociétés, où le droit, pour les actionnaires, d'aliéner les actions qui leur appartiennent et de se dégager du lien social, n'est soumis à aucune gêne; et, par cela même, elle a reconnu la légitimité de clauses qui venaient donner un caractère personnel à une société qui, dans d'autres circonstances, n'est qu'une réunion de capitaux (1). Cette jurisprudence serait, à plus forte raison, suivie aujourd'hui après les discussions des lois de 1863 et de 1867.

Il faut dire cependant que si la loi laisse ainsi une bien grande liberté aux conventions des parties, un esprit exercé peut inventer une espèce que la loi aura défendue : c'est une société anonyme, d'une durée illimitée, dont les actions seront incessibles et qui échapperait à la disposition de l'art. 1869, C. civ. Nous en convenons, cette espèce particulière rencontrerait un obstacle dans la loi; la liberté des conventions en sera-t-elle réellement bien entravée ?

Nous regardons donc comme résolue la première des deux questions posées par nous tout à l'heure. Si le doute a pu exister jusqu'ici, il faut bien admettre qu'après les discussions soulevées sur ce point par les lois de 1863 et de 1867 ; qu'après les exposés de principes

_____

(1) Cass., 6 déc. 1843 et 1ᵉʳ juin 1859 (S.44.1.22 et J.P.61, p. 305).

que le Corps législatif a approuvés à deux reprises, et lorsqu'il n'existe aucun texte à opposer à cette doctrine, le principe de la liberté des conventions protégerait toute stipulation de ce genre (1).

730. Il nous reste à examiner si les fractions du capital social peuvent être d'une valeur inégale ; mais cette seconde question a besoin, pour être bien comprise, que l'on se reporte aux débats qu'elle a soulevés.

Si l'on veut bien admettre que les conditions posées par la loi seront appliquées dans tous les cas, que la société soit constituée par actions ou bien par parts d'intérêt, on se rend difficilement compte de l'importance attachée à la question : du moment que les fractions du capital seront chacune, conformément à la loi et selon ses distinctions, de 100 fr. au moins ou de 500 fr., qu'importe qu'elles soient d'une valeur égale entre elles ? Est-ce un obstacle à ce que chaque associé proportionne sa mise à ses ressources ? Évidemment non. L'un prendra une action unique, l'autre en prendra cent.

Mais si, ainsi qu'on l'a demandé au Corps législatif dans la récente discussion, cette question doit être interprétée dans ce sens, que la solution affirmative emportera comme conséquence que le taux de l'action pourra être inférieur au chiffre fixé par l'art. 1er ; que la société pourra être constituée, sans que la totalité du capital social ait été souscrite ; sans que le quart de ce capital ait été versé, etc.; c'était bien évidemment demander, sous la forme d'une modification à une simple énonciation de l'art. 34, C. comm., l'abrogation pure et complète prononcée d'avance de la loi ancienne sur les sociétés ano-

---

(1) Vavasseur, n. 348 et s.; 2e édit., n. 776 et s,; Rivière, n. 178 et s.

nymes et de la loi nouvelle, qu'il fût devenu parfaitement
inutile de voter. Il fallait alors revenir aux principes des
sociétés libres : nous ne discuterons pas de nouveau ici
cette théorie (V. *suprà*, 632 et s.). Ce point réservé, nous
sommes tout disposé à admettre avec M. Rouher, que la
disposition de l'art. 34, C. comm., n'est pas impérative (1), mais la question n'a jamais été soulevée ; quand
il y aura intérêt à ce que la même société ait des actions,
les unes de 100 fr., les autres de 300 fr., ou les unes de
500 fr. et les autres de 1,500 fr., et ainsi de suite, nous
croyons que cette stipulation pourra être parfaitement
insérée dans les statuts, sans que l'art. 34, C. comm.,
doive être invoqué pour en demander la nullité.

La question des parts d'intérêts et des actions ; de la
cessibilité des titres ou de leur incessibilité peut se com-
pliquer également et donner lieu à examiner si la loi de
1867 et toutes ses prescriptions cesseront d'être applicables, par cela seul que les statuts auront déclaré l'incessibilité? On ne peut hésiter à répondre négativement. Sans
doute, dans de semblables conditions, les abus sont beaucoup moins à redouter, mais la loi n'a pas distingué. Sans
doute aussi, les commandites ordinaires réglées par le
Code de commerce n'ont pas été soumises à la loi nouvelle ; il n'en peut résulter évidemment que les sociétés
qui y sont nommées, quelles que soient les dispositions
de leurs statuts, pourront se soustraire à des textes explicites (2).

A un point de vue moins général, et à propos des sociétés à capital variable, la disposition de l'art. 34,
C. comm., a de nouveau été discutée ; il y a donc lieu de

(1) *Sic*, Rivière, n. 180.
(2) Rivière, n. 179.

se reporter au commentaire de l'art. 48 ci-après, pour compléter l'ensemble des discussions sur ce sujet.

ARTICLE 22.

Les sociétés anonymes sont administrées par un ou plusieurs mandataires à temps, révocables, salariés ou gratuits, pris parmi les associés.

Ces mandataires peuvent choisir parmi eux un directeur, ou, si les statuts le permettent, se substituer un mandataire étranger à la société et dont ils sont responsables envers elle.

SOMMAIRE.

731. Cet article modifie l'art. 31, C. comm.; les administrateurs doivent être associés ; mandataire étranger; principes généraux du mandat.
732. Le second § de l'art. 22 change le droit commun en matière de mandat ; comment il doit être entendu.
733. Dans quelles circonstances et sous quelles conditions le mandataire étranger engagera la responsabilité des administrateurs.
734. Nomination des administrateurs et leur droit de choisir parmi eux un directeur ; ils sont salariés ou gratuits.
735. L'assemblée générale ou les statuts nomment les gérants ou administrateurs.
736. Les administrateurs peuvent toujours être révoqués.
737. Le droit de révocation peut-il être soumis à certaines conditions?
738. Les administrateurs sont de simples mandataires; renvoi à l'art. 32, C. comm.

731. Le premier paragraphe de l'art. 22 est la reproduction du dernier alinéa de l'art. 1er de la loi du 23 mai 1863, et ce texte lui-même reproduisant à peu près les termes de l'art. 31, C. comm., disait cependant en termes plus explicites que l'administration de la société pouvait être confiée, soit à un seul, soit à plusieurs mandataires ; ce texte ajoutait, moins heureusement à coup sûr, que les admistrateurs devaient être pris nécessairement parmi les associés, contrairement à la disposition du Code de commerce, permettant aux actionnaires de choisir un mandataire même non associé.

La loi nouvelle s'est approprié cette restriction et se montre ainsi moins libérale que ne l'avait été le Code de commerce.

La commission législative voyant sans doute à cette restriction, dont il serait bien difficile de dire les avantages, certains inconvénients, que chacun peut facilement apprécier, au lieu de revenir purement et simplement au Code de commerce, a ajouté le second paragraphe, qui permet aux mandataires associés de *se substituer un mandataire étranger à la société*.

Cette disposition a soulevé d'assez vifs débats, soit quant aux principes qu'elle consacrait, soit quant à la manière dont elle devait être entendue ; elle ne paraissait pas, à certains députés, présenter toute la clarté désirable.

Nous croyons nécessaire, pour ne pas encourir le même reproche, de rappeler d'abord les principes du droit commun en matière de substitution de mandat, tels que nous aurons à les expliquer plus tard dans le commentaire de l'art. 94, C. comm.

Le Code civil dit : « Le mandataire répond de celui « qu'il s'est substitué dans la gestion : 1º quand il n'a « pas reçu le pouvoir de se substituer quelqu'un ; « 2º quand ce pouvoir lui a été conféré sans désignation « d'une personne, et que celle dont il a fait choix était « notoirement incapable ou insolvable. Dans tous les « cas, le mandant peut agir directement contre la per- « sonne que le mandataire s'est substituée » (C. civ., art. 1994).

Il semble naturel de comprendre le mandat comme imposant à celui qui l'a accepté le devoir de l'exécuter par lui-même ; la loi a prévu, cependant, le cas où le mandataire a reçu pouvoir de se substituer quelqu'un ;

ou bien, lorsqu'en dehors de cette hypothèse, il y a eu substitution.

Lorsqu'à défaut de toute stipulation sur ce point, le mandataire a substitué, ce fait n'a pu avoir pour conséquence de le décharger du mandat ni des obligations que l'acceptation qu'il en a faite lui a imposés ; mais elles ne deviennent pas plus étroites ; et dans tous les cas où l'affaire a été bien faite et telle que le mandataire était tenu de la faire lui-même, le mandant ne peut prétendre qu'il a le droit de refuser son approbation ou de rendre le mandataire responsable des cas fortuits. Il peut, en outre, dit l'art. 1994, agir ou directement contre la personne substituée, ou contre le substituant, qui doit répondre de son préposé ; l'équité, si les textes n'étaient point assez positifs, aurait suffi pour établir une règle semblable ; tous les auteurs sont d'accord, soit qu'ils enseignent, comme M. Troplong, que le mandataire s'est écarté de ses devoirs en substituant, sans y être autorisé, soit qu'ils enseignent une doctrine opposée (1).

Si le mandataire, au contraire, a reçu pouvoir de substituer, en usant de ce pouvoir il abandonne le mandat qu'il avait accepté ; le substitué devient l'agent direct du commettant, et le mandataire originaire est déchargé de toute responsabilité, s'il n'a commis une faute, en choisissant, à défaut de désignation précise, une personne notoirement incapable ou insolvable. Cette règle établie par le droit civil serait à plus forte raison suivie en matière commerciale, où les affaires sont traitées avec toute la diligence que donne la recherche du gain. Mais, sous cette réserve, la différence capitale entre les deux espè-

---

(1) Troplong, n. 446 ; Delamarre et Lepoitvin, t. 2, n. 54, p. 125, note 2 ; 2° édit., t. 2, n. 194, p. 308, note 4 ; Aubry et Rau sur Zachariæ, § 413, t. 3, p. 467, note 15 ; Pont, *du Mandat*, n. 1046 et s. V. Pothier, n. 90 et 99.

ces posées par l'art. 1994, C. civ., n'en existe pas moins :
non autorisé et pouvant agir par lui-même, le mandataire
répond, dans tous les cas, de la gestion qu'il a déléguée;
autorisé d'une manière expresse ou implicite, il ne répond, au contraire, que d'avoir fait un bon choix.

732. Le texte de notre art. 22 a pour effet de faire
disparaître toute différence entre les deux cas prévus par
l'art. 1994, C. civ. La loi que nous examinons ne peut
porter aucune atteinte au pouvoir des mandataires, quels
qu'ils soient, de se substituer quelqu'un à leurs risques
et périls ; c'est le droit commun et l'expression, pour
ainsi dire, d'une faculté tout à fait intime et dans laquelle les tiers ne peuvent intervenir ; mais la disposition
un peu exorbitante qui a été introduite dans l'art. 22,
c'est que, même dans le cas où les statuts, soit, en d'autres
termes, les mandants, ont conféré d'une manière expresse
au mandataire le pouvoir de substituer, même dans cette
hypothèse, avons-nous dit, les mandataires seront traités absolument de la même manière que s'ils n'avaient
reçu à cet égard aucun pouvoir. Il faut nécessairement
aller jusqu'à dire que les mandants sont dessaisis complétement par la loi, sans doute dans un intérêt public,
qu'il n'est peut-être pas très-aisé de démêler, du droit
de restreindre la responsabilité entière et complète qui
pèsera nécessairement sur les mandataires qui auront
substitué.

Cette disposition paraît assez singulière ; mais le texte
est formel, et il faut s'y soumettre.

Elle peut cependant avoir une utilité : si elle n'était
pas écrite dans la loi, on pourrait hésiter à faire un grief
aux administrateurs d'avoir usé du droit commun, en se
substituant un sous-mandataire ; en présence de l'art. 22,
au contraire, si la faculté de substituer n'a pas été don-

née par les statuts, les mandataires qui voudraient y recourir devraient être considérés de plein droit comme en faute, et leur destitution pourrait être provoquée,

M. Mathieu, parlant comme rapporteur, a expliqué l'esprit qui avait présidé à cette innovation, en répondant à M. Josseau.

Après avoir exposé les motifs qui avaient déterminé la commission à introduire dans la loi, au profit des administrateurs, la faculté de se substituer des mandataires étrangers à la société, il continuait ainsi :

« Quelles devaient être les conséquences de cette faculté de substituer? Le bon sens et les principes du droit commun l'indiquent assez.

« Qu'est-ce que les administrateurs? Des mandataires, c'est incontestable. Ce mandat, ils l'ont accepté, pourquoi? Probablement parce que certains avantages y étaient attachés, car personne ne les a contraints à se revêtir de cette qualité.

« Nous les plaçons en face d'une faculté; ils peuvent, au lieu de remplir d'une façon intégrale les obligations inhérentes à leur qualité, s'en décharger sur un mandataire étranger.

« N'était-il pas juste qu'ils fussent responsables de ce mandataire? Le droit commun le voulait. Mais si nous l'avions pris pour règle, si nous nous étions reportés exclusivement aux dispositions de l'art. 1994, C. civ., et non de l'art. 1382, qui a été cité par l'honorable M. Josseau, voici ce qui serait arrivé :

« Les administrateurs, placés en face de la responsabilité des actes du mandataire substitué, auraient dit : Le pouvoir de substituer étant dans les statuts, nous en avons usé. La personne que nous avons choisie n'était pas et ne pouvait pas être désignée dans les pouvoirs que nous tenions de l'acte de société ; c'est vrai ; mais nous ne sommes responsables qu'autant que nous avons choisi un individu notoirement incapable ou notoirement insolvable.

« C'est-à-dire que c'eût été l'irresponsabilité absolue. Les administrateurs n'auraient pas été responsables, parce qu'ils n'auraient pas agi personnellement, et ils ne l'auraient pas été de celui qui, choisi par eux librement, aurait agi à leur place en vertu d'une délégation qu'ils pouvaient faire, mais dont ils pouvaient s'abstenir.

« La morale et la justice comportaient-elles que des hommes eussent le titre d'administrateurs d'une société, qu'ils en eussent les bénéfices matériels et honorifiques, et qu'après s'être déchargés de la partie la plus considérable des devoirs qui leur incombent sur un mandataire, ils puissent dire, si le mandataire est en faute : Nous n'en répondons pas ! Adressez-vous, non aux mandataires directs de la société, mais à l'homme qu'ils se sont substitué. »

733. Ce point éclairci, il reste à déterminer dans quelles circonstances et sous quelles conditions la personne choisie aura le caractère de *substitué* et engagera d'une manière aussi exorbitante la responsabilité des personnes qui l'ont nommée.

Dans les sociétés anonymes, c'est le conseil d'administration, qui *administre* les biens de la compagnie, ainsi que sa dénomination l'indique suffisamment ; mais il ne dirige pas les travaux, il retient la partie purement financière ; il se décharge de la partie technique sur un ou plusieurs hommes spéciaux, ayant les connaissances nécessaires, selon l'objet de la société. Quelquefois, et dans les chemins de fer particulièrement, cet agent industriel reçoit la qualification de *directeur*, s'il est chargé du service général ; cet agent lui-même du conseil d'administration, lui restant subordonné, ne pouvant agir de son chef, a cependant tous les autres agents de la compagnie sous ses ordres, simples employés comme lui, mais ses subordonnés et hiérarchiquement ses inférieurs. Le titre de *directeur* dans ce cas est purement honorifique ; le nom ne peut changer le fond des choses ; et il peut être comparé aux chefs de division, qui prennent, dans certaines administrations publiques le nom de directeur et n'en restent pas moins de simples employés du ministre, ainsi que tous ceux qui partagent leurs travaux sous d'autres dénominations plus modestes : commis de tous les degrés, caissiers, chefs de travaux ou de comptabilité, ingénieurs en chef ou directeurs, tous ont pour devoir de recevoir et d'exécuter les ordres des administrateurs, et, par conséquent, ne peuvent dans aucun cas être regardés comme leurs substitués. A cet égard, rien n'est innové par la loi, et les choses resteront par la suite ce qu'elles ont été dans le passé. Ces agents peuvent avoir même la signature pour certaines affaires déterminées par *délégation* du conseil d'administration dans les termes des statuts, mais non par *substitution*. Ainsi qu'on l'a dit dans la discussion, même pour combattre l'article, le *directeur*, dont nous venons de parler, n'est pas membre du conseil d'administration ; il ne peut pas en faire partie, il siége à côté. Cet homme spécial, cet homme technique existera nécessairement dans toute société industrielle, qu'il s'agisse d'un chemin de fer, d'un établissement métallurgique, d'une filature, d'une fabrique de glace, etc.

Rien n'est changé, nous le répétons, par la loi nouvelle à cet égard, et cet homme spécial ne sera nullement le substitué du conseil d'administration, tel que l'entend l'art. 22 : le conseil n'en sera pas plus responsable que de tout autre employé.

Ce n'est pas de cet employé qualifié, abusivement peut-être, du nom de *directeur*, que s'occupe l'art. 22.

Ce point éclairci, il faut dire que l'état de choses, que la loi nouvelle a voulu créer, sans doute se produira bien rarement, puisqu'il s'agit du cas où les administrateurs, nommés par les actionnaires en assemblée générale, se démettent pour ainsi dire de leurs fonctions, les abdiquent de leur propre autorité et en confèrent l'exercice à un individu étranger à la compagnie. Nous devons ajouter, pour rassurer complétement tous les conseils d'administration des compagnies anonymes ayant des directeurs, que la loi n'a donc pas été faite pour régler des situations existant déjà, mais pour une hypothèse à venir.

734. Nous venons de parler du droit que notre article accorde aux administrateurs de se substituer un sous-mandataire. Notre article avait dit déjà qu'ils pourraient choisir parmi eux un directeur.

Quand les administrateurs usent de cette faculté, ce n'est donc plus le cas exceptionnel dont nous avons parlé tout à l'heure, et qui se réalise, quand ils se substituent un étranger ; mais bien un fait très-fréquent dans l'organisation et le fonctionnement des sociétés anonymes. Déjà administrateur, choisi conformément aux règles posées par les statuts, il reçoit de ses collègues la délégation d'une partie des pouvoirs qui appartiennent au conseil ; mais il ne prend pas la place de ce conseil ; il reste enveloppé dans la responsabilité collective, dont l'art. 44 ci-après frappe tous les administrateurs et qui n'est point modifiée parce qu'ils ont donné à l'un d'eux le titre de directeur (1).

---

(1) Mathieu et Bourguignat, n. 480.

Néanmoins, le directeur, qui est bien, dans ce cas, la personne qu'a eue en vue l'art. 22, peut aussi encourir une responsabilité toute personnelle en raison des actes qu'il accomplit dans l'exercice de ses fonctions ; mais, dans ce cas, les administrateurs pourraient être poursuivis en vertu de l'art. 44 ci-après, comme responsables du mauvais choix qu'ils auraient fait (1).

Les administrateurs sont salariés ou gratuits ; et cette circonstance n'a d'autre importance que de les astreindre à une responsabilité plus sévère dans le premier cas (C. civ., art. 1992).

735. L'assemblée générale ou les statuts nomment les gérants ou administrateurs : les statuts fixent les conditions d'éligibilité, telles que l'obligation de posséder un nombre déterminé d'actions, qui restent déposées dans la caisse de la société et frappées d'inaliénabilité pendant la durée de la gestion (V. art. 25 et 26 ci-après). Les statuts doivent également déterminer l'étendue des pouvoirs dont ils sont investis.

736. Simples mandataires, ils sont nommés à temps et révocables (C. civ., art. 2004) ; suivant M. Vavasseur et M. Rivière, la révocation, *ad nutum*, c'est-à-dire même sans cause légitime, est toujours possible et à toute époque, sans que les administrateurs révoqués puissent se plaindre ni réclamer de dommages-intérêts. Toute clause contraire serait frappée de nullité (2). MM. Mathieu et Bourguignat enseignent que le mandat ne saurait être enlevé aux administrateurs sans que ceux-ci aient manqué aux devoirs qui leur sont imposés par la loi ou les statuts ; et, en cas de résistance, sans re-

---

(1) Grenoble, 6 juill. 1875 (S.76.2.103).
(2) Vavasseur, n. 334 ; 2ᵉ édit., n. 795 ; Rivière, n. 486.

cours aux tribunaux (1). C'est l'opinion de MM. Vavasseur et Rivière que nous avions embrassée avant l'abrogation de l'art. 31, C. comm. ; la loi nouvelle n'a rien changé à cet égard, et nous ne pouvons qu'y persister.

La raison de douter, c'est que l'art. 1856, C. civ., porte que l'associé chargé de l'administration par une clause spéciale du contrat de société n'en peut être dépouillé sans cause légitime. Un examen attentif démontre que cette disposition n'est pas applicable aux sociétés anonymes. A leur égard, il y est dérogé d'une manière expresse par l'art. 88, qui déclare, sans distinction, et comme le faisait déjà l'art. 31, C. comm., que les administrateurs sont *à temps* et *révocables* : un mandat, en effet, ne peut pas être irrévocable (2). On a voulu décider, par suite, qu'on ne pourrait limiter le droit de révocation en déterminant dans les statuts les causes qui, seules, permettraient d'en user, puisque ce pourrait être un moyen d'arriver, par une voie indirecte, au résultat contraire à celui qu'a voulu atteindre la loi (3).

737. Est-il permis, en effet, de spécifier dans les statuts les causes qui, seules, autoriseraient la révocation des administrateurs ? On a dit que ce serait annuler indirectement le droit de révocation (4). Mais la proposition est peut-être trop absolue : limiter un droit, ce n'est pas l'annuler : on pourrait, au moins, à coup sûr, déterminer dans quelle forme ce droit devrait être exercé.

Les administrateurs jouissent évidemment du droit de se démettre de leurs fonctions.

738. Les administrateurs sont de simples manda-

---

(1) Mathieu et Bourguignat, n. 472.
(2) Delangle, n. 426 et s.; Malpeyre et Jourdain, p. 230 ; Bédarride, n. 279 ; Dalloz, *Rép.*, v° *Sociétés*, n. 4516 ; Cass., 28 juill. 1868 (J.P.69.426).
(3) Malpeyre et Jourdain, p. 232.
(4) Malpeyre et Jourdain, p. 22 ; Dalloz, *Rép.*, v° *Société*, n. 4517.

taires. Nous avons expliqué, sous l'art. 32, C. comm., quelles sont les conséquences dérivant de cette qualité ; nous n'avons rien à ajouter. Nous renvoyons au surplus à l'art. 44 ci-après, la fin de nos explications sur l'administration des sociétés anonymes, en ce qui concerne spécialement la distribution des dividendes fictifs.

ARTICLE 23.

La société ne peut être constituée si le nombre des associés est inférieur à sept.

SOMMAIRE.

739. Motifs qui ont fait établir cette limitation.

739. Cet article reproduit, sauf la rédaction, l'art. 2 de la loi du 23 mai 1863, et il est emprunté à la loi anglaise du 14 juillet 1856.

Les motifs qui ont fait maintenir cette disposition sont les mêmes que ceux qui l'avaient fait établir en 1863, c'est que les sociétés anonymes ont un objet sur lequel il ne faut pas se méprendre ; elles sont instituées pour favoriser *les associations de capitaux;* c'est pour éviter qu'elles ne s'écartent de ce but qu'on a voulu que les associés fussent, au moins, au nombre de sept ; au-dessous de ce chiffre, le contrat serait fondé, la plupart du temps, sur les convenances personnelles de ceux qui se réunissent ; et ils doivent recourir aux formes anciennes écrites pour les sociétés de personnes : l'art. 38 ci-après a sanctionné cette disposition de la loi ; nous en donnerons le commentaire quand nous y serons arrivé.

ARTICLE 24.

Les dispositions des art. 1er, 2, 3 et 4 de la présente loi sont applicables aux sociétés anonymes.

La déclaration imposée au gérant par l'art. 1er est faite par les fondateurs de la société anonyme ; elle est soumise, avec les pièces à l'appui, à la première assemblée générale, qui en vérifie la sincérité.

SOMMAIRE.

740. Modifications que la forme anonyme apporte aux règles établies pour les sociétés en commandite.

740. Cet article renvoie aux dispositions des art. 1, 2, 3 et 4 ci-dessus, qu'il déclare applicables tout aussi bien aux sociétés anonymes qu'aux sociétés en commandite. Ces quatre articles formeraient donc, à proprement parler, un chapitre renfermant les règles générales communes à toutes les sociétés par actions, si quelques-unes des dispositions de l'art. 1er n'avaient pas dû, cependant, être nécessairement modifiées par suite de l'organisation différente de chaque catégorie de sociétés. Le paragraphe 2 de notre article dit, en termes exprès, que la déclaration imposée au gérant dans la société en commandite sera faite par les fondateurs dans la société anonyme, puisque, au moment où elle s'organise, il n'existe pas encore d'administrateurs régulièrement nommés, à qui ce devoir puisse être imposé.

C'est au conseil de surveillance, dans les sociétés en commandite, que l'art. 6 ci-dessus impose le devoir de vérifier si cette déclaration a été régulièrement faite ; dans les sociétés anonymes, l'art. 24 dit encore que la sincérité de la déclaration dont il s'agit sera vérifiée par la première assemblée générale dont il va être question dans l'art. 25 ci-après, à laquelle elle sera soumise avec les pièces à l'appui.

Ces pièces sont la liste des souscripteurs et l'état des versements ; l'un des doubles de l'acte de société, s'il est sous seing privé, ou une expédition de cet acte s'il est

notarié et passé devant un notaire autre que celui à qui
est faite la déclaration. Nous ne pouvons, du reste, que
renvoyer au commentaire des quatre premiers articles de
la loi, auquel nous n'avons rien à ajouter.

Notre article a emprunté à la loi du 23 mai 1863 le
mot fondateur, dont le sens n'est déterminé par aucun
texte. Il faut se reporter aux explications contenues dans
l'exposé des motifs de la loi de 1863, et ainsi conçues :
« Le sens du mot *fondateurs* n'est point déterminé par un
texte formel. Mais, dans la pratique, personne ne se mé-
prendra sur les personnes qu'il désigne. Une société,
surtout une société nombreuse, ne se forme point par le
consentement spontané de tous ses membres ; l'idée première appartient toujours à une ou à quelques personnes qui, après l'avoir mûrie, cherchent à la propager.
Elles sollicitent et obtiennent des adhésions, elles fon-
dent véritablement la société. »

Les tribunaux apprécieraient ; mais, ce qui n'est nullement facultatif, c'est la déclaration à faire, qui est dans
tous les cas nécessaire.

ARTICLE 25.

Une assemblée générale est, dans tous les cas, convoquée à la diligence des fondateurs, postérieurement à l'acte qui constate la souscription du capital social et le versement du quart du capital, qui consiste
en numéraire. Cette assemblée nomme les premiers administrateurs ;
elle nomme également, pour la première année, les commissaires institués par l'art. 32 ci-après.

Ces administrateurs ne peuvent être nommés pour plus de six ans :
ils sont rééligibles, sauf stipulation contraire.

Toutefois, ils peuvent être désignés par les statuts, avec stipulation
formelle que leur nomination ne sera point soumise à l'approbation de
l'assemblée générale. En ce cas, ils ne peuvent être nommés pour plus
de trois ans.

Le procès-verbal de la séance constate l'acceptation des administrateurs et des commissaires présents à la réunion.

La société est constituée à partir de cette acceptation.

741. Droits accordés à la première assemblée générale ; nomination des administrateurs et des commissaires ; constitution de la société.

741. Cet article correspond à l'art. 6 de la loi de 1863 et rappelle une des dispositions de l'art. 15 de la même loi, relative aux commissaires.

Pour les sociétés anonymes, il est évident qu'une condition essentielle à leur mise en activité est la nomination des administrateurs, en qui elles se personnifient ; nous parlerons plus tard des commissaires ; il était donc nécessaire, dans tous les cas, de convoquer l'assemblée générale qui doit les choisir ; et ce n'est que de leur acceptation régulièrement constatée que la société est constituée. S'ils sont présents, l'acceptation est établie par la mention faite au procès-verbal de la séance ; dans le cas contraire, la loi est muette comme l'était celle de 1863 : il faut décider qu'elle ne peut résulter que d'un acte présentant toutes les garanties désirables ; on ne peut exiger cependant que l'acte soit authentique ; et il devra être annexé au procès-verbal pour se conformer, autant que possible, au vœu de la loi.

C'est à l'assemblée dont il est parlé dans cet article que l'art. 24 confie également le soin de vérifier la sincérité de la déclaration imposée aux fondateurs, puisqu'elle sera nécessairement *la première* qui se réunira.

S'il y a lieu d'appliquer l'art. 4 ci-dessus et d'apprécier des apports faits en nature ou la stipulation de certains avantages, c'est à cette assemblée encore qu'est dévolu ce soin, et elle procéderait ainsi qu'il est dit à l'art. 4, auquel nous renvoyons.

La loi nouvelle, ajoutant au texte de la loi de 1863, tout en chargeant l'assemblée de nommer les premiers administrateurs, a ajouté qu'ils pourraient toutefois, dans les conditions prévues par le troisième paragraphe, être désignés par les statuts : « On comprend, dit l'exposé des motifs, que les fondateurs d'une société, soit qu'ils en aient conçu la pensé, ou soit même qu'ils aient fourni la plus grande partie de l'apport social, ce qui en est l'élément essentiel, ne consentent pas à se voir exclure de l'administration par un vote de l'assemblée générale. Ils peuvent avoir la volonté arrêtée d'y prendre part, non pas seulement en raison des avantages qu'offrent ordinairement les fonctions d'administrateur, mais aussi par la conviction que seuls ils sont capables de donner l'impulsion convenable à des opérations qu'ils ont conçues, ou même encore par le désir très-avouable de ne pas laisser passer en des mains étrangères l'administration d'une entreprise dont l'idée, les capitaux ou le matériel ont été presque en totalité fournis par eux. »

Il n'en pourrait être ainsi pour les commissaires.

C'est de l'acceptation des administrateurs et des commissaires que résulte la constitution de la société : la loi le dit expressément.

Les administrateurs ne peuvent être nommés ni pour plus de trois ans, s'ils sont désignés par les statuts, ni pour plus de six, s'ils sont élus par l'assemblée ; mais, à moins de stipulation contraire dans les statuts, ils sont, les uns et les autres, indéfiniment rééligibles.

Le nombre n'en est pas déterminé ; l'art, 22 ci-dessus dit en termes exprès que la société peut être administrée, soit par un seul, soit par plusieurs mandataires, s'ils sont plusieurs ; et ils peuvent se renouveler par fractions et par sixième chaque année, par exemple, pour rester dans les termes de la loi.

En cas de vacances par décès, démission ou autre

cause, nous croyons que les statuts pourraient décider que les membres restants pourvoiront provisoirement au remplacement jusqu'à la prochaine réunion de l'assemblée générale (1) ; cette clause serait licite, mais ne pourrait être suppléée.

ARTICLE 26.

Les administrateurs doivent être propriétaires d'un nombre d'actions déterminé par les statuts.

Ces actions sont affectées en totalité à la garantie de tous les actes de la gestion, même de ceux qui seraient exclusivement personnels à l'un des administrateurs.

Elles sont nominatives, inaliénables, frappées d'un timbre indiquant l'inaliénabilité, et déposées dans la caisse sociale.

SOMMAIRE.

742. Conditions imposées aux administrateurs nommés pour entrer en fonctions ; actions affectées à la garantie de la gestion et comment cette disposition doit être entendue.

742. Cet article correspond à l'art. 7 de la loi de 1863, qu'il a modifié sur plusieurs points en conservant le principe même qui y avait été posé.

La loi veut que les statuts décident quel est le nombre d'actions que doit posséder un actionnaire pour être apte à remplir les fonctions d'administrateur ; sa qualité d'associé suffit, aux termes de l'art 22 ci-dessus, pour le rendre éligible ; mais il ne peut être investi de la charge qui lui a été confiée par l'assemblée générale ou par les statuts mêmes, conformément à l'art. 25, qu'en justifiant, en outre, qu'il remplit la condition prévue par notre article.

La loi de 1863 entrait dans des détails assez minutieux ; elle voulait que les administrateurs fussent pro-

---

(1) Rivière, n. 208.

priétaires d'un nombre d'actions représentant au moins le *vingtième* du capital social, et partagées entre eux *par portions égales;* la loi nouvelle n'a point reproduit ces dispositions ; et, ainsi que l'a dit M. Mathieu dans son rapport, en laissant subsister le principe, la loi a voulu donner aux conventions représentées par les clauses des statuts, toute liberté pour déterminer le chiffre et les conditions de la garantie.

Les actions possédées par les administrateurs sont nominatives, inaliénables, frappées d'un timbre indiquant l'inaliénabilité, et déposées dans la caisse sociale. Ces précautions assurent qu'elles resteront affectées, quoi qu'il arrive, à la destination que leur donne la loi, qui est la garantie de *tous* les actes de la gestion, même de ceux qui seraient exclusivement *personnels* à l'*un* des administrateurs ; la loi le dit expressément, et quelle que soit la proportion, ou égale ou inégale, suivant laquelle elles se divisent entre les divers administrateurs.

Ces actions forment donc un fonds de garantie collective en ce qui concerne les fautes de chaque administrateur ou de tous les administrateurs ; elles répondent, quelle qu'en soit l'origine, tout à la fois pour chacun et pour tous, ainsi que le disait, au Corps législatif, M. Mathieu, rapporteur (1) ; mais sans qu'il en résulte nécessairement, en dehors de ce gage, la solidarité nécessaire des administrateurs ; nous reviendrons sur la question de solidarité en expliquant l'art. 44 ci-après.

Il n'a pas besoin d'être dit que l'administrateur dont la propriété se trouverait ainsi perdue par la faute d'un autre, aurait son recours contre celui-ci dans les termes du droit commun.

---

(1) Séance du 4 juin 1867.

On a prévu le cas où les statuts, contrairement au vœu de l'art. 26, n'auraient pas fixé le nombre d'actions de garantie que les administrateurs seraient tenus de posséder. Cette omission n'entraînerait pas la nullité de la société ; mais la loi n'étant pas exécutée, les tiers ou les associés auraient le droit d'exiger que les statuts fussent complétés, ainsi que le veut la loi ; et les administrateurs engageraient leur responsabilité s'ils entraient en fonctions avant que l'art. 26 eût été complétement obéi (1).

Les actions déposées par les administrateurs constituent un gage sur lequel la société ou ses ayants droit ont un incontestable privilége ; dans aucun cas, elles ne pourraient être saisies au préjudice de la société, laquelle ne saurait en être dépossédée ; mais ce droit de gage cesse évidemment avec la gestion de l'administrateur propriétaire et lorsqu'il a rendu ses comptes. Jusqu'à ce moment, les saisies seraient valablement faites pour être exécutées, s'il y avait lieu, lorsque l'inaliénabilité aurait cessé (2).

ARTICLE 27.

Il est tenu, chaque année au moins, une assemblée générale à l'époque fixée par les statuts. Les statuts déterminent le nombre d'actions qu'il est nécessaire de posséder, soit à titre de propriétaire, soit à titre de mandataire, pour être admis dans l'assemblée, et le nombre de voix appartenant à chaque actionnaire, eu égard au nombre d'actions dont il est porteur.

Néanmoins, dans les assemblées générales appelées à vérifier les apports, à nommer les premiers administrateurs et à vérifier la sincérité de la déclaration des fondateurs de la société, prescrite par le deuxième paragraphe de l'art. 24, tout actionnaire, quel que soit le nombre des actions dont il est porteur, peut prendre part aux délibérations avec le

---

(1) Mathieu et Bourguignat, n. 192.
(2) Rivière, n. 219 et 220.

nombre de voix déterminé par les statuts, sans qu'il puisse être supérieur à dix.

ARTICLE 28.

Dans toutes les assemblées générales, les délibérations sont prises à la majorité des voix.

Il est tenu une feuille de présence; elle contient les noms et domiciles des actionnaires et le nombre d'actions dont chacun d'eux est porteur.

Cette feuille, certifiée par le bureau de l'assemblée, est déposée au siége social et doit être communiquée à tout requérant.

ARTICLE 29.

Les assemblées générales qui ont à délibérer dans des cas autres que ceux qui sont prévus par les deux articles qui suivent, doivent être composées d'un nombre d'actionnaires représentant le quart au moins du capital social.

Si l'assemblée générale ne réunit pas ce nombre, une nouvelle assemblée est convoquée dans les formes et avec les délais prescrits par les statuts et elle délibère valablement, quelle que soit la portion du capital représentée par les actionnaires présents.

ARTICLE 30.

Les assemblées qui ont à délibérer sur la vérification des apports, sur la nomination des premiers administrateurs, sur la sincérité de la déclaration faite par les fondateurs aux termes du § 2 de l'art. 24, doivent être composées d'un nombre d'actionnaires représentant la moitié au moins du capital social.

Le capital social, dont la moitié doit être représentée pour la vérification de l'apport, se compose seulement des apports non soumis à la vérification.

Si l'assemblée générale ne réunit pas un nombre d'actionnaires représentant la moitié du capital social, elle ne peut prendre qu'une délibération provisoire. Dans ce cas, une nouvelle assemblée générale est convoquée. Deux avis, publiés à huit jours d'intervalle, au moins un mois à l'avance, dans l'un des journaux désignés pour recevoir les annonces légales, font connaître aux actionnaires les résolutions provisoires adoptées par la première assemblée, et ces résolutions deviennent définitives si elles sont approuvées par la nouvelle assemblée, composée d'un nombre d'actionnaires représentant le cinquième au moins du capital social.

ARTICLE 31.

Les assemblées qui ont à délibérer sur des modifications aux statuts ou sur des propositions de continuation de la société au delà du terme fixé pour sa durée, ou de dissolution avant ce terme, ne sont régulièrement constituées et ne délibèrent valablement qu'autant qu'elles sont composées d'un nombre d'actionnaires représentant la moitié au moins du capital social.

SOMMAIRE.

743. Les art. 27 à 31 règlent tout ce qui est relatif à la tenue des assemblées générales ; il en existe de deux sortes ; règles communes (art. 28).

I. — ASSEMBLÉES GÉNÉRALES EXTRAORDINAIRES.

744. Assemblées générales précédant la constitution de la société et dites constituantes (art. 27, § 2, et art. 30) ; comment elles doivent être composées ; manière de procéder quand la première assemblée ne remplit pas les conditions déterminées.

745. Assemblées générales extraordinaires postérieures à la constitution de la société et convoquées pour modifier les statuts de la société ; leur composition (art. 31) ; on ne peut déroger à la règle que la loi a écrite particulièrement pour ces assemblées ; que faut-il entendre par les *modifications aux statuts*, dont parle l'art. 31 ?

II. — ASSEMBLÉES GÉNÉRALES ORDINAIRES.

746. Assemblées générales ordinaires (art. 27, § 1er, et art. 29) ; leur but ; leur composition ; liberté laissée aux statuts ; règle à suivre si les statuts sont muets ; dans quelles conditions ces assemblées peuvent délibérer.

743. Les art. 27 à 31 règlent tout ce qui est relatif à la tenue des assemblées générales d'actionnaires dans les sociétés anonymes ; ils correspondent aux art. 12 et suiv. de la loi de 1863.

L'art. 28 déclare que dans toutes les assemblées, quelle qu'en soit la nature et dans quelques circonstances qu'elles soient réunies, les délibérations sont prises à la majorité des voix. Il est tenu une feuille de présence, où sont inscrits les noms et domiciles des actionnaires et le nombre d'actions dont chacun était porteur. Cette feuille, après avoir été certifiée par le bureau de l'assemblée, est déposée au siége social pour être communiquée à tout requérant ; elle forme un contrôle nécessaire de la sincérité du vote proclamé.

La loi n'a rien déterminé quant à la composition du bureau, elle s'en rapporte aux statuts : ou, à défaut, à ce que déciderait l'assemblée même.

Ces règles générales sont communes à toutes les assemblées ; une fois posées et avant d'aller plus avant, il y a lieu de constater que les assemblées générales prévues par la loi sont de deux sortes : 1° celles qui précèdent la constitution définitive de la société et celles qui, après la constitution, ne seront qu'éventuellement convoquées et dans des circonstances déterminées, lesquelles ne se réaliseront pas la plupart du temps ; 2° celles qui suivent la constitution de la société et rentrent dans son fonctionnement régulier d'une manière obligatoire. Les unes et les autres ne sont point soumises aux mêmes conditions ; les premières peuvent être appelées *extraordinaires* ; les secondes, *ordinaires*. Nous en parlerons dans deux paragraphes distincts et nous commencerons par les assemblées extraordinaires.

I. — *Assemblées générales extraordinaires.*

744. Les assemblées extraordinaires, dont nous nous occupons en premier lieu, se subdivisent elles-mêmes en deux catégories, ainsi que nous l'avons dit : ou elles précèdent la constitution de la société ; ou elles seront convoquées plus tard, quand il y a et s'il y a lieu de modifier le contrat primitif, d'en proroger la durée ou de demander la dissolution de la société.

L'art. 27, § 2, et l'art. 30 parlent des assemblées précédant la constitution de la société et dont la réunion est nécessaire pour la formation régulière de l'association projetée ; ce sont celles qui apprécient les apports, nomment les premiers administrateurs, vérifient la sincérité de la déclaration des fondateurs de la société prescrite par le deuxième paragraphe de l'art. 24, et remplissent enfin tous les devoirs qui leur sont imposés par cet article et le suivant. Ces assemblées doivent être composées d'un nombre d'actionnaires représentant la moitié au moins du capital social, lequel se compose seulement des apports non soumis à la vérification et consistant en numéraire (art. 30, 1ᵉʳ et 2ᵉ paragraphes).

Il a été jugé avec raison, selon nous, que, dans les opérations de bourse dites de *report*, le reporteur est propriétaire des titres par lui achetés, et qu'il peut, dès lors, faire partie des assemblées générales (1).

Il est à remarquer que la loi ne fixe aucunement quel est le nombre d'actionnaires auquel cette portion du capital devra appartenir : il n'est tenu compte que du *capital*, non des *personnes*. Nous avons vu qu'il en est autrement dans les sociétés en commandite. Mais le second paragraphe de l'art. 27 avait eu soin de dire que tout actionnaire, quel que soit le chiffre des actions dont il est porteur, peut prendre part aux délibérations avec le nombre de voix que lui ont attribué les statuts auxquels il a adhéré, sans que cependant ce nombre puisse être supérieur à dix ; chaque actionnaire aura donc au moins une voix ; aucun n'est exclu et ne pourra élever de plainte, s'il ne profite pas du droit que la loi lui a donné.

Sous ces réserves, l'art. 4 ci-dessus, s'il y avait lieu, et pour le cas qu'il a prévu, article auquel se réfère expressément l'art. 24 pour le rendre applicable aux sociétés anonymes, devrait être fidèlement observé, en ce qui concerne les exclusions qu'il prononce.

---

(1) Paris, 19 avril 1875 (S.76.2.443).

Le dernier paragraphe de l'art. 30 a prévu le cas où l'assemblée générale convoquée ne réunissait pas un nombre d'actionnaires représentant à eux tous *la moitié du capital social*, et il a expliqué d'une manière claire et précise comment il serait procédé dans ce cas pour obtenir un vote régulier approuvant la constitution définitive de la société. Il faut se reporter à ce texte.

Le moyen auquel s'est arrêtée la loi a été emprunté au droit commun en matière de procédure : « Quand un défendeur régulièrement ajourné, dit M. Mathieu dans son rapport, fait défaut, on adjuge au demandeur ses conclusions si, sur son exposé, elles semblent justes. Mais, pour éviter des surprises, on permet au défaillant de former opposition au jugement qui le condamne, et de débattre contradictoirement avec son adversaire. Une procédure spéciale et inspirée par les mêmes principes est suivie quand, de plusieurs défendeurs compris dans le même ajournement, les uns comparaissent et d'autres font défaut. Mais, comme il faut sortir du provisoire et de l'incertain, quand les délais d'opposition sont expirés, la décision par défaut devient définitive. »

Il va de soi que le capital social qui doit être représenté dans cette seconde assemblée est, comme dans la première, celui qui consiste en numéraire (1).

Si la seconde assemblée ne représentait pas le cinquième du capital social, la société ne pourrait se former et les souscripteurs seraient dégagés.

Cette procédure à suivre est commune à toutes les assemblées générales extraordinaires, dites *constituantes*, c'est-à-dire ayant précédé la formation de la société.

745. En dehors de ces assemblées *constituantes*, l'ar-

_____

(1) Mathieu et Bourguignat, n. 201.

ticle 31 a prévu que des assemblées, qu'il faut appeler
aussi *extraordinaires*, pourraient être convoquées pour
délibérer sur des modifications aux statuts ou sur des
propositions ayant pour but, soit de proroger la durée de
la société, soit de la dissoudre avant le terme fixé. La
loi exige, pour que ces assemblées soient régulièrement
constituées et délibèrent valablement, qu'elles soient
composées d'un nombre d'actionnaires représentant la
moitié au moins du capital social. Contrairement à la
rigueur des principes, cette condition remplie suffira
pour que tous les actionnaires présents ou absents, et
quel que soit le vote qu'ils ont émis, soient engagés;
mais à ces assemblées, ne s'applique pas le dernier paragraphe de l'art. 27.

Une fois les apports en nature vérifiés et acceptés, il
n'y aurait plus aucune distinction à faire entre les divers
éléments dont la réunion compose le capital social.

C'est dans l'assemblée elle-même que doit se produire
la représentation du capital exigé pour la validité de ces
délibérations. Un amendement proposé pour permettre de
compléter après coup la somme exigée au moyen de l'adhésion ultérieure d'actionnaires n'ayant pas siégé à l'assemblée a été rejeté, et sauf, bien entendu, à convoquer
une seconde assemblée générale, mais à laquelle serait
appliquée la même exigence que pour la première. Dans
le cas prévu par l'art. 31 et dont nous nous occupons, il
n'y a pas lieu d'appliquer le dernier paragraphe de l'article 30 écrit seulement pour les assemblées générales
constituantes, et nous ne pensons pas que l'on puisse déroger à cette règle et ajouter sur ce point, au texte de
l'art. 31 : il eût été assez inutile de l'écrire, s'il était loi-
sible aux statuts de stipuler qu'une délibération ultérieure serait valable, quel que fût le nombre des associés

présents, le capital dont ils sont propriétaires, ou dans quelque condition enfin que l'assemblée fût réunie. La liberté des conventions peut tout autoriser sans doute ; mais la loi l'a limitée dans ce cas en écrivant l'art. 31, comme elle l'avait limitée dans l'art. 30, et sans y ajouter le paragraphe qui termine ce dernier article, ni donner le droit de le suppléer (1). Il en résultera que le contrat restera tel qu'il avait été consenti. Cette éventualité n'était pas de nature à préoccuper beaucoup le législateur.

Sous l'empire du Code de commerce, nous n'avons pas besoin de rappeler que nulle modification n'aurait pu être apportée aux statuts qu'avec l'approbation du Gouvernement donnée en Conseil d'État. Aucun abus n'était donc à craindre. Mais aujourd'hui que cette garantie a disparu, il ne faut pas omettre de rappeler que la disposition contenue à l'art. 31 est tout à fait exorbitante du droit commun ; le rapport ne pouvait manquer de dire que, dans les cas dont il s'agit, la rigueur des principes eût exigé le consentement unanime des actionnaires. Si des raisons d'utilité ont fait admettre une exception (2), toute limite fixée à ce pouvoir nouveau n'était qu'un retour au droit commun.

Dans ces conditions, nul doute n'existe que les assemblées, réunies conformément à l'art. 31, peuvent proroger la société ou la dissoudre avant le terme fixé ; la loi est très-explicite ; mais comment faut-il entendre ces mots : *modifications aux statuts*, que l'art. 31 a également employés ?

Nous pensons avec M. Rivière que cette expression ne

---

(1) *Contrà*, Vavasseur, n. 352 ; 2ᵉ édit., n. 170.
(2) V. la séance du 5 juin 1867.

doit pas être entendue d'une manière trop large ; qu'il
s'agit de modifications restreignant ou étendant les effets
des clauses de l'acte social, mais qui ne portent pas atteinte aux conditions fondamentales de la société (1).
Dans le cas où, sous le prétexte de prétendues modifications aux statuts, une assemblée apporterait en réalité
un changement radical à l'ancien état de choses et créerait en effet une société nouvelle, soit par son but, soit
par ses conditions d'existence, il faut bien admettre que,
pour tout associé dissident, le recours serait ouvert aux
tribunaux, et ceux-ci décideraient (2) (V. *suprà*, n° 444).
Quelquefois, sans doute, ce ne serait pas sans quelque
hésitation. Nous pensons aussi que si une clause formelle des statuts avait énuméré et expressément limité
les pouvoirs de l'assemblée, l'art. 31 ne pourrait plus
être invoqué ; c'est le droit commun.

Nous avons dit plus haut, au surplus, que c'est à ce
moment que nous exposerions toutes les règles qui se
rapportent aux pouvoirs des assemblées générales que la
loi du 24 juillet 1867 a modifiées dans quelques circonstances déterminées.

Les statuts, on le comprend, peuvent accorder à l'assemblée générale un pouvoir beaucoup plus étendu
qu'aux administrateurs ; et, à défaut de dispositions restrictives, il faut décider même qu'elle a de plein droit
les pouvoirs qui appartiennent à la majorité des associés dans une société en nom collectif. Elle a donc
sur les biens meubles et immeubles de la société tous
les droits de propriété ; elle peut les hypothéquer, les
aliéner, bien que le cas n'ait pas été spécialement

---

(1) Rivière, n. 230. *Sic*, Paris, 19 avril 1875 (D.P.75.2.161).
(2) Cass., 14 déc. 1869 (D.P.70.1.179).

prévu par les statuts (1) ; elle peut emprunter, transiger, compromettre. En effet, il faut dire avec M. Delangle : « Une délibération n'est pas nulle par cela seul qu'elle ne rentre pas textuellement dans la nomenclature des opérations indiquées dans les statuts sociaux : il suffit, pour être valable, qu'elle tende à l'exécution sincère du contrat. Les assemblées générales usent de leurs droits toutes les fois que, par des moyens directs ou indirects, elles vont au but que se propose la société. Mais, si la délibération a pour objet de violer les statuts, si elle détourne le fonds social de sa destination ou si elle transforme la société, elle est radicalement nulle, et ses auteurs sont soumis à la réparation du dommage qu'ils ont causé (2).

Après ces considérations générales, il est peut-être nécessaire d'entrer dans quelques détails.

Les statuts des sociétés anonymes modifient presque toujours, dans une mesure plus ou moins large, les règles du droit commun, pour étendre les pouvoirs des assemblées générales ; mais il est certaines limites que l'on ne peut dépasser.

On peut donc prévoir trois hypothèses différentes :

1° Ou les statuts n'ont point étendu les pouvoirs des assemblées générales, elles restent soumises au droit commun, et, dans ce cas, elles ne peuvent procéder régulièrement qu'aux seuls actes d'administration et à ceux qui rentreraient dans les pouvoirs, ainsi que nous l'avons dit, de la majorité des associés dans une société en nom collectif ;

2° Ou les statuts ont prévu certaines modifications que

_____

(1) Cass., 7 mai 1844 (S.45.1.53) ; Bordeaux, 24 déc. 1840 ; Dalloz, *Rép.*, n. 1558. *Contrà*, Alger, 18 mai 1863 (S.63.2.156).

(2) *Sociétés comm.*, n. 437.

les assemblées générales pourraient apporter au pacte social, et par là même alors ils ont interdit tout autre changement ;

3° Ou les statuts ont donné aux assemblées générales le pouvoir non limité de modifier les clauses de l'acte de société, et dans ce cas ce pouvoir rencontrera cependant certaines limites, et les clauses essentielles sur lesquelles la société est fondée devront être respectées.

Ainsi l'assemblée générale ne pouvait ni restreindre, ni proroger la durée de la société, ni changer la base de répartition des bénéfices, ni changer l'objet de la société, et, si elle a été créée pour fonder une papeterie, par exemple, lui donner pour objet une usine métallurgique; ni modifier le chiffre des apports en exigeant, par exemple, des versements supérieurs à ceux qui ont été fixés par le pacte primitif.

En admettant même comme accepté par tous les règles que nous venons de poser et que nous croyons, quant à nous, les seules vraies, le champ est resté large encore pour les discussions, mais il devient impossible de trouver des règles précises pour trancher les difficultés qui se présenteront ; ce sera des questions d'espèce que les juges décideront en s'appuyant sur les règles générales que nous venons de poser et en consultant les statuts qui peuvent, dans une certaine mesure, les compléter et les expliquer.

L'art. 31 de la loi nouvelle, nous le répétons, a apporté, sans nul doute, des modifications à cet état de choses ; il s'agit seulement de bien préciser en quoi consistent ces changements. L'art. 31 est positif pour déclarer que désormais les assemblées générales auront le droit, qui ne leur appartenait pas sous l'ancienne loi, d'abréger ou de proroger la durée de la société. Cet article est non moins positif pour décider qu'en l'absence même de toute clause particulière insérée dans les statuts, les assemblées générales auront de plein droit le pouvoir de modifier les clauses du pacte social, mais dans la même mesure qu'elles auraient pu le faire sous l'ancienne loi avec les pouvoirs les plus étendus qui pouvaient leur être donnés par les statuts. La loi n'a pas été plus loin et n'a pas voulu créer l'omnipotence des assemblées générales (1).

Sous l'empire des anciennes règles consacrées par le Code de commerce, il était donc hors de doute, nous ne saurions trop le répéter, que la majorité ne pouvait, en dehors des statuts, lier la minorité et lui imposer sa volonté. La loi nouvelle s'est donc écartée de ce principe, mais elle a limité en même temps les seuls cas où cette exception au droit commun pouvait se produire, et certaines décisions rendues avant la promulgation de la loi de 1867 pourraient encore être consultées avec fruit. Ainsi, on avait jugé que l'appel des fonds nouveaux au delà de la mise stipulée, et en dehors des prévisions formelles des statuts, ne serait pas obligatoire. Sous l'ancienne loi encore, la jurisprudence a varié pour décider si l'on doit admettre de plein droit que l'assemblée générale aura le pouvoir de restreindre les opérations de la société à une partie seulement des travaux projetés (2).

II. — *Assemblées générales ordinaires.*

746. Nous arrivons maintenant aux assemblées gé-

---

(1) Paris, 19 avril 1875 (S.76.2.113), et les conclusions de M. Hémar, avocat général.

(2) Paris, 26 avril 1850; Cass., 14 fév. 1853; Orléans, 20 juill. 1853; Cass., 17 avril 1855 (D.R.50.2.129; 53.1.45; 54.2.31; 55.1.213); Paris, 18 mars 1862 (S.62.2.161).

nérales ordinaires qui sont réglées par le premier paragraphe de l'art. 27 et par l'art. 29.

La loi, à défaut même des statuts, veut que chaque
année, au moins, les administrateurs rendent compte à
leurs mandants de la gestion qui leur a été confiée et de
la situation de la société : ce sont ces assemblées périodiques, où il ne sera question que de la marche et du
fonctionnement régulier de l'entreprise, qu'il faut désigner sous le nom d'assemblées ordinaires, à la différence
de celles dont nous venons de parler et qui avaient pour
objet, soit la constitution même de la société, soit une
modification à apporter au contrat primitif. Chaque actionnaire a le droit de mettre les administrateurs en
demeure de convoquer ces assemblées s'ils manquaient à
ce devoir ; mais aucune disposition de la loi nouvelle,
pas plus que celle de 1863, ne prononce la dissolution de
la société pour une semblable omission (1).

La loi laisse toute liberté aux statuts en ce qui touche
les conditions nécessaires pour être admis dans ces assemblées, soit à titre de propriétaire, soit à titre de mandataire et la manière de compter les voix ; et il est peu
probable que ce point puisse être passé sous silence par
les fondateurs de la société. On s'est demandé toutefois
ce qui adviendrait si cette omission avait eu lieu. L'opinion générale admet que, dans ce cas, tout actionnaire
aurait le droit de faire partie des assemblées et que chacun n'y aurait qu'une voix. On appliquerait la règle suivie dans les sociétés en nom collectif, qui forment le droit
commun.

L'art. 29 règle pour les assemblées ordinaires, comme
pour les autres, le capital qui doit être représenté pour

---

(1) Paris, 8 janv. 1868, *Gaz. des Trib.*, 13 et 14 juin 1868.

qu'elles puissent délibérer valablement : il suffit d'un nombre d'actionnaires représentant au moins le quart du capital social.

Si cette condition n'est pas remplie, le second paragraphe de l'art. 29 dit qu'une nouvelle assemblée doit être convoquée dans les formes et avec les délais prescrits par les statuts, et cette seconde assemblée délibère valablement, quelle que soit la portion du capital représentée par les actionnaires présents et quel que soit, bien entendu, le nombre de ces actionnaires, dont la loi ne tient pas compte. Il faut, de toute nécessité ici, que la société continue à fonctionner et que les intérêts des uns ne soient pas compromis par la négligence des autres.

ARTICLE 32.

L'assemblée générale annuelle désigne un ou plusieurs commissaires, associés ou non, chargés de faire un rapport à l'assemblée générale de l'année suivante sur la situation de la société, sur le bilan et sur les comptes présentés par les administrateurs.

La délibération contenant approbation du bilan et des comptes est nulle, si elle n'a été précédée du rapport des commissaires.

A défaut de nomination des commissaires par l'Assemblée générale, ou en cas d'empêchement ou de refus d'un ou de plusieurs des commissaires nommés, il est procédé à leur nomination ou à leur remplacement par ordonnance du président du tribunal de commerce du siége de la société, à la requête de tout intéressé, les administrateurs dûment appelés.

ARTICLE 33.

Pendant le trimestre qui précède l'époque fixée par les statuts pour la réunion de l'assemblée générale, les commissaires ont droit, toutes les fois qu'ils le jugent convenable dans l'intérêt social de prendre communication des livres et d'examiner les opérations de la société.

Ils peuvent toujours, en cas d'urgence, convoquer l'assemblée générale.

747. L'art. 32 reproduit textuellement l'art. 15 de la loi de 1863, et l'art. 33 correspond à l'art. 16 qu'il a modifié, en restreignant les pouvoirs des commissaires dans l'exercice du droit qui leur est accordé et qui ne peut être réclamé par eux que pendant le trimestre qui précède la réunion de l'assemblée générale annuelle.

L'institution des commissaires est une création de la loi du 24 mai 1863, qui l'a empruntée à la pratique habituelle des sociétés anonymes ; elle a été regardée comme constituant pour les actionnaires et pour les tiers une garantie, sinon nécessaire, au moins très-rassurante.

Leur mission est définie par la loi, et elle est entièrement distincte de celle des administrateurs ; elle se résout en un simple contrôle, et ils ne peuvent entraver directement, dans aucune occasion, l'action des administrateurs, sauf à en appeler à l'assemblée générale, que l'art. 33, en conséquence, leur donne le droit de convoquer en cas d'urgence. Cette mission ne pourrait être étendue au delà des termes et de l'esprit de la loi, et les commissaires ne pourraient être investis aujourd'hui, par exemple, du droit de révoquer les administrateurs (1).

L'assemblée générale, dont il est parlé à l'art. 32, est appelée, non à nommer les commissaires pour la première fois, mais bien à remplacer ceux qui ont été nommés par l'assemblée générale extraordinaire, dont il est question à l'art. 25 ; il y aura lieu ainsi, d'année en année et par chaque assemblée générale, à procéder à cette nomination.

Il est admis sans difficulté que les mêmes personnes peuvent être indéfiniment réélues.

_____

(1) Rivière, n. 239.

La loi laisse la plus entière liberté pour le choix des commissaires.

Le dernier paragraphe de l'art. 32 prévoit et règle le cas où la nomination des commissaires n'a pas été faite ou se trouve sans effet ; il y est pourvu par le président du tribunal de commerce.

La loi dit également sur quels objets porte le rapport, dont la charge est imposée aux commissaires ; et elle y attache une importance assez grande pour décider que toute délibération approuvant le bilan et les comptes serait nulle, si elle n'avait été précédée du rapport, des commissaires.

En disant sur quels objets il doit porter, la loi n'a pu prescrire la forme qu'il doit avoir, mais dans l'art. 43 ci-après, elle rappelle que les commissaires sont responsables comme mandataires de la mission dont ils sont chargés ; et si le rapport n'était pas sincère, si même il ne suffisait pas pour faire bien apprécier les opérations accomplies par la société et sa situation, les commissaires répondraient de leur dol ou même de leur faute ou de leur négligence dans les termes du droit commun.

748. Afin de leur permettre d'accomplir leur tâche, l'art. 33 donne aux commissaires les pouvoirs les plus étendus pour se faire communiquer les livres et examiner les opérations de la société ; mais ce droit ne leur appartient, nous l'avons dit, que *pendant le trimestre qui précède l'époque fixée par les statuts pour la réunion de l'assemblée générale*, à laquelle, conformément à l'art. 32, ils doivent faire leur rapport : « Il était à craindre, dit l'exposé des motifs, que cette action pouvant s'exercer chaque jour, à chaque instant et sur toutes choses, ne devînt pour l'administration une gêne insupportable. »

L'art. 16 de la loi de 1863 n'avait pas été arrêté cependant par ces considérations, et les pouvoirs qu'il accordait aux commissaires étaient permanents. La pratique n'avait nullement révélé les inconvénients de cette organisation. Les commissaires remplacent les conseils de surveillance des sociétés en commandite et ont même une autorité, à tous égards, bien moins grande. Quoi qu'il en soit, le texte décide que cette surveillance ne pourra s'exercer d'une manière sérieuse que d'une façon intermittente, tout en maintenant aux commissaires le droit en tout temps *de convoquer en cas d'urgence l'assemblée générale;* mais cette convocation sera faite par eux à leurs risques et périls ; ils répondraient des suites fâcheuses qu'elle aurait entraînées, si elle a lieu à contre-temps; et, d'un autre côté, privés de tout moyen de contrôle pendant neuf mois de l'année, il serait bien difficile que leur inaction leur fût reprochée et pût entraîner une responsabilité, à moins de circonstances à coup sûr fort exceptionnelles. L'exposé des motifs a même dit, d'ailleurs : « Le soin de leur propre responsabilité les empêchera de recourir, sans motifs graves, à cette mesure extraordinaire. » On ne pouvait donner d'une manière plus ouverte aux commissaires le conseil de s'abstenir.

Sous la loi de 1863, sur l'art. 16, on a jugé et on devrait décider encore que les commissaires peuvent non-seulement prendre communication, mais se faire même délivrer copie *in extenso* de tous les documents nécessaires à l'exercice de la surveillance dont ils sont investis (1).

L'art. 31, dont nous allons parler, énumère divers documents qui doivent être également mis à la disposition des commissaires et les aider dans leur travail.

---

(1) Paris, 9 juill. 1866 (D.P.66.2.138).

ARTICLE 34.

Toute société anonyme doit dresser, chaque semestre, un état sommaire de sa situation active et passive.

Cet état est mis à la disposition des commissaires.

Il est, en outre, établi chaque année, conformément à l'art. 9 du Code de commerce, un inventaire contenant l'indication des valeurs mobilières et immobilières et de toutes les dettes actives et passives de la société.

L'inventaire, le bilan et le compte des profits et pertes sont mis à la disposition des commissaires le quarantième jour, au plus tard, avant l'assemblée générale. Ils sont présentés à cette assemblée.

SOMMAIRE.

749. Obligations imposées aux administrateurs; documents divers mis à la disposition des commissaires et présentés à l'assemblée générale.

749. Cet article est la reproduction, sauf de très-légères différences de rédaction, de l'art. 17 de la loi de 1863 et n'exige aucune explication. Il énumère les devoirs imposés aux administrateurs sous leur responsabilité, et il met à la disposition des commissaires de nouveaux documents utiles pour les éclairer sur la situation de la société. L'inventaire, le bilan, qui en est le résumé, et le compte des profits et pertes, qui en est l'élément le plus important, sont également présentés à l'assemblée générale.

ARTICLE 35.

Quinze jours au moins avant la réunion de l'assemblée générale, tout actionnaire peut prendre, au siége social, communication de l'inventaire et de la liste des actionnaires, et se faire délivrer copie du bilan résumant l'inventaire et du rapport des commissaires.

SOMMAIRE.

750. Communications qui doivent être faites à tout actionnaire.

750. Cet article correspond à l'art. 18 de la loi de 1863, dont il a modifié la rédaction.

Aujourd'hui encore, tout actionnaire peut prendre au siége social communication de l'inventaire et de la liste des souscripteurs ; mais notre article a fait disparaître l'obligation d'envoyer à tous les associés une copie du bilan ; chacun d'eux peut seulement s'en faire délivrer copie, ainsi que du rapport des commissaires. Le dépôt au greffe ordonné par l'ancienne loi n'est plus exigé.

On n'a pas voulu imposer à la société la dépense qu'eût entraînée l'impression des documents, dont chaque associé peut se faire délivrer copie ; cette dépense reste facultative : si la société ne veut pas se l'imposer, nous pensons que c'est aux frais de l'actionnaire, qui les réclame, que devront être faites les copies qu'il peut se faire délivrer (1) ; c'est l'application d'une règle toujours suivie dans des circonstances analogues.

La proposition faite par quelques députés de communiquer également aux actionnaires le rapport des administrateurs n'a pas été adoptée.

ARTICLE 36.

Il est fait annuellement, sur les bénéfices nets, un prélèvement d'un vingtième au moins, affecté à la formation d'un fonds de réserve.

Ce prélèvement cesse d'être obligatoire lorsque le fonds de réserve a atteint le dixième du capital social.

SOMMAIRE.

751. Le prélèvement ne doit être fait que sur les bénéfices nets, mais avant le paiement d'aucune somme aux actionnaires ; règle à suivre si le capital a été entamé.

751. Cet article reproduit sans changement aucun l'art. 19 de la loi de 1863 ; les statuts de presque toutes les

(1) *Contrà*, Rivière, n. 242.

sociétés anonymes contenaient une prescription analogue, elle est devenue aujourd'hui obligatoire.

Ce prélèvement ne doit être fait que sur les *bénéfices nets* ; les auteurs qui admettent, contrairement à tous les principes du droit (*suprà*, n°ˢ 685 et s.) ; contrairement aux décisions toutes récentes du Corps législatif (*suprà*, n° 687), une distinction entre les intérêts et les dividendes payés aux actionnaires et pensent que les premiers peuvent leur être distribués en les prenant sur le capital social, qui s'en trouve ainsi diminué, enseignent que ce n'est qu'après la déduction, non-seulement des frais généraux de l'exercice, mais encore des intérêts devant être payés aux actionnaires, que l'on doit calculer s'il y a des bénéfices nets, et s'il y a lieu, par conséquent, au prélèvement ordonné par la loi. Ces auteurs s'appuient sur les termes de la circulaire du ministre de l'intérieur du 11 juillet 1818. Cette circulaire ne prouverait tout au plus qu'une chose, l'opinion de M. Lainé, dont elle émane ; ce n'est pas suffisant pour trancher la question. D'ailleurs, la stipulation des intérêts à payer était autorisée par le Conseil d'État dans des circonstances qu'il avait soin d'apprécier, et principalement dans les sociétés dont la mise en activité était remise à des époques éloignées (*suprà*, n°ˢ 685 et s.); à moins d'inconséquence manifeste, on ne pouvait attendre dans ce cas la justification de bénéfices réalisés. Il faut donc laisser de côté ces raisons empruntées à une situation où nous ne sommes plus.

Pour nous, le prélèvement destiné au fonds de réserve est une charge sociale qui doit passer avant le paiement d'aucune somme aux actionnaires.

M. Lainé, dans la circulaire précitée, disait également, et cette fois d'accord avec tous les principes : que lors

que la réserve étant épuisée, le capital lui-même a été
entamé, aucune répartition de dividendes ne pourra être
faite sur les bénéfices réalisés dans les exercices à venir;
ils doivent tout entiers être mis en réserve jusqu'au ré-
tablissement complet du fonds social originaire. Le rapport de la commission de la loi de 1863 rappelait ces règles : « Ce prélèvement, disait-il, a l'avantage d'établir
une compensation désirable entre les années inégales ; et
surtout de maintenir l'intégrité du capital social, dont la
conservation est pour les actionnaires, pour les tiers, et
même pour la fortune publique, d'un intérêt supérieur.»

ARTICLE 37.

En cas de perte des trois quarts du capital social, les administrateurs
sont tenus de provoquer la réunion de l'assemblée générale de tous les
actionnaires, à l'effet de statuer sur la question de savoir s'il y a lieu
de prononcer la dissolution de la société.

La résolution de l'assemblée est, dans tous les cas, rendue publique.

A défaut par les administrateurs de réunir l'assemblée générale,
comme dans le cas ou cette assemblée n'aurait pu se constituer régulièrement, tout intéressé peut demander la dissolution de la société devant
les tribunaux.

SOMMAIRE.

752. Dans le cas prévu, la dissolution n'est jamais que facultative; devoirs
des administrateurs ; pouvoirs des commissaires ; droits des associés
et recours aux tribunaux.
753. Le capital social est le capital *nominal* ou capital souscrit.

752. L'art. 37 est la reproduction de l'art. 20 de la
loi de 1863.

Le projet présenté en 1863 par le Gouvernement disait, qu'en cas de perte des trois quarts du capital social dûment constatée, la dissolution devait être prononcée par l'assemblée générale ou par les tribunaux, sur la
provocation des administrateurs ou à la demande de toute

partie intéressée. Dans le sein de la commission du Corps législatif, on fit remarquer qu'il y a certaines natures d'affaires, et entre autres les sociétés d'exploitation de mines, où cette réduction de capital, même au quart, n'empêche pas la société de pouvoir exister : et il peut arriver même que ce soit précisément à ce moment que les actionnaires soient près d'atteindre le but qu'ils ont poursuivi : le texte définitivement adopté avait donc substitué à la dissolution obligatoire la dissolution facultative que notre article a maintenue.

Au Corps législatif, la discussion n'avait porté que sur la limite des pertes, à laquelle on s'était arrêté pour imposer aux administrateurs l'obligation d'appeler, d'une manière particulière, l'attention de l'assemblée générale sur la situation de la société ; et à défaut, pour permettre à tout intéressé de demander la dissolution devant les tribunaux.

Quelle que fût cette limite, elle ne pouvait être qu'arbitrairement choisie. D'un autre côté, personne n'ignore que l'inventaire fait de bonne foi d'un établissement industriel dépasse presque toujours le prix qui serait obtenu, si, par suite d'une dissolution, la vente immédiate en était réalisée. Le résultat peut être aggravé et bien plus déplorable encore dans certains moments de crise, où toutes choses perdent une grande partie de leur valeur. Il n'est donc pas impossible qu'un désastre arrive encore aujourd'hui, comme on en a vu des exemples dans les anciennes sociétés anonymes, malgré les précautions accumulées par le législateur, dans le premier cas ; malgré l'examen préalable du Conseil d'État, dans le second; mais les actionnaires, comme les tiers, seront toujours parfaitement instruits de l'état des choses et pourront agir en conséquence.

Dans le cas prévu par l'art. 37, les administrateurs
sont tenus, sous leur responsabilité, de provoquer une
réunion de l'assemblée générale, appelée à délibérer
conformément aux prévisions de l'art. 31 ci-dessus et
dans les termes de cet article, auquel il faut se reporter
pour connaître comment doit être composée l'assemblée.

A défaut, par les administrateurs, de remplir ce devoir, il n'est pas douteux que les commissaires pourraient
user du droit que leur accorde le dernier § de l'art. 33.
En pareil cas, il y a urgence ; et ils devraient le faire,
s'ils étaient instruits de cet état de choses : nous admettons sans difficulté qu'ils n'y sont pas tenus au même titre
que les administrateurs ; que ce n'est pas un devoir rigoureux que la loi leur impose ; mais il nous semble impossible de leur refuser au moins le droit, s'ils veulent
en user (1).

Si les administrateurs et les commissaires s'abstiennent, tout intéressé alors peut demander la dissolution
de la société *devant les tribunaux*. La loi nouvelle, comme
l'ancienne, permet donc de s'adresser aux tribunaux,
non pour obtenir qu'il soit enjoint aux administrateurs
de convoquer l'assemblée, ou, à défaut, que la partie
poursuivante sera autorisée à le faire en vertu du jugement, mais bien pour demander aux juges de se substituer à l'assemblée et de prononcer directement. L'assemblée générale, dans ce cas, est dessaisie du droit si légitime de délibérer sur ses propres affaires.

Si l'assemblée convoquée n'a pas pu se constituer régulièrement, c'est à bon droit alors que la demande sera
portée devant les tribunaux.

La procédure organisée par l'art. 37 est spéciale au

---

(1) *Contrà*, Rivière, n. 252.

cas qu'il a prévu. Il est bien entendu que les sociétés anonymes restent soumises au droit commun quant aux demandes de dissolution judiciaire intentées conformément aux règles tracées par le Code civ. et dont nous avons donné plus haut le commentaire (V. *suprà*, n°ˢ 463 et s.).

L'assemblée générale prononce en toute liberté ; si elle est d'avis de la dissolution, la société cesse d'exister ; si elle est d'un avis contraire, l'association est maintenue, sans qu'il y ait possibilité d'en appeler aux tribunaux, qui ne sont nullement institués pour former, en pareille circonstance, un second degré, pour ainsi dire, de juridiction ; mais sauf l'application du droit commun toujours réservé, ainsi que nous venons de le dire.

Si le tribunal est directement saisi, il apprécie et prononce en conséquence ; il est évident que de facultative qu'elle était pour l'assemblée, la dissolution n'a pu devenir obligatoire pour le tribunal.

753. La commission avait demandé de quel capital voulait parler l'art. 37 ; est-ce le capital *nominal* ou le capital *obligatoire?* Est-ce le capital *réalisé* ou le capital *exigible?* En effet, dans les conditions prévues par l'art. 3 ci-dessus, il peut arriver que le capital nominal ne soit obligatoire que jusqu'à concurrence de *moitié;* il est possible encore que par suite de l'insolvabilité des souscripteurs primitifs, le capital réalisé et réalisable soit même au-dessous de cette limite.

Le Conseil d'État a refusé d'entrer dans ces diverses hypothèses et de substituer au texte l'amendement proposant d'ajouter ces mots : *Dont le versement serait réalisé ou obligatoire.* Il est donc certain que l'art. 37 parle bien du capital *nominal* ou capital souscrit (1).

---

(1) Mathieu et Bourguignat, n. 226 ; Rivière, n. 246.

Le second paragraphe de notre article dit que la résolution de l'assemblée, quelle qu'elle soit, et dans tous les cas, doit être rendue publique dans les formes réglées par l'art. 61 ci-après.

Les jugements des tribunaux ont par eux-mêmes toute publicité.

ARTICLE 38.

La dissolution peut être prononcée sur la demande de toute partie intéressée, lorsqu'un an s'est écoulé depuis l'époque où le nombre des associés est réduit à moins de sept.

SOMMAIRE.

754. La dissolution, dans le cas prévu par cet article, n'est que facultative.

754. L'art. 38 correspond à l'art. 21 de la loi de 1863 ; mais l'ancien texte porte que la dissolution *doit* être prononcée ; l'art. 38 dit qu'elle le *peut* : il prolonge également le délai de six mois à un an. Cette dernière modification ne donne lieu à aucune observation. Quant à la faculté que la loi donne aux tribunaux, et sans aucune limite de maintenir, sous la forme anonyme, une société composée de moins de sept intéressés, elle peut sembler étrange, puisque l'art. 38 est la sanction nécessaire de l'art. 23 ci-dessus, qui devient ainsi, au gré des juges, un simple conseil pour ainsi dire donné par la loi. M. Mathieu, dans son rapport, tout en convenant que : « Il y a là une situation qui constitue une sorte de fraude à la loi et que la dissolution peut en être la conséquence légitime, » a ajouté : « Mais cette conséquence était-elle nécessaire ? Fallait-il en faire une loi au juge ? N'était-il pas préférable d'abandonner à son appréciation les circonstances et l'opportunité ? La commission a pensé que ce dernier parti était préférable. » Le Corps législatif a consacré cette doctrine. Peut-être eût-il mieux valu alors ne pas écrire l'art. 23, qui a donné lieu à d'assez vives réclamations.

La loi ne tient aucun compte de la personne des associés, et peu importent les individus qui auront pris la place des autres ; le cas prévu par cet article ne se réalise que par la concentration dans les mains de moins de sept personnes, de toutes les actions représentant le capital social (1).

***

ARTICLE 39.

L'art. 17 est applicable aux sociétés anonymes.

SOMMAIRE.

755. L'art. 17 permet aux actionnaires de plaider par procureur ; renvoi.

755. L'art. 17, ci-dessus, auquel nous devons nous borner à renvoyer purement et simplement, est relatif à la faculté donnée, dans certains cas, à un groupe d'actionnaires de pouvoir plaider par procureur : il est évident que cette faculté présente les mêmes avantages pour les actionnaires des sociétés anonymes.

***

ARTICLE 40.

Il est interdit aux administrateurs de prendre ou de conserver un intérêt direct ou indirect dans une entreprise ou dans un marché fait avec la société ou pour son compte, à moins qu'ils n'y soient autorisés par l'assemblée générale.

Il est, chaque année, rendu à l'assemblée générale un compte spécial de l'exécution des marchés ou entreprises par elle autorisés, aux termes du paragraphe précédent.

---

(1) Rivière, n. 258.

756. Limites de l'interdiction prononcée par la loi; adjudication publique; exception admise par la loi à la règle posée; sanction.

756. Cet article correspond à l'art. 23 de la loi de 1863, dont il modifie, dans une certaine mesure, la rigueur sans doute excessive ; l'ancienne loi parlait de toute *opération quelconque ;* la loi nouvelle n'interdit aux administrateurs l'intérêt direct ou indirect que lorsqu'il s'agit d'une *entreprise* ou d'un *marché*.

La loi n'a pas défini le sens de ces deux mots ; ils expriment une série de travaux ou de fournitures ; sans aller jusqu'à dire qu'aucune incertitude ne peut exister, on doit croire cependant que la distinction pourra être faite entre les choses permises et celles qui sont défendues.

La loi est également muette pour excepter de la prohibition toute entreprise ou tout marché résultant d'une adjudication avec publicité et concurrence ; mais dans la discussion au sein du Corps législatif (1), ce point a été parfaitement expliqué et réservé, sauf le cas de fraude, et si, en réalité, il n'y avait eu ni publicité sérieuse, ni concurrence réelle (2).

Aucune définition n'est nécessaire pour faire comprendre ce qui représente un intérêt direct dans une entreprise ou un marché : l'intérêt indirect est plus difficile à définir ; et les tribunaux, au besoin, apprécieraient.

Dans tous les cas, le marché conclu n'est pas nul, et l'administrateur qui l'a consenti n'est même pas repré-

---

(1) Séance du 5 juin 1867.
(2) Mathieu et Bourguignat, n. 233 ; Rivière, n. 264 et 266.

hensible, s'il n'y *conserve* aucun intérêt, ou s'il se démet de ses fonctions d'administrateur incompatibles avec la qualité d'intéressé. Si l'entreprise lui est étrangère, même après qu'elle aura été conclue, il ne peut y *prendre* un intérêt.

Ces prohibitions de loi cessent si les administrateurs en sont relevés par l'assemblée générale, qui autorise la société à traiter avec eux ; mais, dans ce cas, le second paragraphe de l'art. 40 exige qu'un compte spécial lui soit rendu de l'exécution des entreprises ou marchés autorisés, qui devra lui être présenté par le conseil d'administration.

La seule sanction que l'art. 40 pût recevoir s'il était violé, serait les dommages-intérêts contre l'administrateur ; et ils ne pourraient être dus qu'en établissant le préjudice éprouvé par la société ; en outre, l'administrateur aurait mérité le reproche d'avoir violé la loi et manqué à ses devoirs, et ce fait pourrait motiver sa destitution (1).

ARTICLE 41.

Est nulle et de nul effet à l'égard des intéressés toute société anonyme pour laquelle n'ont pas été observées les dispositions des art. 22, 23, 24 et 25 ci-dessus.

SOMMAIRE.

757. Renvoi à l'art. 7 ci-dessus ; la nullité ne peut être opposée aux tiers.

757. Cet article reproduit le premier paragraphe de l'art. 24 de la loi de 1863, qui avait été emprunté à l'article 5 de la loi de 1856 ; et nous l'avons déjà vu dans notre loi même, sous l'art. 7. Nous ne pouvons que ren-

------

(1) Vavasseur, n. 342 ; 2ᵉ édit., n. 823 et s.; Rivière, n. 263.

voyer, pour les explications qu'il exige, au commentaire de ce dernier article (V. *suprà*, nᶜˢ 663 et s.).

La loi est limitative et les termes ne peuvent en être étendus; mais, dans les cas que l'art. 41 a prévus, la nullité est absolue et ne peut être ni prévenue par des clauses portées aux statuts et qui seraient complétement illégales, ni couvertes par aucun moyen.

Toutefois, cette nullité ne peut, en aucun cas, nuire aux tiers, et les lois de 1856 et de 1863, comme l'art. 7 ci-dessus, portaient expressément : « Cette nullité ne « peut être opposée aux tiers par les associés. » Si cette disposition n'a pas été reproduite, c'est par suite d'une simple omission purement matérielle, ou parce qu'elle a semblé tout à fait inutile : le droit commun suffit (1).

ARTICLE 42.

Lorsque la nullité de la société ou des actes et délibérations a été prononcée aux termes de l'article précédent, les fondateurs auxquels la nullité est imputable et les administrateurs en fonctions au moment où elle a été encourue, sont responsables solidairement envers les tiers, sans préjudice des droits des actionnaires.

La même responsabilité solidaire peut être prononcée contre ceux des associés dont les apports ou les avantages n'auraient pas été vérifiés et approuvés conformément à l'art. 24.

SOMMAIRE.

758. Erreur de rédaction ; la nullité des *actes et délibérations* est prononcée par l'art. 61 ci-après et non par l'art. 41.
759. Les fondateurs et les administrateurs répondent, chacun de leur côté, des seuls faits qui leur soient imputables ; distinctions à faire.
760. Pouvoir d'appréciation dévolu aux juges.
761. La responsabilité des associés dénommés au second paragraphe n'est pas nécessairement engagée.

758. Cet article prévoit un ordre particulier de faits

---

(1) Mathieu et Bourguignat, n. 240 ; Paris, 5 fév. 1872 (J.P.73.338).

qui auront pour conséquence d'amener des nullités, et,
par suite, si la nullité cause un préjudice, d'engager la
responsabilité de ceux qui les ont laissés s'accomplir :
l'art. 44 ci-après parlera de la gestion en général. Il est
la reproduction de l'art. 25 de la loi de 1863, qu'il a copié même d'une manière trop littérale, en parlant non-
seulement du cas où la société serait annulée, conformément, ainsi qu'il le dit, à l'article précédent ; mais du
cas où il s'agirait de la nullité des actes et délibérations
qu'a prévus l'art. 31, et dont il n'est fait aucune mention
dans l'art. 41.

Cette inexactitude dans la rédaction de notre article
est parfaitement expliquée par MM. Mathieu et Bourguignat, et la position du premier de ces auteurs, comme
rapporteur de la commission législative, donne à ces détails une autorité particulière.

« L'art. 37 du projet, disent MM. Mathieu et Bourguignat, devenu ultérieurement l'art. 41 de la loi, ne s'occupait pas seulement de la nullité de la société, soit pour
infractions commises dans la constitution, soit pour omission dans la publicité des délibérations et actes constitutifs ; il prévoyait même la nullité qui, sans atteindre la
société alors constituée, serait venue frapper les actes et
délibérations modificatifs de ses statuts ou de sa durée,
à défaut de la publicité donnée à ces actes et délibérations.

« Mais le projet de loi, par suite de résolutions adoptées au sein de la commission, a pris une tout autre extension que celle qui avait été primitivement prévue. Ce
n'est pas seulement le système de publicité relative aux
commandites par actions ou aux sociétés anonymes que
la commission a voulu régler, c'est un système général
applicable à toute société quelconque. Alors, et cela est

constaté au rapport, la commission et le Conseil d'Etat se sont accordés pour reporter à un titre spécial, au titre IV ci-après, le paragraphe de l'art. 41 en projet, qui déterminait les suites du « défaut de publication » des délibérations et des actes relatifs aux sociétés anonymes, notamment de ceux qui, après qu'elles ont été constituées, viendraient à les modifier.

« La conséquence naturelle de ce renvoi était donc la suppression, dans notre art. 42, des mots qui y concernent la nullité de ces actes et de ces délibérations. Ils n'en ont pas disparu, ils y ont été oubliés. Il est arrivé ici ce que l'on voit parfois dans les lois les mieux ordonnées, où, lorsque le texte en a été remanié à plusieurs reprises, il peut se glisser de légères inexactitudes.

« Au surplus, les mots qui nous occupent ici, bien qu'ils ne se réfèrent pas en réalité « à l'article précédent », c'est-à-dire à l'art. 41, mais plutôt à l'art. 61 ci-après, n'en ont pas moins une véritable valeur législative. Seulement, ils appellent certaines distinctions dans la manière dont il faut appliquer la responsabilité édictée par la disposition où ils se trouvent comprise » (1).

Il n'y a donc d'inexact, dans la rédaction de l'art. 42, que la référence à l'art. 41, en ce qui concerne la nullité des *actes* et *délibérations* ; la responsabilité que cet article prononce n'en est pas moins encourue, quand il y a lieu, et par qui de droit, dans tous les cas qu'il énumère. Aucun doute n'existe à cet égard ; mais c'est l'art. 61 ci-après qui détermine les hypothèses où cette nullité est prononcée, en dehors des termes de l'art. 41, qui sanctionne seulement les dispositions des art. 22, 23, 24 et 25 ci-dessus.

___

(1) Mathieu et Bourguignat, n. 242 ; Rivière, n. 268 *bis*.

759. Cette faute de rédaction parfaitement réparée, le texte donne lieu encore à quelques explications.

Les fondateurs auxquels la nullité est imputable, et les administrateurs en fonctions au moment où elle a été encourue, semblent être confondus dans une responsabilité solidaire à raison des mêmes faits. Ce n'est pas ainsi que la loi nous paraissait devoir être entendue. Les fondateurs d'un côté et solidairement, les administrateurs de l'autre et solidairement aussi, répondront des seuls faits qui peuvent être respectivement imputés soit aux uns, soit aux autres.

En se reportant aux articles qui précèdent, nous trouvons que les prescriptions de la loi relatives aux formalités qui doivent être accomplies avant la constitution de la société, sous peine de nullité, s'appliquent aux fondateurs : eux seuls, en cas de négligence, seront responsables. Leur mission ne finit qu'au moment où l'assemblée générale, qu'ils doivent convoquer, conformément à l'art. 25, aura nommé *les premiers administrateurs ;* mais à partir de cette nomination, ceux-ci seuls, à leur tour et à l'exclusion des fondateurs, deviendront responsables de tous les faits prévus par l'art. 42, et qui seront accomplis au moment où la gestion de la société leur était confiée.

Le rôle des administrateurs a commencé à l'instant où celui des fondateurs s'est trouvé accompli (1).

Enfin, il ne faut pas oublier qu'aux termes de l'article 24, c'est à la première assemblée générale qu'est dévolue la mission de vérifier la déclaration que les fondateurs sont tenus de faire à la suite de la souscription totale des actions et du versement du premier quart, et

(1) Mathieu et Bourguignat, n. 243; Rivière, n. 270.

laquelle lui est soumise avec les pièces à l'appui. Les administrateurs ne remplacent pas, dans cette occasion, les membres du conseil de surveillance des sociétés en commandite.

C'est sous ces distinctions que, soit les fondateurs, soit les administrateurs, nous paraissaient devoir être solidairement responsables, s'il y a lieu, ou envers les tiers, ou envers les actionnaires, dans la proportion du préjudice que les uns et les autres auront éprouvé.

La jurisprudence a été plus sévère, et il a été jugé, sous l'empire de l'art. 25 de la loi du 23 mai 1863, reproduit par notre art. 42, que le législateur a établi cumulativement la responsabilité solidaire des fondateurs et des administrateurs, dans le cas où la société est annulée pour irrégularité de sa constitution, et que les uns et les autres sont responsables de toutes les dettes sociales, sous la seule déduction de l'actif pouvant être réalisé, soit que les créanciers de la société aient ou non connu la cause de nullité, soit même qu'ils aient pris part aux actes qui l'ont entraînée (1).

760. La loi doit aussi être entendue dans ce sens que les juges apprécieront dans quelle proportion chacun devra supporter en définitive les dommages-intérêts à prononcer, quand il s'agira de les répartir entre les fondateurs ou les administrateurs dans leurs rapports les uns envers les autres.

761. Le second paragraphe de l'art. 42 rappelle encore la responsabilité qui peut être également encourue par les associés, dont les apports ou les avantages n'auraient pas été vérifiés et approuvés conformément à l'ar-

---

(1) Paris, 28 mai 1869 (J.P.70.335); Cass., 27 janv. 1873 (J.P.73.383); Cass., 13 mars 1876 (D.P.77.1.49). V. aussi Cass., 30 déc. 1872 (J.P.73.387).

ticle 24 : la loi leur impose le devoir de veiller à ce que les formalités exigées en pareil cas soient accomplies, puisqu'elle prononce une sanction. Toutefois, cette responsabilité *peut*, dit la loi, être prononcée; elle est simplement facultative, aussi bien que la solidarité. Les juges apprécient. Il en est autrement en ce qui concerne les fondateurs et les administrateurs assimilés aux gérants des sociétés en commandite, et dont la responsabilité est nécessairement engagée.

ARTICLE 43.

L'étendue et les effets de la responsabilité des commissaires envers la société sont déterminés d'après les règles générales du mandat.

SOMMAIRE.

762. Responsabilité des commissaires; ils doivent être assimilés aux membres des conseils de surveillance des sociétés en commandite par actions ; les termes du mandat sont définis par la loi.

763. Ce mandat ne peut être restreint; il peut être étendu au delà des limites fixées par le législateur.

762. Cet article est la reproduction textuelle de l'article 26 de la loi de 1863. Il nécessite bien peu d'explications.

Dans le rapprochement à faire des sociétés anonymes et des sociétés en commandite, les administrateurs, dont nous avons parlé dans l'article précédent, doivent être assimilés aux gérants; et les commissaires, dont nous nous occupons, aux membres des conseils de surveillance. La responsabilité des commissaires est donc moins étroite que celle des administrateurs, et la loi, pour l'apprécier, renvoie purement et simplement aux règles générales du mandat; mais c'est à la loi spéciale qu'il faut se reporter pour connaître quels sont les termes du mandat qu'ils ont accepté et de l'exécution duquel ils doivent répondre ; il faut particulièrement se reporter aux articles 32 à 35 ci-dessus.

Les explications dans lesquelles nous sommes entré en parlant de la responsabilité des membres des conseils de surveillance, pourront être consultées ; nous devons nous borner à y renvoyer et à rappeler le droit entier donné aux tribunaux pour apprécier, dans chaque espèce, la faute même et sa gravité. Il n'est pas douteux que les commissaires répondent non-seulement de leur dol, mais de leur faute.

763. La loi a réglé, ainsi que nous l'avons rappelé · tout à l'heure, l'étendue du mandat donné aux commissaires ; c'est une garantie donnée aux tiers, et les statuts ne pourraient la diminuer ; mais nous croyons, avec MM. Mathieu et Bourguignat, que rien ne s'oppose à ce que les obligations des commissaires soient portées au delà de ces limites : ce qui est d'ordre public, c'est le minimum des garanties stipulées par le législateur au profit des actionnaires et des tiers ; mais les termes du mandat donné et accepté peuvent, sans aucun inconvénient, être plus étendus (1).

ARTICLE 44.

Les administrateurs sont responsables, conformément aux règles du droit commun, individuellement ou solidairement suivant les cas, envers la société ou envers les tiers, soit des infractions aux dispositions de la présente loi, soit des fautes qu'ils auraient commises dans leur gestion, notamment en distribuant ou en laissant distribuer sans opposition des dividendes fictifs.

---

(1) Mathieu et Bourguignat, n. 249.

764. L'art. 44 reproduit le sens et à peu près les termes de l'art. 27 de la loi de 1863.

L'art. 42 ci-dessus a prévu et énuméré certains cas où la responsabilité des administrateurs est engagée comme celle des fondateurs ; mais il s'agit d'infractions aux règles constitutives de la société même, et il n'y était point parlé des fautes qui peuvent être commises dans la gestion de la société par les administrateurs, soit qu'elles proviennent encore d'infractions à la loi, mais en ce qui concerne les dispositions relatives à la gestion, soit qu'elles proviennent de leurs actes dans l'administration qui leur est confiée. Ces fautes ne pouvaient évidemment être prévues d'avance ; elles seraient appréciées par les tribunaux ; la loi s'est bornée, par forme d'exemple, à citer la distribution de dividendes fictifs. Les statuts, et à défaut le droit commun, fixent les devoirs auxquels sont tenus les administrateurs en dehors des prescriptions de notre loi spéciale, et nous ne pouvons, à cet égard, que renvoyer à notre commentaire de l'art. 32, C. comm., où nous avons parlé de l'administration des sociétés anonymes (*suprà*, n°ˢ 566 et suiv.)

765. La loi nouvelle a appelé *dividendes fictifs*, ce que l'art. 27 de la loi de 1863 nommait *des dividendes qui, d'après l'état de la société constaté par les inventaires, n'étaient pas réellement acquis;* mais cette différence dans la rédaction n'a eu nullement pour but de changer les dispositions de la loi; l'exposé des motifs le dit en termes exprès. Les explications qu'a provoquées l'art. 27 de l'ancienne loi peuvent donc encore être consultées avec fruit.

« Cet article, a dit M. du Miral en parlant de l'art. 27 de la loi de 1863, dans son rapport au Corps législatif, se compose de deux paragraphes.

« Le premier se borne à énoncer que les administrateurs sont responsables, conformément au droit commun, des infractions aux dispositions de la loi et des fautes commises dans leur gestion.

« Il n'a donné lieu dans le sein de votre commission à aucune discussion.

« Il n'en est pas de même du second paragraphe.

« Celui-ci s'applique à la faute spéciale qui est commise par les administrateurs lorsqu'ils distribuent des dividendes qui ne sont pas réellement acquis.

« Cette faute, dans le projet primitif, était prévue dans les termes suivants :

« Les administrateurs qui distribuent ou laissent dis« tribuer sans opposition des dividendes qui ne sont pas « réellement acquis sont tenus solidairement *d'en rétablir* « *le montant dans la caisse de la société,* sans préjudice de « plus amples dommages et intérêts, s'il y a lieu, envers « les tiers ou les associés. »

« Nous avions dans notre contre-projet purement et simplement supprimé cet article.

« Nous considérions d'un côté que le droit commun suffisait pour atteindre la faute particulière dont il s'agit, et nous appréhendions que l'énonciation spéciale de cette responsabilité ne fût de nature, en maintenant les inquiétudes créées par la loi de 1856, à éloigner des actionnaires honorables du rôle d'administrateurs dans les sociétés nouvelles.

« Nous pensions, d'un autre côté, que l'obligation de réintégration dans la caisse sociale des dividendes versés pourrait parfois constituer, sans intérêt aucun, un irréparable préjudice pour les administrateurs et créer un injuste avantage pour des actionnaires qui auraient souvent provoqué ou au moins approuvé la distribution et en auraient toujours profité.

« Le Conseil d'État a donné satisfaction à cette dernière partie de nos observations par la rédaction contenue au projet définitif à laquelle nous avons fini par adhérer : cette rédaction est ainsi conçue :

« Ils (les administrateurs) sont tenus solidairement du
« préjudice qu'ils peuvent avoir causé, soit aux tiers,
« soit aux associés, en distribuant ou en laissant distri-
« buer sans opposition des dividendes qui, d'après l'état
« de la société constaté par les inventaires, n'étaient
« pas réellement acquis. »

« Il importe de bien en préciser le sens avant d'indiquer les motifs qui nous ont déterminés à l'adopter.

« Il est d'abord bien évident, à la simple lecture du paragraphe, qu'il n'exige pas, pour que la responsabilité qu'il édicte soit encourue, que la distribution des dividendes non réellement acquis ait eu lieu frauduleusement dans un but mauvais ou tout au moins en connaissance de cause. Le mot *sciemment* n'y est pas écrit.

« Une faute grave, certaine, suffirait donc pour l'application de la disposition, même alors que la bonne foi du distributeur serait présumable ou constante.

« Mais que faut-il entendre par ces expressions : *Qui, d'après l'état de la société, constaté par les inventaires, n'étaient pas réellement acquis?*

« La disposition ne sera-t-elle applicable que lorsque la distribution aura été faite en contradiction de l'inventaire qui aura été dressé, même alors que l'inventaire serait inexact, et suffira-t-il qu'un inventaire défectueux semble autoriser la distribution, pour qu'elle ne donne lieu à aucune responsabilité? Ce serait une erreur de le penser. La distribution sera recherchable, ou qu'elle soit faite contrairement à un inventaire régulier, ou qu'elle ait eu pour motif un inventaire défectueux, qui ne constatait pas le véritable état de la société, ainsi qu'aurait dû le faire un inventaire exact et sincère. Dans ce dernier cas, la faute de la distribution procède de celle qui a donné naissance à la confection vicieuse de l'inventaire ; elles se confondent l'une et l'autre ; il faut donc entendre le mot inventaire, employé dans le paragraphe, comme emportant avec lui l'idée de l'exactitude et de la régularité.

766. « Il ne nous reste plus qu'à déterminer la signification de ces expressions *réellement acquis.*

« On a voulu exprimer ainsi les bénéfices qui ne peuvent plus échapper à la société, qui ne sont plus à l'état de simple éventualité, quelle qu'en soit la vraisemblance, dont aucun coup du sort, excepté une insolvabilité imprévue ou une destruction fortuite ne peut plus priver la société. Sans doute, il ne sera pas toujours nécessaire que le bénéfice ait été encaissé ; il pourra résulter d'une valeur, d'une traite, même d'une simple créance, pourvu qu'elle soit réputée bonne, non susceptible de discussion, et de nature, suivant les usages du commerce, à figurer à l'actif. Le bon sens et la pratique commerciale seront, sur ce point, le meilleur commentaire de la loi. Quel est, pour ne prendre qu'un exemple, le commerçant, l'industriel, qui ne sache pas distinguer une opération conclue et liquidée de celle qui n'est qu'en cours d'exécution?

« Indiquons maintenant les motifs qui nous ont décidés à consentir au maintien de la disposition ainsi précisée.

« Le principal, c'est qu'elle n'est dans la réalité qu'une répétition, une reproduction explicite pour cette faute spéciale de la distribution de dividendes non acquis, de la disposition générale du paragraphe premier du même article qui déclare le droit commun applicable aux fautes commises par les administrateurs de la nouvelle société.

« Or, n'est-ce pas une faute évidente, palpable, préjudiciable au plus haut degré aux tiers qui contractent avec la société, à ceux qui en achètent ou en conservent les titres, que celle qui consiste à les tromper sur sa véritable situation?

« Le dissentiment entre nous et le Conseil d'État ne pouvait donc porter que sur la forme et non sur le fond, sur lequel nous étions nécessairement d'accord.

« Il s'agissait uniquement entre nous de savoir s'il valait mieux rappeler par une énonciation explicite cette portée incontestable du droit commun en matière de mandat, ou ne pas le faire.

« Nous serions peut-être restés fidèles à ce dernier parti, que nous avions adopté d'abord, si le projet primitif n'avait pas eu à cet égard une disposition formelle, et si son retranchement n'eût pas été de nature à faire penser qu'on abandonnait sur ce point la voie dans laquelle était entré le législateur de 1856.

« Cette dernière considération a été pour nous décisive. La suppression pure et simple de la disposition du projet primitif aurait laissé subsister une équivoque ; or, il faut, avant tout, qu'une loi soit sincère, précise, qu'elle dise franchement ce qu'elle veut et qu'elle ne laisse pas, par son silence, prétexte à la mauvaise foi ou à l'erreur.

767. « Nous avions dû nous demander, il est vrai, si la simple faute en matière de dividende ne pourrait pas être innocentée et s'il ne conviendrait pas de n'atteindre que les distributions frauduleuses ou celles faites en connaissance de cause. Quelques-uns de nous avaient même fait remarquer, dans le sens de cette dernière opinion, que l'art. 10 de la loi du 17 juill. 1856 sur les commandites n'établit la responsabilité des membres des conseils de surveillance que lorsqu'ils ont consenti à la distribution *en connaissance de cause*. Mais la réflexion fait comprendre qu'on ne saurait assimiler à des administrateurs qui dressent eux-mêmes des inventaires, qui doivent en posséder tous les éléments, de simples surveillants étrangers à l'administration et réduits à voir ce qu'on leur montre.

« L'idée de supprimer la responsabilité des administrateurs pour cette faute particulière, pour cette faute exceptionnellement grave et dangereuse de la distribution des dividendes (même en dehors des cas de fraude), n'a pas semblé à la majorité de votre commission résister à un examen attentif. Il faudrait évidemment, si elle était admise, l'étendre à toutes les autres fautes. Comment d'ailleurs justifier cette dissemblance avec la société anonyme autorisée, et cette dérogation aux règles les plus générales et les plus salutaires du droit civil et commercial?

« Ne comprend-on pas que, sous prétexte de n'atteindre que la fraude, on s'exposerait, dans une foule de cas, à lui ouvrir la porte et à la rendre inattaquable ?

« Il ne faut pas, du reste, s'exagérer les périls et les inconvénients de la responsabilité des administrateurs.

« La perfection absolue n'est pas de ce monde ; les choses humaines s'apprécient toujours humainement.

« Il n'arrivera presque jamais, lorsque des administrateurs auront été de bonne foi ; qu'ils auront apporté aux affaires de la société un soin ordinaire, qu'ils puissent être recherchés ; la vérification des commissaires, le rapport qu'ils auront rédigé, le vote donné par l'assemblée générale, en connaissance de cause, après avoir eu à sa disposition tous les moyens d'information, créeront presque toujours une fin de non-recevoir morale, invincible contre ceux qui voudraient les attaquer ; il faudra d'ailleurs que ceux qui ne reculeront pas devant cette difficile entreprise commencent par justifier d'un préjudice, et grâce aux précautions prises par le projet, ce préjudice ne pourra que bien rarement se rencontrer.

« Il n'est pas, nous le reconnaissons, impossible que quelques esprits timorés, s'effrayant outre mesure de la possibilité d'une recherche contre laquelle leur bonne foi n'aurait pas suffi pour les prémunir, ne s'abstiennent d'accepter les fonctions d'administrateur.

« Ces abstentions seront quelquefois regrettables ; mais la suppression de la responsabilité tutélaire et indispensable des administrateurs le serait bien davantage.

« Ces abstentions sans motifs suffisants deviendront d'ailleurs de plus en plus rares, à mesure que la véritable portée de la disposition sera mieux connue. Son inconvénient, s'il existe, sera donc relativement faible ; elle

aura, dans un sens opposé, l'inappréciable avantage
d'augmenter sensiblement dans les conseils d'administration la proportion des gens sérieux, qui sont décidés
à remplir scrupuleusement leurs devoirs, à faire et à voir
par eux-mêmes, et à ne pas s'en rapporter aveuglément
aux déclarations d'autrui. »

768. La discussion assez animée que cet art. 27 a
soulevée au sein du Corps législatif n'a eu d'autre résultat que de confirmer les principes posés dans les observations qui précèdent. Il a été bien reconnu que la
responsabilité des administrateurs des sociétés à responsabilité limitée serait absolument la même que dans les
anciennes sociétés anonymes. C'est par suite de ce principe, accepté par tous, que le commissaire du Gouvernement a expliqué le refus du Conseil d'Etat, d'admettre une prescription exceptionnelle en ce qui les
concerne.

Les associés profiteront, quand il y aura lieu, des dispositions de l'art. 64, C. comm. Si la société a été dissoute, si la dissolution a été publiée, si cinq ans se
sont écoulés, les tiers n'ont plus aucune action contre les
associés autres que les liquidateurs (1).

C'est conformément encore au droit commun que l'on
n'a pas voulu écrire dans la loi une disposition expresse
qui permît aux administrateurs d'invoquer leur bonne
foi pour être déchargés de toute responsabilité. Le droit
commun, pour tout mandataire, c'est de répondre, non-
seulement de son dol, mais de sa faute, et sauf l'appréciation souveraine des tribunaux, qui n'ont jamais considéré comme imputable et devant engager la responsabilité du mandataire, une faute minime et qu'aurait pu

---

(1) Rivière, n. 300.

commettre le père de famille dans la gestion de ses propres affaires.

Enfin, il n'est resté douteux pour personne que, dans le cas où l'inexactitude dans l'inventaire, qui a donné lieu à une distribution de dividendes faite mal à propos, résulte de dépréciations postérieures à cet inventaire, et qu'on ne pouvait prévoir au moment où il a été dressé, la responsabilité des administrateurs n'est nullement engagée. La faute ne peut dépendre d'événements qu'il n'était donné à personne de prévoir ; ce qui est punissable, c'est l'inexactitude dont on pouvait s'assurer au moment où l'inventaire a été dressé.

Ces principes restent applicables sous la loi nouvelle ; et ne seraient en aucun cas modifiés quelle que fût l'opinion qui serait embrassée en ce qui concerne l'obligation pour les actionnaires de restituer les sommes encaissées par eux à titre de dividendes : la question de la responsabilité des administrateurs est toute différente.

C'est conformément aux règles qui précèdent qu'il a été jugé que les bénéfices susceptibles d'être mis en distribution entre les actionnaires doivent être certains et reposer sur des valeurs réalisées ou immédiatement réalisables ; qu'en conséquence les administrateurs ne peuvent inscrire, comme bénéfices, au crédit du compte des profits et pertes, l'excédant, sur le prix de revient de terrains acquis par la société, des prix de revente de ces mêmes terrains, lorsque ces prix n'étaient exigibles qu'éventuellement ou après un nombre d'années variables ; et que si, dans leur rapport à l'assemblée générale, ils ont, à raison de l'inscription de ces prétendus bénéfices, annoncé des exercices se soldant en dividendes à distribuer, alors que, retranchement fait des valeurs dont il s'agit, ces exercices se soldaient en pertes, ils sont res-

ponsables, non pas seulement envers la société qu'ils ont
ainsi trompée, mais aussi envers ceux des sociétaires qui
n'ont acheté leurs actions que sur la foi de ce faux rapport; sans qu'il leur soit permis de prétendre que l'approbation qu'y a donnée l'assemblée générale les couvri-
rait vis-à-vis des sociétaires, sauf le recours de ceux-ci
contre la société (1).

769. La loi a soin de dire que les administrateurs
sont responsables, conformément aux règles du droit
commun, soit individuellement, soit solidairement, *suivant les cas;* ou, en d'autres termes, suivant que la faute
dont on demande la réparation est collective ou individuelle (2). On peut citer, comme exemple de faute qui
peut être tout à fait individuelle, le fait par un administrateur de prendre un intérêt dans un marché fait avec la
société, contrairement aux prescriptions de l'art. 40 ci-
dessus. Dans la plupart des cas, toutefois, il semble que
la faute sera collective et devra entraîner la solidarité,
puisque la gestion appartient à tous et n'est pas divisée.
Nous avons eu occasion de poser déjà en principe, en
diverses circonstances, qu'un administrateur ne pourrait
prétendre à être exonéré, parce qu'il se serait mis à l'é-
cart, et aurait, pour ainsi dire, abdiqué ses fonctions en
faveur de ses collègues. Il faut qu'il puisse invoquer ou
un acte formel d'opposition ou un cas de force majeure,
qui l'a mis dans l'impossibilité d'agir. Nous devons, au
reste, renvoyer encore, sur ce point particulier, aux règles générales que nous avons exposées dans le commentaire de l'art. 32, C. comm.

---

(1) Paris, 22 avril 1870 (S.74.2.469); Cass., 7 mai 1872 (S.72.1.423); *Dict. du
cont. comm.*, par Dutruc, vᵒ *Société*, n. 1260.
(2) Grenoble, 6 juill. 1875 (S.76.2.103).

ARTICLE 45.

Les dispositions des art. 13, 14, 15 et 16 de la présente loi sont applicables en matière de sociétés anonymes, sans distinction entre celles qui sont actuellement existantes et celles qui se constitueront sous l'empire de la présente loi. Les administrateurs qui, en l'absence d'inventaire ou au moyen d'inventaire frauduleux, auront opéré des dividendes fictifs, seront punis de la peine qui est prononcée dans ce cas par le n° 3 de l'art. 15 contre les gérants des sociétés en commandite.

Sont également applicables en matière de sociétés anonymes les dispositions des trois derniers paragraphes de l'art. 10.

SOMMAIRE.

770. Objet de cet article ; il rend commun à toutes les sociétés anonymes différentes dispositions écrites pour les sociétés en commandite.

770. La disposition formelle de la loi rend applicables aux sociétés anonymes les art. 13, 14, 15 et 16 ci-dessus, auxquels nous devons nous borner à renvoyer purement et simplement.

Le législateur ne fait aucune distinction entre les sociétés déjà existantes et celles qui se constitueront sous l'empire de la présente loi ; il met exactement sur la même ligne les sociétés en commandite par actions et les sociétés anonymes, quels que soient la date de leur formation et le régime auquel elles sont soumises.

Enfin le second paragraphe de l'art. 45 étend également aux sociétés anonymes les trois derniers paragraphes de l'art. 10 ci-dessus, écrits pour les sociétés en commandite par actions et que nous avons longuement expliqués, nous n'avons pas à y revenir ; mais il est à remarquer que ce paragraphe ne trouve aucune application dans les sociétés antérieures à la promulgation de la présente loi.

ARTICLE 46.

Les sociétés anonymes actuellement existantes continueront à être soumises, pendant toute leur durée, aux dispositions qui les régissent.

Elles pourront se transformer en sociétés anonymes dans les termes de la présente loi, en obtenant l'autorisation du Gouvernement et en observant les formes prescrites pour la modification de leurs statuts.

SOMMAIRE.

771. Le premier paragraphe de cet article rappelle un principe de droit commun, auquel la loi ne voulait, en aucune manière, porter atteinte ; et les sociétés anonymes existant au moment où la loi a été promulguée continueront, si elles le jugent à propos, à rester soumises aux dispositions du Code de commerce.

772. Cependant, si ces sociétés veulent profiter du régime nouveau et s'affranchir de la tutelle gouvernementale, qui dans une mesure fort restreinte, il est vrai, pèse encore sur elles, elles peuvent se transformer ; mais sous les deux conditions posées dans le second paragraphe de notre article ; 1° d'obtenir l'autorisation du Gouvernement ; 2° d'observer les formes prescrites pour la modification de leurs statuts. En d'autres termes, la transformation est assimilée d'une manière complète à une modification des statuts. La loi est très-explicite.

773. Une vive discussion s'est engagée devant le Corps législatif, pour savoir si les sociétés civiles pourraient profiter du second paragraphe de l'art. 46 ; ou, en d'autres termes, si ces sociétés pouvaient se former en sociétés anonymes. Nous ne reviendrons pas sur cette question, que nous avons déjà traitée dans le commentaire de l'art. 19, C. comm. (V. *suprà*, n°s 510 et suiv.); nous ne pouvons mettre en doute que toute société civile, à qui l'autorisation du Gouvernement a permis de se former en société anonyme, pourra profiter des dispositions de l'art. 46, et sauf ce qui est dit dans le titre V de la présente loi pour les tontines et les sociétés d'assurances.

774. Les sociétés anonymes étrangères soumises dans le pays où elles ont été créées, à l'autorisation gouvernementale, pourraient évidemment se constituer en société nouvelle française, en se soumettant à toutes les exigences de notre loi. Ce ne serait plus l'ancienne société étrangère venant procéder en France ; ce serait une société nouvelle organisée suivant le droit commun, qui, en matière de commerce, ne fait aucune distinction entre les nationaux et les étrangers (1).

Nous parlerons dans un chapitre spécial des sociétés étrangères procédant en France dans cette qualité ; nous ne pouvons qu'y renvoyer.

ARTICLE 47.

Les sociétés à responsabilité limitée pourront se convertir en sociétés anonymes dans les termes de la présente loi, en se conformant aux conditions stipulées pour la modification de leurs statuts.

Sont abrogés les art. 31, 37 et 40 du Code de commerce et la loi du 23 mai 1863 sur les sociétés à responsabilité limitée.

SOMMAIRE.

775. La loi n'a pas d'effet rétroactif en ce qui concerne les sociétés à responsabilité limitée.

776. Elles ne peuvent se transformer en sociétés anonymes que dans le cas où les statuts ont prévu et permis cette transformation.

---

(1) Mathieu et Bourguignat, n. 264.

775. Ce que l'art. 46 a fait pour les sociétés anonymes existantes au moment où la loi a été promulguée, l'art. 47 l'a fait également pour les sociétés à responsabilité limitée. Celles-ci comme les premières, et quoique l'art. 47 ne le dise pas, restent soumises de plein droit aux dispositions de la loi sous l'empire de laquelle elles se sont formées et qui n'est abrogée que pour l'avenir ; et elles peuvent, elles aussi, si elles veulent s'affranchir des entraves qu'elles trouvent dans la loi du 23 mai 1863, se convertir en sociétés anonymes, telles qu'elles existeront désormais sous l'empire de la loi nouvelle. On a voulu éloigner sur ce point toute possibilité de controverse.

776. L'art. 46, en parlant des anciennes sociétés anonymes, dit qu'elles doivent pour opérer leur conversion *observer les* FORMES PRESCRITES *pour la modification de leurs statuts ;* l'art. 47 dit que les sociétés à responsabilité limitée, doivent se conformer aux CONDITIONS *stipulées pour la modification de leurs statuts ;* M. Rivière conclut de cette différence dans la rédaction, que les sociétés à responsabilité limitée ne peuvent se convertir en sociétés anonymes qu'autant que la possibilité de cette transformation a été prévue et permise dans les statuts (1). Nous croyons que c'est ainsi que la loi doit être entendue, et en appliquant par analogie le principe posé par l'art. 19 ci-dessus. Il n'en pouvait être ainsi pour les sociétés anonymes anciennes, et elles ne pouvaient prévoir leur transformation.

---

(1) Rivière, n. 307.

La loi de 1863 ne permettant pas aux sociétés civiles d'adopter la forme de société à responsabilité limitée, aucune société civile ne pourra user de l'art. 47.

777. Dans la discussion au Corps législatif, on a demandé avec insistance quels droits d'enregistrement seraient dus en cas de conversions dans les cas prévus par les art. 19, 46 et 47. Cette question n'a pas semblé de nature à pouvoir être tranchée législativement à propos de la loi des sociétés, et les organes du Gouvernement et de la commission ont ajouté, du reste, que la solution n'en pouvait être douteuse : s'il y a purement et simplement changement de forme, ou, en d'autres termes, transformation, sans que des éléments nouveaux soient introduits dans le contrat; qu'il n'y ait pas société nouvelle ni quant aux personnes ni quant aux choses, il ne peut y avoir lieu à l'application d'un droit proportionnel; mais simplement d'un droit fixe, toujours très-faible en pareille matière (1).

778. Disons enfin que le second paragraphe de l'article 47 non-seulement abroge pour l'avenir la loi du 23 mai 1863 sur les sociétés à responsabilité limitée; mais également les art. 31, 37 et 40, C. comm., remplacés par les art. 21 et 22 de la présente loi. Toutefois, en ce qui concerne les trois articles précités du Code de commerce, la disposition de la loi est conçue peut-être en termes trop généraux, car ces articles restent applicables aux termes de l'art. 66 ci-après, aux tontines et aux sociétés d'assurances sur la vie.

------

(1) Séances du 3 et du 7 juin 1867.

TITRE III.

DISPOSITIONS PARTICULIÈRES AUX SOCIÉTÉS A CAPITAL VARIABLE.

ARTICLE 48.

Il peut être stipulé, dans les statuts de toute société, que le capital social sera susceptible d'augmentation par des versements successifs faits par les associés ou l'admission d'associés nouveaux, et de diminution par la reprise totale ou partielle des apports effectués.

Les sociétés dont les statuts contiendront la stipulation ci-dessus seront soumises, indépendamment des règles générales qui leur sont propres suivant leur formation spéciale, aux dispositions des articles suivants.

SOMMAIRE.

779. Caractère des dispositions contenues dans ce titre.
780. Elles sont générales et s'appliquent à toutes les sociétés ; règles particulières aux sociétés par actions.
781. Les sociétés anonymes peuvent se former à *capital variable*; division du capital en actions.
782. L'apport peut consister en travail, auquel correspondra une action.
783. L'apport du travail reste soumis à l'application de l'art. 4 ci-dessus.
784. Art. 34, C. comm.; la règle qui veut que les actions soient d'une valeur égale ne s'oppose pas aux versements ni aux retraits partiels ; et les bénéfices seront proportionnés aux sommes versées.
785. Enumération des diverses hypothèses prévues par l'art. 48 ; ces diverses clauses sont indépendantes l'une de l'autre, et toutes sont facultatives.
786. Transition à l'exposé des conditions particulières auxquelles sont soumises les sociétés à capital variable; sociétés par actions.

779. Les sociétés à *capital variable*, dont s'occupe le titre III, ont remplacé, dans la loi définitivement adoptée, *les sociétés coopératives*, dont nous avons déjà parlé et sur lesquelles nous n'avons pas à revenir (V. *suprà*, nos 366 et suiv.)

Dans notre droit et jusqu'à présent, si la loi laisse aux parties, dans le contrat de société, la liberté la plus entière pour régler les rapports qu'elles auront entre elles, il n'en est pas tout à fait de même dans les rapports entre la société et les tiers ; des précautions sont nécessaires et ont toujours été prises ; mais elles n'ont pu être limitées évidemment à une certaine classe de personnes ou à certains cas déterminés ; quels que soient les associés et quel que soit l'objet de la société, ou la précaution est inutile et elle ne doit pas être prise ; ou elle est nécessaire et elle le sera dans toute circonstance.

Dans notre organisation sociale, où le niveau a désormais passé sur toutes les têtes, la distinction de personnes est impossible, et elle serait funeste, si l'on pouvait la faire ; la distinction tirée de l'objet de la société ne se comprendrait peut-être pas et aurait cet immense danger ou d'être trop restreinte et de rendre inutile le bienfait de la forme nouvelle ; ou d'être trop large, et de permettre alors avec trop de facilité d'éluder la loi et de créer, par suite, des contestations et des procès.

Ces principes ne pouvaient être abandonnés, si le besoin se faisait sentir de créer une nouvelle forme de société pour répondre à des besoins qui venaient à se révéler ; c'est ce qu'a expliqué, en excellents termes, M. Mathieu dans son rapport au Corps législatif, en parlant des sociétés à capital variable : « Nous avons voulu, a-t-il dit, donner à la loi un caractère général ; en faire, en un mot, une loi de droit commun, applicable non-seulement aux sociétés de production, aux sociétés de crédit mutuel, aux sociétés de consommation, aux sociétés de construction, aux marchés ou entreprises, mais bien à tout ce qui pourrait être la matière de l'activité commerciale et industrielle. Nous avons voulu faire une loi qui ne s'appliquerait pas à telle ou telle classe de citoyens, aujourd'hui que les classes ont disparu, mais à tous ceux, quelles que fussent leur condition ou leur fortune, qui voudraient se servir de cet instrument nouveau, quand il aurait pris place dans nos Codes. »

780. Aucun doute ne peut donc exister sur le caractère des dispositions contenues dans l'art. 48, dont le texte, du reste, est aussi précis et aussi affirmatif que possible : « Il peut être stipulé, dit-il, dans les statuts de *toute société.....* » La stipulation que la société est fondée *à capital variable* pourra donc être adoptée : dans les sociétés en nom collectif ; dans les sociétés en commandite simple ou par actions ; dans les sociétés anonymes, et même dans les sociétés civiles.

La loi ainsi n'a pas voulu créer une société nouvelle, à proprement parler, distincte de toutes les autres ; elle a eu pour but seulement de permettre à toutes de stipuler, quand elles le jugeront à propos, une condition qui, jusqu'à présent, n'eût pas été permise, et cette modalité est purement facultative (1) ; mais quelle que soit la forme spéciale sous laquelle une société sera constituée, si elle stipule l'une des clauses dont le premier paragraphe de l'art. 48 donne l'énumération, elle sera soumise aux dispositions des art. 49 et suiv. Cette règle est également générale. Toutefois, l'art. 50, que nous verrons tout à l'heure, ne trouvera d'application que dans les sociétés qui auront voulu se constituer par actions ; évidemment, si l'art. 50 énonce les conditions auxquelles l'action sera soumise, c'est pour le cas où des actions seront créées, et non pour abroger l'art. 48 qui le précède et en restreindre les dispositions aux seules sociétés par actions, en excluant toute autre (2).

Ainsi les sociétés à capital variable seront régies par

---

(1) Mathieu et Bourguignat, n. 270 et 275 ; Vavasseur, n. 400 ; 2° édit., n. 983 ; Rivière, n. 345.

(2) Vavasseur, n. 484 et s. ; 2° édit., n. 984 et s.

les règles générales qui leur sont propres, suivant la
forme qu'elles ont adoptée; et en outre, par les dispositions spéciales du titre III de notre loi, qui viennent s'a-
jouter aux règles générales et quelquefois les modifier :
quand elles sont contradictoires et inconciliables, c'est
évidemment la règle spéciale qui doit l'emporter et être
suivie de préférence à la règle générale à laquelle elle a
pu déroger, et qu'en ce cas elle abroge de plein droit.

781. Dans la discussion de la loi au Corps législatif,
quelques députés ont exprimé la crainte que la règle,
telle que nous venons de l'établir, reçût exception en ce
qui concerne les sociétés anonymes et que celles-ci ne
pussent se former à capital variable. Cette crainte était
sans fondement. Nous ne reviendrons pas sur ce que
nous avons dit plus haut, en ce qui concerne la forme
des actions et les conditions dans lesquelles le droit
commun a toujours permis et permet encore aux sociétés par actions de se former. Nous ne pouvons qu'y
renvoyer (V. *suprà*, sous l'art. 21, n°⁸ 728 et s.). Nous
nous contenterons d'ajouter quelques mots relatifs à des
questions qui touchent plus particulièrement aux sociétés
à capital variable.

Pour celles-ci spécialement, M. Garnier-Pagès demandait qu'on écrivît dans la loi, que toutes les fois que ces
sociétés prendraient la forme anonyme, elles ne seraient
plus soumises aux prescriptions de l'art. 34, C. comm.,
et M. Marie formulait le même vœu dans la séance du
lendemain ; ce n'était qu'à cette condition que les sociétés à capital variable, selon ces honorables députés,
pouvaient adopter la forme de société anonyme (1).

On ne peut fonder une société où l'on ne trouverait ni

---

(1) Séances du 7 et du 8 juin 1867.

responsabilité personnelle, ni responsabilité d'un capital; qui ne serait ni une société de personnes, ni une société de capitaux; ainsi que l'a dit M. Quesné : « Nous voulons qu'on se trouve en face de quelqu'un ou de quelque chose (1) : » tout le monde est d'accord sur ce point.

La société anonyme est essentiellement une société de capitaux, en ce sens que les personnes qui en font partie ne peuvent être tenues au delà de la mise qu'elles se sont engagées à fournir et seulement dans cette limite : en retour de cette mise qu'elles ont versée ou se sont engagées à verser, elles ont stipulé certains avantages qui y correspondent et pour la fixation desquels la loi laisse une liberté complète, n'ayant d'autre limite que la convention léonine.

Quel que soit le nom donné à l'engagement pris par l'actionnaire; qu'il s'appelle une action représentant plus particulièrement le versement effectué ou promis; qu'il s'appelle part d'intérêts, représentant les avantages correspondant à la mise, la chose est la même, le nom seul est changé.

« Alors, a dit M. Rouher, ministre d'État, vous avez des actions; vous ne voulez pas prononcer le mot, vous y mettez une sorte de pudeur, mais vous avez des actions par cela seul que vous avez souscrit une portion de capital. Peu m'importe que vous délivriez ce papier à vignettes plus ou moins trompeur et qui a créé souvent de bien grandes illusions qu'on appelle action; ce n'est pas là qu'est l'action : l'action, elle est dans l'engagement; elle est dans l'acte social qui décide que le capital est divisé en tant de parts, et que chaque individu est responsable de cette part.

_____

(1) Séance du 8 juin 1867.

« L'action existe, soit qu'il y ait des titres distincts divisés, soit que l'engagement reste déposé dans le contrat social; peu importe. Le mot action, il est la désignation de l'engagement contracté et la quotité de cet engagement, afin qu'on puisse rechercher le souscripteur. »

782. Ce fait éclairci, et au point de vue plus spécial des sociétés de coopération, on a demandé si l'ouvrier, qui n'a que ses bras, que son travail, peut faire partie d'une société anonyme. Aucun doute n'existe à cet égard ; il peut très-bien y entrer comme actionnaire ; son apport sera un apport de travail auquel correspondra une ou plusieurs actions.

« Vous pouvez parfaitement, disait M. Rouher, ministre d'État, à la tribune du Corps législatif, faire une société anonyme par actions ; dire que dans cette société anonyme par actions, les actionnaires auront telle part de bénéfices ; qu'il y aura des collaborateurs, des coopérateurs qui y apporteront leur travail, et que par leur travail ils recevront une part déterminée dans les bénéfices. La liberté des conventions est entière sous ce rapport, je l'ai déjà dit ; elle ne rencontre aujourd'hui d'obstacles que dans le caractère léonin qui pourrait la restreindre dans la répartition des bénéfices ; mais vous pouvez parfaitement faire la part des collaborateurs.

« Cela est si vrai que, si mes souvenirs sont exacts, il y a une société qui a été constituée récemment, la société des imprimeurs ; cette société, qui est de 600 membres, a fait monter une imprimerie qui a reçu des divers ouvriers typographes son capital social. Eh bien ! cette imprimerie ne pourra employer les 600 ouvriers membres de la société, elle ne pourra en occuper que de 50 à 100 ; les autres, qui continueront à travailler dans les autres imprimeries, recevront leur dividende comme actionnaires, et ceux qui seront à la fois ouvriers et actionnaires dans la société auront, outre leur salaire, une part des bénéfices déterminée par les statuts.

« J'ai eu ces statuts sous les yeux ; je les ai eus entre les mains, et il n'y a pas de difficulté dans la loi relativement à ces conventions. »

783. Aucune difficulté de principe n'existe donc ; aucune impossibilité d'exécution ; mais, ainsi que le faisait observer M. Ollivier, pour compléter la réponse de M. Rouher : « alors devra s'appliquer la règle sur l'apport qui n'est pas en numéraire, et en vertu de laquelle la valeur réelle de l'apport doit être déterminée par une assemblée d'actionnaires. De telle sorte que, pour que dans une société anonyme, un ouvrier qui n'apporte pas de capital, qui n'apporte que son travail, puisse être actionnaire, il faudra qu'il se soumette à cette appréciation d'une assemblée d'actionnaires qui, pesant la valeur de ses bras, la valeur de son intelligence, déterminera pour combien elle peut être admise dans une société anonyme. Cela sera très-difficile à faire, d'abord parce qu'en soi une telle appréciation n'est pas commode, et ensuite l'objet à apprécier change constamment de valeur. Il est évident que le travail de l'ouvrier augmente ou diminue suivant que se produisent en lui un certain nombre de circonstances morales, accidentelles, imprévues. Par suite, cette appréciation devra être soumise à des révisions perpétuelles. A mon sens, c'est là l'obstacle sérieux.

Cet obstacle, cependant, est loin d'être insurmontable, et ne résulte, du reste, que de l'application pure et simple du droit commun ; mais il devra appeler l'attention particulière des associés.

784. Arrivant à l'art. 34, C. comm., dont on demandait l'abrogation, M. Rouher disait encore :

« Les actions, aux termes de l'art. 34, seront divisées par parts égales.

« Cela veut-il dire que dans l'intérieur de la société, les retraits partiels, — je ne parle que d'eux quant à présent, — les retraits partiels du capital versé changeront la situation ? Pas le moins du monde.

« Vous aurez fait une opération initiale qui aura divisé le capital social en autant d'actions que de chiffres de 50 fr.; chacun des sociétaires aura versé 5 fr.; l'action sera constituée, elle sera délivrable. Les sociétaires verseront ensuite 25, 30, 40 fr.; puis ils retireront une portion de cette somme : l'action initiale sera toujours de 50 fr. Mais, comme les versements pourront être variables aux termes de l'art. 48, les parts de bénéfices seront variables elles-mêmes. L'action ne correspond pas, nécessairement et fatalement, à une division des bénéfices correspondante. Le Code de commerce ne dit pas un mot de cela. Il dit bien qu'initialement on divisera les actions en portions égales ; mais il ne règle pas le mode de partage des bénéfices. Ce partage peut être incessamment variable ; les travailleurs, les coopérateurs peuvent avoir des bénéfices sans avoir versé un centime ; de même pour les fondateurs de la société.

« Ainsi il n'y a qu'une limite au mode de répartition des bénéfices d'une société, c'est la limite déterminée par le Code civil qui concerne les sociétés léonines. Mais nous n'en sommes pas là ; ne nous en occupons pas.

« Ainsi ne croyez pas que l'art. 34 gêne l'art. 48. L'art. 34 fixe la division du capital en actions égales ; et, ces actions ainsi constituées, elles sont la garantie des tiers, car si ces actions n'étaient pas libérées, les tiers pourraient rechercher les porteurs et les obliger à verser les sommes nécessaires pour désintéresser les engagements sociaux.

« Mais, dans cette division par actions, vous n'apercevez, à aucun degré, le mode de partage des bénéfices.

« Ainsi, un ouvrier aura versé 25 fr. : il prendra son bénéfice pour la part proportionnelle à son versement ; un autre aura versé 5 fr. : il prendra une part proportionnelle à ce versement ; un autre enfin aura versé 50 fr. : il prendra également une part proportionnelle à ce versement de 50 fr.

« Vous voyez donc bien que la division initiale n'influe nullement sur les retraits partiels ; que ces retraits servent seulement à fixer la répartition des bénéfices sociaux.

« Donc l'art. 34 ne gêne pas l'art. 48. »

Les difficultés que quelques députés avaient cru apercevoir à ce que les sociétés anonymes fussent créées à capital variable n'existent donc pas, et la règle générale posée par l'art. 48 n'est limitée par aucune exception (1).

785. Il est nécessaire de faire remarquer que la stipulation nouvelle introduite dans le droit commun des sociétés, embrasse plusieurs hypothèses. La loi autorise, soit l'augmentation du capital social par des versements successifs faits par les associés fondateurs de la société, soit l'augmentation par l'admission d'associés nouveaux venant ajouter leurs mises aux mises des associés anciens ; soit la diminution, au contraire, de ce même capital social ; soit par la reprise ou d'une partie seulement, ou de la totalité des apports effectués, et sauf ce qui est dit à l'art. 51 ci-après.

---

(1) Mathieu et Bourguignat, n. 272.

Ces diverses clauses sont complétement indépendantes
l'une de l'autre ; le texte et l'esprit de la loi s'opposent
de la manière la plus expresse à ce qu'elles soient considérées comme indivisibles. Les sociétés prendront
parmi ces clauses l'une seulement ou plusieurs, ainsi
qu'elles le jugeront à propos, et pourront décider, par
exemple, que le capital sera susceptible d'augmentation
et non de diminution ; ou que les reprises pourront être
totales, tandis que les reprises partielles ne seront pas
autorisées. Tout est laissé à l'entière liberté des parties.

On peut donc s'étonner que M. Emile Ollivier ait été
contraint de répondre à M. Marie que la reprise partielle,
particulièrement, n'est écrite dans la loi qu'à l'état de
faculté ; et que si elle est pleine, en effet, d'inconvénients graves et sérieux, les fondateurs de la société qui
partageront cet avis, seront parfaitement libres de ne pas
l'écrire dans les statuts, et de décider que la reprise totale
seule pourra avoir lieu (1) ; ou d'exclure même, nous le
répétons, la faculté de diminution pour n'y conserver
que la faculté d'accroissement (2); ou enfin de soumettre
à certaines conditions déterminées par les statuts l'exercice du droit de reprise accordé aux associés.

786. Il nous reste à faire connaître et à examiner
quelles sont les dispositions spéciales écrites dans l'intérêt des tiers, auxquelles doit se soumettre toute société
qui a modifié par la clause d'augmentation ou de diminution facultative de son capital les règles de droit
commun applicables à la forme particulière qu'elle a
été libre, du reste, nous ne saurions trop le répéter, de
choisir,

---

(1) Séance du Corps législatif du 8 juin 1867.
(2) *Contrà*, Lyon, 12 janv. 1872 (J.P.73, p. 320).

Ces dispositions spéciales sont contenues dans les articles 49 et suiv. que nous allons voir ; et puisque les statuts de *toute* société peuvent contenir la clause qui rendra le capital variable, il a fallu que la loi, dans les dispositions dont il s'agit, tînt compte de cette circonstance que, parmi les sociétés à capital variable, les unes seraient constituées par actions et les autres sans actions. Ces dispositions devaient donc être de deux sortes : les unes s'appliquant exclusivement aux sociétés par actions, les autres s'appliquant à toute association à capital variable, quelles que soient sa forme et la division de son capital. Nous aurons soin de préciser les unes et les autres à mesure qu'elles se présenteront ; mais nous constaterons en même temps quelquefois que la loi aurait pu, sur ce point, être plus explicite et plus claire.

ARTICLE 49.

Le capital social ne pourra être porté par les statuts constitutifs de la société au-dessus de la somme de deux cent mille francs.

Il pourra être augmenté par des délibérations de l'assemblée générale, prises d'année en année ; chacune des augmentations ne pourra être supérieure à deux cent mille francs.

SOMMAIRE.

787. La limitation du capital social à 200,000 fr. est spéciale aux sociétés par actions ; minimum auquel il peut descendre.
788. Le capital peut être augmenté dans le cours de la société.

787. La première question que l'art. 49 donne à résoudre, c'est de savoir si la limitation du capital à 200,000 fr. est nécessairement corrélative à la division de ce capital en actions, et cesse d'être obligatoire dans tous les autres cas. MM. Mathieu et Bourguignat, et M. Rivière se prononcent pour l'affirmative (1). M. Vavasseur soutient l'opinion contraire (2).

A ne prendre que le texte, et c'est le texte qui est obligatoire, on n'aperçoit aucune limitation ; et la disposition paraît être générale et commune à toutes les sociétés qui stipuleront leur capital variable dans les termes de l'art. 48. MM. Mathieu et Bourguignat cependant disent que la discussion fournit à chaque page la preuve que la limitation du capital n'est établie que pour celles des sociétés qui sont constituées par actions ; qu'elle n'est utile que dans ce cas ; que c'est ainsi que l'article a été expliqué au Corps législatif par MM. Marie, le ministre du commerce et le rapporteur.

Ces raisons ne nous sembleraient pas péremptoires en présence du texte du premier paragraphe de notre article ; mais on ne peut le séparer du paragraphe qui le suit et où il est dit que ce capital pourra être augmenté d'année en année, par *des délibérations de l'*ASSEMBLÉE GÉNÉRALE ; or, ce n'est que dans les sociétés par actions que l'expression d'assemblée générale est employée pour désigner la réunion de tous les associés : une rédaction plus précise eût toutefois été préférable.

Nous n'avons pas besoin de dire que la limitation est pour le maximum, qui ne peut être dépassé : quant au mininum, il n'est déterminé que pour les sociétés anonymes.

Pour les sociétés anonymes, en effet, l'art. 23 ci-dessus exige qu'il y ait sept associés au moins ; et l'art. 50 ci-après, que chacun d'eux ait souscrit une action de 50 francs, sur lesquels un dixième au moins aura été

---

(1) Mathieu et Bourguignat, n. 277 ; Rivière, n. 327.
(2) Vavasseur, n. 403 ; 2e édit., n. 988.

versé. La société sera donc légalement constituée si elle a un capital souscrit de 350 francs sur lequel 35 francs auront été versés.

Pour les sociétés en commandite, le nombre des associés peut être même inférieur à sept (*suprà*, n° 658).

788. La limitation du capital à 200,000 francs amènera, [dans quelques cas exceptionnels, une gêne sans doute ; cet inconvénient se trouve amoindri par la disposition du second paragraphe, qui permet à l'assemblée générale convoquée et délibérant, conformément aux statuts, d'augmenter le capital primitif d'année en année d'une somme qui ne pourra être supérieure toutefois à ce même chiffre de 200,000 francs.

Ces augmentations successives ne sauraient être votées à l'avance ; c'est chaque année, et pour l'exercice suivant, que l'assemblée générale ordinaire déterminera la somme nouvelle à demander ; mais elle ne pourra le faire, bien entendu, conformément aux principes généraux, que dans le cas où les statuts ont prévu et permis cette augmentation.

ARTICLE 50.

Les actions ou coupons d'actions seront nominatifs, même après leur entière libération ; ils ne pourront être inférieurs à cinquante francs.

Ils ne seront négociables qu'après la constitution définitive de la société.

La négociation ne pourra avoir lieu que par voie de transfert sur les registres de la société, et les statuts pourront donner, soit au conseil d'administration, soit à l'assemblée générale, le droit de s'opposer au transfert.

SOMMAIRE.

789. L'art. 50, spécial aux sociétés par actions, établit plusieurs modifications aux règles générales existant en semblable matière. Dans les sociétés à capital variable :

1° La valeur des actions ou coupons d'actions pourra descendre jusqu'à *cinquante francs* ;

2° Les actions, même après leur entière libération, resteront *nécessairement nominatives* ;

3° Après la constitution définitive de la société, qui aura lieu, aux termes de l'art. 51, lorsque le dixième seulement du capital souscrit aura été versé, les actions *ne seront négociables que par voie de transfert* sur les registres de la société, et les statuts pourront donner, soit au conseil d'administration, soit à l'assemblée générale, *le droit de s'opposer au transfert* : elles ne peuvent donc être créées ni au porteur, ni à ordre.

790. Le taux des actions ou coupons d'actions des sociétés à capital variable peut descendre jusqu'au chiffre de cinquante francs; et il n'est pas douteux que la disposition de la loi relative à ce minimum est absolue et peut être invoquée dans tous les cas, sans tenir aucun compte de la somme à laquelle serait porté le capital social, soit au moment où la société est formée, soit par suite d'augmentations votées conformément à l'art. 49 ci-dessus. Les craintes manifestées par quelques députés qu'une autre interprétation pût être donnée au texte, n'avaient aucun fondement (1).

791. La disposition de la loi qui permet, soit au conseil d'administration, lequel n'existe que dans les sociétés anonymes, soit à l'assemblée générale dans les sociétés en commandite et à l'exclusion du gérant ou du conseil de surveillance, de s'opposer au transfert, ou, en d'autres termes, de s'opposer à ce qu'un associé puisse céder l'action ou les actions dont il reste ainsi propriétaire malgré lui, est contraire à la pratique générale des sociétés par actions ; nous avons dit cependant, sous l'art. 21 ci-dessus, qu'une semblable stipulation était parfaitement licite, puisqu'elle n'est qu'un retour au droit commun (*suprà*, nº 729). On a cru utile, pour donner satisfaction à certaines réclamations, de consacrer cette doctrine par un texte. C'est du reste, avec raison, qu'on a pensé qu'il pouvait être de l'intérêt de quelques associations ouvrières d'être des associations de personnes plutôt que des associations de capitaux, quoique constituées par actions. Toutefois, en présence de la règle rappelée par nous et suivie presque toujours dans les sociétés par actions, il faut dire que l'incessibilité, même dans les sociétés à capital variable, ne forme pas le droit commun ; pour être obligatoire, elle doit être écrite dans les statuts ; ou la pratique qui a établi une présomption contraire, en semblable circonstance, serait suivie.

Le droit d'opposition existe, au reste, pour le transfert résultant non-seulement de la *négociation*, mais de toute autre aliénation volontaire effectuée, même suivant les formes prescrites par le droit civil (2).

---

(1) Mathieu et Bourguignat, n. 286.
(2) *Contrà*, Rivière, n. 335.

792. Il faut joindre à l'art. 50, pour le compléter, le troisième paragraphe de l'article suivant, portant que « la « société ne sera définitivement constituée qu'après le « versement du *dixième*. »

La loi, en ne demandant que le versement d'un dixième, déroge en faveur des sociétés à capital variable, aux prescriptions de l'art. 1er ci-dessus sur deux points : ce texte n'exige que le dixième au lieu du quart ; et, en outre, ne dit pas, comme l'art. 1er, que le quart de chaque souscription devra être versé par chaque actionnaire, mais bien simplement que le dixième du capital social devra être réalisé et exister dans la caisse sociale, comme garantie pour les tiers, ainsi que l'exige également l'article 51, et non plus comme un empêchement à l'agiotage que l'on ne peut craindre dans les sociétés à capital variable. Cette interprétation doit être acceptée comme plus favorable : dans les sociétés coopératives, dit avec raison M. Vavasseur, tous les souscripteurs peuvent n'être pas en état de verser immédiatement ni le quart, ni le dixième même de leur souscription ; les plus fortunés pourront verser davantage en attendant les autres, afin d'arriver plus tôt à la constitution définitive de la société. Il faut dire aussi que la société peut n'être point par actions (1).

793. Sur cette disposition, M. de Forcade-Laroquette, ministre du commerce, disait au Corps législatif :

« Une société coopérative peut exister entre les associés avant d'exister à l'égard des tiers ; elle constitue alors une sorte de société *sui generis*, ayant pour objet de recueillir les épargnes de chacun pendant quelques mois, de constituer, au moyen de versements de 10, de 15, de

---

(1) Vavasseur, n. 406 ; 2e édit., n. 989.

20 centimes, la somme de 5 francs, nécessaire pour la constitution à l'égard des tiers.

«Vous pouvez prendre tout le temps que vous voudrez, des semaines, des mois, des années, et former une société qui n'existe pas encore à l'égard des tiers, mais qui existe entre les associés. Une convention est parfaitement licite entre trente, quarante et cinquante personnes, qui a pour objet de recueillir des souscriptions volontaires et de constituer entre ces personnes une sorte de caisse d'épargne; chacun y met ses économies de la semaine : 20 centimes, 50 centimes, le salaire le plus modeste; les sommes varient, les unes étaient très-minimes, les autres étaient plus fortes jusqu'au moment où on a constitué un petit capital. Nous ne demandons que 35 fr.; alors la société commence à exister à l'égard des tiers et peut engager des opérations au dehors.

« Est-ce une hypothèse que je viens de faire? Non, messieurs, c'est la réalité des faits. Descendez dans l'organisation, dans le mécanisme originaire des sociétés coopératives, et vous allez voir que ce n'est pas une hypothèse; c'est la réalité, c'est ainsi que les choses se sont passées. »

C'est ainsi que les choses se sont passées particulièrement parmi les pionniers de Rochdale, si souvent cités, comme le rappelait M. de Forcade-Laroquette.

« Voulez-vous, disait encore M. le ministre du commerce, des facilités plus grandes? Trouvez-vous que le versement de 5 francs soit trop élevé? Voulez-vous que la société existe à l'égard des tiers, même lorsqu'on ne peut faire des versements que de 15, 20, 30 centimes? Vous le pouvez : vous n'avez qu'à prendre la société en commandite sans actions. Avec la société en commandite sans actions, il n'y a pas de limites. Pourquoi? parce que ce n'est pas une société de capitaux.

« Il y a un gérant responsable qui est tenu de tous les engagements de la société ; il y a une personne engagée pour la dette sociale. Cela est ainsi dans la société en commandite sans actions. J'admets que le gérant, si l'on choisit cette forme de société, si les commanditaires y voient des avantages, — ce que je ne crois pas, quant à moi, — j'admets que le gérant d'une société en commandite sans actions pourra dire que la commandite, qui sera d'une somme que les statuts pourront fixer à 30, 40 et 50 francs, plus ou moins, sera versée successivement par petits appoints variant de 10, 20 centimes jusqu'à 5, 10, 15, 20 francs ?

« Il n'y a aucun obstacle légal. Du moment où, vis-à-vis des tiers, il y a un gérant responsable et engagé, les statuts peuvent autoriser les commanditaires à prendre vis-à-vis du gérant la situation qui leur convient. La législation actuelle ne s'y oppose pas. Je ne crois pas ce système bon, mais les principes du droit commun ne s'y opposent pas » (1).

794. Ces explications, parfaitement satisfaisantes pour repousser les reproches essayés contre le système de la loi, peuvent être très-utiles à consulter pour son application, et nous n'avons rien à y ajouter au point de vue purement économique ; mais si l'économiste est pleinement satisfait, peut-être y a-t-il nécessité d'ajouter quelque chose au point de vue du jurisconsulte. Ainsi, dans une espèce, divers individus, après s'être engagés à contribuer à la formation du capital nécessaire pour la constitution d'une société ayant pour objet la fabrication et la vente des malles, coffres et articles d'emballage, avaient cessé leurs versements ; ils demandaient à être déchar-

_____

(1) Séance du 8 juin 1867.

gés de l'engagement qu'ils avaient pris par suite de la dissolution qui aurait été prononcée de la société qu'ils croyaient exister entre eux, et subsidiairement à être exonérés au moins de toute obligation pour l'avenir, en abandonnant ce qu'ils avaient versé.

Cette prétention, repoussée en première instance par le tribunal de commerce, a été définitivement rejetée par la Cour impériale de Lyon.

« Considérant, dit l'arrêt, que tout engagement librement et légalement formé tient lieu de loi entre les parties qui l'ont contracté ;

« Qu'on ne produit, dans l'espèce, ni fait ni moyen capables d'infirmer celui qui lie les appelants ;

« Considérant qu'il ne s'agit pas, dans la cause, d'une société existante, mais de l'engagement de payer à des époques périodiques certaines sommes destinées à constituer le fonds d'une société future ;

« Qu'ainsi l'art. 1871 du Cod. civ. n'est pas applicable à la cause ; que, le fût-il, on ne trouverait pas dans l'espèce les justes motifs exigés par cet article pour autoriser la dissolution d'une société ;

« Adoptant, au surplus, les motifs des premiers juges ;

« Sans qu'il soit besoin de statuer sur les fins de non-recevoir d'appel, confirme le jugement dont est appel ; ordonne qu'il sortira son plein et entier effet ; les appelants condamnés à l'amende et aux dépens (1). »

Dans l'intérêt des sociétés coopératives, il est bon que les adhérents à des projets d'associations de ce genre se rendent bien compte de la portée de leurs engagements et ne croient pas être autorisés à se dispenser, à leur

---

(1) Lyon, 17 août 1867 (*Gaz. des Trib.*, 22 nov. 1867).

gré, de verser intégralement la part de capital promise
par eux, même en faisant l'abandon des premiers versements qu'ils ont effectués. Ils sont sous l'empire du
droit commun, et du droit commun en matière d'obligations conventionnelles, et non en matière de société. Il
n'est pas douteux, par suite, qu'ils ne puissent librement
stipuler toute modification à l'engagement qu'ils ont pris
et en limiter l'étendue ; mais, à défaut de stipulation restrictive, ils sont tenus d'accomplir tout entier l'engagement qu'ils ont souscrit.

ARTICLE 51.

Les statuts détermineront une somme au-dessous de laquelle le
capital ne pourra être réduit par les reprises des apports autorisées par
l'art. 48.

Cette somme ne pourra être inférieure au dixième du capital social.

La société ne sera définitivement constituée qu'après le versement du
dixième.

SOMMAIRE.

795. La disposition de cet article est d'ordre public ; inconvénients attachés
au droit de reprise que la loi permet de stipuler.
796. Constitution définitive de la société ; renvoi.

795. Du moment que les sociétés à capital variable
étaient fondées, il en résultait de toute nécessité que cette
stipulation amènerait l'amoindrissement possible, au
cours de la société, du capital qu'elle avait offert aux
tiers comme garantie ; et, par suite, la diminution de son
crédit, des embarras, l'impossibilité même, dans certaines circonstances, de continuer l'exploitation à laquelle elle s'était livrée : ces embarras pouvaient être tels
qu'il en résultât même la ruine de la société. Ceci est de
toute évidence. Mais nul n'est obligé de fonder une société à capital variable ou d'y entrer ; nul aussi n'est

obligé d'avoir foi en elle et de lui faire crédit. Usera qui voudra de la faculté qu'a donnée la loi et il en usera à ses risques et périls.

Il ne faut pas oublier, en outre, que les statuts peuvent ne pas autoriser les reprises que permet l'art. 48 ci-dessus ; en limiter le chiffre ; les soumettre à certaines conditions : à défaut de toute autre limite, l'art. 51 déclare que la somme au-dessous de laquelle ne pourra être réduit le capital social ne sera jamais inférieure au dixième de ce capital.

Cette disposition est d'ordre public et il ne peut y être dérogé dans aucun cas : c'est la garantie des tiers. Mais on ne doit pas se dissimuler que cette garantie est très-faible ; qu'elle l'est également pour assurer aux associés que l'exploitation ne se trouvera pas tout à coup, à leur grand préjudice, entravée ou arrêtée, ainsi que nous l'avons dit tout à l'heure.

Les sociétés coopératives ne sauraient donc donner une trop grande attention à régler la faculté que leur donne la loi et à n'user du droit de reprise qu'avec une réserve extrême.

Nous allons trouver dans l'art. 52 l'occasion de rappeler que le droit de reprise ne peut jamais être exercé en dehors des conditions fixées par les statuts ou de manière à réduire le capital social à une somme inférieure au dixième du capital social.

796. Nous avons expliqué plus haut le troisième paragraphe de notre article (*suprà*, n° 792).

ARTICLE 52.

Chaque associé pourra se retirer de la société lorsqu'il le jugera convenable, à moins de conventions contraires et sauf l'application du § 1er de l'article précédent.

Il pourra être stipulé que l'assemblée générale aura le droit de décider, à la majorité fixée pour la modification des statuts, que l'un ou plusieurs des associés cesseront de faire partie de la société.

L'associé qui cessera de faire partie de la société, soit par l'effet de sa volonté, soit par suite de décision de l'assemblée générale, restera tenu, pendant cinq ans, envers les associés et envers les tiers, de toutes les obligations existant au moment de sa retraite.

797. Les sociétés réglées par le titre III de notre loi sont non-seulement à capital, mais à *personnel variable*. C'est la disposition de l'art. 52. Chaque associé peut se retirer ; et, d'un autre côté, il peut être exclu. Au droit de l'associé contre la société correspond le droit de la société contre lui.

La loi en parlant d'*assemblée générale* paraît limiter l'application de cet article aux sociétés par actions.

Le droit de l'associé est entier et péremptoire ; il suffit qu'il juge convenable d'en user. Il rencontre, cependant, deux limitations : 1° les conventions contraires qui existeraient dans les statuts ; 2° l'application des deux premiers paragraphes de l'article précédent, qui ne permettent pas, dans aucun cas, que le capital social soit réduit au-dessous de la limite qu'ils déterminent.

Le droit de la société contre un associé qu'elle veut exclure est soumis aux mêmes limitations.

L'associé qui se retire ou qui est exclu emporte nécessairement le montant de sa mise sociale ; d'un autre
côté, il va de soi que l'associé qui opère la reprise du
montant total de son apport cesse de faire partie de la
société ; c'est le même fait exprimé sous deux formes.

Si l'apport de l'associé qui se retire ou est exclu est
immédiatement remplacé par l'apport d'un nouvel associé, la difficulté résultant de l'abaissement au-dessous
du minimum du capital social disparaît ; il suffirait même
que les anciens associés consentissent à augmenter leurs
mises dans la proportion nécessaire pour maintenir le
capital au taux réglementaire ou légal.

Les héritiers mêmes d'un associé décédé ne pourraient
retirer la mise de leur auteur en dehors des conditions
fixées par l'art. 51. La loi est absolue.

Il n'y a point à distinguer si c'est par suite de reprises
antérieures ou par suite de pertes subies par la société
que le capital est arrivé au minimum réglementaire. La
loi ne distingue pas (1).

Il va de soi que ce capital ainsi réduit ne pourrait être
entamé par le paiement d'aucun dividende, fût-il même
déguisé sous le nom d'intérêts ; pour ce cas particulier,
tout le monde est d'accord et convient que le paiement
de ces prétendus intérêts n'est autre chose que la reprise
par les associés, dans une certaine mesure, des apports
par eux effectués (2).

798. Le droit de la société de décider que l'un ou
plusieurs des associés cesseront de faire partie de la société ne peut résulter, ainsi que le droit de chaque associé de se retirer, que d'une clause des statuts.

---

(1) Mathieu et Bourguignat, n. 298.
(2) Mathieu et Bourguignat, n. 297.

« Une semblable stipulation, est-il dit dans l'exposé des motifs, se trouve dans beaucoup de statuts, et elle est considérée comme très-utile pour le maintien de l'ordre dans l'intérieur des sociétés de coopération. Il est certain que, jusqu'à ce moment, on n'en a point abusé et qu'elle a toujours été appliquée avec intelligence et modération. Ceux à qui elle inspirerait de l'inquiétude ou de la défiance, ou la feront rejeter des statuts, ou n'entreront pas dans la société. »

Le droit de la société ne peut être exercé que par l'assemblée générale, et l'exclusion prononcée qu'à la majorité fixée pour la modification des statuts. Ces conditions semblent rassurantes contre tout abus.

799. Toutefois, il n'était pas possible que par sa retraite, dit encore l'exposé des motifs, un associé pût se soustraire aux engagements qu'il aurait contractés par des stipulations expresses, ou qui seraient la conséquence de la qualité d'associé temporairement attachée à sa personne. Il sera libre pour l'avenir, par le seul effet de sa volonté ; mais sa volonté ne le dégagera point des obligations qu'il aura contractées formellement ou tacitement. C'est la disposition formelle du troisième paragraphe, et en le disant, l'art. 52 ne fait qu'énoncer, un peu surabondamment peut-être, une vérité certaine.

800. M. Ernest Picard a demandé si la loi, dans la pensée de la commission, réserverait l'application des art. 1869 et 1870, C. civ. « Si l'honorable M. Ernest Picard, a répondu M. Mathieu, rapporteur, demande à la commission son sentiment sur l'hypothèse où plusieurs associés, par une sorte de coalition, c'est-à-dire par une fraude véritable, pour jeter la société dans les embarras; par une fraude, le mot dit tout, se retireraient dans des conditions inopportunes, la commission répond que la

fraude fait exception à toutes les règles et qu'il pourrait
y avoir dans ce cas, pour les tribunaux, si la question
leur était soumise, lieu d'appliquer, en effet, les principes du droit commun » (1).

Ce que la loi a voulu dire, c'est que la faculté de quitter la société accordée à tout associé par l'art. 1869, C.
civ., quand il s'agit de sociétés dont la durée est illimitée, existerait dans tous les cas si la société est à capital
variable ; mais sous les conditions déterminées par l'article 1870, C. civ., qui exige que la renonciation soit faite
de bonne foi et non à contre-temps (*suprà*, n° 487). Toutefois, cet article devra, dans l'esprit de la loi, être largement interprété en faveur des associés qui voudront
quitter la société (2).

Il faut ne point perdre de vue, en outre, que l'art. 52
n'accorde la faculté de se déporter que sous la réserve *de
conventions contraires*, qui pourront être écrites dans les
statuts. Ces conventions peuvent également ou refuser
d'une manière absolue le droit de se déporter, ou le soumettre à toute condition qui préviendrait l'abus qu'il serait possible d'en faire.

801. Le pouvoir de l'assemblée pour exclure un associé doit également avoir été stipulé dans les statuts ; il
n'existe pas de plein droit. Il n'est soumis à aucune restriction ; et la décision ne pourrait être attaquée devant
les tribunaux. Il semble naturel qu'elle ne soit pas moti-
vée. Les statuts, en créant ce droit, peuvent également
le limiter et le soumettre aux conditions qui paraîtraient
les meilleures pour protéger les associés. Dans cette hypothèse, l'associé exclu en dehors des conditions écrites

---

(1) Séance du 11 juin 1867.
(2) Vavasseur, n. 407 ; 2e édit., n. 990.

dans les statuts, pourrait en appeler, sur ce point spécial, aux tribunaux ; mais dans tout autre cas, en admettant même une ligue formée pour exclure sans motifs légitimes, un associé, il faut décider que le droit de l'assemblée est péremptoire (1).

ARTICLE 53.

La société, quelle que soit sa forme, sera valablement représentée en
justice par ses administrateurs.

SOMMAIRE.

802. Les sociétés à capital variable, même civiles, peuvent agir en justice
    par leurs administrateurs.

802. Le droit d'être représentées en justice par leurs
administrateurs a été contesté aux sociétés civiles : cet
article, quand il s'agit de sociétés à capital variable, fait
disparaître tout obstacle et toute difficulté : civiles ou
commerciales, et quelle que soit leur forme, elles auront
le droit si précieux pour elles, dit l'exposé des motifs,
d'être représentées devant les tribunaux par leurs mandataires légaux.

ARTICLE 54.

La société ne sera point dissoute par la mort, la retraite, l'interdiction, la faillite ou la déconfiture de l'un des associés ; elle continuera
de plein droit entre tous les associés.

SOMMAIRE.

803. Cet article n'est pas impératif et il est permis d'y déroger.

803. Cet article établit une dérogation formelle à

-----

(1) Rivière, n. 436.

l'art. 1865, C. civ., dont nous avons donné le commentaire (V. *suprà*, nos 463 et s.), en ce qui concerne les sociétés à capital variable. Mais, de même qu'il est permis en droit commun de déroger à l'art. 1865 précité, de même les sociétés à capital variable peuvent, dans leurs statuts, modifier ou rejeter absolument la règle posée par l'art. 54; elle n'a rien d'impératif (1).

<hr/>

TITRE IV.

DISPOSITIONS RELATIVES A LA PUBLICATION DES ACTES DE SOCIÉTÉ.

ARTICLE 55.

Dans le mois de la constitution de toute société commerciale, un double de l'acte constitutif, s'il est sous seing privé, ou une expédition, s'il est notarié, est déposé aux greffes de la justice de paix et du tribunal de commerce du lieu dans lequel est établie la société.

A l'acte constitutif des sociétés en commandite par actions et des sociétés anonymes sont annexés : 1° une expédition de l'acte notarié constatant la souscription du capital social et le versement du quart; 2° une copie certifiée des délibérations prises par l'assemblée générale dans les cas prévus par les art. 4 et 24.

En outre, lorsque la société est anonyme, on doit annexer à l'acte constitutif la liste nominative, dûment certifiée, des souscripteurs, contenant les nom, prénoms, qualité, demeure, et le nombre d'actions de chacun d'eux.

<hr/>

(1) Mathieu et Bourguignat, n. 303 ; Rivière, n. 354.

804. La publicité exigée par la loi commerciale a pour but de fixer les qualités des parties, d'instruire le public des conditions sous lesquelles la société a été contractée et d'enlever toute possibilité de changer ou de dénaturer l'acte primitif.

L'idée qui a inspiré les prescriptions de l'art. 42, C. comm., remplacé aujourd'hui par les art. 55 et 56, loi du 24 juillet 1867, ne dérive donc, évidemment, d'aucun des principes essentiels du contrat de société; et aussi les sociétés civiles n'y sont-elles pas soumises; cette idée a été inspirée par la défiance et acceptée comme mesure de précaution. On a voulu la rattacher à un texte des lois romaines relatif à l'instituteur; mais il est hors de doute qu'au moyen âge, et à l'époque où les sociétés commerciales avaient pris déjà un très-grand développement, aucune formalité n'était imposée encore aux contractants pour assurer la validité de leurs conventions.

La législation française offre les premiers exemples de dispositions imposant une condition de publicité pour la perfection du contrat de société; mais l'ordonnance de Blois de 1579, après l'ordonnance de Roussillon de 1563, ne parle encore que de *toutes compagnies jà faites ou qui se feront entre* LES ÉTRANGERS; celles-là seules doivent être *inscrites et enregistrées aux registres des bailliages et sénéchaussées et hotels communs des villes.*

Ces prescriptions ne furent pas exactement suivies; des réclamations nombreuses se firent entendre; et pour y faire droit, l'ordonnance de janvier 1629, non-seulement rappela les dispositions de l'ordonnance de Blois, mais les rendit générales : « Voulons, dit l'art. 414, que « l'art. 358 de l'ordonnance de Blois, touchant la publi- « cation des associations *entre marchands*, et désistements

« d'icelles, ait lieu entre nos sujets, ainsi qu'il est or-
« donné pour les étrangers. »

Cette loi nouvelle ne fut pas mieux exécutée que la
précédente ; les abus continuèrent ; l'ordonnance de
1673 dut y mettre un terme en rappelant les anciennes
prescriptions, en les complétant, et enfin, en les sanc-
tionnant par une disposition d'une sévérité à coup sûr
beaucoup trop grande, puisqu'elle permettait aux associés eux-mêmes d'opposer aux tiers le défaut d'enregistrement et de publication ; la loi ne parlait que des sociétés entre marchands et négociants (Ord. de 1673,
tit. IV, art. 1 à 6) ; « elle n'était pas applicable aux per-
« sonnes qui ne sont ni marchands ni négociants, dit
« Jousse, qui auraient fait des sociétés en commandite
« avec une autre personne, qui serait marchand. »

Un excès de sévérité dans la sanction ; et, d'un autre
côté, l'exception que nous venons de signaler, amenèrent
pour résultat l'inexécution complète de cette ordonnance
comme de celles qui l'avaient précédée, et le Parlement
de Paris refusa de prononcer la nullité de sociétés commerciales pour défaut d'enregistrement.

Il est donc permis de dire qu'en fait, si ce n'est en
droit, les sociétés commerciales, jusqu'à la publication
du Code de commerce, sont restées affranchies de toutes
formalités obligatoires et abandonnées aux règles du droit
commun, quand il s'agissait de prouver leur existence.

Le droit nouveau, interprété par la jurisprudence, a
fait cesser un état de choses regrettable et que les commerçants déploraient, tout en refusant de se soumettre
aux lois qu'ils avaient provoquées eux-mêmes pour y
mettre un terme. Mais si les dispositions du Code de
commerce avaient sous ce rapport atteint le but, les formalités exigées rigoureusement exécutées, à d'autres

égards, soulevèrent de nombreuses réclamations, et elles trouvèrent naturellement l'occasion de se manifester dans la discussion de la loi du 24 juillet 1867. On y a fait droit en abrogeant les art. 42, 43, 44, 45 et 46, C. comm., pour y substituer un mode de publicité plus simple et, en même temps, plus efficace et moins onéreux (L. 24 juill. 1867, tit. iv, art. 55 à 64).

L'exposé qui précède nous a paru nécessaire avant de passer au commentaire des art. 55 à 64, qui forment le titre IV.

805. Ces règles sont spéciales aux sociétés commerciales ; les sociétés civiles, sous l'empire de la loi nouvelle comme sous l'empire des lois anciennes, n'y sont point soumises ; l'art. 55 est formel.

Sous cette réserve, il est facile d'apercevoir que les art. 55 à 60 disent quelles sont les formalités qui doivent suivre immédiatement la constitution même de toute société commerciale quelle qu'en soit la forme.

Les art. 61 et 62 ne parlent que des modifications survenues ou apportées dans les conditions sous lesquelles une société s'était constituée et qui viennent modifier, dans une certaine mesure, les faits qui avaient été portés à la connaissance du public. Les formalités que ces articles prescrivent sont donc purement éventuelles.

Les art. 63 et 64 ne trouvent d'application que dans les sociétés par actions.

L'art. 65 est seulement pour ordre et abroge explicitement les articles du Code de commerce que les dispositions ci-dessus viennent remplacer.

Reprenons séparément chacune de ces dispositions.

806. L'art. 55 prescrit le dépôt d'un double de l'acte constitutif de la société s'il a été fait sous seing privé, ou une expédition authentique s'il a été fait devant notaire. La loi n'exige pas autre chose si la société est en nom collectif ou en commandite ordinaire. Il en est autrement si elle a été constituée par actions : dans ce cas, en effet, l'acte de société n'a pas été suffisant pour constituer la société ; aux termes des art. 1er et 24, il a fallu, soit pour les sociétés en commandite, soit pour les sociétés anonymes, l'accomplissement de certaines conditions qui devront être justifiées en joignant au contrat même de société :

1° Une expédition de l'acte notarié constatant la déclaration faite par le gérant de la société en commandite ou par les fondateurs dans les sociétés anonymes, que le capital social a été souscrit et le quart versé ;

2° Une copie certifiée, quand il y aura lieu, des délibérations prises par l'assemblée générale, conformément aux art. 4 et 24 ci-dessus, s'il a été fait des apports en nature ou stipulé des avantages particuliers.

Enfin, dans le cas seulement où la société est anonyme, il faut joindre encore au contrat de société et déposer, en même temps, la liste nominative dûment certifiée des souscripteurs, conformément au troisième paragraphe de l'art. 55. La loi n'exige pas cette production dans les sociétés en commandite.

Le dépôt doit être fait aux deux greffes de la justice de paix et du tribunal de commerce, ou du tribunal civil qui en remplit les fonctions, du lieu dans lequel est établie *la société.* L'art. 42, C. comm., disait : *la maison du commerce social ;* l'expression a été changée ; mais l'idée est restée la même.

Cette obligation du dépôt est imposée dans les sociétés collectives, à tous les associés ; dans les sociétés en commandite, au gérant ; dans les sociétés anonymes aux administrateurs.

Elle doit être accomplie dans le mois de la constitution définitive de la société, et la date peut en être fort différente de celle du contrat même. Nous dirons sous l'article 56, quelles sont les conséquences de la tardiveté du dépôt.

ARTICLE 56.

Dans le même délai d'un mois, un extrait de l'acte constitutif et des pièces annexées est publié dans l'un des journaux désignés pour recevoir les annonces légales.

Il sera justifié de l'insertion par un exemplaire du journal, certifié par l'imprimeur, légalisé par le maire et enregistré dans les trois mois de sa date.

Les formalités prescrites par l'article précédent et par le présent article seront observées, à peine de nullité, à l'égard des intéressés ; mais le défaut d'aucune d'elles ne pourra être opposé aux tiers par les associés.

SOMMAIRE.

807. Publication dans les journaux ; délai ; difficultés qu'a soulevées le texte du Code de commerce reproduit par l'art. 56.

808. Délai imposé à peine de nullité ; accomplissement tardif.

809. Insertion dans les journaux ; enregistrement d'un exemplaire du journal et délai dans lequel il doit y être procédé.

810. Epoque à laquelle commence la société ; acte de société non signé par un associé ou signé à diverses dates.

811. Le contrat de société est nul s'il n'est rédigé par écrit ; mais le défaut d'écrit, comme le non-accomplissement des formalités prescrites, ne peut être opposé par les associés aux tiers.

812. Conséquences des nullités prononcées par les art. 7, 41 et 56 ; elles ne peuvent être couvertes par l'exécution volontaire, même entre associés.

813. Droits des créanciers personnels d'un associé, quand la société n'a pas rempli les formalités exigées par la loi, à peine de nullité.

814. Les créanciers personnels des associés ne peuvent être payés de préférence aux créanciers sociaux.

815. La disposition formelle des art. 7, 41 et 56 permet qu'une société puisse, en même temps, être considérée comme nulle contre les associés, et comme valable en faveur des tiers intéressés ; position des commanditaires.

816. Si les tiers ont connu l'acte de société non publié, peuvent-ils le diviser ? Distinction.

II.　　　　　　　　　　　　　　　　　　　　　46

807. Dans le délai d'un mois, doivent avoir lieu les publications dans les journaux exigées par l'art. 56, qui parle de l'extrait de l'acte constitutif et des pièces annexées; mais il faut se reporter, pour bien préciser ce que doivent contenir ces publications, aux art. 57 et 58 ci-après.

L'art. 56 dit aussi de la manière la plus claire que, s'il y a plusieurs journaux désignés dans le même département pour les annonces légales, les parties sont libres de choisir celui qu'elles jugeront à propos, et ne sont tenues à faire les publications que dans un seul.

Le second et le troisième paragraphe de l'art. 56 sont la reproduction à peu près littérale des deux derniers paragraphes de l'art. 42, C. comm. Cet article avait donné lieu à des difficultés que la loi nouvelle n'a pas jugé à propos de trancher. Nous devons donc reproduire les explications que nous avions données dans nos précédentes éditions sur l'art. 42, en tenant compte, bien entendu, des dispositions du texte nouveau. Sous cette réserve, et en ce qui concerne les arrêts intervenus sous l'empire de l'art. 42, C. comm., sont également applicables aux art. 55 et 56 de la loi du 24 juillet 1867 les explications de l'art. 42, C. comm.

808. La loi exige que les formalités, prescrites par
les art. 55 et 56, soient remplies dans le délai d'un mois
à partir de la constitution de toute société commerciale.
Avant l'expiration de ce délai, aucun reproche ne peut
être adressé aux associés, et personne n'a le droit d'attaquer la société pour défaut de dépôt et de publication de
l'acte constitutif. Après l'expiration de ce délai, les associés sont en faute, et si la nullité de la société est demandée, soit par l'un d'eux, soit par des tiers, elle devra
être prononcée; mais si le dépôt et la publication ont été
accomplis lorsque le délai d'un mois était expiré, la nullité de la société, après cet accomplissement tardif, il est
vrai, mais à cela près régulier, pourra-t-elle encore être
demandée? Nous ne le pensons pas.

Il était nécessaire que la loi fixât un délai. S'il y avait eu
omission de la loi à cet égard, les formalités prescrites par
les art. 55 et 56 ne pouvaient être remplies séance tenante,
en même temps que la signature du contrat; on aurait pu
l'attaquer à l'instant même qui aurait suivi sa signature;
ou bien à quelque époque qu'on eût opposé le défaut de
dépôt et de publication, les associés auraient pu répondre
que leur intention était d'obéir à la loi, mais que rien ne
les obligeait à le faire dans un délai déterminé. L'une et
l'autre alternative étaient également inadmissibles, et la
jurisprudence eût été contrainte d'assigner un délai
qu'elle eût fixé d'une manière tout à fait arbitraire. La
loi devait donc parler, et c'est ce qu'elle a fait. Aussi le
dernier paragraphe de l'art. 56 dit-il que les formalités
ordonnées par les art. 55 et 56 seront observées *à peine
de nullité.* Mais il n'ajoute pas qu'elles devront être accomplies, sous la même peine, dans le délai qu'il a fixé.

Le texte parle de défaut et non de simple retard; si
l'on voulait, pour ce dernier cas, ajouter une peine de

nullité qu'il n'a pas prononcée, un acte de société sera nécessairement nul, s'il a été rédigé et signé plus d'un mois avant que les associés, d'un commun accord, aient voulu commencer les opérations et donner à cet acte aucune publicité : quelle utilité peut présenter une pareille rigueur ; à quelle idée raisonnable répond-elle ? Nous nous refusons à prêter gratuitement à la loi une absurdité, et la Cour de cassation a jugé conformément à l'opinion qui, seule, nous semble juste et raisonnable.

L'ordonnance de 1673, dont la sévérité a toujours paru excessive, admettait cependant que les sociétés étaient valables du jour où elles avaient été enregistrées et publiées (Art. 6, tit. IV).

La Cour de Lyon, dans un arrêt qui a été souvent cité (1), statuant en même temps, et sur la question que nous venons de poser et sur celle de savoir si la nullité pouvait être couverte par l'exécution, rappelait cette maxime : *Quod ab initio nullum est non potest tractu temporis convalescere.* Cette règle ne trouve pas d'application dans l'hypothèse que nous examinons : il est certain que le contrat, au moment où il a été signé, était parfaitement valable ; qu'il l'était encore, personne ne le conteste, dans le mois de sa date ; ce n'est qu'à partir de ce moment qu'il a cessé de pouvoir être invoqué, si la formalité de la publication n'était pas accomplie ; cette formalité remplie, au contraire, le contrat est à l'égard de tous, ce qu'il était *ab initio*, parfaitement valable.

Plusieurs hypothèses peuvent donc se présenter.

Après l'expiration du délai fixé par la loi, ou les associés sont restés dans l'inaction, et il n'est pas douteux alors que la nullité ne puisse être demandée sans que les

---

(1) Lyon, 4 juill. 1827.

associés soient admis à alléguer que la nullité a été couverte par l'exécution volontaire du contrat, quelque longue qu'elle ait été (1), ou même par le dépôt et l'inser-
sertion , mais si ces formalités n'ont été remplies que
postérieurement à l'introduction de la demande en nullité (2).

Ou les associés, après l'expiration du délai fixé, ont
exécuté les prescriptions de la loi, mais avant qu'aucune
demande en nullité ait été formée, et alors cette exécution tardive sans doute, mais, à cela près, régulière, assure à la société une existence complétement légale ,
non-seulement pour l'avenir, mais pour tous les actes
accomplis depuis la date de la société (3) et sans distinguer entre eux, selon qu'ils ont été faits dans le délai
accordé par la loi ou depuis l'expiration de ce délai. Nous
ne saurions approuver la doctrine qui voudrait établir
entre les uns et les autres une différence, et priver les
derniers du bénéfice de la validité rétroactive que l'on
accorde sans hésiter aux premiers (4).

809. Enfin la loi exige encore que l'insertion dans
les journaux soit justifiée par un exemplaire certifié par
l'imprimeur, légalisé par le maire et enregistré dans les
trois mois de sa date.

Divers arrêts ont décidé que la société est nulle par

---

(1) Nîmes, 9 déc. 1829 ; Toulouse. 22 avril 1837 ; Rennes, 22 juin 1837 ; Cass.,
30 janv. 1839 ; Bordeaux, 5 fév. 1841 ; Bourges, 30 juill. 1841 ; Cass., 31 déc.
1844 ; Limoges, 23 avril 1847 (J.P.37.2.536 ; 39.1.354 ; 45.1.43 ; 42.1.233 ; 45.1.
44 ; 48.1.116).

(2) Paris, 26 janv. 1855 (J.P.55.1.12).

(3) Grenoble, 21 juill. 1823 ; Cass., 12 juill. 1825 ; Bordeaux, 26 déc. 1829 ;
Cass., 6 juin 1831 (S.41.1.246). *Sic*, Pardessus, n. 1008 ; Delangle, n. 537 et s. ;
Malpeyre et Jourdain, p. 115 ; Bédarride. n. 358. *Contrà*, Lyon, 4 juill. 1827 ;
Paris, 11 juill. 1857 (S.58.2.40). V. Molinier. n. 276.

(4) V. cependant Paris, 27 janv. 1855 (J.P.55.1.13), qui paraît favorable à cette
doctrine.

cela seul que l'exemplaire du journal n'a pas été enregistré dans les trois mois, non plus ici de la date de la société, mais de la date du journal : « Garantie excessive peut-être, disait la Cour de Toulouse, mais impérieusement exigée par la loi. »

La Cour de cassation, adoptant ce principe, a déclaré en outre que *cette formalité était d'ordre public*, et qu'il était inutile, par suite, d'examiner si l'acte avait été ou non volontairement exécuté.

« Attendu, a dit la Cour de cassation, sous l'empire de l'art. 42, C. comm., modifié par la loi du 31 mars 1833, que la loi met au nombre des formalités dont elle ordonne l'exécution à peine de nullité, l'enregistrement dans les trois mois d'un exemplaire du journal dans lequel aura été inséré un extrait de l'acte de société en nom collectif ou en commandite, et qu'en annulant pour défaut de cet enregistrement l'acte de société dont il s'agit, l'arrêt attaqué n'a fait que se conformer aux dispositions de cet article ;

« Attendu que cette formalité étant d'ordre public, il devient inutile d'examiner si le défendeur a ou non volontairement exécuté l'acte de société » (1).

On soutenait, en faveur de l'opinion contraire, que la loi du 31 mars 1833 ne portait nullement la peine de nullité, et que cette formalité n'était pas exigée comme condition, mais comme preuve de cette publicité, qui pouvait être fournie d'ailleurs au besoin par d'autres moyens.

L'art. 56 ne laisse aujourd'hui aucun doute que l'enregistrement ne doive avoir lieu dans les trois mois de la date du journal *sous peine de nullité*.

---

(1) Cass., 30 janv. 1839 (J.P.39.1.354); Bordeaux, 5 fév. 1841 (S.41 2.219); Toulouse, 22 avril 1837; Agen, 10 mars 1858 (J.P.37.2.536, et 59, p. 82).

A défaut de l'exemplaire même du journal, on pourrait produire un extrait des livres du receveur de l'enregistrement (1).

Il a été jugé avec raison que l'exemplaire du journal qui contient l'insertion est valablement signé par un employé, au nom de l'imprimeur ; il est présumé avoir reçu les pouvoirs nécessaires (2).

Le même numéro de journal peut contenir l'annonce de plusieurs sociétés : y a-t-il nécessité d'un enregistrement distinct et séparé pour chacune desdites insertions, ou suffit-il que la société attaquée puisse représenter l'exemplaire du journal enregistré, quoique dans l'intérêt d'une autre annonce? Ce serait cette dernière doctrine qui devrait être suivie; ni le texte, ni l'esprit de la loi ne se prêtent à une autre interprétation : « Soit que cet enregistrement provienne du fait d'un tiers, soit qu'il provienne de la partie intéressée, a dit la Cour de Toulouse, il aura toujours pour effet d'imprimer un caractère de certitude et de vérité à toutes les annonces comprises dans l'exemplaire ainsi enregistré (3). »

810. La société commence à l'instant même du contrat, s'il ne désigne une autre époque, dit l'art. 1843, C. civ. : parce que cet article suppose que l'acte est parfait ; mais l'acte de société, par exemple, dans lequel un des associés a stipulé pour ses associés futurs, sans présenter leurs pouvoirs, et seulement avec promesse de fournir leur approbation, ne constitue réellement la société que lorsque la ratification a été donnée. Les art. 55 et 56, non-seulement n'imposent pas le devoir de rem-

---

(1) Dalloz, *Rép.*, v° *Société*, n. 838.
(2) Toulouse, 22 avril 1837 (S.37.2.441).
(3) Toulouse, 14 déc. 1855; Lchir, 56 2 457; Cass., 30 juill. 1868 (D.P.74.5. 361).

plir les formalités qu'ils exigent avant que l'acte soit devenu définitif et ait reçu sa perfection, mais la remise aux greffes et la publication qui en auraient été faites seraient comme non avenues, quoique la ratification, dans l'espèce que nous avons posée, fût plus tard intervenue ; le vœu de la loi ne serait rempli que par la publicité donnée postérieurement à cette ratification (1).

Si l'acte de société a été signé par les divers associés à des dates différentes, les délais dont il vient d'être question ne doivent courir que du jour de la dernière signature, qui a seule constitué la société.

811. Il serait impossible de se conformer aux dispositions des art. 55 et 56, si le contrat de société n'était pas rédigé par écrit ; la question soulevée par l'art. 39 du Code de commerce, et tendant à savoir si la société commerciale peut exister sans que le contrat qui l'a formée soit rédigé par écrit, est donc résolue par les art. 55 et 56 qui deviennent la règle de la matière ; mais il ne faut pas perdre de vue qu'en prononçant la nullité à l'égard des intéressés, il décide en même temps que le défaut d'aucune des formalités prescrites ne peut être opposé aux tiers (2).

Un grand nombre, parmi les corps judiciaires auxquels le projet de Code de commerce avait été communiqué, demandaient qu'une sanction pénale fût ajoutée à la disposition de l'art. 42 du Code de commerce, qui ordonnait la publication des actes de société. La commission, se rendant à ce vœu, avait proposé une amende ; mais, sur la proposition de Treilhard, il fut décidé au Conseil d'État que l'article aurait pour sanction la nullité

---

(1) Cass., 4 août 1847 (S.47.1.649).

(2) Agen, 10 mars 1858 (J.P.59, p. 82) ; Paris, 26 janv. 1855 (S.55.2.66) ; Cass. 16 mai 1859 (S.60.1.889).

de la convention : « Il ne faut admettre la nullité que contre les associés, disait-il ; mais la société une fois prouvée, ne fût-elle pas constatée par un acte, les obligations contractées en son nom, au profit des tiers, n'en doivent pas moins avoir leur effet (1). »

La loi du 24 juillet 1867 s'est conformée à cette règle, non-seulement en ce qui concerne le défaut de publicité, qui faisait l'objet de l'art. 42 du Code de commerce, mais encore pour tous les autres cas de nullité prévus par elle dans les articles 7 et 41.

Si le défaut de publicité emporte la nullité, le défaut d'acte même ou d'écriture aura cet effet à plus forte raison ; mais la nullité ne peut être invoquée par les associés contre les tiers ; la nullité n'est que relative. Aucun doute n'existe à cet égard, et la réalité de la société pourra être établie par tous les moyens de preuve admis en matière commerciale (2).

Sous cette réserve, il faut dire que l'existence d'une société commerciale ne peut aujourd'hui être prouvée ni par témoins, quand il existerait même un commencement de preuve par écrit, ou que l'objet de la société, si c'était possible, serait inférieur à 150 fr., ni par le serment, ni par l'aveu, ni par l'existence notoire de la société, ni par sa durée de fait ; par aucun moyen enfin, que l'accomplissement rigoureux des formalités exigées par la loi à l'égard des associés entre eux (3).

Les auteurs mêmes que nous citons comme soutenant une opinion contraire n'ont peut-être pas donné à leur

---

(1) Procès-verbaux, 15 janv. 1807 ; Locré, t. 17, p. 200.

(2) V. Bordeaux, 15 juill. 1840 ; 14 déc. 1840 ; Nancy, 25 avril 1853 ; Toulouse, 5 juill. 1867 (D.P.40.2.240 ; 41.2.205 ; 55.2.349 ; 67.2.447) ; Cass., 23 fév. 1875 (D.P.75.1.371).

(3) Pardessus, n. 1005 et 1007 ; Troplong, n. 226 ; Molinier, n. 264 et 265. — *Contrà*, Delangle, n. 512 ; Malpeyre et Jourdain, p. 106 et s.; Bédarride, n. 347.

idée la portée qu'on leur a prêtée. M. Delangle, au moins, nous semble avoir voulu établir, non que la société devient obligatoire pour la suite, mais uniquement qu'elle peut être prouvée pour régler les rapports qui avaient existé entre les associés, lesquels doivent rester soumis, ainsi que nous allons le dire, aux clauses de l'acte déclaré nul pour l'avenir.

Il a pu en être autrement sous l'empire de l'ordonnance de 1673 (1), qui, en exagérant la sévérité de la sanction, avait amené souvent l'impunité des infractions; la discussion au Conseil d'État a pu aussi paraître confuse et hésitante (2), mais le texte de l'art. 42 du Code de commerce, tel qu'il a été définitivement adopté, aussi bien que la loi du 24 juillet 1867, ne permet plus la discussion ni le doute, soit que le contrat de société n'ait pas été rédigé par écrit, soit que l'écrit existe, mais qu'il n'ait pas été publié (3).

812. Il nous reste maintenant à examiner quel est le sens du mot intéressé et à déterminer l'étendue et les conséquences des nullités édictées soit par le 3ᵉ paragraphe de l'art. 56, soit par les art. 7 et 41, qui, tous les trois, renferment une disposition identique et ne peuvent donner lieu à aucune distinction. Par conséquent, les arrêts intervenus sous l'ancienne législation, par application de l'art. 42, C. comm., s'appliqueront aussi bien et indistinctement à tous les cas de nullité prévus par la loi du 24 juillet 1867, qui n'a fait que répéter les termes du dernier paragraphe de l'art. 42 dans les art. 7, 41 et 56.

---

(1) Cass., 4 niv. an IX; *Id.*, 13 vend. et 18 mess. an x; *Id.*, 16 avril 1806. V. Jousse et Bornier, sur l'art. 2, tit. 4.

(2) Procès-verbaux, 15 janv. 1807; Locré, t. 7, p. 498 et s.

(3) Cass., 2 juill. 1817, et Cass., 23 déc. 1844 (S.46.1.558); Cass., 31 déc. 1844 (S.45.1.40).

Les associés sont incontestablement compris sous la dénomination d'intéressés, et chacun d'eux peut poursuivre la nullité de la société constituée, contrairement aux prescriptions légales, lors même qu'il n'aurait pas payé le montant intégral de sa mise (1).

Mais entre eux, au moins, la nullité peut-elle être couverte par l'exécution parfaitement volontaire du pacte, qui deviendrait ainsi obligatoire pour l'avenir au moins, et l'associé, qui est lui-même complice de la faute commise par ses coassociés, peut-il s'en prévaloir pour faire prononcer la nullité d'un acte auquel il s'est ainsi soumis? Après un peu d'hésitation, la jurisprudence et la doctrine se sont prononcées pour la nullité (2). L'intérêt des tiers exigeait de fortes garanties contre les dissimulations de sociétés et contre les modifications dolosives de leurs pactes; d'un autre côté, on ne pouvait accorder beaucoup d'intérêt aux associés réfractaires qui, par leur réticence, annoncent une pensée de fraude, et sont indignes de la protection de la loi. Le texte des art. 7, 41 et 56, au reste, est impératif et ne distingue pas; si la société est nulle pour les tiers qui y ont intérêt, elle l'est également pour les associés eux-mêmes : la loi a pris soin de dire que les nullités qu'elle édicte ne pourront être opposées *à des tiers par les associés;* en dehors de cette exception, on ne peut en créer d'autres; mais il faut ajouter que la société, toutefois, n'est pas nulle de plein

(1) Paris, 5 août 1869 (J.P.70, p. 202) ; Lyon, 12 janv. 1872 (J.P.73, p. 320).

(2) Jugé que la nullité peut être couverte par l'exécution. Grenoble, 24 juill. 1823; Rej., 12 juill. 1825; Bordeaux, 16 déc. 1829; Rej., 6 juin 1831 (S.31.1.246); Malpeyre et Jourdain, p. 115; Molinier, n. 376; Persil, p. 214.

Contrà, Lyon, 4 juill. 1827; Nîmes, 9 déc. 1829 ; Bruxelles, 13 fév. 1830; Toulouse, 25 juill. 1834 et 22 avril 1837; Rennes, 22 juin 1837 (S.37.2.73 ; 37.2.441); Rej., 30 janv. 1839 (S.39.1.393); Bordeaux, 5 fév. 1844 (S.41.2.219); Cass., 31 déc. 1844 (S.45.1.40); Paris, 26 janv. 1855 (S.55.2.66); Troplong, n. 241 et s ; Delangle, n. 351 ; Horson, t. 1er, q. 19.

droit, si cette nullité n'est demandée par aucun intéressé (1). Dans tous les cas, les moyens de nullité ne
peuvent plus être invoqués, alors que toutes les parties
ont, avant de les proposer, demandé, obtenu et exécuté la dissolution de la société et procédé à sa liquidation (2).

813. Une jurisprudence constante permet aux créanciers personnels d'un associé de ne pas reconnaître l'existence d'une société qui n'aurait pas rempli les formalités
de publicité exigées par la loi ; ces créanciers sont évidemment compris au nombre des intéressés dont parle
l'art. 56, et ils peuvent avoir un intérêt sérieux à agir
ainsi, puisque les créanciers sociaux ont un privilége sur
tout l'actif social ; si la société est nulle, ils viendront
tous en concours (3).

On pourrait hésiter un moment à donner ce droit aux
créanciers personnels d'un associé contre les créanciers
de la société : ceux-ci ne sont-ils pas autorisés à dire
qu'ils sont des tiers auxquels les associés ne pourraient
opposer le défaut de publicité, et que les ayants cause ne
doivent pas avoir un droit que leurs débiteurs n'avaient
pas eux-mêmes?

Les créanciers de la société viennent opposer un privilége, ils doivent l'établir d'une manière régulière : « Ils
allèguent un fait d'où ils entendent prendre un droit, dit
Pardessus, ils en doivent faire la preuve régulière. En
prétendant que leur débiteur avait formé une société,
ils sont, sous ce rapport, à son lieu et place, et ne peu-

(1) Cass., 16 mai 1859 (S.60.1.889).
(2) Lyon, 24 janv. 1872 (J.P.72.1006).
(3) Cass., 22 mars 1843 ; 18 mars 1846 ; 7 mars 1849 ; 14 mars 1849 (S.44.1.
759 ; 46.1.633 ; 49.1.397 ; 49.1.683) ; Cass., 18 mars 1851 (S.51.1.273) ; Cass.,
13 fév, 1855 (S.55.1.724) ; Cass., 11 mai 1870 (D.P.70.1.405) ; Grenoble, 28 déc.
1871 (J.P.72.240).

vent prouver l'existence de la société que comme celui-ci le pourrait lui-même » (1). En effet, les créanciers personnels poursuivant leur paiement n'exercent
pas les actions de leur débiteur; ils agissent en leur nom
et en vertu de droits qui leur sont propres.

Un tel système, dit-on, rend les créanciers de la société responsables d'une faute qu'ils n'ont pas commise.
On peut répondre que l'argument est excellent, quand ce
sont les auteurs de la faute qui veulent s'en faire un droit
contre les tiers ; mais ici ceux qui argumentent de l'oubli des formalités n'ont rien à se reprocher; ils sont
exempts de faute, et ils ne sont pas plus obligés que les
autres tiers à rester spectateurs inertes d'omissions qui
sont contraires à l'ordre public et que la loi présume
frauduleuses (2).

La seule condition qui soit imposée aux créanciers personnels pour intenter leur action, c'est que leur créance
ait acquis date certaine pendant la durée de la société (3).
Pardessus exige, en outre, que la qualité de créancier
personnel de l'associé qui a ainsi contracté une société
irrégulière, existât à l'époque où ce débiteur a formé la
société. Nous ne pouvons admettre cette règle; si les
créanciers de la société se trouvent dans l'impuissance
d'établir régulièrement leur privilége à l'égard des uns,
nous ne voyons pas pourquoi ils seraient plus favorablement traités à l'égard des autres.

Ni les associés, ni les créanciers sociaux ne peuvent

---

(1) *Droit comm.*, n. 1009; Delangle, n. 547; Bédarride, n. 370. — *Contrà*,
Bravard-Veyrières, p. 60 et 61.
(2) Rapport de M Troplong; Rej., 18 mars 1846 (J.P.46.2.311); Cass., 13 fév.
1855 (S.55.1.721). V. Angers, 11 août 1838; Bordeaux, 15 juin 1847; Cass., 14 mars
1849 et 18 mars 1851 ; Paris, 24 juin 1852; Rouen, 15 avril 1839; Paris, 4 mars
1840; Dalloz, *Rép.*, n. 879.
(3) Cass., 7 mars 1849 (J.P.50.1.442) ; Cass., 16 déc. 1823.

opposer au créancier personnel la connaissance qu'il aurait eue de l'existence de la société (1).

Si la nullité est demandée par les créanciers personnels de l'un des associés, ils viendront en concurrence
avec les créanciers sociaux, non-seulement sur l'apport
social de cet associé, mais sur les sommes provenant des
gains sociaux ; à l'égard des tiers intéressés, ces bénéfices prétendus sociaux ne peuvent , pas plus que toute
autre valeur, appartenir à une société qui , en ce qui les
touche, n'a pas existé ; ils appartiennent divisément à
chacun des associés en raison de sa part (2).

814. Lorsque la nullité de la société a été prononcée
sur la demande d'un créancier personnel, il est donc
hors de discussion que le privilége des créanciers sociaux
s'évanouit ; mais on a été plus loin quelquefois, et l'on a
voulu que les créanciers personnels fussent payés de préférence. Nous ne comprenons pas sur quoi se fonderait
ce nouveau privilége ; « les biens du débiteur sont le
« gage commun de ses créanciers, dit l'art. 2093, C. civ.,
« et le prix s'en distribue entre eux par contribution, à
« moins qu'il n'y ait entre les créanciers des causes lé-
« gitimes de préférence. » Ces causes légitimes sont les
priviléges expressément établis par la loi ou les hypothèques ; nous ne pouvons donc mettre en doute que tous
les créanciers ne viennent en concours et au marc le
franc, et la plupart des arrêts ont jugé dans ce sens (3).

---

(1) Paris, 4 mars 1840 (J.P.40.1.385), et 21 juin 1852 (D.P.54.5.714) ; Cass.,
18 mars 1851 (S.51.1.273) ; Rennes, 6 mars 1869 (J.P.69.1009) ; Lyon, 28 janv.
1873 (J.P.74.476). *Sic*, Bédarride, n. 369.

(2) Cass., 13 fév. 1855 (S.55.1.721).

(3) Rennes, 10 déc. 1839 ; Lyon, 24 janv. 1845 ; Bordeaux, 15 juin 1847 ; Limoges,
10 juin 1848 (S.48.2.118 ; 46.2.211 ; 48.2.745 et 353) ; Cass., 18 mars 1846 (S.46.
1.683) ; Limoges, 2 juin 1843 ; Lyon, 15 janv. 1845 ; Cass., 13 fév. 1821 ; 22 mars
1843 ; 15 mars 1849 ; 13 fév. 1855 ; Dalloz. *Rép.*, n. 881, 882, 883. *Sic*, Troplong,
n. 859.

815. La disposition formelle des art. 7, 41 et 56 admet qu'une société puisse en même temps être considérée comme nulle contre les associés, et comme valable en faveur des tiers intéressés ; s'il y a bizarrerie, elle résulte du texte formel de la loi, et les tribunaux ne peuvent éprouver aucun embarras à constater un semblable résultat. Ainsi, dans une espèce portée devant la Cour de Lyon, les créanciers sociaux et les créanciers personnels demandaient tout à la fois, les uns que le commanditaire exécutât ses engagements, en versant le montant de sa commandite ; les autres, que la société fût déclarée nulle pour défaut de publicité, afin de faire tomber le privilége des créanciers sociaux. La Cour a fait droit, par le même arrêt, à ces diverses demandes (1). La nullité de la société clandestine ne peut avoir pour effet ni de la dégager de ses obligations envers les tiers, ni de dégager les associés de ses obligations envers elle. Le commanditaire, obligé à verser sa mise dans l'espèce que nous venons de citer, devait suivre, à l'égard des créanciers sociaux comme des créanciers personnels, les règles qui régissent les sociétés en commandite légalement formées, et ne pouvait concourir avec eux comme simple bailleur de fonds.

La Cour de Lyon semble avoir jugé, dans une autre circonstance, que, par cela seul qu'une société en commandite n'avait pas été publiée, les associés commanditaires étaient solidairement responsables des dettes contractées par la société (2).

Si aucun écrit, aucun fait de gestion ne peut être reproché au commanditaire ; si les livres, régulièrement

---

(1) Lyon, 24 janv. 1845 (J.P.46.2.315).
(2) Lyon, 7 août 1851 (J.P.52.2.205).

tenus, prouvent qu'il s'est renfermé dans le rôle que lui donne l'acte de société non publié, ce serait ajouter à la loi une disposition très-nette, très-précise, et, en outre, très-rigoureuse, que d'admettre une semblable doctrine. Sans doute, les associés doivent être regardés comme étant sous l'empire d'une société de fait; mais si le fait ne constate qu'une commandite, on peut en changer arbitrairement les circonstances pour en faire sortir une société en nom collectif dont rien ne prouve l'existence : puisqu'on est forcé d'accepter la société comme fait, il faut prendre ce fait dans sa plénitude (1). Si l'on admet non-seulement que l'écrit n'a pas été publié, mais qu'il n'existe pas, la commandite étant une exception au droit commun, qui ne se suppose jamais et doit être expressément stipulée (*suprà*, n° 534), on pourrait ne voir dans tous les associés que les membres d'une société en nom collectif (2) ; mais sous cette seule réserve, et si l'acte de société existe et n'est contraire à la loi que par ce seul motif qu'il n'a pas été publié, si cet acte, non publié, donne à un associé la qualité de commanditaire, on ne peut le poursuivre comme associé solidaire.

816. Il est donc désormais sans difficulté que les tiers peuvent, selon leur intérêt, ou faire déclarer la société nulle, ou se prévaloir de son existence (3). Il suffit que les formalités prescrites, à peine de nullité, par la loi n'aient pas été remplies ; mais si l'acte de société existe une difficulté peut se présenter toutefois dans l'application de cette règle ; et l'on a demandé si les tiers inté-

---

(1) Paris, 28 juill. 1828 et 16 janv. 1858 ; Cass., 28 fév. 1859 (S.58.2.268 et 60. 1.157). *Sic,* Malpeyre et Jourdain, p. 248.

(2) Bédarride, n. 488.

(3) Cass., 18 mars 1846, 7 et 14 mars 1849 ; 31 mars 1851 ; 13 fév. 1855 (J.P. 46.2.314 ; 49.2.358 ; 50.1.442, 51.2.648 ; 56.1.157) ; Cass., 24 août 1863 (S.63. 1.486).

ressés, à qui la loi a laissé l'option, peuvent en user jusqu'à diviser l'acte de société existant et annulé ; s'en prévaloir, par exemple, pour faire déclarer associé celui dont est émanée l'obligation, et refuser de subir les conséquences de cet acte, dont l'existence, comme toutes les clauses, leur sont parfaitement connues ; ainsi, si l'une de ces clauses avait enlevé à l'associé signataire le droit d'engager la société par sa signature seule, les autres associés poursuivis solidairement, en vertu de l'acte social, ne peuvent-ils opposer la clause qui les affranchit de toute responsabilité dans l'hypothèse que nous avons posée ?

Pardessus, qui a prévu cette hypothèse sous l'empire de l'art. 42, C. comm., décide avec raison contre les tiers ; ils sont dans la même position, dit-il, que celui qui traite avec un mandataire, agissant en dehors de ses pouvoirs, dont la limite leur est connue (1). L'équité le veut ainsi ; mais sous la condition expresse qu'il sera prouvé contre les tiers qu'ils connaissaient, en même temps que l'existence de l'acte dont ils veulent se prévaloir, les stipulations qui modifiaient le droit commun en matière de société en nom collectif.

Si, au contraire, il n'est pas établi contre les tiers qu'ils aient eu connaissance pleine et entière des stipulations de l'acte qu'ils opposent aux associés, une distinction doit être faite, et toutes les clauses modifiant le droit commun, que la loi a établi pour chaque espèce de société, devraient être regardées comme non avenues, puisqu'elles n'ont pas reçu la publicité qui seule les rendait obligatoires (2).

---

(1) Pardessus, n. 1009.
(2) Bédarride, n. 368.

817. L'annulation prononcée ne saurait avoir pour effet d'autoriser celui qui a contracté avec une société, à refuser de tenir les engagements qu'il a pris envers elle ; il pourrait seulement ne pas reconnaître à chacun des associés la solidarité active qui leur eût appartenu (1). Cette annulation pourrait encore bien moins autoriser les associés à refuser de tenir les engagements contractés envers les tiers.

En ce qui concerne les associés, nous avons dit qu'ils avaient également le droit de demander la nullité en tout état de cause ; nous avons dit aussi qu'un associé pouvait, tout aussi bien qu'un tiers, contracter en son nom personnel, avec la société même dont il fait partie ; s'il y a contrat, il sera considéré et traité comme tiers ; mais une difficulté, en ce qui le concerne, peut toutefois se présenter.

Il est possible que l'acte social, en outre des conventions, qui sont de l'essence même du contrat de société ; qui ne peuvent être stipulées que par des associés entre eux et ne trouver place que dans un contrat de société ; que cet acte social, disons-nous, contienne une vente, un marché, une location, qui pourraient être stipulés soit avec des tiers, soit avec un des associés, et par un acte séparé et tout à fait distinct de l'acte social ; ainsi, par exemple, dans une société fondée pour la fabrication du sucre, une clause de l'acte peut stipuler que l'un des associés fournira chaque année une certaine quantité de betteraves à un prix déterminé, ou qu'un immeuble appartenant à l'un des associés sera donné à bail à la société pour toute sa durée et pour l'exploitation du commerce à entreprendre (2).

---

(1) Pardessus, n. 1010 ; Delangle, n. 545.
(2) Cass., 18 nov. 1857 et 28 fév. 1859 (J.P. 57, p. 1108, et 59, p. 225).

Si de semblables contrats avaient été faits avec des tiers ou avec l'un des associés, par acte distinct et séparé et après la constitution de la société, ils seraient sans nul doute obligatoires. En est-il de même s'ils forment une des clauses de l'acte social ?

La Cour de cassation, ou la Chambre des requêtes au moins, a décidé qu'il s'agissait d'une question de fait laissée à l'appréciation des juges. Nous hésiterions beaucoup à leur abandonner un droit semblable.

Ces sortes de clauses sont évidemment l'accessoire d'un acte désormais comme non avenu; sans doute, la chambre des requêtes a raison quand elle dit : « Qu'il « n'est pas interdit à l'un des associés de contracter avec « la société des engagements qui lui conservent des « droits distincts de ceux de cette société. » Mais pourquoi les parties, au lieu de faire un acte séparé, ont-elles voulu que leurs conventions fussent insérées dans l'acte social ? C'est que ces diverses conventions ne devaient former qu'un tout ; que les unes étaient les accessoires des autres ; c'est qu'elles devaient vivre ou périr ensemble. Puisqu'elles formaient une des clauses d'un acte déclaré nul, à quel titre pourraient-elles subsister ? Par cela seul que les parties ont voulu adopter la forme d'une clause dans l'acte social même, à moins d'une stipulation très-expresse et qui eût semblé en pareil cas, à coup sûr, fort étrange, il faut décider qu'elles n'ont pu avoir que ce motif fort naturel de subordonner l'accessoire au principal : toute autre interprétation doit être repoussée, et la partie qui souffre ne pourrait d'ailleurs imputer qu'à elle seule le préjudice qui en résulterait pour elle, soit parce qu'elle était libre de choisir une autre forme, soit surtout parce que c'était à elle, comme associée, qu'était imposé le devoir d'exécuter les prescriptions légales. Comment serait-elle admise à se plaindre quand elle a à se reprocher, et son imprudence et sa désobéissance à la loi ?

818. Lorsque les créanciers personnels et les créanciers sociaux viennent en concours parce que la société a été déclarée nulle, les créanciers sociaux perdent non-seulement leur droit de préférence, mais encore leur action solidaire, qui n'était qu'une suite de la société, si cette solidarité préjudicie aux créanciers personnels ; et ils ne peuvent demander à chaque associé que sa part et sa portion, tant qu'ils sont en concours (1). Ainsi, dans une société composée de trois individus, le passif était de 60,000 fr. et l'actif de 30,000 fr. seulement : par suite de la liquidation, chaque associé ou communiste, pour mieux dire, puisque la société a été annulée, ne pourra être poursuivi par les créanciers sociaux que pour 20,000 fr.; et ceux-ci viendront pour cette somme, en concurrence avec les créanciers personnels ; si l'un de ces communistes, sur sa fortune propre, peut désintéresser ses créanciers personnels et payer sa portion de dettes sociales, il se trouvera encore exposé au recours solidaire des créanciers sociaux, dans le cas où les autres associés n'ont pu, comme lui, s'acquitter envers eux pour leur part ; mais ce recours solidaire, nous le répétons, ne peut être invoqué au préjudice des créanciers personnels, s'ils ne sont entièrement désintéressés, puisqu'il ne résulte que d'une société dont l'existence est à leur égard comme non avenue.

Disons donc, pour nous résumer, qu'une société commerciale est nulle, si elle n'est constatée par un acte écrit ; qu'il faut, en outre, que les associés aient ac-

---

(1) Lyon, 24 janv. 1845 (J.P.46.2.315) ; Rennes, 6 mars 1869 (J.P.69, n. 1009)

compli strictement toutes les formalités prescrites, à
peine de nullité par la loi; cette nullité, déclarée à diverses reprises par la Cour de cassation, sous l'empire
de l'art. 42, C. comm., comme étant d'ordre public, peut
être demandée par toute personne intéressée ; par les associés eux-mêmes les uns contre les autres; par les
créanciers personnels des associés, mais ne peut jamais
être opposée par les associés aux tiers ; à leur égard, la
société subsiste et elle serait prouvée par tous les moyens,
même la preuve testimoniale; c'est là un point constant (1). Enfin, les effets du jugement qui prononce la
nullité d'une société ne sont pas limités à celui qui l'a
obtenu ; la société est annulée au regard de tous les autres intéressés, sans qu'ils aient besoin d'exercer une action individuelle et de faire prononcer de nouveau cette
nullité (2).

Par suite de ces principes, à l'égard des tiers intéressés, l'association de fait ou l'espèce de communauté
ayant existé entre les différents individus qui la compo-
saient, ne peut plus constituer une personne morale ; et
chacun des associés conserve son individualité distincte
de celle des autres et de celle de la société : la faillite de
l'un n'entraîne pas celle de l'autre ; ou si tous sont en
état de cessation de paiements, chaque faillite doit être
administrée séparément, n'a pas nécessairement la même
date, et aucune confusion ne pourra être faite entre l'une
et l'autre, si les intérêts des créanciers personnels des
associés devaient en souffrir; les faits propres à chaque
individu doivent être vérifiés et appréciés séparément (3).

---

(1) Nancy, 25 avril 1853; Paris, 16 janv. 1858; Besançon, 9 juin 1859 (J.P.55.
1.438; 58, p. 22; 59, p. 988).
(2) Cass., 2 juill. 1873 (J.P.73, p. 765).
(3) Cass., 24 août 1863 et 18 mai 1864 (S.63.1.486 et 64.1.103); Caen, 18 mai

819. A l'égard des associés, toutefois, quand la société aura été déclarée nulle, il restera à régler les rapports de fait qui n'en ont pas moins existé entre eux : « On jugera, dit Locré, comme s'il n'y avait pas eu de société, c'est-à-dire qu'il n'y aura pour le passé, comme pour l'avenir, ni solidarité active entre les associés, ni communauté de pertes et de gain (1). Une semblable rigueur, que rien ne pourrait justifier, n'a jamais été admise. Ainsi, lorsque, pendant la durée d'une société constituée irrégulièrement et plus tard annulée, les contractants ont eu des relations ou une communauté d'affaires susceptible de produire des effets, et par conséquent des actions que les bonnes mœurs ne proscrivent pas, les tribunaux ne peuvent refuser de prononcer suivant les règles de l'équité. La nullité à l'égard des associés ne doit donc consister qu'en ce qu'aucun d'eux ne peut être contraint de réaliser l'engagement d'entrer en société, si elle n'a pas encore commencé, et que, si elle a commencé, chacun peut la dissoudre, quand il ne juge pas à propos d'y rester, sans que les autres puissent le forcer à l'exécution de l'acte qui en déterminerait la durée (2).

La nullité de la société prononcée pour défaut d'acte ou de publicité ou pour toute autre cause, pourvu que l'association n'eût pas un but illicite ou honteux, ne peut donc pas être invoquée par les associés eux-mêmes pour les faits accomplis ; les associés sont obligés de se rendre mutuellement compte des opérations faites jusqu'au jour où la nullité a été prononcée (3) ; et l'existence de cette

---

1864 (J.P.65.476) ; Orléans, 9 août 1865 (J.P.66.324) ; Paris, 3 mars 1870 (J.P. 70.575). *Contrà*, Paris, 5 fév. 1872 (J.P.73.338).

(1) *Esprit du Code de comm.*, t. 1ᵉʳ, p. 183.

(2) Pardessus, n. 1007.

(3) Cass., 2 juill. 1847 ; Cass., 13 juin 1832 (S.32.1.520), et 29 juin 1844 (S.41.

société pourra être prouvée pour le passé par lettres, correspondance, aveux, par tous les moyens qui seraient autorisés, s'il s'agissait d'une association en participation (1).

820. Ces principes une fois admis, une question s'est encore élevée pour savoir si cette société, dont l'existence a été ainsi prouvée, devait être réglée, non par les conventions qui étaient intervenues entre les parties, mais par les dispositions de la loi, qui n'a parlé que pour le cas où l'acte est muet.

Cette dernière opinion ne semble pas pouvoir être adoptée : « Supposons, dit M. Troplong, que les parties n'aient voulu faire qu'une commandite : est-ce qu'il faudra transformer cette société en société ordinaire et grever le commanditaire au delà de sa mise ? Ne serait-ce pas une énormité ? Il faudrait donc aussi n'avoir aucun égard à la quotité des mises ? Et si vous n'osez pas aller jusque-là, si vous consultez la convention pour ce qui concerne cette quotité, pourquoi pas aussi pour le règlement des dettes, pour les parts dans les pertes et bénéfices et pour toutes les conditions pour lesquelles les parties sont entrées en rapport ? Quant à moi, je ne conserve pas le moindre scrupule sur cette question. Puisqu'on est forcé par une irrésistible nécessité d'adopter la société comme fait, il faut prendre ce fait dans sa plénitude ; il ne faut pas le scinder capricieusement ; il ne faut pas en accepter telle partie et en rejeter telle autre qui en a été un des éléments essentiels ; sans quoi la bonne foi est blessée, et on procure un profit injuste à celui qui n'est pas moins coupable que son adversaire

---

1.586) ; Bordeaux, 5 fév. 1841 (S.41.2.219). *Contrà*, Douai, 29 janv. 1840 (S.40. 2.207) ; Cass., 15 nov. 1876 (D.P.77.4.70).

(1) Pardessus, n. 1008 ; Troplong, *Sociétés*, n. 227.

pour n'avoir pas observé les formalités légales (1). »
C'est dans ce sens que la question avait été décidée sous
l'ancienne jurisprudence par Savary (2), et qu'elle doit
l'être encore toutes les fois qu'une société loyalement
formée vient à être annulée. Toutes les opérations accomplies pendant la durée de fait de la société lient les
parties qui y ont pris part; et le droit commun, à défaut
seulement de conventions intervenues entre les parties,
pourra être suivi pour la liquidation et le règlement à
faire entre les associés. En un mot, la disposition de
l'art. 1853, C. civ., purement interprétative de la volonté des contractants, est susceptible d'être écartée par
la manifestation d'une volonté contraire que les juges
peuvent faire résulter de simples présomptions (3).

Nous avons dit plus haut qu'il en était autrement pour
les sociétés illicites (*suprà*, n° 382) et que les associés
étaient sans action, à raison des opérations accomplies,
les uns contre les autres (4).

On ne saurait admettre, non plus, que les stipulations
contraires à la loi, et qui, pour cette raison, ont entraîné
la nullité de la société, puissent survivre à la société
elle-même et présider à sa liquidation (5).

Ces règles doivent être sainement entendues; il ne
faut pas confondre la liquidation des opérations accomplies par la société, et les résultats éventuels ou certains
que l'acte social aurait produits ou dû produire, s'il eût

---

(1) *Sociétés*, n. 249.
(2) Parère, n. 40.
(3) Cass., 16 mars 1852; 16 mai 1859; 19 mars et 3 mai 1862; 7 fév. 1865;
Angers, 2 août 1865 (S.52.1.336; 60.1.889; 62.1.825; D.P.65.1.290 et 66.2.189;
Pau, 19 nov. 1867; Nîmes, 14 mars 1868 (S.68.2.12 et 274); Cass., 29 nov. 1869
D.P.70.1.205); Lyon, 27 juill. 1871 (D.P.71.2.441) ; Grenoble, 11 juill. 1873
(J.P.73.859); Cass., 11 nov. 1873 (D.P.74.1.375).
(4) Cass., 10 janv. 1865 (D.P.65.1.290).
(5) Cass., 22 nov. 1869 (D.P.70.1.23).

été régulier. Ainsi, dans une espèce où une clause de
dédit avait été stipulée dans l'acte contre l'associé qui
voudrait se retirer avant le terme convenu, la nullité
ayant été demandée et déclarée pour défaut de publication, les associés, contre qui elle avait été prononcée, se
fondant sur ce que la liquidation devait être faite d'après
les clauses de l'acte, quoique nul pour l'avenir, demandaient que l'associé, qui avait provoqué l'annulation, fût
tenu au paiement du dédit stipulé. Cette prétention devait être repoussée. Ce résultat n'était pas une conséquence des opérations de la société, mais bien de l'acte
même, qui, radicalement nul, ne pouvait produire aucun
effet (1) ; il faut dire encore que la nullité de la société
entraînerait la nullité de la clause par laquelle les associés s'étaient interdit de faire partie d'aucune autre association de même nature (2).

La prétention des coassociés, voulant soumettre celui
qui demande la nullité à des dommages-intérêts, serait,
si c'est possible, moins soutenable encore (3); mais l'associé, qui se serait laissé condamner, ne serait pas admis
à élever, pour la première fois devant la Cour de cassation, l'exception résultant de cette nullité (4).

Dans une autre espèce, où la société avait été formée
pour l'exploitation d'un brevet d'invention, l'inventeur
demanda la nullité pour défaut de publication ; les associés prétendaient néanmoins conserver le droit de copropriété sur le brevet. Ces droits, ici encore, ne résul-
taient pas évidemment des opérations sociales, mais bien
de l'acte même de société, qui, étant déclaré nul, ne

---

(1) Paris, 23 déc. 1831 (S.32.2.57).
(2) Cass., 4 janv. 1853 (S.53.1.111).
(3) Cass., 3 mars 1846 (S.46.1.633).
(4) Cass., 21 mai 1862 (S.62.1.734).

pouvait produire, ainsi que nous l'avons dit déjà tout à
l heure, aucun effet : l'inventeur devait donc reprendre
la libre disposition du brevet ; la nullité prononcée faisait évanouir tous les droits des coassociés (1).

Il faut dire enfin que la Cour de cassation a rappelé ce
principe que, si une société loyalement formée vient à
être annulée ou à défaillir, parce que les conditions essentielles à sa constitution n'ont pas été réalisées, toutes
les opérations accomplies pendant l'existence *de fait* de
la société lient les parties et donnent nécessairement lieu
à une liquidation et à un règlement obligatoire pour tous
les associés. Mais dans l'espèce jugée par la Cour, une
clause de l'acte social portait que la société n'existerait
qu'*à compter du jour où serait complète la souscription de
800 actions.* Cette condition n'ayant pas été remplie, la
société fut dissoute ou, pour mieux dire, ne put être
constituée. Dans ce cas, les souscripteurs ne pouvaient
être tenus de remplir un engagement subordonné à une
condition qui venait complétement à défaillir ; et pour
condamner les demandeurs en cassation, il était nécessaire d'établir qu'ils avaient pris un engagement personnel, indépendant d'une simple souscription d'actions (2).

821. Il est peut-être nécessaire de rappeler, en terminant ce commentaire, la disposition finale de l'art. 56,
portant que le défaut d'aucune de ces formalités ne
pourra être opposé par les associés à des tiers ayant intérêt à considérer la société comme existante, et ceux-
ci seraient admis à établir par suite qu'un individu,
qui ne figure pas parmi les associés dénommés dans

---

(1) Paris, 17 mai 1837 (S.38.2.119).
(2) Cass., 7 fév. 1865 (S.65.1.235). *Sic*, Cass., 19 mars et 13 mai 1862 (S.62.
1.825).

l'acte de société légalement publié, était réellement associé (1).

———

ARTICLE 57.

L'extrait doit contenir les noms des associés autres que les actionnaires ou commanditaires ; la raison de commerce ou la dénomination adoptée par la société et l'indication du siége social ; la désignation des associés autorisés à gérer, administrer et signer pour la société ; le montant du capital social et le montant des valeurs fournies ou à fournir par les actionnaires ou commanditaires ; l'époque où la société commence, celle où elle doit finir, et la date du dépôt fait aux greffes de la justice de paix et du tribunal de commerce.

ARTICLE 58.

L'extrait doit énoncer que la société est en nom collectif ou en commandite simple, ou en commandite par actions, ou anonyme, ou à capital variable.

Si la société est anonyme, l'extrait doit énoncer le montant du capital social en numéraire et en autres objets, la quotité à prélever sur les bénéfices pour composer le fonds de réserve.

Enfin, si la société est à capital variable, l'extrait doit contenir l'indication de la somme au-dessous de laquelle le capital social ne peut être réduit.

SOMMAIRE.

———

(1) Cass., 31 mars 1851 (S.51.1.276).

822. Il faut poser en principe que l'extrait rendu public doit contenir toutes les mentions de l'acte social, qui sont de nature à intéresser les tiers.

Si l'extrait ne mentionnait pas l'époque où la société doit commencer, l'art. 1843, C. civ., deviendrait applicable, et elle commencerait à la date même du contrat. L'extrait devrait, en outre, faire mention expresse de toute clause dérogeant au droit commun, si elle était de nature à être opposée aux tiers; dans le cas contraire, la publicité n'en est pas exigée (1). L'extrait doit indiquer non-seulement la raison de commerce de la société et les noms avec les désignations les plus complètes et les plus précises de tous les membres qui la composent, mais encore faire connaître ceux des associés qui sont autorisés à gérer, administrer et signer pour la société. Cette disposition a une importance très-grande, puisque, par cela seul que l'acte a établi un associé gérant, il a exclu tous les autres du pouvoir de traiter avec les tiers pour le compte de la société et de l'engager par leur signature (*suprà*, nᵒˢ 527 et s.). A défaut d'une énonciation restrictive rendue publique, il est certain que la signature de tout associé sous la raison sociale engagerait la société (V. *suprà*, nᵒ 522).

Les noms des actionnaires peuvent n'être pas connus, changer souvent et n'ont aucun intérêt pour les tiers : il en est de même des commanditaires, s'ils ont versé leur mise. Si les commanditaires, au contraire, sont encore débiteurs du montant de leur commandite, les tiers pourraient avoir intérêt à connaître leurs noms, afin d'apprécier leur solvabilité. La loi n'a pas cru devoir, cependant, faire exception à la règle générale qui s'applique aux

---

(1) Cass., 21 fév. 1832 (D.P.32.1.110); Pardessus, n. 1006.

commanditaires ; les tiers sont instruits que les valeurs promises ne sont pas réalisées, c'est à eux d'apprécier le degré de confiance qu'ils doivent accorder à la société et qui ne peut être basé, surtout dans ce cas, que sur le crédit des associés gérants et solidaires. Mais le montant des valeurs à fournir n'en doit pas moins être indiqué, afin que les créanciers puissent plus tard, au besoin, ou agir contre les commanditaires, ou exiger la justification de l'emploi des sommes qui auraient été versées. Toute fausse énonciation à cet égard serait punie des peines portées contre l'escroquerie (C. pén., art. 405). La loi ne devait pas exiger la mention de la valeur formant l'apport des associés en nom collectif, par le motif que ceux-ci sont solidairement responsables sur l'universalité de leurs biens (1).

L'extrait mentionne également la durée de la société, puisque, une fois dissoute, tout ce qui serait fait en son nom serait nul.

L'art. 57, au surplus, est calqué sur l'art. 43, C. comm., mais il a apporté quelques modifications à l'ancienne loi.

L'extrait, dit l'art. 57, doit contenir :

1° Les noms des associés autres que les actionnaires ou commanditaires, c'est-à-dire les noms seuls des associés en nom collectif indéfiniment tenus. Il n'en existe aucun dans les sociétés anonymes, à l'égard desquelles l'art. 44, C. comm., aujourd'hui abrogé, avait créé des exigences particulières. Un peu plus bas, l'art. 57, copiant l'art. 44, C. comm., parle de *la désignation de ceux des associés autorisés à gérer, administrer et signer pour la société :* dans l'ancienne loi, ces mots s'appliquaient ex-

---

(1) Cass., 28 juin 1865 (D.P.65.1.360).

clusivement aux associés en nom collectif, que l'acte social avait investis de ces pouvoirs à l'exclusion des autres. Suivant M. Vavasseur, dans la loi nouvelle, ils
s'appliquent aux premiers administrateurs des sociétés
anonymes, sans qu'il fût nécessaire, par la suite, de rendre publics les noms des administrateurs qui succéde-
raient aux premiers nommés, ce qui impliquerait une
contradiction difficile à expliquer (1). Nous croyons que
cette opinion doit être absolument rejetée, et que la
loi nouvelle reste sans aucune application en ce qui
concerne les administrateurs des sociétés anonymes.

823. 2° et 3°. En même temps que la désignation
des associés autorisés à gérer, dont nous venons de parler, l'extrait doit contenir la raison de commerce ou la dénomination adoptée par la société et l'indication du siége
social ; aucune observation n'est à faire sur ce point.

4° L'extrait doit contenir également : LE MONTANT DU
CAPITAL SOCIAL *et le montant des valeurs fournies ou à four-
nir par les actionnaires ou commanditaires.* Les mots EN
PETITES CAPITALES ont été ajoutés au texte de l'art. 44,
C. comm., et nous devons avouer que nous ne pouvons
en comprendre le sens.

MM. Mathieu et Bourguignat (2) n'hésitent pas à proclamer que la loi nouvelle n'a pas voulu, pas plus que la
loi ancienne, que la publication fît aucune mention des
apports ou de la fortune des associés en nom collectif,
par le motif que ceux-ci sont responsables sur l'universalité de leurs biens (3). Cependant, M. Vavasseur enseigne et croit que : « Les sociétés en nom collectif étant
confondues avec les autres sociétés dans l'art. 57, de-

---

(1) Vavasseur, n. 433.
(2) Mathieu et Bourguignat, n. 311.
(3) Cass., 28 juin 1865 (D.P.65.1.360).

vront désormais publier le montant de leur capital social, ce dont elles étaient jusque-là dispensées (1) ; » et
il faut bien convenir que ce serait la seule explication à
donner du changement que le texte a apporté à la rédaction de l'art. 44, C. comm., seulement, les derniers mots
deviendraient complétement inutiles, puisque le capital
commanditaire ou par actions est évidemment compris
dans le capital social.

Nous pensons qu'il faut interpréter ces mots : le *capital social,* puisqu'il est autre chose que le *montant des valeurs fournies ou à fournir,* dans ce sens qu'il s'applique
au cas prévu par l'art. 3 ci-dessus, lequel permet de stipuler que les titres pourront n'obliger les souscripteurs
que jusqu'à concurrence de la moitié de leur valeur nominale ; dans tous les cas, il est certain que cette clause,
de nature à intéresser grandement le tiers, devrait être
rendue publique.

Nous dirons tout à l'heure si l'extrait pour les sociétés
par actions doit indiquer si le capital est en numéraire
ou comprend des apports en nature.

5° Nous n'avons rien à dire sur l'indication que doit
contenir l'extrait publié de l'époque où la société commence ; de celle où elle doit finir et de la date du dépôt
fait aux greffes de la justice de paix et du tribunal de
commerce, ou du tribunal civil qui en fait les fonctions.

824. L'art. 58 vient compléter celui qui le précède
et dit expressément que l'extrait doit faire connaître
quelle est la forme adoptée par la société ; cette mention
intéresse au plus haut degré le public.

Le second paragraphe ajoute que si la société est ano-

---

(1) Vavasseur, n. 434. *Sic,* Cass., 20 juill. 1870 (J.P.72.139).

nyme, l'extrait doit énoncer la quotité à prélever sur les bénéfices pour composer le fonds de réserve ; et d'abord *le montant du capital social* EN NUMÉRAIRE OU EN AUTRES OBJETS : c'est sous une autre forme ce que l'art. 57 avait dit déjà. Est-ce une pure redondance, ou la loi contient-elle une exigence nouvelle ?

Il paraît naturel d'expliquer les mots du second paragraphe dans ce sens, que l'extrait doit apprendre aux tiers si le capital, en outre du numéraire, comprend des apports en nature ; et, dans ce cas, quel est le montant du numéraire et quelle est l'évaluation des apports *en autres objets* que le numéraire. Mais s'il n'y aucune difficulté sur ce point, il peut être embarrassant de décider si une semblable publication ne doit pas être faite également dans les commandites par actions. Sans doute, la rédaction du second paragraphe est spéciale aux sociétés anonymes ; mais elle n'est pas conçue en termes absolument exclusifs ; et, d'un autre côté, le principe général en matière de publication, c'est que toute circonstance de nature à intéresser les tiers doit être portée à leur connaissance. Les énonciations de l'art. 44, C. comm., étaient purement énonciatives ; il doit en être de même de celles que contiennent les art. 57 et 58 de notre loi.

825. L'art. 1833, C. civ., a dit depuis bien longtemps que l'apport d'un associé peut consister dans *son industrie* ; et les cas où cette hypothèse s'est réalisée sont nombreux. Aucune difficulté ne s'est jamais élevée à cet égard. On a dû s'étonner qu'en présence de ce texte et d'une pratique constante, quelques personnes aient mis en doute que des associés pouvaient apporter dans une société en commandite ou anonyme, leur travail comme représentant leur mise ; mais dans ce cas, aux termes de notre loi, si la société est par actions, cette mise doit être évaluée (V. *suprà*, n° 783). Cette évaluation, à coup sûr, ne peut être qu'incertaine ; mais elle est indispensable, non-seulement pour obéir à la loi, mais pour fixer la proportion dans laquelle le travailleur participera aux bénéfices ou contribuera aux pertes ; toutefois, au point de vue spécial des publications à faire, il serait suffisant d'indiquer dans l'extrait la nature du travail promis et les conditions auxquelles 'il doit être exécuté (1).

826. Le troisième paragraphe de l'art. 58 est très-clair et n'exige aucune explication.

827. Il a été jugé par la Cour de Douai que, si l'extrait rendu public n'a pas déterminé la mise de l'associé commanditaire, cette omission n'avait pas pour effet de rendre de plein droit cet associé indéfiniment responsable des dettes sociales (2); mais il s'exposerait à des difficultés fort graves pour établir l'importance de la mise qu'il avait pris l'engagement d'apporter, et justifier avant tout qu'il n'y a dol ni fraude de sa part. Ainsi, toute infraction aux prescriptions de la loi sur ce point, non-seulement frappe de nullité la société, mais peut créer des embarras aux associés, qui n'ont pas veillé à ce que l'on s'y conformât exactement.

M. Delangle désapprouve même formellement, en principe, la doctrine de cet arrêt ; il ne se dissimule pas que l'opinion qu'il soutient est d'une rigueur extrême, mais elle lui paraît exigée par le texte de la loi (3). Quant à nous, le texte ne nous paraît pas assez précis pour interdire aux tribunaux de prendre en considération les circonstances qui seraient alléguées ; mais il y aurait une

---

(1) Vavasseur, n. 436.
(2) Douai, 8 janv. 1814. *Contrà*, Cass., 29 fév. 1816; Dalloz, *Rép.*, v° *Société*, n. 1134.
(3) *Sociétés comm.*, n. 559.

imprudence extrême au commanditaire à laisser commettre cette omission ; car l'associé qui ne borne pas lui-même sa responsabilité peut légitimement craindre qu'elle ne soit regardée par les tiers au moins, comme indéfinie.

Nous le répétons, toutefois, si la jurisprudence a admis qu'à défaut de toute publicité les juges peuvent avoir encore égard aux énonciations de l'acte de société pour attribuer à l'un des associés la qualité seulement de commanditaire, comment, dans l'hypothèse que nous examinons, enlever aux tribunaux le droit d'apprécier les circonstances ? Il ne faut pas oublier que le commanditaire doit rester étranger à la publication, qu'il ne pourrait même pas la rectifier, et qu'il ne serait pas juste de le rendre, dans tous les cas, victime d'une omission qu'il aura pu ignorer dans certaines circonstances et qui pouvait n'être qu'une fraude contre lui (1). Toutefois, M. Bédarride fait observer, tout en partageant notre avis, que la Cour de Douai, dans l'espèce qui lui était soumise, semble avoir fait une appréciation mal justifiée par les faits (2), qui n'ont pas été bien appréciés par elle.

Il n'est pas douteux, qu'à l'égard des tiers, l'extrait rendu public est la seule convention obligatoire ; il fixe la position des associés envers les créanciers qui ne peuvent, en aucun cas, être tenus de consulter l'acte même de société (3) ; mais nous devons rappeler qu'à l'égard de certaines clauses, toutefois, contraires à la loi, la publicité même ne pourrait les rendre opposables aux tiers. C'est donc sous cette réserve que doivent être compris les art. 57 et 58, qui ont remplacé l'art. 43, C. comm.

---

(1) Paris, *Moniteur* du 26 mars 1863, p. 452, et Dalloz, *Rép.*, v° *Société*, n. 1132 et 1134.

(2) Bédarride, 383 et 384.

(3) Lyon, 7 avril 1865 (D.P.65.2.177) ; Paris, 4 avril 1837 ; Dalloz, *Rép.*, v° *Société*, n. 834.

ARTICLE 59.

Si la société a plusieurs maisons de commerce situées dans divers arrondissements, le dépôt prescrit par l'art. 55 et la publication prescrite par l'art. 56 ont lieu dans chacun des arrondissements où existent les maisons de commerce.

Dans les villes divisées en plusieurs arrondissements, le dépôt sera fait seulement au greffe de la justice de paix du principal établissement.

SOMMAIRE.

828. Sociétés ayant plusieurs maisons de commerce (art. 59).
829. Lieu dans lequel les publications doivent être faites ; que doit-on entendre par *maison de commerce?* délai augmenté en raison des distances, s'il y a plusieurs maisons ; société étrangère ; constatation des formalités.

828. L'art. 59 a emprunté le second paragraphe de l'art. 42, C. comm. ; le texte, au reste, est explicite et ne peut soulever aucune difficulté ; on a eu soin d'ajouter que la disposition n'est point applicable aux villes divisées en plusieurs *arrondissements ;* ce dernier mot doit s'entendre de circonscriptions cantonales ou de justices de paix.

829. Il faut plusieurs dépôts et publications si la société a plusieurs maisons de commerce situées dans divers arrondissements, et sous peine également de nullité. Mais que doit-on entendre par *maisons de commerce?* Donnera-t-on ce nom à la fabrique, à l'usine, quelle qu'elle soit, où se préparent les produits qui font l'objet du commerce social ? Évidemment non ; l'usine est un instrument ; il n'y a maison de commerce que là où l'on achète et où l'on vend ; d'où partent et où arrivent les commandes ; où les tiers peuvent s'adresser ; où se réalisent enfin les actes qui constituent le commerce complet de la société (1). Cependant, il y a eu discussion sur ce point.

(1) V. Cass , 4 mars 1845 et 4 mai 1857 (S.45.1.273 et 57.1.464); Paris, 31 août 1848 ; Lehir (49.2.58).

Lorsqu'une société a plusieurs maisons de commerce situées dans divers arrondissements, nous pensons, avec M. Demangeat, qu'il est équitable de décider que le délai d'un mois sera augmenté de plein droit en raison des distances, conformément aux règles posées par le Code de procédure (1).

Si la société contractée entre Français et étrangers, ou même entre Français, n'avait point de siége social en France, les formalités prescrites par les art. 55 et 56 ne seraient plus possibles, et les nullités que prononce l'article 56 ne pourraient être appliquées (2).

ARTICLE 60.

L'extrait des actes et pièces déposés est signé, pour les actes publics, par le notaire, et pour les actes sous seing privé, par les associés en nom collectif, par les gérants des sociétés en commandite ou par les administrateurs des sociétés anonymes.

SOMMAIRE.

830. Signature de l'extrait.

830. Cet extrait devra être signé, conformément aux distinctions posées par l'art. 44, C. comm., que l'art. 60 ci-après a adoptées, par les notaires pour les actes publics, et, pour les actes sous seing privé, par tous les associés, si la société est en nom collectif, et par les associés solidaires ou gérants, si la société est en commandite, soit qu'elle se divise ou ne se divise pas en actions. Il sera signé par les administrateurs pour les sociétés anonymes.

---

(1) Demangeat sur Bravard, t. 1ᵉʳ, p. 338, note 2. *Contrà*, Rivière, comm. L. 24 juill. 1867, n. 358.
(2) Paris, 10 août 1847; Lebir, 48.2.90.

Lorsque l'acte de société a été fait par acte public, la signature du notaire qui l'a reçu apposée au bas de l'extrait suffit, et c'est lui, généralement, qui est chargé des formalités de la publication ; comme tout mandataire, il répondrait de sa faute ou de sa négligence, mais dans le cas seulement où il a reçu mandat exprès à cet effet ; il n'en est pas chargé de plein droit (1).

Lorsqu'un acte sous seing privé reconnu par toutes les parties est déposé par elles chez un notaire, il doit être assimilé, par suite de ce dépôt, à un acte authentique ; c'est une règle admise sans difficulté : dans ce cas, il suffirait donc que l'extrait fût signé par le notaire dépositaire.

Les formalités prescrites par les art. 57 à 60 doivent être remplies comme celles dont il est parlé aux art. 55 et 56, sous peine de nullité, puisqu'elles se rattachent les unes aux autres d'une manière nécessaire. En ce qui concerne les tiers, l'acte n'a pas de force par lui-même ; la publication seule le rend efficace.

ARTICLE 61.

Sont soumis aux formalités et aux pénalités prescrites par les art. 55 et 56 :

Tous actes et délibérations ayant pour objet la modification des statuts, la continuation de la société au delà du terme fixé pour sa durée, la dissolution avant ce terme et le mode de liquidation, tout changement ou retraite d'associés et tout changement à la raison sociale.

Sont également soumises aux dispositions des art. 55 et 56 les délibérations prises dans les cas prévus par les art. 19, 37, 46, 47 et 49 ci-dessus.

ARTICLE 62.

Ne sont pas assujettis aux formalités de dépôt et de publication, les

---

(1) Douai, 24 nov. 1840 ; Dalloz, *Rép.*, v° *Responsabilité*, n. 307. 2°.

actes constatant les augmentations ou les diminutions du capital social opérées dans les termes de l'art. 48, ou les retraites d'associés, autres que les gérants ou administrateurs, qui auraient lieu conformément à l'art. 52.

831. L'art. 61 ne sera pas appliqué dans toutes les sociétés ; mais dans celles-là seulement qui, au cours de leur durée, subiront une modification dans les conditions qui ont présidé à leur constitution, si elle peut intéresser les tiers, et si elle est d'une nature telle qu'elle aurait

dû prendre place dans les publications exigées par les
art. 55 et 56 ci-dessus.

C'est ainsi qu'était entendu l'art. 46, C. comm., dont
l'art. 61 de notre loi s'est inspiré. Les seules modifications portent sur les éléments qui ont dû être énoncés
dans l'extrait rendu public, mais toutes ces modifications
doivent donc être publiées, soûs peine de rendre complétement illusoires les précautions prises pour la publication des actes sociaux primitifs. C'est dans cet esprit
que doivent être comprises les nomenclatures, qui devraient être considérées, s'il y avait lieu, comme purement énonciatives de l'art. 61, et sous les modifications
que l'art. 62 est venu y apporter.

832. Le premier § de l'art. 61 contient une énumération de laquelle il n'est permis de rien retrancher : tout
est également obligatoire ; il y a lieu seulement de faire
observer que la loi, en parlant de changement ou retraite
d'associés, n'a pu avoir en vue les propriétaires d'actions ; la question est controversée pour les commanditaires dans les sociétés en commandite simple et sous certaines distinctions (V. *infrà*, n° 841). L'art. 62 vient aussi
modifier les termes absolus du texte de l'article précédent, quand il s'agit des sociétés à capital variable : dans
ces sortes de sociétés, les actes constatant l'augmentation
du capital provenant de l'admission d'associés nouveaux
prononcée conformément à l'art. 48 ; ou la diminution
de ce même capital résultant de la retraite d'associés
opérée conformément à l'art. 52, ne sont assujettis ni
à la formalité du dépôt (art. 55 ci-dessus), ni à celle de
la publication (art. 56), à moins, toutefois, que l'associé
qui se retire ne soit gérant ou *administrateur*.

Ce mot d'*administrateur* ne doit pas être interprété
dans ce sens, que, pour les sociétés à capital variable,

constituées sous la forme anonyme, il y ait nécessité de publier les noms des personnes chargées de l'administration ; il doit être pris comme synonyme de gérant responsable. Nous ne pensons pas, du moins, qu'une autre interprétation puisse être suivie (V. *suprà*. n° 822).

833. Le second paragraphe de l'art, 61 se réfère à divers articles le précédant, qu'il énumère ; savoir :

L'art. 19, relatif à la transformation en sociétés anonymes des sociétés en commandite par actions formées antérieurement à la loi nouvelle ;

L'art. 37, qui exige, dans les sociétés anonymes, en cas de perte des trois quarts du capital, une délibération de l'assemblée générale ;

Les art. 46 et 47, qui ont trait également à la transformation en sociétés anonymes, dans les termes de la loi nouvelle, des anciennes sociétés anonymes et des sociétés à responsabilité limitée ;

L'art. 49, enfin, spécial aux sociétés à capital variable, et qui prévoit le cas de l'augmentation du capital primitif dans les conditions déterminées par la loi.

L'art. 61 sanctionne les différentes prescriptions que nous venons de faire connaître par *les pénalités*, dit le texte, *prescrites par les art.* 55 *et* 56 ; mais conformément au dernier paragraphe de l'art. 56, ces pénalités se réduisent à celle de la nullité à l'égard des intéressés, sans que le défaut d'aucune de ces formalités puisse être opposé aux tiers par les associés.

C'est la reproduction des derniers paragraphes des art. 42 et 46, C. comm., qui ont été abrogés. Il y a lieu seulement de remarquer que lorsqu'il s'agit de l'exécution des art. 55 et 56, la nullité prononcée est celle de la société elle-même ; mais quand il s'agit de l'exécution des art. 61 et 62, la nullité prononcée n'a d'autre effet que de rendre comme non avenus les actes non rendus publics : la société n'en subsiste pas moins et continue sur ses anciennes bases et dans ses conditions antérieures (V. *infrà*, n°ˢ 387 et suiv.). Cette distinction ne doit jamais être oubliée (1).

834. L'art. 61 est applicable, même quand il s'agit de sociétés non publiées, puisque son inexécution ne peut être opposée aux tiers : « Attendu, a dit la Cour de cassation, antérieurement à l'abrogation des art. 42 à 46, C. comm., que la relation de l'art. 46 à l'art. 42 ne suffit pas pour donner un sens restrictif à l'art. 46 : en effet, de ce que l'art. 46 est applicable aux sociétés publiées en exécution de l'art. 42, il n'est pas permis de conclure que cet article ne doit pas aussi être appliqué aux sociétés non publiées ; ce serait autoriser les sociétés déjà coupables de l'inexécution de l'art. 42, à induire encore les tiers en erreur, en n'exécutant pas l'art. 46 » (2) ; si ces tiers, toutefois, ont connu l'existence de fait de la société (V. *infrà*, n° 843).

835. Ici se représente une question déjà soulevée sous l'art. 56 ; les formalités exigées par l'art. 61 doivent-elles, à peine de nullité, être accomplies dans le délai d'un mois établi par l'art. 56 ? La question étant la même, la réponse ne peut varier (*suprà*, n°ˢ 808 et suiv.) : un arrêt de la Cour de cassation que nous avons cité sous l'art. 56, mais qui s'applique plus particulièrement à l'article 61, dit que la publication, après le délai fixé par la loi, de l'acte de dissolution d'une société ne doit pas être réputée non avenue, et que la société n'est pas censée

---

(1) Mathieu et Bourguignat, n. 324.
(2) Cass., 9 juill. 1833 (S.33.1.538). *Sic, Id.*, 29 janv. 1838 (S.38.1.64), et 20 fév. 1867 ; *Gaz. des Trib.*, 21 fév. 1867 ; Lyon, 14 mai 1832 (S.32.2.505) ; Bédarride, n. 421. *Contrà*, Pardessus, n. 1088-2°.

continuer; mais la dissolution toutefois a son effet seulement du jour de la publication et non à partir de la date de l'acte tardivement publié ; jusqu'à la publication, tous les intéressés et les associés eux-mêmes sont autorisés à regarder la dissolution comme non avenue et à agir en conséquence (1).

836. Il semblerait superflu d'ajouter, s'il n'existait un arrêt sur cette question, que l'obligation de publicité ne s'applique qu'aux stipulations ou clauses qui auraient dû prendre place dans l'extrait dont parle l'art. 56, et qui sont de nature à intéresser les tiers; ainsi n'est pas soumise à la condition de publicité la clause qui change le mode de partage des bénéfices de la société (2); mais la ratification par un associé de l'acte auquel il n'avait pas concouru et dans lequel on s'était porté fort pour lui a été regardée comme une modification sujette à publication nouvelle, quoique toute publicité eût été donnée à l'acte avant la ratification (3).

Ainsi encore doit être publiée la clause donnant au gérant le droit d'emprunter sur hypothèque, que l'acte primitif lui refusait (4); en règle générale, toutefois, la société aura plus d'intérêt pour se défendre contre les tiers, à publier les clauses qui restreignent les pouvoirs primitivement accordés au gérant, que les clauses qui viennent les étendre. Il n'est pas douteux que toute clause ne modifiant pas le nombre des associés, mais bien seulement le nombre des gérants, même lorsque cet événement a été déclaré éventuellement possible, devrait

---

(1) Cass., 9 juill. 1833 (S.33.1.538). — *Sic*, Cass., 7 juin 1831 (D.P.31.1.316) et 30 juill. 1856 (J.P.57, p. 542); Pardessus, n. 1088-2°; Bédarride, n. 407.

(2) Cass., 21 fév. 1832 (S.32.2.644).

(3) Cass., 4 août 1847 (S.47.1.649).

(4) Lyon, 26 nov. 1863 (D.P.64 2.233).

être publiée de même que toute délibération prise conformément à l'acte social, acceptant la démission d'un gérant prononçant sa révocation ou lui donnant un successeur (1).

La publication de l'acte de société faisant connaître le droit que se réservent les gérants de s'adjoindre un cogérant, ne dispense pas de rendre publique la convention par laquelle cette stipulation a été réalisée plus tard (2). Il en serait de même dans tous les cas où les associés, au lieu de déterminer une époque certaine, auraient stipulé la cessation de leur société dans le cas de quelque événement fortuit ou dépendant même de leur volonté. La circonstance qu'on aurait fait connaître une semblable éventualité dans l'extrait affiché de l'acte social, ne serait point une raison qui dispensât de rendre publique la dissolution amenée par la réalisation de l'événement prévu.

C'est, du reste, aux tribunaux qu'il appartient d'apprécier quelles sont les stipulations qui doivent être publiées, s'il y a contestation (3).

837. Si la dissolution de société avant le terme fixé pour sa durée par l'acte qui l'établit n'a pas été rendue publique, et doit être considérée comme non avenue, l'associé retiré de fait reste donc de plein droit obligé à tous les engagements contractés par les membres de la société dont il doit être réputé faire encore partie (4).

Une publicité incomplète, telle que le dépôt et la publication dans un lieu autre que celui où est situé l'éta-

---

(1) Paris, 5 juill. 1859, et Cass., 9 mai 1860 (S.59.2.553 et 60.1.621).
(2) Paris, 23 juill. 1857 (J.P.58, p. 105t).
(3) Cass., 26 août 1845 (S.45.1.625). V. Lyon, 8 juill. 1864 ; *Gaz. des Trib.*, 14 oct. 1864.
(4) Lyon, 14 mai 1832 (S.32.2.505). .

blissement social, est sans valeur. Cette circonstance que les engagements ont été contractés sous une raison sociale différente de celle qu'avait adoptée la société dissoute clandestinement ne suffit pas pour décharger l'associé retiré : en effet, les engagements contractés au profit de la société, et ici elle est présumée subsister encore, doivent être exécutés par elle, quoiqu'ils n'aient pas été contractés sous la raison sociale (1); c'est ce que nous avons enseigné (*suprà*, nᵒ 526).

La Cour de Dijon a jugé que la dissolution peut être opposée aux tiers, quoiqu'elle n'ait pas été légalement publiée, s'ils en ont eu connaissance (2) : cette doctrine ne peut être admise qu'autant que la société aurait été dissoute de plein droit par la mort de l'un des associés, par exemple (V. *suprà*, nᵒ 482); mais, si la société n'a pas été dissoute par un événement qui lui fait prendre fin de plein droit, les règles enseignées sous les art. 55 et 56 doivent être suivies ; et nous n'admettons pas que le vœu de l'art. 61 soit suffisamment rempli par des circulaires et des insertions dans les journaux ; il faut se conformer strictement à la loi (3).

838. Il n'est pas douteux que les tiers admis à se prévaloir ainsi du défaut de publicité donnée à la dissolution anticipée, ne pourraient prétendre avoir des droits plus étendus après la dissolution qu'avant la dissolution ; et le commanditaire, par exemple, qui n'a pas fait acte de gestion, ne pourrait être tenu indéfiniment : « Il faut admettre, dit un arrêt de la Cour de Paris, que les sociétés se continuent dans leur spécialité originaire, à

---

(1) Cass., 29 janv. 1838 (J.P.38.1.499).

(2) Dijon, 22 juill. 1835 (S.38.1.642).—*Sic*, Paris, 1ᵉʳ juin 1854 (S.54.2.535).

(3) Delangle, n. 579; Bédarride, n. 409. — *Contrà*, Bordeaux. 22 déc. 1828 (D.P.29.2.72); Malpeyre et Jourdain, p. 306; Troplong, n. 940.

moins de circonstances particulières qui en modifient la nature » (1).

L'art. 61 parle de la dissolution anticipée comme de la prorogation au delà du terme primitivement fixé.

Toutes les règles applicables à la non-publication de l'acte primitif s'étendraient de plein droit à la non publication de l'acte de prorogation ou de tout acte rectificatif ou modificatif; il est comme non avenu; et les créanciers personnels d'un associé pourraient, s'ils y avaient intérêt, et ainsi que nous l'avons enseigné sous l'art. 42 (*suprà*, n° 813), opposer cette non-publication aux créanciers sociaux.

Dans le cas où il s'agit d'une dissolution, il faut la déclarer également non avenue, si elle n'a pas été publiée; la société subsiste donc de plein droit; et les créanciers sociaux, jusqu'à ce que la société soit régulièrement dissoute, conservent pour gage l'actif de la société et sont préférés aux créanciers individuels de chacun des associés. Si l'un d'eux est resté seul à la tête de la société, et a réuni dans ses mains les droits de tous par actes restés secrets, il n'a pu constituer au profit de ses créanciers personnels, sur les immeubles de la société, une hypothèque opposable aux créanciers sociaux; puisque les créanciers personnels réclament un privilége, ils doivent l'établir d'une manière régulière; les créanciers sociaux poursuivant leur paiement n'exercent pas les actions de leur débiteur; ils agissent en leur nom et en vertu de droits qui leur sont propres (2). Cette règle est le corollaire de celle que nous avons enseignée sous l'article 56 (*suprà*, n° 813), et d'après laquelle les créan-

---

(1) Paris, 17 avril 1839 (D.P.39.2.125).
(2) Cass., 9 août 1859, (J.P.59, p. 1102).

ciers personnels d'un associé ne sont pas tenus de reconnaître l'existence d'une société clandestine ; les créanciers sociaux, à leur tour, peuvent refuser de reconnaître la dissolution clandestine d'une société régulièrement publiée.

839. Les associés eux-mêmes peuvent se prévaloir du défaut de publication comme ils peuvent, ainsi que nous l'avons vu sous l'art. 56, demander la nullité de l'acte même de société ; les règles à suivre sont les mêmes pour le cas prévu par l'art. 56 et pour ceux qu'a en vue l'art. 61. Pardessus a voulu établir une différence entre le cas où il s'agit de la formation d'une société et celui où il s'agit de sa dissolution, mais il est forcé d'ajouter : « Nous ne nous dissimulons pas, toutefois, que notre opinion, tout équitable qu'elle nous paraisse, s'écarte de la lettre de la loi (1). » Les raisons puisées dans les principes généraux dont il s'appuie seraient parfaitement applicables à la formation de la société ; mais la loi a voulu se montrer d'une rigueur excessive et sacrifier les principes à des considérations d'un autre ordre ; les motifs subsistent dans toute leur force, comme les raisons contraires qui n'ont pas arrêté le législateur. On ne pourrait même excepter le cas prévu par Jousse, où celui qui renonce à la société a signifié ou fait connaître de toute autre manière non équivoque son désistement (2) ; il faut que lui ou les autres membres de la société exécutent la loi.

On peut citer cependant un arrêt où la Cour de cassation (Ch. des req.) semble avoir reculé devant l'application d'un semblable principe dans une espèce où l'as-

---

(1) *Droit comm.*, n. 1074.

(2) Jousse, ord. de 1673, tit. 4, art. 4, n. 2.

socié, à la suite de sa retraite, avait reçu sa part sociale et avait refusé depuis de concourir aux opérations et aux travaux de la société : « Attendu, a dit l'arrêt, qu'en présence de ces déclarations, Antoine Cailleret ne saurait, sous prétexte que sa retraite n'aurait pas été publiée, rétroagir contre des faits depuis longtemps accomplis et librement et volontairement consommés de sa part, ni être admis à reconstituer fictivement et à son profit singulier une société dissoute depuis plus de quinze années, dans le seul but d'invoquer, contre cette société, une nullité qui n'a plus de raison d'être et qui ne pourrait plus avoir d'autre effet que de favoriser des calculs de mauvaise foi (1). »

Cette décision est sans doute très-équitable, mais elle nous paraît contraire au texte de la loi, ou, tout au moins, elle aurait dû être autrement formulée, ainsi que nous allons le dire.

840. Nous avons enseigné, en effet, que dans le cas où un associé demande la nullité d'une société clandestine, les faits accomplis jusqu'à ce jour doivent être réglés conformément à l'acte volontairement exécuté, quoique non publié. Ce sont des règles analogues, sans doute, que l'arrêt du 27 mai 1861 a voulu appliquer; et pour tout le temps écoulé depuis la retraite accomplie, mais non rendue publique, jusqu'au jour où l'associé a opposé le défaut de publicité, les intérêts entre les coassociés seront réglés conformément à ce qui avait été convenu et volontairement exécuté de part et d'autre; et comment pourra-t-il en être autrement, puisque l'associé, en se retirant, a emporté sa mise sociale et a cessé son concours? Mais l'acte non publié n'en est pas moins nul

_____

(1) Cass., 27 mai 1861 (S.62.1.47).

et comme non avenu, tant à l'égard des associés entre
eux qu'à l'égard des tiers ; et à partir de sa demande,
l'associé a droit de reprendre sa place dans la société,
mais aux mêmes conditions et sous les mêmes charges.

Pour le temps écoulé jusqu'au jour de la nullité prononcée, les intérêts des associés entre eux se régleraient
donc d'après les conventions librement consenties et
exécutées par tous les associés (*suprà*, n° 819).

841. Les règles prescrites pour les sociétés en nom
collectif, en ce qui concerne la retraite d'un ou de plusieurs associés, ne trouvent aucune application dans les
sociétés anonymes et ne peuvent être étendues qu'avec
bien des restrictions aux associés commanditaires.

Si la commandite est par actions, il est hors de doute
que les actions peuvent être librement cédées sans que
les changements d'associés aient besoin, dans ce cas, de
recevoir aucune publicité ; la règle serait la même que
que pour les sociétés anonymes.

Dans le cas où la commandite n'est point par actions,
si elle a été intégralement fournie, et que le montant en
reste dans la société, le changement dans la personne du
commanditaire serait une de ces modifications, sans
aucun intérêt pour les tiers, qui n'ont pas besoin d'être
publiées. Mais il n'en saurait être de même si le commanditaire, en se retirant, obtient des autres associés
une modification à ses engagements, ou reprend tout ou
partie du capital qu'il a versé.

Si le commanditaire n'a versé qu'une partie de sa
mise, les associés gérants peuvent-ils consentir une novation qui met à sa place un nouveau commanditaire, et
décharger celui qui se retire de toute obligation envers
la société ? Nous avons décidé le contraire pour l'actionnaire d'une société anonyme, mais nous avons eu soin

de dire que les pouvoirs d'un gérant dans une société semblable étaient infiniment moins étendus que ceux des associés responsables des sociétés collectives ou en commandite. Il existe également des règles spéciales pour les sociétés en commandite par actions. Dans les commandites ordinaires, si tous les associés responsables et solidaires ont été d'accord pour consentir cette novation (1), nous ne voyons pas pourquoi le commanditaire, qui cède ses droits dans ce cas, serait tenu de rendre public l'acte par lequel il est remplacé. Nous ne pensons pas que, faute de cette précaution, il dût continuer d'être considéré comme commanditaire (2), puisque son nom n'a jamais été connu, n'a pas dû être publié : les tiers ne pourraient pas se plaindre avec raison.

L'extrait, rendu public, faisait connaître aux tiers qu'il y avait des commanditaires, mais ne les nommait pas ; et que le montant des valeurs qu'ils devaient verser n'était pas réalisé : en quoi ces énonciations ont-elles cessé d'être vraies, parce qu'il y a eu novation dans la personne des commanditaires débiteurs ? (V. *suprà*, n° 822).

Dans la société en commandite, toute nouvelle convention affectant la mise a une importance bien autrement grande que celle qui s'applique à la personne même du commanditaire, et doit être rendue publique : ainsi, il a été jugé qu'une contre-lettre par laquelle le commanditaire vendait au gérant un immeuble formant, aux termes de l'acte social, une partie de sa mise, devait être publiée comme modifiant les conditions de la société, pour qu'elle pût être opposée aux tiers (3). Cette convention

---

(1) Pardessus, n. 1088-2°.
(2) *Contrà*, Pardessus, n. 1088-2°.
(3) Cass., 26 août 1845 (S. 45.1.625), et la note de M. Devilleneuve.

diminuait bien, en effet, l'apport social du commanditaire, quoique à quelques égards l'actif social restât le
même, puisque l'immeuble n'était pas retiré de la société ; mais la commandite stipulée doit s'ajouter au patrimoine du gérant et en être indépendante. Ainsi, dans
aucun cas, le commanditaire ne pourrait céder ses actions
au gérant lui-même.

Ces restrictions ne trouvent aucune application quand
il s'agit de ceux des membres de la société qui sont gérants ; en ce qui les concerne, ce sont les règles de la
société en nom collectif qui doivent être suivies ; mais
une convention intervenue entre le gérant et le conseil
de surveillance stipulant au profit des actionnaires le droit
de révoquer le gérant, ne doit être publiée, toutefois,
qu'après avoir été approuvée par l'assemblée générale
dans la forme nécessaire pour rendre régulière et obligatoire toute modification aux statuts sociaux (1).

842. Après la dissolution de la société régulièrement
publiée, un engagement signé du nom social ne pourrait
obliger les anciens associés : il y aurait un faux ; s'il était
antidaté, ce serait un nouveau faux ajouté à celui qui résulterait de l'emploi de la raison sociale d'une société
légalement dissoute, et cette circonstance ne changerait
pas le principe. Celui qui a reçu l'acte faux ne pourrait
invoquer sa bonne foi (2). Mais l'acte qui constate un
changement ne doit pas laisser d'équivoque : ainsi, lorsqu'une Cour a jugé que l'associé gérant d'une société a
abdiqué ses fonctions et les a transmises à un autre, conformément au droit qu'il s'était réservé par l'acte de
société, mais qu'il n'a pas cessé cependant d'être associé

---

(1) Cass., 9 mai 1860 (S.60.1.624).
(2) Pardessus, n. 1088-3°.

non gérant, cette appréciation est souveraine et ne peut donner ouverture à cassation (1). Toutefois, il faut ajouter que, dans une autre circonstance, la Cour de cassation semble être revenue sur cette jurisprudence trop sévère sans doute, quand il s'agit d'une société en commandite, n'ayant qu'*un seul* associé indéfiniment responsable (2); mais, en dehors de cette hypothèse, une décision rigoureuse serait bien plus aisément admise, et l'associé qui se retire ne peut être trop explicite dans ses déclarations.

843. Les règles que nous venons d'exposer doivent être équitablement appliquées; et la Cour de cassation a jugé qu'on ne pouvait se prévaloir du défaut de publication de l'acte de dissolution et de la continuation présumée de la société, ou contester les effets de la liquidation, qu'à la condition de prouver avoir connu en fait l'existence de la société et avoir entendu contracter avec elle ou à cause d'elle, dans l'ignorance de sa dissolution et de sa liquidation (3). En effet, quel tort le tiers peut-il alléguer, s'il n'a même pas connu la société? Et de quelle utilité pouvait être pour lui de savoir la dissolution d'une société dont il avait toujours ignoré l'existence? Le cas que nous avons prévu au n° 834 supposait que la société de fait avait été connue.

ARTICLE 63.

Lorsqu'il s'agit d'une société (en commandite par actions ou d'une société anonyme, toute personne a le droit de prendre communication des pièces déposées aux greffes de la justice de paix et du tribunal de

(1) Cass., 1er juill. 1841 (S.41.1.855).
(2) Cass., 12 janv. 1852 (S.52.1.193).
(3) Cass., 13 mars 1854 (S.54.1.378).

commerce, ou même de s'en faire délivrer à ses frais expédition ou extrait par le greffier ou par le notaire détenteur de la minute.

Toute personne peut également exiger qu'il lui soit délivré au siége de la société une copie certifiée des statuts, moyennant paiement d'une somme qui ne pourra excéder un franc.

Enfin, les pièces déposées doivent être affichées d'une manière apparente dans les bureaux de la société.

ARTICLE 64.

Dans tous les actes, factures, annonces, publications et autres documents *imprimés* ou *autographiés*, émanés des sociétés anonymes ou des sociétés en commandites par actions, la dénomination sociale doit toujours être précédée ou suivie immédiatement de ces mots, écrits lisiblement en toutes lettres : *Société anonyme*, ou *Société en commandite par actions*, et de l'énonciation du montant du capital social.

Si la société a usé de la faculté accordée par l'art. 48, cette circonstance doit être mentionnée par l'addition de ces mots : *à capital variable*.

Toute contravention aux dispositions qui précèdent est punie d'une amende de cinquante francs à mille francs.

SOMMAIRE.

844. Les art. 63 et 64 concernent exclusivement les sociétés par actions, et les dispositions qu'ils contiennent ont pour but de constituer pour elles une publicité permanente pendant toute la durée de la société et qui survivra aux diverses publications que nous avons mentionnées, obligatoires pour toutes les sociétés.

Les énonciations contenues à l'art. 63 sont assez précises et assez claires pour n'exiger aucun commentaire ; il suffit de lire le texte.

845. L'art. 64 semble n'exiger également aucun

commentaire. Le texte n'en doit pas être étendu ; et les indications qu'il énumère doivent bien n'être portées que sur les documents *imprimés* ou *autographiés* à l'exclusion de ceux qui seraient simplement manuscrits ; et c'est avec intention et après examen que ceux-ci ont été exclus ; si les abus sont possibles encore, ils ont semblé peu à craindre. C'est conformément à ces explications et dans ces limites, que la contravention existe et que l'amende édictée par le dernier paragraphe de l'art. 64 pourra être prononcée.

La rédaction première de la commission parlait seulement des documents *imprimés ;* et il eût été facile, en interprétant largement ce texte, conformément à l'esprit qui l'avait dicté, de dire que la loi n'exceptait que les documents manuscrits et s'étendait à ceux qui sont imprimés, autographiés, lithographiés, photographiés, gravés, etc., etc., etc., en réservant même l'avenir et les inventions nouvelles. Le Conseil d'État, en ajoutant le mot *autographiés,* a rendu beaucoup plus difficile une semblable interprétation ; nous pensons, cependant, que l'esprit de la loi exige qu'elle soit suivie. On eût évité toute difficulté en disant expressément : *document* NON MANUSCRITS.

846. Les pénalités prononcées par le dernier paragraphe s'appliquent exclusivement aux contraventions qui violent les dispositions de l'art. 64 lui-même et non à celles qui s'appliqueraient à l'art. 63 (1) ; mais l'amende sera-t-elle encourue pour chacun des actes ou documents imprimés ou autographiés, omettant les mentions prescrites et dont la société aura fait usage ? La jurisprudence, pour des espèces présentant avec celle-ci une

---

(1) Mathieu et Bourguignat, n. 326 ; Vavasseur, n. 450 ; Rivière, n. 408.

analogie, s'est montrée très-sévère, et la loi aurait dû
évidemment s'en expliquer. La loi anglaise porte : « Est
« passible de l'amende tout agent ou employé de la so-
« ciété qui émettra ou autorisera l'émission d'avis, pu-
« blications, lettres d'envoi, etc. » Cette rédaction nous
eût paru bien préférable (1). La jurisprudence devra interpréter d'une manière bienveillante cette disposition
qui ne tient compte ni de l'intention, ni du préjudice
causé et l'appliquer avec modération. Les sociétés, de
leur côté, ne sauraient apporter trop d'attention à ne pas
l'encourir.

ARTICLE 65.

Sont abrogées les dispositions des art. 42, 43, 44, 45 et 46 du Code
de commerce.

SOMMAIRE.

847. La loi n'a pas d'effet rétroactif.

847. L'art. 65 n'exige évidemment aucune explication ; les articles du Code de commerce qu'il abroge continuent à régir les sociétés fondées avant la promulgation de notre loi et celle-ci n'a aucun effet rétroactif.

TITRE V.

DES TONTINES ET DES SOCIÉTÉS D'ASSURANCES.

ARTICLE 66.

Les associations de la nature des tontines et les sociétés d'assurances
sur la vie, mutuelles ou à primes, restent soumises à l'autorisation et à
la surveillance du Gouvernement.

---

(1) Vavasseur, n. 450.

Les autres sociétés d'assurances pourront se former sans autorisation. Un règlement d'administration publique déterminera les conditions sous lesquelles elles pourront être constituées.

ARTICLE 67.

Les sociétés d'assurances désignées dans le § 2 de l'article précédent, qui existent actuellement, pourront se placer sous le régime qui sera établi par le règlement d'administration publique, sans l'autorisation du Gouvernement, en observant les formes et les conditions prescrites pour la modification de leurs statuts.

SOMMAIRE.

848. Les art. 66 et 67 sont restés tels que les avait présentés le gouvernement et n'ont reçu aucune modification soit de l'examen de la commission, soit de la discussion au sein du Corps législatif. Nous aurons donc bien peu de chose à ajouter à l'exposé des motifs dû à l'honorable M. Duvergier, pour en donner le commentaire complet.

Nous dirons d'abord l'ancien état de choses, en ce qui concerne les sociétés d'assurances mutuelles, qu'elles fussent ou non sur la vie, et en ce qui concerne les tontines.

Un avis du Conseil d'État, approuvé le 15 octobre 1809, rendu à l'occasion d'une demande d'autorisation pour une société mutuelle d'assurances, mais anonyme, a été cité fort souvent comme établissant, en règle générale, que les associations mutuelles d'assurances, quelle que fût la forme adoptée par elles, ne pouvaient exister légalement qu'avec l'autorisation du Gouvernement ; et cette interprétation, quoique souvent combattue, avait été admise sans hésiter par la circulaire du ministre de l'intérieur, du 9 avril 1819, sur les sociétés anonymes : « Dans certaines entreprises, dit le ministre, *c'est leur nature même* qu'on a voulu soumettre à l'approbation, afin que le public, à qui elles offrent leurs services, ne fût pas trompé. Ainsi, *indépendamment de ce qu'exige la forme des sociétés anonymes*, une autorisation du Gouvernement serait encore requise : 1° suivant la loi du 24 germinal an XI, pour les banques publiques ; 2° selon l'avis du Conseil d'État, du 25 mars 1809, approuvé le 1er avril suivant, et le décret du 18 nov. 1810, pour les tontines et autres établissements du même genre, ce qui comprend les caisses de prévoyance, d'accumulation, les assurances sur la vie des hommes ; 3° selon l'avis du Conseil d'État, du 30 sept. 1809, approuvé le 15 octobre suivant, pour les *assurances mutuelles* contre les incendies et les autres fléaux. »

Cette interprétation a été confirmée de la manière la plus explicite par une circulaire émanée du même ministre, en date du 25 octobre de la même année et qui est spéciale aux assurances mutuelles.

La nécessité d'une autorisation pour les banques publiques ne peut être contestée, puisqu'elle résulte d'une disposition de la loi ; elle a été admise sans réclamation, en ce qui concerne les tontines, quoiqu'elle n'ait été ordonnée que par un avis du Conseil d'État. Il n'en a pas été de même en ce qui concerne les autres assurances mutuelles.

La Cour de Douai, se fondant surtout sur ce que cet avis du Conseil d'Etat des 30 sept.-15 oct. 1809, quoique approuvé par l'Empereur, n'avait pas été légalement publié et exécuté avant la Charte de 1814, a déclaré : « Que son inconstitutionnalité résulte de ce qu'émané du pouvoir exécutif seul, il empiète sur le domaine de la loi, en subordonnant la validité et l'efficacité de certains contrats à l'accomplissement d'une condition et d'une formalité non exigées par la loi existante au moment de leur formation » (1).

La Cour de cassation s'est prononcée en sens contraire, et a déclaré que ces sociétés devaient être considérées comme des associations tontinières, et, par suite, soumises à la même législation (2) ; dans ces derniers arrêts, elle paraît avoir décidé d'une manière générale et en principe que toutes les sociétés mutuelles, commerciales ou civiles, n'en sont pas moins des sociétés anonymes et alors forcément soumises à l'autorisation préalable (3).

849. « On ne pouvait rester dans cette situation, dit

---

(1) Douai, 15 nov. 1851 (S.52.2.58), et 29 mars 1855 (S.56.1.705), *en note.*
(2) Cass., 27 mai 1856 et 6 janv. 1857 (S.56.1.705 et 57.1.361).
(3) Cass., 13 mai 1857 (S.58.1.129), et 9 nov. 1858 (Bull. n. 163).

l'exposé des motifs de la loi nouvelle, l'autorisation n'étant plus exigée pour les sociétés anonymes.

« Le projet, sans s'écarter des principes sur lesquels il est fondé, tient compte des puissantes considérations qui ont toujours fait soumettre à un régime particulier les tontines et les compagnies d'assurances, en établissant entre les unes et les autres la distinction convenable.

« L'art. 66 maintient pour les tontines et pour toutes les associations de la même nature la nécessité d'une autorisation et d'une surveillance spéciales.

« Mais il laisse aux autres compagnies d'assurances, qui ne sont pas comprises dans les associations tontinières, la liberté de s'établir sans permission et de s'administrer sans contrôle, en se conformant aux conditions qui seront déterminées par un règlement d'administration publique.

« Puisque les tontines et les compagnies d'assurances mutuelles ne sont pas, ainsi que nous avons eu soin de le faire remarquer, de véritables sociétés, on pourrait s'étonner que des dispositions destinées à leur servir de règles fassent partie du projet de loi actuel.

« Malgré les différences qui existent entre elles, les tontines, les compagnies d'assurances et les sociétés anonymes ont été tellement rapprochées et quelquefois même confondues par l'opinion, que l'attente générale serait trompée, si une loi qui modifie profondément l'état des sociétés anonymes restait muette sur les tontines et sur les compagnies d'assurances, et si elle n'expliquait pas elle-même comment et jusqu'à quel point les changements qu'elle fait pour les unes s'étendent aux autres.

« Depuis que les tontines et les associations de la même nature sont connues en France, elles ont toujours été l'objet de règlements spéciaux.

« L'idée première des tontines, dit le *Dictionnaire du*
« *commerce*, appartient à un banquier napolitain, Lo-
« renzo *Tonti,* qui vit dans cette combinaison un mode
« d'emprunt avantageux pour le Gouvernement. . . . . .

« Tonti vint s'établir en France en 1650, et proposa
« son plan au cardinal Mazarin, qui l'adopta. La pre-
« mière tontine, désignée sous le nom de *Tontine royale,*
« fut établie par un édit de Louis XIV en 1653 (1). De-
« puis cette époque, les gouvernements eurent plusieurs
« fois recours à ce mode d'emprunt.

« Mais les effets en ayant été reconnus onéreux pour
« l'Etat, il fut interdit en 1773. Aux tontines du Gou-
« vernement succédèrent des établissements de même
« nature gérés par des administrations privées. »

« Ces établissements particuliers furent réglementés
par deux arrêts du Conseil en date des 3 nov. 1787 et
27 juill. 1788.

« Une loi du 14 août 1793, après avoir supprimé *la
Caisse d'escompte* et *la Compagnie d'assurance sur la vie,*
ajoute « qu'à l'avenir, il ne pourra être établi, formé ou
conservé de pareilles associations ou compagnies sans
une autorisation des Corps législatifs.

« L'avis du Conseil d'État du 1er avril n'a donc fait
que reproduire et remettre en vigueur des dispositions
oubliées ou méconnues, en transportant d'ailleurs, comme
cela devait être, du pouvoir législatif à l'administration,
le soin et le droit d'autoriser et de surveiller les associations tontinières.

« Cet avis ne s'est pas borné à établir la règle ; son
préambule en donne les motifs :

---

(1) Édit de nov. 1653.—V. aussi les édits de nov. 1733, d'août 1734, et la déclaration du 23 déc. 1749.

« Une association de la nature des tontines sort évidemment, y est-il dit, de la classe commune des transactions entre citoyens, soit que l'on considère la foule de personnes de tout état, de tout sexe, de tout âge, qui y prennent ou qui peuvent y prendre des intérêts, soit que l'on considère le mode dont ces associations se forment, mode qui ne suppose entre les parties intéressées ni ces rapprochements, ni ces discussions si nécessaires pour caractériser un consentement donné avec connaissance, soit que l'on considère la nature de ces établissements, qui ne permet aux associés aucun moyen efficace et réel de surveillance, soit enfin la durée toujours inconnue et qui peut se prolonger pendant un siècle. »

« Il peut y avoir une certaine exagération dans quelques-unes de ces considérations, ou plutôt dans la manière de les présenter ; mais on ne saurait méconnaître leur vérité et leur force. Sans doute, les esprits sont plus éclairés, mais il ne faut pas oublier que les intérêts qui se groupent dans les associations de la nature des tontines sont, comme le disait M. d'Hauterive dans son rapport au Conseil d'État, *des intérêts épars, de petits intérêts*, qui ne sont pas toujours dirigés par une connaissance bien exacte des chances auxquelles ils s'exposent. Ces chances sont certainement aujourd'hui mieux comprises et plus sainement appréciées ; la durée probable de la vie humaine et les calculs auxquels elle sert de base sont représentés par des chiffres mieux étudiés et moins incertains ; mais ils ne sont pas à l'abri de tout soupçon d'erreur et le plus grand nombre des membres de ces associations doivent les accepter de confiance, sans qu'aucune vérification soit possible. Enfin, qu'est-ce qui attire vers ces combinaisons, quel est le motif déterminant pour ceux qui s'y engagent ? C'est, comme le dit très-bien l'édit de novembre 1733, « *l'avantage de se procurer des revenus considérables avec une somme modique.* Or, rien n'égare plus facilement qu'une pareille perspective.

« Telles sont les raisons qui ont déterminé le Gouvernement à maintenir pour toutes les tontines la condition à laquelle elles sont soumises actuellement, à laquelle elles ont toujours été assujetties. Il a jugé que, dans l'exécution, on rencontrerait d'autant moins de difficultés qu'il ne s'agit point des véritables sociétés qu'il est si important de laisser libres comme le commerce et l'industrie, dont elles sont les instruments indispensables.

850. « Le projet ne définit point les tontines.

« La définition est donnée par les livres de droit, les ouvrages d'économie politique et par les monuments de la jurisprudence. En puisant à ces différentes sources, on voit que le caractère distinctif de ces sortes d'associations est que leurs effets, pour ceux qui en font partie, dépendent des chances que présente la durée incertaine de la vie des hommes. Sans doute la loi aurait pu exprimer cette idée générale ; mais les termes qu'elle aurait employés, auraient été, selon les circonstances, trop ou trop peu compréhensifs ; ils auraient souvent mis les tribunaux dans l'embarras, au lieu de leur donner une utile direction. Le mot *tontine* n'est pas nouveau dans la législation ; la jurisprudence en a déjà recherché et déterminé le sens, et nul doute qu'à l'avenir il ne soit interprété sans difficulté comme il l'a déjà été.

« Toutefois, pour qu'il ne pût s'élever aucun doute sur son application à des institutions qui tendent chaque jour à devenir plus nombreuses et à prendre plus d'importance, l'art. 66 déclare expressément qu'il comprend toutes les sociétés d'assurances sur la vie, qu'elles soient mutuelles ou à primes.

« Pour les sociétés d'assurances mutuelles, on ne pouvait avoir aucune hésitation. Il aurait pu s'en élever pour les sociétés d'assurances à primes dans lesquelles les assurés ne sont point associés entre eux. La loi a dû s'expliquer formellement..

851. « Les autres sociétés d'assurances, c'est-à-dire celles qui ne portent pas sur les chances de la vie humaine, qu'elles soient mutuelles ou à primes, pourront, on l'a déjà vu, se former sans autorisation. Elles seront seulement assujetties aux conditions que prescrira un règlement d'administration publique.

« Le texte ne distingue pas entre les différentes espèces de *risques* qui peuvent être l'objet des assurances ; il n'établit point non plus de différences entre les assurances *mutuelles* et les assurances *à primes*. Toutes sont donc comprises dans la disposition ; toutes auront à l'avenir une liberté dont elles ne jouissaient pas avant la loi du 24 juillet 1867. »

Nous avons fait connaître en effet, tout à l'heure, qu'elle était l'ancien état de chose, et il est inutile de revenir sur ce point.

« Le règlement d'administration publique auquel elles devront se soumettre ne fera que reproduire les conditions qu'elles suivent déjà ; car c'est aux statuts qui sont adoptés par la plupart d'entre elles que seront nécessairement empruntés les articles de ce règlement.

852. « L'art. 67 contient une disposition transitoire analogue à celle qui se trouve dans le second paragraphe de l'art. 46.

« Il y a entre l'une et l'autre une différence qui doit être remarquée.

« Pour la conversion d'une société anonyme ancienne

en société anonyme nouvelle, aux termes de l'art. 46, l'autorisation du Gouvernement sera nécessaire.

« Pour la conversion des sociétés d'assurances, si elles n'ont pas été constituées sous la forme de sociétés anonymes, l'autorisation n'est pas exigée par l'art. 67.

« Sous ce rapport, une latitude plus grande est accordée à celles-ci ; mais, d'un autre côté, lorsqu'elles seront transformées, elles seront soumises aux conditions du règlement d'administration publique.

« Les cas dans lesquels il y aura lieu d'appliquer l'art. 67 seront, au surplus, bien rares. Il n'est fait que pour l'hypothèse où une société d'assurances n'aurait pas été constituée sous la forme de société anonyme, ce dont, nous le répétons, il y a bien peu d'exemples. Lorsqu'il s'agira d'une société d'assurances établie en société anonyme, l'art. 46 devra servir de règle.

« Cette partie de la loi, comme toutes les autres, constitue un véritable progrès. Seulement, la nature particulière des associations dont elle s'occupe a rendu nécessaire le maintien de précautions et de réserves qu'il a été permis d'abandonner pour les véritables sociétés. »

Nous n'avons rien à ajouter à cet exposé des motifs ; et il résulte bien clairement de ce document et du texte même que la disposition de l'art. 67 est restreinte aux sociétés existantes, qui se seraient constituées sous la forme de commandite ou de société à responsabilité limitée ; il n'est rien innové par l'art. 67 à ce que l'art. 46 ci-dessus a établi d'une manière générale pour toutes les sociétés anonymes sans distinction.

853. Le Gouvernement a tenu la promesse qu'il avait faite dans le second paragraphe de l'art. 66 et promulgué le règlement d'administration publique, qui détermine les conditions sous lesquelles peuvent se consti-

tuer désormais toutes les sociétés d'assurances mutuelles
ou à prime qui ne sont point sur la vie : il porte la date
du 22 janv. 1868 et a été inséré au *Bulletin des lois* (1ᵉʳ semestre de 1868, page 123 et suiv., sous le n° 15,787). Il
n'exige de notre part aucune explication.

Quant aux sociétés d'assurances sur la vie, mutuelles
ou à primes, *elles* RESTENT *soumises*, dit le texte, *à l'autorisation et à la surveillance du Gouvernement*. Pour elles, il
y a donc lieu de se reporter à la circulaire du ministre
de l'intérieur du 22 oct. 1817 et aux instructions émanées du même département du 11 juill. 1818. Pour elles
aussi, nous croyons utile de retracer les règles que nous
avions établies dans nos précédentes éditions, pour les
sociétés anonymes soumises alors toutes, sans aucune
distinction, au régime de la réglementation. Comment
apprécier, en effet, les actes accomplis entre la demande d'autorisation et le moment où elle est accordée ?

854. Entre le moment où les fondateurs de la société
projetée ont fait les premières démarches pour arriver à
la réalisation de leur idée, et celui où le Gouvernement
avait définitivement statué, il existait forcément un temps
intermédiaire pendant lequel les opérations avaient peut-
être commencé; dans tous les cas, les actes préliminaires
peuvent avoir entraîné des dépenses ou des obligations.
La loi n'a donné aucune règle pour une situation anor-
male et nécessairement transitoire (1).

Les Codes de Hollande et de Portugal ont pris soin de
dire que jusqu'à la constitution définitive de la société
anonyme, « les directeurs seront obligés personnellement et solidairement à raison des opérations faites avec

(1) Cass., 1ᵉʳ avril 1834 (S.34.1.794).

les tiers (1). » Cette disposition est inutile : les règles du droit commun doivent suffire à lever les difficultés.

Ces difficultés existeront ou envers les tiers ou entre les actionnaires ; nous parlerons d'abord des premiers.

Le mandat peut être exprès ou tacite et résulter des circonstances ; mais si, entre les souscripteurs et les fondateurs de la société projetée, il n'est intervenu ni délégation expresse ni délégation tacite, si le souscripteur est resté étranger à tout ce qui s'est fait, aucun lien de droit ne peut exister entre les futurs actionnaires et les tiers, avec qui les fondateurs ou les personnes désignées pour être administrateurs de la société anonyme projetée ont traité : les administrateurs seuls sont tenus et répondent de leurs actes envers toute personne et envers les actionnaires, s'ils ont employé, sans y être autorisés, l'argent versé par eux d'avance entre leurs mains (2). On ne peut prétendre que les associés soient tenus, même comme commanditaires.

Lorsqu'il y a eu délégation, la solution peut être plus difficile et dépendra des circonstances. Si les actionnaires ont maintenu avec soin leur qualité de simples mandataires et sont restés dans les termes du pur droit civil, ils ne seront tenus que dans les limites du mandat qu'ils ont donné. Mais ils peuvent craindre que les tiers intéressés ne prouvent contre eux qu'ils ont pris part à une société de fait, dont l'existence entraînera pour eux les mêmes obligations et les mêmes conséquences qu'une société légale. La plupart du temps même, les principes de droit commun, en semblable matière, sont assez rigoureux pour arriver à faire considérer la société ano-

---

(1) Code hollandais, art. 39 ; Code portugais, art. 541. *Sic*, Code allemand art. 211.
(2) Pardessus, n. 1040.

nyme non autorisée comme une société collective à l'é-
gard des tiers; cependant, pour les bailleurs de fonds
qui se seraient abstenus avec le plus grand scrupule de
tout acte de gestion, les circonstances peuvent être assez
favorables pour qu'ils ne soient considérés que comme
simples commanditaires et tenus seulement jusqu'à concurrence des mises qu'ils ont souscrites (1). Les tribunaux apprécieraient (2).

855. Entre les associés eux-mêmes, s'il y a contestation, la décision dépendra également des circonstances.

Si le souscripteur de l'action a pu être trompé par les
fondateurs ou administrateurs qui lui ont représenté la
société comme pourvue de l'autorisation nécessaire, le
dol pratiqué à son égard l'autoriserait à réclamer même
des dommages-intérêts : dans tous les cas, aucun lien de
droit n'a pu exister entre les administrateurs et l'actionnaire, et il serait autorisé à retirer son apport franc et
quitte de toute charge sociale, sauf les droits des tiers à
apprécier suivant les règles que nous venons de poser (3).

Si le souscripteur connaissait l'état des choses, il ne
peut élever aucune réclamation quand intervient le refus
d'autorisation (4); et il doit accomplir les obligations
qu'il a prises envers les fondateurs et ses coassociés.
Mais rien ne s'oppose à ce que les stipulations qui réglaient leurs intérêts respectifs, en prenant pour base les
règles de la société anonyme, ne soient exécutées, et que
chaque associé ne réponde des dépenses ou des pertes
envers les fondateurs que jusqu'à concurrence de sa

---

(1) Troplong, n. 478; Pardessus, n. 1040; Delangle, n. 478 ; Malpeyre et Jourdain, p. 278.
(2) Cass., 11 déc. 1823; 21 juin 1826; Caen, 7 août 1844; Dalloz, *Rép.*,
n. 1469, et Cass., 29 août 1859.
(3) Cass., 9 juin 1841 (S.41.1.579); Troplong, n. 476; Delangle, n. 483.
(4) Cass., 20 janv. 1847 (S.47.1.428).

mise. Une telle convention n'aurait assurément rien de contraire à l'ordre public, aux bonnes mœurs, à l'équité. « Les conventions, dit M. Delangle, que leur irrégularité ne permet pas d'opposer aux tiers, ne cessent pas d'être la loi de ceux qui les ont faites, dans tous les cas où le consentement librement exprimé peut créer un lien de droit (1). »

Si les statuts de la société projetée, dont le refus d'autorisation empêche la fondation, avaient alloué des fonds pour frais de gestion et d'administration, ces fonds ne seraient pas sujets à répétition et ne pourraient être réclamés par les associés ou souscripteurs qui avaient adhéré à cette clause, quoiqu'il y eût lieu, du reste, de restituer les mises (2).

856. Les principes que nous venons d'exposer ont été consacrés et leur justice parfaitement démontrée par un arrêt de la Cour de Caen : après avoir constaté que l'acte de société n'ayant été ni transcrit ni affiché, ni approuvé par le Gouvernement, était radicalement nul à l'égard des intéressés, « considérant cependant, ajoute l'arrêt, qu'il est constant et reconnu par toutes les parties que, sous la foi de l'acte du 20 mars 1840, les apports convenus ont été réalisés, que des opérations communes ont été faites, que des engagements ont été souscrits, et que, dans un tel état de choses, il est impossible de refuser aux parties qui figurent dans cet acte le droit de se demander respectivement compte, non plus d'une société légale, mais d'une société de fait, d'une communauté d'intérêts, d'un ensemble d'opérations faites au nom de tous et équipollant à une société ; — Consi-

---

(1) *Sociétés comm.*, n. 481. — *Sic*, Paris, 20 fév. 1819 ; Cass., 21 juin 1826 ; Dalloz, *Rép.*, n. 1469.

(2) Paris, 3 nov. 1842, 26 janv. et 23 fév. 1843 (S.43.2.285).

dérant que, si la loi frappe de nullité les sociétés anonymes qui n'ont été ni publiées, ni autorisées, cette nullité ne peut rétroagir; que son effet doit se borner à
rendre à chacun des associés sa liberté avant le terme
convenu, et qu'il serait contraire au droit et à l'équité
que, pour un vice de forme, quelque grave qu'on le suppose, quand d'ailleurs l'objet de la société est licite, les
stipulations loyales, et le contrat, l'œuvre d'un consentement éclairé, l'un des associés pût exiger que le partage et la liquidation de la société fussent réglés d'après
d'autres clauses que celles du contrat écrit; — Considérant qu'en examinant avec attention les faits qui ont eu
lieu pendant l'existence de la société, on arrive à cette
conviction que les actionnaires ont tous, ou *choisi* les administrateurs, *en les autorisant à commencer les opérations*
de la société avant qu'elle ait été régularisée; ou versé
leur mise avant que ces opérations eussent été commencées, mais qu'elles l'ont été depuis *à leur vu et su, et sans
qu'ils y aient formé opposition;* ou bien n'ont versé leur mise
qu'après qu'elles avaient été commencées, mais *sachant
qu'elles l'avaient été;* qu'en laissant ainsi sciemment agir
les administrateurs et en versant leur mise, lorsqu'ils
n'ignoraient pas que les mandataires choisis par la société avaient commencé à opérer avant que les formalités
ordonnées par la loi eussent été remplies, tous les actionnaires ont approuvé tacitement, et le choix des mandataires, et les opérations auxquelles ils se sont livrés;
d'où suit qu'ils font tous partie de la société qui a été
établie le 20 mars 1840 par Bedouin, Abraham, etc. (1). »

A l'égard des tiers, l'existence de la société ne pouvait
être révoquée en doute, puisque le non-accomplissement

---

(1) Caen, 7 août 1844 (S.45.2.292).

des formalités ne peut leur être opposé, contrairement à leur intérêt; elle n'était pour personne, assurément, société anonyme, mais les circonstances déterminaient si elle devait être considérée, en ce qui concernait les tiers, comme société en nom collectif ou en commandite; à l'égard des associés, les stipulations de l'acte qui avait été fait devaient être suivies, et le mandat dont avaient été investis les administrateurs pouvait tout aussi bien résulter d'un consentement tacite que d'un consentement exprès.

On peut donc poser en principe que les rapports d'intérêts, nés de l'association de fait ayant existé entre tous, devront être réglés d'après les conventions; mais c'est aux juges du fond à décider souverainement, d'après les faits et les circonstances de la cause et les documents qui leur sont soumis, quelle a été l'intention des parties, s'il y a dissentiment à cet égard, et quelle était l'étendue des pouvoirs accordés aux administrateurs provisoires (1).

857. « Si l'ordonnance a pour objet d'autoriser la société, dit Pardessus, son effet rétroagira à la date même du contrat qui l'a formée (2). » Cette règle n'est pas absolue. Le décret d'autorisation fixe la durée de la société et le moment où elle commence, et peut prendre pour point de départ une autre date que celle de l'acte social. A l'égard des tiers, l'énonciation portée au décret est seule valable et légale ; il peut en être autrement à l'égard des associés entre eux, mais, en cas de contestation, les tribunaux auront un pouvoir très-grand d'appréciation. Dans une espèce où une société en nom collectif avait fait les démarches nécessaires pour se transformer

---

(1) Cass., 18 juill. 1865 (S.65.1.370).
(2) *Droit comm.*, n. 1042-2°.

en société anonyme, le nouvel acte social avait pris pour point de départ le 1ᵉʳ janvier 1827 ; l'ordonnance rendue le 17 février 1828 portait : « La durée de la société est « fixée à 99 ans, à dater de ce jour, toutefois sans pré- « judice des conventions particulières des *intéressés* entre « eux. » Des contestations s'élevèrent relativement aux dépenses faites du 1ᵉʳ janvier 1827 au 17 février 1828 : la Cour de Rennes jugea que le mot *intéressé* ne compre- nait pas les nouveaux associés ayant souscrit à l'acte du 1ᵉʳ janvier 1827 depuis l'autorisation accordée ; que la réserve de l'ordonnance s'appliquait exclusivement à ceux qui, ayant fait partie de l'ancienne société trans- formée en société anonyme, *avaient des comptes à régler entre eux*, et non aux actionnaires qui ne pouvaient exis- ter *qu'après l'ordonnance et en vertu de l'ordonnance*. La Cour de cassation a rejeté le pourvoi (1).

858. Quand la société a reçu sa perfection et a été ré- gulièrement organisée, les dépenses faites par les fonda- teurs, avant que l'autorisation ait été obtenue, ne peu- vent être mises par les administrateurs à la charge de la société régulièrement organisée : l'assemblée générale ou une clause des statuts pourraient seules et devraient sans doute en grever la société, si ces dépenses avaient été faites dans son intérêt (2). « La société anonyme, dit M. De- langle, ne date que de l'autorisation ; elle n'a point de passé ; son capital ne peut donc être diminué par des dépenses antérieures à sa constitution... Si cependant il s'agissait d'engagements qui, bien qu'antérieurs à l'au- torisation, auraient eu pour objet et pour résultat d'as- surer la mise en œuvre de la société et qui, s'ils n'avaient été contractés avant l'autorisation, en auraient été la suite nécessaire, une exception peut être admise ; car le paiement de ces engagements est un légitime emploi du fonds social » (1).

Ces règles ont été rappelées et consacrées encore par la Cour de cassation dans une espèce où la société anonyme avait été créée par la fusion de plusieurs compagnies déjà en activité. L'arrêt, après avoir reconnu qu'en général une société anonyme, être moral complétement distinct des diverses sociétés dont elle représente la fusion, n'est pas tenue des engagements antérieurs au décret qui en autorise l'existence, reconnaît cependant que ce principe incontestable peut recevoir une exception, quand il s'agit d'engagements relatifs à des recherches ou à des travaux qui avaient pour objet et qui ont eu pour résultat la création de la société anonyme à laquelle on en demande l'exécution. Ces engagements sont une charge naturelle du capital social, et il est juste qu'ils ne puissent être répudiés par les actionnaires, qui en profitent et qui leur doivent la constitution même de la société dont ils font partie (2).

859. Nous venons de voir que la nécessité de l'autorisation existe pour toutes les associations de la nature des tontines, sans qu'aucune d'elles doive être exceptée. La loi n'a pas essayé de les définir et n'a pas voulu les énumérer ; mais, au cours de la discussion, M. le conseiller d'État de Boureuille a cru utile d'indiquer les espèces diverses que l'on retrouve dans la pratique, et que l'on peut classer dans cinq catégories : ce sont, en premier lieu, disait-il, les sociétés d'accroissement de capi-

---

(1) Delangle, n. 484.
(2) Cass , 18 juill. 1865 (S.65.1.370).

tal avec l'aliénation totale ou partielle du revenu ; — en
second lieu, les sociétés d'accroissement du capital sans
l'aliénation du revenu ; — puis, les sociétés d'accroissement du revenu sans l'aliénation du capital ; — les sociétés d'accroissement du revenu avec l'aliénation du capital ; — enfin les sociétés de formation d'un capital par
l'accumulation du revenu sans aliénation du capital des
mises.

« J'ai tenu, messieurs, à vous donner cette énumération pour vous montrer combien il serait difficile de soumettre à vos délibérations des dispositions qui auraient
pour but de légiférer en cette matière, où les combinaisons que l'on peut faire sont en quelque sorte infinies,
et combien il est nécessaire de laisser à l'administration
le soin de les autoriser et de les surveiller, sous quelque
forme et pour quelque objet qu'elles se constituent ; il
faut, pour éviter les abus, que l'administration suive pas
à pas les sociétés, depuis leur naissance jusqu'à leur liquidation ; il faut que, depuis le commencement jusqu'à la
fin, elle puisse, dans l'intérêt des assurés, vérifier si les
sommes versées par ces derniers sont déposées dans une
caisse publique ; il faut qu'elle puisse assister à la répartition des sommes auxquelles ont droit les personnes engagées dans chacune de ces associations.

« En un mot, il n'y a pas une seule opération tonti-
nière dans laquelle il ne soit indispensable que l'autorité
veille d'une manière continue. Nous avons vu malheureusement quelquefois que, dès que pour une cause
quelconque la surveillance se ralentit, des abus regrettables se manifestent, au détriment des tiers intéressés,
dans ces associations (1). »

---

(1) Séance du 13 juin 1867.

860. Il est évidemment impossible, quoiqu'on l'ait prétendu, que les sociétés universelles de biens prévues et réglées par les art. 1836 et suivants, C. civ., soient comprises au nombre des tontines : nous n'insisterons pas sur ce point.

On a pu demander avec raison, au contraire, quel serait le caractère d'une association contractée contre les chances du recrutement entre des pères de famille; et la Cour de cassation a dû se prononcer à cet égard.

Dans un arrêt elle a décidé que le caractère de tontine n'appartenait pas à une association ayant en vue une assurance mutuelle dans le but principal de procurer en tout ou en partie, aux jeunes gens appelés sous les drapeaux, le moyen de se racheter, si cette association se limitait à un certain nombre de personnes ayant contracté directement les unes avec les autres, et si elle avait pour but unique le remplacement ou l'exonération de jeunes gens appartenant à la même classe.

Le caractère de tontine, au contraire, appartiendrait à cette association avec ses conséquences légales, quand l'association réunit des personnes complétement inconnues les unes aux autres, contractant par l'intermédiaire d'un agent, qui stipule à sont profit, un certain bénéfice, et quand d'ailleurs les opérations de l'association s'étendent à plusieurs tirages successifs, et vont même, dans leurs prévisions et leur objet, au delà de ce que nécessite et comporte l'exonération des jeunes gens appelés (1).

M. de Boureuille, commissaire du Gouvernement, a donné sur ce point, au Corps législatif, des explications

_____

(1) Cass., 4 fév. 1868, *Gaz. des Trib.*, 5 fév. 1868, et Bull. n. 26. V. également Cass., 16 avril 1856 (S.56.1.705); 3 août 1871 (D.P.71.1.201).

qui font plus exactement ressortir le caractère des tontines et des sociétés d'assurances sur la vie, que ne l'avait fait la Cour de cassation dans les arrêts que nous venons de rapporter.

« La pensée du Gouvernement est bien simple et bien précise à cet égard. Toutes les fois qu'il s'agira de compagnies formées uniquement en vue d'assurer le remplacement au moyen d'une cotisation versée par un certain nombre de pères de famille dans une bourse commune et pour une seule année, le Gouvernement pense, d'accord avec les arrêts de la Cour de cassation, qu'il n'y a rien là qui ressemble à une tontine, et qu'en conséquence des sociétés de ce genre pourront se former sans l'autorisation du Gouvernement.

« Mais si, au contraire, il s'agit de sociétés d'assurances pour le remplacement militaire, qui offrent au public des combinaisons ayant pour objet de faire profiter les associés des chances de la vie humaine, par suite du décès de quelques-uns d'entre eux, ces sociétés sont de véritables sociétés d'assurances sur la vie : elles tombent évidemment sous le coup des dispositions de la législation existante et elles ne pourraient dès lors se former qu'avec l'autorisation du Gouvernement (1). »

Il résulte donc de ces explications et de l'avis du Conseil d'État, que nous mentionnons en note, qu'il importe peu que l'association soit composée de personnes complétement inconnues les unes aux autres, comme le décidait la Cour de cassation dans son arrêt, rappelé plus haut, du 4 février 1868. La Cour suprême est bien plus exacte dans ses derniers arrêts, où elle décide, à l'exemple du Conseil d'État, « que ce qui caractérise les asso-

_____

(1) Séance du 13 juin 1867 ; avis du Cons. d'État, 26 janv. 1870 (D.P.70.3.44).

« ciations de la nature des tontines, c'est l'organisation
« d'une opération financière fondée sur des combinai-
« sons aléatoires dans lesquelles entrent, comme base
« principale, des chances de mortalité (1). » Conformément à cette doctrine, il ne faudrait pas considérer
comme rentrant dans les dispositions du premier paragraphe de l'art. 66, les sociétés d'assurances en cas d'accidents (2).

861. Nous avons insisté plus haut, après l'exposé
des motifs, sur cette circonstance que l'art. 67 était spécial aux compagnies d'assurances autres que les tontines
ou sociétés sur la vie, mutuelles ou à primes ; celles-ci
n'ont jamais pu se former légalement sans l'autorisation
du Gouvernement. Au Corps législatif, M. Picard a fait
observer que, toutefois, il y avait lieu de se préoccuper
également de la situation future de certaines associations
de cette dernière sorte qui, sous l'empire de la loi du
23 mai 1863, avaient cru de bonne foi pouvoir user des
facilités données par cette loi, et qui, dès lors, s'étaient
passées de l'autorisation gouvernementale. Il citait même
des exemples. Maintenant, ajoutait-il, qu'il est constant
que les sociétés d'assurances sur la vie n'ont jamais été
libres de se soustraire à cette autorisation, comment vont
faire les associations qui se sont formées sous l'empire
d'une croyance contraire? Comment se mettront-elles en
règle vis-à-vis de la loi nouvelle? Devront-elles se liquider pour se reconstituer régulièrement? Pourront-elles
obtenir purement et simplement du Gouvernement l'autorisation qui leur fait défaut (3)?

---

(1) Cass., 25 fév. et 8 avril 1873 (J.P.73.609 et 617) ; Cass., 26 avril 1876 (D.P.
77.1.63).

(2) Paris, 25 mars 1873 (D.P.75.2.17). — *Contrà*, Mathieu et Bourguignat,
n. 335.

(3) Séance du 13 juin 1867.

M. Mathieu, rapporteur, ne pouvait hésiter à répondre
que si de telles sociétés, en se constituant sous la forme de
société à responsabilité limitée, avaient commis une infraction à la loi de leur institution, ce qui, pour lui,
n'était pas douteux, la loi nouvelle n'y pouvait pourvoir ;
que c'était une question à régler entre elles et les tiers
qui auraient à s'en plaindre, question de la compétence
exclusive des tribunaux.

M. le ministre du commerce a exprimé une opinion
tout à fait conforme ; mais il a fait comprendre que le
droit rigoureux ne serait pas appliqué. « Il est bien certain, a-t-il dit, que nous n'irons pas soulever des questions de droit délicates pour examiner jusqu'à quel point
ces sociétés sont plus ou moins régulièrement constituées. Je tiens à dire à la Chambre que, soit qu'elles aient
besoin de la régularisation, soit qu'elles n'en aient pas
besoin, elles rencontreront, de la part du Gouvernement,
— celles, bien entendu, qui sont honnêtement administrées, — toutes les facilités compatibles avec les intérêts
qu'elles représentent. »

LOI DU 30 MAI 1857

SUR LES SOCIÉTÉS ÉTRANGÈRES

862. L'art. 14, C. civ., autorise le Français à traduire les étrangers devant les tribunaux de France pour les obligations par eux contractées en pays étranger envers un Français. Mais cette disposition n'est pas d'ordre public, et le Français peut y renoncer expressément ou tacitement : ainsi, par exemple, si les statuts de la société étrangère dont le Français est actionnaire a établi une règle contraire. Toutefois, il n'est pas possible, en semblable matière, de poser un principe général, et c'est aux juges du fond qu'il appartiendra, dans chaque espèce,

d'apprécier les circonstances et de décider en conséquence (1).

Nous nous proposons d'examiner ici des difficultés
d'un autre genre qui se sont élevées à propos des sociétés étrangères.

En parlant des sociétés étrangères, de leurs droits et
des obligations auxquelles elles sont soumises en France,
au point de vue des actes législatifs que nous aurons à
faire connaître, nous sommes obligé de les classer en
deux grandes catégories : la première comprend toutes
les associations soumises à une autorisation préalable du
Gouvernement et qui ont porté seules, pendant longtemps, le nom de *sociétés anonymes* ; la seconde comprend
les autres sociétés, quelle que soit leur dénomination ;
qu'elles soient semblables à celles que la loi française
reconnaît et a réglées, ou qu'elles ne trouvent, dans notre législation, aucun analogue, comme les sociétés à
responsabilité limitée, par exemple.

Pendant longtemps, cette distinction que nous venons
de faire a été complétement inutile à établir devant les
tribunaux français ; la jurisprudence ne reconnaissait,
entre les diverses sociétés étrangères, aucune différence,
et les assimilait toutes à des individus ; aucune distinction n'était faite, nous le répétons, entre les personnes
morales ou *civiles* et les personnes *naturelles*.

« Pourquoi en eût-il été autrement ? disait M. l'avocat général de Vallée devant la Cour impériale de Paris.
Qu'est-ce que nous reconnaissons dans le statut personnel ? C'est la puissance de la loi étrangère à habiliter ses
nationaux au delà de ses frontières. Aussi, on ne songea
pas à contester aux sociétés anonymes étrangères réguliè-

---

(1) Cass., 28 fév. 1877 (D.P.77.1.474).

rement constituées, le droit d'ester en justice en France, pas plus qu'on ne le contestait aux personnes naturelles, aux personnes civiles, à une commune, à un hospice, à une communauté quelconque » (1); peu importait que cette personne civile fût française ou étrangère ; et, par suite, les art. 14 et 15, C. civ., étaient appliqués sans difficulté à toute espèce de société.

Cependant il vint un moment où la Cour de cassation de Belgique eut la singulière idée de faire triompher d'autres principes, au moins en ce qui concernait les sociétés anonymes françaises, et de changer un état de choses aussi simple, aussi rationnel, aussi juridique. Cette Cour, revenant, en 1849, sur sa propre jurisprudence, établit une distinction, si ce n'est entre les personnes naturelles et toutes les personnes civiles, au moins entre les premières et les sociétés anonymes, ajoutant ainsi une inconséquence à une erreur.

863. Le Gouvernement français s'émut de cette jurisprudence. Des pourparlers eurent lieu à ce sujet avec le Gouvernement belge.

Le Gouvernement belge ne pouvait imposer à la Cour de cassation une doctrine meilleure ; mais, comprenant parfaitement tous les inconvénients de celle qui venait de prévaloir, il remédia à cet état de choses en faisant adopter une loi qui porte la date du 14 mars 1855, laquelle permit, à charge de réciprocité, à toutes les sociétés anonymes françaises d'ester en justice : il crut inutile de parler des autres sociétés, qui ont continué sans doute, en Belgique, à être protégées par le droit commun, dont les sociétés anonymes seules étaient exclues comme pouvant compromettre, disait l'arrêt dont

---

(1) *Gaz. des Trib.*, 15 et 16 mai 1863.

nous avons parlé plus haut, « la tranquillité intérieure, l'ordre public, ou les intérêts nationaux et privés. »

Le pouvoir législatif a donc été beaucoup moins timoré ; mais la Belgique demanda au Gouvernement français la réciprocité ; la Belgique voulut se mettre à l'abri d'un retour de la jurisprudence qui aurait frappé, en France, les sociétés anonymes belges, comme les françaises avaient été frappées en Belgique, et pour faire droit à cette réclamation, a été rendue la loi du 30 mai 1857, ainsi conçue :

« Art. 1ᵉʳ. — Les sociétés anonymes et les autres associations commerciales industrielles ou financières qui sont soumises à l'autorisation du Gouvernement belge, et qui l'ont obtenue, peuvent exercer leurs droits et ester en justice en France, en se conformant aux lois de l'empire.

« Art. 2. — Un décret impérial, rendu en Conseil d'État, peut appliquer à tous autres pays le bénéfice de l'art. 1ᵉʳ. »

864. Au premier abord, cette loi semble avoir pour but de dénier aux sociétés étrangères, auxquelles elle s'applique et par dérogation à l'art. 14, C. civ., le droit d'ester en justice en France. En effet, en déclarant que les sociétés étrangères autorisées par leur Gouvernement et à l'occasion desquelles un décret sera intervenu, pourront exercer tous leurs droits et ester en justice en France, le texte peut être interprété comme posant en principe qu'en l'absence du décret il y a absence de droits. Cet argument *a contrario* ne peut être admis. L'intention du législateur n'a pas été de refuser aux sociétés étrangères en France, quelles qu'en fussent la nature et la dénomination, l'exercice de droits que le progrès des mœurs et la multiplicité des relations commerciales leur ont, ainsi que nous l'avons dit plus haut, depuis longtemps reconnus. La loi de 1857 n'a eu d'autre but que de rassurer les gouvernements étrangers contre un retour possible de la jurisprudence, que l'esprit éclairé de notre magistrature rendait peu probable. L'exposé des motifs présenté au Corps législatif ne laisse aucun doute à cet égard, et explique parfaitement dans quelles circonstances et dans quel esprit a été proposée la loi.

Après que le Gouvernement belge, dit-il, eut promulgué la loi du 14 mars 1855, citée plus haut, qui reconnaissait, sous condition de réciprocité aux associations anonymes françaises, l'existence civile en Belgique, nos sociétés, qui avaient été arrêtées d'abord par la décision de la Cour de cassation de Bruxelles, se représentèrent devant les tribunaux belges avec la plus entière confiance, sans même soupçonner, dit encore l'exposé des motifs, que, pour établir la réciprocité, condition essentielle du droit que la loi belge leur reconnaissait, elles fussent obligées de fournir d'autres preuves de cette réciprocité que celle de la jurisprudence notoire des tribunaux français, qui n'avait jamais fait défaut aux associations belges.

Elles se trompaient. On leur répondit que le principe sur lequel avait été fondée originairement cette jurisprudence avait reçu en Belgique une interprétation toute contraire, qui, au premier jour, pouvait être suivie en France; que ce n'était pas d'une autorité aussi incertaine, aussi facilement variable, que la loi belge avait entendu faire dépendre la réciprocité qui devait régir les associations des deux pays. C'est ce nouvel incident qui, seul, a amené et a dû nécessairement amener la présentation de la loi du 30 mai 1857. Cependant, c'est dans

un sens moins libéral que cette loi a souvent été interprétée, ainsi que nous le dirons bientôt (1).

865. Quoi qu'il en soit, il paraissait hors de doute,
au moins, que cette loi du 30 mai 1857 n'avait pu avoir
pour but d'enlever à l'Empereur l'exercice de la prérogative constitutionnelle, qui lui donnait le droit de faire
des traités de commerce et de régler les relations inter-
nationales des sujets des puissances contractantes, lorsque ces actes ne portaient pas atteinte au droit public et
aux règles fondamentales de la législation de l'un des
deux pays. Usant de cette prérogative, le Gouvernement
français avait conclu avec l'Angleterre, le 30 avril 1862,
un traité sanctionné et promulgué le 17 mai suivant et
ainsi conçu :

« Les hautes parties contractantes déclarent reconnaître mutuellement à toutes les compagnies et autres
associations commerciales, industrielles ou financières
constituées et autorisées suivant les lois particulières à
l'un des deux pays, la faculté d'exercer tous leurs droits
et d'ester en justice devant les tribunaux, soit pour intenter une action, soit pour y défendre. »

866. La Cour de Rennes, dans une espèce portée
devant elle et dont il est sans utilité de faire connaître
les circonstances, a rendu, cependant, le 26 juin 1862,
un arrêt où se trouvait ce considérant :

« Considérant que si une convention internationale,
conclue le 30 avril 1862, entre la France et l'Angleterre,
et publiée au *Bulletin des lois* le 17 mai suivant, a admis
toutes les compagnies et associations commerciales régulièrement constituées et autorisées dans l'un des deux
pays à ester réciproquement en justice, soit en deman-

---

(1) Cass., 1ᵉʳ août 1860 (J.P.61, p. 101).

dant, soit en défendant devant les tribunaux de l'un et de l'autre, il n'apparaît pas que cette convention, qui ne peut avoir d'effet jusqu'ici qu'entre les hautes parties contractantes, ait été suivie du décret impérial qui, aux termes de l'art. 2 de la loi du 30 mai 1857, doit la rendre obligatoire pour les citoyens et pour les tribunaux. »

Cet arrêt, frappé d'un pourvoi dans l'intérêt de la loi, a été cassé :

« Attendu, dit l'arrêt, que la convention conclue entre la France et l'Angleterre, le 30 avril 1862, sanctionnée et promulguée le 17 mai suivant, est devenue exécutoire en France par le fait de cette promulgation et, par suite, obligatoire pour les citoyens et les tribunaux français à partir de la même époque ; qu'il n'importe qu'elle n'ait pas été suivie du décret mentionné en l'art. 2 de la loi du 30 mai 1857; qu'en effet, cette loi spéciale ne peut s'appliquer que dans les cas pour lesquels elle a été faite, c'est-à-dire lorsque l'Empereur, usant du pouvoir qu'elle lui confère, estime qu'il y a lieu d'autoriser administrativement et par décret les sociétés anonymes commerciales, industrielles et financières d'un pays étranger, à exercer leurs droits et à ester en justice en France, mais non pas lorsque, comme dans le cas de la convention du 30 avril 1862, il règle, en vertu de sa prérogative constitutionnelle, avec un souverain étranger, par voie diplomatique et au moyen d'un traité, quels seront les droits civils dont jouiront à l'avenir, et réciproquement, les sujets des puissances contractantes. »

Il faut donc dire avec M. le garde des sceaux, dans la lettre écrite par lui au procureur général, pour déférer à la Cour de cassation l'arrêt de la Cour de Rennes, que la loi de 1857 « a élargi les pouvoirs du souverain, bien loin de les restreindre ; elle n'a voulu assurément lui enlever aucun des droits qu'il tenait de la Constitution. Or, c'est là l'erreur dans laquelle est tombée la Cour de Rennes.

« Elle a confondu deux ordres de choses absolument différents ; l'exercice du pouvoir de l'Empereur par la voie diplomatique au moyen de traités, et l'exercice de ce même pouvoir par la voie administrative au moyen de décrets. Elle n'a pas vu que le souverain était resté le maître de choisir, suivant les circonstances, la voie la plus simple et la mieux appropriée à la situation respective des États. »

867. Les principes ainsi posés, il reste à examiner comment seront appliqués les art. 14 et 15, C. civ., quand procéderont en justice, soit en demandant, soit en défendant les sociétés étrangères.

En ce qui concerne toutes les sociétés, autres que celles qui sont mentionnées dans la loi du 30 mai 1857, il est hors de doute que la doctrine admise par la jurisprudence et qui les assimile, comme personnes civiles, aux personnes physiques, n'a reçu aucune atteinte et continuera d'être suivie.

En ce qui concerne les sociétés mentionnées dans la loi du 30 mai 1857, nulle difficulté encore toutes les fois qu'elles auront été reconnues en France, soit par un décret rendu conformément à cette loi, soit par une convention diplomatique.

Pour toutes les autres, il faut distinguer si elles procèdent devant les tribunaux, soit en demandant, soit en défendant.

868. M. le procureur général Dupin disait devant la Cour de cassation, le 19 mai 1863 :

« L'article 14 n'impose pas au Français, qui a traité avec un étranger, l'obligation de poursuivre l'étranger en France; c'est une faculté que le législateur lui accorde et à laquelle il peut renoncer en poursuivant l'étranger dans son pays.

« S'il choisit cette voie, il actionnera l'étranger, soit comme personne physique, soit comme personne civile ou morale.

« Or, que fait l'art. 14? Modifie-t-il la qualité de la personne engagée envers les Français? En aucune façon, il ne fait que donner au Français le choix de la juridiction, soit étrangère, soit française.

« Quant à l'étranger défendeur, il reste en France évidemment ce qu'il serait devant les tribunaux de son pays, une personne physique ou une personne morale, c'est-à-dire une société.

« Telle est la véritable et la seule interprétation de l'article 14.

« La même induction se tire de l'art. 15 du même Code; cet article, qui établit une juste réciprocité, a été conçu dans le même esprit que l'art. 14. Le droit que ce dernier article donne au Français qui a traité en France avec un étranger, l'article 15 le donne à l'étranger qui a traité en pays étranger avec un Français.

« Or si le mot *étranger*, dans l'art. 14, ne comprend que les personnes physiques et non les personnes civiles, par voie de conséquence, un étranger qui aura traité en pays étranger avec le représentant avoué d'une société française, ne pourra, nonobstant les termes si explicites de l'art. 15, poursuivre cette société en France, puisque cette société sera non une personne physique, mais une personne civile. »

Il faudrait admettre, comme conséquence de semblables principes, qu'aucune distinction n'est à faire suivant la qualité en laquelle procède la société étrangère. Cependant la Cour de cassation a cru devoir refuser aux sociétés anonymes étrangères le droit d'ester en justice, quand elles sont demanderesses : « Attendu, a-t-elle dit, qu'à cet égard, la loi du 30 mai 1857 ne permet plus aucun doute; qu'en effet, il est impossible d'admettre qu'une disposition législative et spéciale ait été jugée nécessaire pour autoriser les sociétés régulièrement constituées en Belgique à ester en justice en France, si déjà elles avaient trouvé cette autorisation dans le droit commun et notamment dans l'art. 15, C. civ.; que la disposition de l'art. 2 de la loi de 1857, qui confère au chef de l'État le droit d'accorder par des décrets la même autorisation aux sociétés des autres pays, résiste particulièrement d'une manière énergique à l'application de l'art. 15, C. civ., aux sociétés étrangères, application qui la rendrait inutile et sans objet (1). »

869. Nous avons combattu plus haut cette interprétation restrictive de la loi de 1857, que ses termes n'obligent point à adopter et que repousse son esprit, tel qu'il apparaît des circonstances qui ont amené sa présentation et de l'exposé des motifs. Toutefois, cette distinction entre le cas où la société est demanderesse et le cas où elle est défenderesse peut être expliquée; mais quelle que soit la valeur des arguments qui viendraient à l'appui d'une semblable opinion, dans laquelle la Cour de cassation paraît avoir persisté, ils ne peuvent plus être invoqués d'une manière sérieuse si la société étrangère est actionnée par un Français.

---

(1) Cass., 1ᵉʳ 1860 (J.P.64. p. 101). — *Sic*, Orléans, 10 mars et 19 ma 1860 (*idem*).

La Cour de Rennes cependant, dans l'arrêt que nous avons cité tout à l'heure, et qui a été également cassé sur ce point dans l'intérêt de la loi, avait refusé de faire aucune distinction et repoussé le Français, même demandeur, qui se voyait ainsi privé de tout moyen d'action contre la société étrangère. Mais, conformément aux conclusions de M. le procureur général Dupin, la Cour de cassation a jugé « qu'aux termes de l'art. 14, C. civ., les tribunaux français sont compétents pour connaître des obligations contractées en France par des étrangers envers des Français; que cette disposition dans sa généralité s'applique aussi bien aux personnes physiques qu'aux personnes morales, aux individus qu'aux sociétés; qu'en admettant que la société anglo-française, *défenderesse* dans la cause, dût être considérée comme une société anonyme et tenue de justifier de l'autorisation qui lui serait nécessaire pour avoir une existence légale en France, elle n'aurait pas cessé, comme association de fait, d'y être responsable de ses engagements envers les Français avec lesquels elle aurait contracté, et, par suite, de rester nécessairement soumise, quant aux obligations résultant de ses engagements, à la juridiction des tribunaux français; qu'il n'a été ni expressément ni implicitement dérogé à ces principes par la loi du 30 mai 1857;

« Qu'ainsi, et alors même que la convention du 30 avril 1862 n'aurait pas été applicable dans la cause, la Cour impériale de Rennes, en refusant de connaître de la demande de Chevaleau, citoyen français, contre la compagnie anglo-française de Saint-Gaudens, et en déclarant, en outre, qu'aucun tribunal en France n'était compétent, à quelque degré que ce fût, pour statuer sur un tel litige, aurait encore violé l'art. 14, C. civ.

ci-dessus visé et commis un déni de justice (1). »

Cet arrêt fait donc, aux sociétés anonymes étrangères, une position bien différente, selon qu'elles plaident comme demanderesses ou comme défenderesses. Dans le premier cas, la Cour de cassation persistant dans sa jurisprudence, conforme d'ailleurs à celle des Cours d'appel (V. Cass., 1er août 1860, et Orléans, 10 mars et 19 mai 1860; Aix, 17 janv. 1861; Paris, 15 mai 1863), refuse d'appliquer les principes du droit des gens, et ne veut pas leur reconnaître le droit d'ester en justice, si elles n'ont été autorisées par le Gouvernement français.

Dans le second cas, et quand les sociétés anonymes étrangères sont défenderesses, elle efface, au contraire, toute distinction entre les sociétés soumises à l'autorisation préalable gouvernementale et les sociétés libres; entre les personnes physiques et les personnes morales, et admet que la société anonyme étrangère peut être actionnée devant les tribunaux français comme association de fait, responsable des engagements par elle contractés envers des Français, conformément à l'art. 14, C. civ. (*Contrà*, Aix, 17 janvier 1861; Paris, 15 mai 1863, et l'arrêt de la Cour de Rennes cassé dans l'intérêt de la loi).

Nous n'admettons pas cette distinction; nous avons dit plus haut que le texte de la loi du 30 mai 1857, sainement interprété, et l'esprit révélé par l'exposé des motifs, qui a présidé à sa rédaction, permettent aujourd'hui encore aux tribunaux de décider que, conformément aux principes généraux du droit, les sociétés anonymes étrangères régulièrement établies sont admissibles à plaider en

---

(1) Cass., 19 mai 1863, et Rouen, 23 nov. 1863 (J.P.63, p. 1022, et 64, p. 145)· — *Sic*, Paris, 9 mai 1865 (D.P.65.2.105).

France, même comme demanderesses, ainsi que toute autre personne civile étrangère; mais nous n'avons pas dissimulé que la jurisprudence a fait prévaloir d'autres doctrines.

Le Gouvernement, par une large et libérale application des pouvoirs qu'il tient de la loi, peut annuler les inconvénients résultant d'une semblable jurisprudence.

Les modifications apportées par la loi du 24 juillet 1867, à l'organisation des sociétés anonymes françaises, et qui pourront être imitées, nous obligent à répéter, en terminant, que cette expression de *société anonyme* a toujours été prise par nous dans le cours de ce chapitre, comme s'appliquant exclusivement aux sociétés qui sont soumises à une autorisation gouvernementale, ainsi que l'exprime l'art. 1er de la loi du 30 mai 1857. Toutes les autres, quelles que soient les dénominations qu'elles portent, sont des sociétés libres, à l'égard desquelles, nous l'avons dit, aucune difficulté ne s'est jamais élevée.

870. Il ne faut pas confondre l'espèce, que nous venons d'examiner, avec le cas où un actionnaire d'une société étrangère prétendrait faire citer devant les tribunaux français la société étrangère dont il ferait partie, à raison de différends existant entre eux, et, par exemple, pour en faire prononcer la dissolution. Un actionnaire n'est pas créancier de la société et n'est pas un tiers à son égard; il ne saurait être assimilé à un créancier poursuivant la rentrée d'une somme ou la consécration d'un droit quelconque envers une société étrangère (1).

Il faut dire également que le juge repousserait avec

(1) Chambéry, 1er déc. 1866 (D.P.66.2.246).

raison l'action que le Français intenterait contre le président et les administrateurs de la société anonyme étrangère en leur nom personnel, lorsque les statuts disposent formellement que, conformément aux principes
consacrés, au reste, par la loi française, il ne sont pas
tenus des engagements pris par la société (1).

_____

(1) Cass., 14 nov. 1864 (*Gaz. des Trib.*, 10 déc. 1864).

FIN DU TOME DEUXIÈME.

TABLE DES MATIÈRES

CONTENUES DANS LE TOME DEUXIÈME.

DES SOCIÉTÉS.

FIN DE LA TABLE DU TOME DEUXIÈME.

Paris. —Imprimerie J. DUMAINE, rue Christine, 2.

Paris. — Imprimerie J. DUMAINE, rue Christine, 2.

www.ingramcontent.com/pod-product-compliance
Lightning Source LLC
Chambersburg PA
CBHW060413220326
41598CB00021BA/2166